Paul Wenzel (Hrsg.)

Betriebswirtschaftliche Anwendungen des integrierten Systems SAP-R/3

Wirtschaftsinformatik / Business Computing

DV-gestützte Produktionsplanung
von Stefan Oeters und Oliver Woitke

Die Strategie der integrierten Produktenentwicklung
von Oliver Steinmetz

Informationssysteme der Produktion
von Birgid S. Kränzle

Datenbank-Engineering für Wirtschaftsinformatiker
von Anton Hald und Wolf Nevermann

Client/Server
von Wolfhard von Thienen

Modernes Verkaufsmanagement
von Erik Wischnewski

Management von DV-Projekten
von Wolfram Brümmer

Handbuch Interorganisationssysteme
von Rainer Alt und Ivo Cathomen

Unternehmenserfolg mit EDI
von Markus Deutsch

Betriebswirtschaftliche Anwendungen des integrierten Systems SAP-R/3
hrsg. von Paul Wenzel

Geschäftsprozeßoptimierung mit SAP-R/3
hrsg. von Paul Wenzel

Client/Server-Architektur
von Klaus D. Niemann

QM-Handbuch der Softwareentwicklung
von Dieter Burgartz

Groupware und neues Management
von Michael P. Wagner

Vieweg

Paul Wenzel (Hrsg.)

Betriebswirtschaftliche Anwendungen des integrierten Systems SAP-R/3

Projektstudien, Grundlagen und Anregungen für eine erfolgreiche Praxis

Das in diesem Buch enthaltene Programm-Material ist mit keiner Verpflichtung oder Garantie irgendeiner Art verbunden. Der Herausgeber, die Autoren und der Verlag übernehmen infolgedessen keine Verantwortung und werden keine daraus folgende oder sonstige Haftung übernehmen, die auf irgendeine Art aus der Benutzung dieses Programm-Materials oder Teilen davon entsteht.

Alle Rechte vorbehalten
© Friedr. Vieweg & Sohn Verlagsgesellschaft mbH, Braunschweig/Wiesbaden, 1995

Der Verlag Vieweg ist ein Unternehmen der Bertelsmann Fachinformation GmbH.

Das Werk einschließlich aller seiner Teile ist urheberrechtlich geschützt. Jede Verwertung außerhalb der engen Grenzen des Urheberrechtsgesetzes ist ohne Zustimmung des Verlags unzulässig und strafbar. Das gilt insbesondere für Vervielfältigungen, Übersetzungen, Mikroverfilmungen und die Einspeicherung und Verarbeitung in elektronischen Systemen.

Druck und buchbinderische Verarbeitung: Lengericher Handelsdruckerei, Lengerich
Gedruckt auf säurefreiem Papier
Printed in Germany

ISBN 3-528-05509-X

Inhaltsverzeichnis

1. Kapitel: Informationen zur SAP AG und ihren Produkten 1

1 Das Unternehmen - SAP AG 2
    1.1 Unternehmensziele und -strategien 2
    1.2 Die Produkte des Unternehmens 6
2 Hardware eines R/3-Systems 10
    2.1 Hardwarehierarchie 10
    2.2 Client/Server-Prinzipien 11
    2.3 Systemübersicht 12
3 Softwarearchitektur des R/3-Systems 14
    3.1 Softwareschnittstellen 14
    3.2 Die offene und modulare R/3-Systemarchitektur 15
    3.3 Programmiersprache und Development Workbench ..21
4 Einstieg in R/3 24
    4.1 Starten von R/3 24
    4.2 Oberfläche und Bedienung von R/3 26
5 Resümee 30

2. Kapitel: Customizing 31

1 Einführung 32
    1.1 Voraussetzungen 32
    1.2 Verfahren 33
    1.3 Das ausgelieferte System 33
2 Elemente des Customizing 35
    2.1 R/3-Vorgehensmodell 36
    2.2 Einführungsleitfaden 41
    2.3 Projektsteuerung 48
    2.4 Projektdokumentation 50
    2.5 Einstellungsmenü 51
3 Werkzeuge im Customizing 56
    3.1 Aufbau und Funktionsweise der Werkzeuge 56
    3.2 Werkzeug Hypertext im Überblick 58
    3.3 Werkzeug „Landesversion" 63
    3.4 Werkzeug „Mandanten kopieren" 65
    3.5 Werkzeug „Transportwesen" 69
    3.6 Werkzeug „Tabellenabgleich" 71
    3.7 Globale Parameter 73

4	R/3-Benutzer- und Berechtigungskonzept		77
	4.1	Benutzerstammsatz	77
	4.2	Berechtigungssystem	78
	4.3	Aktivierungskonzept	80
5	Customizing am Modell der LIVE AG[1)]		83
	5.1	Agedeckte Fachbereiche	84
	5.2	Dokumentation	85
	5.3	Zweck der LIVE AG	85
	5.4	Betriebswirtschaftliche Darstellung der LIVE AG	86

3. Kapitel: Finanzbuchhaltung ... 91

1	Organisation und Konfiguration		92
	1.1	Organisationsstruktur der Buchhaltung	92
	1.2	Sachkontenstammdaten	97
	1.3	Kreditoren- und Debitorenstammdaten	100
	1.4	Bankenstammdaten	102
	1.5	Matchcode	102
2	Parameterpflege		103
	2.1	Mitarbeiter und Berechtigungen	103
	2.2	Geschäftsjahr und Buchungsperioden	106
	2.3	Zahlungsbedingungen und Skonti	108
	2.4	Steuerkennzeichen	111
3	Debitoren- und Kreditorenstammdaten		112
	3.1	Organisation der Daten	113
	3.2	Daten des Stammsatzes	114
	3.3	Anlegen eines Stammsatzes	115
	3.4	Anzeigen eines Stammsatzes	117
	3.5	Ändern eines Stammsatzes	117
	3.6	Sperren eines Debitorenkontos	118
4	Debitoren-/ Kreditorenbuchhaltung		119
	4.1	Abbildung von Geschäftsvorfällen	119
	4.2	Erfassung von Geschäftsvorfällen	121
	4.3	Buchung von Gutschriften	133
	4.4	Offene Posten und deren Ausgleich	133
	4.5	Anzeige, Bearbeitung und Storno von Belegen	135

4. Kapitel: Anlagenbuchhaltung ... 137

1	Allgemeine Einführung		138
	1.1	Funktionsumfang der Anlagenbuchhaltung	138
	1.2	Integrationsbeziehungen	139
	1.3	Bewertungsmöglichkeiten	139

2	Organisationsstrukturen	140
	2.1 Organisationseinheiten	140
	2.2 Kontenplan	141
	2.3 Bewertungsplan	141
	2.4 Bewertungsbereich	142
	2.5 Berechtigungen	144
3	Gliederung des Anlagevermögens	145
	3.1 Gliederungsaufbau im AM-Modul	145
	3.2 Anlagenklassifizierung	146
	3.3 Anlagenarten und Zusammenfassungen	148
	3.4 Stammdatenpflege	149
4	Geschäftsvorfälle	152
	4.1 Anlagenarten	152
	4.2 Anlagenzugang	153
	4.3 Anlagenabgang	155
	4.4 Anlagenumbuchungen	155
	4.5 Sonstige Anlagenbuchungen	156
5	Integration	157
	5.1 Integration im SAP-R/3	157
	5.2 Integration mit MM	158
	5.3 Integration mit FI	159
6	Abschreibung des Anlagevermögens	160
	6.1 Berechnung der Abschreibung	160
	6.2 Abschreibungsarten	161
	6.3 Abschreibungsmethoden	162
	6.4 Abschreibungen buchen	166

5. Kapitel: Kostenrechnung & Controlling 167

1	Grundlagen	168
	1.1 Kostenrechnung	168
	1.2 Kostenartenrechnung	171
	1.3 Kostenstellenrechnung	171
	1.4 Kostenträgerstückrechnung (Kalkulation)	173
	1.5 Voll- und Teilkostenrechnung	174
	1.6 Controlling	176
2	Kostenträger	178
	2.1 Kostenträger im SAP-Logistiksystem	178
	2.2 Kostenträger im SAP-Controllingsystem	184

3	Ergebnisrechnung	187
	3.1 Grunddaten	188
	3.2 Datenübernahme	190
	3.3 Planung	192
	3.4 Reporting	194
4	Profit-Center	196
	4.1 Profit-Center-Rechnungen und -Hierarchien	197
	4.2 Stammdaten	198
	4.3 Istdaten	200
	4.4 Profit - Center - Planung	201
	4.5 Berichtswesen	202

6. Kapitel: Materialwirtschaft 205

1	Einkauf	206
	1.1 Aufgaben des Einkaufs	206
	1.2 Beschaffungszyklus	207
	1.3 Organisationsebenen	208
	1.4 Einkaufsrelevante Stammdaten	211
	1.5 Einkaufsstammdaten	216
	1.6 Einkaufsmenü	222
	1.7 Struktur eines Einkaufsbelegs	223
	1.8 Beschaffung innerhalb des R/3-Systems	224
	1.9 Bestellanforderung	224
	1.10 Materialdisposition	232
	1.11 Verbrauchsgesteuerte Disposition	234
	1.12 Anfragen und Angebote	246
	1.13 Bestellungen	250
	1.14 Rahmenverträge	254
	1.15 Auswertungen im Einkauf	258
	1.16 Konsignation	259
	1.17 Lieferantenbeurteilung	261
2	Bestandsführung	267
	2.1 Aufgaben der Bestandsführung	267
	2.2 Warenbewegungen	267
	2.3 Belegkonzept	267
	2.4 Materialinformationen	268
	2.5 Wareneingang zur Bestellung	269
	2.6 Warenausgang	271
	2.7 Umbuchung / Umlagerung	273
	2.8 Bestandscontrolling	273
	2.9 Materialbewertung	276
	2.10 Rechnungsprüfung	276

3	Lagerverwaltung	278
	3.1 Erfassung von Stammdaten	279
	3.2 Schnittstellen zu anderen Arbeitsgebieten	282
	3.3 Lagerstrategien im Lagerverwaltungssystem	283
	3.4 Warenbewegungen	289
	3.5 Transportbedarf	293
	3.6 Transportauftrag	293
	3.7 Kommissioniertechniken	295
	3.8 Inventurverfahren	296

7. Kapitel: Fertigungswirtschaft 299

1	Grundlagen	300
	1.1 Material	302
	1.2 Stücklisten	303
	1.3 Arbeitsplatz	304
	1.4 Arbeitsplan	305
	1.5 Dokumente	306
	1.6 Fertigungshilfsmittel	306
	1.7 Prüfplan und Prüfmerkmale	307
	1.8 CAD Integration	307
	1.9 Vorgabewertermittlung (CAP)	308
	1.10 Änderungsdienst	308
2	Absatz- und Produktionsgrobplanung	309
	2.1 Grobplanung	309
	2.2 Absatzplan	311
	2.3 Produktionsplanung	316
	2.4 Stücklisten	319
	2.5 Klassifizierung von Stücklisten	320
	2.6 Verwendung der Stückliste in R/3	324
	2.7 Fazit zur Absatz- u. Produktionsplanung	329
3	Produktions-/Materialbedarfsplanung	330
	3.1 Stammdatenpflege	331
	3.2 Produktionsplanung	334
	3.3 Materialbedarfsplanung	342
4	Kapazitätsplanung im R/3-System	351
	4.1 Grundbegriffe	351
	4.2 Schichtprogramm	353
	4.3 Terminierung	356
	4.4 Kapazitätsbedarf	357
	4.5 Kapazitätsentlastung	358
	4.6 Kapazitätsauswertung	359

5	Fertigungssteuerung	364
	5.1 Grundlagen	364
	5.2 Phasen der Fertigungssteuerung	366
	5.3 Fertigungsinformationssystem	381
6	Erzeugniskalkulation	385
	6.1 Durchführen einer Erzeugniskalkulation	386
	6.2 Kalkulationsabschluß	391
7	Qualitätsmanagement	392
	7.1 Zweck der Normierung	393
	7.2 Stammdaten im QM	394
	7.3 Prüfmethoden	395
	7.4 Prüfkataloge	396
	7.5 Stammprüfmerkmale	397
	7.6 Dynamisierung	399
	7.7 Prüfplan	400
	7.8 Qualitätsprüfungen	402
	7.9 Prüfabwicklung	402
	7.10 Verwendung des QM in der Logistik	403
	7.11 Prüflos	403
8	Prüfergebnisse	404
	8.1 Bearbeitung von Prüfergebnissen	405
	8.2 Bearbeitung von Merkmalsergebnissen	406
	8.3 Erfassungsformen	407
	8.4 Bearbeiten von Probeergebnissen	408
	8.5 Bewertung	408
	8.6 Prüfabschluß	409
	8.7 Bestandsbuchung	410
	8.8 Qualitätskennzahlen für Prüflose	410

8. Kapitel: Instandhaltung ... 413

1	Grundlagen	414
2	Anlagenstrukturierung	414
	2.1 Definition Technischer Strukturen	414
	2.2 Definition von Technischen Plätzen	416
	2.3 Definition von Equipments	419
	2.4 Verwaltung von Equipments auf Technischen Plätzen	421
3	Objektverbindung und -vernetzung	426
	3.1 Verbinden von Technischen Plätzen	428
	3.2 Änderung, Anzeige und Löschung von Verbindungen	428
	3.3 Verbindung und Änderung von Equipments	429

4	Stücklisten	430
	4.1 Verwendung und Zuordnung von Stücklisten	431
	4.2 Pflege von Instandhaltungsstücklisten	432
5	Instandhaltungsarbeitspläne	433
	5.1 Verwendung von Instandhaltungsarbeitsplänen	434
	5.2 Instandhaltungs-Arbeitsplantypen	434
	5.3 Aufbau von Instandhaltungs-Arbeitsplänen	435
	5.4 Stammdaten	435
	5.5 Anlage von Instandhaltungsarbeitsplänen	436
	5.6 Änderung von Instandhaltungsarbeitsplänen	438
6	Instandhaltungsmeldung	439
	6.1 Störmeldung	440
	6.2 Tätigkeitsmeldung	441
	6.3 Instandhaltungsanforderung	441
	6.4 Graphische Darstellung der Ausfallzeit	443
	6.5 Statusverwaltung	443
	6.6 IH-Meldung und IH-Auftrag	443
7	Instandhaltungsauftrag	445
	7.1 Erstellen eines Instandhaltungsauftrags	445
	7.2 Kalkulation eines IH-Auftrags	450
	7.3 Terminierung eines IH-Auftrags	451
	7.4 Freigabe eines IH-Auftrags	451
	7.5 Arbeitsvorbereitung	452
	7.6 Instandhaltungsrückmeldung	453
8	Wartungsplanung	454
	8.1 Planungsprämissen	454
	8.2 Wartungsstrategien	456
	8.3 Wartungsplan	459
	8.4 Terminierung	463

9. Kapitel: Vertriebssystem 465

1	Grundlagen des Vertriebssystems „SD"	466
	1.1 Stammdaten	466
	1.2 Materialdaten	470
	1.3 Konditionen	472
2	Vertriebsunterstützung	473
	2.1 Kunden, Interessenten und Ansprechpartner	475
	2.2 Geschäftsvorgänge	476
	2.3 Belegstruktur	478

3	Vertriebsorganisation	479
	3.1 Geschäftsarten	479
	3.2 Vertriebsbelegsarten	480
	3.3 Organisationsstrukturen	481
	3.4 Vertriebsbereich	482
	3.5 Verknüpfung der Organisationseinheiten	485
4	Verkauf	486
	4.1 Angebot und Anfrage	486
	4.2 Auftrag	487
5	Versand	494
	5.1 Erstellung und Bearbeitung von Lieferungen	494
	5.2 Kommissionierung	495
	5.3 Warenausgang	495
6	Fakturierung	496
	6.1 Erstellungs- und Abrechnungsformen	496
	6.2 Reklamationsbearbeitung, Gut- und Lastschrift	497
7	Vertriebsinformationssystem	497
	7.1 Merkmale, Kennzahlen und Periodizität	498
	7.2 Arten von Informationsstrukturen	499
8	Standardanalysen	500
	8.1 Grundliste	502
	8.2 Aufrißliste	502
	8.3 Weitere Funktionen	503
9	Flexible Analysen	508
	9.1 Auswerte-Informationsstrukturen	508
	9.2 Auswertungen	513
10	Planung	521
	10.1 Planungsdimensionen und -sichten	522
	10.2 Plantableau	524
	10.3 Anzeige von Planungen	524
	10.4 Änderung von Planungen	525
	10.5 Erstellen von Planungen	527
	10.6 Kritische Würdigung	529

10. Kapitel: Personalwirtschaft 531

1 Personalstammdatenverwaltung 532
2 Zeitwirtschaft 537
    2.1 Zeitauswertung im System HR 538
    2.2 Anbindung an vorgelagerte Systeme 539
    2.3 Zeittypen 542
    2.4 Ausgewählte Menüpunkte der HR-Zeitwirtschaft 544
3 Lohn- und Gehaltsabrechnung 546
    3.1 Prinzipieller Ablauf der Lohn- und
        Gehaltsabrechnung 546
    3.2 Lohn- und Gehaltsabrechnung unter R/3 547
    3.3 Abrechnungsanpassung 549
    3.4 Aliquotierung 551
    3.5 Abrechnungsverlauf 552
4 Reiseabrechnung 556
    4.1 Pauschalabrechnung und Einzelnachweise 557
    4.2 Anlage einer Reise 558
    4.3 Erfassung der Vorschüsse 562
    4.4 Eingabe der Reisebelege 562
    4.5 Abzüge und Kostenaufteilung der Reise 563
    4.6 Eingabe der Zwischenziele einer Reise 565
    4.7 Festlegen der Reiseprivilegien 566
5 Personalplanung 567
    5.1 Personalorganisation 567
    5.2 Seminarverwaltung 569
    5.3 Karriere- und Nachfolgeplanung 570
    5.4 Qualifikationen und Anforderungen 571
    5.5 Personalkosten 571
    5.6 Bewerberauswahl und -verwaltung 572

11. Kapitel: R/3-Workflow Business-Workflow & Office Communication 575

1 Einführung 576
    1.1 Begriffliche Klärung 576
    1.2 Zielsetzung von Workflow-Systemen 578
    1.3 R/3-Workflow-Module und -Programme 579
    1.4 Workflows in System R/3 580
2 Nachrichtensteuerung 583
    2.1 Ablauf der Nachrichtensteuerung 583
    2.2 Aufbau der Nachrichtensteuerung 584

3 SAP*office* ...590
   3.1 Grundfunktionen ...590
   3.2 SAP*file* ...591
   3.3 SAP*find* ...595
   3.4 SAP*mail* ...596

4 SAP*access* ...602
   4.1 Grundlagen ...602
   4.2 Requestor ...603
   4.3 Requests ...605
   4.4 Request-Implementierung ...609

5 ArchiveLink ...610
   5.1 Archivierung von geschäftlichen Daten ...610
   5.2 Optische Speicher ...611
   5.3 Schnittstelle ArchiveLink ...613
   5.4 Erfassung von Dokumenten ...615
   5.5 Erfassungsszenarien von ArchiveLink ...616
   5.6 Anzeige von archivierten Dokumenten ...620

6 Resümee ...621

Literaturverzeichnis ... **623**

Autorenverzeichnis ... **625**

Sachwortverzeichnis ... **629**

1. Kapitel

INFORMATIONEN ZUR SAP AG UND IHREN PRODUKTEN

1 Das Unternehmen - SAP AG

Im Jahre 1972 gründeten fünf ehemalige IBM-Programmierer die Firma „Software, Anwendungen und Produkte in der Datenverarbeitung", kurz SAP, mit Sitz in Walldorf. Mittlerweile ist SAP das größte europäische Softwarehaus mit über 6400 Mitarbeitern und rund 2 Mrd. DM Umsatz (SAP-Gruppenergebnis: 1. Halbjahr 1995; Quelle: FAZ vom 28.07.95, S. 21). Hier einige wichtige Stationen in der Geschichte des Softwarehauses:

- **1976** erzielte die Gesellschaft rund 4 Mio. DM Umsatz mit einem FiBu-Programm;
- **1979** wurde das R/2-System für Mainframes eingeführt, welches bis 1989 weltweit bei über 1200 Kunden installiert worden ist;
- **1988** wurde die SAP in eine Aktiengesellschaft umgewandelt;
- **1992** wurde das R/3-System, basierend auf der Client/Server-Technologie, von SAP freigegeben;
- **1994** wurde SAP weltweit Marktführer mit R/2 und R/3 im Bereich betriebswirtschaftlicher Standardsoftware.

1.1 Unternehmensziele und -strategien

Betriebswirtschaftliche Standardsoftware

Die Grundidee von SAP war es, eine einzige betriebswirtschaftliche Standardsoftware zu entwickeln, die sämtliche betriebswirtschaftliche Bereiche abdeckt und den Benutzern eine einheitliche Struktur und Bedieneroberfläche bietet. Dieses Softwaresystem sollte dann nicht nur in einer speziellen Branche lauffähig sein, sondern in der ganzen Bandbreite aller Industriezweige sowie im Dienstleistungssektor und im öffentlichen Dienst. Die Softwareneutralität sollte sogar noch über die Grenzen eines Landes hinausgehen, so daß das System auch international einsetzbar sein sollte.

Realtime

Daraus entstand dann zunächst das System R/2, wobei „**R**" für **Realtime (Echtzeitverarbeitung)** steht, für den Einsatz auf Großrechnern und später das R/3-System auf Client/Server-Systemen.

1.1 Unternehmensziele und -strategien

Ausbau der Märkte

Um den geschäftlichen Erfolg voranzutreiben, werden vor allem neue **Märkte** erschlossen. Im Mittelpunkt stehen hier vor allem die USA und Fernost. Die SAP-Gruppe ist zu einem **internationalen Unternehmen** herangewachsen. Speziell durch das System R/3 war es dem Unternehmen (Stand Ende 1994) möglich, sich mit 30 Landesgesellschaften bei 50 Standorten in 34 Ländern niederzulassen.

Bei ihren Auslandsaktivitäten setzt die SAP auf **Präsenz vor Ort**. In den bedeutendsten europäischen Märkten ist das Unternehmen mit Gesellschaften und Niederlassungen vertreten. In Europa entwickelten sich 1993 neben der SAP AG in Deutschland besonders die SAP-Landesgesellschaften in Österreich, in der Schweiz und in den Niederlanden positiv. In **Nordamerika** steigerte die SAP ihren Umsatz 1993 um 150 %. Die Expansion im dortigen Schlüsselmarkt wurde von einer verstärkten Präsenz, dem Ausbau der Partnerschaften sowie neu geschlossenen Kooperationsverträgen mit amerikanischen Firmen begleitet.

Das Wachstum dieses Unternehmens wird kurz anhand der Umsatz- (Abb. 1.1) und Mitarbeiterentwicklung (Abb. 1.2) dargestellt (Mitte 1995 betrug die Mitarbeiterzahl im SAP-Konzern bereits 6400):

Abb. 1.1
Mitarbeiterzahlen 1989 bis 1994

1 Das Unternehmen - SAP AG

Abb. 1.2
Umsatz 1989 bis 1994

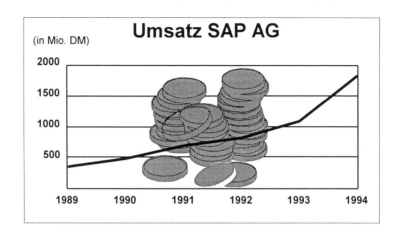

Im gleichen Maße wie der Umsatz stieg auch der Gewinn (Jahresüberschuß) von 1989 mit 68,2 Mio. DM auf 281 Mio. DM im Jahr 1994 (vgl. Geschäftsbericht der SAP AG von 1994, S. 54).

1.1.1 Das Unternehmen und seine Partner

Zur Unternehmensstrategie gehört die Kooperation mit verschiedenen Partnern, wobei unter folgenden unterschieden wird:

- Hardwarepartnern
- Logo-Partnern
- Vertriebspartnern
- Technologiepartnern

Hardwarepartner

Die **Hardwarepartner** des SAP-Konzerns liefern und installieren in erster Linie die nötige Hardware, damit die SAP-Software ohne zusätzlichen Anpassungsaufwand einsetzbar ist. Sie unterstützen den Kunden bei der Systemwahl.

Logopartner

Die **Logo-Partner** sind vor allem für die Beratung des Kunden zuständig. Desweiteren bieten sie auch Schulungen und Informationsveranstaltungen an. Außer der Beratung gehört auch die Lieferung und Installation eines kompletten R/3-Systems, also Hard- und Software, zum Leistungsspektrum dieser Unternehmen.

Als Vertriebspartner werden Unternehmen bezeichnet, die sowohl als Logo- bzw. Hardwarepartner tätig sind.

Technologiepartner

Zusammen mit den **Technologiepartnern** entwickelt und entwirft die SAP AG neue Software- und Hardwareprodukte.

1.1.2 Serviceleistungen

Schulung und Beratung

Die **Schulung und Beratung** von Kunden und Anwendern wird zu einem großen Teil selbst von SAP durchgeführt. Dabei standen 1994 über 2000 Mitarbeiter bei der SAP AG zur Verfügung. Neben den oben angeführten Logo-Partnern führen darüber hinaus auch SAP-User-Groups Schulungen und Informationsveranstaltungen durch.

Hotline

Für den Fall besonders dringender Hilfe steht eine Telefon-**Hotline** zur Verfügung, bei der man rund um die Uhr anrufen kann. Da in letzter Zeit der Kundenstamm schneller wuchs als der Telfon-Support und das Schulungsangebot, kann es hierbei zu Wartezeiten und Engpässen für den Kundensupport kommen. SAP schafft jedoch derzeit Abhilfe mit dem Bau eines neuen Service- und Schulungszentrums, welches gerade in Walldorf entsteht.

Service 2000

Der Ausbau von Serviceleistungen erhält in der Firmenpolitik von SAP eine hohe Priorität. Es wurde ein **Service-2000-Konzept** erarbeitet, das in kürzester Zeit verwirklicht werden soll. Eine neue Dimension der Serviceleistung stellt dabei der Online Software Service (OSS) dar. Durch die Vernetzung von SAP mit seinen Kunden soll eine Fernanalyse von Problemen mittels Remote-Beratung über Bildschirmkonferenzen sowie die Übertragung aller wichtiger Daten ermöglicht werden. Dies hat den Vorteil, daß der Softwarespezialist nicht erst lang zum Bestimmungsort reisen muß, sondern von Walldorf aus den Fehler beheben kann. Ein weiterer Vorteil des OSS ist die Versendung von Updates und Erweiterungen innerhalb sehr kurzer Zeit.

Early Watch

Eine weitere Verbesserung soll die sogenannte „**Early Watch**" sein, welche zur Früherkennung von Fehlern eingesetzt werden soll. Damit könnten manche Fehler bereits vor ihrem Auftreten beseitigt oder Vorschläge zur Systemverbesserung und -kontrolle etc. durchgeführt werden.

Kritik

Die derzeitigen Serviceleistungen und die Kundenpolitik des Hauses SAP sind zur Zeit sehr umstritten. Im besonderen geht es um die Abhängigkeit der Kunden von SAP und ihrem Softwaresystem. Der SAP AG werden dabei Methoden zur Last gelegt, die eine Benachteiligung der Kunden darstellen[1].

---

[1] vgl. Böndel, B.: Wie Lemminge. In: WirtschaftsWoche, Nr. 12, 49. Jg., Artikel vom 16.03.95, S. 108 ff

Diese Anschuldigungen werden von SAP jedoch in einer Gegenanzeige[2] bestritten.

1.1.3 Die Kunden des Unternehmens

Durch die Branchenneutralität und Internationalität des R/3-Systems setzen vor allem internationale Großunternehmen und Konzerne die SAP-Software ein. Zur Zeit sind dies hauptsächlich europäische und nordamerikanische Unternehmen.

In Deutschland arbeiten von den hundert größten Unternehmen neunzig mit der Software von SAP. Die Gesamtzahl der Kunden beträgt über 4000 in 41 Ländern (Stand Ende 1994).

1.2 Die Produkte des Unternehmens

Die SAP AG bietet derzeit hauptsächlich zwei Produkte an, R/2 für Großrechneranlagen und R/3 für Client/Server-Strukturen. R/2 und R/3 zeichnen sich durch folgende Vorzüge aus (vgl. auch hierzu Abb. 1.2.2):
- umfassende betriebswirtschaftliche Funktionalität
- hohe Integrationstiefe
- modularer Aufbau
- Branchenneutralität
- klare Strukturierung
- internationale Einsetzbarkeit

1.2.1 R/2

Das R/2-System wurde für Großrechneranlagen konzipiert und bietet eine modulare Erweiterbarkeit. Zum Einsatz kommen hier hauptsächlich **Großrechner** von
- Bull
- IBM
- SNI
- UNISYS
- WANG
- u.a. kompatible

mit den **Betriebssystemen**
- MVS / ESA
- VSE / ESA
- BS 2000

sowie verschiedenster Datenbanken.

---

[2] vgl. SAP AG [Hrsg.]: Offen für Kritik - Aber nicht für Unwahrheiten. In: Börsenzeitung, Artikel vom 28.03.95, S. 5

1.2 Die Produkte des Unternehmens

Als **Entwicklungsumgebung** wurde zunächst Assembler, später auch ABAP/4 (siehe Punkt 3.3) eingesetzt.

Für R/2 stehen folgende **Module** zur Auswahl:
- RV - Vertrieb, Fakturierung, Versand
- RM-PPS - Produktionsplanung und -steuerung
- RM-MAT - Materialwirtschaft
- RM-QSS - Qualitätssicherung
- RM-INST - Instandhaltung
- RF - Finanzbuchhaltung
- RA - Anlagenbuchhaltung
- RK - Kostenrechnung
- RK-P - Projekte

Der Support für R/2 (Release 5) soll - nach SAP-Aussagen - noch bis ins Jahr 2000 reichen.

1.2.2 R/3

In der vergleichsweise kurzen Zeit seit der Markteinführung 1992 ist es dem System R/3 gelungen zum **weltweit führenden Client/Server-Produkt** aufzusteigen. Seit Markteinführung wurde das System R/3 mehr als 4000 mal installiert. Bereits zweieinhalb Jahre nach der Markteinführung verfügt R/3 nahezu in allen Bereichen über die gleiche Funktionalität wie R/2. Die volle Funktionalität des Systems R/2 sowie einige wesentliche Erweiterungen und Verbesserungen werden mit Release 3.0 erwartet (vgl. Abb. 1.3).

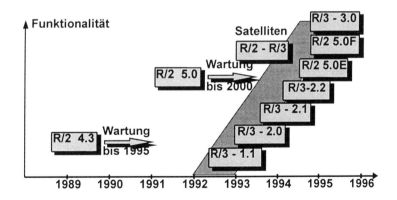

Abb. 1.3
Release-Fahrplan
(Quelle: SAP-VISUAL-CD: CeBIT '94 PRESENTATIONS)

1 Das Unternehmen - SAP AG

Integrität und Internationalität

Mit dem System R/3 können international tätige Unternehmungen und multinationale Konzerne auch auf einem gemeinsamen Rechner die betrieblichen Abläufe unterschiedlicher Landesgesellschaften durchführen und länderübergreifende Vorgänge in einem System abwickeln. Aufgrund der internationalen Ausrichtung wurden in den USA 1994 bereits über 400 R/3-Verträge abgeschlossen.

Sogar japanische und tschechische Versionen werden durch die sog. **Double-Byte-Technologie** ermöglicht; dabei werden einzelne Zeichen dieser Sprachen im R/3-System in jeweils zwei Bytes abgelegt.

Die wichtigsten Punkte der Internationalität von R/3 sind:
- unterschiedliche Sprachen und landesspezifische Datumsformate
- Unterstützung verschiedener Kontenpläne in einem Mandanten (Konzern)
- länderspezifische Verfahren zur Lohn- und Gehaltsabrechnung
- Berücksichtigung nationaler Steuerabwicklung und des gesetzlich geforderten Berichtswesens im Rechnungswesen
- steuerliche Besonderheiten für die Rechnungsprüfung sowie nationale Rechtsvorschriften, z.B. für Gefahrengut in der Logistik

Branchenneutralität

Die Anpassung des Systems R/3 an branchenspezifische Besonderheiten erfolgt über das Customizing und gegebenenfalls durch Erstellen eigener Module, den sogenannten **Branchenlösungen**. Die Branchenneutralität zeigt sich an den Referenzkunden, die aus verschiedensten Bereichen stammen, wie z.B. Chemische Industrie, Kfz-Industrie, Elektroindustrie, Baugewerbe, Versicherungs- und Bankgewerbe, Textilhersteller, Fernsehanstalten und Krankenhäuser.

Datenkonsistenz von R/3

Durch die konsequent realisierte **einmalige Speicherung der Daten** können diese für jede Auswertung, egal in welchem Unternehmensbereich, konsistent abgerufen werden.

Modularer Aufbau

Das System R/3 wird in einzelne Module (siehe Abb. 1.4) unterteilt, diese bestehen wiederum aus einzelnen Komponenten und Teilkomponenten. Module können auch einzeln erworben werden. Zu beachten ist jedoch die **Abhängigkeit einzelner Komponenten zueinander**, d.h. einige Komponenten sind alleine nicht lauffähig. Jedes der Module besitzt ein Kurzzeichen (SD, MM, PP usw.), das auf der englischen Bezeichnung basiert.

1.2 Die Produkte des Unternehmens

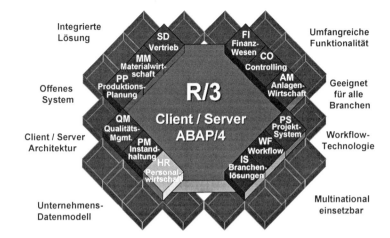

Abb 1.4
SAP-R/3-Module
(Quelle: SAP-VISUAL-CD: CeBIT '94 PRESENTATIONS)

Das System R/3 - mit allen seinen Vorzügen (siehe Abb. 1.4) - setzt auf den neuen Client/Server-Technologien mit der Programmiersprache ABAP/4 (siehe Punkt 3.3), mit RISC-Servern und Clients aus dem PC-Bereich auf.

1.2.3 Migration von R/2 nach R/3

Als Migration bezeichnet man den Umstieg / „Update" von R/2 nach R/3. Diesen Umstieg kann man nicht als normales Update bezeichnen, da meist ein längerer Zeitraum, spezielle Tools und neue Hardware benötigt werden.

Es stehen drei Möglichkeiten der Migration zur Auswahl:

- **normale Migration**
  mit Hilfe eines SAP-Tools von R/2 Release 5.0D nach R/3 Release 3.0 oder höher

- **Zweischrittverfahren**
  zuerst ein Update von R/2 Release x.x auf Release 5.0D danach Migration auf R/3 Release 3.0 oder höher

- **Neustart mit R/3 (Datenverlust!)**
  paralleler Aufbau eines R/3-Systems während das alte R/2-System noch in Betrieb ist. Daten können immer übernommen werden, jedoch bietet SAP in diesem Fall keine Übernahmeprogramme an.

Der Neubeginn verursacht somit hohe Kosten, da für die Einführungsphase mehr Personal und viel Zeit benötigt wird.

2 Hardware eines R/3-Systems

2.1 Hardwarehierarchie

Das SAP-System arbeitet mit drei Ebenen, welche je nach Ausprägung der Client/Server-Struktur (siehe Punkt 2.2) auf verschiedene Server und Rechner verteilt sind. Im einzelnen sind dies die folgenden drei Hierarchiestufen:

DB-Ebene Auf der obersten Stufe der Hierarchie steht meist die **Datenbankebene**. Diese stellt für das ganze SAP-System die nötigen Daten zur Verfügung. Zur Gewährung maximaler Datensicherheit werden hier meist zwei Server eingesetzt, einer als Datenbankserver, der zweite als Backup- oder Stand-By-DB-Server.

Applikationsebene Als nächste Stufe folgt die **Applikationsebene**, auch Anwendungsebene genannt. Sie ist für die Zurverfügungstellung verschiedener Applikationen und Dienste, wie z.B. Kommunikationsdienste oder einen Druckerspooler für die Drucksteuerung im System verantwortlich.

Präsentationsebene Es folgt die **Präsentationsebene** mit den Front-Ends (letzte Rechner in der Hierarchie). Sie stellen den Dialog zum Benutzer her. Hierbei werden meist PC oder Workstation eingesetzt.

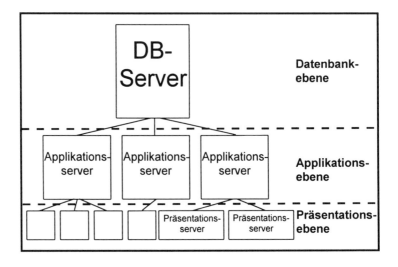

Abb. 1.5
Die 3 Ebenen einer Client/Server-Architektur

2.2 Client/Server-Prinzipien

Im Gegensatz zu Großrechneranlagen, bei denen sich die Datenbankebene, die Applikations- und Präsentationsebene gemeinsam auf dem Großrechner (Mainframe) befindet und der Dialog über Terminals stattfindet, werden bei der Client/Server-Architektur diese **drei Ebenen** teilweise oder ganz getrennt, d.h., daß für jede Ebene eigene, preiswerte Server/Rechner zur Verfügung stehen. Somit eignet sich die C/S-Architektur besonders für dezentrale Hardwarestrukturen, die eine wesentlich höhere Datensicherheit gegenüber Mainframes besitzen, da bei Ausfall eines Rechners nicht sofort das komplette System lahmgelegt wird, da weitere Rechner als Ausweichsysteme zur Verfügung stehen.

Trennung von Ebenen

Bei der **einstufigen C/S-Lösung** gibt es einen zentralen Server, der die Datenbank-, die Applikations- und Präsentationsebene beinhaltet.

einstufige Client/Server-Lösung

Bei der **zweistufigen C/S-Lösung** werden die Datenbank- und Programmaufgaben/Applikationsebene einem zentralen Server zugeteilt, während für die Präsentation eigenständige Rechner (Front-Ends), die mit den Servern verbunden sind, zuständig sind. Diese Architektur wird auch „verteilte Präsentation" genannt.

zweistufige Client/Server-Lösung

Abb. 1.6 Beispieldarstellungen für C/S-Lösungen

Art der Architektur	Präsentationsebene	Applikationsebene	Datenbankebene
einstufige C/S- u. Mainframelösung			
zweistufige C/S-Lösung			
zweistufige C/S-Lösung			
dreistufige C/S-Lösung			
mehrstufige cooperative C/S-Lösung			

2 Hardware eines R/3-Systems

dreistufige Client/Server-Lösung

Die beste Lösung bietet jedoch das **dreistufige Client/Server-Computing** (siehe Abb. 1.5 und 1.6), bei welchem alle drei Ebenen voneinander getrennt sind und somit ein Optimum an Performance und Sicherheit gewährleistet werden kann.

mehrstufige Client/Server-Lösung

Eine Übersicht über die C/S-Architekturen mit einer Gegenüberstellung zur Mainframe-Architektur bietet die Abb. 2.2. Sie enthält auch das mehrstufige, kooperative Client/Server-Prinzip abgebildet, das derzeit jedoch nur theoretisch realisierbar ist.

Mehrstufige R/3-Konfigurationen sind besonders interessant für Anwender, die einen hohen Rechenaufwand benötigen, etwa für CAD-Systeme oder Simulationen oder auch für Softwareentwickler. Beide benötigen leistungsfähige Front-End-Rechner. Weniger Leistung wird für die Windows- oder Macintosh-Systeme benötigt, die im allgemeinen als Präsentations-Server verwendet werden.

2.3 Systemübersicht

Beim Einsatz von SAP R/3 stehen verschiedene Hard- und Softwareplattformen für Datenbank- und Applikationsserver zur Verfügung. Im wesentlichen sind dies Client/Server-Systeme aus dem UNIX-Bereich sowie neuerdings Windows-NT-Rechner (ab Sommer/Herbst 1995).

Datenbanken

Als **Datenbanken** stehen u.a. folgende Systeme zur Verfügung:
- Oracle 7
- ADABAS D
- MS SQL-Server (nur Windows NT)
- Informix Online 6 (nur UNIX)

Hardware

Bei der **Hardware** können folgende Systeme eingesetzt werden:
- AST   mit   Manhattan SMP
- AT&T   mit   GIS 3000 (NCR)
- Compaq   mit   ProLiant 2000 + 4000
- HP   mit   NetServer
- Sequent   mit   WinServer 500 + 3000
- SNI   mit   PCD 5S

2.3 Systemübersicht

Betriebssysteme

Dabei kommen folgende **Betriebssysteme** der jeweiligen Hardwarehersteller zum Einsatz:
- OSF/Motif
- AIX
- HP/UX
- MPE/iX
- Solaris
- SINIX
- Windows NT u.a.

Front-Ends

Als **Front-End-Betriebssysteme** stehen hierbei, unabhängig von der Hard- und Software der Server, folgende Hardware mit den genannten Betriebssystemen zur Verfügung:
- Apple Macintosh mit MacOS
- Intel-basierte PCs mit DOS & Windows 3.1/3.11 (Windows95) bzw. OS/2
- UNIX-Clients mit einem UNIX-Derivat als entsprechendem Betriebssystem

Unter Windows NT und UNIX können, je nach Ausprägung der Client/Server-Struktur, also je nach Trennung der Ebenen, bis zu mehrere hundert Benutzer aufgenommen werden. In der Praxis werden jedoch Systeme eingesetzt, an die bis zu hundert Benutzer angeschlossen sind.

Zukunftsaussichten

SAP befaßt sich zur Zeit mit **der Erschließung neuer Kommunikationstechnologien**, so wurde auf der CeBit '95 die Integration von Intels „**ProShare**" im SAP-System präsentiert. Somit sind Videokonferenzen und Online-Hilfe (siehe OSS) mit Kunden möglich, ohne vor Ort präsent zu sein. Diese neue Möglichkeit des Supports spart somit Fahrt- und Reisekosten sowie erheblich an Zeit.

Als weitere Systemerweiterung möchte SAP Apples „**Newton**" einbinden. Damit könnten Daten auch mobil erfaßt werden. Mögliche Einsatzgebiete wäre z.B. die Inventur- oder Bestellaufnahme durch Außendienstmitarbeiter.

3 Softwarearchitektur des R/3-Systems

Das System wurde mit Hilfe der *"ABAP/4 Development Workbench"* (siehe Punkt 3.3) entwickelt; diese wird allen Anwendern zur Lösung individueller Anforderungen beim Erwerb des R/3-Systems bereitgestellt.

Nach der allgemein anerkannten Definition des **Institute of Electrica and Electronics Engineers (IEEE)** für **Portable Operating System Interface for UNIX** wurde ein offenes System entworfen. Das führt dazu, daß alle Systemweiterentwicklungen Rücksicht auf bestimmte Standards nehmen müssen, um eine Offenheit der Schnittstellen sicherzustellen.

3.1 Softwareschnittstellen

Um eine möglichst offene Softwarearchitektur zu gewährleisten und somit Programmerweiterungen und die Kommunikation mit anderen Systemen zu erlauben, sind im SAP-System verschiedene standardisierte Schnittstellen implementiert.

Hierbei werden Schnittstellen zur Kommunikation mit fremden Systemen und zum Austausch bzw. Einbettung fremder Daten sowie Programmierschnittstellen unterschieden.

3.1.1 Kommunikations- und Softwareschnittstellen

- **Electronic Data Interchange (EDI)**
  Ermöglicht den Austausch zwischen R/3 und anderen, SAP-fremden, Systemen. So können z.B. Daten mit Lieferanten und Kunden ausgetauscht werden, auch wenn diese kein SAP-System einsetzen. Dieses System wurde zuerst in der Automobilindustrie eingesetzt, um eine Just-In-Time-Produktion zu ermöglichen.

- **CPI-C**
  Protokoll für die Kommunikation zwischen Programmen auf unterschiedlichen Rechnern.

- **TCP/IP**
  Allgemeines Netzwerkprotokoll für Kommunikation und Datenübertragung. Dieses Protokoll erlaubt auch den Zugriff aufs Internet.

- **Application Link Enabling (ALE)**
  Dient der Kooperation mehrerer betriebswirtschaftlicher Systeme. ALE steht schon während der Entwicklung von Programmen zur Verfügung.

- **Object Linking and Embedding (OLE)/ Dynamic Data Exchange (DDE)**
  Diese beiden Standards zum Austausch bzw. zur Einbettung von Daten aus Fremdanwendungen werden vom SAP-System ebenfalls unterstützt.

3.1.2 Programmierschnittstellen

- **Remote Function Call (RFC)**
  Programmierschnittstelle zum SAP-System. Mit dem RFC können Programmierer auf die SAP-Funktionen im System und den Modulen zugreifen. Diese RFCs sind auch über das Netzwerk verfügbar.

- **Structured Query Language (SQL)**
  Die Standard-Abfragesprache für relationale Datenbaken bietet die Möglichkeit, Unternehmensdaten auszuwerten. Unterstützt wird neben Standard-SQL auch ein SAP-eigener SQL-Dialekt.

- **Open Database Connectivity (ODBC)**
  Dieser Standard ermöglicht dem Programmierer den Zugriff auf fremde Datenbanken über das Netzwerk.

3.2 Die offene und modulare R/3-Systemarchitektur

Um Branchenneutralität und Internationalität zu garantieren, wurde R/3 als offenes und modulares System entwickelt. Somit kann der R/3-Kunde das System an seine Erfordernisse anpassen und auch selbst erweitern. Es müssen nur die unmittelbar benötigten Module beschafft werden, dadurch wird das System mit Codes und Daten nicht unnötiger belastet und die Kosten bewegen sich in einem überschaubaren Rahmen.

Der modulare Aufbau ist als ein Baukasten oder ein Puzzle vorstellbar (siehe Abb. 1.7). Beim Kauf des Basissystems entscheidet man sich für eine der oben genannten Datenbanken und installiert das vollständige System. Die Benutzung des Systems wird jedoch je nach Bedarf eingeschränkt. Der Preis des Gesamtsystems richtet sich nach Anzahl der Gesamtbenutzer sowie nach Art und Anzahl der eingesetzten Module.

3 Softwarearchitektur des R/3-Systems

In den folgenden Abschnitten werden das Basissystem und die Module mit ihren Leistungsmerkmalen und ihrem Funktionsumfängen sowie die Integration der Module in der SAP-GUI (Bedieneroberfäche von R/3) kurz beschrieben.

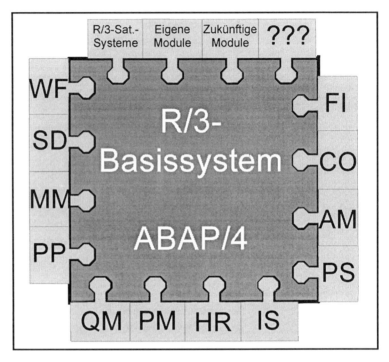

Abb. 1.7
Schema des
Modulaufbaus

3.2.1 BC - Basissystem (Basic Components)

Das Basismodul ist im wesentlichen dafür zuständig, die Verbindung zwischen Datenbank und den angeschlossenen Modulen zu gewährleisten. Desweiteren sind noch folgende wichtige Funktionen - im Releasstand 2.1F/2.2A - integriert:

- Administration und Customizing
- Graphical User Interface (GUI)
- Verwaltung von Hintergrundprozessen
- Systemüberwachungsfunktionen
- Netzwerkfunktionen
- Hardwaresteuerung
- Programmierschnittstellen
- Entwicklungsumgebung
- Datenbank

3.2.2 FI - Finanzwesen (Financial Accounting)

- Hauptbuchhaltung
- Debitorenbuchhaltung
- Kreditorenbuchhaltung
- Konsolidierung
- Finanzcontrolling
- Finanzmittelüberwachung

3.2.3 CO - Controlling

- Kostenstellenrechnung
- Leistungsrechnung
- Auftrags- und Projektrechnung
- Produktkostenrechnung
- Ergebnis- und Marktsegmentrechnung
- Profit-Center-Rechnung
- Unternehmenscontrolling

3.2.4 AM - Anlagenwirtschaft (Assets Management)

- Investitionscontrolling
- Anlagenbuchhaltung
- technische Anlagenverwaltung

3.2.5 PS - Projekt System (Project System)

- Grunddaten
- Planung und Forecasting
- Integration
- Informationssystem

3.2.6 HR - Personalwirtschaft (Human Resources)

- Organisation und Planung
- Planung und Controlling
- Personaladministration
- Zeitwirtschaft
- Reisekosten
- Personalabrechnung
- Internationale Bruttoabrechnung

3.2.7 PM - Instandhaltung (Plant Maintenance)

- technische Objekte in der Instandhaltung
- vorbeugende Instandhaltung
- Instandhaltungsauftragsverwaltung

3.2.8 QM - Qualitätsmanagement (Quality Management)

- Prüfplanung
- Prüfabwicklung

3.2.9 PP - Produktionsplanung (Production Planning)

- Grunddaten
- Absatz- / Produktionsgrobplanung
- Bedarfsplanung
- Programmplanung
- Fertigungsaufträge
- Fertigungsinformationssystem
- Erzeugniskalkulation
- Kapazitätsgleichung
- Kapazitätsabgleich
- Leitstand
- Kopplung an Subsysteme (siehe Satelllitensysteme)

3.2.10 MM - Materialwirtschaft (Material Management)

- Grunddaten
- Einkauf
- Einkaufsinformationssystem
- Lagerverwaltung
- Bestandsführung
- Rechnungsprüfung

3.2.11 SD - Vertrieb (Sales and Distribution)

- Verkauf
- Versand
- Fakturierung
- Vertriebsunterstützung
- Vertriebsinformationssystem

3.2.12 WF - Workflow

- Analyse, Organisation und Kontrolle von Geschäftsverläufen
- Verstärkung der Informationsstruktur in einem Unternehmen
- SAP-Office (Mail, XXL, u.a.)
- Optische Archivierung

3.2.13 IS - Branchenlösungen (Industry Solution)

Um der Branchenneutralität gerecht zu werden, wurden sämtliche branchenspezifische Daten in die folgenden Module integriert, so daß die meisten Unternehmen mit einem dieser Module bedient werden können.

Folgende **Branchenlösungen** stehen zur Verfügung:

- **IS-PS (Public Sector)**
  Modul für das Haushaltsmanagement und die kameralistische Buchführung im öffentlichen Dienst
- **IS-P (Publishing)**
  Modul zur Anzeigenverwaltung und Vertrieb für Verlage und Druckereien
- **IS-H (Hospital)**
  Krankenhausverwaltung
- **IS-IS (Insurance)**
  Vermögensverwaltung für Versicherungs- und Finanzdienstleistungsunternehmen
- **IS-B (Banking)**
  Bankwesen
- **IS-Oil (Oil)**
  Ölindustrie
- **IS-RT (Retail)**
  Einzel- und Großhandel
- **IS-Utilities**
  Versorgungsunternehmen
- **PP-PI**
  Branchenlösung der Produktionsplanung und -steuerung für die prozeßorientierte Industrie

3.2.14 Organisation der Module in der SAP-Oberfläche

In der SAP-Oberfläche werden die Module zu den Gruppen (Hauptmenüpunkten)

- **Rechnungswesen** (FI, AM, CO, PM)
- **Logistik** (MM, SD, PP, QM, PS, PM)
- **Personal** (HR)

zusammengefaßt (vgl. Abb. 3.1).

Die Entwicklungsfunktionen sowie die Elemente des Basissystems finden sich in den Gruppen

- **Werkzeuge** und
- **System**

wieder.

3.2.15 R/3 - Satellitensysteme

Eine besondere Rolle in der Modularchitektur von R/3 spielen die sog. Satellitensysteme, die in R/3 entwickelt wurden. Diese werden von den Unternehmen eingesetzt, die gleichzeitig R/2 und R/3 einsetzten.

Die Satellitensysteme bilden also eine Schnittstelle zwischen R/3 und R/2, dabei besitzt das Satellitensystem eine eigene Datenbank, um darin eine Kopie der Stammdaten aus dem R/2-System anzulegen.

Folgende **R/3-Satellitensysteme** stehen dabei zur Verfügung:

- Fertigungsinstandhaltungs- und Qualitätsleitstand
- Lagerverwaltungssystem
- dezentrales Versandsystem
- Finanzsystem für die Konsolidierung
- Finanzmittelmanagementsystem
- Executive Information System

3.2.16 Eigene R/3-Erweiterungen

Theoretisch könnten mittels der oben genannten Schnittstellen sowie des Einsatzes von ABAP/4 (siehe Punkt 3.3) auch eigene R/3-Erweiterungen geschrieben werden. Das Kosten-Nutzen-Verhältnis ist genau abzuwägen, da die Programmpflege solcher Entwicklungen oft unterschätzt wird. In begrenztem Maße unterstützt SAP auch Kundenerweiterungen, wenn sie u.a. für eige-

Zukunftsaussichten — ne Entwicklungsvorhaben ausgebaut werden können. Gerade bei Releasewechseln muß oft ein enormer Zeitaufwand getätigt werden, um die Funktionen des entwickelten Programms weiterhin nutzen zu können.

SAP plant für die Erweiterung ihres Systems R/3 folgende **Erweiterungen** und Module:

- Leitstandsfunktionen
- Treasury
- Import und Export
- Transport / Verkehr u.a.

Mit dem Erscheinen von SAP-R/3, Release 3.0, soll die Funktionsvielfalt von R/3 zum ersten Mal den Funktionsumfang des Großrechnersystems R/2 übertreffen.

3.3 Programmiersprache und Development Workbench

3.3.1 ABAP/4

ABAP/4 steht für **Advanced Business Application Programming**, die 4 steht für die **4. Generation** von Programmiersprachen. Dieses System ist zuständig für die Ergänzung, Abänderung von Modulen und Programmen sowie für die Auswertung firmenspezifischer Daten.

Programmiersprache der 4. Generation — Die Programmiersysteme der vierten Generation sind eine Weiterentwicklung der HLL (High Level Language; 3. Generation), also von Sprachen wie Modula-2, Pascal, C usw.. Sie sollen einen weiteren Schritt in Richtung „Annäherung an die natürliche, menschliche Sprache" sein. Desweiteren wird auch die modulare und strukturierte Programmierung unterstützt.

Ein **Vorteil** von 4GL-Systemen (4. Generation Language), wie diese Programmiersprachen auch genannt werden, liegt in der **relativ einfachen Verarbeitung großer Datenmengen**, die durch die Zusammenarbeit mit einem DB-System ermöglicht wird. Ein weiterer Vorteil liegt in den meist kurzen Programmierzeiten, die durch einen großen Sprachumfang und zahlreiche Tools erzielbar sind. Auf der anderen Seite hat der große Sprachumfang aber auch längere Einarbeitungszeiten der Programmierer zur Folge.

Ein gravierender **Nachteil** des Programmiersystems liegt in der **fehlenden Standardisierung von 4GL-Systemen.** ABAP/4 bietet im Gegensatz zu anderen 4GL-Systemen den großen Vorteil, daß es auf mehreren Datenbanken lauffähig ist.

3.3.2 Einsatzgebiete von ABAP/4

Query

Das Haupteinsatzgebiet des Entwicklungssystems ABAP/4 liegt in der Auswertung von Firmendaten mittels des Werkzeugs **Query**. Es bestehen die Möglichkeiten, Module anzupassen, Erweiterungen zu schreiben oder sogenannte Dynpros (dynamische Programme) zu entwickeln.

Dynpro

Als **Dynpro** bezeichnet man ein Programm, die zugehörige Bildschirmdarstellung sowie die Aufbau- und Ablauflogik zwischen Programm und Bildschirmdarstellung. Dynpros werden zur Dialog-Programmierung eingesetzt.

Zur Auswertung von Firmendaten steht dem Anwender das Werkzeug **Query** zur Verfügung. Dieses Werkzeug ist leicht zu bedienen und setzt keine Kenntnisse von Programmiersprachen voraus. Dieses Tool erstellt automatische Programme (sog. **Reports**), die jedoch nur eine einfache Auswertung von Daten zulassen.

Report

Für die Auswertung von komplexeren Daten steht dem Programmierer das Werkzeug **Report** zur Verfügung. Hierbei wird auch die Standardabfragesprache SQL (**Structured Query Language**) unterstützt, wobei SAP zwischen Standard-SQL und einem „SAP-Dialekt" unterscheidet.

3.3.3 Data Dictionary

Das Data Dictionary ist eine Ansammlung aller sogenannter Metadaten, d.h. Daten über Tabellen, Felder, Bildschirmdaten, Datenstrukturen sowie Beziehungen zwischen Daten (siehe Abb. 1.8).

Zur Anzeige dieser Metadaten wird ein sehr leistungsfähiges Informationssystem zur Verfügung gestellt.

3.3 Programmiersprache und Development Workbench

Abb. 1.8
Data Dictionary

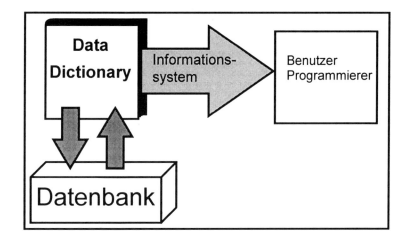

3.3.4 Entwicklungsumgebung

Die Entwicklungsumgebung setzt sich aus mehreren Tools und Hilfsmitteln zusammen (siehe Abb. 1.9). Neben den bereits skizzierten Tools Report und Query stehen weitere zur Verfügung, die nachfolgend kurz vorgestellt werden.

Editor

Der **Editor** der ABAP/4 Development Workbench enthält neben den üblichen Editierfunktion, wie z.B. Kopieren, Ausschneiden usw., auch einen Pretty Printer zur Strukturierung von Quellcodes, eine Funktion zur Syntaxüberprüfung und viele andere nützliche Funktionen. Besonders hervorzuheben ist hierbei die systemweite Navigationshilfe für den Programmierer.

Abb. 1.9
ABAP/4-Entwicklungsumgebung
(nicht vollständig)

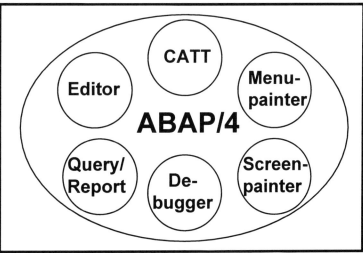

CATT	Als weiteres Wekzeug der Entwicklungsumgebung sind die **C**omputer **A**ided **T**est **T**ools, kurz **CATT**, zu nennen. Sie dienen zur Unterstützung des (teil)automatisierten Tests von Programmfunktionen mit Massendaten.
Screen-/ Menupainter	Mit den Tools **Screen- und Menupainter** können vom Programmierer leicht Bildschirmmasken, Menüs und Dialoge mit Anlehnung an das SAP-Styleguide (Richtlinien für die Programmierung und das Design von Anwendungen zu R/3) entworfen werden.
Debugger	Als letztes ist noch der **Debugger** zu nennen, der zur Fehlersuche dient und eine Einzelschrittfunktion für die Programmausführung bietet. Das Besondere an diesem Debugger ist die Einbeziehung von **Remote Function Call's (RFC)**, die systemweit integriert werden.

4 Einstieg in R/3

4.1 Starten von R/3

Bei den nächsten Schritten wird von der Bedieneroberfläche unter dem Windows Front-End ausgegangen.

Nach dem Windows-Start steht das SAP-R/3-Icon (siehe Abb. links) in einer eigenen Anwendergruppe. Das Anklicken mit der Maus oder über Tastutur bewirkt das automatische Öffnen des Anmeldefensters von R/3 (siehe Abb. 1.10).

4.1.1 Anmelden

Um sich erfolgreich anzumelden, benötigt man folgende Informationen:

① **Mandantennummer**
② **Benutzerkennung**
③ **Kennwort** (bei erstmaligem Anmelden auch das Initialkennwort)

Desweiteren kann auch die gewünschte ④ **Sprache** angegeben werden, in der die Dialoge geführt werden.

4.1 Starten von R/3

Abb. 1.10
Das Anmeldungs-
fenster von R/3

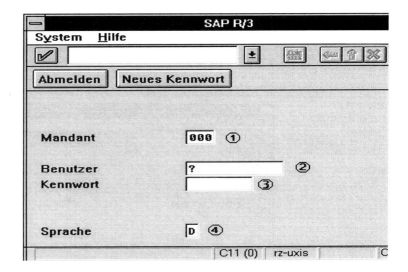

Benutzerkennung
Die **Benutzerkennung** wird vom Systemadministrator eingerichtet und mitgeteilt. Gleichzeitig werden somit die Zugriffsrechte festgelegt.

Paßwort
Das **Paßwort** benötigt der User unbedingt für das Anmelden. Das Paßwort muß folgende Eigenschaften haben, um das System vor dem Zugriff Unbefugter zu schützen:

- Es muß zwischen 3 und 8 Zeichen lang sein.
- Am Anfang dürfen keine 3 gleichen Zeichen sowie kein Fragezeichen und keine Leerstelle stehen.
- Es darf keine drei aufeinanderfolgende Zeichen enthalten, die schon in der Benutzerkennung stehen.
- Groß- und Kleinschreibung wird nicht unterschieden.

Es dürfen alle Sonderzeichen und Buchstaben sowie Zahlen verwendet werden.
Für das erste Anmelden benötigt man ein **Initialkennwort**, das sofort nach dem Starten geändert werden sollte.

4.1.2 Abmelden

Das Abmelden kann entweder vom Menü „**System**" mit dem Menübefehl „**Abmelden**" oder durch Eingabe des Kommandos „**/nend**" in der Befehlseingabe erfolgen.

4 Einstieg in R/3

4.2 Oberfläche und Bedienung von R/3

Nach der richtigen Eingabe der Anmeldedaten sowie des Paßwortes und dem Drücken der [Enter]-Taste findet man den Arbeitsbildschirm vor. Dieser kann aus folgenden Elementen bestehen (siehe Abb. 1.11):

Abb. 1.11
Aufbau eines Fensters

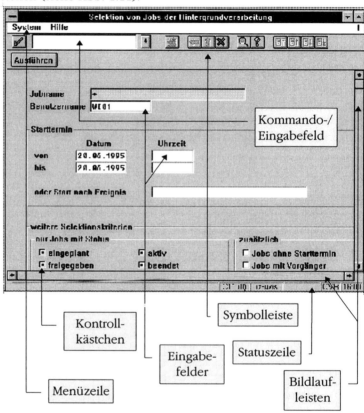

Bildschirm

Der **Bildschirm** des Windows-Front-End entspricht im wesentlichen dem anderer Programme unter dieser Benutzeroberfläche. Am unteren Ende befindet sich noch die Statuszeile. Diese zeigt Uhrzeit, Servername, Zustände des Rechners sowie ein Teil der Fehlermeldungen (z.B., daß ein Befehl nicht verfügbar ist usw.) an.

Menüzeile

Die **Menüzeile** dient zum Starten von Modulanwendungen. Um zum Beispiel zur Materialwirtschaft zu gelangen, muß nur der Hauptmenüpunkt „Logistik" mit der Maus angeklickt werden. Es erscheint ein Pulldown-Menü mit allen installierten Logistik-Bereichen der SAP-Software. Jetzt klickt man mit der Maus auf

4.2 *Oberfläche und Bedienung von R/3*

„Materialwirtschaft", daraufhin erscheint ein weiteres Menü, in dem nun das Aufgabengebiet auszuwählen ist. Es erscheint die Arbeitsumgebung, in der Daten bearbeitet oder eingegeben werden können.

Die Einstellung von Farben, Schriftarten usw. wird im „ ! "-Pulldown-Menü erledigt. In diesem Menü erhält man auch Informationen zum System und zur Ressourcenausnutzung.

Symbolleiste

In der **Symbolleiste** werden alle wichtigen Funktionen zur Bedienung des Systems bereitgestellt. Diese werden im folgenden kurz beschrieben:

Das Symbol mit dem **gelben Ordner** dient zum Speichern der Änderungen und Eingaben, die durchgeführt wurden.

Den **grünen Pfeil** (nach rechts) benötigt man, um eine Ebene nach oben bzw. einen Schritt zurück zu gelangen. Mit dem **gelben Pfeil** (nach oben) gelangt man entweder eine Ebene nach oben, löst eine Aktion aus bzw. schickt einen Auftrag ab.

Um einen Auftrag abzubrechen, drückt man das Symbol mit dem **roten „ X "**. Bei dieser Aktion werden keine Daten gespeichert.

Die Suche nach Eingabemöglichkeiten wird mit dem **Lupensymbol** ermöglicht. Um eine allgemeine Hilfe anzufordern, muß das **Fragezeichen** angeklickt werden.

Zur **Navigation in Dokumenten** stehen die vier Symbole ganz rechts auf der Symbolleiste zur Verfügung. Mit dem ersten gelangt man ganz nach oben ins Dokument, mit dem letzten an das Ende. Mit den beiden anderen Symbolen kann man jeweils eine Seite nach oben bzw. nach unten blättern.

Abb. 1.12
Eingabefeld und OK-Taste

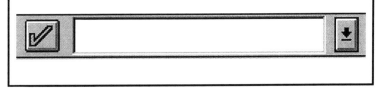

Eine besondere Rolle spielt das **Eingabefeld** (siehe Abb. 1.12). In diesem Feld ist die Eingabe von Kommandos und Transaktionscodes möglich. Die Eingabe wird mit der **OK-Taste** (siehe links) abgeschickt; mit ihr werden alle Bildschirmeingaben abgeschlossen. Diese Art der Eingabe wurde aus Kompatibilitätsgründen gegenüber R/2 aufgenommen, so daß ehemalige R/2-Benutzer sich sehr schnell in die neue Umgebung einarbeiten

4   Einstieg in R/3

können. Zum Abmelden aus dem System kann hier zum Beispiel „**/nend**" eingegeben werden.

4.2.1 Ebenen in der SAP-GUI

Um eine möglichst klare Benutzerführung zu ermöglichen, wurde die Oberfläche in drei Ebenen unterteilt.

SAP-Ebene

Die erste Ebene findet man nach dem Starten von SAP-R/3 vor. Sie bietet für den Einstieg ein einheitliches Menü mit allen Arbeitsgebieten des Systems.

Arbeitsgebieteebene

In der **Arbeitsgebietsebene** sind die Objektklassen und Anwendungen des jeweiligen Arbeitsgebietes zusammengefaßt.

Anwendungsebene

In der **Anwendungsebene** können die verschiedenen Objekte der jeweiligen Objektklasse (z.B. Aufträge) bearbeitet oder Daten angelegt werden.

4.2.2 Hilfesystem

Die Oberfläche von R/3 bietet vielfältige Möglichkeiten der Hilfestellung. Eine Möglichkeit davon ist das Drücken der F1-Taste. Dadurch öffnet sich ein Hilfefenster zum aktuellen Thema; eine andere Möglichkeit ist das Anklicken des Fragezeichensymbols (siehe Symbolleiste).

Abb. 1.13
Das Hilfemenü

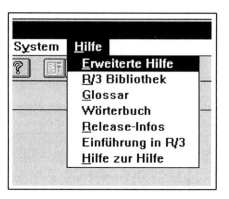

Die dritte Möglichkeit bietet das Hilfemenü (siehe Abb. 1.13) in der Menüzeile. Durch das Anwählen des Hilfe-Befehls in der Hauptmenüzeile wird ein Pulldown-Menü aufgeklappt, das verschiedene Wege zur Lösung des Problems anzeigt. Dieses Menü bietet außer der Hilfe auch noch folgende Punkte:

- **Glossar** zu Erklärung von Fachbegriffen
- **Einstiegshilfe** in R/3
- **Informationen** zur aktuellen Systemversion
- **Online-Dokumenation** zur Systembeschreibung

4.2.3 Transaktions- und Matchcodes

Wie oben bereits erwähnt, besteht die Möglichkeit der Eingabe von Transaktionscodes in das Eingabefeld, um sich im System zu bewegen. **Transaktionscodes** bestehen aus einer vierstelligen Zahlenkombination. Um einen Trans-aktionscode zu suchen, drückt man die [F5]-Taste.

Für das Auffinden eines nicht genau bekannten Datensatzes stehen im SAP-System sogenannte „**Matchcodes**" zur Verfügung. Eine Liste dem System bekannter Matchcodes und weiterer Eingabemöglichkeiten erhält man durch das Drücken der [F4]-Taste.

4.2.4 Tastaturbelegung

Die SAP-Oberfläche arbeitet mit **24 Funktionstasten**. Sollen diese mit einem PC mit nur 12 Funktionstasten bedient werden, ist eine Doppelbelegung von Tasten nötig. Die Funktionstasten 13 bis 24 erreicht der User dann durch das Drücken von [⇧]-[F1] bis [⇧]-[F12].

Abschließen noch die wichtigsten **Funktionstasten** in einer kurzen Übersicht:

Taste	Funktion
[F1]	Hilfe
[F3]	Zurück
[⇧]+[F3]	Beenden
[F4]	Matchcodes-Liste
[F5]	Suche nach Transaktionscode
[F11]	Sichern
[F12]	Abbrechen

5 Resümee

Der Generationswechsel in der Architektur der Standardsoftware von der Mainframe- zur Client-Server-Welt zwingt viele Unternehmen diesen Weg mitzugehen, unabhängig davon, ob sie sich der Kostenvorteile oder eines zusätzlichen Nutzens wirklich sicher sind. Wenn marktprägende Systeme, wie z.B. SAP-R/3, eindeutig als eine *„neue strategische Linie der Softwarehersteller"* erkennbar werden, so muß sich der Nutzer fragen, wie er vorgehen muß, um in seinem Hause eine nahezu komplett neue Datenverarbeitung aufzubauen und wie er dabei trotzdem den laufenden Tagesbetrieb aufrechterhalten kann.

Abwarten ist keine zulässige Strategie, da eine statische und veraltete Software die laufende Neugestaltung der Geschäftsprozesse letztlich nicht mittragen kann und zum Hemmschuh wird. Der Druck auf die DV-Abteilung würde nur größer und wertvolle, nutzbare Zeit ginge verloren.

Der Erneuerungsprozeß ist so umfassend, wie dies in früheren Jahren noch nie in so kurzer Zeit der Fall war. Die Hardwarearchitektur muß neu gestaltet werden, ein wesentlicher Schwerpunkt liegt auf dem Einsatz von Netzwerken, die Betriebssysteme sind neu und deutlich anders in der Handhabung als die der Großrechnersysteme, und nicht zuletzt setzt sich die graphische Benutzeroberfläche auf dem PC durch.

„Zu allem Überfluß und oft zum Leidwesen der DV-Abteilung, läßt der PC dem Benutzer neue Freiheiten, die dieser auch ausführlich nutzt".

2. Kapitel

CUSTOMIZING

1 Einführung

Aufgaben des Customizings

Mit dem Customizing wird das SAP R/3 System auf die speziellen Anforderungen und Bedürfnisse eines Unternehmens eingestellt. bzw. bestehende Strukturen modifiziert und erweitert. Desweiteren werden über das Customizing neue SAP Anwendungen und Releases problemlos in bestehende Systemstrukturen miteingebunden.

Die Systemkonfiguration findet durch Eintragen von Parametern in eine Vielzahl von vorgegebenen Programmtabellen statt.

1.1 Voraussetzungen

Für die Einstellungen des R/3 Systems sind folgende Voraussetzungen erforderlich:

- **Kenntnis der R/3 Funktionalität**
- **Definiertes Anforderungskonzept**
  R/3-Customizing leistet keine Unterstützung bei der Erarbeitung globaler betriebswirtschaftlicher Konzepte. Es setzt auf der Existenz eines vorab definierten groben Anforderungskatalogs auf und geht von einem hohen Abdeckungsgrad durch die SAP-Software aus.
- **Kenntnisse über SAP-*script*,** wenn die Projektdokumentation mit dem Customizing erstellt wird.
- **Kenntnisse über das SAP-Transportwesen**
  für die Übertragung von Voreinstellungen von einem Produktionsvorbereitungsmandanten in einen Produktivmandanten (Echtzeitbetrieb), insbesondere wenn diese Mandanten in verschiedenen Systemen eingerichtet sind.
- **Festlegung der Systemkonfiguration**
  Die optimale Systemkonfiguration (Systeme, Mandanten) hängt stets von den konkreten betriebswirtschaftlichen Gegebenheiten ab.

1.2 Verfahren

R/3-Customizing ist das Verfahren für die

- schnelle, sichere und transparente Einführung und Erweiterung der SAP-R/3-Anwendungen;
- Anpassung der unternehmensneutral ausgelieferten Funktionalität auf die spezifischen Anforderungen des Unternehmens;
- Steuerung und Dokumentation des Einführungsprojekts.

Ein anderes Verfahren für die Systemeinstellung steht nicht zur Verfügung. Die Systemeinstellung beruht letztlich aus dem Eintragen von Parametern in eine Vielzahl von Tabellen.

Im Customizing wird man nach betriebswirtschaftlichen Gesichtspunkten zu diesen Tabellen geführt. Dabei werden die physischen Tabellenstrukturen nicht gezeigt. Man benötigt also kein SAP-technisches Spezialwissen für die Systemeinstellung.

1.3 Das ausgelieferte System

Mit der Installation steht ein voreingestelltes System zur Verfügung. Dieses System beinhaltet zwei Mandanten, die unterschiedliche Inhalte aufweisen und die Basis für die Systemeinstellung sind.

Definition eines Mandanten

Der erste Gedanke, ein Mandant sei ein Kunde des Unternehmens, das das R/3 System betreibt, ist falsch. In der Definition von SAP ist unter einem Mandanten das Unternehmen selbst, welches das System betreibt zu verstehen. In diesem Mandanten sind die gesamten Parameter und Stammdaten in Tabellen gespeichert. Der Mandant und der „*General Ledger*" (als mandantenübergreifende Instanz) sind folglich die höchsten Instanzen im SAP System. Filialen des Unternehmens sind keine eigenen Mandanten. Die systembezogene Trennung von der Muttergesellschaft wird über die Buchungskreise vollzogen.

1.3.1 MANDANT 000 (SAP-Modellunternehmen)

Der Mandant 000 ist der SAP-Standardmandant, der ein branchenneutrales Modellunternehmen repräsentiert. Er ist komplett voreingestellt, so daß darin die Funktionen aller Module sofort ablauffähig sind.

In diesem Mandanten werden die SAP-Standardeinstellungen konserviert. Bei neuen Releases erweitert SAP die Standardeinstellungen.

1 Einführung

Damit immer auf die aktuelle SAP-Version dieser Mandanten zugegriffen werden kann, dürfen darin keine Systemeinstellungen verändert werden.

Empfehlung zum Mandant 000

Das Kopieren des Mandanten 000 in einen Mandanten (xxx) kann durchgeführt werden, um im Modellunternehmen

- sofort die Anwendungsfunktion kennenzulernen;
  (Hierfür sind jedoch Grundkenntnisse über die R/3-Anwendungen unerläßlich.)
- Schulungen durchzuführen;
- Schulungen nachzuarbeiten.

Die Vorgehensweise zur Erstellung neuer Mandanten wird im Kapitel „*Werkzeuge*" beschrieben.

1.3.2 Einstellungen im Mandanten 000 (Modellunternehmen)

Der Mandant 000 stellt ein branchenneutrales Modellunternehmen dar mit:

Einstellungen im SAP-Modellunternehmen

- einer einfachen Organisationsstruktur
- konsistenten Parametern für alle Anwendungen
- Standardkonfigurationen, u.a. für die Kontenfindung
- Steuerung betriebswirtschaftlicher Vorgänge
  Musterprofilen und Verfahren, u.a. für:
  - das Mahnen und Zahlen
  - die Disposition und Prognose
  - die Preisfindung
  - die Nachrichtensteuerung
  - das Druck-Layout und das Formular-Layout
  - die Berechtigungen
- Mustern für die wesentlichen Stammdaten

1.3.3 MANDANT 001 - Produktionsvorbereitung

Der Mandant 001 ist der Produktionsvorbereitungsmandant und damit der Ausgangspunkt für den Aufbau von Produktivmandanten. In diesem Mandanten findet man - im Unterschied zum Mandanten 000 - nur wenige Parameter (z.B. Musterbuchungskreise), die auf eine Organisationseinheit bezogen sind. Außerdem sind im Mandanten 001 keine Stammdaten vorhanden. Die Bearbeitung von Anwendungsfunktionen ist in diesem Mandanten erst möglich, nachdem die unternehmensspezifischen Systemeinstellungen vorgenommen wurden.

2 Elemente des Customizing

Das R/3 Customizing besteht aus den folgenden **Hauptelementen**:

- Einstellungsmenü
- Einführungsleitfaden
  - Gesamtversion
  - Funktionsbezogene Version
  - Releasebezogene Version
  - Projektsteuerungsfunktionen & Dokumentationsfunktionen
- Projektauswertung
- Vorgehensmodell

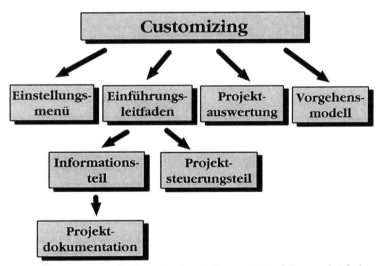

Abb. 2.1 Elemente des Customizing

Einstellungsmenü (siehe Punkt 2.5) und Einführungsleitfaden (siehe Punkt 2.2) sind eng miteinander verknüpft.

Integration im Customizing

Wechsel vom Einstellungsmenü in den Einführungsleitfaden:

- über F1 bei gedrückter linker Maustaste im Einstellungsmenü
- über *HILFE* ⇨ *ERWEITERTER HILFE* in der Customizing-Transaktion

2 Elemente des Customizing

Ausführung einer Customizing-Transaktion im Einführungsleitfaden:

Doppelklick auf die Aufforderung „*FUNKTION AUSFÜHREN*". Die Abfolge der einzelnen Punkte entspricht der empfohlenen Reihenfolge bei der Einführung der SAP-Module:

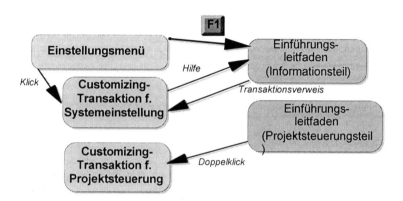

Abb. 2.2
Zusammenspiel Einstellungsmenü und -leitfaden

2.1 R/3-Vorgehensmodell

Hinter dem R/3-Vorgehensmodell verbirgt sich die von SAP empfohlene Vorgehensweise, um das R/3-System in einem Unternehmen einzuführen. Diese Einführung wurde in vier Phasen untergliedert, die die jeweiligen Arbeitsschritte enthalten. Die Arbeitsschritte sind auf hohem Abstraktionsniveau gehalten und liefern dadurch eine Möglichkeit der Einführung in jede beliebige Unternehmensstruktur.

Durch die Einführung mit dem Vorgehensmodell erhält der User:
- Anwendungsübergreifende Grundinformationen
- Planungsgrundlagen für das Einführungsprojekt
- Planungsgrundlagen für die Beratungsunterstützung

Phasen des Vorgehensmodells

Das Vorgehensmodell ist - wie der Einführungsleitfaden - ein Online-Buch mit Hypertext-Struktur (siehe Abb. 2.3) und gliedert sich in folgende **Phasen**:
- Organisation und Konzeption
- Detaillierung und Realisierung
- Produktionsvorbereitung
- Produktionsanlauf

2.1 R/3-Vorgehensmodell

Einstieg in das Vorgehensmodell

„WERKZEUGE ⇨ CUSTOMIZING ⇨ VORGEHENSMODELL"

Abb. 2.3
Vorgehensmodell

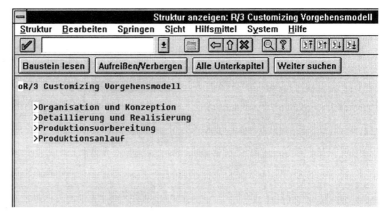

Das R/3-Vorgehensmodell geht davon aus, daß im Rahmen einer Einsatzuntersuchung festgestellt wurde, daß das SAP-System prinzipiell für die unternehmensspezifischen Anforderungen geeignet ist.

2.1.1 Phase 1: Organisation und Konzeption

Die erste Phase befaßt sich mit der Organisation und der Konzeption der Einführung des Systems; sie beinhaltet folgende Schritte (siehe auch Abb. 2.4):

- Erarbeiten der Fach- und DV-Konzepte für die Nutzung des SAP-Systems gemäß der betriebswirtschaftlichen Ziele.
- Festlegen der Organisation der Projektarbeit.
- Auswählen der SAP-Module anhand der Fach- und DV-Konzepte.

Abb. 2.4
Systembeispiel
Phase 1

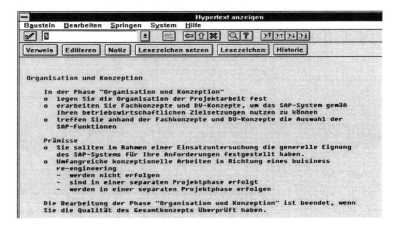

2 Elemente des Customizing

Die Phase Organisation und Konzeption endet mit der Qualitätsprüfung des Gesamtkonzepts (siehe Abb. 2.5):

Abb. 2.5
Phase 1

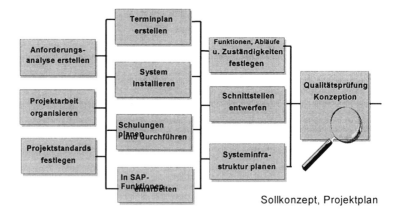

Sollkonzept, Projektplan

2.1.2 Phase 2: Detaillierung und Realisierung

Die zweite Phase beinhaltet die weitere Detaillierung und anschließende Realisierung des Konzepts; sie enthält folgende Schritte (siehe auch Abb. 2.6):

- Verfeinern des Fach- und DV-Konzeptes.
- Parametrisieren des SAP-Systems gemäß der betrieblichen Anforderungen.
- Testen der einzelnen Anwendungen mit den festgelegten Parametern.
- Integrieren der Altsysteme in das SAP-System.

Abb 2.6
Systembeispiel
Phase 2

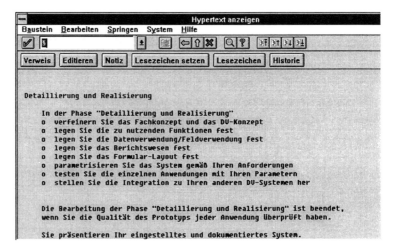

2.1 R/3-Vorgehensmodell

Außerdem werden in dieser Phase folgende **Festlegungen** getroffen:

Festlegungen
- die Funktionen, die genutzt werden sollen
- die Verwendung der Daten und Felder
- das Berichtswesen für die Auswertung der Daten
- die Gestaltung der Formulare (z.B. Bestellformular)

Die Phase endet mit der Erstellung der erforderlichen Qualität des dokumentierten **Prototyps** (siehe Abb. 2.7):

Abb. 2.7
Phase 2

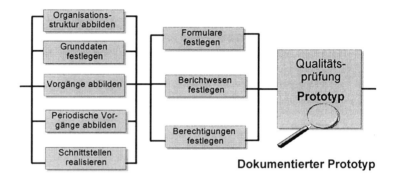

2.1.3 Phase 3: Produktionsvorbereitung

Die dritte Phase besteht aus der Produktionsvorbereitung. Hierunter ist nicht die Produktion von Gütern zu verstehen, sondern die Vorbereitung auf den Beginn des Einsatzes; sie beinhaltet folgende Schritte (siehe auch Abb. 2.8):

- Testen der Integration der SAP-Module.
- Detailliertes Planen der Produktivsetzung.
- Installieren der erforderlichen Hardware und Software.
- Schulen der Anwender.
- Abschließen der Abläufe und organisatorischen Regelungen und deren Dokumentation.
- Übernehmen der Daten und Parameter in das Produktionssystem.

2 *Elemente des Customizing*

Abb 2.8
Systembeispiel
Phase 3

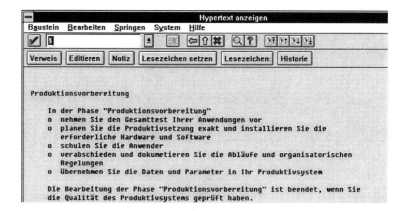

Diese Phase endet mit der Qualitätsprüfung des Produktionssystems (siehe Abb. 2.9):

Abb. 2.9
Phase 3

2.1.4 Phase 4: Produktionsanlauf

Die vierte und letzte Phase des Vorgehensmodells ist der Produktionsanlauf, also die Inbetriebnahme des Systems (siehe Abb. 2.10 und 2.11).

Abb. 2.10
Systembeispiel
Phase 4

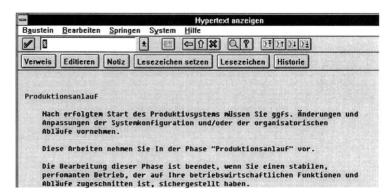

2.2 Einführungsleitfaden

Systemoptimierung

System technisch optimieren:
- Analysieren der Systemprozesse.
- Durchführen von Tuningmaßnahmen.

System organisatorisch optimieren:
- Überprüfen der organisatorischen Festlegungen.
- Korrigieren und ergänzen dieser Festlegungen.
- Pflegen der Voreinstellungen (je Benutzer), die die Arbeit mit dem System erleichtern.

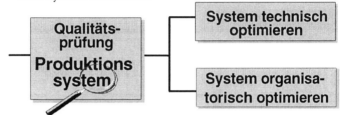

Abb. 2.11
Phase 4

Laufendes Produktivsystem

Zielsetzung dieser letzten Phase ist es, dem Unternehmen ein stabiles System zur Verfügung zu stellen, das auf die unternehmensspezifischen betriebswirtschaftlichen Anforderungen zugeschnitten ist.

2.2 Einführungsleitfaden

Durch den Einführungsleitfaden werden die in dem Vorgehensmodell vorgestellten Abschnitte in Form von konkreten Arbeitsschritten spezifiziert. Dabei unterscheidet man zwischen anwendungsspezifischen und anwendungsneutralen Arbeitsschritten. Das heißt, daß man hier neben den Arbeitsschritten, die zur Parametrisierung notwendig sind, auch Arbeitsschritte findet, die zur Einführung von SAP-R/3 erforderlich sind, wie zum Beispiel das Bearbeiten von Schnittstellen zu anderen Anwendungen.

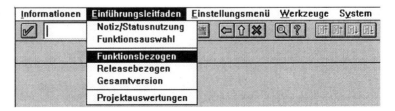

Abb. 2.12
Systembeispiel
Einführungsleitfaden

2 *Elemente des Customizing*

Der Einführungsleitfaden steht in direktem Bezug zum Vorgehensmodell (siehe Abb. 2.13). Jeder Arbeitsschritt des Einführungsleitfadens gehört zu genau einem Abschnitt des Vorgehensmodells; aber zu jedem Abschnitt des Vorgehensmodells gehören in der Regel mehrere Arbeitsschritte des Einführungsleitfadens.

Abb. 2.13
Zusammenhang Vorgehensmodell und Einführungsleitfaden

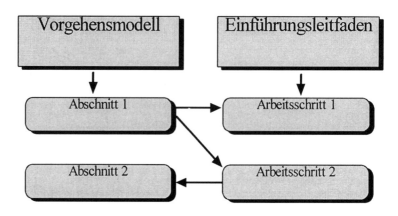

2.2.1 Bestandteile des Einführungsleitfadens

Jeder Einführungsleitfaden setzt sich aus den folgenden Bestandteilen zusammen:

Abb. 2.14
Bausteine des Einführungsleitfaden

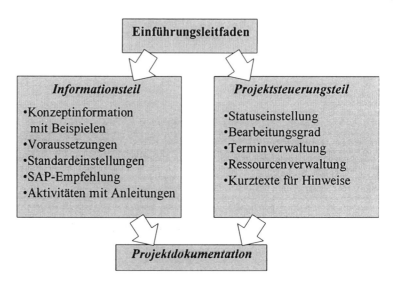

2.2.2 Informationstypen des Informationsteils

2.2.2.1 Konzeptinformationen

Der Informationstyp „Konzeptinformationen" hat eine zentrale Bedeutung innerhalb der Einführungsleitfäden, weil der Benutzer an dieser Stelle grundlegende Informationen erhalten kann, z.B.

- über Konzepte, die im Customizing hinter einem betriebswirtschaftlichen Vorgang stehen;
- eine kurze Erläuterung des sich anschließenden Arbeitsschrittes;
- eine Erklärung aus welchem Grund der Benutzer diesen Arbeitsschritt durchführen sollte.

Zu wichtigen Begriffen, die in den Konzeptinformationen nicht erklärt wurden, erhält der Anwender Glossarverweise.

2.2.2.2 Voraussetzungen

Bei den Voraussetzungen wird erklärt, welche Vorgänge der Benutzer durchgeführt haben muß, um einen Arbeitsschritt erledigen zu können. Wenn Arbeitsschritte die Bearbeitung vorangehender Menüpunkte oder von Menüpunkten in anderen Modulen voraussetzen, kann der Anwender über einen Verweis in den entsprechenden Arbeitsschritt verzweigen.

2.2.2.3 Standardeinstellungen

Wenn SAP zu einem bestimmten Arbeitsschritt Standardeinstellungen im Mandanten 001 ausliefert, wird das dem Anwender an dieser Stelle mitgeteilt. Bei den Standardeinstellungen handelt es sich um:

- abstrakte, übergeordnete Beschreibungen der Tabelleninhalte (Standardeinstellungen I)
- detaillierte Beschreibungen der Tabelleninhalte (Standardeinstellungen II)

2.2.2.4 SAP-Empfehlungen

Die SAP-Empfehlungen sollen die Arbeit der Benutzer erleichtern. Zu den Arbeitsschritten gibt es folgende Empfehlungen:

- Empfehlungen technischer Art (z.B. Übernahme von Standardeinstellungen)
- organisatorische Empfehlungen

2 Elemente des Customizing

2.2.2.5 Aktivitäten

Die Aktivitäten, die man bei einem Arbeitsschritt durchführen muß (siehe auch Abb. 2.15), sind hier aufgelistet. Dies sind:

- **organisatorische Aktivitäten** (z.B. Bildung eines Projektteams)
- **systemtechnische Aktivitäten** (z.B. Anlegen einer neuen Belegart)

Abb. 2.15
Systembeispiel Informationstyp Aktivitäten

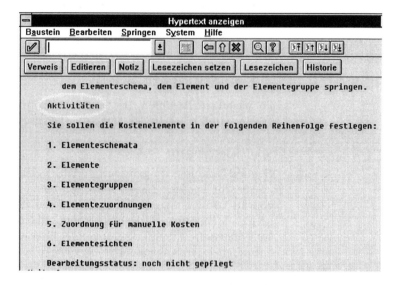

Unmittelbar nach den Aktivitäten findet der Anwender die Aufforderung *„Funktion ausführen"*, auf der ein Transaktionsverweis angelegt ist. Mit Doppelklick auf „Funktion ausführen" ruft man die Customizing-Transaktion auf, die zu dem jeweiligen Arbeitsschritt gehört. Wenn die Aufforderung *„Funktion ausführen"* mehrmals angeboten wird, bedeutet dies, daß man unterschiedliche Customizing-Transaktionen aufrufen kann.

2.2.3 Informationstypen des Projektsteuerungsteils

2.2.3.1 Bearbeitungsstatus

Hier findet der Anwender Unterstützung für die Projektplanung und Projektsteuerung (siehe Abb. 2.16). Es besteht die Möglichkeit, für jeden Arbeitsschritt die Plan- und Istdaten bzgl. Termin, Ressourcen, Aufwand etc. zu erfassen.

Abb. 2.16
Systembeispiel
Informationstyp
Bearbeitungsstatus

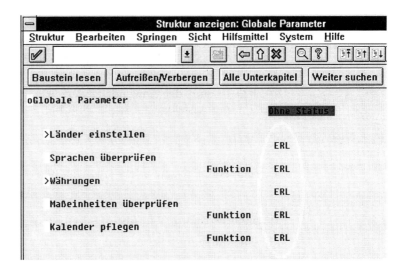

2.2.3.2 Dokumentation

Bei der Einführung von SAP-R/3 kann eine projektbegleitende Dokumentation angelegt werden. Damit hält man fest,

- welche Überlegungen oder Entscheidungen den Einstellungen zugrunde liegen;
- wie man die Arbeitsabläufe (z.B. Wareneingänge erfassen, Kundenaufträge hinzufügen) mit dem R/3-System organisieren will.

SAP empfiehlt, für die Projektdokumentation die Notizfunktion im Einführungsleitfaden zu verwenden. Die Notizen gelten systemweit und mandantenunabhängig. Die Notizfunktion bietet den großen Vorteil, daß die gesamte Projektdokumentation den Anwendern jederzeit online zur Verfügung steht. Die Projektdokumentation kann für jedes Kapitel des Einführungsleitfadens oder für ein Hauptkapitel einschließlich aller Unterkapitel ausgedruckt werden.

2.2.4 Funktionsbezogener Einführungsleitfaden

Mit der Standardauslieferung erhält der Benutzer einen vollständigen Einführungsleitfaden für alle Anwendungen des R/3-Systems. Anhand der Funktionsstruktur der einzelnen Applikationen kann er nun die Funktionen auswählen, die er nutzen will. Aufgrund dieser Auswahl erstellt das System einen spezifischen Einführungsleitfaden, der genau die Arbeitsschritte enthält, die für die vom Anwender ausgewählten Funktionen relevant sind.

2 Elemente des Customizing

Es ist möglich, daß der Benutzer diese Auswahl jederzeit ändern und einen entsprechend angepaßten Einführungsleitfaden generieren kann. Man muß hier allerdings beachten, daß die alte Version des funktionsbezogenen Leitfadens verlorengeht.

Zusätzlich kann der Anwender jederzeit auf die Gesamtversion des Einführungsleitfadens zugreifen. Über:

Erzeugen des funktionsspezifischen Einführungsleitfadens

- *„Werkzeuge ⇨ Customizing ⇨ Einführungsleitfaden ⇨ Funktionsauswahl"*
- Markieren der gewünschten Funktionen
- Generieren der funktionsspezifischen Struktur

2.2.5 Releasebezogener Einführungsleitfaden

Mit einem neuen Release erhält man neue oder geänderte Funktionen, die häufig auch Systemeinstellungen erfordern. Der releasebezogene Einführungsleitfaden enthält alle Elemente, die zu den selektierten Releaseständen gehören. Die Grundlage hierfür bildet die zuvor getroffene Funktionsauswahl. Das heißt, wenn man vorher eine Funktion abgewählt hat, erhält man hier auch keine zu der abgewählten Funktion gehörenden Arbeitsschritte, unabhängig von der Zugehörigkeit zu den selektierten Releaseständen.

Man kann die Releaseauswahl jederzeit ändern und einen neuen, entsprechend angepaßten Einführungsleitfaden generieren, wobei die alte Version verlorengeht.

Erzeugen des releasespezifischen Einführungsleitfadens

Die Befehlsfolge ist dabei:
- *„Werkzeuge ⇨ Customizing ⇨ Einführungsleitfaden ⇨ Releasebezogen"*
- Auswählen der relevanten Releasestände
- Generieren der releasebezogenen Struktur

2.2.6 Arbeiten mit der Gesamtversion des Einführungsleitfadens

Der Einführungsleitfaden ist in Form einer Hypertextstruktur erstellt. Es bestehen deshalb zwei Möglichkeiten mit dem Einführungsleitfaden zu arbeiten, nachdem man über:

„Werkzeuge ⇨ Customizing ⇨ Einführungsleitfaden ⇨ Gesamtversion"

in den kompletten Einführungsleitfaden gelangt ist.

2.2.6.1 Mit der Gliederung arbeiten

- In der Gliederung verzweigt man über „*Aufreißen/Verbergen*" zur nächsten Gliederungsstufe oder über „*Alle Unterkapitel*".
- Das Lesen der Dokumentation wird über einen Doppelklick auf die Textzeile ermöglicht.
- In die Einstelltransaktionen verzweigt man, indem man einen Doppelklick auf „*Funktion*" ausführt.
- Einen Status kann man eingeben, indem man einen Doppelklick auf die Statusinformation ausführt. Die Statusinformationen müssen nicht, können aber eingegeben werden.
- Die selbst erstellte Dokumentation kann über einen Doppelklick auf „*Notiz vorhanden*" gelesen werden (siehe Abb. 2.17).

Man druckt aus der Gliederung über „*Struktur* ⇨ *Drucken*".

Abb. 2.17
Systembeispiel

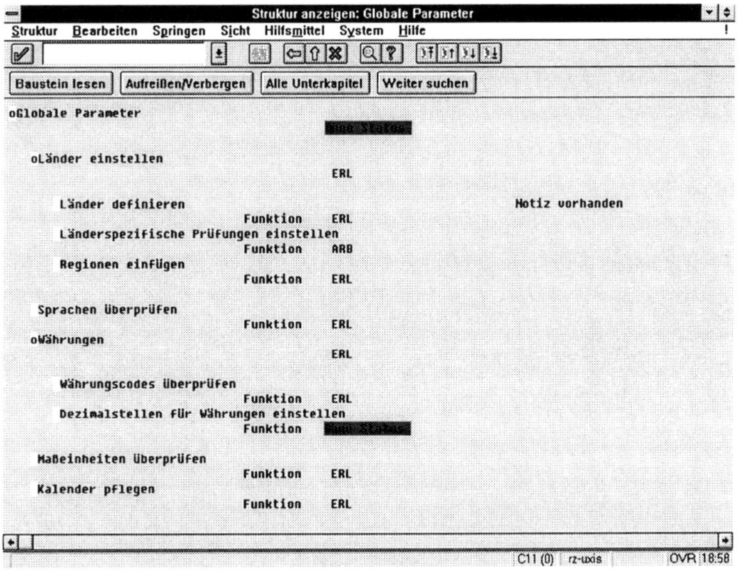

2.2.6.2 Mit der Dokumentation arbeiten

- **Aktivitäten bearbeiten**
Man springt durch einen Doppelklick auf „*Funktion ausführen*" im Informationsblock „*Aktivitäten*" in die dazugehörige Customizing-Transaktion.

2 Elemente des Customizing

- **Statusbearbeitung**
  Die Statusinformationen werden durch einen Doppelklick auf dem Wort „*Bearbeitungsstatus*", das man immer am Ende eines Bausteins findet, gepflegt.

- **eigene Dokumentation**
  Man pflegt die eigene Dokumentation über „*Bearbeiten* ➪ *Notiz*"

- **Bausteine drucken**
  Einen Baustein druckt man über „*Baustein* ➪ *Drucken*".

Von allen Stellen im Text, die farbig hervorgehoben sind, kann man andere Elemente, z.B. Transaktionen, Texte etc., durch einen Doppelklick auf diese Stelle erreichen (siehe Abb. 2.18):

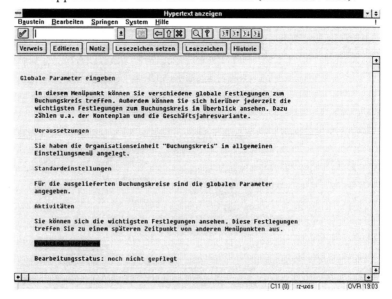

Abb. 2.18
Systembeispiel

2.3 Projektsteuerung

Die Projektsteuerung kann vom Benutzer auf zwei Arten genutzt werden:

- **In der Gliederung**
  Diese Möglichkeit ist optional und bleibt dem Benutzer selbst überlassen.

2.3 Projektsteuerung

Man gelangt über: „*WERKZEUGE* ⇨ *CUSTOMIZING* ⇨ *EIN-FÜHRUNGSLEITFADEN* ⇨ *NOTIZ-STATUSVERWALTUNG*" in die Projektsteuerung.

- **Im Baustein**
  Diese Möglichkeit steht dem Benutzer immer zur Verfügung.

2.3.1 Projektverwaltung

Für den Benutzer besteht die Möglichkeit, für jedes Element des Einführungsleitfadens (**Vererbung eines Status auf untergeordnete Elemente ist nicht möglich!**) folgende Informationen abzulegen (siehe Abb. 2.19):

- **Terminverwaltung**
  Der Benutzer pflegt Plan- und Isttermine für den Beginn und das Ende eines Arbeitsschrittes.
- **Ressourcenverwaltung**
  Der Benutzer ordnet die Arbeitsschritte den Mitarbeitern eines Projektteams zu.
- **Statusverwaltung**
  Der Benutzer pflegt Statuskennzeichen, Abarbeitungsgrad und Informationen bzw. Kommentare zum Status.

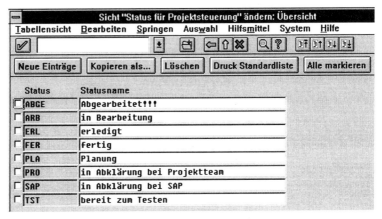

Abb. 2.19
Systembeispiel
Verschiedene
Statuskennzeichen

2.3.2 Projektauswertungen

Zur Auswertung der Projekte stehen dem Benutzer Exports zur Verfügung.

Man gelangt über: „*WERKZEUGE* ⇨ *CUSTOMIZING* ⇨ *EINFÜH-RUNGSLEITFADEN* ⇨ *PROJEKTAUSWERTUNG*" in die Projektauswertung (siehe Abb. 2.20).

2 Elemente des Customizing

Eine detailliertere Bezeichnung zur Auswertung findet der Benutzer noch unter „*HILFE* ⇨ *ERWEITERTE HILFE*".

Die Statusinformationen gelten systemweit, d.h. der Benutzer kann diese Informationen aus jedem Mandanten pflegen und abrufen.

Abb. 2.20
Systembeispiel
Projektauswertung

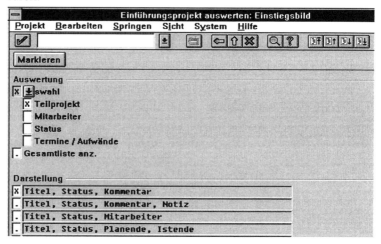

2.4 Projektdokumentation

2.4.1 Nutzungsarten der Projektdokumentation

Auch die Projektdokumentation kann vom Benutzer auf zwei Arten genutzt werden:

- **In der Gliederung**
  Diese Möglichkeit ist optional und bleibt dem Benutzer selbst überlassen. Man gelangt über: „*WERKZEUGE* ⇨ *CUSTOMIZING* ⇨ *EINFÜHRUNGSLEITFADEN* ⇨ *NOTIZSTATUSVERWALTUNG*" in die Projektsteuerung.

Abb. 2.21
Systembeispiel
Status

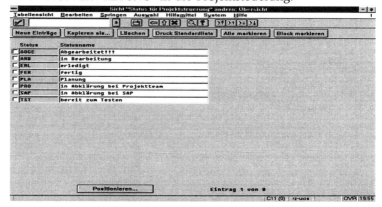

- **Im Baustein**
  Weiterhin steht dem Benutzer die Nutzung der Projektdokumentation im Baustein immer zur Verfügung.

Für den Benutzer besteht die Möglichkeit, für jedes Element des Einführungsleitfadens - Arbeitsschritte sowie übergeordnete Stufen - seine Projektdokumentation in einer Notiz abzulegen.

2.4.2 Arbeiten mit der Projektdokumentation

Die Dokumentation wird mit der SAP-Textverarbeitung SAPscript erstellt, dabei wird der erfaßte Text automatisch dem jeweiligen Kapitel des Einführungsleitfadens zugeordnet.

Der Aufruf erfolgt über: *„BEARBEITEN ⇨ NOTIZ"*. Es erscheint ein PopUp-Menü für den Anschluß an das SAP-Korrektur- und Transportsystem. Es besteht die Möglichkeit, dieses Bild zu übergehen, indem man alle Eingabefelder frei läßt und *„LOKALES OBJEKT"* wählt.

Der Benutzer kann für folgende Bereiche eine Projektdokumentation ausdrucken lassen:

- für jedes Kapitel des Einführungsleitfadens;
- für Hauptkapitel einschließlich aller Unterkapitel.

Die Statusinformationen gelten systemweit, d.h. der Benutzer kann diese Informationen aus jedem Mandanten pflegen und abrufen.

2.5 Einstellungsmenü

Bei der Einführung des SAP-Systems in das Unternehmen paßt der Benutzer die untenehmensneutral ausgelieferten Anwendungsfunktionen seinen speziellen Anforderungen an.

Das Einstellungsmenü ist eine Alternative zum Einführungsleitfaden.

Alle Arbeitsschritte des Einführungsleitfadens, die zur Einstellung von Parametern dienen, sind vorhanden. Dabei handelt es sich um die gleichen Transaktionen, die auch aus dem Einführungsleitfaden aufgerufen werden können. Navigation und Oberflächen sind in allen Anwendungen gleich.

Für den Benutzer, der nur selten die Dokumentation des Einführungsleitfadens benötigt, ist die Benutzung des Einstellungsmenüs sinnvoller (siehe Abb. 2.22). Man hat dadurch einen schnelleren und direkteren Zugriff in die entsprechenden Transaktionen zur Einstellung von Parametern. Der Benutzer kann anwendungsübergreifende und anwendungsspezifische Einstellungen in den vorgesehenen Tabellen vornehmen, ohne die technischen Hintergründe (z.B. Tabellennamen, Transaktionscodes) zu kennen.

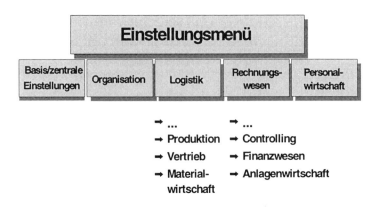

Abb. 2.22
Aufbau des Einstellungsmenüs

2.5.1 Basis und zentrale Einstellungen

Folgende Systemeinstellungen **müssen** vorgenommen werden; sie sind Voraussetzung für die Abwicklung der Geschäftsvorfälle:

Anwendungsübergreifende Einstellungen

- **Länder**, zu denen der Benutzer Geschäftsbeziehungen pflegt;
- **Sprachen**, mit denen der Benutzer im SAP-System arbeiten möchte;
- **Währungen**, in denen der Benutzer seine Geschäftsbeziehungen abwickeln möchte.

Klasse

Diese Einstellungen beziehen sich auf alle Objekte, für welche eine Klassifizierung vorgesehen ist (z.B. Material- oder Lieferantenstammsätze).

Basis

Folgende Basiseinstellungen **können** vom Benutzer vorgenommen werden:

- Entwicklungs-und Dokumentationswerkzeug
- Benutzerverwaltung
- Bürofunktion für SAP-office

2.5.2 Organisation

Hier bildet der Benutzer die Organisationsstruktur seines Unternehmens auf das SAP-System ab und legt die Beziehungen zwischen den Organisationseinheiten fest (z.B. Zuordnen eines Buchungskreises zu einem Kostenrechnungskreis).

Im Menüpunkt Organisation gibt es noch weitere **Untermenüs**:

Einrichtung
- Rechnungswesen
- Finanzwesen
- Controlling
- Logistik
- Personaladministration

Zuordnung
- Rechnungswesen
- Finanzwesen
- Controlling
- Logistik
- Personaladministration

Werkzeuge
- Konsistenzprüfungen
- Organisationseinheiten

Man gelangt dorthin über: „CUSTOMIZING ⇨ EINSTELLUNGSMENÜ ⇨ ORGANISATION ⇨WERKZEUGE ⇨ KONSISTENZPRÜFUNGEN ⇨ ORGANISATIONSVERTR.-EINHEITEN"

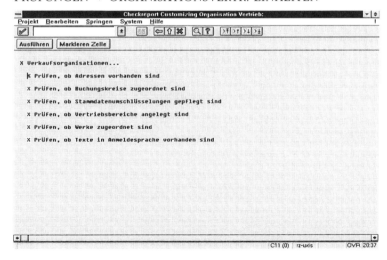

Abb. 2.23
Systembeispiel
Organisation

2 Elemente des Customizing

2.5.3 Logistik, Rechnungswesen und Personalwirtschaft

Hier befinden sich Menüs für die Parametrisierung der jeweiligen SAP-Module. Diese Menüs legen jeweils ein ablauforientiertes Vorgehen bei den Tabelleneinstellungen fest.

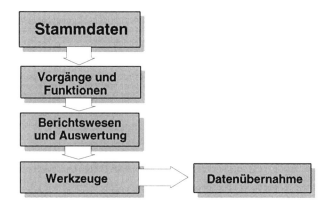

Abb. 2.24 ablauforientierter Aufbau des Einstellungsmenüs

Stammdaten

In den **Stammdaten** kann der Benutzer die Tabellen für die Stammdatenpflege einstellen.

Hier kann der Benutzer die Tabellen, die für die Bewegungsdaten relevant sind, einstellen, außerdem sind die Tabellen für die Auswertungen einstellbar. Der Benutzer kann die Einstellungen für die Datenübernahme sowie für konsistente Tabelleneinstellungen vornehmen.

2.5.4 Tabellenpflege und Transaktionen

Systemeinstellungen des R/3 Systems basieren auf Einstellungen von Tabellen. Im Customizing sind nur Tabellen berücksichtigt, die als Standardeinstellungen in einem Kundensystem für die betriebswirtschaftlichen Abläufe benötigt werden.

Diese Tabellen werden mit Customizing-Transaktionen gepflegt. Dazu muß der Benutzer die datentechnische Ablage des betriebswirtschaftlichen Objekts **nicht** kennen.

Die Customizing-Transaktionen unterscheiden sich je nach Komplexität des betriebswirtschaftlichen Objekts:

2.5 Einstellungsmenü

View-geführte Transaktionen
  ↳ für **einfache** betriebswirtschaftliche Objekte
Spezielle Transaktionen
  ↳ für **komplexe** betriebswirtschaftliche Objekte

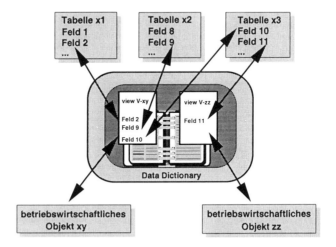

Abb. 2.25
Aufbau einer View

2.5.4.1 View-geführte Transaktionen

Für die Einstellung eines einfachen betriebswirtschaftlichen Objekts müssen normalerweise mehrere Tabellen gepflegt werden. View-geführte Transaktionen verdecken die physischen Tabellenstrukturen. Um es dem Benutzer zu erleichtern, wurden alle relevanten Felder für ein solches Objekt in einer View zusammengefaßt.

SAP hat die Views im Data Dictionary angelegt. Mit den Customizing-Transaktionen kann der Benutzer über Views die physischen Tabellen einstellen.

Die **Vorteile** solcher Views sind:
- Der Benutzer benötigt für die Einstellung eines Objekts nur einen Aufruf für die Pflege mehrerer Tabellen.
- Views enthalten nur die für diese betriebswirtschaftlichen Objekte relevanten Felder aus den Tabellen.
- Alle betriebswirtschaftlichen Tabellen in allen SAP-Anwendungen werden mit der gleichen genormten Oberfläche und Funktionalität zur Pflege angeboten.

55

2.5.4.2 Spezielle Transaktionen

Komplexe betriebswirtschaftliche Objekte lassen sich nicht in einer View abbilden. Die Pflege dieser Objekte erfolgt mit speziellen Transaktionen, die sich von Objekt zu Objekt unterscheiden. Diese Art von **Transaktionen** enthalten:

- **objektspezifische Dialogführung**
- **Eingabeprüfung**
- **Konsistenzprüfung**

Mit diesen Transaktionen ist es einfach, Tabellen für komplexe betriebswirtschaftliche Objekte einzustellen.

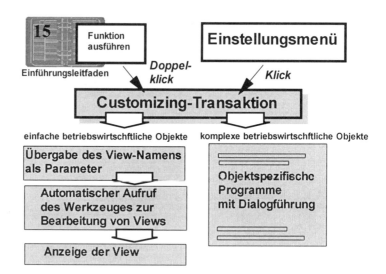

Abb. 2.26
Arbeitsweise einer Customizing-Transaktion

3 Werkzeuge im Customizing

3.1 Aufbau und Funktionsweise der Werkzeuge

Innerhalb des Customizings eröffnen sich dem Anwender eine interessante Auswahl von Werkzeugen:

Abb. 2.27
Customizing-
Werkzeuge

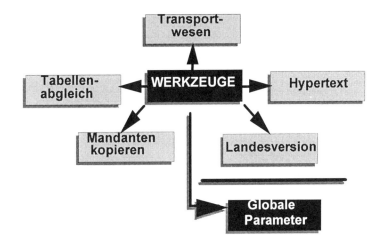

- **Hypertext**
  Ein Hypertext ist eine netzwerkartig aufgebaute Online-Dokumentation, die aus Bausteinen und Verweisen besteht.

- **Landesversion**
  Hier kann der R/3-Benutzer andere als für Deutschland voreingestellte Versionen generieren. In der Standardauslieferung ist das Modellunternehmen (Mandant 000) für Deutschland schon voreingestellt.

- **Mandanten kopieren**
  Neue Mandanten können angelegt und mit Tabelleninhalten schon bestehender Mandanten oder mit einem komplett bestehenden Mandanten eingerichtet werden.

- **Transportwesen**
  Die Systemeinstellungen können mit Hilfe des R/3-Transsportsystems in das Produktivsystem des Benutzers übertragen werden.

- **Tabellenabgleich**
  Mit Tabellenabgleich kann der Benutzer Tabelleninhalte zweier Mandanten vergleichen und Änderungsbelege auswerten. Hierfür stehen ihm verschiedene Servicefunktionen sowie eine Historienverwaltung zur Verfügung.

Module können nur dann richtig eingestellt werden, wenn zuvor bestimmte Einstellungen in der jetzt aufgeführten Option durchgeführt wurden.

- **Globale Parameter**
  Bestimmte Parameter können bzw. müssen voreingestellt werden, wenn Änderungen innerhalb der Werkzeuge wirksam werden sollen, z.B. Einführung neuer Währungen.

- **Aktivierung der Werkzeuge**
  Nachdem man sich in einem Mandanten angemeldet hat, wählt man aus der Menüleiste der Reihe nach folgende Untermenüpunkte:

  „WERKZEUGE ⇨ CUSTOMIZING ⇨ WERKZEUGE"

  Unter dem zweiten „Werkzeuge" findet der Benutzer alle nötigen Customizing-Werkzeuge, die er für die Einstellungen seiner Module benötigt.

3.2 Werkzeug Hypertext im Überblick

Wählt der R/3-Benutzer diesen Werkzeugtyp, so kann er mit dem Werkzeug Hypertext zweifach arbeiten, nämlich mit:

- **Strukturen**
  Hiermit kann das Aussehen und der Aufbau eines Textbausteins festgelegt werden (z.B. Sprache des Textbausteines).

- **Bausteinpflege**
  Hiermit können schon bestehende Textbausteine abgeändert und/oder erweitert werden.

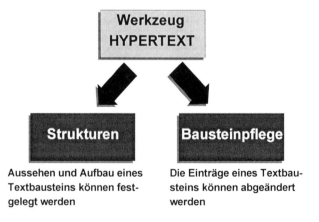

Abb. 2.28
Hypertextwerkzeuge

3.2 Werkzeug Hypertext im Überblick

Um jedoch mit dem Werkzeug Hypertext richtig umgehen zu können, muß man zuvor einiges über die Struktur eines Hypertextes wissen. So wurde schon erwähnt, daß sich ein Hypertext aus Bausteinen und Verweisen aufbaut und eine netzwerkartig aufgebaute Online-Dokumentation ist (siehe Abb. 2.29 - 2.32).

In Bausteinen sind diverse Informationen, wie z.B. Grafiken und Texte, abgelegt. Verweise dagegen sind Hinweise, die die verschiedenen Bausteine miteinander verknüpfen. Folgende vier Grafiken (siehe Abb. 2.29 - 2.32) sollen verbildlichen, wie die verschiedenen Strukturen des Hypertextes ineinandergreifen und es dem Benutzer somit ermöglichen, unkompliziert und komfortabel durch verschiedene Online-Dokumentationen zu gelangen.

Abb. 2.29 Hypertext I

Abb. 2.30 Hypertext II

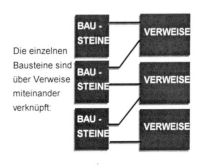

Die einzelnen Bausteine sind über Verweise miteinander verknüpft:

Abb. 2.31 Hypertext III

Ankerwörter sind Informationen innerhalb der Bausteine

Verweise zeigen auf die Ankerwörter

Abb. 2.32
Hypertext IV

Mit Ankerwörtern springt man von einem Baustein in einen anderen Baustein

Ankerwörter

Betrachtet man sich das Bild links unten genauer, so erkennt man innerhalb der Bausteine noch ein anderes Element des Hypertextes, nämlich die sogenannten **Ankerwörter**.
Ankerwörter sind, wie die Bausteine, Informationen (z.B. Wörter, Wortgruppen), die in einem Baustein integriert sind und auf die die Verweise zeigen.

Bausteine sind mit den Verweisen verbunden; die Verweise zeigen nur auf die Ankerwörter innerhalb der Bausteine.

Mit Hilfe der Ankerwörter ist es nun möglich, einen Textbaustein zu verlassen und in einen neuen Textbaustein zu gelangen. Dies verdeutlicht das Bild rechts unten.

Weiterhin sollte sich der R/3-Benutzer an folgende **drei Hinweise** halten:

drei Hinweise

- Alle Textbausteine haben beliebig viele Vorgänger als auch Nachfolger.
- Es kann eine beliebige Reihenfolge gewählt werden, um von einem Textbaustein in einen anderen Textbaustein zu gelangen.
- Eine netzwerkartig angelegte Dokumentation, wie es der Hypertext ist, ist wesentlich komplexer als vergleichbare sequentielle Dokumentationen.

Magisches Dreieck

Hält man sich an diese Hinweise, so erkennt man das „Ineinanderverwobensein" der drei Hypertextelemente und das daraus resultierende **„Magische Dreieck":**

- kein Textbaustein ohne Ankerwort und Verweis;
- kein Ankerwort ohne Textbaustein und Verweis;
- kein Verweis ohne Ankerwort und Textbaustein.

Vorteile und Nachteile des Hypertextes

Die Hypertextstruktur kann man als völlig neue Art der Informationsvermittlung ansehen, die jedoch noch vielen SAP-Kunden unbekannt sein dürfte.

Dies ist auch der Grund dafür, daß Schwierigkeiten eigentlich nur bei Hypertext-Neulingen auftreten.

Selbststeuerung des Lesevorgangs

In einem Buch muß der Leser, um alles zu verstehen, von vorne anfangen und sich dann bis zum Ende durchlesen. Beim Hypertext sind nun alle Bausteine so aufgebaut, daß der Leser auch „mittendrin" mit dem Lesen beginnen kann und dennoch den Sinn des Textes versteht. Er kann somit in der Reihenfolge seiner Interessen und Wünsche lesen, ohne sich an die Vorgaben des Autors halten zu müssen.

Schneller Zugriff auf bestimmte Informationen

Der Benutzer einer Software, eines Elektrogerätes u.s.w. liest nur deshalb Handbücher, um daraus bestimmte Informationen zu erhalten, die es ihm nach dem Durchlesen ermöglichen, z.B. eine bestimmte Aufgabe durchzuführen oder das Elektrogerät fehlerfrei zu bedienen.

Eine Unmenge an unwesentlichen Informationen führt jedoch häufig dazu, daß der Leser von Handbüchern diese für ihn so wichtigen Informationen überliest oder falschversteht. Der Hypertext umgeht dieses Problem, indem er den Benutzer kurz und bündig und in beliebiger Reihenfolge über für ihn Interessantes informiert.

Reduzierung des Leseaufwandes

Software, wie die der SAP-AG, werden immer umfangreicher, da sie ständig erweitert werden. Demzufolge würden Handbücher immer dicker und umständlicher durchzulesen sein. Durch das Einsetzen von optischen Speichermedien, wie z.B. der CD-ROM, und dem Einsatz durch die sogenannte **„Fish-Eye-View-Technik"** wird eine deutliche Reduzierung des Leseaufwands erreicht.

Abb. 2.33
Fish-Eye-View

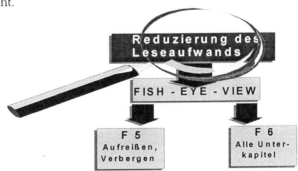

Dies ist die Möglichkeit, vom jeweiligen Betrachtungspunkt so zu verfeinern, daß Details zu erkennen sind, ohne jedoch den Überblick zu verlieren.

Beispiel: *Einführungsleitfaden* ⇨ F5 = *Aufreißen /Verbergen* ⇨ F6 = *Alle Unterkapitel*

Mit diesen **Funktionstasten** kann man verschiedene Ebenen des Verzeichnisses anzeigen:

F5 man gelangt in die nächsthöhere oder nächsttiefere Ebene eines Kapitels.

F6 man kann sich alle Unterkapitel eines Verzeichnisses anzeigen lassen.

Nachteile
Hypertext bringt nicht nur Vorteile, sondern auch einige Nachteile mit sich. Diese **Nachteile** äußern sich darin, daß gerade Neulinge in der Benutzung des R/3-Systems Schwierigkeiten mit dem Aufbau und dem Benutzen des Hypertextes haben.

Schwierigkeiten
Auf die **Schwierigkeiten** wird nun kurz eingegangen:

- **Desorientierung und Abschweifen während des Lesens**
  Zur Orientierung innerhalb eines Buches hat der Leser eine Einleitung und am Ende meist noch einen Ausblick. Für Online-Bücher mit Hypertextstruktur gibt es aber noch nicht solche Regeln.

  Der Leser muß sich nicht nur mit dem Inhalt der Information beschäftigen, sondern auch mit der Fülle der Verweismöglichkeiten innerhalb einer Information, die aber auch dazu verleiten kann, vom eigentlichen Ausgangsproblem abzuschweifen.

- **Schwierigkeiten beim Lesen eines Textes am Bildschirm**
  Nicht nur Neulinge haben des öfteren Probleme, einen Text am Bildschirm zu lesen. Dies liegt hauptsächlich an folgenden drei Gründen:

  - Ein Bildschirm ist oft kleiner als ein Blatt DIN A4-Papier und hat meist auch ein Querformat anstatt eines Hochformats.
  - Form und Auflösung der einzelnen Buchstaben sowie der Kontrast zum Hintergrund sind meist nicht optimal.
  - Text am Bildschirm wird häufig langsamer gelesen als ein vergleichbarer Buchtext.

Um diesen Schwierigkeiten entgegenzuwirken, hat die Firma SAP bei der Erstellung des Hypertextes an folgende **Abhilfen** gedacht, so daß auch der nicht so geübte Benutzer schnell und sicher mit den Hypertextbausteinen arbeiten kann:

Abhilfen im Hypertext

- kurze Abschnitte
- viele Hervorhebungen
- viele Listen
- einfacher Satzbau

Arbeiten mit dem Hypertext

Der Benutzer hat zwei Möglichkeiten mit dem Hypertext zu arbeiten:

- **Sequentielles Lesen aller Bausteine**
  Alle Ankerwörter, die am Ende eines Bausteines unter „*Weiterlesen*" aufgelistet sind, müssen zweimal angeklickt werden.

- **Folgen aller Verweise zwischen den einzelnen Bausteinen**
  Man klickt alle Ankerwörter zweimal an.

3.3 Werkzeug „Landesversion"

Öffnet der Benutzer über die Menüleiste dieses Werkzeug, so hat er die Auswahl im Modellunternehmen oder aber im Produktionsvorbereitungsmandanten zu arbeiten (siehe Abb. 2.34).

Abb. 2.34
Landesversion

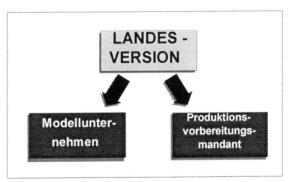

Installiert man die Standardauslieferung, so ist das Modellunternehmen (Mandant 000) für Deutschland schon voreingestellt.

Abb. 2.35
Systembeispiel
Landesversion

3.3.1 Abänderung der Landesversion des Modellunternehmens

Generierung eigener Landesversionen

Benötigt der R/3-Anwender jedoch für sein jeweiliges Land eigene Versionen als die voreingestellten, so kann er diese selbst generieren. Dabei wird die Originalversion nur an den Stellen überschrieben, an denen die landeseigenen Parameter eine Bedeutung für die Funktionalität haben. Diese Funktionalität steht den Ländern zur Verfügung, die SAP in ihrer Standardauslieferung unterstützt.

Ausnahme: Nicht davon betroffen ist das Personalwesen (HR).

Funktionalität

Folgende Inhalte werden mit der **Funktionalität** abgedeckt:
- wesentliche gesetzliche und betriebswirtschaftliche Anforderungen;
- Geschäftsvorfälle, die in der eigenen „Hauswährung" abgerechnet werden müssen, werden in der Landeswährung abgewickelt;
- der Aufbau der Bilanz entspricht dem jeweiligen Landesrecht;
- Vordefinition der im Land üblichen Zahlungswege;
- Berechnung der Steuern nach den landesüblichen Verfahren.

Verweis auf Hypertext

Eine Beschreibung zu den jeweiligen landesspezifischen Funktionen sowie deren Einstellung sind in diversen Länderhandbüchern in Form von Hypertextbüchern zusammengestellt. Der Name der **Hypertextbücher** lautet: „*F_XX_BOOK*", wobei XX den ISO-Code des jeweiligen Landes darstellt.

3.3.2 Aufbau einer Landesversion

1. Anmeldung unter dem Mandanten, in dem eine landeseigene Gestaltung erzeugt werden soll (sinnvoll in den Kopien des Mandanten 000).
2. In der Menüleiste „*Werkzeuge*" der Reihe nach „*CUSTOMIZING* ⇨ *WERKZEUGE* ⇨ *LANDESVERSION*" auswählen.

   Im Menüunterpunkt „*Landesversion*" nun „*Modellunternehmen*" anwählen (Simulationsmodus - es werden keine Änderungen übernommen).
3. Das gewünschte Länderkennzeichen nun eingeben.
4. „*Ausführen*" anwählen.

Werden Änderungen nur im Änderungsmodus getätigt, so werden diese in Form eines Protokolls am Ende des Vorgangs ausgegeben. Dieses kann nach Wunsch auch ausgedruckt werden. Möchte der Benutzer, daß mögliche Änderungen real in Kraft treten, so wählt er im Menüpunkt *„Landesversion"* den Menüunterpunkt *„Produktionsvorbereitungsmandant"* an.

Anmerkung zum Druck Leider wurde es von den Entwicklern der einzelnen Module versäumt, einen Druckstatus zu programmieren.

Der Benutzer hat deswegen keinerlei Überblick darüber, aus wieviel Seiten der Ausdruck besteht und wieviel Prozent des Ausdruckes schon abgearbeitet ist.

Soll z.B. ein Hypertext mit allen Verweisen - für den Bereich Materialwirtschaft - ausgedruckt werden, so muß mit bis zu 300 Seiten gerechnet werden.

Wichtige Hinweise zum Aufbau einer Landesversion:
- die vorgegebene Organisationsstruktur eines Mandanten kann **immer nur** für ein einziges Land komplett umgestellt werden;
- erfolgt eine Änderung der Landesversion **nach** einer Erfassung von Testdaten, so können diese Testdaten unter Umständen nicht mehr vollständig verarbeitbar sein.

3.4 Werkzeug „Mandanten kopieren"

Neue Mandanten können durch das Kopieren von bereits bestehenden Mandanten eingerichtet werden, oder es werden einzelne Tabellen in andere Mandanten umkopiert.

Dabei werden keinerlei UNIX-Kenntnisse verlangt, sofern man sich innerhalb eines SAP-Systems befindet.

Detaillierte Informationen zum Einrichten neuer Mandanten findet der Benutzer wiederum im Menüpunkt *„Erweiterte Hilfe"*, der ein Unterpunkt des Menüpunktes „Hilfe" ist.

Abb. 2.36
Mandanten kopieren

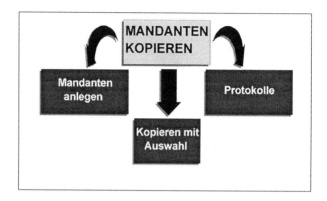

3.4.1 Neuanlage eines Mandanten

Um einzelne Tabellen eines bestehenden Mandanten oder einen ganzen Mandanten in einen neu angelegten Mandanten zu kopieren, muß dieser zuvor angelegt werden.

Dies erreicht der Benutzer, indem er die Auswahl „*Mandant neu anlegen*" wählt.

Zuerst muß der R/3-Benutzer eine neue Mandantennummer vergeben.

Im nächsten Schritt werden alle relevanten Daten bezüglich des Neumandanten angelegt, wie z.B. Anrede, Adresse, Telefonnummer, Nationalitätenkennzeichen usw..

Danach wird der Neumandant unter seiner zuvor zugeteilten Mandantennummer abgespeichert.

3.4.2 Kopie von Bestandteilen eines schon bestehenden Mandanten in einen neuen Mandanten

Da die Abläufe, wie z.B. Rechnungsschreibung, Kontenaufbau etc., innerhalb aller Mandanten eines Landes immer gleich sind, können zur Vereinfachung des Anlegens bestehende Mandanten oder einzelne Tabellen der Mandanten in den neu angelegten Mandanten umkopiert werden (**sinnvoll ist, wenn dazu der Modellmandant 000 benutzt wird**).

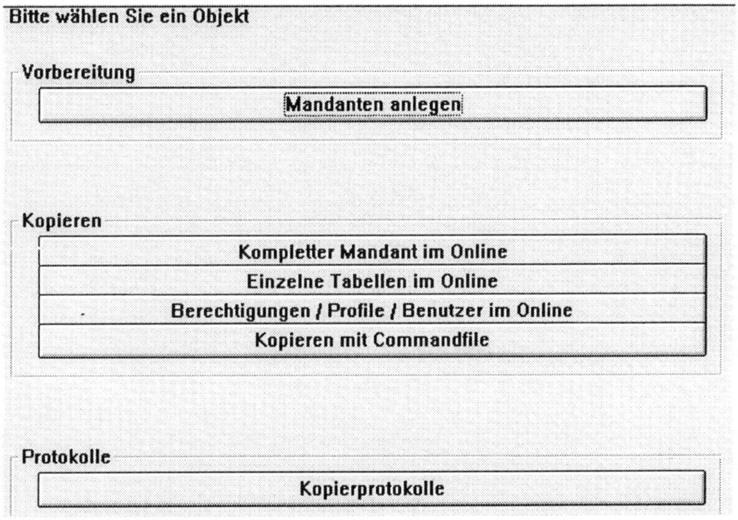

3.4 Werkzeug „Mandanten kopieren"

Abb. 2.37
Systembeispiel
Mandanten kopieren

```
Bitte wählen Sie ein Objekt
┌─ Vorbereitung ──────────────────────────────────┐
│         [ Mandanten anlegen ]                   │
└─────────────────────────────────────────────────┘

┌─ Kopieren ──────────────────────────────────────┐
│         [ Kompletter Mandant im Online ]        │
│         [ Einzelne Tabellen im Online ]         │
│         [ Berechtigungen / Profile / Benutzer im Online ] │
│         [ Kopieren mit Commandfile ]            │
└─────────────────────────────────────────────────┘

┌─ Protokolle ────────────────────────────────────┐
│         [ Kopierprotokolle ]                    │
└─────────────────────────────────────────────────┘
```

Dabei sind folgende **Schritte** abzuarbeiten:
- der Benutzer verläßt den aktuellen Mandanten und meldet sich unter der neuen Mandantennummer an;
- nach der Neuanmeldung folgende Menüpunkte anwählen: „WERKZEUGE ⇨ CUSTOMIZING ⇨ WERKZEUGE";
- jetzt den Menüpunkt „Mandant anlegen" und in der schon bekannten Maske den Punkt „Mandanten kopieren" wählen.

Copy-Report

Nun muß der Benutzer den zu kopierenden Mandanten und das Kopierziel wählen. Dabei hat er die Wahl, ob er den gesamten Mandanten kopieren möchte oder auch nur einzelne Tabellen. Die Unterstützung für das Kopieren erhält der Benutzer in Form eines Copy-Reports, „**RSCLICOP**" genannt.

Achtung !

Nachdem die Auswahl erfolgte, erscheint keine Sicherheitsabfrage!

Der Kopiervorgang wird sofort gestartet. Bei Abbruch des Kopiervorgangs erfolgt **kein „Un-Do"**, so wie es bei manchen Programmen der Fall ist.

Einzelheiten während des Kopiervorgangs

Da beim **Kopieren** aller mandantenabhängiger Tabellen weit über 2000 Tabellen und Datenmengen zwischen 50 und 100 MB (Beispiel: Mandant der LIVE AG benötigt ca. 700 MB) kopiert werden, empfiehlt SAP, den Kopiervorgang als Hintergrundverarbeitung zu starten und **nicht „online"**!

Sollte dies aus technischen Gründen jedoch nicht möglich sein, so ist zu beachten, daß ein Kopiervorgang mit ca. 3000 Tabellen mindestens 3 Stunden in Anspruch nimmt. Und dies auch nur, wenn R/3 auf einer leistungsstarken Maschine mit geringer Last läuft.

Weiterhin werden nach einem Online-Kopiervorgang mehrere Protokollmeldungen ausgegeben, die grundsätzlich ignoriert werden müssen. Danach die Funktion „*zurück*" oder den grünen Pfeil anwählen. (Die Protokollmeldungen sollen zum Release 3.0 verschwinden.)

- Beim Kopieren von Tabellen wird zunächst der gesamte Inhalt des Quellmandanten in den Hauptspeicher geladen, um danach über den für das System günstigsten Array-Insert (= Feldeintragungen) den Tabelleninhalt des Neumandanten aufzubauen. Tabellen bis zu einer Größe von 10 MB werden so problemlos und komplett kopiert.
- Sollte die Tabelle im Neumandanten schon vorhanden sein, werden durch einen Tabellenabgleich nur die unterschiedlichen Einträge übernommen. So wird gewährleistet, daß die Tabelle im Neumandanten genau denselben Stand hat, wie die Tabelle im Quellmandanten.
- Wurde die Tabelle aus irgendwelchen Gründen schon kopiert, wird dies beim Tabellenabgleich erkannt, und es wird überhaupt kein „*Up-Date*" der Quelltabelle durchgeführt.

Inhalt des Ausgabeprotokolls

Neben den allgemeinen Angaben zum Kopiervorgang erscheinen im Kopierprotokoll auch **Tabellenstatistiken**, die u.a. angeben:

- zu welcher Auslieferungsklasse die kopierte Tabelle gehört;
- zu welcher Entwicklungsklasse die Tabelle gehört;
- aus wieviel Einträgen die Quellmandantentabelle besteht;
- wieviele Inserts (= Einträge) im neuen Mandanten erforderlich sind;
- wieviele Up-Dates und/oder Reorganisation durchgeführt wurden;
- wieviel zusätzlicher Speicherplatz die neue Tabelle benötigt und
- welchen gesamten zusätzlichen Platzbedarf in Kbytes der neue Mandant benötigt.

Anmerkung

Es wird hier nochmals hingewiesen, daß Mandanten anlegen nicht gleich Mandanten einrichten ist! Um einen Mandanten einrichten zu können, muß dieser zunächst angelegt werden.

3.5 Werkzeug „Transportwesen"

Wählt der Benutzer das Werkzeug Transportwesen an, so hat er die Auswahl, ob er an einem Objekt Korrekturen vornehmen oder ein bestehendes Objekt in das Produktivsystem übernehmen möchte. Objekte werden Basistabellen und Tabellensichten bezeichnet.

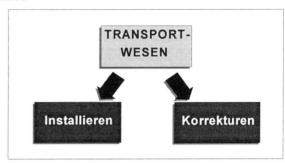

Abb. 2.38 Transportwesen

Transport der Einstellungen in das Produktivsystem

Die Systemeinstellungen können mit Hilfe des R/3-Transportsystems in das Produktivsystem des Benutzers übertragen werden. Dazu muß der Anschluß an das Transportsystem aktiviert werden.

Den Anschluß findet man meist über das linke Pulldown-Menü einer Customizing-Transaktion.

Einzelne Anwendungen haben dagegen einen eigenen Arbeitsschritt mit dem Namen *„Transport"*.

Vorgehensweise

Möchte der Benutzer zum ersten Mal eine Anwendung *„produktiv"* setzen, so kann er den gesamten Produktionsvorbereitungsmandanten kopieren.

Sollen dagegen zu schon produktiven Anwendungen weitere Funktionen *„produktiv"* gesetzt werden, so muß folgendermaßen vorgegangen werden:

Korrekturnummer/ Transport

- über das nacheinanderfolgende Anwählen der Menüpunkte *„WERKZEUGE ⇨ CASE ⇨ WARTUNG ⇨ KORREKTUREN"* oder *„WERKZEUG ⇨ TRANSPORTWESEN ⇨ KORREKTUREN"* muß der Benutzer eine sogenannte **„Korrekturnummer"** anlegen;
- in den Einstellungstransaktionen, aus denen der Benutzer Parameter übernehmen möchte, muß *„Transport"* angewählt werden;
- nun muß die zuvor angelegte Korrekturnummer eingegeben werden;

- danach markiert der Benutzer all diejenigen Einträge, die in das Produktivsystem transportiert werden sollen;
- danach Anwählen von *„BEARBEITEN ⇨ TRANSPORT ⇨ IN KORREKTUR AUFNEHMEN ⇨ SICHERN"*. Es kann aber auch nur der Punkt *„SICHERN"* ausgewählt werden, wenn kein Transport zum jetzigen Zeitpunkt erfolgen und/oder soll das mögliche Verändern des Objektes durch Unbefugte verhindert werden soll;
- nun kann die Korrektur vom Benutzer in den neuen Zielmandanten transportiert werden.

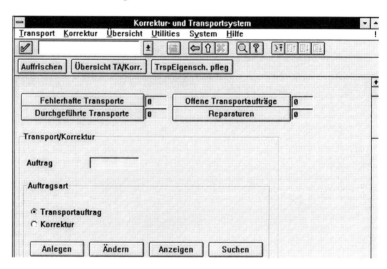

Abb. 2.39
Systembeispiel Transportsystem

Hinweise zum Transport in das Produktivsystem

Soll ein bestehendes Objekt bearbeitet werden, so muß im System eine Anmeldung erfolgen, in dem die Originale der Entwicklungsklasse abgelegt sind, denn nur Originale können bearbeitet werden.

Soll ein neues Objekt erstellt werden, so muß in dem System angemeldet werden, in dem die Originale der persönlich verwendeten Entwicklungsklasse abgelegt sind. Dies ist aber nie im Produktivsystem der Fall.

Ferner findet der Benutzer weiterführende Informationen zum Anlegen von Korrekturen sowie zum eigentlichen Transport in das Produktivsystem im Installationsleitfaden vor.

3.6 Werkzeug „Tabellenabgleich"

Mit dem Werkzeug Tabellenabgleich kann der Benutzer Tabelleninhalte zwischen zwei Mandanten vergleichen und sogenannte Änderungsbelege auswerten.

Abb. 2.40
Systembeispiel
Tabellenabgleich

Abb. 2.41 zeigt die beiden Möglichkeiten nochmals in Form eines Diagramms:

Abb. 2.41
Tabellenabgleich

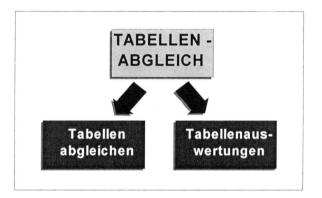

Tabellenreport

Wählt der Benutzer **Tabellenauswertungen** aus, so gelangt er in einen Bildschirm, der zur Erstellung eines Reports mit Namen **„RSTBSERV"** dient. In Tabellenauswertungen können ebenfalls Tabellen abgeglichen werden. Der Report RSTBSERV verwirklicht umfassende Serviceleistungen für alle tabellenartigen Objekte.

Dabei wird unterschieden in:
- Service für aktuelle Daten und
- Historienverwaltung.

3.6.1 Service für aktuelle Daten

Hier können Objekte angezeigt, miteinander verglichen und gegeneinander abgeglichen werden. Hierzu stehen dem Benutzer verschiedene **Funktionen** zur Verfügung:

Servicefunktionen

- **Suchen**
  Ist der Name des Objektes unbekannt, so kann nach Eingabe eines generischen Namens und nach Wahl der Funktion „Suchen" das gewünschte Objekt aus einer Menge herausgefunden werden.
- **Anzeigen**
  Diese Funktion erzeugt ein Bild des gewünschten Objektes im Anmeldemandanten.
- **Vergleich**
  Mit Hilfe dieser Funktion kann eine Gegenüberstellung des Objektes im Anmeldemandanten mit dem Objekt in einem frei wählbaren Vergleichsmandanten erfolgen. Dabei werden unterschiedliche Feldinhalte hervorgehoben.
- **Abgleichen**
  Möchte der Benutzer es nicht nur beim Vergleich mehrerer Objekte belassen, so kann er mit Hilfe dieser Funktion Veränderungen vornehmen. Dabei werden die Daten des Objektes im Anmeldemandanten verändert.
- **Verändern**
  Einträge aus dem Objekt des Vergleichsmandanten werden übernommen. Auch können einzelne Feldinhalte kopiert werden.

3.6.2 Historienverwaltung

Änderungsbelege

Das R/3-System bietet dem Benutzer die Möglichkeit an, alle Änderungen von Tabelleninhalten aufzuzeichnen. Jede Änderung eines Tabelleninhaltes erzeugt dabei einen **Änderungsbeleg**, der in die Tabellenprotokolldatenbank geschrieben wird. Inhalt des Änderungsbeleges sind u.a. Informationen über den Zeitpunkt der Änderung sowie der Name des Änderers.

Sinn der Servicefunktionen

Durch die **Servicefunktionen** kann sich der Benutzer eine Liste aller Änderungsbelege des aktuellen Tages oder eines beliebigen anderen Zeitraumes erstellen lassen. Auch kann er sich eine Aufstellung für die Tabellen anzeigen lassen, für die Änderungsbelege geschrieben werden, also alle Tabellen mit Historienverwaltung.

Verwaltung der Tabellenprotokolldatenbank

Folgende Funktionen unterstützen die Tabellenprotokolldatenbank:

- **Ermittlung der Anzahl der Änderungsbelege in der Tabellenprotokolldatenbank:**
  Auswahl nach Zeiträumen und Tabellen ist jederzeit möglich;

- **Löschen der ältesten Änderungsbelege aus der Tabellenprotokolldatenbank:**
  es muß vom Benutzer ein Stichtag angegeben werden und auch nach Tabellen vorgegangen werden;
- **Archivierung der ältesten Änderungsbelege:**
  vor dem Löschen der Änderungsbelege werden diese aus der Tabellenprotokolldatenbank in eine sequentielle Datei ausgelagert.

3.7 Globale Parameter

Mit Hilfe der Globalen Parameter ist der Benutzer in der Lage, für spezifische Mandanteneinstellungen Änderungen vorzunehmen, die dann in den einzelnen Modulen greifen.

Bild 2.42 gibt einen Überblick über die einzelnen **Parameter**:

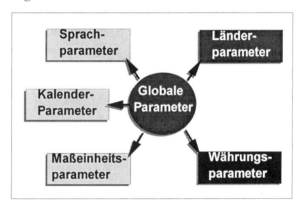

Abb. 2.42
Globale Parameter

3.7.1 Länderparameter

Die Länderparameter unterteilen sich in Länder- und Regionaleinstellungen, wobei sich die Regionaleinstellungen nochmals unterteilen (siehe Abb. 2.43).

Abb. 2.43
Länderparameter

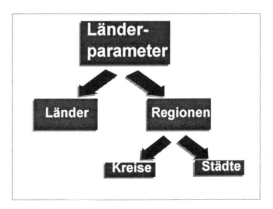

3 Werkzeuge im Customizing

Länderaufnahme

Der Benutzer von R/3 muß alle Länder aufnehmen, mit denen sein Unternehmen Geschäftsbeziehungen unterhält. Für jedes Land benötigt er dazu folgende Informationen:

- allgemeine Daten
- Außenhandelseigenschaften
- weitere Prüfdaten

Diese Informationen werden dann bei der **Stammdatenpflege** geprüft:

- **Standardeinstellungen**

  In der SAP-Standardauslieferung sind alle Länder nach der internationalen **ISO-Norm** definiert.

ISO-Norm

Von der Firma SAP wird den Benutzern empfohlen, für alle zusätzlichen Einträge ebenfalls die internationale ISO-Norm zu verwenden, da ohne ISO-Norm bei internationalen Kommunikationen kein Datenaustausch verwirklicht werden kann.

- **Ländereigene Prüfungen erstellen**

Prüfregeln

Für alle Länder, mit denen das Unternehmen des Benutzers geschäftliche Beziehungen unterhält, müssen Regeln für eine Prüfung der folgenden Daten aufgenommen werden:

- Bankdaten
- postalische Daten
- Steuerdaten

Diese Daten werden dann ebenfalls bei der Stammdatenpflege geprüft.

Auch bei der ländereigenen Prüfung empfiehlt die Firma SAP die internationale ISO-Norm zu verwenden, da bei internationalen Kommunikationen kein Datenaustausch möglich ist, solange nicht nach der ISO-Norm vorgegangen wird (z.B. Zahlungsverkehr mit Banken).

Regionen einfügen

Regionenaufnahme

Regionen sind in vielen Ländern der Welt ein wichtiger Bestandteil der Anschrift, so z.B. in den USA und in Kanada. In diesen Ländern benötigt man, z.B. für die richtige Preisfindung, bestimmte Steuersätze, die das SAP-System u.a. über folgende Parameter ermittelt:

- Region
- County = Kreis
- City = Stadt

3.7 Globale Parameter

In diesem Menüpunkt nimmt der Benutzer von R/3 die benötigten Regionen auf oder verwendet die schon vorgegebenen.

Beispiel zur Aufnahme von Regionen:

Ein Neukunde aus Miami/Florida soll neu eingerichtet werden. Im Punkt „*Regionen*" der Länderparameter müßte nun folgendes eingegeben werden:

3.7.2 Währungsparameter

Der Währungsparameter unterteilt sich in zwei Einstellungen, den Währungscode und den Dezimalstellen. Bild 2.44 legt dies grafisch dar:

Abb. 2.44
Währungsparameter

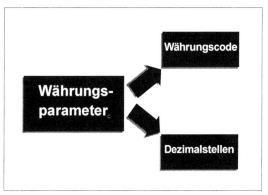

Währungscode

Im Unterpunkt **Währungscode** kann der Benutzer Einträge bzgl. der benötigten Währungen vornehmen, z.B. Abkürzung, Zahlencode usw..

Dezimalstellen

Im Unterpunkt **Dezimalstellen** kann der Benutzer die Dezimalstellen einer Währung seinen Bedürfnissen exakt anpassen.

Beispiel:
- die Deutsche Mark hat für die Pfennigbeträge zwei Dezimalstellen hinter dem Komma (Standardeinstellung);
- der Kuwaitische Dinar hat dagegen drei Dezimalstellen hinter dem Komma;
- die Italienische Lira erlaubt überhaupt keine Dezimalstellen.

Standard-
einstellungen

In der SAP-Standardauslieferung sind die wichtigsten Währungen gemäß der internationalen ISO-Norm voreingestellt. Aus technischen Gründen gibt es aber auch sogenannte „Pseudowährungen" mit z.B. einer Dezimalstelle, die nicht gelöscht werden können.

3.7.3 Sprachparameter

Für alle Sprachen, mit denen im SAP-System gearbeitet werden soll, braucht der Benutzer Einträge in der Sprachtabelle.

Standard-
einstellungen

In der SAP-Standardauslieferung sind nur die Sprachen für die Version eingestellt, die das Unternehmen bei SAP angefordert hat und die auf dem System der Firma installiert wurden.

Wird eine neue Sprache in die Tabelle eingetragen, so wird ihr Eintrag nur wirksam für die Sprachversion, die das Unternehmen gekauft hat. D.h. sollen Sprachen aufgenommen werden, die nicht schon bei der Installation bezahlt waren, müssen diese optional erworben werden.

3.7.4 Maßeinheitenparameter

Im SAP-System erfolgt die Führung von Maßeinheiten in allen Anwendungen zentral.

Standard-
einstellungen

In der Standardauslieferung sind die **Maßeinheiten** gemäß dem internationalen Einheitensystem (SI) definiert. Firmeneigene Ausprägungen von Maßeinheiten sollten deswegen vermieden werden, da sie einen unternehmensübergreifenden Datenaustausch schier unmöglich machen.

3.7.5 Kalenderparameter

SAP-Kalender

Im Menüpunkt „*SAP-Kalender*" können vom Benutzer mehrere Kalender gepflegt werden. Der Feiertags- und Fabrikkalender ist ein zentraler Baustein im R/3-System.

Er wird in vielen Bereichen, wie z.B. der Logistik, der Personalwirtschaft und der Fertigung, standardmäßig geführt.

Das **Kalendersystem** besteht aus folgenden Komponenten:

- **Feiertage**
  alle bekannten Feiertage aus In- und Ausland sind aufgeführt und können aktiviert werden. Auch können nicht aufgeführte Feiertage generiert werden.

- **Feiertagskalender**
  alle bundesdeutschen Feiertage sind nach Bundesländern geordnet aufgeführt.

- **Fabrikkalender**
  hier können z.B. Sonderurlaube, Sonderschichten eingetragen werden.

Schlußwort

Der Einführungsleitfaden wird vom Benutzer optimal genutzt, indem man **in einem Modus** mit der Struktur arbeitet und von dort auch die Einstelltransaktionen aufruft und **in einem zweiten Modus** zu den einzelnen Arbeitsschritten des Einführungsleitfadens die Dokumentation liest.

4 R/3-Benutzer- und Berechtigungskonzept

4.1 Benutzerstammsatz

Ein Benutzer in R/3 wird vom System wie ein Datensatz geführt (dem Benutzerstammsatz), die sich aus Benutzerfestwerten und Profilen zusammensetzt:

Abb. 2.45
Benutzerstammsatz

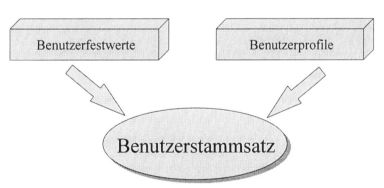

Vereinfacht läßt sich feststellen, daß in den Benutzerfestwerten Daten zum Benutzer selbst abgelegt sind, während in der Benutzerprofiltabelle die Berechtigungen zum Ausführen von R/3-Aktionen gespeichert sind (näheres zu den Berechtigungen unter Punkt 4.2).

Die **Benutzerfestwerte** legen folgende Daten eines Benutzers fest:

Benutzerfestwerte
- Benutzername und Paßwort
- Benutzeradresse (nur von dokumentarischem Wert) bestehend aus Abteilung, genutzter Kostenstelle etc.
- Parameter-Ids (auch Memory-Parameter genannt), die es ermöglichen, zu jedem vom Benutzer genutzten Bildschirmfeld Voreinstellungswerte zu setzen.

4.2 Berechtigungssystem

Möchte ein Benutzer eine bestimmte Aktion im SAP-System durchführen, wird zuerst im Benutzerstammsatz kontrolliert, ob der dafür nötige Berechtigungseintrag vorhanden ist. Erst danach wird die Berechtigung zum Arbeiten erteilt oder gegebenenfalls verweigert.

Man kann sich demnach eine Berechtigung als eine Folge von Werten, die in der Stammsatztabelle aufgeführt sind, vorstellen sowie die Berechtigungsprüfung als einen tabellarischen Vergleich der zur Ausführung erforderlichen Werte mit dem Eingetragenen.

Mandantenabhängigkeit
Es bleibt zu erwähnen, daß Berechtigungen stets **mandantenabhängig** sind. Wer also die Berechtigungen zur Nutzung des Customizing Moduls im Mandant 000 besitzt, hat diese Privilegien nicht im Produktionsvorbereitungsmandanten oder in anderen.

4.2.1 Komplexe Berechtigungen

Eine komplexe Berechtigung setzt sich aus sog. Berechtigungsobjekten zusammen, die wiederum aus einer Zusammenfassung von bis zu 10 Berechtigungsfeldern bestehen.

Berechtigungsfelder
Unter einem **Berechtigungsfeld** muß man sich hierbei die kleinstmögliche Einheit einer Berechtigung vorstellen, z.B. die Berechtigung, sich eine einzelne Tabelle im System anzeigen zu lassen.

Berechtigungsobjekt
Das **Berechtigungsobjekt** faßt mehrere dieser Feldberechtigungen zusammen und erlaubt sowohl das Anzeigen, Löschen oder Bearbeiten dieser Tabelle.

komplexe Berechtigungen
Eine **komplexe Berechtigung** faßt mehrere dieser Berechtigungsobjekte zusammen und gewährt z.B. einem Benutzer den Zugriff auf alle Tabellen, die mit einem bestimmten Konto ver-

knüpft sind oder erlaubt die Bearbeitung aller erforderlichen Tabellen, die zur Pflege eines bestimmten Debitors nötig sind.

Berechtigungsprüfung

Das System gibt den Zugriff zu einem bestimmten Objekt nur dann frei, wenn alle für den Aufruf notwendigen Feldberechtigungen in der komplexen Berechtigung eingetragen und somit vorhanden sind. Es findet demnach eine „UND-Prüfung" der Einträge (in Abb. 2.46 als Puzzle symbolisiert) statt.

4.2.2 Einzelprofile

Da die Vergabe komplexer Berechtigungen eine sehr unübersichtliche und komplizierte Angelegenheit ist (man kann sich vorstellen, wieviel Feldberechtigungen nötig sind, um alle Berechtigungen, die die Aufgabengebiete eines Arbeitsplatzes betreffen, abzudecken), werden Berechtigungsprofile zur Berechtigungsvergabe benutzt.

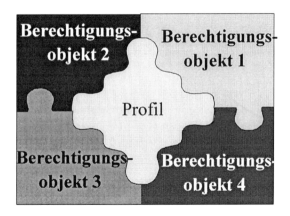

Abb. 2.46 Berechtigungsprofil

Ein Berechtigungsprofil faßt alle Einzelberechtigungen zusammen, die zur Durchführung von Arbeitsvorgängen nötig sind.

Standardprofile

So wurden Berechtigungsprofile für alle Aufgabengebiete in R/3 erstellt, beispielsweise erlaubt das **Standardprofil S_OC_ADMI** einem Benutzer alle Verwaltungsaufgaben im SAPoffice zu übernehmen.

Leider wurde darauf verzichtet eine ausführliche Beschreibung der Standardprofile mitzuliefern, die Auskunft über den Umfang der erlaubten Aktionen geben, die mit der Profilzuweisung erfolgen.

Die Profilzuweisung mit Standardprofilen gerät meist zu einem „*Vabanquespiel*", da in den seltensten Fällen die Zuweisung eines dieser Profile ausreicht, um einem Benutzer tatsächlich alle Berechtigungen, die er für seine Arbeit benötigt, zuzuteilen.

4.2.3 Sammelprofile

Während ein Einzelprofil alle Berechtigungen zur Durchführung aller Aufgaben eines Arbeitsplatzes erteilt, ist das Sammelprofil für Benutzer gedacht, die mehrere Aufgabengebiete im System innehaben.

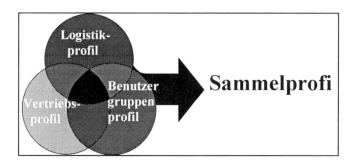

Abb. 2.47
Zusammensetzung des Sammelprofils

So müssen z.B. Mitarbeiter im Controlling Zugriff auf mehrere Systemmodule haben, da sich ihr Aufgabengebiet nicht auf die Kontrolle einer Betriebssparte beschränkt. Das zugehörige Sammelprofil faßt alle benötigten Einzelprofile zusammen und erteilt eine Komplettberechtigung zur Bearbeitung der zu überwachenden Arbeitsgebiete.

Berechtigungsprüfung bei Profilen

Um eine bestimmte Aktion im System durchzuführen, genügt es, wenn die Berechtigung hierzu in **einem** der Berechtigungsobjekte des Profils vorhanden ist. Vom System wird hierbei eine 'Oder'-Prüfung aller im Profil eingetragenen Berechtigungen durchgeführt.

4.3 Aktivierungskonzept

Sicherheit

Das Aktivierungskonzept wurde geschaffen, um eine größtmögliche Datensicherheit im R/3 System zu gewährleisten. Es soll verhindert werden, daß sich ein Benutzer selbst ein Profil erstellt und im Benutzerstammsatz einträgt, so daß ihm die Möglichkeit des Zugriffs und der Manipulation an ihm sonst nicht zugänglichen Daten erlaubt wird.

Aktivierung bedeutet beenden der Bearbeitung und Freigabe der Änderungen. Eine nicht aktivierte Änderung kann zu einem späteren Zeitpunkt fortgesetzt werden; trotzdem bleibt die Konsistenz gewahrt.

Die erste Sicherheitsmaßnahme hierzu stellt die Einführung der Administrationsberechtigungen dar, die, wenn im Profil aufgenommen, nur Benutzern des Customizing oder Berechtigungsverwaltern (näheres hierzu: Punkt 4.3.2) die Möglichkeit gibt, Veränderungen an Benutzerstammsätzen vorzunehmen.

Um jedoch auch bei dieser Benutzergruppe Mißbrauch auszuschließen und Datensicherheit zu gewähren, wird die Profilteilung und die Aufgabendreiteilung genutzt.

4.3.1 Profilteilung

Im R/3-System sind alle Berechtigungsprofile doppelt vorhanden, nämlich in einer Pflege- und einer Aktivversion.

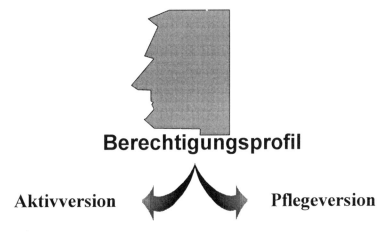

Abb. 2.48 Aktiv- und Pflegeprofile

Pflegeversion

Die **Pflegeversion** ist sozusagen die Entwicklungsstufe bei der Neueinführung eines Profils oder bei der nachträglichen Bearbeitung eines bereits vorhandenen Profils.

Hier werden neue Berechtigungsobjekte hinzugefügt oder entfernt, man könnte also von einer Art „Testversion" eines Profils sprechen, die aber, wenn erteilt, im System keine Wirksamkeit zeigt.

Aktivversion

Die **Aktivversion** ist das Profil, daß nach der Bearbeitung tatsächlich in den Benutzerstammsatz eingetragen wird, also in der Tat eine Wirkung auf die Benutzeraktionen zeigt.

4.3.2 Aufgabendreiteilung

Die Aufgabendreiteilung besteht darin, die Bearbeitung und Zuteilung von Profilen auf drei Benutzer oder Benutzergruppen aufzuteilen:

Abb. 2.49
Aufgabendreiteilung im Berechtigungssystem

- Der **Berechtigungsverwalter** pflegt Profile, d.h. er entfernt Berechtigungen aus vorhandenen Profilen, fügt neue hinzu oder erstellt komplett neue Profile. Er besitzt nur die Berechtigung, mit den Pflegeversionen zu arbeiten, nicht jedoch diese jemandem zuzuordnen.
- Der **Aktivierungsverwalter** besitzt keine Berechtigung zur Manipulation von Profilen, sondern lediglich das Recht, eine Pflegeversion in eine Aktivversion umzuwandeln, die dann Wirkung im System zeigen würde. Seine Aufgabe besteht demnach hauptsächlich in der Funktion und Sicherheitskontrolle der vom Berechtigungsverwalter erstellten Profile
- Der **Benutzerverwalter** trägt die vorher aktivierten Profile in den Benutzerstammsatz ein, hat also keine Möglichkeit Profile zu verändern.

Der **Vorteil dieser Dreiteilung** liegt auf der Hand: Es wird ausgeschlossen, daß jemand ein überprivilegiertes Profil schafft, dieses sich oder anderen im System zuteilt und damit nicht vorgesehene Zugangsgenehmigungen erteilt.

---

[1] Siemens Informationssysteme AG/Thome, R. [Hrsg]: R/3 Modellfirma, LIVE Produktions- und Vertriebs AG, Version 2.1F, Dokumentation, Würzburg, Oktober 1994

5 Customizing am Modell der LIVE AG[1]

Die LIVE AG ist eine fiktive Firma, die das Betreiben des Systems R/3 ermöglicht, ohne eigenes Customizing vornehmen zu müssen. Dies wurde realisiert durch Erarbeitung von grundlegenden Stammdaten und Parametern, wie Lagerbestände, Personaldaten oder gar ganzen Tochterfirmen.

Urheber der LIVE AG

Die LIVE AG wurde vom Siemens-Nixdorf Competence Center SNI-SAP in Walldorf und SNI-Frankfurt in Kooperation mit dem Lehrstuhl für Betriebswirtschaftslehre und Wirtschaftsinformatik, Prof. Dr. Rainer Thome, Universität Würzburg, innerhalb des „VULCAN-Projekts" erarbeitet. Unter dem Namen „**VULCAN**" (steht für „**V**IRTUELLE **U**NTERNEHMEN ALS **L**EHR-, FOR-SCHUNGS- UND **A**USBILDUNGS**N**ETZ") griff der Verein zur Förderung eines deutschen Forschungsnetzes e.V. (DFN-Verein) Ende der 80er Jahre eine Initiative aus verschiedenen Hochschulen auf, die sich zum Ziel setzten - mehr Praxisnähe in den Bereichen Betriebswirtschaft und Wirtschaftsinformatik - in die Lehre einzubringen.

Produktion und Filialen

Das Modellunternehmen befaßt sich mit der **Produktion** von Fahrrädern und dem Handel mit Autozubehör. Es hat mehrere **Filialen** in Europa; außerdem wird der nordamerikanische Markt über ein Werk in Kanada bedient. Um ein möglichst flexibles, realitätsnahes Unternehmen abzubilden und in nahezu alle Funktionalitäten des Systems einzuführen, wurde die LIVE AG sowohl als eine Produktions- als auch eine Handelsfirma konzipiert.

Funktionsfähigkeit

Zum Release-Stand 2.1F, Stand 30.09.1994, ist nur die LIVE AG Deutschland relativ funktionsfähig. Relativ funktionsfähig deshalb, weil manche Teilbereiche nicht oder noch nicht unterstützt werden. So ist z.B. der Teil der Berechtigungsprofile bisher stark vernachlässigt worden. Dies zeigte sich bei der Zuweisung der Musterprofile an die einzelnen Anwender, die mit ihrem spezifischen Musterprofil (z.B. Musterprofil für den Einkauf, im Controlling) maximal Fenster öffnen konnten, aber keine Transaktionen vornehmen durften.

---

[1] Siemens Informationssysteme AG/Thome, R. [Hrsg]: R/3 Modellfirma, LIVE Produktions- und Vertriebs AG, Version 2.1F, Dokumentation, Würzburg, Oktober 1994

5 Customizing am Modell der LIVE AG1)

Partner im Ausland	Ein Grund für das alleinige Funktionieren der LIVE AG Deutschland ist u.a., daß im **Ausland** bisher keine Partner gefunden wurden, die dieses Projekt international unterstützen.
Gesamtziel	Das große **Ziel** dieser Modellfirma - im Stile der LIVE AG - ist, ein globusumspannendes Netz mit - von der LIVE AG unabhängigen - fiktiven Firmen zu verbinden.
Beginn der Datensammlung	Seit September 1992 wurden Modelldaten in enger Zusammenarbeit mit Usern und Softwareexperten erarbeitet und ständig aktualisiert. Das Entwicklungsteam umfaßte 18-20 Personen. Die auf einem Videoband (ab Release 2.2 auf CD) ausgelieferte Firma umfaßt insgesamt ca. 2.200 MB Datenmaterial.
Rechte an der LIVE AG	Obwohl im obengenannten Firmennamen SAP mit aufgeführt wird, hat SAP selbst keine **Rechte** an dieser Modellfirma. Dies wäre für SAP insofern erstrebenswert, als SAP selbst noch kein vergleichbares Marketingmodul in Händen hat; es ist jedoch mit der Neuauslieferung von R/3 (Release 3.0) geplant.

5.1 Abgedeckte Fachbereiche

In dem Release 2.1F werden folgende betriebliche Fachbereiche mit den R/3-Modulen abgedeckt:

- **AM**   Anlagenbuchhaltung
- **BC**   Systemverwaltung
- **CO**   Controlling
- **FI**   Finanzbuchhaltung
- **HR**   Personalwesen
- **MM**   Materialwirtschaft
- **PP**   Produktionsplanung
- **PS**   Projektsystem
- **SD**   Vertrieb und
- **QM**   Qualitätsmanagement

Diese Bereiche sind mit entsprechen Stammdaten, Parametern und teilweise mit praxisnahen Fallbeispielen/Geschäftsvorfällen didaktisch aufbereitet.

5.2 Dokumentation

Mit dem Erwerb der LIVE AG über SNI oder durch Mitgliedschaft im VULCAN e.V. erhält man folgende Dokumentationen:

- eine betriebswirtschaftliche Darstellung der LIVE AG mit Umsatzzahlen, Organisationsstruktur und Bilanz;
- das Customizing pro Fachbereich, Parametern und sonstigen bereits vorgenommenen Eintragungen in den einzelnen Modulen;
- die Stammdaten und
- Fallstudien pro Fachbereich.

Vollständigkeit der Dokumentation

Diese Unterlagen - Release-Stand 2.1F, Stand 30.09.1994 - entbehren jedoch leider den Anspruch der **Vollständigkeit**. So sind z.B. nur für wenige Fachbereiche Fallstudien vorhanden. Dies ist insofern bedauerlich, als **Fallbeispiele** die wohl effizienteste Möglichkeit darstellen, den Umgang mit dem System R/3 zu erlernen.

5.3 Zweck der LIVE AG

Was auf den ersten Blick wie eine „Spielerei" aussieht, hat bei näherer Betrachtung sehr wohl eine sinnvolle Daseinsberechtigung, die SAP selbst provoziert.

Hinweis auf Mandant 000

Der mit dem System R/3 ausgelieferte „Mandant 000" weist erhebliche **Customizing- und Datenmängel** auf. Insofern kann das von SAP eingegangene Versprechen, mit diesem „Übungsmandanten" bereits arbeiten zu können, kaum eingehalten werden.

Aufgaben und Ziele der LIVE AG

Die LIVE AG als Übungsfirma soll

- eine Testfirma für die Einführung und die Funktionalität des R/3 Systems sein;
- eine Beispielfirma für Schulungen sowie für Beratung von Anwendern sein;
- eine Demofirma für die Präsentation von R/3 auf Messen und Ausstellungen sein und
- eine Customizingfirma als mögliche Lösung für verschiedene unternehmensspezifische Anforderungen sein.

Achtung! Mandanten und bereits bestehende Produktivsysteme

Hierbei ist zu erwähnen, daß die LIVE AG zwar Denkanstöße liefern kann und soll, jedoch **keinesfalls in ein Produktivsystem kopiert werden** soll, da hier mit großer Wahrscheinlichkeit Probleme auftreten, da die erarbeiteten Daten und Parameter auf diese spezifische Modellfirma zugeschnitten sind und

5 Customizing am Modell der LIVE AG1)

mit betriebsspezifischen Fremdtabellen sehr wahrscheinlich nicht korrespondieren können.

5.4 Betriebswirtschaftliche Darstellung der LIVE AG

Im folgenden wird auf die Filialen, die Produktpalette sowie die Bilanz der LIVE AG näher eingegangen.

5.4.1 Organigramm der LIVE AG Deutschland

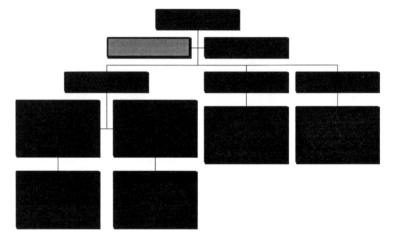

Abb. 2.50
Organigramm (intern) der LIVE AG

Zu diesem betriebsinternen Organigramm bleibt anzumerken, daß die **Sparten Fahrräder** und **Autozubehör** jeweils ihre eigene Organisationsstruktur besitzen. Deshalb treten organisatorische Einheiten, wie Vertrieb oder Lager, in beiden Ästen des Organigramms auf.

5.4.2 Filialen

Die LIVE AG hat mehrere internationale Filialen. Auf untenstehendem Screenshot (siehe Abb. 2.51) ist der aktuelle Filialbestand ersichtlich.

5.4 Betriebswirtschaftliche Darstellung der LIVE AG

Abb. 2.51
Systembeispiel
Filialen

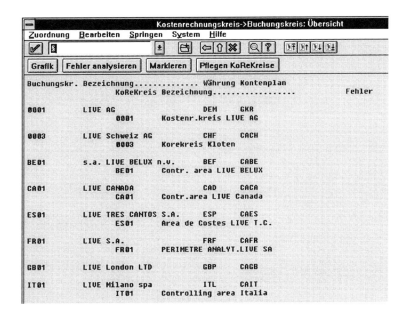

Die Organisationsstruktur der LIVE AG (weltweit) ist in der grafischen Darstellung als Organigramm am anschaulichsten:

Abb. 2.52
Organisationsstruktur (weltweit)

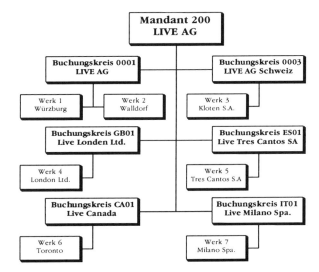

5.4.3 Produktpalette

Die Produktpalette der LIVE AG gliedert sich in zwei Hauptsparten, der Fahrradproduktion und Vertrieb sowie dem Handel mit Autozubehör.

Fahrräder:
- Rennräder
- Trekkingräder und Mountainbikes
- Tandems
- Fahrradzubehör, wie z.B. Kettenöl und Helme

Autozubehör:
- Anbauteile, wie z.B. Reifen, Felgen und Auspuffanlagen
- Innenausstattung, wie z.B. Lenkräder und Sportsitze

Umsatzanteile

Aus der Dokumentation ist der **Umsatzanteil** der jeweiligen Sparte leider nicht ersichtlich. Der Umfang der Fahrradproduktpalette läßt jedoch darauf schließen, daß der bei weitem größere Teil des Umsatzes aus diesem Bereich kommt.

5.4.4 Finanzdaten

Bilanz der LIVE AG, Stand: 30.09.1994

Aktiva		Passiva	
A. Anlagevermögen		**A. Eigenkapital**	
1. Sachanlagen	8.302.090	1. Gez. Kapital	2.700.000
2. Finanzanlagen	300.000	2. Rücklagen	5.505.000
B. Umlaufvermögen		**B. Rückstellungen**	319.048
1. Vorräte	23.574.858	**C. Verbindlichkeiten**	9.746.051
2. Forderungen	8.857.050		
3. Schecks, Kasse	792.959	**D. Gewinnvortrag**	13.556.858
BILANZSUMME	41.826.957	BILANSUMME	41.826.957

Bilanzanalyse

Bei einer **Analyse der Bilanz** werden mehrere Sachverhalte deutlich:
- Die LIVE AG ist mit 2.700.000,- DM gezeichnetem Eigenkapital eine noch relativ kleine Firma (sieben internationale Filialen).

- Die Eigenkapitalquote liegt bei ca. 60 %.
- Die Anlagevermögensquote liegt bei ca. 20 %. Für ein Unternehmen, das den Hauptumsatz aus der Produktion erzielt, ist diese Quote relativ niedrig.

Um ein **Resümee** aus dieser Analyse zu ziehen, muß festgestellt werden, daß diese Daten für eine Modellfirma typisch sind, nicht aber unbedingt realitätsnah erscheinen.

3. Kapitel

FINANZBUCHHALTUNG

R/3-MODUL „FI"

1 Organisation und Konfiguration

Bei der Organisation und Konfiguration der Buchhaltung handelt es sich lediglich um das Customizing der Buchhaltung.

Da SAP ein Produkt geschaffen hat, das in jedem Bereich eingesetzt werden kann, ist es notwendig, jedes Modul - in diesem Fall die Finanzbuchhaltung - so einzurichten, daß nur die Informationen, die für die Firma oder den Konzern von Interesse sind, bearbeitet und ausgewertet werden.

Dies wird aus dem **Werkzeuge-Menü** ausgeführt, das wie folgt aussieht:

Abb. 3.1
Menü Werkzeuge

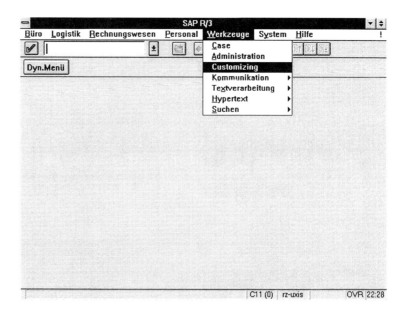

1.1 Organisationsstruktur der Buchhaltung

Die Organisationsstruktur der Buchhaltung besteht aus 3 Einheiten:

1. dem Mandanten
2. der rechtlichen Organisationsstruktur
3. der internen Organisationsstruktur

1.1 Organisationsstruktur der Buchhaltung

Mandant

Der **Mandant** steht in der Hierarchie ganz oben, d.h. alle Informationen, wie die Stammdaten, die hier abgelegt werden, können überall benutzt werden.

rechtliche Organisationsstruktur

Die **rechtliche Organisationsstruktur** ist wie folgt aufgebaut:
1. **Buchungskreis**
2. **Kostenrechnungskreis**

Buchungskreis

Jeder **Buchungskreis** stellt eine selbständig bilanzierende Einheit dar. Auf der Ebene des Buchungskreises wird die vom Gesetzgeber geforderte Bilanz und GuV erstellt. Für jeden Mandanten können mehrere Buchungskreise eingerichtet werden, um die Buchhaltung mehrerer selbständiger Unternehmen gleichzeitig führen zu können. Eine weitere Untergliederung ist durch interne Organisationsstrukturen möglich.

Jeder Buchungskreis verwendet genau einen Kontenplan. Ein Kontenplan kann jedoch von mehreren Buchungskreisen benutzt werden:

Abb. 3.2
Buchungskreis und Kontenpläne

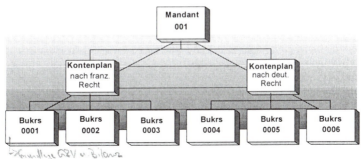

Durch folgende Schritte kann - vom Customizing-Menü aus - die unten angegebene Bildschirmmaske erreicht werden:

Einstellungsmenü ⇨ *Organisationsstruktur* ⇨ *Einrichtung* ⇨ *Rechnungswesen* ⇨ *Finanzwesen*

Am Ende erscheint folgende Bildschirmmaske:

1 Organisation und Konfiguration

Abb. 3.3
Buchungskreis
definieren

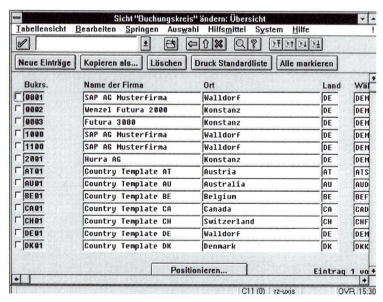

Kostenrechnungskreis

Der **Kostenrechnungskreis** ist im Endeffekt nichts anderes als eine Kostenstelle, die beim Buchen von Aufträgen angegeben werden kann. Voraussetzung dafür ist, daß das Controlling-Modul bereits im Einsatz ist.

Buchungskreis und Kostenrechnungskreis müssen sich nicht entsprechen. Es gibt **zwei Möglichkeiten der Zuordnung**:

1. **Der Buchungskreis kann genau einem Kostenrechnungskreis zugeordnet werden;**
2. **mehrere Buchungskreise können auf einen Kostenrechnungskreis verweisen.**

interne Organisationsstruktur

Die **interne Organistionsstruktur** ist wie folgt aufgebaut:

1. **Kreditkontrollbereich**
2. **Geschäftsbereich**
3. **Mahnbereich**

Kreditkontrollbereich

Der **Kreditkontrollbereich** bestimmt das Kreditlimit der Kreditoren.

1.1 Organisationsstruktur der Buchhaltung

Die Buchungskreise sind diesem Kreditlimit unterstellt:

Abb. 3.4
Kreditkontrollbereiche
und Kreditlimit

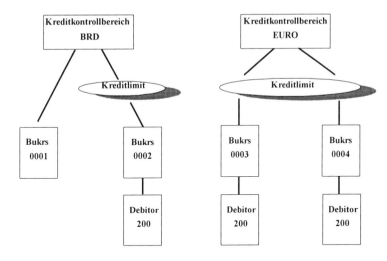

Das Kreditlimit kann buchungskreisübergreifend sein, muß aber nicht. Ist das Kreditlimit buchungskreisübergreifend, so wird der Kredit des Debitors im Kreditkontrollbereich **EURO** von Buchungskreis **0003** und **0004** addiert. Diese haben jedoch keinen Einfluß auf den Kreditkontrollbereich **BRD**.

Kredikontrollbereich definieren

Durch folgende Schritte - vom Customizing-Menü aus - kann die unten angegebene Bildschirmmaske erreicht werden:

Einstellungsmenü ⇨ *Organisationsstruktur* ⇨ *Einrichtung* ⇨ *Rechnungswesen* ⇨ *Finanzwesen*

Es erscheint folgende Bildschirmmaske:

Abb. 3.5
Kreditkontrollbereiche
ändern

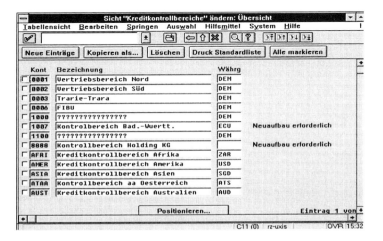

1 Organisation und Konfiguration

Geschäftsbereich

Ein **Geschäftsbereich** ist eine Organisationseinheit, unter der die Verkehrszahlen der Sachkonten für interne Auswertungszwecke getrennt geführt werden. In diesem Bereich kann intern die Bilanz sowie die Gewinn und Verlustrechnung erstellt werden. Der Geschäftsbereich hat somit keinen Außenwirkungscharakter.

Geschäftsbereich definieren

Durch folgende Schritte - vom Customizing-Menü aus - kann die unten angegebene Bildschirmmaske erreicht werden:

Einstellungsmenü ⇨ *Organisationsstruktur* ⇨ *Einrichtung* ⇨ *Rechnungswesen* ⇨ *Finanzwesen*

Jetzt erscheint folgende Bildschirmmaske:

Abb. 3.6
Geschäftsbereiche ändern

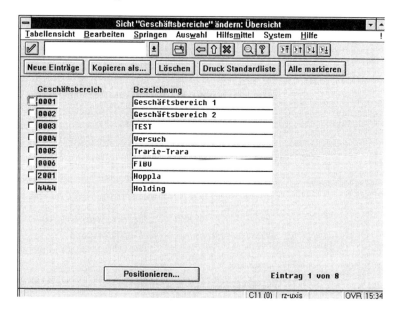

Mahnbereich

In der Regel wird das Mahnwesen pro Buchungskreis abgewickelt. In diesem Fall ist das Einrichten von Mahnbereichen **nicht** erforderlich.

Mahnbereiche werden verwendet, wenn für die Abwicklung des Mahnwesens innerhalb eines Buchungskreises mehrere Organisationseinheiten zuständig sind. Diese Organisationseinheiten bildet man im SAP-System durch Mahnbereiche ab.

1.2 Sachkontenstammdaten

Die Sachkontenstammdaten dienen zum Erfassen der Geschäftsvorfälle auf den Sachkonten und deren Verarbeitung. Alle Geschäftsvorfälle, die auf Sachkonten gebucht werden, werden gleichzeitig im Hauptbuch fortgeschrieben.

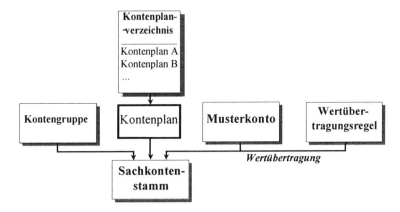

Abb. 3.7
Aufbau der Sachkontenstammdaten

Kontenplan

Auf den Sachkontenstamm nimmt der Kontenplan und die Kontengruppe direkten Einfluß. Der Kontenplan ist ein Verzeichnis aller Sachkontenstammsätze, die in einem oder mehreren Buchungskreisen benötigt werden.

Kontenplan definieren

Durch folgende Schritte - vom Customizing-Menü aus - kann die unten angegebene Bildschirmmaske erreicht werden:

Einstellungsmenü ⇨ *Rechnungswesen* ⇨ *Finanzwesen* ⇨ *Buchhaltung* ⇨ *Stammdaten* ⇨ *Sachkonten* ⇨ *Kontenplan* ⇨ *Verzeichnis*

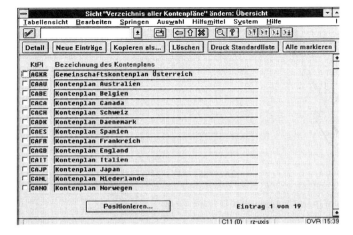

Abb. 3.8
Verzeichnis aller Kontenpläne

1 Organisation und Konfiguration

Kontengruppe

Die **Kontengruppe** ist eine Zusammenfassung von Eigenschaften, die das Anlegen von Stammsätzen steuern. Die Sachkontenstammdaten sind verteilt auf einen Kontenplanbereich und einen buchungskreisspezifischen Bereich; z.B. wird die Kontonummer im Kontenplan vorgegeben, die Währung, in der das Konto bebucht werden kann, wird im buchungskreisabhängigen Bereich festgelegt.

Jeder Buchungskreis muß einem Kontenplan zugeordnet sein. Bei Einrichtung einer Buchführung für zwei Buchungskreise, die die gleiche Kontengliederung benutzen, reicht ein Kontenplan aus. Weisen die Buchungskreise jedoch unterschiedliche **Gliederungsstrukturen** auf (z.B. unterschiedliche Branchen), so sind zwei Kontenpläne einzurichten.

Feldstatus definieren

Die Kontengruppe hilft beim Anlegen von Stammsätzen und beim Vermeiden von Eingabefehlern. Dies wird durch die unterschiedliche Gestaltung der Bildschirmbilder erreicht. Sachkonten lassen sich nach Sachgebieten gruppieren, z.B. können alle Bankkonten, Postgirokonten und die Kasse zur Kontengruppe „Flüssige Mittel" zusammengefaßt werden. Über die Kontengruppe wird festgelegt, welche Felder relevant sind. Es kann ein **Feldstatus** zugeordnet werden, wie z.B. Mußfeld, Kannfeld oder ausgeblendetes Feld.

Durch folgende Schritte - vom Customizing-Menü aus - können die unten angegebenen Bildschirmmasken erreicht werden:

Einstellungsmenü ➯ *Rechnungswesen* ➯ *Finanzwesen* ➯ *Buchhaltung* ➯ *Stammdaten* ➯ *Sachkonten* ➯ *Musterkonto*

Abb. 3.9
Feldstatus

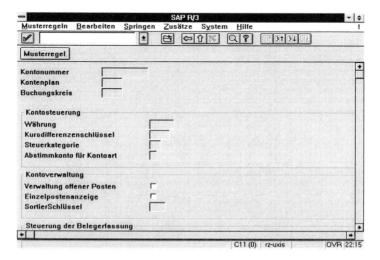

98

1.2 Sachkontenstammdaten

Abb. 3.10
Regeln für
Musterkonten

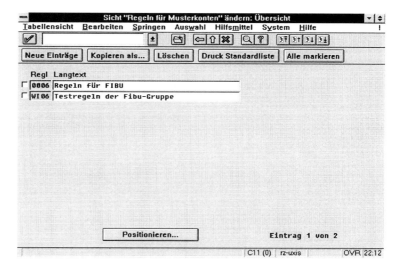

Die Vergabe der Kontonummern wird durch den Kontenrahmen bestimmt. So kann jeder Kontengruppe ein Nummernbereich zugeordnet werden, um Eingabefehler zu verhindern. SAP liefert vordefinierte Kontengruppen, die verwendet werden können. Im Kontenplan muß mindestens eine Kontengruppe angegeben werden. Kontengruppen können auch nachträglich verändert werden.

Kontengruppe definieren

Durch folgende Schritte - vom Customizing-Menü aus - kann die unten angegebene Bildschirmmaske erreicht werden:

Einstellungsmenü ⇨ *Rechnungswesen* ⇨ *Finanzwesen* ⇨ *Buchhaltung* ⇨ *Stammdaten* ⇨ *Sachkonten* ⇨ *Steuerung* ⇨ *Kontengruppe*

Abb. 3.11
Kontengruppen
Sachkonten

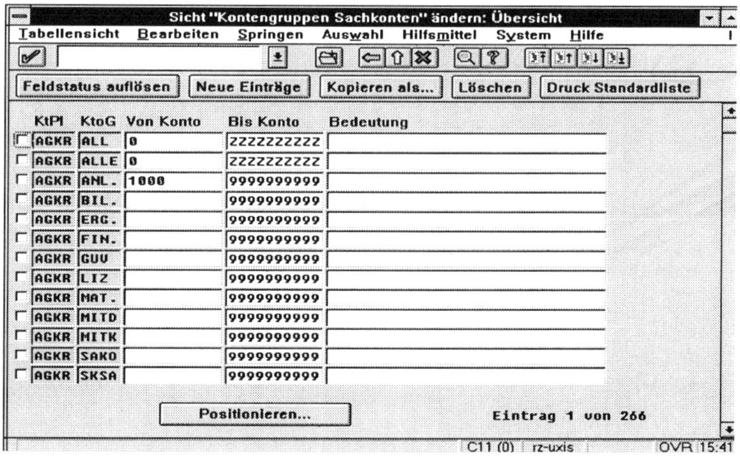

99

1 Organisation und Konfiguration

Im **buchungskreisspezifischen Bereich** werden nur die Informationen hinterlegt, die von Buchungskreis zu Buchungskreis unterschiedlich sind. Bei einem Kontenplan für Deutschland, Italien und Österreich wird man die Konten in der jeweiligen Währung anlegen.

Abb. 3.12
buchungskreis-
spezifische Bereiche

Wichtige buchungskreisspezifische Daten sind somit die Währung, die **Steuer** (Umsatzsteuer) und das **Abstimmkonto** (z.B. für Forderungen und Verbindlichkeiten). Über das Abstimmkonto ist es möglich, jederzeit eine Bilanz und eine GuV zu erstellen. Abstimmkonten können nicht manuell bebucht werden.

Weitere buchungskreisspezifische Informationen sind die Berechtigungen, die für jeden Sachkontenstammsatz vergeben werden können. Bei automatischen Buchungen können z.B. Gewinne oder Verluste aus Fremdwährungsumrechnungen (Kursdifferenzen) gemeint sein. Dafür richtet man Konten ein, die nur automatisch bebucht werden. Eine andere Festlegung im buchungskreisspezifischen Bereich ist die Kontoverwaltung.

Die Konten können verwaltet werden in Bezug auf:

- **Kontostandsanzeige** (immer verfügbar)
- **Offene-Posten-Verwaltung** (explizit vorsehen)
- **Einzelpostenanzeige** (explizit vorsehen)

1.3 Kreditoren- und Debitorenstammdaten

Da Kreditorenstammdaten nahezu äquivalent zu den Debitorenstammdaten sind, werden hier nur diese behandelt.

Debitoren-
stammdaten

Debitorenstammdaten sind die Daten, die für die Abwicklung der Geschäftsbeziehung mit dem Debitor benötigt werden (z.B. Adreßdaten, Zahlungsbedingungen). Sie steuern ferner das Erfas-

1.3 Kreditoren- und Debitorenstammdaten

sen der Geschäftsvorfälle auf ein Debitorenkonto und die Verarbeitung der gebuchten Daten.

Folgende Objekte nehmen Einfluß auf den Debitorenstamm:

- **Nummernkreis:** Nummernbereich, aus dem die Kontonummer für den Stammsatz zu wählen ist.
- **Kontengruppe:** Zusammenfassung von Eigenschaften.
- **Feldstatusdefinitionen:** bestimmen Status der Felder auf dem Bildschirm.

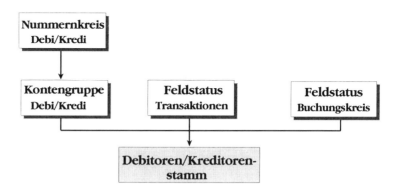

Abb. 3.13 Debitoren-/Kreditorenstamm

Anmerkung

Die Bildschirmmasken für die Konfiguration der Kreditor-/Debitorstammdaten sind vom Prinzip gleich.

Um die notwendigen Einstellungen zu tätigen, müssen folgende Schritte aus dem Customizing-Menü ausgeführt werden:

Einstellungsmenü ⇨ Rechnungswesen ⇨ Finanzwesen ⇨ Buchhaltung ⇨ Stammdaten ⇨ Kreditoren- oder Debitorenstammdaten

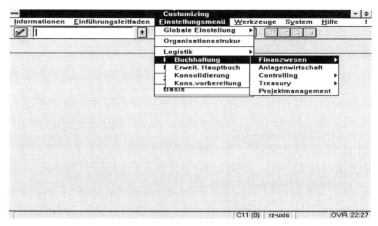

Abb. 3.14 Systemeinstieg: Debitoren-/Kreditorenstamm

101

1 Organisation und Konfiguration

1.4 Bankenstammdaten

Die Bankenstammdaten werden im SAP-System zentral im Bankenverzeichnis abgelegt. Zu den Bankenstammdaten gehören unter anderem die Anschriftsdaten der Banken. Die Bankverbindung der Geschäftspartner wird im Debitoren- bzw. Kreditorenstammsatz hinterlegt. Angaben zu den eigenen Hausbanken werden separat gespeichert.

Swift-Code

Das Bankenverzeichnis wird vor allem für den maschinellen Zahlungsverkehr benötigt. Besonders wichtige Daten sind die Anschrift und der **Swift-Code** (Society for Worldwide Interbank Financial Telecommunication). Dieser Code identifiziert jede Bank ohne Angabe von Anschrift und Bankleitzahl. Postgirokonten sind speziell zu kennzeichnen. Nach Einführung des Systems wird das Bankenverzeichnis nur noch bei Bedarf gepflegt.

In den Debitoren- und Kreditorenstammsätzen benötigt das System für das Zahlungsprogramm Angaben über die eigenen Bankverbindungen; z.B. kann man im Kreditorenstammsatz bereits angeben, von welcher Hausbank die Zahlung erfolgen soll.

Bank-Id

Die Bankverbindungen werden pro Buchungskreis festgelegt. Zu jeder Bank wird eine frei definierbare Kurzbezeichnung (**Bank-Id**) angegeben. Zusätzlich ist zu jeder Bankverbindung das Bankland und die Bankleitzahl einzutragen.

Konto-Id

Wenn beim Zahlungsprogramm die Bankverbindungen benötigt werden, reicht es aus, die Bank-Id anzugeben. Die Bank-konten selbst müssen ebenfalls unter einer Kurzbezeichnung (**Konto-Id**) abgelegt werden, z.B. wird für ein Girokonto in Landeswährung die Abkürzung „GIRO" benutzt.

Natürlich ist es auch möglich, die Daten der Hausbanken zu ändern und evtl. eine Hausbank zu löschen.

1.5 Matchcode

Um einen Stammsatz oder ein Konto eindeutig zu identifizieren, benötigt man die Kontonummer.

Der Matchcode besteht aus einer Reihe von Stammsatzfeldern, die für einen Debitoren-/Kreditorenstammsatz im System gefüllt werden. Über diese Felder kann man den Stammsatz suchen. Der Matchcode ist somit ein alternativer Schlüssel zu den Stammsätzen, der zur Suche verwendet wird.

Die folgende Abbildung 3.15 zeigt die Objekte, die für einen Matchcode benötigt werden:

Abb. 3.15
Matchcode-Objekt

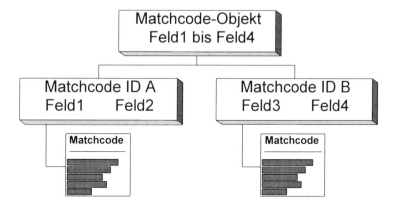

Das **Matchcode-Objekt** legt fest, welche Datenbanktabellen und damit welche Felder grundsätzlich für die Matchcode-ID's erforderlich sind. Aus der Vielzahl dieser Felder werden für die Matchcode-ID's nur die gewünschten ausgesucht.

Matchcode-ID

Die **Matchcode-ID** legt fest, welche Felder für den Matchcode gespeichert und ausgegeben werden.

2 Parameterpflege

2.1 Mitarbeiter und Berechtigungen

In der Finanzbuchhaltung des R/3-Systems besteht die Möglichkeit, die diversen Mitarbeiter zu gruppieren und mit entsprechenden Berechtigungsprofilen auszustatten. Dies ist nützlich, da das Berechtigungsprofil eines leitenden Angestellten oder eines Prokuristen sich in den meisten Fällen von dem eines gewöhnlichen Sachbearbeiters unterscheiden wird.

Die Vergabe von Berechtigungen dient also dazu, den betriebswirtschaftlichen Bereich, den die Mitarbeiter bearbeiten dürfen, zu bestimmen und die einzelnen Bearbeitungsfunktionen detailliert zu definieren.

2 Parameterpflege

vordefinierte Objekte

Als **vordefinierte Objekte** werden im System die jeweiligen Masken bezeichnet, in die die entsprechenden Werte eingegeben werden müssen, um eine Berechtigung wirksam zu machen. Werden einem vordefinierten Objekt keine Werte zugeordnet, so erhält der Mitarbeiter eine globale Berechtigung innerhalb dieser Funktionseinheit.

Folgende Objekte sind im Modul FI vordefiniert:

- **Stammdaten**
- **Belege**
- **Bilanzen**
- **Kreditkontrolldaten**
- **Zahlungsläufe und**
- **Mahnläufe**

Berechtigungsprofile

Mehrere Berechtigungen eines Mitarbeiters werden in einem **Berechtigungsprofil** zusammengefaßt. Alle Berechtigungsprofile eines Bereiches werden wiederum einem **Benutzerstammsatz** zugeordnet:

Abb. 3.16
Berechtigungshierarchie

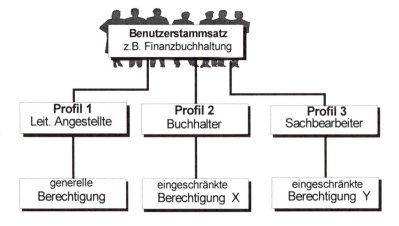

Besonders zu beachten ist die Tatsache, daß im System Berechtigungen auf einer oder mehreren voneinander unabhängigen Ebenen vergeben werden können. So kann z. B. der Zugriff auf Belege in Abhängigkeit von Buchungskreis, Geschäftsbereich, Belegart, Kontoart und Konto eingeschränkt werden.

Die Profile bestehen aus Berechtigungen, die für einen Arbeitsplatz zusammengefaßt wurden. Beispielsweise kann ein Profil für den Debitorenbereich und ein Profil für den Kreditorenbe-

2.1 Mitarbeiter und Berechtigungen

reich definiert sein. Bei der Systemeinführung werden dann die benötigten Profile erstellt und den Mitarbeitern zugeordnet.

Profile können den jeweiligen Anforderungen laufend angepaßt werden. Wurden Berechtigungen geändert, dann werden diese Änderungen für alle Profile wirksam, denen die Berechtigungen zugeordnet sind. Das beeinflußt natürlich wiederum das Tätigkeitsfeld der Mitarbeiter. Werden andererseits die Profile erweitert, greift man direkt auf den Arbeitsbereich aller Mitarbeiter zu, denen die Profile zugeordnet sind.

Die vertikale Ebene der **Berechtigungsvergabe** gliedert sich in drei Teile:

generelle, organisatorische und funktionale Berechtigungen

- Vergabe von **generellen Berechtigungen**,
  z.B. Belege buchen;

- Vergabe von **organisatorischen Berechtigungen**,

  z.B. Buchen nur im Buchungskreis X und im Geschäftsbereich Y;

- Vergabe von **funktionalen Berechtigungen**,
  z.B. Buchen nur in den Konten 100000 bis 300000.

Die generelle Berechtigung entspricht in FI der Ebene des vordefinierten Objekts Finanzbuchhaltung, die organisatorische Berechtigung wird vergeben für Buchungskreise und Geschäftsbereiche und die funktionale Berechtigung wirkt sich auf Konten und Belege aus.

praktisches Beispiel

Wie diese Theorie im R/3 umgesetzt wird, soll ein **Beispiel** aus dem Bereich der funktionalen Ebene verdeutlichen:

Zunächst soll eine **funktionale Berechtigungsstruktur** (hier: eine **Toleranzgruppe**) geschaffen werden, der im folgenden neu angelegte Mitarbeiter zuzuordnen sind.

Dazu wählen wir folgende Menüfolge:

Werkzeuge ⇨ Customizing ⇨ Einstellungsmenü ⇨ Rechnungswesen ⇨ Finanzwesen ⇨ Buchhaltung ⇨ Umfeld ⇨ Mitarbeiter ⇨ Toleranzgruppe

Man wählt entweder eine bereits vorhandene Toleranzgruppe aus und bearbeitet die entsprechenden Einträge oder, wie in unserem Beispiel, man klickt auf die Schaltfläche *Neue Einträge*.

2 Parameterpflege

In der erschienenen Eingabemaske sind Gruppenname, Buchungskreis, eventuelle Obergrenzen für Buchungsvorgänge sowie zulässige Zahlungsdifferenzen zu definieren.

Nachdem die Eingaben gesichert worden sind, kann über das Menü *Umfeld* ⇨*Mitarbeiter* ⇨ *Zuordnung* ⇨ *Tol.-gruppe* die Zuordnung erfolgen. Bei neu anzulegenden Mitarbeitern sind *Neue Einträge* vorzunehmen, indem man die Namen mit den gewünschten Toleranzgruppen versieht. Nach erfolgter Sicherung dieser Daten erscheinen die betreffenden Mitarbeiter zuzüglich zugeordneter Toleranzgruppe im Übersichtsmenü.

Somit haben die Stammsätze dieser Mitarbeiter auf funktionaler Ebene die definierten Toleranzbereiche erhalten. Bei Überschreitung eines solchen Toleranzbereiches im Rahmen einer vorgenommenen Buchung wird vom System von nun an eine Fehlermeldung ausgegeben.

2.2 Geschäftsjahr und Buchungsperioden

Sehr oft stimmt das Geschäftsjahr einer Firma nicht mit dem Kalenderjahr überein. Daher muß das System dem Benutzer eine variable Definition von Geschäftsjahr und Buchungsperioden erlauben. Auch die den Jahresabschluß betreffenden Sonderperioden müssen Beachtung finden.
Im folgenden wird nun beschrieben, wie ein Geschäftsjahr zusammen mit den entsprechenden Buchungsperioden definiert und gepflegt wird.

Geschäftsjahr

Dazu wählt man im Einstellungsmenü der Buchhaltung die Optionen *Umfeld* ⇨ *Geschäftsjahr* ⇨ *Gjahresvariante*. Es erscheint eine Übersicht über bereits angelegte Varianten. Um ein neues Geschäftsjahr hinzuzufügen wählt man *Anlegen*. Nachdem der Name und die Kurzbeschreibung der Geschäftsjahresvariante eingegeben ist, wird abgefragt, ob das Geschäftsjahr dem *Kalenderjahr* entspricht oder - wie in unserem Beispiel - *jahresabhängig* ist. In der Regel wird man aber jahresunabhängige Perioden definieren. Nach Eingabe der Anzahl Buchungs- und Sonderperioden klickt man auf die Schaltfläche *Perioden*, um nach der Eingabe des für die Variante gültigen Kalenderjahres schließlich die Maske der Periodendefinitionen zu erreichen. Bei jahresunabhängigen Varianten entfällt die Angabe des Kalenderjahres.

Jahresverschiebungs-Kennzahl

Um im Falle einer nicht **kalenderjahrabhängigen Variante** dem System effektiv mitteilen zu können, daß eine bestimmte

2.2 Geschäftsjahr und Buchungsperioden

Buchungsperiode in ein anderes Geschäftsjahr gehört, bedient man sich der sog. Jahresverschiebung. Die **Jahresverschiebungs-Kennzahl** kann die Werte -1, 0 oder +1 erhalten. Soll bspw. ein Geschäftsjahr definiert werden, das den Zeitraum 16.04.95 bis 15.04.96 erfaßt und quartalsgerechte Buchungsperioden einschließt, so müssen im Buchungsjahr 1995 folgende Perioden definiert werden:

1. **Periodenende am   15.07.95**
2. **Periodenende am   15.10.95**
3. **Periodenende am   31.12.95**   (!)
4. **Periodenende am   15.01.95** ⇨ **Jahresverschiebung „-1"**
5. **Periodenende am   15.04.95** ⇨ **Jahresverschiebung „-1"**

Zu beachten ist generell, daß auf jeden Fall am 31.12. ein Periodenende definiert ist, auch wenn dieses Datum nicht einem gewünschten Periodenende entsprechen sollte.

Zurückgreifende Buchungsperioden werden mit der Jahresverschiebung „-1" definiert, wogegen vorausgreifende Perioden die Kennzahl „+1" erhalten. Alle übrigen Perioden erhalten die Kennzahl 0.

Schaltjahre

Damit die Buchungen auch in einem **Schaltjahr** die gewünschte Periode erreichen, muß nur dann eingegriffen werden, wenn das Geschäftsjahr vom Kalenderjahr abweicht. In diesem Fall wird für den Februar das Periodenende 29 eingegeben, sofern das Geschäftsjahr sich nicht mit dem Kalenderjahr deckt und die Perioden den Kalendermonaten entsprechen. Ist als Periodenende der 28. festgesetzt, so schreibt das System die am 29. Februar gebuchten Verkehrszahlen bereits in die nächste Periode, falls diese bebuchbar ist. Falls nicht, wird eine Fehlermeldung ausgegeben.

Sonderperioden

Die Einrichtung von **Sonderperioden**, die die Jahresabschlußperiode untergliedern, hängt nicht von der Definition des jeweiligen Geschäftsjahres ab. Durch die Aufteilung der letzten Buchungsperiode in mehrere Abschlußperioden ist es möglich, mehrere Nachtragsbilanzen zu erstellen.

Maximal können insgesamt 16 Perioden definiert werden. Da das Geschäftsjahr in der Regel 12 Buchungsperioden besitzt, können die übrigen 4 Perioden als Sonderperioden behandelt werden. Die gewünschte Anzahl der Sonderperioden ist im Rahmen der Eigenschaften eines Geschäftsjahres unbedingt anzugeben. Das

System wird dann die gewünschte Anzahl Sonderperioden aus der Anzahl Buchungsperioden für Abschlußarbeiten heraustrennen.

Eine Buchung in die Sonderperioden setzt voraus, daß das Buchungsdatum in der letzten regulären Periode liegt. Des weiteren kann eine Buchung auf eine gewünschte Abschlußperiode nur erfolgen, wenn die Periodenkennziffer im Belegkopf im Feld *Periode* eingegeben wird.

Zuordnen der Geschäftsjahresvariante zum Buchungskreis

Um eine **Geschäftsjahresvariante** auch wirklich benutzen zu können, muß sie erst einem Buchungskreis zugeordnet werden. Hierzu wählt man aus dem Einstellungsmenü der Buchhaltung heraus die Menüfolge: *Umfeld* ⇨ *Buchungskreis* ⇨ *Globale Parameter*.

Aus der Übersicht über die angelegten Buchungskreise wählt man den gewünschten Buchungskreis an und klickt auf die Schaltfläche *Detail*. Die Eigenschaften des Buchungskreises werden angezeigt. Nun gibt man im Feld *Geschäftsjahresvariante* der *Organisation der Buchhaltung* den Namen des geforderten Geschäftsjahres an und bestätigt bzw. sichert diese Änderung. Zur Überprüfung dient die Übersicht im Einstellungsmenü *Umfeld* ⇨ *Geschäftsjahr* ⇨ *Zuordn.* ⇨ *Bukrs/GJvar*. Hieraus ist zu ersehen, welcher Buchungskreis welches Geschäftsjahr umfaßt.

Öffnen der Buchungsperioden

Um die entsprechenden **Perioden** freizugeben oder auch für den Belegverkehr zu sperren, legt man im Einstellungsmenü *Geschäftsvorfälle* ⇨ *Buchungsperioden* das gewünschte Periodenintervall fest. Hierbei sind für jeden Buchungskreis die bebuchbaren Perioden anzugeben. Da jeder Buchungskreis einen Allgemeineintrag erfordert, muß in der Spalte der Kontoart (K) ein „+" eingegeben werden. In der Spalte Satzart wird festgelegt, ob die Konten zum Buchen von Buchhaltungsdaten (Satzart 0) oder von Plandaten (Satzart 1) geschlossen oder geöffnet werden sollen.

Die Zuordnung der Geschäftsjahresvariante zu einem Buchungskreis sowie die Öffnung der bebuchbaren Perioden sind auf jeden Fall durchzuführen. Ohne diese Maßnahmen kann keine Buchung erfolgen.

2.3 Zahlungsbedingungen und Skonti

Die Ermittlung der Fälligkeit im Zahlungsverkehr ist unerläßlich. Im folgenden werden die Möglichkeiten aufgezeigt, wie der Administrator im R/3 die gewünschten und erforderlichen Zah-

2.3 Zahlungsbedingungen und Skonti

lungsbedingungen umsetzen kann, damit Fälligkeits- und Skontoberechnung ordnungsgemäß erfolgen können.

Basisdatum

Eine erste, wichtige Kenngröße ist hierbei das Basisdatum. Das **Basisdatum** ist, wie der Name vermuten läßt, der Grundbaustein der Fälligkeitsberechnung. Das System bedient sich prinzipiell folgender Formel:

Fälligkeit = Basisdatum + Zahlungsziel

Ist bspw. der 02.05. das ermittelte Basisdatum eines Postens und das betreffende Zahlungsziel 14 Tage mit 2 % Skonto, so wird das System die Buchung dieses Postens bis zum 16.05. mit Skontoabzug erlauben.

Das Basisdatum kann generell auf vier verschiedene Arten ermittelt werden:

Basisdatum ist
1. **Belegdatum** oder
2. **Buchungsdatum** oder
3. **Erfassungsdatum** oder
4. **ohne Vorschlag** (= manuelle Eingabe während der Belegerfassung)

Zuschlagsmonate und Fester Tag

Das ermittelte Basisdatum kann nun anhand der Größen **Zuschlagsmonate** und **Fester Tag** noch verschoben werden. Die Option *Fester Tag* legt unabhängig vom Vorschlagswert das Basisdatum auf eine unveränderliche Größe fest.

Ist bspw. das vorgeschlagene Basisdatum das Belegdatum mit dem 02.05., das Datum *Fester Tag* aber besitzt den Wert 20, so wird das Basisdatum auf den 20.05. gesetzt. Da diese Größe nur für den jeweiligen Monat gilt, der aus dem vorgeschlagenen Basisdatum hervorgeht, bedient man sich der *Zuschlagsmonate* um weiter entferntere Daten erreichen zu können. Ist das nun ermittelte Basisdatum also der 20.05., aber im Feld *Zuschlagsmonate* steht der Wert 2, so wird das Basisdatum auf den 20.07. gesetzt.

Taggrenze

Mit diesen Kennzahlen sind einfache Zahlungsbedingungen ohne Mühe implementierbar. Komplexere Strukturen mit verschachtelten Perioden verlangen eine weitere Größe: die **Taggrenze**.

Folgender **Sachverhalt** soll realisiert werden:
- Rechnungserstellung zwischen 1. und 15. eines Monats;
- Bezahlung bis zum 31. des gleichen Monats: 3 % Skonto
- oder Bezahlung bis zum 15. des Folgemonats: 2 % Skonto;

- sowie bei Rechnungserstellung zw. 15. und 31. des Monats;
- Bezahlung bis 15. des Folgemonats: 3 % Skonto
- oder Bezahlung bis 31. des Folgemonats: 2 % Skonto,
- sonst rein netto.

Im Grunde handelt es sich nur um eine einzige Zahlungsbedingung, die von zwei vorgegebenen Zeiträumen abhängt. Um bessere Übersicht zu gewährleisten, kann man sich der Definition per *Taggrenze* bedienen. Dabei muß die Zahlungsbedingung zweimal angelegt werden: einmal mit der Taggrenze 15 und einmal mit der Taggrenze 31.

Die Implementierung im R/3 erfolgt über die Menüfolge *Geschäftsvorfälle* ⇨*Debitoren oder Kreditoren* ⇨ *Zahlungsbedingungen* des Einstellungsmenüs der Buchhaltung. Dort erscheint zunächst eine Übersicht über bereits angelegte Zahlungsbedingungen. In unserem Beispiel wären jetzt also zwei namensgleiche Strukturen der Zahlungsbedingung folgendermaßen einzugeben: die erste Definition erhält im Feld *Taggrenze* den Eintrag 15 sowie die Bedingungen:

- 3,0 %   Fester Tag 31   Zuschlagsmonate 0
- 2,0 %   Fester Tag 15   Zuschlagsmonate 1
-           Fester Tag 31   Zuschlagsmonate 1

Die letzte Bedingung ist notwendig, um den Tatbestand der Nettofälligkeit zu definieren.

Die zweite Definition mit der Taggrenze 31 erhält die Einträge:

- 3,0 %   Fester Tag 15   Zuschlagsmonate 1
- 2,0 %   Fester Tag 31   Zuschlagsmonate 1
-           Fester Tag 15   Zuschlagsmonate 2

Sperrschlüssel und Zahlweg

Ergänzend sei angemerkt, daß die Felder „**Sperrschlüssel**" und „**Zahlweg**" Kontrolleinrichtungen sind. Durch entsprechende Eingabe im *Sperrschlüssel* kann ein Posten, der mit dieser Zahlungsbedingung abgewickelt wird, ein Sperrkennzeichen (Zur Zahlung frei - Zur Zahlung gesperrt - Rechnungsprüfung oder Konto übergehen) erhalten. Ein Eintrag im Feld Zahlweg setzt vordefinierte Größen voraus. Im allgemeinen wird es sich dabei im bargeldlosen Zahlungsverkehr um die verschiedenen Bankverbindungen einer Firma handeln. Wird kein Zahlweg explizit gewünscht, so wird der jeweilige Zahlweg aus den Stammdaten verwendet.

Skontobasis- und Steuerbetrag

Der **Skontobasisbetrag** ist die Summe der Belegposten, die als skontorelevant erfaßt sind. Skontorelevant sind die Zeilen, die beim Buchen im Feld *ohne Skonto* keinen Eintrag erhalten. Für die Steuerbelegpositionen muß nun festgelegt werden, ob der **Steuerbetrag** skontorelevant ist oder nicht. Darum ist für jeden Buchungskreis ein entsprechender Eintrag im Feld *Skontobasis ist Nettowert* der *Globalen Parameter* im Einstellungsmenü notwendig. Bei Markierung dieser Option wird somit das System die Steuerzeilen nicht für die Ermittlung des Skontobasisbetrages heranziehen. Enthält ein Beleg mehrere Positionen für ein Kreditoren- oder Debitorenkonto, so ermittelt das System den anteiligen Basisbetrag pro Position. Die Positionen, in die der Basisbetrag bereits manuell eingegeben wurde, werden dabei nicht berücksichtigt.

2.4 Steuerkennzeichen

Länderspezifische Eigenheiten und Unterschiede erfordern in der Regel eine flexible, aber effektive Organisationsstruktur, auf die hier nicht näher eingegangen werden kann, die aber selbstverständlich im R/3 realisierbar ist.

Der folgende Abschnitt konzentriert sich daher auf das buchungstechnisch sehr wichtige Steuerkennzeichen. Dieses wird benutzt, um im Beleg den Umsatzsteuerbetrag zu prüfen, den Steuerbetrag auf Wunsch automatisch herauszurechnen, den nichtabzugsfähigen Vorsteueranteil zu errechnen, die Steuerart mit dem adressierten Steuerkonto abzustimmen und um das Steuerkonto selbst zu ermitteln.

Die Definition des Steuerkennzeichens erfordert hauptsächlich drei Angaben:

- **Steuerart**
- **Steuerprozentsatz**
- **Länderschlüssel**

praktisches Beispiel in R/3

Definieren eines Steuerkennzeichens im System: vom Einstellungsmenü der Buchhaltung ausgehend gelangt man über die Menüs *Umfeld* ⇨ *Steuern* ⇨ *Umsatzsteuer* in die Umgebung der Steuerkennzeichen. Nach der Auswahl eines Länderschlüssels kann ein Steuerkennzeichen angewählt werden. Ist das Steuerkennzeichen bereits vorhanden, so werden die jeweiligen Eigenschaften angezeigt.

Andernfalls erscheint eine Eingabemaske, mit der die entsprechenden Eigenschaften definiert werden können. Hierbei ist die Angabe der gewünschten Steuerart (meist Vor- oder Ausgangssteuer) unerläßlich. Zusätzlich kann das Steuerkennzeichen in einer dafür vorhandenen Textzeile näher beschrieben werden.

Werden diese Voreinstellungen bestätigt bzw. gesichert, so erscheint die Eigenschaftsübersicht. Nun können die Steuerkonten, die das Kennzeichen später heranziehen soll, näher bestimmt werden. Dazu klickt man auf die Schaltfläche *Steuerkonten* und wählt den gewünschten Kontenplan aus. Anhand der im Kontenplan vorgesehenen und ausgewiesenen Steuerkonten wird der erfaßte oder errechnete Steuerbetrag dann auf die Steuerkonten gebucht, wobei natürlich die Größe *Steuerart* für die Auswahl des Kontos maßgebend ist. Eine Steuerart V (Vorsteuer) wird keine Buchung auf ein Ausgangssteuerkonto zulassen. Bei entsprechender Absicht wird eine Fehlermeldung ausgegeben.

Kalkulationsschema   Bei den Eigenschaften des Steuerkennzeichens erscheint auch ein **Kalkulationsschema** (Feld: *Schema*) der betreffenden Steuer. Hierbei handelt es sich um eine definierte Kenngröße, die folgende Informationen liefert:

- Was ist Basisbetrag?
- Welche Rechenregel wird zur Ermittlung des Basisbetrages angewendet (im Hundert, vom Hundert)?
- Welche Kontoseite muß bebucht werden?
- Soll ein möglicher Aufwand aus Steuern auf die Sachkonten- und Anlagenpositionen verteilt oder separat gebucht werden?

Die Steuertypen, die das System bei der Pflege der Steuerkennzeichen zur Auswahl stellt, ermittelt das System einzig und allein über den Länderschlüssel. Zu jedem Länderschlüssel ist dann das entsprechende Kalkulationsschema definiert, zu dem die Festlegungen zur Berechnung und Buchung der unterschiedlichen Steuertypen landesspezifisch getroffen wurden.

3 Debitoren- und Kreditorenstammdaten

Der Kreditorenstammsatz entspricht in seinem Aufbau im wesentlichen dem Debitorenstammsatz, weshalb sich die Erläuterungen im folgenden auf die Bearbeitung des Debitorenstammsatzes beschränken. Wichtige Unterschiede werden beim jeweiligen Thema erwähnt.

3.1 Organisation der Daten

Funktion der Debitorenstammdaten
: Debitorenstammdaten sind die Daten, die für die Geschäftsbeziehung mit dem Debitor benötigt werden. Sie steuern ferner den Buchungsvorgang (z.B. Zahlungsbedingungen) und die Verarbeitung der Buchungsdaten (z.B. Nr. des Abstimmkontos in der Hauptbuchhaltung).

Nutzung der Daten
: Im Debitorenstammsatz sind alle kundenspezifischen Informationen enthalten. Für jeden Debitor wird ein Stammsatz angelegt, der sowohl von der Buchhaltung als auch vom Vertrieb genutzt wird. Der Kreditorenstammsatz wird entsprechend von der Buchhaltung und der Materialwirtschaft genutzt. Damit werden doppelte Datenbestände und folglich ein doppelter Arbeitsaufwand vermieden.

3.1 Organisation der Daten

Trotz des gemeinsamen Stammsatzes kann jeder Buchungskreis eigene Daten über Geschäftsbeziehungen zum Debitor speichern. Der Stammsatz wurde aufgeteilt in:

Abb. 3.17 Bereiche des Debitorenstammsatzes

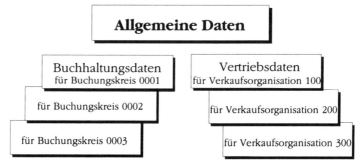

- **Allgemeine Daten**

  Daten, die für jeden Buchungskreis und jede Verkaufsorganisation innerhalb eines Unternehmens gelten. Beispielsweise Name, Anschrift oder Sprache des Debitors.

- **Buchungskreisdaten**

  Daten, die für die einzelnen Buchungskreise relevant sind. Dazu gehören z.B. Kontonummer des Abstimmkontos oder Mahnverfahren.

- **Vertriebsbereichsdaten**

  Daten, die für die Verkaufsorganisation und Vertriebswege eines Unternehmens relevant sind. Daten zur Auftragsbearbeitung, Versanddaten und Rechnungsdaten werden beispielsweise in diesem Bereich gespeichert.

3.2 Daten des Stammsatzes

Der Debitorenstammsatz enthält folgende Daten:
- Name, Adresse, Sprache, Telefon- und Faxnummer;
- Steuernummer;
- Bankverbindung für das Abbuchungsverfahren;
- Kontosteuerungsdaten (z.B. Nr. des Abstimmkontos);
- Vereinbarte Zahlwege und Zahlungsbedingungen;
- Mahndaten (z.B. Mahnart und Mahnstufe);
- Daten zur Auftragsbearbeitung, Versanddaten und Rechnungsdaten;
- Datumsangaben über den letzten Lauf des Mahn- und Verzinsungsprogramms.

Besondere Felder des Debitorenstammsatzes

- **Suchbegriff**
  Falls die Nummer des gesuchten Debitorenkontos nicht bekannt ist, kann man über einen Suchbegriff die Kontonummer herausfinden. Meist wird hierfür der signifikante Teil des Namens benutzt.

- **Abweichender Mahnempfänger**
  Wenn Mahnungen nicht an den Debitor gesendet werden sollen, gegen den die Forderung besteht, kann man hier die Kontonummer des abweichenden Mahnempfängers eintragen.

- **Abweichender Zahlungsregulierer**
  Im Debitorenstammsatz kann man die Kontonummer eines abweichenden Zahlungsregulierers eingeben. Die Bankeinzüge, Rücküberweisungen usw. werden dann über die Banken dieses Debitors abgewickelt.

- **Verrechnung zwischen Debitor und Kreditor**
  Wenn ein Geschäftspartner als Debitor und Kreditor geführt wird, kann man die offenen Posten durch das Zahlungs- und das Mahnprogramm miteinander verrechnen.

  Dazu muß folgendes beachtet werden:
  1. Es muß ein Debitoren- und Kreditorenstammsatz für den Kunden bzw. Lieferanten angelegt werden.
  2. Im Debitorenstammsatz muß die Kontonummer des Kreditors im Feld *Kreditor* eingegeben werden.
  3. Im Kreditorenstammsatz muß die Kontonummer des Debitors im Feld *Debitor* eingegeben werden.
  4. In beiden Stammsätzen muß das Feld *Verr.mit Kred.* bzw. *Verr.mit Debi.* angekreuzt werden.

- **Abstimmkonto**
  Um dem Grundsatz einer doppelten Buchführung zu genügen, muß hier die Nummer des Kontos im Hauptbuch angegeben werden (z.B. 140000 Forderungen im Inland). Somit ist gewährleistet, daß der Saldo der Sachkonten immer null ergibt. Dies ist eine Voraussetzung dafür, daß jederzeit eine Bilanz und die Gewinn- und Verlustrechnung erstellt werden kann.

Numerieren der Stammsätze

Jeder Stammsatz erhält eine eindeutige Nummer (Kontonummer), die zum Aufrufen des Stammsatzes und zum Buchen auf das Konto benutzt wird.

Folgende Möglichkeiten bestehen:

- **INTERNE Vergabe**: Nummernvergabe erfolgt durch das System. Beim Anlegen übergeht man die Eingabe der Kontonummer.
- **EXTERNE Vergabe**: Manuelle Eingabe der Kontonummer.

Das System gewährleistet eine **eindeutige Nummernvergabe**. Ebenso wird das Konto in allen Buchungskreisen mit derselben Nummer geführt.

3.3 Anlegen eines Stammsatzes

Zum Anlegen eines Stammsatzes stehen folgende drei Möglichkeiten zur Verfügung:

1. **Stammsatz zentral anlegen**
2. **Stammsatz im Buchungskreis anlegen**
3. **Stammsatz mit Vorlage anlegen**

Stammsatz zentral anlegen

Einen **Debitorenstammsatz zentral anlegen** heißt, Daten, die von der Buchhaltung und vom Vertrieb benötigt werden, in einem Arbeitsschritt anlegen. Dieses Verfahren ist nur möglich, wenn man die Vertriebsanwendung (SD) installiert und konfiguriert hat.

Stammsatz im Buchungskreis anlegen

Entsprechend legt man ein **Debitorenstammsatz** nur für die Buchhaltung an, indem man die entsprechende Funktion wählt. Anstatt *Zentrale Pflege* ⇨ *Anlegen* einfach nur *Anlegen*.

Stammsatz mit Vorlage anlegen

Zum Anlegen eines Stammsatzes kann auch ein vorhandener Stammsatz als Vorlage verwendet werden. Das System kopiert die Stammdaten aus der Vorlage. Es werden jedoch nicht alle Daten übernommen. Die Übernahme ist von mehreren Faktoren abhängig:

3 Debitoren- und Kreditorenstammdaten

- Das System übernimmt nur Daten, die nicht **debitorenspezifisch** sind, also z.B. keine Adresse.
- Für die Übernahme der Vorlagedaten ist ferner entscheidend, welche Daten man bereits für einen Debitor erfaßt hat. Grundsätzlich gilt: wenn bereits Daten gepflegt wurden, werden sie nicht durch Vorlagedaten überschrieben.

Daten aus der Vorlage sind nur Vorschlagswerte!

Vorgehensweise beim Anlegen eines Stammsatzes

Exemplarisch wird im folgenden die Vorgehensweise zum **Anlegen eines Stammsatzes** im Buchungskreis aufgeführt:

1. Wahl von *Stammdaten ➪ Anlegen*.

   Das Einstiegsbild zum Anlegen des Debitors wird angezeigt.

2. Eingabe der Kontonummer bei externer Vergabe. Wenn mit interner Vergabe gearbeitet wird, muß die Eingabe übersprungen werden. Die Nummer wird vom System vergeben, sobald die Stammdaten gesichert sind.

3. Eingabe des Buchungskreises und der Kontengruppe, mit [Enter] bestätigen.

   Der erste Bildschirmbild zum Erfassen der Stammdaten erscheint.

4. Eingabe der Debitorendaten in die aufeinanderfolgenden Masken. Mit [Enter] gelangt man jeweils in das nächste Eingabebild.

5. Sicherung der Stammdaten, indem man *Debitor ➪ Sichern* wählt.

Konten pro Diverse (CpD)

Für Debitoren, mit denen nur einmal oder selten Geschäfte gemacht werden, kann ein besonderer Stammsatz angelegt werden. Mit Hilfe sogenannter **CpD-Konten** kann man:

kundenspezifische Daten, wie z.B.:
- Name, Adresse und Telefonnummer
- Bankverbindung

bei der Rechnungserfassung eingeben.

Auf diese Weise spart man Platz im Plattenlaufwerk, da man nicht für jeden Kunden, der nur ein einmaliges Geschäft tätigt, einen vollständigen Debitorenstammsatz anlegen muß.

3.4 Anzeigen eines Stammsatzes

Der Debitorenstammsatz wird sowohl von der Buchhaltung als auch vom Vertrieb benutzt. Man kann sich entweder die allgemeinen und die Buchungskreisdaten (Buchhaltungsdaten) oder aber den gesamten Debitorenstammsatz anzeigen lassen. Das Anzeigen eines Stammsatzes funktioniert folgendermaßen:

Vorgehensweise beim Anzeigen eines Stammsatzes

1. *Stammdaten (- Zentrale Pflege)* ➪ *Anzeigen*
2. Eingabe der Kontonummer, des Buchungskreises und der Verkaufsorganisation.
3. Auf dem Einstiegsbild kann man direkt die Bilder ankreuzen, die man sehen will.
4. Mit (Enter) läßt man sich den Debitorenstammsatz anzeigen.
5. Verlassen der Anzeige mit *Debitor* ➪ *Beenden*.

Zum Anlegen und Pflegen der Stammdaten stehen die folgenden Funktionen zur Verfügung:

Zusätzliche Funktionen in der Stammdatenpflege

- **Wechsel der Funktion**. Man kann, z.B. über *Debitor* ➪ *Anzeigen* bzw. *Ändern*, aus der Anzeige- in die Änderungsfunktion wechseln.
- **Springen auf andere Bildschirmbilder**. Man kann auf das vorherige, auf das nächste oder gezielt auf ein bestimmtes Datenbild springen *(Springen)*.
- **Anzeige von Verwaltungs- oder Sperrdaten**. Man kann sich ansehen, ob der Stammsatz gesperrt oder zum Löschen vorgemerkt ist.
- **Springen in andere relevante Daten**. Man kann sich z.B. das Kreditlimit oder die Bankverbindung ansehen *(Umfeld)*.
- **Zahlwege und Mahnbereich**. Bei der Erfassung eines Debitorenstammsatzes kann man über *Zusätze* die möglichen Zahlwege für den Buchungskreis abfragen und aus der Anzeige auswählen.

3.5 Ändern eines Stammsatzes

Mit Ausnahme von Kontonummer und Kontengruppe kann man alle Daten eines Debitorenstammsatzes ändern. Die Änderung eines Stammsatzes kann auch an Berechtigungen geknüpft sein. Daher werden möglicherweise einige Felder nicht zum Ändern angeboten.

Wie beim Anlegen kann man die Daten:

1. **zentral ändern** (allgemeine, Buchungskreis- und Vertriebsdaten);
2. **aus Sicht der Buchhaltung ändern;**
3. **aus Sicht des Vertriebs ändern** (Auftragsbearbeitungs-, Versand- und Rechnungsdaten).

Ändern eines Stammsatzes

Wie man einen Stammsatz im Menü Debitoren ändert, wird in den folgenden Punkten beschrieben:

1. *Stammdaten (- Zentrale Pflege)* ⇨ *Ändern*
2. Eingabe der Kontonummer, des Buchungskreises und der Verkaufsorganisation.
3. Ankreuzen der Daten, die man ändern will.
4. Mit (Enter) gelangt man auf das nächste Bildschirmbild.
5. Änderungen vornehmen.
6. Sichern der Änderungen mit *Debitor* ⇨ *Sichern*.

Das System protokolliert jede Änderung, die man vornimmt und erzeugt Änderungsbelege. Es speichert für jedes Feld den Zeitpunkt der Änderung, den Namen des Benutzers und den vorherigen Feldinhalt.

Über die Änderungsbelege kann man sich ansehen, welche Änderungen in einem Vorgang vorgenommen wurden.

Änderungen anzeigen lassen

Die Änderungen kann man sich im Menü Debitoren wie folgt anzeigen lassen:

1. *Stammdaten* ⇨ *Änderungen anzeigen*.
2. Eingabe der Kontonummer und des Buchungskreises.
3. Mit (Enter) wird eine Liste mit den Arten der geänderten Felder angezeigt.
4. Wählen der Änderungen, die man sehen will.
5. Verlassen der Anzeige mit *Kontoänderung* ⇨ *Beenden*.

3.6 Sperren eines Debitorenkontos

In der Debitorenbuchhaltung kann man ein Debitorenkonto sperren, um zu verhindern, daß darauf gebucht wird. Dies ist zum Beispiel erforderlich, bevor man einen Debitorenstammsatz zum Löschen vormerkt.

Folgende Sperren kann man für einen Debitor vergeben, wenn man über die Vertriebsanwendung (SD) verfügt:

- **Buchungssperre**
- **Auftragssperre**
- **Liefersperre**
- **Fakturasperre**

Sperren eines Kontos

Für eine **Liefersperre** müßte man z.B. die folgenden Schritte durchführen:

1. *Stammdaten ⇨ Zentrale Pflege ⇨ Sperren/Entsperren*
2. Eingabe der Kontonummer.
3. Ankreuzen der Buchungskreise für die Sperre.
4. Grund und Ziel der Sperrung (z.B. weil das Kreditlimit überzogen wurde, wird eine Liefersperre veranlaßt.)
5. Sichern der Eingaben mit *Debitor ⇨ Sichern*.

ACHTUNG !

Eine Kontosperrung sollte nur vorgenommen werden, wenn keine offenen Posten bestehen, damit der Saldo aller Konten null bleibt !

4 Debitoren-/ Kreditorenbuchhaltung

4.1 Abbildung von Geschäftsvorfällen

Im Modul „FI" wird jeden Geschäftsvorfall in Form eines Beleges abgespeichert. Jeder Beleg wird auf einem Massenspeicher-Medium (z.B. Festplatte) abgelegt und ist somit das physische Äquivalent zu einem realen Ereignis. Ein Beleg muß demnach alle Daten enthalten, die einen operativen Vorgang genau beschreiben. Dies erfordert eine umfangreiche und flexible Belegstruktur, um alle Daten exakt festzuhalten.

Belegkennzeichen

Darüber hinaus muß sich jeder Beleg eindeutig von anderen Belegen unterscheiden, und er muß bestimmte Kennzeichen aufweisen, die ihn schnell wieder auffindbar machen. Um all diese Kriterien zu erfüllen, bietet das System zum einen den standardisierten Belegaufbau mit durchgängigen Buchungs- und Eingaberegeln und zum anderen eine Vielzahl individueller Parameter für eine zweckgerechte Belegerfassung.

4.1.1 Belegstruktur

Ein Beleg besteht grundlegend aus zwei Komponenten, aus dem Belegkopf und aus den Belegpositionen.

Belegkopffelder

Der Belegkopf beinhaltet die Daten, die den Beleg eindeutig beschreiben und für alle Belegpositionen gültig sind. Die wichtigsten sind:

- **Belegnummer;** sie dient zur eindeutigen Identifikation des Beleges, wird entweder manuell oder vom System vergeben.
- **Belegart;** Art des Geschäftsvorfalls, wird zur Belegablage verwendet.
- **Belegdatum und Periode;** ordnet den Beleg bzw. den operativen Vorgang einer Rechnungsperiode zu, auch Rückbuchen in Vorperioden ist möglich sowie das Zuordnen zu Sonderperioden bei abweichendem Geschäftsjahr.

Wichtige Felder der Belegpositionen

Die Belegpositionen beschreiben den erfaßten Vorgang mit den dazugehörenden Kontierungen. Die wichtigsten Daten bzw. Parameter innerhalb einer Belegposition sind folgende:

- **Buchungsschlüssel;** steuert zum einen die Art des erfaßten Vorgangs, vergleichbar mit der Belegart, und zum anderen die Vorgehensweise für das System beim Kontieren der Belegposition.
- **Konto;** das Konto, das mit der Belegposition bebucht werden soll: Debitoren-/Kreditorenkonten, Sachkonten oder Anlagenkonten.
- **Betrag;** der auf das jeweilige Konto gebucht werden soll.
- **Zahlungsbedingung;** spezifiziert die weitere Verarbeitungsweise der Belegposition für das System, Stichwort Fälligkeitsrechnung.

4.1.2 Abstimmkonten

Nebenbuch- und Hauptbuchkonten

Wird ein Beleg auf ein Nebenbuchkonto (z.B. Debitoren- bzw. Kreditorenkonto) gebucht, so werden die Beträge simultan auf sogenannten Abstimmkonten mitgebucht. Abstimmkonten sind Hauptbuchkonten, die als Saldo immer die Summe der Salden aus den Nebenbuchkonten aufweisen müssen.

Beispiele aus der Debitorenbuchhaltung

Beispiele für Abstimmkonten aus der **Debitorenbuchhaltung** sind:

- Inlandsforderungen
- Auslandsforderungen
- Forderungen an verbundene Unternehmen

Analog dazu Beispiele aus der **Kreditorenbuchhaltung**:

Beispiele aus der Kreditorenbuchhaltung

- Inlandsverbindlichkeiten
- Auslandsverbindlichkeiten
- Verbindlichkeiten an verbundene Unternehmen

Integration

Abstimmkonten sorgen somit für die Integration der Nebenbuchhaltungen (Debitoren-/Kreditorenbuchhaltung) mit der Hauptbuchhaltung. Das Hauptbuch wird stetig und automatisch fortgeschrieben. Somit ist gewährleistet, daß jederzeit eine Bilanz erstellt werden kann.

4.1.3 Mögliche Belege

Die häufigsten Belege, die in der **Debitorenbuchhaltung** vorkommen, sind:

- Rechnungen an Kunden
- Gutschriften an Kunden
- Zahlungen von Kunden

Analog dazu in der **Kreditorenbuchhaltung**:

- Rechnungen von Lieferanten
- Gutschriften von Lieferanten
- Zahlungen an Lieferanten

gewöhnliche und Sonderhauptbuchvorgänge

Die genannten operativen Vorgänge, die jeweils das Erzeugen eines Belegs verursachen, werden gewöhnliche Geschäftsvorfälle oder gewöhnliche Vorgänge genannt. Das System bietet darüber hinaus die Möglichkeit, sogenannte Sonderhauptbuchvorgänge zu erfassen. Die wichtigsten Sonderhauptbuchvorgänge sind: Erhalten von Anzahlungen, Leisten von Anzahlungen, Besitzwechsel und Schuldwechsel. Für jeden dieser Geschäftsvorfälle ist im System eine Belegart hinterlegt. Außerdem können zusätzliche Belegarten bzw. Geschäftsvorfälle definiert werden.

4.2 Erfassung von Geschäftsvorfällen

Im Hauptmenü der Debitoren- bzw. Kreditorenbuchhaltung findet man unter dem Menüpunkt *Buchung* alle Funktionen, um die gewöhnlichen Vorgänge bzw. Sonderhauptbuchvorgänge zu erfassen. Um in dieses Hauptmenü zu gelangen, wählt man vom Basismenü des Systems folgende Menüpunkte aus: *Rechnungswesen* ⇨ *Finanzwesen* ⇨ *Debitoren* bzw. ⇨ *Kreditoren*.

4 Debitoren-/Kreditorenbuchhaltung

4.2.1 Vorgehensweise der Erfassung

Die **wichtigsten Schritte**, die man bei der Eingabe und Buchung eines Belegs vornehmen muß, sind folgende:

1. Man gibt den Belegkopf ein.
2. Man gibt die Belegpositionen ein (z.B. eine Debitoren- bzw. Kreditorenposition und eine Sachkontenposition). Wenn bspw. eine Debitorenrechnung gebucht werden soll, muß eine Sollbuchung für ein Debitorkonto und eine Habenbuchung für ein Umsatzkonto eingegeben werden, wobei hier einer Soll- bzw. Habenbuchung jeweils eine Belegposition entspricht.
3. Man korrigiert gegebenenfalls die erfaßten Belegpositionen.
4. Man kann den Beleg buchen, falls die Soll-Summe der Belegpositionen mit der Haben-Summe der Belegpositionen übereinstimmt, d.h. wenn der Saldo der Belegpositionen gleich Null ist.

Die beschriebene Vorgehensweise beim Erzeugen eines Belegs gilt für die Debitorenbuchhaltung wie auch für die Kreditorenbuchhaltung, man hat nur je nachdem Debitorenpositionen oder Kreditorenpositionen zu erfassen. Wichtig ist, daß jeder Beleg aus mindestens zwei Belegpositionen besteht, einer Debitoren-/ bzw. Kreditorenposition und einer Sachkontenposition.

4.2.1.1 Erfassen des Belegkopfs

Der Belegkopf enthält Daten, die den gesamten Beleg betreffen. Wenn das System in die Felder des Belegkopfs keine Daten automatisch vorgibt, müssen folgende Felder ausgefüllt werden:

- **Belegdatum und Periode**: Anhand des Datums wird ein Geschäftsvorfall einer Rechnungsperiode zugeordnet. Die Zuordnung zu einer Rechnungsperiode kann aber auch geändert werden, indem man im Feld Periode die vom Belegdatum abweichende Rechnungsperiode angibt.
- **Buchungsdatum**: Hier wird üblicherweise vom System das Systemdatum eingesetzt. Rück- sowie Vordatierung ist aber durchaus möglich.
- **Belegart**: Die Belegart dient zur Unterscheidung der Belege in einem Journal. Mit Hilfe der Belegart lassen sich die erfaßten Belege, z.B. nach Debitorenrechnungen oder Debitorengutschriften, sortieren. Die Belegart steuert darüber hinaus die Kontoarten, die beim Erfassen des Belegs bebucht wer-

den dürfen. Erlaubte Kontoarten bei der Erfassung einer Debitorenrechnung sind z.B. nur Debitorkonten und Sachkonten (Umsatzkonten). Falls man die Nummer des Beleges manuell und nicht maschinell festlegen will, wird in der Belegart das erlaubte Belegnummernintervall definiert. In diesem Belegnummernintervall muß eine manuell eingegebene Belegnummer liegen.

- **Belegnummer**: Die Vergabe der Belegnummer erfolgt, je nach Belegart, entweder intern durch das System oder extern durch den Benutzer. Bei interner, also maschineller Vergabe der Belegnummer, sollte man sich diese Nummer merken, um später schnell wieder auf diesen Beleg zugreifen zu können.

- **Buchungskreis**: Ordnet den Beleg einem Buchungskreis zu.

- **Währung des Belegs**: Hier erfolgt die Währungsangabe, die für den Beleg gelten soll. Das System übernimmt den Währungskurs, der am Buchungsdatum gültig war; im Feld Umrechnungsdatum kann auch ein abweichendes Datum angegeben werden.

- **Verrechnungsgeschäftsbereich**: Hier ordnet man den Beleg einem Geschäftsbereich zu. Die Angabe, die man hier macht, gilt automatisch auch für die darauffolgenden Belegpositionen. Abweichende Geschäftsbereiche lassen sich innerhalb der Belegpositionen trotzdem noch angeben. Die Zuordnung zu Geschäftsbereichen dient zur buchungskreisunabhängigen Erstellung von Geschäftsbereichsbilanzen.

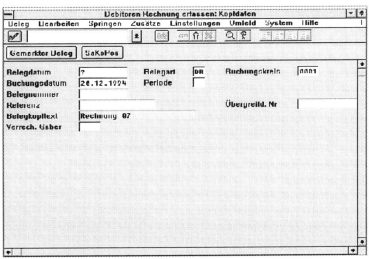

Abb. 3.18
Belegkopf-Erfassungsbild

4 Debitoren-/ Kreditorenbuchhaltung

4.2.1.2 Belegpositionen erfassen

Nachdem der Belegkopf eingegeben ist, müssen die zugehörigen Belegpositionen erfaßt werden. In einem Beleg der Debitoren-/ Kreditorenbuchhaltung sind drei Arten von Belegpositionen erlaubt:

Positionsarten

1. Debitoren- bzw. Kreditorenpositionen
2. Sachkontenpositionen
3. Anlagenpositionen (besitzen eine eher untergeordnete Rolle)

spezifizierende Felder

In der letzten Zeile der Belegkopfmaske befinden sich die Felder, die die Art der ersten Belegposition bestimmen. In der letzten Zeile des Bildschirmbildes für die erste Belegposition, befinden sich die Felder, die die Art der zweiten Belegposition bestimmen usw.. Zunächst müssen also die Belegpositionen der Reihe nach erfaßt werden und zwar beginnend mit der ersten Belegposition.

Die wichtigsten Felder, die jeweils am Ende eines Bildschirmbildes zu finden sind und die die Art der nächsten Belegposition festlegen, sind folgende:

- **Buchungsschlüssel**
- **Konto**

Zusätzlich können, je nach Art ihres Benutzerstammsatzes und Konfiguration des Systems, folgende Felder vorhanden sein:

konfigurationsabhängige Felder

- **SHB-Kennzeichen** (Sonderhauptbuchkennzeichen bzw. Umsatzkennzeichen)
- **Neuer Buchungskreis** (für buchungskreisübergreifende Buchungen)
- **Bewegungsart** (für Bewegungen der Anlagenverwaltung)

Buchungsschlüssel

cs: "Buchungscode"

Im Feld **Buchungsschlüssel** ist ein zweistelliger Schlüssel einzugeben. Mit diesem Schlüssel wird festgelegt, wie die Belegposition vom System gebucht werden soll. Der Buchungsschlüssel steuert zusammen mit der Kontonummer, die im Feld Konto angegeben werden muß, die Verbuchung auf Belegpositionsebene. Im einzelnen steuert der Buchungsschlüssel folgendes:

- **Die erlaubte Kontoart** (z.B. Debitorenkonto, Kreditorenkonto, Sachkonto). Die erlaubte Kontoart muß mit einer der erlaubten Kontoarten, die in der Belegart definiert worden sind, übereinstimmen. Beispielsweise erlaubt die Belegart „DR" (Debitorenrechnung) nur ein Buchen auf Debitor- und Sachkonten.

- **Soll- oder Habenbuchung.** Legt fest, wie der Betrag in der Belegposition auf das im Feld Konto anzugebende Konto verbucht werden soll.
- **Umsatzkennzeichen** (U, N, SHB-Vorgang)
- **Belegartenkreis**
- **Bildauswahl** (Erfassungsvorschrift beim Buchen)

Die wichtigsten **Buchungsschlüssel für Debitorenpositionen** sind:

- „01" Debitorenrechnung (Erzeugt eine Soll-Buchung im Abstimmkonto, Zugang Forderungen)
- „11" Gutschrift an Debitor
- „15" Zahlung von Debitor (Zahlungseingang)

Die wichtigsten **Buchungsschlüssel für Kreditorenpositionen** sind:

- „31" Kreditorenrechnung (Erzeugt eine Haben-Buchung im Abstimmkonto, Zugang Verbindlichkeiten)
- „21" Gutschrift von Kreditor
- „25" Zahlung an Kreditor (Zahlungsausgang)

Die wichtigsten **Buchungsschlüssel für Sachkontenpositionen** sind:

- „40" Soll-Buchung (Erzeugt eine Soll-Buchung im angegebenen Sachkonto)
- „50" Haben-Buchung (Erzeugt eine Haben-Buchung im angegebenen Sachkonto)

Gültigkeit der Schlüssel

Die angegebenen Buchungsschlüssel gelten nur für die jeweiligen Debitor-/Kreditorkonten bzw. Sachkonten. Es kann also nicht ein **Buchungsschlüssel** für Sachkonten angegeben werden und damit ein Debitor-/ bzw. Kreditorkonto bebucht werden.

Es empfiehlt sich, die Belegpositionen für Debitoren bzw. für Kreditoren immer zuerst einzugeben. Auf diese Weise wird das Steuerkennzeichen automatisch von der Belegposition für Debitoren bzw. Kreditoren in die Sachkontenposition übertragen.

Konto

Nachdem der Buchungsschlüssel für die Belegposition eingegeben wurde, muß im Feld **„Konto"** das Konto angegeben werden, auf das die Belegposition gebucht werden soll. Falls zuerst mit den Debitoren- bzw. Kreditorenpositionen begonnen wird, muß hier die Kontonummer des Debitoren bzw. die Kontonummer des Kreditoren angegeben werden. Werden daraufhin die Sachkontenposition erfaßt, muß hier die Sachkontonummer (z.B. 800000 für das Konto Umsatzerlöse Inland/GKR) angegeben werden. Falls die gewünschte Kontonummer nicht bekannt ist, kann das betreffende Konto durch „Matchcode-Suche" ausfindig gemacht werden.

SHB-Kennzeichen

Mit den **Sonderhauptbuchkennzeichen** werden die Sonderhauptbuchvorgänge gebucht. Sonderhauptbuchvorgänge werden auf abweichende Abstimmkonten gebucht und in einer Bilanz separat ausgewiesen.

Bestätigen der Positionsspezifikation

Nachdem Buchungsschlüssel, Kontonummer und ggf. ein SHB-Vorgang angegeben wurde, kann mit [Enter] bestätigt werden. Daraufhin erscheint das Eingabe-Bildschirmbild für die Datenerfassung der gewünschten Belegposition. Welche Felder auf diesem Bildschirmbild für Positionsdaten angezeigt werden, hängt vom Buchungsschlüssel und dem Abstimmkonto des Debitors bzw. Kreditors ab.

4.2.2 Erfassen der Daten einer Debitorenposition

Für die Daten einer Debitorenposition sind nur Buchungsschlüssel, Konto und Betrag zwingend erforderlich. Darüber hinaus bietet das Datenerfassungsbild weitere Felder an:

Umsatzsteuerbehandlung

1. Felder für die **Umsatzsteuerbehandlung**. Sofern das Feld „*SteuerKZ*" angezeigt wird, muß das Umsatzsteuerkennzeichen für die Debitorpositon eingegeben werden. Enthält der Beleg jedoch Positionen mit unterschiedlichen Steuersätzen, so gibt man in das Feld „*SteuerKZ*" lediglich „**" ein (wird beim Maskeneinstieg vom System schon vorgeschlagen), die jeweiligen Teilbeträge werden dann in mehreren Schritten mit verschiedenen Steuersätzen bzw. Steuerkennzeichen in den Sachkontenpositionen erfaßt. Das System bucht daraufhin die anfallende Umsatzsteuer automatisch auf die jeweiligen Umsatzsteuerkonten.

Zahlungsbedingung

2. Eine eventuell im Debitorenstammsatz angegebene **Zahlungsbedingung** wird vom System automatisch in die entsprechenden Felder der Debitorenposition übernommen. Diese Vorgaben können selbstverständlich geändert werden. Grundsätzlich können zwei Skontofristen und eine Nettofälligkeit angegeben werden. Ein im Feld Skontobasis eingegebener Betrag sorgt dafür, daß der gewährte Skontoabschlag nicht vom Rechnungsbetrag ermittelt wird, sondern von dieser Skontobasis.

4.2 *Erfassung von Geschäftsvorfällen*

Durch Ankreuzen des Felds „*Ohne Skonto*" lassen sich einzelne Positionen von der Skontierung ausschließen. In das Feld Skontobetrag kann der absolute Skonto direkt eingegeben werden, die automatische Skontoerrechnung wird somit aufgehoben. Das Buchungsdatum wird als Basisdatum der Fälligkeitsberechnung herangezogen.

3. Felder für **Mahn- bzw. Zahlungskontrolldaten**.

Abb. 3.19
Erfasungsbildschirm Debitorenposition

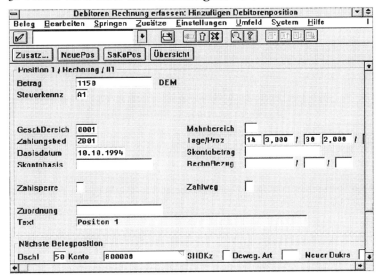

4.2.3 Erfassen der Daten einer Kreditorenposition

Für die Daten einer Kreditorenposition sind nur Buchungsschlüssel, Konto und Betrag zwingend erforderlich. Die weiteren wichtigen Felder, die angezeigt werden, sind identisch mit denen aus der Erfassung einer Debitorenposition. Zu beachten ist nur, daß im Feld SteuerKZ (falls angezeigt) nun keine Steuerkennzeichen für Umsatzsteuersätze anzugeben sind, sondern Steuerkennzeichen für Vorsteuersätze.

4.2.4 Erfassen der Daten einer Sachkontenposition

Welche Felder beim Erfassen einer Sachkontenposition angezeigt werden, hängt vom angegebenen Buchungsschlüssel und der Definition der Feldstatusgruppe im Sachkontenstamm des angegebenen Sachkontos ab. Für das Erfassen einer Sachkontenposition sind meist nur Eingaben in den Feldern Buchungsschlüssel, Konto, Betrag und Steuerkennzeichen erforderlich. Der Betrag kann entweder brutto (Umsatzsteuer inklusive) oder netto (ohne Umsatzsteuer) eingegeben werden.

Die Verarbeitung des Betragsfeldes hängt vom Umsatzsteuerbetrag und dem Umsatzsteuerkennzeichen ab. Da in der Debitoren-/Kreditorenbuchhaltung als Sachkonto meist ein Ertrags- bzw. Aufwandskonto als Sachkonto angegeben wird, sind die Sachkontenpositionen in den meisten Fällen umsatzsteuerpflichtig.

Steuerkennzeichen

Beispiele für **Steuerkennzeichen**, die in der Debitorenbuchhaltung sehr häufig zur Anwendung kommen, sind:

- „A1" **Ausgangssteuer 15% (Umsatzsteuersatz 15%)**
- „A7" **Ausgangssteuer 7% (Umsatzsteuersatz 7%)**

Analog dazu, nachfolgend die jeweiligen Vorsteuerkennzeichen in der Kreditorenbuchhaltung:

- „V1" **Vorsteuer 15%**
- „V7" **Vorsteuer 7%**

Automatische Umsatzsteuerberechnung

Wenn das System automatisch den **Umsatzsteuerbetrag** berechnen soll, muß folgendermaßen vorgegangen werden:

- in das *Betragsfeld* den Bruttobetrag eingeben;
- in das Feld *Steuerbetrag* das Maskierungszeichen „*" eingeben;
- in das Feld *SteuerKZ* das jeweilige Steuerkennzeichen eingeben.

Danach müssen die Sachkontenposition mit [Enter] bestätigt werden. Daraufhin errechnet das System automatisch anhand des Steuerkennzeichens den Steuerbetrag, und im Feld Betrag wird der Nettobetrag eingesetzt.

manuelle Umsatzsteuer

Soll der **Steuerbetrag** selbst angegeben werden, muß folgendermaßen vorgegangen werden:

- in das *Betragsfeld* den Nettobetrag eingeben;
- den Steuerbetrag in das gleichnamige Feld eingeben;
- in das Feld „*SteuerKZ*" das zugehörige Steuerkennzeichen eingeben.

Das System erlaubt die Erfassung von mehreren Sachkontenpositionen mit unterschiedlichen Steuersätzen. Um die Datenerfassung bei Sachkontenpositionen zu beschleunigen, kann man in eine Schnellerfassungsmaske springen (*Springen* ➪ *Schnellerf. SachkPos*); dort können die zentralen Daten mehrerer Sachkontenpositionen tabellarisch eingegeben werden.

4.2 *Erfassung von Geschäftsvorfällen*

4.2.5 Belegübersicht und Korrektur

Nach Eingabe aller Debitor-/Kreditor- bzw. Sachkontenpositionen, bietet das System die Möglichkeit, in einer Belegübersicht Korrekturen am Belegkopf bzw. an den Belegpositionen vorzunehmen.

Belegübersicht

Dafür wählt man im Menü *Springen* den Menüpunkt **Belegübersicht** aus. In der Belegübersicht werden der Belegkopf und alle eingegebenen Belegpositionen auf einem Bildschirmbild zusammengestellt. Darüber hinaus wird die Soll-Summe und die Haben-Summe aller Belegpositionen angezeigt, die einzelnen Haben-Beträge werden mit einen Minuszeichen angegeben, die einzelnen Soll-Beträge werden ohne Vorzeichen geführt. Dadurch ist erkennbar, ob der Beleg verbucht werden kann; denn dafür müssen die Soll- und Haben-Summen gleich groß sein.

Änderungen an Belegkopf und Belegpositionen

Änderungen am **Belegkopf** werden durch Setzen des Cursors in das betreffende Belegkopffeld vorgenommen. Um eine Belegposition zu korrigieren, muß der Cursor auf die gewünschte Position gesetzt und im Menü *Springen* der Menüpunkt *Ausgew. Position* gewählt werden. Alternativ kann die Position *Ausgew. Position* zweimal kurz angeklickt werden, daraufhin verzweigt das System wieder in das Bildschirmbild für Positionsdatenerfassung. Nun können Korrekturen vorgenommen werden, wobei die Felder *Buchungsschlüssel Konto*, *SHBKz* und *NeuerBukr* nicht änderbar sind. Eine Belegposition kann gelöscht werden, indem im Betragsfeld Null eingetragen wird. Die Belegposition erscheint zwar weiterhin in der Belegübersicht, wird beim Buchen des Belegs aber nicht berücksichtigt.

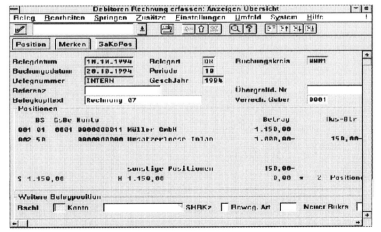

Abb. 3.20 Belegübersicht

4 Debitoren-/Kreditorenbuchhaltung

4.2.6 Buchung von Belegen

Wenn der Saldo aus Soll- und Haben-Summe der Belegpositionen gleich Null ist, kann das System den Beleg verbuchen. Dazu muß aus dem Menü *Beleg* der Menüpunkt *Buchen* ausgewählt werden. Beim Verbuchen eines Belegs werden die Debitoren-/ Kreditorenkonten, deren Abstimmkonten und die angegebenen Sachkonten fortgeschrieben. Wenn der Saldo der Belegpositionen ungleich Null ist, müssen entweder Belegpositionen geändert, gelöscht oder hinzugefügt werden.

Merken unvollständiger Belege

Ein unvollständiger Beleg kann aber auch vom System vermerkt werden und zu einem späteren Zeitpunkt vervollständigt und verbucht werden. Hierfür muß aus dem Menü *Beleg* der Punkt *Merken* ausgewählt werden. Gemerkte Beleg lassen sich mit der entsprechenden Funktion aus dem Menü *Bearbeiten* im Hauptmenü der Debitoren- bzw. Kreditorenbuchhaltung nachbearbeiten und vervollständigen bzw. mit der Funktion aus dem Menü *Buchung* (⇨ *Sonstige* ⇨ *Gemerkter Beleg*) buchen.

4.2.7 Zusammenfassendes Beispiel der Belegerfassung

Im folgenden soll zusammenfassend an einem konkreten Geschäftsvorfall aus der Debitorenbuchhaltung die Vorgehensweise beim Belegerfassen und -verbuchen beschrieben werden.

Am 12.10. des laufenden Geschäftsjahres sei der folgende **Geschäftsvorfall** zu erfassen:

Ein Kunde (aus dem Inland) bezog am 10.10. des laufenden Geschäftsjahres Waren im Gesamtwert von 2220,- DM inkl. MwSt. Davon entfallen 1070,- DM auf Artikel, die mit 7% zu versteuern sind und 1150,- DM auf Artikel, die mit 15% zu versteuern sind. Als Zahlungsbedingung wurde folgendes vereinbart: 3% Skontoabzug innerhalb der ersten 14 Tage ab Buchungsdatum möglich, Ziel in 30 Tagen Netto ab Buchungsdatum.

Erfassung des Geschäftsvorfalls

Zunächst muß aus dem Menü *Buchung* in der Debitorenbuchhaltung der Menüpunkt *Rechnung* ausgewählt werden. Daraufhin erscheint das Bildschirmbild für die Erfassung des Belegkopfes. Folgende Belegkopffelder sind auszufüllen oder werden vom System schon vorgegeben:

Belegkopf erfassen

1. **Belegdatum**: Eingabe des Belegdatums 10.10. lfd. Jahr.

2. **Belegart**: Da es sich in unserem Beispiel um eine Debitorenrechnung handelt, wird vom System „DR" als Belegart eingetragen.

4.2 Erfassung von Geschäftsvorfällen

3. **Buchungskreis**: Angabe des vom Geschäftsvorfall betroffenen Buchungskreises.

4. **Buchungsdatum**: Hier wird vom System das aktuelle PC-Datum eingetragen, in unserem Beispiel müßte das der 12.10. lfd. Jahr sein.

5. **Belegnummer**: Soll die Vergabe der Belegnummer des zu erzeugenden Beleges vom System übernommen werden, wird in diesem Feld nichts eingetragen.

Belegpositionen erfassen

Am unteren Rand des Bildschirmbildes sind die relevanten Felder, die die erste **Belegposition** des Beleges bestimmen, aufgeführt. Es ist folgendes in die Felder einzutragen (wenn das System nicht schon Vorgaben eingetragen hat):

Debitorenposition erfassen

1. **Bschl**: Buchungsschlüssel für die erste Belegposition. Hier wird vom System der Schlüssel 01 für eine Debitorenposi-tion angegeben. Die Debitorenposition zuerst erfassen, also ist hier keine Eingabe notwendig.

2. **Konto**: Die Debitorenposition erfassen, deswegen gibt man hier die Kontonummer des Debitors an.

Bestätigung mit [Enter]. Es erscheint der Datenerfassungs-Bildschirm der ersten Belegposition. Es sind folgende Felder auszufüllen:

1. **Betrag**: Angabe des Rechnung-Bruttobetrages, in unserem Beispiel 2300,- DM.

2. **SteuerKZ**: Da die Rechnung Posten mit verschiedenen Steuersätzen beinhaltet, muß man hier „*" angeben (wird vom System schon vorgeschlagen).

3. **Tage/Proz.**: In diesen Feldern wird die Zahlungsbedingung angegeben. Hier ist für unser Beispiel als erste und einzige Skontofrist 14 Tage einzutragen und im nächsten Feld der Skontosatz von 3,0%. Es existiert keine zweite Skontofrist, deshalb ist im folgenden Feld die Zahlungszielfrist anzugeben, hier 30 Tage. Die übrigen Felder der Zahlungsbedingung sind zu löschen.

1. Sachkontenposition erfassen

Am unteren Rand des Datenerfassungs-Bildschirms der ersten Belegposition befinden sich die relevanten Felder, die die zweite Belegposition des Beleges bestimmen. In unserem Fall die **erste Sachkontenposition**. Dazu ist folgendes in die Felder einzutragen:

1. **Bschl**: Buchungsschlüssel für die zweite Belegposition (erste Sachkontenposition). In unserem Fall 50 für eine Sachkonten-Habenbuchung.
2. **Konto**: Kontonummer des Sachkontos Umsatzerlöse Inland. Im GKR-Kontenrahmen entspricht dies der Kontonummer 800000.

Bestätigung mit [Enter]. Es erscheint der Datenerfassungs-Bildschirm der zweiten Belegposition (hier erste Sachkontenposition). Es sind folgende Felder auszufüllen:

1. **Betrag**: Eingabe des Bruttobetrages des ersten Rechnungspostens; in unserem Beispiel *1070,- DM*.
2. **Steuerbetrag**: Der Umsatzsteuerbetrag soll vom System errechnet werden, deshalb Eingabe von „*".
3. **SteuerKZ**: Der Umsatzsteuersatz des ersten Rechnungsposten ist 7%, deshalb Auswahl des Steuerkennzeichens „A7" (Ausgangsteuer 7%).

Bestätigung mit [Enter]. Das System setzt nun im Feld Steuerbetrag „70" ein und erniedrigt den Bruttobetrag entsprechend.

2. Sachkontenposition erfassen

Für die Erfassung des zweiten Rechnungspostens wird äquivalent wie bei der Erfassung des ersten Rechnungspostens vorgegangen. Im Feld *Betrag* wird der Bruttowert *1150,- DM* und im Feld *SteuerKZ* das Steuerkennzeichen „A1" für Umsatzsteuer 15% eingegeben.

Beleg buchen

Dann kann der Beleg gebucht werden. Zur Kontrolle der eingegebenen Positionen und deren Soll- bzw. Haben-Beträge ist es ratsam vorher die Belegübersicht auszuwählen. Dann kann im Menü *Beleg* der Menüpunkt *Buchen* gewählt werden. Das System bestätigt das erfolgreiche Buchen des Beleges in der Statusleiste am unteren Bildschirmrand.

4.2.8 Hilfsmittel zur effizienten Datenerfassung

Die Erfassung von Belegen wird durch vielfältige Funktionen komfortabler und effizienter gestaltet:

- Setzen von Vorschlagswerten aus dem Debitor-/Kreditorstammsatz;
- Halten der Feldinhalte (Daten) über mehrere Erfassungsvorgänge;
- Schnellerfassung von Sachkontenpositionen;
- Matchcodes zur Kontenermittlung;

- Merken und Bearbeiten von unvollständigen Belegen;
- Dauerbuchungen bzw. maschinelle Buchungen (Datenträgeraustauschverfahren);
- Buchungskreisübergreifende Vorgänge, bei denen mehrere Buchungskreise automatisch bebucht werden.

Die genannten Funktionen sind entweder per Auswahl in der Menüleiste oder per Klick auf den entsprechenden Button in der Funktionsleiste (unterhalb der Menüleiste) aufzurufen.

4.2.9 Belege für Einmalkunden bzw. -lieferanten

CpD-Konten (**Conto pro diverse**) sollten für Kunden oder Lieferanten eingerichtet werden, von denen man selten oder nur einmal beliefert wird, bzw. die man nur selten oder einmal beliefern muß. Es wird kein Debitoren-/Kreditorenstammsatz angelegt, stattdessen erfaßt man beim Buchen des jeweiligen Belegs den Namen und die Adresse.

4.3 Buchung von Gutschriften

Hier ist ebenso nach der beschriebenen Vorgehensweise der Belegerfassung zu verfahren.

Zum Erfassen des Beleges wählt man Menü *Buchung* (Debitoren-/Kreditorenbuchhaltung) ⇨ *Gutschrift*. Man geht nun folgendermaßen vor:

1. Belegkopf erfassen (wie bei Rechnung, nur mit Belegart Gutschrift);
2. Buchungsschlüssel für Gutschrift angeben (für Debitoren- bzw. Kreditorenkonten);
3. Erfassen der Debitoren- bzw. Kreditorenpositionen;
4. Erfassen der Sachkontenpositionen (bei Debitoren Erlöskonto im Haben, bei Kreditoren Verbindlichkeiten im Soll);
5. Beleg buchen, wenn Saldo Soll-Haben gleich Null.

4.4 Offene Posten und deren Ausgleich

Offene Posten entstehen in der Debitorenbuchhaltung beispielsweise durch das Buchen einer Verkaufsrechnung, in der Kreditorenbuchhaltung entsprechend durch Buchen einer Einkaufsrechnung. Offene Posten werden durch Verbuchen eines Zahlungseingangs bzw. eines Zahlungsausgangs ausgeglichen.

4 Debitoren-/ Kreditorenbuchhaltung

Anzeige offener Posten

Zur Anzeige von **offenen Posten** wählt man in der jeweiligen Buchhaltung das Menü *Konto* und den Menüpunkt *Posten anzeigen* aus. Nach Eingabe der Kontonummer des Debitoren bzw. des Kreditoren und des Buchungskreises, erhält man die gewünschte Information, die sich nun beliebig aufbereiten läßt. So ist beispielsweise die Anzeige aller offener Posten eines Konzerns nach den verschiedenen Debitor-/Kreditorkonten möglich.

Ausgleichsvorgänge

Offene Posten bleiben solange als offen gekennzeichnet, bis sie vom System als ausgeglichen markiert werden. Das System bietet eine Reihe von Geschäftsvorfällen, die einen offenen Posten als ausgeglichen kennzeichnen. Diese Geschäftsvorfälle werden als **Ausgleichsvorgänge** bezeichnet.

Folgende Ausgleichsvorgänge sind in der Debitoren-/Kreditorenbuchhaltung als Standard definiert:

- **Zahlungseingang**
- **Zahlungsausgang**
- **Gut- oder Lastschrift**
- **Umbuchung**

Ausgleichsvorgänge erfassen

Um **Ausgleichsvorgänge** zu erfassen, wählt man zunächst folgende Menüpunkte an: *Buchung* ⇨ *Innere Umbuchung* ⇨ *mit Ausgleich*, dann Wahl einer der genannten Ausgleichsvorgänge und Bestätigung mit [Enter].

Folgende Schritte sind von nun an zur **Generierung des Ausgleichsbelegs** notwendig:

Ausgleichsbeleg erstellen

1. Eingabe des Belegkopfs.
2. Danach sind die Belegpositionen zu erfassen, wobei zunächst die Sachkontenposition eingegeben wird, d.h. hier erfolgt die Eingabe des Sachkontos, das den Ausgleichsvorgang auslöste. Geht z.B. von einem Debitor eine Zahlung auf das Bankkonto ein, so muß in der Sachkontenposition die Kontonummer des Bankkontos angegeben werden. Daraufhin ist der Ausgleichsbetrag einzugeben, bspw. der überwiesene Betrag auf dieses Bankkonto. Debitoren- bzw. Kreditorenpositionen sind nicht zu erfassen, es sind jetzt lediglich die offenen Posten des Debitoren bzw. Kreditoren auszuwählen, die mit dem angegebenen Betrag ausgeglichen werden sollen. Dazu muß der Menüpunkt *Offene Posten ausw.* aus dem Menü *Bearbeiten* ausgewählt werden. Es wird ein Selektionsprogramm für die Wahl der offenen Posten gestartet, wobei nach nahezu sämtlichen Feldern des Belegkopfs oder der Belegpositionen

selektiert werden kann. Dann können die ausgewählten offenen Posten bearbeitet werden, d.h. bestimmte Posten aktiviert, deaktiviert, Skonto aktiviert, deaktiviert oder Teilzahlungen bzw. Restposten eingegeben werden.

3. Entspricht die Summe der aktivierten offenen Posten dem Ausgleichsbetrag, kann der Ausgleichsbeleg gebucht werden. Kleindifferenzen können dabei automatisch dem Skontoaufwand bzw. -ertrag zugeschlagen werden. Bis zu welcher Höhe Differenzen vom System akzeptiert werden, ist im Benutzerstammsatz definiert. Ist eine komplette Zuordnung des Zahlungsbetrags nicht möglich, so kann auch eine Akontoposition in den Beleg mitaufgenommen werden.

Auslgeichsbeleg verbuchen

Beim **Buchen des Ausgleichsbelegs** werden vom System eventuelle Korrekturbuchungen automatisch erzeugt. Dazu gehören:

- Eventuelle Skontoaufwände bzw. -erträge
- Umsatzsteuerberichtigungen
- Gewinne/Verluste aus Über- bzw. Unterzahlungen oder aus Währungsdifferenzen

Es besteht die Möglichkeit, sich die genannten Korrekturbuchungen vor dem Buchen des Beleges ausweisen zu lassen. Dazu wählt man in der Belegübersicht aus dem Menü *Buchung* den Menüpunkt *Simulieren*. Es werden nun alle zusätzlichen Belegpositionen (bzw. Korrekturbuchungen), die vom System beim Buchen des Beleges gebucht werden würden, in die Belegübersicht mitaufgenommen.

4.5 Anzeige, Bearbeitung und Storno von Belegen

Gebuchte Belege können durch Aufrufen der Funktion *Anzeigen* im Menü *Beleg* angezeigt werden. Dazu muß man, um den jeweiligen Beleg eindeutig zu spezifizieren, die Belegnummer, den Buchungskreis und das Geschäftsjahr angeben. Um einen gebuchten Beleg zu ändern, wird ähnlich vorgegangen: dazu muß lediglich der Punkt *Ändern* aus dem Menü *Beleg* ausgewählt werden. Welche Felder im Belegkopf bzw. in den Belegpositionen geändert werden dürfen, hängt davon ab, welche Änderungsregeln der Systemverwalter definiert hat und welche anderen SAP-Anwendungen installiert sind.

Wird eine **fehlerhafte Buchung** bzw. ein fehlerhafter Beleg eingegeben, kann dieser folgendermaßen **storniert** werden:

1. Auswahl des Punktes *Stornieren* im Menü *Beleg* der Debitoren-/Kreditorenbuchhaltung
2. Eingabe der Belegnummer und Buchungskreises, des zu stornierenden Belegs
3. Buchen des Belegs

Das System generiert daraufhin einen Stornobeleg, bei dem die Soll und Haben-Beträge des Orginalbelegs in den berührten Konten gegengebucht werden.

4. Kapitel

Anlagenbuchhaltung

R/3-Modul „AM"

1 Allgemeine Einführung

1.1 Funktionsumfang der Anlagenbuchhaltung

Die Applikation AM übernimmt innerhalb der Standardsoftware R3 die Verwaltung und Kontrolle des Anlagevermögens. Der Umfang der Anlagenbuchhaltung besteht aus drei Teilkomponenten:

- klassische Anlagenbuchhaltung (AA)
- Investitionscontrolling*)
- Technische Anlagenverwaltung und Instandhaltung*)

Die Aufgabe der Komponente Anlagenbuchhaltung besteht darin, daß sie eine Anlage von der Bestellung ab oder dem ersten Zugang oder einer sich im Bau befindlichen Anlage bis zum Abgang führt. Dabei werden in dieser Zeit verschiedene Werte für die Abschreibung, Zinsen, Versicherungen etc. errechnet und in vielfältiger Form, z.B. Online, auf Papier oder auf Datenträger geschrieben. Auf diese Daten kann man beliebig oft und zu jeder Zeit zurückgreifen (siehe Abb. 4.1).

Abb. 4.1 zentrale Datenhaltung

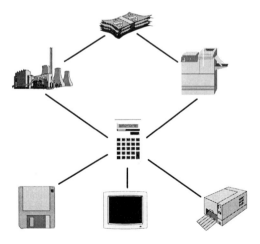

---

*) Die Teilkomponenten **Investitionscontrolling** und **Technische Anlagenverwaltung** waren bis vor kurzem noch in Vorbereitung, so daß nur die klassische Anlagenbuchhaltung in diesem Kapitel vorgestellt wird.

1.2 Integrationsbeziehungen

Im System R/3 können von anderen Applikationen Daten direkt an die Anlagenbuchhaltung übergeben werden. (Bsp.: Der Waren- bzw. Rechnungseingang kann direkt eine Anlage auf die Anlagenbuchhaltung kontieren.)

Andererseits kann man von der Anlagenbuchhaltung an andere Systeme Daten weitergeben. (Beispiel: Abschreibungen und Zinsen werden direkt an die Finanzbuchhaltung und an die Kostenrechnung weitergegeben.)

Integration erspart eine Doppelerfassung und Schnittstellenprogramme. (siehe Abb. 4.2)

Abb. 4.2
Integration der Anlagenbuchhaltung

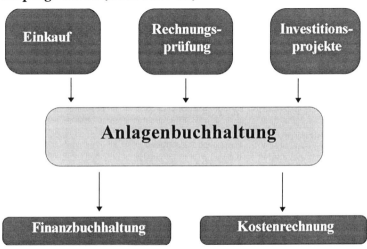

1.3 Bewertungsmöglichkeiten

Die Bewertung einer Anlage ist vom Zweck abhängig. Eine Anlage kann auf verschiedenste Weise bewertet werden, unterliegt jedoch bestimmten gesetzlichen Vorschriften für die Bewertung, z.B. in der Handels- oder Steuerbilanz. Es gibt nicht nur externe Bewertungsvorschriften, sondern auch interne Vorschriften, z.B. in der Konzern- oder der einfachen internen Bilanz.

Im System AM können beliebig viele solcher Bewertungsbereiche auf einer Anlage geführt werden (technisch bis zu 99).

2 Organisationsstrukturen

2.1 Organisationseinheiten

2.1.1 Buchungskreis

Im System AM muß kein neuer Buchungskreis eingegeben werden, sondern es wird der gleiche Buchungskreis wie in der Finanzbuchhaltung verwendet.

Um den Buchungskreis von der Finanzbuchhaltung nutzen zu können, muß man diesen im Customizing um die anlagenbuchhalterischen Spezifikationen erweitern.

Den folgenden Status kann ein Buchungskreis in der Anlagenbuchhaltung annehmen:

- **Teststatus**
  (Altdatenübernahme oder Buchungen können verändert werden.)
- **Einführungsstatus**
  (Nur Altdaten erfassen und ändern.)
- **Produktivstatus**
  (Nur noch Wertänderungen durch Buchungen möglich.)

Eine Anlage ist stets eindeutig einem Buchungskreis zugeordnet.

2.1.2 Geschäftsbereich

Wird in einem Unternehmen eine Geschäftsbilanz erstellt, so muß jede Anlage dem Geschäftsbereich zugeordnet werden. Jeder Zugang einer Anlage, Abschreibungen, Zinsen etc. und jeder Abgang durch Mehr- oder Mindererlösbuchungen wird auf dem Geschäftsbereich kontiert.

2.1.3 Werk

Was man unter einem Werk versteht, wird in der SAP-Komponente Logistiksystem definiert. In der Regel ist der Begriff Werk mit einer Betriebsstätte oder eine Niederlassung gleichzusetzen.

Für ein Unternehmen hat ein Werk keine buchhalterische Bedeutung, kann aber als Sortierkriterium für die Bewertung benutzt werden, d.h. es kann eine Anlage zeitabhängig einem Werk zugeordnet werden.

2.1.4 Kostenstelle

Die Kostenstelle ist ein genau abgegrenzter Bereich eines Unternehmens. Jede Anlage wird stets genau einer Kostenstelle zugeordnet. Verwenden mehrere Kostenstellen eine Anlage, so können die Kosten mittels der Kostenstellenrechnung auf die einzelnen abgegrenzten Bereiche umgerechnet werden.

Verändert sich der Verteilungsschlüssel der verschiedenen Kostenstellen, so wird dies vom System erkannt und unterstützt.

2.2 Kontenplan

Jeder Buchungskreis benötigt einen Kontenplan, dieser wird in der Finanzbuchhaltung definiert. In der Anlagenbuchhaltung dient er ausschließlich der Kontofindung. Wichtig ist, daß jede Anlagenklasse (unbebaute, bebaute Grundstücke, Fuhrpark, etc.) einen eigenen Kontozuordnungsschlüssel besitzt. In diesem Zuordnungsschlüssel definiert man die Hauptbuchkonten, die dann bei verschiedenen Transaktionen zu bebuchen sind.

2.3 Bewertungsplan

Der Bewertungsplan umfaßt in einem Verzeichnis alle Bewertungsbereiche, die für ein Unternehmen in Frage kommen. Man kann die Eigenschaften der Bewertungsbereiche je Bewertungsplan festlegen (z.B. welche Bewertungen muß ich machen, welche möchte ich machen, was sollen diese beinhalten).

2.3.1 Länderspezifische Bewertungspläne

Jeder Buchungskreis, der in der Finanzbuchhaltung angelegt und für die Anlagenbuchhaltung erweitert wurde, muß auf genau einen Bewertungsplan verweisen. Ein Unternehmen sollte wegen der einheitlichen Bewertung nur wenige bzw. einen Bewertungsplan nutzen. Buchungskreise innerhalb eines Landes oder eines Wirtschaftsraumes mit gleicher Bewertungsvorschrift sollten ebenfallls nur einen Bewertungsplan benutzen.

2.3.2 Referenzbewertungspläne

Für jedes Land liefert SAP einen Bewertungsplan als Referenz aus. Man kann diese Referenzbewertungspläne nicht direkt verwenden, sondern man muß einen „aktiven" Bewertungsplan eröffnen. Dabei kann man aus den mitgelieferten Plänen die Bereiche, die man für seinen eigenen Bewertungsplan benötigt, herausnehmen.

2.4 Bewertungsbereich

Die Bewertung des Anlagevermögens ist vom Zweck abhängig, so wird z.B. für bilanzielle, kalkulatorische oder vermögenssteuerliche Belange bewertet. Wie so ein Gegenstand bewertet wird, steht in den einzelnen Bewertungsbereichen. Man kann die Bewertungen durch die Bewertungsparameter einstellen.

Die Gesamtheit der Bewertungsbereiche faßt man zu einem Bewertungsplan zusammen(siehe hierzu Punkt 2.3).

Die einzelnen Bewertungsbereiche kann man über einen zweistelligen Nummernschlüssel ansprechen. Für die Festlegung der einzelnen Abschreibungsparameter gibt es zwei Möglichkeiten:

a) in der Anlagenklasse

b) direkt im Anlagenstammsatz

2.4.1 Echter Bewertungsbereich

Die Bewertungsbereiche, die zu einem Bewertungsplan zusammengestellt wurden, bezeichnet man als echte Bewertungsbereiche. Wird eine Bewertung des Vermögens mit diesen Bewertungsbereichen durchgeführt, so werden diese Werte permanent im System gespeichert.

2.4.2 Abgeleiteter Bewertungsbereich

Die berechneten Werte aus den Bewertungsbereichen müssen nicht unbedingt im System gespeichert werden. So gibt es die Möglichkeit, aus zwei echten einen abgeleiteten Bewertungsbereich aktuell zu berechnen (*max. aus vier echten Bewertungsbereichen*).

Die Unterstützung durch das System für eventuell aufzustellende Bilanzen, Auswertungen und bei der Wertfeldanzeige ist ebenso gewährleistet, wie bei den echten Bewertungsbereichen. Im Rahmen der Integrationsbeziehung kann man die Abschreibungswerte auch in der Finanzbuchhaltung buchen.

2.4 Bewertungsbereich

Um abgeleitete Bewertungsbereiche einzurichten, gibt es gewisse Vorschriften, wie diese aus echten Bewertungsbereichen zusammengesetzt werden. Diese Aufbauregel eines abgeleiteten Bereiches erlauben Rechenvorschriften wie Addition und Subtraktion. Es ist auch möglich, Werte anteilig in eine solche Rechnung zu integrieren.

Zu beachten! Ein abgeleiteter Bereich mit dem Nummernschlüssel „03" kann aus den echten Bereichen „01" und „02" bestehen. Nicht aber aus den Bereichen „04" und „05".

Rechenbsp.: 01 + 02 = 03

d.h. Handelsrecht (01) + steuerlich zulässig (02) = Sonderposten (03)

Man kann aber auch einen Mittelwert berechnen lassen; d.h. man nimmt von zwei Bereichen die Werte und errechnet daraus den Mittelwert (z.B. einen Mittelwert aus linearer und degressiver Abschreibung).

2.4.3 Eigenschaften eines Bewertungsbereichs

Da die einzelnen Bewertungsbereiche keine festen Eigenschaften haben, kann man diese individuell festlegen. Jeder Bereich hat die gleichen Ausprägungsmöglichkeiten. Solche Eigenschaften kann man sowohl im Bewertungsplan als in den Bewertungsbereichen eingeben.

2.4.3.1 Leitbereich

Der Leitbereich stellt die Bewertungsbereiche dar; sie werden in den Bilanzen integriert:

- Diese Werte werden immer in der Finanzbuchhaltung mitgebucht.
- Dieser Bereich wird bei Altdatenübernahme als erster mit Daten gefüllt.
- Es ist keine Werte- bzw. Parameterübernahme aus anderen Bereichen möglich.
- Der Leitbereich muß die gleiche Währung besitzen wie der Buchungskreis.

2.4.3.2 Bewertungsplanbezogene Ausprägungsmöglichkeit

Jeder Bereich kann in verschiedenen Bewertungsplänen unterschiedliche Ausprägungen haben. Diese Veränderung der Eigenschaften kann man für jeden Bereich in einem Langtext dokumentieren, z.B.:

- negative Restbuchwerte,
- Führen von bestimmten Werten (AHK, Zinsen, Normal-Abschreibung etc.),
- Buchen von Bestandswerten in die Finanzbuchhaltung.

2.4.3.3 Buchungskreisbezogene Ausprägungsmöglichkeit

Man hat auch die Möglichkeit, solche Eigenschaften für einen Buchungskreis festzulegen; z.B.:

- Betragsangaben (hier wird der Höchstwert für ein GWG eingegeben.).
- Angaben zur Vermögensbewertung (Sollte die Vermögensbewertung herangezogen werden?).
- Fremdwährung (Hier könnte man eingeben, ob ein Bereich mit einer Fremdwährung rechnen soll. Zugänge werden zum Tageskurs der Buchung umgerechnet.). Abschreibungen, Restwerte oder Umbuchungen werden direkt in Fremdwährung gerechnet.

2.4.4 Standardbewertungsbereich

SAP liefert mit dem System länderspezifische Bewertungspläne verschiedenster Bereiche aus (siehe hierzu Punkt 2.3).

Standardbewertungsplan Deutschland

Der **Standardbewertungsplan Deutschland** hat folgende Bereiche:

- Handelsrecht (01)
- Steuerliche Sonder-AfA zu handelsbilanziellen AHK (02)
- Sonderposten aufgrund steuerrechtlicher Sonderabschreibung (03)
- Vermögensbewertung (10)
- Steuerbilanz (15)
- Kalkulatorische Abschreibungen (20)

2.5 Berechtigungen

Daten und Werte von Anlagenklassen und Anlagenstammsätzen können durch Berechtigungsvergabe vor unberechtigten Zugriffen innerhalb einer Organisationseinheit geschützt werden.

SAP liefert einige Standardprofile für die Berechtigungen aus. Hierbei handelt es sich um Komplettberechtigungen (z.B. für Abteilungsleiter der Anlagenbuchhaltung) oder um Teilberechtigungen (z.B für einen Anlagenbuchhalter, Anlagensachbearbeiter oder Einkäufer der Anlagenbuchhaltung).

Anlagensichten

Sofern ein Mitarbeiter nur am Rande mit der Anlagenbuchhaltung zu tun hat, kann man diesem eine eingeschränkte Sicht auf verschiedene Anlagendaten - innerhalb der Anlagenbuchhaltung - zuteilen. So kann man einem Steuersachbearbeiter Einsicht und Zugriff auf die Daten geben, die er für seine Zwecke benötigt.

Welche Felder und Bereiche aus einer Sicht bearbeitet werden können, legt die Anlagensicht fest.

SAP liefert **sieben verschiedene Sichten** aus; diese können reduziert, aber nicht erweitert werden.

7 vordefinierte Sichten

Die **vordefinierten Sichten** sind:
- **Altdaten**
- **Anlagenbuchhaltung**
- **Kalkulation**
- **Steuer**
- **Einkauf**
- **Technik**
- **Versicherung**

3 Gliederung des Anlagevermögens

3.1 Gliederungsaufbau im AM-Modul

Im Modul AM wird ein strenger Gliederungsaufbau umgesetzt, der sich wie folgt aufbaut:

❶ Kontenzuordnung der Anlagenklasse zu den Hauptbuchkonten der Finanzbuchhaltung
❷ Anlagenklassen mit Anlagen
❸ Anlagenarten
❹ Anlagenübernummer
❺ Anlagenhauptnummer
❻ Anlagenunternummer

Bei der Abbildung 4.3 sieht man den Zusammenhang der Anlagenklassen der Anlagenbuchhaltung und der Hauptbuchkonten der Finanzbuchhaltung:

3 *Gliederung des Anlagevermögens*

Abb. 4.3
Anlagenklassen in den Hauptbuchkonten

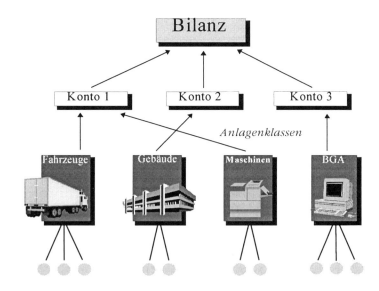

3.2 Anlagenklassifizierung

3.2.1 Gründe für die Anlagenklassifizierung

Die entscheidenden Günde für eine klare Anlagenklassifizierung sind:

- Möglichkeit zur klassenspezifischen Auswahl und Summation im Reporting;
- klassenspezifische Anpassung von Bildschirmmasken und Feldern;
- übersichtlichere Kontenzuordnung durch die Anlagenklasse;
- einfaches und sicheres Anlegen von Anlagenstammsätzen durch die Vorschlagswerte.

Vorschlagswerte

Vorschlagswerte sind Musterstammsätze, die sich auf den entsprechend aktivierten Bewertungsplan stützen. Die Gefahr hierbei ist, daß z.B. ein Sachbearbeiter beim Einrichten eines individuellen Anlagenstammsatzes aus Bequemlichkeit einen Vorschlagswert, der nicht exakt zutrifft, einfach übernimmt. Dies kann jedoch durch Festlegen der Mußeingabe im Customizing vermieden werden.

3.2.2 Anlegen einer Anlagenklasse

Im AM-Modul können die nachfolgenden Schritte, z.B. durch Anklicken mit der Maus, durchgeführt werden:

Rechnungswesen ⇨ Anlagenwirtschaft ⇨ Stammdaten ⇨ Anlagenklasse anlegen

Bewertungsplan
Nun muß eine, ein- bis achtstellige Anlagenklassennummer vergeben (z.B. „3") und der entsprechende **Bewertungsplan** (z.B. „1DE" für Deutschland) ausgewählt werden.

Nummernkreis
Jetzt erscheinen weitere Eingabefelder, wie Konto-Zuordnung zur Finanzbuchhaltung, Bildaufbau der Anlagenklasse und der in der Anlagenklasse zur Verfügung stehende **Nummernkreis**. Die Schlüssel hierfür und für die folgenden Eingabefelder sind im Customizing hinterlegt.

Zu beachten:
- Die Anlagenklassen sind buchungskreisübergreifend definiert.
- Der Bewertungsplan muß unter der Anlagenklasse angelegt werden, d.h. mehrere Bewertungspläne sind für eine Anlagenklasse möglich, wie in der Abb. 4.4 zu sehen ist.
- Gleiche Nummernkreise können von mehreren Anlagenklassen verwendet werden. (Dies sollte aber vermieden werden, da die Übersichtlichkeit darunter leidet).

Abb. 4.4
Anlagenklassen

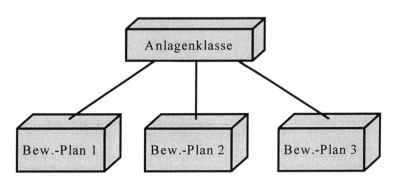

3.3 Anlagenarten und Zusammenfassungen

3.3.1 Anlagenarten

Es gibt verschiedene Anlagenarten im AM-Modul:

Immaterielle Anlagen

Immaterielle Anlagen: hier sollte die Bewegungsartengruppe „Anzahlungen" möglich sein. Das Simulieren des Buchwertes „Null" muß im Anforderungsbild des Anlagengitters festgelegt werden, weil normalerweise kein Abgang von diesen Anlagen verbucht wird.

Anlagen im Bau

Anlagen im Bau: bei dieser Anlagenart ist keine Normalabschreibung, sondern nur die steuerliche Sonderabschreibung möglich. Anzahlungen und negative Anschaffungs- und Herstellungskosten (z.B. für eine nachträgliche Gutschrift) sollten möglich sein.

GWG

Geringwertige Wirtschaftsgüter: der Höchstbetrag für GWG´s muß in den buchungskreisspezifischen Bereichsangaben festgelegt werden.

Leasinganlagen

Leasinganlagen: ein kalkulatorischer Zugang muß emuliert werden durch die Leasingartzuordnung im Anlagenstammsatz und der Leasingart im Customizing.

Finanzanlagen

Finanzanlagen: hier sind keine planmäßigen Abschreibungen möglich.

Normalabschreibungen sind bei den **technischen Anlagen** möglich.

3.3.2 Wirtschaftsgut und Wirtschaftseinheit

Ein **Wirtschaftsgut** besitzt eine zwölfstellige Hauptnummer und kann sich aus mehreren Teilanlagen, die wiederum eine vierstellige Unternummer besitzen, zusammensetzen.

Eine **Wirtschaftseinheit** ist eine Zusammenfassung von mehreren Wirtschaftsgütern. Ein Beispiel hierfür wäre eine Produktionslinie.

Mehrere Maschinen (Wirtschaftsgüter) werden zu einer Produktionslinie (Wirtschaftseinheit) zusammengefaßt:

Abb. 4.5
Wirtschaftseinheit

Die Wirtschaftseinheit

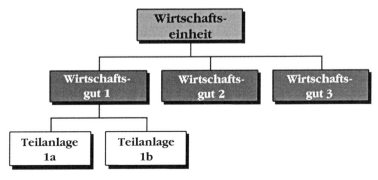

Anmerkung: Eine einheitliche Abschreibungsrechnung - bezogen auf eine Wirtschaftseinheit - wird im AM-Modul zur Zeit noch nicht unterstützt.

3.4 Stammdatenpflege

3.4.1 Anlagenstammsatz

Der Anlagenstammsatz setzt sich zusammen aus den **Allgemeinen Stammdaten** und den Angaben zur Bewertung der Anlage.

Die **Allgemeinen Stammdaten** umfassen folgende Punkte:

Allgemeine Stammdaten

- Allgemeine Angaben (z.B. Bezeichnung, Menge)
- Kontierungsangaben
- Buchungsinfos (z.B. Aktivierungsdatum)
- zeitliche Zuordnungen (z.B. Kostenstelle)
- Informationen zur Instandhaltung
- Angaben zur Vermögensverwaltung
- Grundstücksinformationen
- Leasingkonditionen
- Investitionsfördermaßnahmen
- Herkunftsdaten der Anlage
- Inventurdaten
- Versicherungsdaten
- Ordnungsbegriffe

Bewertung der Anlage

Die Angaben zur **Bewertung der Anlage** beinhalten:
- AfA-Schlüssel
- Nutzungsdauer
- Normal-AfA-Beginn
- Umstellungsjahr (degressive AfA ⇨ lineare Afa)
- Restwert (bis zu diesem Restwert soll abgeschrieben werden)

3.4.2 Anlegen einer Anlage

Wenn das AM-Modul bereits aktiviert ist, können die folgenden Schritte per Mausklick durchgeführt werden:

Rechnungswesen ⇨ Anlagenwirtschaft ⇨ Stammdaten ⇨ Anlage anlegen

Es erscheint ein Untermenü, in dem die Anlagenhaupt- und, falls notwendig, die Anlagenunternummer angeben werden muß. Desweiteren muß der Buchungskreis und das Gültigkeitsdatum der Anlage angegeben werden.

Nun erscheinen weitere Eingabefelder, die den Bestandteilen des Anlagenstammsatzes, wie in Kapitel 3.4.1 beschrieben, entsprechen. Die notwendigen Schlüssel für die Eingabefelder sind dem Customizing zu entnehmen.

3.4.3 Bildauswahl und Pflegeebene

Die **Bildauswahl** erfolgt über die Feldstatusgruppen der Anlagenklasse. Von den Feldstatusgruppen gibt es zwei Arten:

Feldstatusgruppen
- Stammdaten
- Bewertungsbereiche

Die **Hierarchie** hiervon sieht wie folgt aus:

Abb. 4.6
Feldhierarchien

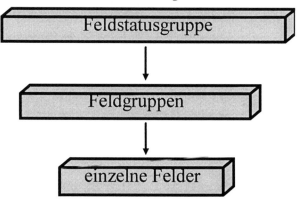

3.4 Stammdatenpflege

Bei der Definition der Feldstatusgruppe werden alle existierenden Feldgruppen vorgeschlagen und können einzeln gepflegt werden. Dabei können Festlegungen zur Bildauswahl, Pflegeebene und zur Kopierbarkeit über Referenz definiert werden.

Für jede Feldgruppe kann eine Pflegeebene festgelegt werden.

Folgende **Standardfeldstatusgruppen** sind im AM-Modul verfügbar:

Standardfeldstatusgruppen
- Abschreibung auf Unternummernebene
- wirtschaftsguteinheitliche Abschreibung
- klasseneinheitliche Abschreibung

Bei den **Pflegeebenen** gibt es wiederum drei Varianten im AM-Modul:

Pflegeebenen
- **Anlagenklasse:** hier wird die Anlagenklasse zur Pflege angeboten, die Haupt- und Unternummer angezeigt.
- **Hauptnummer:** hier wird nur die Hauptnummer zur Pflege angeboten.
- **Unternummer:** hier wird sowohl die Haupt- als auch die Unternummer zur Pflege angeboten.

3.4.4 Matchcodes

Im AM-Modul gibt es Matchcodes (Def.: Schlüssel für eine Suchhilfe) für:

- **Anlagenklasse** („A" für Suche nach Kontozuordnung/Anlagenklasse, „B" für Suche nach Bewertungsplan/AfA-Schlüssel)
- **Anlagenstammdaten** („A" für Suche nach Kontozuordnung/Anlagenklasse, „B" für Suche über Abschreibungsschlüssel, „C" für Suche über Kostenstelle)

3.4.5 Deaktivieren/Sperren/Löschen von Anlagen

Deaktivieren

Das Ausscheiden eines Wirtschaftsgutes wird im AM-Modul durch die Option *„Deaktivieren"* unterstützt. Es sollte jedoch bedacht werden, daß deaktivierte Anlagen noch im nachfolgenden Geschäftsjahr zur Verfügung stehen sollten, damit diese Anlagen auch in der *„Entwicklung des Anlagevermögens"* dargestellt werden können.

Löschen

Das **Löschen** eines Wirtschaftsgutes wird durch Setzen eines Löschkennzeichens und anschließendes physisches Löschen durch das Programm realisiert.

Sperren	Das **Sperren** eines Wirtschaftsgutes wird durch Setzen eines Sperrkennzeichens realisiert. Es kann dann kein Zugang auf diese Anlage mehr gebucht werden. Jedoch sind Umbuchungen und Abgangsbuchungen auch auf gesperrte Anlagen möglich.
Durchführung von Deaktivieren / Löschen/ Sperren von Anlagen	Im AM-Modul werden die folgenden Schritte per Mausklick durchgeführt:

Rechnungswesen ⇨ *Anlagenwirtschaft* ⇨ *Stammdaten* ⇨ *Anlage sperren/löschen*

Nun muß die Anlagenhauptnummer und evtl. die Anlagenunternummer sowie der Buchungskreis angegeben werden.

Nachdem die Daten der entsprechend ausgewählten Anlage erscheinen, kann diese Anlage gesperrt oder mit einer Löschvormerkung versehen werden. Das Deaktivieren einer Anlage erfolgt auf die gleiche Weise; es muß nur zuvor ein Deaktivierungsdatum der Anlage angegeben werden.

4 Geschäftsvorfälle

In diesem Kapitel werden die wichtigsten Geschäftsvorfälle und deren Handhabung in der Anlagenbuchhaltung erläutert.

4.1 Anlagenarten

Anlagenarten

Zu Anlagen (siehe hierzu Abb. 4.7) zählen z.B.:
- Anlagen im Bau
- Gebäude und Grundstücke
- Maschinen
- Geleaste Anlagen, z.B. Autos
- Patente, Lizenzen, Software
- Wertpapiere

Abb. 4.7
Anlagenarten

Vielfalt der Anlagenarten

Anlagen im Bau

Wertpapiere

Maschinen

Geringwertige Anlagen

Grundstücke
Gebäude

geleaste Anlagen

Software
Patente

4.2 Anlagenzugang

Die Anlagenbuchhaltung ist so strukturiert, daß alle Vorgänge direkt in sie hinein gebucht werden können. Wird die Anlagenbuchhaltung allerdings integriert mit anderen Modulen eingesetzt, empfiehlt es sich, aus Gründen der Zeitersparnis und der Vereinfachung der Abwicklung, die Geschäftsvorfälle direkt in der auslösenden Abteilung zu erfassen.

Abteilungen, mit denen die Anlagenbuchhaltung zusammenarbeitet, sind:

- Finanzbuchhaltung (FI)
- Wareneingang/Rechnungsprüfung (MM)
- Lager (MM)
- Auftrags-/Projektabrechnung (CO-OPA)

4.2.1 Zugang aus Kauf

Ein Zugang aus Kauf kann auf zwei verschiedene Arten gebucht werden:

- **Zugang gegen Kreditor**
  Bei der Parallelverwendung von Anlagen- und Kreditorenbuchhaltung bietet es sich an, direkt „Anlage an Kreditor" zu buchen. Dadurch werden sowohl die Datenerfassung als auch mögliche Fehlerquellen auf ein Minimum reduziert. Wenn eine Belegart ausgewählt wurde, die Nettobuchungen zuläßt, werden vom System automatisch Skonto und Mehrwertsteuer abgezogen und der verbleibende Rechnungsbetrag auf der Anlage aktiviert.

4   *Geschäftsvorfälle*

- **Zugang gegen Verrechnungskonto**
  Wird die Anlagenbuchhaltung als alleiniges Modul eingesetzt, bietet sich folgendes Verfahren an: Buchung des eingegangenen Rechnungsbetrags auf ein Verrechnungskonto und spätere Verbuchung des Betrags, abzüglich Skonto und Mehrwertsteuer, auf das Anlagenkonto.

4.2.2 Zugang aus Kauf über Bestellung

Bei einem Zugang aus Kauf über Bestellung müssen mehrere zeitlich voneinander abhängige Arbeitsvorgänge beachtet werden:

- Bestellanforderung
- Anlage des Anlagenstammsatzes
- Erfassen der Bestellung
- Buchen des Wareneingangs
- Buchen des Rechnungsbetrags

(siehe hierzu Punkt 5.2 „Integration mit MM")

4.2.3 Zugang aus dem Lager

Wenn ein Produkt erstellt wird, werden häufig Teile aus dem Lager benötigt. Wird die Anlagenbuchhaltung zusammen mit dem Material-Management (MM) eingesetzt, so können in einer Buchung die Bewegung im betreffenden Lager sowie die Buchung der Anschaffungs- bzw. Herstellkosten des Materials auf der Anlage erfaßt werden.

4.2.4 Zugang aus Eigenfertigung

Bei der Fertigstellung der Anlage werden die entstandenen Kosten auf die Anlage aktiviert. Da im Normalfall der Zugang aus Eigenfertigung mit der Auftragsabwicklung gekoppelt ist, muß nur noch **„Auftrag an Anlage"** gebucht werden.

4.2.5 Zugang von verbundenen Unternehmen

Hier bietet das System eine spezielle Technik, die die verbundenen Unternehmen als Einzelunternehmen betrachtet. Somit wird bei dem einen Unternehmen ein Zugang, bei dem anderen ein Abgang gebucht, im Konzern wird der Vorgang aber als Umbuchung dargestellt.

4.3 Anlagenabgang

Ein Abgang kann einen Voll- bzw. Teilabgang einer Anlage darstellen. Das System errechnet automatisch die auszubuchenden Beträge.

4.3.1 Abgang durch Verkauf

- **mit Debitor**
  Wenn die Anlagenbuchhaltung zusammen mit der Finanzbuchhaltung eingesetzt wird, bietet das System die Möglichkeit, die Forderungsbuchung an den Debitor, die Erlösbuchung und den Anlagenabgang in einem Schritt zu buchen.

- **ohne Debitor**
  Hier bietet die Anlagenbuchhaltung eine eigene Transaktion an, die den Anlagenabgang automatisch bucht. Es muß allerdings darauf geachtet werden, daß eine Bewegungsart ausgewählt ist, die automatisch eine Erlösbuchung erzeugt, damit die Soll-/Habengleichheit bestehen bleibt.

4.3.2 Abgang durch Verschrottung

Hier stellt die Anlagenbuchhaltung wie oben eine eigene Transaktion bereit. Die erzeugten Buchungen entsprechen denen unter „Abgang durch Verkauf ohne Debitor", allerdings wird hier keine Erlösbuchung, sondern eine Buchung „Verlust aus Anlagenabgang ohne Erlös" erzeugt.

4.3.3 Abgang an verbundene Unternehmen

Hier bietet das System eine spezielle Technik, die die verbundenen Unternehmen als Einzelunternehmen betrachtet. Somit wird bei dem einen Unternehmen ein Zugang, bei dem anderen ein Abgang gebucht, im Konzern wird der Vorgang aber als Umbuchung dargestellt.

4.4 Anlagenumbuchungen

4.4.1 Umbuchung von Anlage an Anlage

Ist für beide Anlagen der gleiche Buchungskreis definiert, so kann in einem Schritt von Anlage an Anlage gebucht werden. Es muß allerdings berücksichtigt werden, daß verbundene Bereiche auf die neue Anlage mitübernommen werden.

Ist ein automatisches Umbuchen nicht möglich ist, muß manuell ein Abgang und ein Zugang gebucht werden.

4.4.2 Umbuchung zwischen verbundenen Unternehmen

Siehe hierzu Punkt 4.2.5: „Zugang von verbundenen Unternehmen" und

Punkt 4.3.3: „Abgang an verbundene Unternehmen".

4.4.3 Aktivierung von Anlagen im Bau

Eine Anlage im Bau kann aktiviert werden, indem sie auf eine aktive Anlage gebucht wird. Die Buchung entspricht der Buchung von Anlage an Anlage (Buchungskreis intern). Bei einer Vollumbuchung werden Anzahlungen, die im aktuellen Geschäftsjahr geleistet wurden, auf der Anlage im Bau storniert. Bei einem Teilabgang werden Anzahlungen ignoriert.

4.5 Sonstige Anlagenbuchungen

4.5.1 Anzahlungen auf Anlagen im Bau

Anzahlungen stellen Zugänge auf Anlagen im Bau dar. Wie beim Zugang aus Kauf können diese über die Kreditorenbuchhaltung abgewickelt werden. Erfolgt die Schlußrechnung im selben Jahr wie die Anzahlungen, werden diese in voller Höhe auf der Anlage aktiviert. Erfolgt die Anzahlung nicht im gleichen Jahr, so werden nur die Differenzbeträge auf die Anlage aktiviert.

4.5.2 Nachaktivierungen

Nachaktivierungen stellen Korrekturbuchugen auf einer Anlage dar, wenn es im abgeschlossenen Geschäftsjahr versäumt wurde, Kosten, die mit der Beschaffung oder Montage verbunden waren, den Anschaffungs- und Herstellkosten der Anlage zuzuschlagen.

- **Bruttomethode**
  Hier können die historischen Abschreibungen angegeben werden.
- **Nettomethode**
  Wird der Buchungsbetrag um die historische Abschreibung vermindert, dann kann die Buchung ohne die Angabe der historischen Abschreibungswerte durchgeführt werden.

- **auf neue Stammsätze**
  Hierfür muß die Transaktion für die Erfassung von Altanlagen ausgewählt werden, die es ermöglicht, ein historisches Zugangsjahr anzugeben. Dieses wird benötigt, um die aktuelle Abschreibungrechnung weiterzuführen.

4.5.3 Zuschreibungen

Zuschreibungen sind Korrekturen, wenn in der Vergangenheit z.B. falsche Abschreibungsschlüssel oder eine falsch angesetzte Nutzungsdauer für eine Anlage gewählt wurden. Zuschreibungen erhöhen den Wert einer Anlage.

Zu beachten ist, daß in der Finanzbuchhaltung die Korrekturen auf dem Wertberichtigungskonto mitgebucht werden.

4.5.4 Übertragung von Rücklagen

Durch die Veräußerung von Maschinen können stille Reserven gebildet werden, sofern nicht im selben Jahr geeignete Neuanschaffungen getätigt werden.

Das System AM unterscheidet zwei Rücklagenübertragungswege:

- **Rücklagenübertragung**
  Durch Buchen mit einer Bewegungsart können bei Neuanschaffungen gebildete Rücklagen zur Finanzierung mitberücksichtigt werden.
- **Rücklageneinstellung**
  Wird zur Zeit in der Anlagenbuchhaltung noch nicht unterstützt.

4.5.5 Manuelle Abschreibungen

Normalerweise ermittelt das System anhand der ausgewählten Abschreibungsschlüssel die Abschreibungswerte. Diese Abschreibungswerte können aber manuell erhöht werden.

5 Integration

5.1 Integration im SAP-R/3

Im nachfolgenden Schaubild (Abb. 4.8) ist dargestellt, mit welchen Modulen die Anlagenbuchhaltung zusammenarbeitet. Werden diese Module mit der Anlagenbuchhaltung integriert einge-

5 Integration

setzt, so können die Vereinfachungen, die dieses System in seiner Gesamtheit bietet, voll ausgeschöpft werden. Viele Arbeitsabläufe, die mit der Anlagenbuchhaltung allein nur auf Umwegen lösbar wären, werden vom System automatisch oder in einer stark vereinfachten Form gelöst:

Abb. 4.8
R/3-Integration

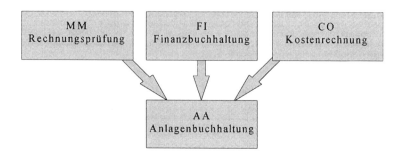

5.2 Integration mit MM

Ein Beispiel, wie sich die Integration bei der Anlagenbuchhaltung und Material- Management (MM) auswirkt, zeigt folgendes Schaubild:

Abb. 4.9
MM-Integration

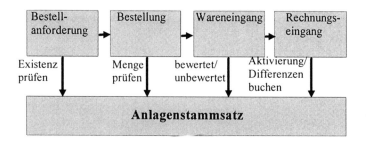

In diesem Beispiel muß der Anlagenbuchhalter nach Genehmigung der Bestellung einen Anlagenstammsatz anlegen. Erst wenn dieser angelegt ist, kann der Einkauf tätig werden und die Ware bestellen. Wird die Ware im Wareneingang angeliefert, kann, je nach Festlegung im Customizing der Materialwirtschaft, die Ware bewertet oder unbewertet gebucht werden. Unter bewertet versteht man, daß die Anlage direkt aktiviert wird. Unbewertet heißt, daß ein Verrechnungskonto zwischengeschaltet ist. Beim Rechnungseingang kann das System so eingerichtet werden, daß beim Wareneingang nichts gebucht wird und erst beim Rechnungseingang der Gesamtbetrag auf der Anlage aktiviert wird.

5.3 Integration mit FI

Das nachfolgende Beispiel zeigt einen Zugang aus Kauf mit Kreditor:

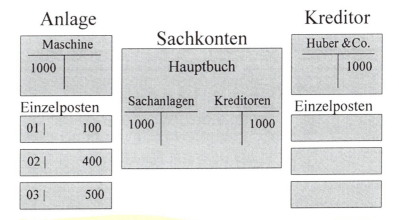

Abb. 4.10 FI-Integration

Die eingehende Rechnung wird als Investitionsrechnung erkannt und dem Anlagenbuchhalter weitergegeben. Dieser prüft, ob dafür ein Stammsatz existiert, andernfalls eröffnet er einen neuen Stammsatz und stattet diesen mit entsprechenden Bewertungsschlüsseln und den dazugehörigen Bilanzkonten aus. Die Anlagennummer wird auf der Rechnung vermerkt. Danach wird die Rechnung der Kreditorenbuchhaltung zugeführt, die die Rechnung eingibt und verbucht.

6 Abschreibung des Anlagevermögens

6.1 Berechnung der Abschreibung

Die Abschreibungsberechnung im System SAP-R/3 erfolgt durch sogenannte Steuerungsparameter. Diesen Steuerungsparametern werden explizit durch Schlüssel Werte zugeordnet.

6.1.1 Abschreibungsschlüssel

Der Abschreibungsschlüssel ist Träger von allen Informationen, die zur Abschreibungsberechnung erforderlich sind. Er beinhaltet Steuerungskennzeichen für folgende Verfahren:

- Aussetzen der Normalabschreibung bei Sonderabschreibung
- Aussetzen von Zinsen bei nicht geplanter Abschreibung
- Zugänge **nur** im Aktivierungsjahr
- Abschreibung der Vergangenheit nicht neu berechnen
- Abschreibung der Vergangenheit mit bzw. ohne Storno neu berechnen

Desweiteren werden die internen Rechen- und Anhaltewertschlüssel über den Abschreibungsschlüssel der jeweiligen Abschreibungsmethode zugeordnet. Diese Zuordnung muß bei Normal- und Sonderabschreibungen herangezogen werden.

Die Pflege des Abschreibungsschlüssels erfolgt im **Customizing** der Anlagenbuchhaltung über die Menüpunkte:

Werkzeuge ⇨ *Customizing* ⇨ *Einstellmenü* ⇨ *Rechnungswesen* ⇨ *Anlagenwirtschaft* ⇨ *Bewertung* ⇨ *Bewertungsschlüssel* ⇨ *Abschreibungsschlüssel*

6.1.2 Interner Rechenschlüssel

Der interne Rechenschlüssel beschreibt das eigentliche Berechnungsverfahren für die jeweilige Abschreibungsmethode. Jedem Abschreibungsschlüssel wird ein Rechenschlüssel zugeordnet. Die von SAP bereitgestellten Schlüssel haben durch ihre fest definierten Berechnungsverfahren Systemcharakter und sollten nicht verändert werden.

Die Pflege des Rechenschlüssels erfolgt im **Customizing** der Anlagenbuchhaltung über die Menüpunkte:

Werkzeuge ⇨ *Customizing* ⇨ *Einstellmenü* ⇨ *Rechnungswesen* ⇨ *Anlagenwirtschaft* ⇨ *Bewertung* ⇨ *Bewertungsschlüssel* ⇨ *Rechenschlüssel*

6.1.3 Anhaltewert

Für Anlagen, die nach dem planmäßigen Verlauf der Abschreibung über einen Restwert verfügen, besteht die Möglichkeit, diesen Wert vor dem Abschreibungsende zu definieren. Sie können die Zuordnung auf zwei Arten treffen:

Anhaltewertschlüssel
- durch die Zuordnung eines **Anhaltewertschlüssels** zu dem jeweiligen Abschreibungsschlüssel der Anlage;

absoluter Schrottwert
- durch eine feste Eingabe eines **absoluten Schrottwertes** bei den bereichsspezifischen Anlagestammdaten.

Die **Anhaltewertschlüssel** können im Customizing der Anlagenbuchhaltung mit beliebigen Anhalteprozentsätzen definiert werden. Es besteht die Möglichkeit, diese Anhalteprozentsätze bestimmten Zugangsjahren oder dem Alter der Anlage zuzuordnen. Für das Berechnungsverfahren gibt es zwei verschiedene Festlegungen:

- die Abschreibung wird ohne die Berücksichtigung des Anhaltewertes gerechnet und endet beim Erreichen des Anhaltewertes. Dabei hält die Abschreibung vor dem Ende der geplanten Nutzungsdauer.
- Der errechnete Schrottwert wird am Anfang vom Bezugswert der Anlage abgezogen und bleibt als Restbuchwert am Ende der Nutzungsdauer stehen.

Die Pflege und das Definieren von Anhaltewertschlüsseln ist im **Customizing** der Anlagenbuchhaltung über folgende Menüpunkte ersichtlich:

Werkzeuge ⇨ *Customizing* ⇨ *Einstellmenü* ⇨ *Rechnungswesen* ⇨ *Anlagenwirtschaft*

6.2 Abschreibungsarten

6.2.1 Normalabschreibung

Die Normalabschreibung spiegelt die normale Abnutzung bzw. den Werteverzehr einer Anlage wider. Die Berechnung der Abschreibungsbeträge erfolgt mit den nach Steuer- und Handelsrecht erlaubten Abschreibungsmethoden.

6.2.2 Sonderabschreibung

Der Gesetzgeber sieht für bestimmte Anlagegüter Sonderabschreibungen vor. Sie dienen der wirtschaftspolitischen Steuerung. SAP liefert für die allgemein verbreiteten Verfahren die jeweiligen Abschreibungsschlüssel. Sie werden daher durch ihre Individualität nicht näher erläutert.

6.2.3 Außerplanmäßige Abschreibung

Außerplanmäßige Abschreibungen gehen über den normalen Gebrauch der Anlage hinaus. Sie kommen bei einer dauerhaften Wertminderung der Anlage, z.B. durch höhere Gewalt oder Umwelteinflüsse, in Betracht. Sie müssen daher individuell zugeordnet werden.

6.3 Abschreibungsmethoden

6.3.1 Lineare Abschreibung

Bei der Anwendung der linearen Abschreibung sind die jährlichen Abschreibungsbeträge über die gesamte Nutzungsdauer gleich hoch:

- Verwendeter Abschreibungsschlüssel: **LINR**
- Interner Rechenschlüssel: **1020**
- Berechnungsverfahren: **Afa = Restwert / Restnutzungsdauer**

Vereinfachungsregel — Im Zugangsjahr der Abschreibung gilt die sogenannte **Vereinfachungsregel**. Zugänge im zweiten Halbjahr werden mit einer halben Jahresabschreibung und Zugänge im ersten Halbjahr mit einer vollen Jahresabschreibung gerechnet.

6.3 Abschreibungsmethoden

Abb. 4.11
Lineare Abschreibung

Lineare Abschreibung

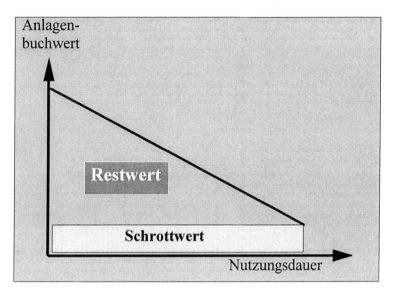

6.3.2 **Degressive Abschreibung**

Bei der Anwendung der degressiven Abschreibung verringern sich die jährlichen Abschreibungsbeträge mit Zunahme der Nutzungsdauer. Bei Neuanlagen - mit der Verwendung des Abschreibungsschlüssels „30" - kann mit dem dreifachen linearen Satz, aber höchstens 30% gerechnet werden.

- Verwendete Abschreibungsschlüssel: **DG20 / DG25 / DG30**
- Interne Rechenschlüssel: **2000 / 2010 / 2020**
- Berechnungsverfahren: **Afa = Restwert • 3 / Gesamtnutzungsdauer**

Im Zugangsjahr der Abschreibung gilt, wie bei der linearen Abschreibung, die Vereinfachungsregel.

Ist im Laufe der Nutzungsdauer die lineare Verteilung auf die Restnutzungsdauer größer als die degressive Abschreibung, wird auf die lineare Abschreibung umgestellt.

Abb. 4.12
Degressive
Abschreibung

Degressive Abschreibung

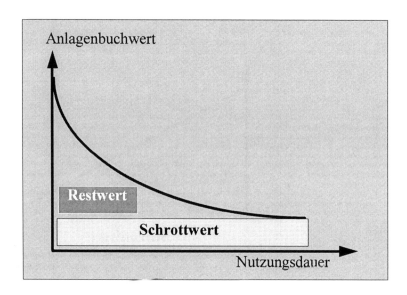

6.3.3 Lineare Gebäudeabschreibung

Analog zu der linearen Abschreibung stellt das AM-Modul Abschreibungsschlüssel für die Abschreibung von Gebäuden zur Verfügung. Die Nutzungsdauer erstreckt sich über einen Zeitraum von 40 bzw. 50 Jahren, was einer jährlichen Abschreibung von 2,5 % bzw. 2 % entspricht.

- Verwendete Abschreibungsschlüssel: **GL20 / GL25**
- Interne Rechenschlüssel: **1210 / 120**
- Berechnungsverfahren: **Afa = Restwert / Restnutzungsdauer**

Die Abschreibung wird ab der Periode des ersten Zugangs gerechnet. Zugänge auf die Anlage führen zu einer Verlängerung der Abschreibungsdauer.

6.3.4 Degressive Gebäudeabschreibung

Die Höhe der degressiven Gebäudeabschreibungbeträge ist über den Zeitraum hinaus auch vom jeweiligen Gebäudetyp abhängig. Der entsprechende Abschreibungsschlüssel berücksichtigt diese Zuordnung.

- Verwendete Abschreibungsschlüssel: **DG35 / DG50 / DG70 / DG10**
- Interne Rechenschlüssel: **2710 / 2720 / 2770 / 2750**
- Berechnungsverfahren: **Abhängig vom Zeitraum und Gebäudetyp**

Im Zugangsjahr der Anlage wird eine ganze Jahresabschreibung gerechnet. Zugänge auf die Anlage führen zu einer Verlängerung der Abschreibungsdauer.

6.3.5 Vollabschreibung im Zugangsjahr

Die Vollabschreibung im Zugangsjahr dient für die 100%-ige Abschreibung von geringwertigen Wirtschaftsgütern, den sogenannten GWG´s.

- Verwendete Abschreibungsschlüssel: **GWG**
- Interne Rechenschlüssel: **0010**
- Berechnungsverfahren: **100%ige Abschreibung im Zugangsjahr**

In nachfolgenden Jahren sind keine weiteren Zugänge mehr möglich.

6.3.6 Leistungsabschreibung

Die Leistungsabschreibung ist eine Abschreibungsmethode, bei der die Periodenabschreibung direkt mit der Ausbringungsmenge verknüpft wird. Dies kann z.B. bei Beschäftigungsschwankungen sinnvoll sein.

- Verwendete Abschreibungsschlüssel: **STCK / STCA / STCR**
- Interne Rechenschlüssel: **3010**
- Berechnungsverfahren: **Afa=Anschaffungswert / Gesamtausbringung • Periodenausbringung**

6 Abschreibung des Anlagevermögens

Für die Berechnung der Periodenabschreibung muß die erwartete Ausbringungsmenge der Periode in dem jeweiligen Abschreibungsschlüssel erfaßt werden. Das Menü für die Erfassung wird über die nachfolgenden Menüpunkte erreicht:

Anlagenwirtschaft ➪ *Periodische Arbeiten* ➪ *Abschreibung* ➪ *Leistungsabhängige Abschreibung*

Leistungsabschreibung

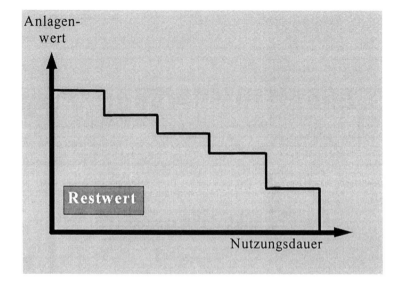

Abb. 4.13 Leistungsabschreibung

6.4 Abschreibungen buchen

Bestandsveränderungen an einer Anlage führen zu einer Veränderung der geplanten Abschreibung in der jeweiligen Periode. Die Wertberichtigungs- und Abschreibungskonten der Bilanz und der Gewinn- und Verlustrechnung werden jedoch nicht automatisch diesen Veränderungen angeglichen. Erst in einem periodischen Abschreibungsbuchungslauf erfolgt die eigentliche Buchung in der Finanzbuchhaltung. Der Buchungsrhythmus und die Kontierungsebene ist frei wählbar. Desweiteren kann bei dem angewandten Buchungsverfahren zwischen dem Nachhol- und dem Restverteilungsverfahren gewählt werden.

Die Maske ist über die folgenden Menüpunkte erreichbar:

Anlagenwirtschaft ➪ *Periodische Arbeiten* ➪ *Abschreibung* ➪ *Abschreibung neu rechnen*

5. Kapitel

KOSTENRECHNUNG & CONTROLLING

R/3-MODUL „CO"

1 Grundlagen

1.1 Kostenrechnung

1.1.1 Rechnungskreise

Das Rechnungswesen ist in zwei Rechnungskreise gegliedert. Rechnungskreis 1, die Finanz- und Betriebsbuchhaltung sowie Rechnungskreis 2, die Kosten- und Leistungsrechnung.

Abb. 5.1 Rechnungskreise

Rechnungskreis 1

Im **Rechnungskreis 1** erfolgt die Verbuchung:
- der Aktiva und Passiva,
- der Aufwendungen und Erträge,
- der Salden auf Bilanzen.

Rechnungskreis 2

Im **Rechnungskreis 2** erfolgt die Verbuchung der Kosten und Leistungen. Kosten sind rein betriebliche Aufwendungen, Leistungen rein betriebliche Erträge. Aufwendungen, die zugleich Kosten sind, bezeichnet man als betriebliche Aufwendungen bzw. Grundkosten (siehe Abb. 5.2). Grundkosten sind also die Kosten, die zur Aufrechterhaltung der Betriebsbereitschaft notwendig sind. Die kalkulatorischen Kosten, die ausschließlich in der Kosten- und Leistungsrechnung (KLR) verwendet werden, also im Rechnungskreis 2, dienen ausschließlich zur Kalkulation und sind somit keine Aufwendungen (es ist somit kein Geld geflossen). Sie stellen also nur eine rein buchhalterische Größe dar.

1.1 Kostenrechnung

Abgrenzungsrechnung

Die **Abgrenzungsrechnung** stellt die Verbindung zwischen Rechnungskreis 1 und Rechnungskreis 2 her. Hier erfolgt die Abgrenzung zwischen betrieblichen Aufwendungen (Kosten), betrieblichen Erträgen (Leistungen) und betriebsneutralen Aufwendungen sowie betriebsneutralen Erträgen.

Abb. 5.2
Kosten und Aufwendungen

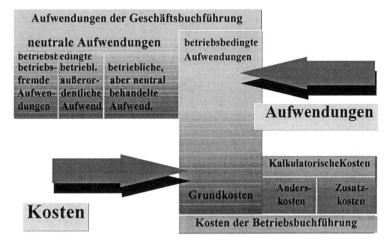

1.1.2 Informationsfluß innerhalb des Rechnungswesens
(siehe Abb. 5.3)

1. Erfassung der Geschäftsfälle auf den einzelnen Konten im Rahmen der Buchführung.

Vorkalkulation

2. Auswertung der Zahlen nach verschiedenen Gesichtspunkten, Ermittlung der Selbstkosten im Rahmen der Kalkulation sowie Ermittlung von Vergleichszahlen im Rahmen der betrieblichen Statistik.

Planungsrechnung

3. Ermittlung des Sollzustandes im Rahmen der Planungsrechnung (entspricht der Zielvorstellung der Geschäftsleitung bzw. des Unternehmens).

Nachkalkulation

4. Vergleich von Vorgabewerten der Kalkulation sowie der Planungsrechnung mit dem Istzustand (angefallene Kosten/ geplante Kosten).

Einleiten entsprechender Maßnahmen bei Abweichungen (Steuerfunktion), um Sollwerte an Istwerte anzugleichen.

1 Grundlagen

Abb. 5.3
Informationsfluß innerhalb des Rechnungswesens

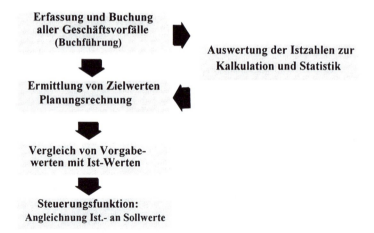

1.1.3 Aufgabe der Kostenrechnung

Gewinnaufteilung

1. Aufteilung des Gesamtgewinnes oder -verlustes nach dessen Trägern, wie z.B. Produktgruppe, Produktionsstätte, Absatzbereich. Produziert ein Unternehmen mehrere Produkte, wird durch die Kosten- und Leistungsrechnung (KLR) erst eine eindeutige Zuordnung des Gewinnes, den die einzelnen Produkte erwirtschaften, möglich. Ebenso ist eine Zuordnung nach Absatzgebieten möglich, d.h. Unternehmen A verkauft bspw. in der gesamten EG, macht aber den höchsten anteiligen Gewinn in Italien. Je nach Wunsch kann dies weiter gesplittet werden.

Trennung des Gesamtergebnisses

2. Trennung des Gesamtergebnisses, d.h. Splitten des Gesamtergebnisses und dessen Zuordnung zum Betrieb (betriebliches Ergebnis) sowie dem neutralen Ergebnis. Dies geschieht aufgrund der Tatsache, daß ein Unternehmen als Ganzes evtl. Gewinn macht (Unternehmensgewinn), jedoch aufgrund der KLR deutlich wird, daß der Betrieb bereichsspezifische Verluste macht. Dies ist z.B. bei großen Bauunternehmen der Fall, wenn der Betrieb schlecht läuft, das Unternehmen jedoch Mieterträge aus Immobilien in beachtlicher Höhe erzielt.

Kalkulationen

3. Ermittlung der Herstellkosten, Selbstkosten usw.: Angebote an Kunden sollten nur nach Kenntnis der betrieblichen Aufwendungen erfolgen. Um überhaupt zu einem vernünftigen Angebot zu kommen, muß der Mittelverzehr zur Herstellung eines Produktes genau ermittelt werden. Dies geschieht im Rahmen der Kalkulation, die Teil der KLR ist. (Auf die einzelnen Kalkulationsarten wird später noch näher eingegangen.)

1.3 Kostenstellenrechnung

Da es in dem Unternehmen nicht nur direkt den Kostenträgern (Kostenverursachern) zuordenbare Kosten (Einzelkosten) gibt, sondern auch Gemeinkosten (z.B. Energiekosten), müssen diese im Rahmen eines im BAB ermittelten Zuschlagsatzes den Kostenträgern zugeschlagen werden.

Unternehmensbeurteilung

4. Objektive Beurteilungen eines Unternehmens sind erst durch Kenntnis der Gewinnherkunft sowie der Kostenstruktur möglich, über die Gesellschafter bzw. Unternehmer und Vorstand aufgeklärt sein wollen.

1.2 Kostenartenrechnung

Die Kostenartenrechnung ist der 1. Schritt im Ablauf der Kostenrechnung. Es erfolgt hier keine Rechnung im eigentlichen Sinne mit Zahlen und Werten, stattdessen werden hier die Kosten erfaßt, gegliedert sowie der Kostenstellen und Kostenträgerrechnung zugeordnet (siehe Abb. 5.4).

Eindeutigkeit der Kosten

Es ist darauf zu achten, daß eine eindeutige Zuordnung der Kosten möglich ist, d.h. zusammengesetzte Kosten müssen aufgesplittet werden. Dasselbe geschieht auch in der externen Buchhaltung, z.B. beim Kauf eines bebauten Grundstücks, wo der Gesamtwert gesplittet wird und auf die Konten Grundstücke sowie Gebäude verbucht wird.

Mengengerüst und Wertgerüst

1. Schritt: Ermittlung der Menge des verbrauchten Produktionsfaktors (Mengengerüst).
2. Schritt: Bewertung der Verbrauchsmenge. (Wertgerüst).

Abb. 5.4
Transformationsfluß der Kostenarten zu den Kostenstellen und Kostenträgern

1.3 Kostenstellenrechnung

Verursacherprinzip

Die in der Kostenartenrechnung erfaßten Kosten werden in der Kostenstellenrechnung nach dem **Verursacherprinzip** weiterverrechnet. Eine Weiterverrechnung der Kostenarten auf die Produkte ist nur bei den Einzelkosten möglich, nicht jedoch bei

1 Grundlagen

den Gemeinkosten. Diese können nur dem Ort ihrer Entstehung zugeordnet werden.

Die Kostenstellen stellen einen geschlossenen Verantwortungsbereich dar, der in der Regel räumlich abgeschlossen ist, was jedoch nicht vorausgesetzt wird. Als Beispiele wären hier die Kostenstelle Versand, Fertigungsstellen o.ä. zu nennen.

BAB

Der **BAB** ist eine tabellarische Übersicht (vgl. Abb. 5.5) der Kostenarten, der Kostenstellen sowie der Verteilungsschlüssel der Gemeinkosten. In ihm werden die jeweiligen Zuschlagssätze für die Hauptkostenstellen und die einzelnen Kostenträger ermittelt.

Abb. 5.5 BAB-Beispiel

Beispiel eines einstufigen BAB's

Kostenarten		Verteilungs-	Verteilungs	Kostenstellen			
Bezeichnung	DM	grundlage	schlüssel	Material	Fertigung	Verwaltung	Vertrieb
Hilfs.-Betriebsstoff	20.000.-	Entnahmeschein		500.-	18000.-	1000.-	500.-
Hilfslöhne	4.000.-	Lohnlisten		1000.-	2500.-	100.-	400.-
Energiekosten	2.000.-	Verbrauch	2 : 16 : 1 : 1	200.-	1600.-	100.-	100.-
Gehälter	8.000.-	Gehaltslisten		500.-	1500.-	5000.-	1000.-
Sozialkosten	900.-	Zahl Beschäftigte	3 : 20 : 4 : 3	90.-	600.-	120.-	90.-
Instandhaltung	3.000.-	Anlagekartei		200.-	2500.-	200.-	100.-
Steuern, Beiträge	6.000.-	qm Fläche je Kst.	5 : 20 : 3 : 2	1000.-	4000.-	600.-	400.-
Büromaterial	500.-	Einzelbelege				400.-	50.-
Abschreibungen	10.000.-	Anlagekartei	10 : 50 : 30 : 10	1000.-	48000.-	3000.-	1000.-
Unternehmerlohn	3.200.-	Verhältniszahlen	4 : 2 : 1	400.-	1600.-	800.-	400.-
	57.600.-						
		Zuschläge auf:	Summen	4900.-	37340.-	11320.-	4040.-
			Fertigungsstoffe	61250.-			
			Fertigungslöhne		24893.-		
		Für Kalkulation!	Herstellkosten			128383.-	128383.-
			Zuschlagssätze	8%	150%	8,82%	3,15%

Aufgaben des BAB sind:

1. Transport der Gemeinkostenartensummen aus den Kostenkonten in die Kostenstellenkonten, d.h. die Gemeinkosten, die den Kostenträgern nicht direkt zuordenbar sind, verursachergerecht auf die Kostenstellen zu verteilen. Dies ermöglicht auch eine Kostenkontrolle in den einzelnen Kostenstellen durch das Controlling.
2. Errechnung der Gemeinkostenzuschläge aufgrund denen dann eine Kalkulation zur Ermittlung der Selbstkosten möglich wird.
3. Vergleichszahlen zur Kontrolle der Kostenentwicklung in den einzelnen Kostenstellen liefern. Es wird eine effektive Kontrolle der Kostenstruktur in den einzelnen Kostenstellen hierdurch erst möglich.

1.4 Kostenträgerstückrechnung (Kalkulation)

Herstell- und Selbstkosten

Aufgrund der in dieser Rechnung ermittelten **Herstell-** und **Selbstkosten** werden Angebote für Kunden kalkuliert. Die Selbstkosten sind die Gesamtkosten der Herstellung eines Produktes, in ihnen sind sowohl die direkten Kosten (Einzel- und Sondereinzelkosten), als auch die anteiligen Gemeinkosten für Material, Fertigung, Verwaltung und Vertrieb enthalten. Auf die Selbstkosten wird ein Gewinn sowie die Mehrwertsteuer zugeschlagen (siehe Abb. 5.6).

Verrechnung auf Kostenträger

In der Kostenträgerrechnung erfolgt eine **Verrechnung** der angefallenen Kosten auf die Kostenträger, wobei eine grundsätzliche Unterteilung in Einzel- und Gemeinkosten vorgenommen wird. Aufgrund der Kostenträgerrechnung wird eine Berechnung des Verbrauchs an Produktionsfaktoren, wie Arbeit und Material, möglich. Die zugeschlagenen Gemeinkosten - durch im BAB ermittelte Zuschlagsätze - zeigen, welchen Anteil der Kostenträger an den Gemeinkosten abdecken muß. Die Errechnung der Gemeinkostenzuschlagssätze sollte deshalb genauestens durchgeführt werden, da sonst eine evtl. nicht zu akzeptierende Preisdifferenz (=Wettbewerbsnachteil) zu den Mitbewerbern auftreten könnte.

Abb. 5.6
Ermittlung der Selbstkosten

		Einzelko.	Gemeinko.	Gesamtko.	
Fertigungsmaterial	Stoff A	200.-			**Material-bereich**
	Stoff B	300.-			
	Stoff C	400.-			
	MGK 12%		108.-		
Materialkosten gesamt		900.-	108.-	1008.-	
Fertigung I	Löhne	450.-			
	FGK 120%		540.-		
Fertigung II	Löhne	360.-			**Fertigungs-bereich**
	FGK 140%		504.-		
Fertigung III	Löhne	240.-			
	FGK 110%		264.-		
Sondereinzelkosten d. F.		52.-			
Fertigungskosten gesamt		1102.-	1308.-	2410.-	
Herstellkosten				3418.-	
	Verwaltungs-GK 18%		615.-		**Verwaltungs-bereich**
	Vertriebs-GK 12%		410.-		
	Sondereinzelkosten d. V.	211.-			
Verwaltungs.-Vertriebskosten gesamt		211.-	1025.-	1236.-	
Selbstkosten				4654.-	

1 Grundlagen

Gemeinkostenzuschläge
Es werden in den einzelnen Bereichen Material, Fertigung sowie Verwaltung und Vertrieb die im BAB ermittelten **Gemeinkosten-Zuschläge** des jeweiligen Bereichs ermittelt.

Kalkulationsarten
Vorkalkulationen werden - auf der Grundlage von Normal-, Ist- und Plankosten - zur Realisierungsvorbereitung durchgeführt. Es werden Sollwerte ermittelt, die Vorgabecharakter besitzen (siehe Abb. 5.7).

Zwischenkontrolle
Zwischenkalkulationen werden während der Leistungserstellung durchgeführt. Vor allem bei Großprojekten ist dies ratsam, um zu prüfen, ob die Kosten nicht „davonlaufen". Es wird die Differenz zwischen den Plankosten und den tatsächlich angefallenen Kosten errechnet.

Abschlußkontrolle
Nachkalkulationen werden nach Ende der Leistungserstellung durchgeführt, um zu sehen, mit welchen Kosten die Leistungserstellung verbunden war. D.h., ob die tatsächlich angefallenen Kosten höher, niedriger oder wie geplant ausgefallen sind.

Abb. 5.7
Kalkulationsarten

1.5 Voll- und Teilkostenrechnung

1.5.1 Vollkostenrechnung

Fixe und variable Kosten
Die Aufgabe der Vollkostenrechnung besteht in der Verteilung aller in der Abgrenzungsrechnung ermittelten Kosten, d.h. sowohl der fixen als auch der variablen Kosten. Fixe Kosten sind mengenunabhängige Kosten, variable dagegen mengenab-

1.5 Voll- und Teilkostenrechnung

Remanenzkosten

hängige Kosten. Die Mengenunabhängigkeit führt daher auch zu sogenannten **Remanenzkosten**. Bei abnehmendem Absatz und somit abnehmender Produktion bleiben die sogenannten Remanenzkosten gleich, da eine Anpassung der Kapazität nach unten evtl. nicht möglich ist bzw. nicht ratsam wäre, da in absehbarer Zeit die Produktion wieder steigt und die dann steigende Produktion mit der geringeren Kapazität nicht möglich wäre.

Abb. 5.8
Fixe u. variable Kosten

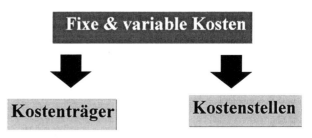

1.5.2 Teilkostenrechnung

Variable Kosten

Es werden nur die **variablen Kosten** auf die Kostenträger verteilt (siehe Abb. 5.9). Die Fixkosten werden unmittelbar in die Erfolgsrechnung aufgenommen. Diese Rechnung muß unter Umgehung der Kostenträgerrechnung stattfinden, da hier alle Einzelkosten, also sowohl variable als auch fixe Kosten, berücksichtigt werden.

Abb. 5.9
variable Kostenzurechnung

Aus der Subtraktion der direkten Vertriebskosten, der variablen und fixen Kosten von den Bruttoverkaufserlösen kann das Betriebsergebnis ermittelt werden (siehe Abb. 5.10):

1   Grundlagen

Abb. 5.10
Berechnung des
Betriebsergebnisses

1.5.3   Deckungsbeitrag

Abb. 5.11
Fixkostenbeitrag

Fixkostenanteil

Der Deckungsbeitrag eines Produktes gibt an, welchen Anteil das Produkt zur Deckung der **Fixkosten** beiträgt (siehe Abb. 5.11). Solange der Deckungsbeitrag positiv ist, sollte das Produkt auch bei schlechter Nachfrage nicht eliminiert werden, da sonst dessen Anteil an der Fixkostendeckung von den anderen Produkten übernommen werden müßte. Ein Produkt, das auf lange Sicht hin einen negativen Deckungsbeitrag erzeugt, sollte jedoch aus strategischen Gründen durch ein neues Produkt ersetzt oder eliminiert werden.

1.6   Controlling

Abb. 5.12
Controlling-System

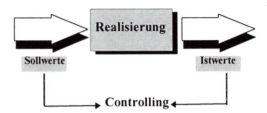

1.6 Controlling

Aufgaben des Controlling

Überblicksfunktion

Das gesamte interne Rechnungswesen bzw. die in diesem vorgenommenen Berechnungen ermöglichen einen objektiveren **Überblick** über den Betrieb, Mittelverzehr der Leistungserstellung sowie den anteiligen Erfolg der Produkte am Gesamtergebnis.

Kalkulationen ermöglichen die Wirtschaftlichkeitsprüfungen einzelner Abteilungen. Durch die Erstellung des BAB wird erkennbar, wie das Verhältnis von Einzel- zu Gemeinkosten ist. Aufgrund der Auswertung des BAB wird das Controlling seiner **Beratungsfunktion** gerecht, indem Management-Maßnahmen vorgeschlagen werden.

Beratungsfunktion

Das Controlling ist also in erster Linie auf Zahlen aus der Betriebsbuchhaltung angewiesen, um seinen Funktionen als Informant und Berater des Managements sowie der einzelnen Abteilungsleiter nachzukommen.

Neutralität

Das Controlling sollte **neutral** sein, um seiner Beratungsfunktion objektiv nachkommen zu können. Die Praxis hat gezeigt, daß dies am besten im Rahmen einer Stabsstelle, direkt dem Management unterstellt, realisiert werden kann. Der Controller ist der *„verlängerte Arm des Chefs"* und hat somit die Berechtigung, auf alle Informationen im Betrieb und auf alle Daten des EDV-Systems zuzugreifen (siehe Abb. 5.13).

Abb. 5.13
Einbettung des CO-Moduls in SAP-R/3

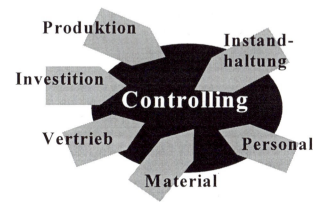

Verfahren

Die in der Einführung Kostenrechnung erwähnten **Kostenrechnungsverfahren** werden von SAP-R/3 weitestgehend unterstützt. Dazu gehören Ist-Kostenrechnung, Normalkostenrechnung, Plankostenrechnung, Einzelkostenrechnung, Prozeßkostenrechnung sowie die Funktionskostenrechnung.

2   Kostenträger

Gliederung

Die **Gliederung** der Kostenrechnungsverfahren im R/3-System wurde folgendermaßen vorgenommen:
- Kostenarten-/Kostenstellenrechnung
- Leistungsrechnung
- Produktkostenrechnung
- Projekt- und Auftragskostenrechnung
- Erlös- incl. Profitcenter- und Marktsegmentrechnung
- Unternehmenscontrolling

2 Kostenträger

2.1 Kostenträger im SAP-Logistiksystem

Folgende **Objekte** werden im SAP-System als Kostenträger betrachtet:
- **Material**
- **Fertigungsauftrag**
- **Netzplan**
- **Instandhaltungsauftrag**
- **Kundenauftrag**
- **Projekt bzw. Projektstrukturplan**

2.1.1 Materialien

Alle Materialien im SAP-System werden über die Stammsätze verwaltet. Diese beinhalten zur Verwaltung notwendige Informationen. Die Kostenträgerrechnung liefert dem Stammsatz kalkulationsrelevante Informationen (wie z.B. Standardpreise für Fertig- und Unfertigerzeugnisse) und Basisinformationen für das Herstellkosten-Controlling (Vergleich zwischen Plankalkulation und Fertigungsauftrag).

Die Kalkulation auf einem Kostenträger wird über die Erzeugniskalkulation erstellt. Die Erzeugniskalkulation ermöglicht die Anwendung mehrerer **Kalkulationsarten**:

2.1 Kostenträger im SAP-Logistiksystem

Kalkulationsarten

1. **Plankalkulation**: Die Plankalkulation ist die wichtigste Kalkulationsart der Erzeugniskalkulation und Basis für die Ergebnisplanung. Im Normalfall wird sie am Anfang eines Geschäftsjahres durchgeführt. Sie dient dazu, einen Standardpreis für Halb- und Fertigfabrikate zu ermitteln.
2. **Sollkalkulation**: Mit ihrer Hilfe lassen sich die Herstellkosten während einer Planperiode ermitteln. Das im Laufe der Planperiode veränderte Mengengerüst wird als Basis für die Kostenermittlung verwendet.
3. **Aktuelle Kalkulation**: Hiermit ermittelt man die Herstellkosten eines Produkts zum Zeitpunkt der Kalkulation. Neben den Änderungen im Mengengerüst werden auch die Veränderungen des Wertegerüsts erfaßt.
4. **Inventurkalkulation**: Dadurch können Bewertungsansätze für Halb- und Fertigfabrikate ermittelt werden (vor der Bilanzerstellung). Die Kalkulation kann nach steuerrechtlichen sowie nach handelsrechtlichen Prinzipien erfolgen.

PP-Stammdaten

Um Material kalkulieren zu können, wird ein Mengengerüst aus den PP-Stammdaten aufgebaut. Das Mengengerüst ist somit die „mengenmäßige Grundlage der Kalkulation". Für den Aufbau werden folgende **PP-Stammdaten** verwendet:

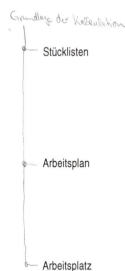
Grundlage der Kalkulation

Stücklisten

Es werden alle Materialkomponenten aus den einzelnen Stufen ermittelt (**Stücklisten** können auf Materialien mit eigenen Stücklisten verweisen, dazu wird die Stücklistenstruktur aufgelöst). Ob die jeweiligen Materialkomponenten in die Kalkulation einfließen, hängt vom **Kalkulationsrelevanzkennzeichen** ab. Dieses Kennzeichen wird als Position in der Stückliste abgespeichert.

Arbeitsplan

Die zur Fertigung eines Produkts notwendigen Vorgänge werden im **Arbeitsplan** aufgeführt. Über den Steuerschlüssel des Vorgangs und das Kalkulationsrelevanzkennzeichen wird bestimmt, ob dieser in der Kalkulation berücksichtigt wird. Wenn nach dem Steuerschlüssel kalkuliert wird, kann für die Inventurkalkulation über das Kalkulationsrelevanzkennzeichen festgelegt werden, mit welchem Faktor der Vorgang kalkuliert wird.

Arbeitsplatz

Weitere Daten, die in das Mengengerüst einbaut werden, sind die Leistungen, die an einem **Arbeitsplatz** erbracht werden. Jede Leistung, die kalkuliert wird, ist einer Leistungsart zugeordnet. Den Leistungsarten sind wiederum Formeln zugeordnet (z.B. Ermittlung der Durchführungszeit). Anhand der Formel zum Arbeitsplatz und den Vorgabewerten im Vorgang, wird nun errechnet, wieviel Leistung für eine Leistungsart in einem bestimmten Vorgang erwartet wird.

2 Kostenträger

Mateialstammsatz

Der **Mateialstammsatz** enthält alle Informationen, die zur Verwaltung eines Materials notwendig sind. Der Stammsatz wird aus bestimmten Perspektiven betrachtet:

- aus **Buchhaltungssicht** wird das Material bewertet und einer Kostenart zugeordnet;
- die **Kalkulationssicht** steuert die Art, wie das Material kalkuliert wird (Erzeugniskalkulation oder Einzelkalkulation).

Damit ist der Aufbau des Mengengerüsts abgeschlossen, und es kann somit bewertet werden. Das bedeutet, daß das System einen Preis für die verschiedenen Kalkulationspositionen ermittelt. Somit können die Einzelkosten pro Produkt errechnet werden und ggf. Gemeinkostenzuschläge ermittelt werden. Die Ergebnisse der Kalkulation werden nach Kostenarten, Kostenelementen und Kalkulationspositionen aufsummiert.

Anschließend wird die Kalkulation gespeichert. Hier kann festgelegt werden, ob das System die Ergebnisse der Kalkulation nur in Form von Kostenelementen oder auch als Kostenarten/Kalkulationspositionen speichern soll. Danach wird die Kalkulation vorgemerkt. Dabei wird das Kalkulationsergebnis in den Materialstammsatz des zu fertigenden Materials als zukünftiger Planpreis übernommen. Als letzter Schritt wird die Kalkulation freigegeben und der zukünftige Planpreis in das Feld Standardpreis übernommen.

2.1.2 Fertigungsauftrag

Im PP-System legt ein Fertigungsauftrag fest, welches Material an welcher Stelle mit welcher Leistung zu welchem Termin gefertigt werden soll. Mit Hilfe der Kostenträgerrechnung ist es nun möglich, über den Fertigungsauftrag die Plan-, Soll- und Istkosten pro Auftrag zu ermitteln. Zu einem Fertigungsauftrag lassen sich verschiedene Kalkulationen erstellen.

Vorkalkulation

Mit Hilfe der **Vorkalkulation** werden die Plankosten pro Auftrag über die Stücklisten und den Arbeitsplan des zu fertigenden Produkts ermittelt.

mitlaufende Kalkulation

Die **mitlaufende Kalkulation** wird vor allem durchgeführt, wenn die Leistungserstellung längere Zeit in Anspruch nimmt. Man vergleicht die bereits angefallenen Istkosten mit den Planwerten der Vorkalkulation.

Nachkalkulation

Die **Nachkalkulation** wird nach Beendigung der Leistungserstellung durchgeführt. Sie hat die Aufgabe, die Werte der Vorkalkulation zu kontrollieren und bei bestimmten Abweichungswerten eine Änderung der Planwerte für künftige Vorkalkulationen zu veranlassen. Die Vorkalkulation und die mitlaufende Kalkulation werden automatisch erstellt. Eine Überprüfung der Kalkulationsergebnisse ist also jederzeit möglich.

Ein **Fertigungsauftrag** kann durch zwei unterschiedliche Arten angelegt werden: auf Basis eines Planauftrags oder als selbständiger Auftrag ohne Anschluß an die Bedarfsplanung.

Die Grundlage für die Kalkulation ist analog zum Kostenträgerobjekt Material; sie wird aus den PP-Stammdaten aufgebaut.

2.1.3 Netzplan

Ein Netzplan legt fest, welche Aufgaben in welcher Reihenfolge zu welchem Termin durchgeführt werden sollen. In der Kostenträgerrechnung dient er der Ermittlung von Plan- und Istkosten eines Auftrags. Dazu werden verschiedene Kalkulationen erstellt:

Aufgaben
- **Vorkalkulation** (zur Ermittlung der Plankosten für den Netzplan)
- **mitlaufende Kalkulation** (um die Istkosten während der Bearbeitung zu ermitteln)
- **Nachkalkulation** (zum Vergleich der Istkosten mit den Plankosten)

Diese Kalkulationen werden automatisch durchgeführt.

Der **Netzplan besteht** also aus folgenden Komponenten:

Komponenten
- **Kopfdaten**
- **Vorgängen**
- **Anordnungsbeziehungen**

Kopfdaten
Der Netzplan wird als Basis für die Ablaufplanung eines Projekts verwendet. Er kann einem Projekt, einem Projektstrukturplanelement oder einem Kundenauftrag zugeordnet sein. Diese Zuordnung wird im Netzplankopf vorgenommen. Weitere Daten im **Netzplankopf** sind der Status sowie Termine und die Beschreibung des Netzplans.

Vorgänge
Vorgänge, die einem Netzplan zugeordnet werden, lassen sich unterteilen in eigenbearbeitete und fremdbearbeitete Vorgänge. Die Art des Vorgangs wird über den Steuerschlüssel definiert.

Eigenbearbeitete Vorgänge sind Vorgänge, die im eigenen Unternehmen durchgeführt werden, für fremdbearbeitete Vorgänge werden bei der Sicherung der Daten automatisch Bestellanforderungen erstellt. Kosten, die während der Durchführung eines

Netzplans anfallen, können mit Kostenvorgängen geplant werden (z.B. Versicherungsbeiträge, Beratungshonorare, Lizenzgebühren).

2.1.4 Instandhaltungsauftrag

Im PM-System legt ein Instandhaltungsauftrag fest, welche Instandhaltungsmaßnahmen an welcher Stelle zu welchem Termin durchgeführt werden sollen. In der Kostenträgerrechnung dient er dazu, die Plan und Istkosten pro Auftrag zu ermitteln.

Mengengerüst

Die Grundlage für die Kalkulationen stellt das **Mengengerüst** dar, das ähnlich wie beim Fertigungsauftrag aus den PP-Stammdaten aufgebaut wird. Es werden dieselben Daten aus den Stammsätzen entnommen (s.o.) mit dem Unterschied, daß zusätzlich Daten aus dem Equipmentstammsatz oder Technischen Platz mitverwendet werden. Eine Instandhaltungsmaßnahme wird entweder an einem Technischen Platz oder an einem Equipment vorgenommen. Ein Equipment ist als ein „individueller, körperlicher Gegenstand" definiert, der eigenständig instandzusetzen ist. Unter Technischem Platz dagegen versteht man Anlagen und technische Systeme. Innerhalb eines Technischen Platzes sind mehrere Equipments möglich.

Instandhaltungsauftrag

Ein **Instandhaltungsauftrag** wird auf Basis einer Störmeldung angelegt, um die Instandhaltungsmaßnahme zu planen, oder er wird direkt, ohne Anschluß an die Störmeldung, als selbstständiger Auftrag angelegt.

Die Kalkulation des Instandhaltungsauftrags wird über eine Kalkulationsvariante gesteuert. Im Customizing ist pro Auftragsart festgelegt worden, welche Kalkulationsvariante für die Ermittlung der Plan- und Istkosten verwendet wird.

2.1.5 Kundenauftrag

Im Vertriebssystem bezeichnet ein Kundenauftrag eine vertragliche Vereinbarung zwischen einer Verkaufsorganisation und einem Auftraggeber über die Lieferung von Materialien oder die Erbringung von Dienstleistungen. Er legt fest, zu welchem Preis, in welcher Menge und zu welchem Termin die Materialien geliefert werden bzw. die Dienstleistungen durchgeführt werden sollen.

Die **Kostenträgerrechnung** ermittelt für einen Kundenauftrag:

- die Istkosten pro Auftrag;
- die Plankosten auf Basis des zu liefernden Materials;
- den Bestand an Ware in Arbeit pro Auftrag;
- die Kosten des Umsatzes und
- die Rückstellungen für bereits entstandene oder vorhersehbare Verluste.

Die gesammelten Kosten werden periodisch oder nach Lieferung der Materialien bzw. nach Erbringung der Dienstleistungen an ein Ergebnisobjekt oder ein Sachkonto abgerechnet.

Damit die Kosten auf eine Kundenauftragsposition gesammelt werden können, muß das Feld *„Positionstypengruppe = 001"* und *„Dispomerkmal = PD"* im Material-Stammsatz gesetzt sein. Ist der Typus des Kundenauftrags ein Terminauftrag und erfüllt das zu erfassende Material die o.g. Voraussetzungen, so wird für dieses Material automatisch der Positionstyp *„TAK"* ermittelt.

Positionstyp

Für Positionen mit **Positionstyp** *„TAK"* wird ein Einzelbedarf abgesetzt, der die Fertigung des jeweiligen Materials initiiert. Auf Basis des Einzelbedarfs wird ein Planauftrag automatisch erstellt. Dieser Planauftrag wird dann in einen Fertigungsauftrag umgesetzt. Dabei werden gemäß der Abrechnungsvorschrift, die durch den Positionstyp erstellt wurde, Kosten des Fertigungsauftrages auf die Kundenauftragsposition kontiert.

Bei der Abgrenzung eines Kundenauftrages wird keine Vorkalkulation erstellt. Die Plankosten werden durch die Erzeugniskalkulation des verkauften Materials ermittelt. Die Istkosten werden auf den Fertigungsauftrag kontiert und dann an die Kundenauftragsposition abgerechnet.

2.1.6 Projektstrukturplan

PSP-Elemente

Komplexe Vorhaben werden über Projekte abgebildet. Der Projektstrukturplan (PSP) gliedert das Projekt schrittweise über die einzelnen Ebenen in Strukturelemente. Diese Elemente werden als **PSP-Elemente** bezeichnet. Pro PSP-Element können Plan- und Istkosten ermittelt werden sowie Erlöse kontiert werden.

Im Projektsystem unterscheidet man zwischen **Aufbauplanung** und **Ablaufplanung.**

Die Aufbauplanung wird mit dem Projektstrukturplan realisiert. Hier werden Strukturen für die Organisation und Steuerung des

Projekts festgelegt und das Projekt in hierarchisch angeordnete Strukturelemente gegliedert.

Abb. 5.14
Aufbauplanung durch Projektstrukturplan

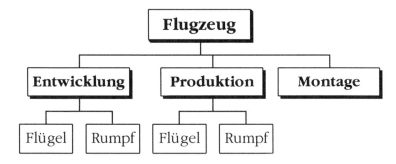

Die Ablaufplanung wird mit dem Netzplan realisiert. Dabei werden die Elemente aus der Aufbauplanung (PSP-Elemente) in zeitlicher Reihenfolge gegliedert.

2.2 Kostenträger im SAP-Controllingsystem

Folgende Objekte werden im Controllingsystem als **Kostenträger** betrachtet:

- **Material**
- **CO-Fertigungsauftrag**
- **Innenauftrag**
- **Kostenträger-Identnummer**

Diese Objekte werden über die Einzelkalkulation (=einstufige Erzeugniskalkulation) kalkuliert, um die Höhe der auftragsneutralen Kosten festzustellen.

2.2.1 Material

Über die einstufige Erzeugniskalkulation des Materials kann eine Plankalkulation erstellt werden. Das Ergebnis ist äquivalent zu der PP-Erzeugniskalkulation, jedoch wird nicht auf eventuelle Stücklisten und Arbeitspläne zurückgegriffen.

Kalkulationsvariante

Die Steuerungsdaten sind im Customizing definiert und mit einer Kalkulationsvariante verbunden. Diese Kalkulationsvariante verweist auf eine **Kalkulationsart** und eine **Bewertungsvariante**. Die Kalkulationsart gibt an:

2.2 Kostenträger im SAP-Controllingsystem

Kalkulationsarten
- welcher Kostenträger kalkuliert wird
- Erzeugniskalkulation oder Einzelkalkulation
- in welchem Feld des Materialstammsatzes das Kalkulationsergebnis fortgeschrieben wird
- mit/ohne Datumsangabe

Bewertungsvariante
Die **Bewertungsvariante** bestimmt die Wertansätze für die Materialien und Leistungen.

Mengengerüst
Das **Mengengerüst** wird manuell aufgebaut, indem die Materialkomponenten und Leistungsarten im Listbild aufgeführt werden. Jeder Position im Listbild wird ein Positionstyp zugeordnet. Der Positionstyp kennzeichnet die Positionen als (M)aterial, (B)auteil, (V)ariable Position, (T)ext. Der Positionstyp sagt dem System, wo die Daten abgelegt sind, z.B. im Materialstammsatz, im Leistungsartenstammsatz etc..

2.2.2 CO-Fertigungsauftrag

Zu einem CO-Fertigungsauftrag kann mit Hilfe der Einzelkalkulation eine Vorkalkulation durchgeführt werden. Diese Vorkalkulation entspricht der Vorkalkulation des PP-Auftrages. Sie greift auf Daten aus dem Materialstammsatz und der Leistungsartenplanung in der Kostenstellenrechnung zurück, auf eventuell vorhandene Stücklisten und Arbeitspläne wird nicht zurückgegriffen. Als Ergebnis der Kalkulation erhält man die Istkosten, die für einen Fertigungsauftrag angefallen sind.

Das Mengengerüst des Auftrages wird durch Planung des Fertigungsauftrages mittels der Einzelkalkulation aufgebaut. Der Vorkalkulation wird eine Kalkulationsvariante zugeordnet. Im Kalkulationslistbild werden Materialkomponenten und Leistungsarten aufgeführt, die zur Fertigung des Produkts benötigt werden.

2.2.3 Innenauftrag

Im Controllingsystem werden Innenaufträge angelegt, um die Herstellkosten oder die Kosten zur Erbringung einer Leistung zu sammeln. Ist das Controllingsystem ohne das Logistiksystem im Einsatz, so können Innenaufträge verwendet werden, um Instandhaltungsaufträge, Netzpläne, Kundenaufträge etc. aus Sicht der Kostenrechnung abzubilden. Es werden alle anfallenden Kosten auf einem Einzelauftrag gesammelt. Die Beplanung dieser Aufträge erfolgt oft stufenweise, d.h. abhängig vom Planungsfortschritt.

2   Kostenträger

Planungsformen

Unterscheidung der **Planungsformen**:

- **Kostenplanung nach Struktur**
  Sie ist die einfachste Art der Kostenplanung, da sie kostenartenunabhängig ist. Die Planung erfolgt nach Schätzwerten.
- **Kostenplanung nach Kostenarten**
  Hier werden die Kosten, die für den Auftrag geplant sind, nach Art ihrer Entstehung, wie z.B. Material-, Fertigungs- oder Vertriebskosten, unterschieden.
- **Kostenplanung als Einzelkalkulation**
  Bei der Einzelkalkulation kann man noch detaillierter planen, indem man die Materialkosten nach den einzusetzenden Materialkomponenten plant.

Die Planungsformen sind additiv, d.h. die Beträge, die über die Strukturplanung erfaßt wurden, werden zu den Beträgen addiert, die über die Kostenartenplanung erfaßt wurden.

Das Mengengerüst kann über die og. Planungsformen aufgebaut werden. Welche Planungsform verwendet wird, hängt vom Planungsfortschritt bzw. Arbeitsfortschritt ab.

2.2.4 Kostenträger-Identnummer

Kostenträgerhierarchie

Die **Kostenträgerhierarchie** wird verwendet, um Ist-Kosten zu erfassen, die nicht auf Auftragsebene erfaßt werden können.

Für die Kostenträgerhierarchie können folgende Kalkulationen durchgeführt werden:

- **Vorkalkulation**
  Sie wird auf Produktebene durchgeführt, indem man eine Plankalkulation zu den einzelnen Materialien erstellt.
- **mitlaufende Kalkulation**
  Alle Istkosten auf der Hierarchiebene werden gesammelt.
- **Nachkalkulation**
  Über die Abweichungsermittlung werden die für die Hierarchie angefallenen Istkosten mit den Sollkosten verglichen.

Abb. 5.15
Kostenträger-
hierarchie

Kostenträgerhierarchie

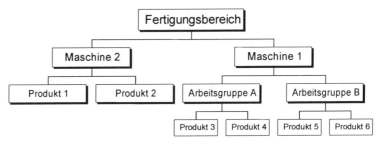

In der Kostenträgerhierarchie werden für jede Ebene Kostenträger-Identnummern vergeben. Jeder Ebene sind bestimmte Istkosten zugeordnet. Die Hierarchiestruktur wird stufenweise definiert (siehe Abb. 5.15), man beginnt mit der obersten Ebene und definiert diese als Hierarchieanfang. In den weiteren Ebenen wird dann ein Verweis auf die übergeordnete Ebene angegeben. Auf der untersten Ebene werden dann Materialnummern zugeordnet.

Verdichtungs-
hierarchie

Eine **Verdichtungshierarchie** wird verwendet, um die für die einzelnen Aufträge angefallenen Kosten zu verdichten und auf höherer Ebene zu analysieren.

Auftragsverdichtung

Zum Beispiel werden über eine **Auftragsverdichtung** pro Periode die Kosten für alle Aufträge einer bestimmten Auftragsart und einer bestimmten verantwortlichen Kostenstelle verdichtet. Der Aufbau der Hierarchie wird im Customizing über eine Hierarchie-Identifikation definiert. Die einzelnen Stufen der Hierarchie werden über Merkmale im Klassensystem aufgebaut, die sich entweder auf Felder im Auftragsstammsatz beziehen oder die im Klassensystem definiert werden. Diese Hierarchiestruktur ist frei definierbar. Derselbe Auftrag kann in mehreren Hierarchien vorkommen.

3 Ergebnisrechnung

Aufgaben des
Systems

Das CO-PA System dient zur Beurteilung von Marktsegmenten, die nach Produkten, Kunden, oder nach Unternehmenseinheiten (wie z.B. Buchungskreise, Geschäftsbereiche), im Hinblick auf ihren Ergebnis- bzw. Deckungsbeitrag, gegliedert sind.

3 Ergebnisrechnung

Ziele des Systems

Ziel ist es, die Bereiche Vertrieb, Marketing, Produkt-Management und Unternehmensplanung mit Informationen für das Controlling zu versorgen und die Entscheidungsfindung zu unterstützen.

Einsatzmöglichkeiten des Systems

Die „Ergebnis- und Marktsegmentrechnung" wird zur Auswertung von Datenbeständen benutzt, wobei der Schwerpunkt auf einer interaktiven Analyse verschiedener Ergebnisobjekte im Hinblick auf ihren Ergebnisbeitrag liegt.

3.1 Grunddaten

Definition des Ergebnisbereichs

Der Ergebnisbereich stellt eine organisatorische Einheit eines Unternehmens dar, für die eine einheitliche Struktur des Absatzmarktes vorliegt. Er bildet die oberste Berichtsebene der Ergebnisrechnung.

In seiner Ausgestaltung wird das System entscheidend von den Merkmalen und den dazugehörigen Wertefeldern bestimmt. Der Ergebnisbereich muß im Einstellungsmenü mit „*Umfeld ⇨ Pflegen Ergebnisbereich*" definiert werden. Dabei müssen Name, Währung, Geschäftsvariante und ein Zeitraster festgelegt werden.

Bei der Übernahme von Daten wird der zugehörige Ergebnisbereich aus dem Kostenrechnungskreis und dieser aus dem Buchungskreis abgeleitet (siehe Abb. 5.16):

Abb. 5.16 Ableitung des Ergebnisbereichs

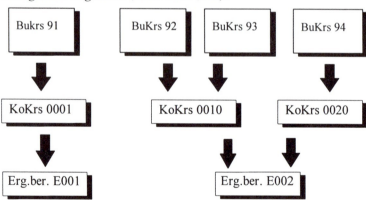

Die Zuordnung zum Ergebnisbereich wird im Einstellungsmenü unter: „*Organisationsstruktur ⇨ KoKrs ⇨ Ergber*" gepflegt.

Definition der Merkmale

Einige **Merkmale** sind fest in jedem Ergebnisbereich enthalten, wie z.B. Material, Werk, Kunde, Kostenrechnungskreis. Zusätzlich können max. 30 weitere definiert werden. Es bestehen drei

3.1 Grunddaten

Möglichkeiten, nachdem man „*Grunddaten* ⇨ *Merkmale/Wertefelder* ⇨ *Anlegen*" gewählt hat, um Merkmale zu definieren:

1. Übernahme aus Vorschlagsliste: *Bearbeiten* ⇨ *Merkmale auswählen*
2. Übernahme aus SAP-Tabellen: *Bearbeiten* ⇨ *Zus.Merkmale kopieren*
3. manuelle Eingabe: nur für solche Felder notwendig, die nur in der Ergebnisrechnung verwendet werden

Definition der Wertefelder

Die Definition der **Wertefelder** erfolgt pro Ergebnisbereich. Es bestehen zwei Methoden, um Wertefelder zu definieren:

1. Übernahme aus Vorschlagsliste: *Bearbeiten* ⇨ *Wertefelder auswählen*
2. manuelle Eingabe

Die Anzahl der Wert- und Mengenfelder ist unbeschränkt. Wenn die Auswahl abgeschlossen ist, muß zuerst durch *Struktur* ⇨ *Sichern* gesichert werden und dann mit *Merkmale* oder *Wertefelder* die Funktion *Generieren* angestoßen werden.

Ableitung der Merkmale

Besteht in der Ergebnisrechnung eine Abhängigkeit der **Merkmale** untereinander, so ergibt sich daraus in der Regel eine Reihe weiterer Merkmale. Sind diese Merkmale aus den jeweiligen SAP-Tabellen kopiert worden, so erfolgt eine automatische Ableitung. Die eigene Ableitung wird im folgenden beschrieben:

Bevor die eigentlichen Ableitungsregeln angelegt werden können, muß die hierarchische Struktur der Merkmale, die an der Ableitung teilnehmen, definiert werden. Dies kann durch *Grunddaten* ⇨ *Ableitungsstruktur* ⇨ *Anlegen* getan werden.

An der Ableitung können alle definierten Merkmale der Ergebnisrechnung teilnehmen. Möglich ist die Ableitung von fünf Zielfeldern pro Schritt. Für jede Ableitungsstruktur muß eine Reihenfolge vergeben werden (z.B. Land wird vom Bezirk, die Region vom Land abgeleitet. Folglich muß zuerst das Land, dann die Region abgeleitet werden). Nachdem die Ableitungsstrukturen generiert sind, können die entsprechenden Ableitungsregeln definiert werden (z.B. Artikel ´A´ wird aus dem Intervall 1000 bis 9999, Artikel ´B´ aus dem Intervall 10000 bis 19999 abgeleitet). Die Ableitungsregeln erfolgen immer für ein bestimmtes Zeitintervall. Dadurch besteht die Möglichkeit, Werte über eine Bewertungsroutine kalkulatorisch zu berechnen, falls diese zur Fakturerstellung nicht bekannt, jedoch für die Auswertung wichtig sind.

3.2

Maschinelle Übernahme von Fakturadaten

Datenübernahme

Erlöse werden bei der Fakturierung durch das Logiksystem unter Verwendung eines Preisfindungsmechanismus in den Fakturabeleg gestellt. Sofern Erlösschmälerungen bekannt sind, werden diese ebenfalls in den Beleg übernommen. Alle Merkmale, die angelegt wurden und im Fakturabeleg enthalten sind, werden in den Ergebnisrechnungs-Einzelposten überführt. Auch wird eine Merkmalsanreicherung durchgeführt, um diejenigen Merkmale mit Inhalten zu versorgen, für die Ableitungsregeln definiert wurden.

Bei der Übernahme der Fakturadaten wird aus der Verkaufsorganisation über die Zuordnung eines Buchungskreises und Kostenrechnungskreises der zugehörige Ergebnisbereich gefunden. Der Ergebnisbereich, in dem die Fakturadaten gebucht werden sollen, muß aktiv sein.

Alle Erlöse, Erlösschmälerungen und sonstige Werte sind im Vertriebssystem als Konditionen angelegt. Alle Konditionswerte, die in die Ergebnisrechnung überführt werden sollen, müssen den entsprechenden Wertefeldern (*Istdaten* ⇨ *SD-Schnittstelle* ⇨ *Zuordn.Kond.arten*) zugeordnet werden. Außerdem muß eine Zuordnung von Mengenfeldern erfolgen.

Ist das Vertriebssystem SD nicht im Einsatz, so können Fakturadaten des Fremdsystems über eine separate Schnittstelle übernommen werden, was auch für die Übernahme von Altdaten gilt. Die Funktion zur Übernahme von Fremddaten ist im Einstellungsmenü unter dem Punkt *„Werkzeuge"* abgelegt. Dabei ist folgender Ablauf zu beachten:

1. **Definition der externen Struktur**
2. **Definition der Zuordnungsgruppe**
3. **Feldzuordnung**

Sind diese Punkte durchgeführt, kann das Übernahmeprogramm gestartet werden (siehe Abb. 5.17):

3.2 Datenübernahme

Abb. 5.17
CO-PA-Schnittstelle

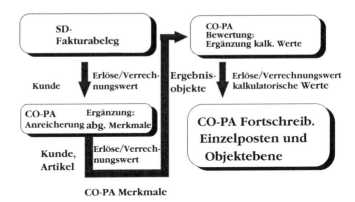

	manuelle Datenübernahme

In der Regel erfolgt die Datenübernahme maschinell. In Einzelfällen ist jedoch eine manuelle Datenübernahme notwendig (z.B. für Korrekturbuchungen). Dies erfolgt durch:

Rechnungswesen ⇨ *Controlling* ⇨ *Ergebnisrechnung* ⇨ *Istbuchungen* ⇨ *Einzelposten erfassen.*

Die Erfassung der Daten erfolgt einzelpostenweise (siehe Abb. 5.18). Der Aufruf von Einzelposten erfolgt über:

Rechnungswesen ⇨ *Controlling* ⇨ *Ergebnisrechnung* ⇨ *Istbuchungen* ⇨ *Einzelposten anzeigen*

Abb. 5.18
Externe Datenübernahme

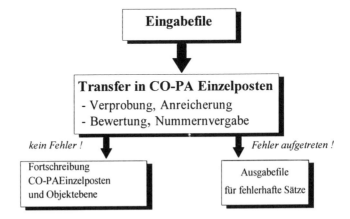

3.3 Planung

Aufgaben der Planung

Die CO-PA-Planung ermöglicht eine Erfassung von Planwerten auf beliebige Ergebnisobjekte (Marktsegmente).

Die Planungsebene ist frei wählbar und auf allen Ebenen besteht ein konsistenter Datenbestand. Beim Beplanen werden die bereits existierenden Plandaten des jeweiligen Objekts und der darunterliegenden Objekte bottom-up aufsummiert.

Desweiteren ist die Planung nicht an einen bestimmten Zeitraum gebunden, womit sich sowohl jahresübergreifende als auch rollende Planungen abbilden lassen. Darüber hinaus können Planwerte auf Basis der Buchungsperioden, als auch auf Basis von Kalenderwochen erfaßt werden. Man unterscheidet bei der Planung zwei Grundtypen:

1. **Die Einzelplanung**
2. **Die Objektplanung**

Vorarbeiten

Bevor die Planungstransaktion aufgerufen wird, müssen im Einstellungsmenü die Grunddaten gepflegt werden. Für die Planung sind zusätzlich noch folgende Schritte nötig:

- **Pflegen des Nummernkreisintervalls**
  Damit mehrere Einzelposten für dasselbe Objekt in der Planeinzelpostendatei unterschieden werden können, werden Belegnummern vergeben. Mit *Planung* ⇨ *Nummernvergabe, Intervall* ⇨ *Pflegen* wird ein Intervall mit interner Nummernvergabe im Nummernkreisobjekt „Planeinzelposten" eingerichtet.

- **Anlegen einer Planversion**
  Die Verwendung von Planversionen ermöglicht das parallele Führen unterschiedlicher Daten für dasselbe Objekt. Merkmale für die Nutzung von Versionen können z.B. sein: die **Art der zugrundegelegten Annahmen** (optimistisch, pessimistisch), der Einstellungszeitpunkt (Ursprungsplan/Forecast) oder die **Verbindlichkeit des Planes**.

  Das Anlegen einer Planversion erfolgt in zwei Schritten:
  1. **Pflege der Planversion** (hier werden **bereichsunabhängig** die Version und der Versionstext gepflegt).
  2. **Pflege der Versionsattribute** (hier wird **bereichsabhängig** eingestellt, ob die Version beplanbar ist und zu welchem Kurs. Beträge werden aus der Fremdwährung in die Hauswährung umgewandelt und es muß angegeben werden, zu welchem Stichtag die Merkmalsableitung stattfinden soll).

3.3   Planung

- **Anlegen einer Zeilen-/Spaltenstruktur**
  Um eine Plandatenerfassungsmaske zu definieren, muß für jede Eingabezeile folgendes festgelegt werden:
  1. das bearbeitete Ergebnisobjekt,
  2. das einzugebende Wertefeld und
  3. die zugehörige Zeitdimension.

  Bei der Anlage eines Bildschirmaufbaus werden zwei Grundtypen unterstützt:

  Einzelplanung (Wertefelder werden in den Zeilen angezeigt, optional kann in den Spalten ein Zeitbezug vorgegeben werden.)
  Objektplanung (Ausprägungen eines ausgezeichneten Merkmals werden in den Zeilen angezeigt, Wertefelder mit optionalem Zeitbezug werden in den Spalten vorgegeben.)

Plandaten erfassen

Die Planungstransaktion wird im Ergebnisrechnungsmenü mit *Planung ⇨ Plandaten anzeigen* bzw. *ändern* aufgerufen.

- **Planungszeitraum und -zeitraster**
  Der Planungszeitraum ist nur eingabebereit, wenn er nicht schon beim Bildschirmaufbau spezifiziert wurde. Beim Buchen werden die eingegebenen Wochenwerte automatisch kalendergerecht in die Buchungsperioden hochgerollt. Umgekehrt ist dies nicht der Fall.
- **Ergebnisobjekte**
  Durch die Angabe von Merkmalsausprägungen wird das zu planende Objekt spezifiziert. Bei der Einzelplanung ist ein Ergebnisobjekt in Bearbeitung. Bei der Objektplanung ist eine listenartige Bearbeitung von mehreren Ergebnisobjekten möglich.
- **Plandatenerfassung**
  Die ausgewählten Merkmale werden im Kopf angezeigt. Andere Merkmale werden auf Wunsch in einem pop-up angezeigt. In der Einzelplanung werden viele Wertefelder eines Ergebnisobjekts angezeigt. Beim Aufruf der Transaktion werden bereits exisitierende Plandaten angezeigt. Bei der Objektplanung werden in der Regel wenige Wertefelder zu vielen Ergebnisobjekten angezeigt und beplant. Das Einfügen und Löschen von Objekten ist möglich.

Diese Funktion ermöglicht eine maschinelle Errechnung von Wertefeldern. Damit können Erlöse, Erlösschmälerungen und Kosten automatisch ermittelt werden.

3.4 Reporting

Zur Auswertung der gesammelten Daten wird ein flexibles Reporting zur Verfügung gestellt. Es ist in der Lage, beliebige interaktiv veränderbare Suchstrategien zu unterstützen. Ebenso bietet das System die Möglichkeit, Abweichungsanalysen durchzuführen. Ergänzt wird das Reporting durch eine Vielzahl interaktiv anstoßbarer Funktionen (z.B. Bedingungsvorgaben, Sortierungen).

Anlegen von Rechenschemata

Da es eine Fülle von Kennzahlen gibt, die für die Auswertung relevant sein können und viele Kennzahlen eine semantische Verknüpfung aufweisen, werden mehrere inhaltlich zusammenhängende Kennzahlen in einem **Rechenschema** hinterlegt. Ein Rechenschema ist im Prinzip nichts anderes als eine Formelsammlung, deren einzelne Formeln (Kennzahlen) als Elemente bezeichnet werden. Neben den Formeln werden auch alle Datenbankfelder automatisch jedem Rechenschema zugeordnet.

Formeln

Die **Formeln** werden mit ihrer Elementnummer angesprochen, die der Benutzer selbst vergibt. Prinzipiell können alle benötigten Formeln in einem Rechenschema abgebildet werden, wobei manchmal eine Abgrenzung betriebswirtschaftlich sinnvoll wäre. Ein Rechenschema wird durch *Ergebnisbereich* ⇨ *Bericht def.* ⇨ *Anlegen* angelegt.

Zunächst definiert man das Rechenschema mit einem zweistelligen Schlüssel. Nach der Sicherung des neudefinierten Rechenschemas kann dorthin verzweigt werden. Das System teilt mit, falls noch keine Einträge vorhanden sind, ansonsten erscheint die Liste der Elemente des Rechenschemas. Zur inhaltlichen Definition stehen zwei Menüpunkte zur Verfügung:

Grundformel:
Bearbeiten ⇨ *Berichtseinstellung* ⇨ *Grundformel*
Wenn die Formel nur aus Addition und Subtraktion besteht, sollte dieser Menüpunkt angesteuert werden. Um eine Subtraktion zu ermöglichen, wird pro Element das Vorzeichen mitgegeben, mit dem es in die Rechnung eingeht.

Formeleditor:
Bearbeiten ⇨ *Berichtseinstellung* ⇨ *Formeleditor*
Werden Formeln benötigt, die über eine einfache Addition oder Subtraktion hinausgehen, muß dieser Menüpunkt angesteuert werden. Hier können beliebige Elemente sowie Konstanten miteinander verknüpft werden. Die Verknüpfung kann aus Standartrechenoperationen (+,-,*,/) oder aus selbst definierten Funktionen bestehen.

3.4 Reporting

Definition von Berichten

Um einen **Bericht** zu definieren, benötigt man im allgemeinen ein Grundkonzept, das hinter der Transaktion steckt. Im wesentlichen beinhaltet es:

- eindeutige Zuordnung der Berichtsdefinition zu einem Berichtsnamen;
- Steuerung der Hauptmerkmale durch Kontrolldaten;
- Unterscheidung in Einzel-, Vergleichsbericht und Bericht mit freiem Spaltenaufbau;
- Festlegen der Startparameter durch Berichtsdefinition;
- Festlegen von Parametern beim Ausführen des Berichts.

Die wichtigsten Parameter, die innerhalb der Menüpunkte *Bericht anlegen* bzw. *ändern* festgelegt werden, sind:

- Berichtsart;
- beim Einzel- und Vergleichsbericht wird über Kontrolldaten bestimmt, was verglichen werden soll;
- beim Bericht mit freiem Spaltenaufbau werden Kontrolldaten über definierte Variablen bestimmt;
- Auswahl der Merkmale sowie Festlegung der Startsuchstrategie;
- fixe Angabe von best. Merkmalen (z.B. Recherche nur für best. Teilbereiche);
- Auswahl von Kennzahlen aus einem Rechenschema sowie deren Reihenfolge.

Ausführen von Berichten

Nachdem alle Startparameter zu einem Bericht gesetzt sind, kann dieser ausgeführt werden. So kann die Definition vervollständigt oder die Daten sofort ausgewertet werden. Außerdem kann man auch bereits vorhandene Berichte ausführen.

Drucken von Berichten

Soll so ein vorhandener Bericht ausgeführt und an den Einstellparametern nichts geändert werden, dann wird der Menüpunkt *Bericht ⇨ Ausführen* angewählt. Sind zu einem Bericht selektierte Daten abgespeichert, so kann man entweder den Bericht sofort ausführen oder durch *Zusätze ⇨ Neu selektieren* eine Neuselektion erfolgen lassen und den Bericht dann ausführen. Will man an einem Bericht durch *Bericht ⇨ Ändern* etwas korrigieren (z.B. Merkmalsauswahl, Kontrolldaten), erfolgt nach der Änderung auf jeden Fall eine Neuselektion der Daten. Durch *Bericht ⇨ Drucken* kann der Bericht dann ausgedruckt werden.

4 Profit-Center

Ein Profit-Center ist ein ergebnisverantwortlicher Teilbereich eines Unternehmens. Ziel des Profit-Center ist es, Teilbereiche eines Unternehmens zu analysieren und wie selbständig am Markt operierende Einheiten erscheinen zu lassen.

Um einen solchen Überblick zu erhalten, wird jeder ergebnisrelevante Geschäftsvorfall online auf die Profit-Center abgebildet. Somit werden Lieferungs- und Leistungsflüsse innerhalb eines Unternehmens zwischen Profit-Centern transformiert.

Vorteile des Profit-Centers

Die **Hauptvorteile**, die durch die Einführung von Profit-Center entstehen, sind:

- leistungsbezogenere Entlohnung
- höheres Kostenbewußtsein
- bessere Information von Führungskräften
- Aufdecken von Schwachstellen im Unternehmen
- verstärktes Gewinnstreben

Betrachtung aller Kosten-Voraussetzungen

Voraussetzung für die Einrichtung eines Profit-Center ist, daß das Unternehmen über ein aussagefähiges Berichtssystem verfügt sowie über eine Ergebnisrechnung, die Umsätze und Kosten verursachungsgemäß zuordnen kann. Außerdem müssen alle Geschäftsvorgänge mit der EDV erfaßt werden und die Rechner möglichst vernetzt sein, so daß auf alle Daten unmittelbar zugegriffen werden kann.

Kriterien

Profit-Center können nach folgenden **Kriterien** gebildet werden:

- Verkaufsgebiete
- Kundengruppen
- Vertriebswege
- Produktgruppen

4.1 Profit-Center-Rechnungen und -Hierarchien

Es gibt zwei Arten von Profit-Center-Rechnungen:

Profit-Center-Rechnungen

1. **Kalkulatorische Profit-Center-Rechnungen**

   Sie ermöglicht die Ergebnisdarstellung in der Systematik einer Herstellkostenschichtung. (Diese Methode wird allerdings erst in einem späteren R/3-Release verwirklicht!)

2. **Buchhalterische Profit-Center-Rechnungen**

   Die Darstellung ist sachkontenorientiert und entspricht daher dem formalen Gliederungsprinzip der Finanzbuchhaltung. Es existiert ein einheitliches Berichtsschema, welches eine kostenartenbezogene Abstimmung der Daten des internen und des externen Rechnungswesen ermöglicht.

Aktivieren eines Profit-Centers

Jedes Profit-Center ist einem Kostenrechnungskreis zugeordnet. Dies bezeichnet man auch als sachkontenorientierte Darstellungsform. Die Übernahme der Daten in die Profit-Center-Rechnungen geschieht in Form der ursprünglich kontierten Sachkontennummer.

Werden gleiche Kontenpläne, gleiche Geschäftsjahresvarianten und eine einheitliche Währung verwendet, ist eine Übernahme von Daten möglich.

Dummy-Profit-Center

Sollten Daten vorhanden sein, die nicht ordnungsgemäß den bestehenden Profit-Centern zugewiesen werden können, so werden diese dem sogenannten **Dummy-Profit-Center** zugeordnet.

Es wird damit eine Vollständigkeit der Daten gewährleistet. Später besteht dann noch die Möglichkeit, diese Daten auf echte Profit-Center umzulegen. Der Dummy-Profit-Center muß zuvor angelegt werden.

Profit-Center-Hierarchien

Profit-Center sind in größeren Firmen hierarchisch aufgebaut. Es können mehrere Profit-Center auf einer Hierarchie sein, genauso gibt es über- und untergeordnete Profit-Center (siehe Abb. 5.19).

4 Profit-Center

Abb. 5.19
Standardhierarchie

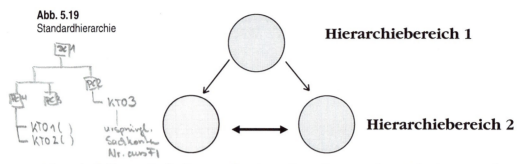

Anlegen der Profit-Center-Hierarchie

Profit-Center, die demselben Kostenrechnungskreis zugeordnet sind, werden in mindestens einer hierarchischen Struktur zusammengefaßt. Es werden hiermit Auswertungen über Profit-Center-Bereiche im Reporting möglich.

Für die Pflege von Profit-Center-Hierarchien gilt die Beschreibung der Erlös- und Kostenartenhierarchien analog.

Zusätzlich zur Standardhierarchie kann man beliebig viele andere Hierarchien aufbauen. Die Zuordnung von Einzelwerten zu den Endknoten erfolgt in der Hierarchiepflege mit Doppelklick auf den Endknoten und Eingabe der einzelnen Profit-Center.

Teilbäume einer Hierarchie können in andere Hierarchien eingebaut werden. D.h. auch, wenn ein Teilbaum in einer Hierarchie geändert wird, ist diese Änderung automatisch in allen Hierarchien, in denen dieser Teilbaum vorkommt, wirksam.

4.2 Stammdaten

Stammdaten enthalten Informationen über:
- den zugeordneten Kostenrechnungskreis
- den zugehörigen Hierarchiebereich
- Adressdaten
- Kommunikationsdaten
- die für den Profit-Center verantwortliche Person

Anlegen des Profit-Centers

Um einen Profit-Center anzulegen, ist folgendermaßen vorzugehen:

Im ersten Bild des Feldes Vorlage werden die Grunddaten des Profit-Center eingegeben. Zu den Grunddaten zählt das Eingeben der für das Profit-Center verantwortlichen Person sowie die Bestimmung des Kostenrechnungskreises auf ein Profit-Center. Außerdem muß noch die Standardhierarchie und das Zeitintervall, in dem das Profit-Center gültig ist, bestimmt werden.

4.2 Stammdaten

Angegeben werden muß ferner auch, ob es sich um ein normales Profit-Center oder um ein Dummy-Profit-Center handelt.

Zuordnungen

Dem Profit-Center können folgende Faktoren als **Stammdaten zugeordnet** werden:

- Material
- Kostenstelle
- Kundenauftrag
- innerbetrieblicher Auftrag

Zuordnung von Material

Die Stammdaten des **Materials** sind unterteilt in Vertriebsdaten und Werkdaten. Die Zuordnung von Material ist notwendig, um die Bestandsveränderungen zu erkennen. Bei Kundenaufträgen müssen auch die dafür benötigten Materialien erkannt werden.

Zuordnung von Kostenstellen

Alle **primären Kosten** aus der Finanzbuchhaltung sowie die **sekundären Verrechnungen** innerhalb der Kostenstellenrechnung können mit der Profit-Center-Rechnung abgebildet werden.

Es muß überprüft werden, ob der Kostenrechnungskreis der Kostenstelle mit dem Kostenrechnungskreis des Profit-Center übereinstimmt, bevor die Daten dem Grunddatenbild des Profit-Center zugewiesen werden.

Zuordnung von Innenaufträgen

Aus dem Buchungskreis des Auftrages wird der Kostenrechnungskreis abgeleitet und bei der Zuordnung berücksichtigt.

Hiermit können die aus der Finanzbuchhaltung kommenden Gemeinkosten im Rechnungswesen analysiert werden. Es muß überprüft werden, ob der Kostenrechnungskreis der Kostenstelle mit dem Kostenrechnungskreis des Profit-Center übereinstimmt, bevor die Daten dem Grunddatenbild des Profit-Center zugewiesen werden.

Zuordnung von Kundenaufträgen

Die **Kundenaufträge** werden dem Profit-Center zugewiesen, da für das Profit-Center die Verkaufserlöse interessant sind.

Der Kundenauftrag wird in der logischen Reihenfolge: ***Kundenauftrag*** ⇨ ***Lieferschein*** ⇨ ***Warenausgang*** ⇨ ***Faktura*** behandelt. Über eine Fakturaschnittstelle werden die Erlöse übernommen.

In späteren Releases wird es folgende neue Zuordnungen von ergebnisrelevanten Objekten geben:

- Anlagen
- Kostenträger
- Ergebnisobjekt
- Projekte

4 Profit-Center

Zuordnung von Anlagen	Die Abbildung von Mehr- und Mindererlösen auf Profit-Center beim **Anlagenverkauf** mit Erlös geschieht durch Zuordnung einer Kostenstelle oder eines innerbetrieblichen Auftrages im Anlagenstammsatz. Der dafür geeignete Profit-Center muß im Kostenstellenstammsatz angegeben werden.
Zuordnung von Kostenträgern	Die **Kostenträger** werden zur Zeit in der Produktkostenrechnung verwendet. Der Kostenträger dient dort zur Sammlung und Aufnahme von Kosten, die Objekten auf einer feineren Ebene nicht zugeordnet werden können.
Zuordnung von Ergebnisobjekten	Der **Ergebnisrechnung** werden die Ergebnisobjekte zugeordnet. Das Ergebnisobjekt bezeichnet eine gewisse Merkmalskombination, die als Nummer abgebildet wird.
Zuordnung von Projekten	Der **Projektdefinition** wird das Profit-Center zugeordnet. Dort sind auch die Angaben zu Buchungs- und Kostenrechnungskreis zu finden.

4.3 Istdaten

Unter Istdaten versteht man, daß anfallende Kosten und Erlöse auf einem Profit-Center erfaßt werden. Die Erfassung wird über die erweiterte Hauptbuchhaltung realisiert.

Dies wird auch als „**Extended General Ledger**" bezeichnet. Voraussetzung ist, daß über das Einstellmenü ein Ledger für die Profit-Center-Rechnung generiert wurde.

Erlöse	Jede Faktura besitzt eine Zuordnung zu einem Profit-Center über die Verbindung: *Kundenauftrag ⇨ Lieferschein ⇨ Faktura*. Der Kundenauftrag wird also bis in die Faktura durchgereicht.
	Die Erlöse werden durch einen Preisfindungsmechanismus ermittelt. Es werden nur durch ein Konto repräsentierte Werte in ein Profit-Center übernommen. Bei dem Konto muß es sich allerdings um ein Erlösartenkonto handeln.
	Die Daten, die aus der Finanzbuchhaltung kommen, werden auf das Profit-Center kontiert. Die Daten für das Profit-Center werden in das eigens dafür angelegte Ledger übernommen.
Primärkosten	Die Erfassung der **Primärkosten** auf ein Profit-Center kann somit ohne zusätzlichen Aufwand geschehen. Das Kontierungsbild ist das gleiche wie in einem gewöhnlichen Geschäftsablauf.
Sekundärkosten	Bei den **innerbetrieblichen Verrechnungen** findet gleichzeitig auch eine Verrechnung zwischen den zugeordneten Profit-Centern statt (siehe Abb. 5.20):

Abb. 5.20
innerbetriebliche
Leistungs-
verrechnung

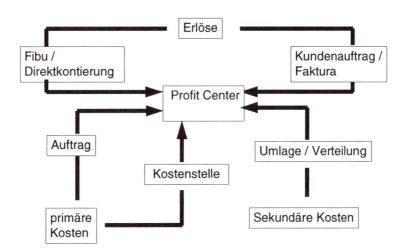

Es muß, wie auch bei den primären Kosten, kein zusätzlicher Erfassungsaufwand betrieben werden, da die Kosten automatisch auf das Profit-Center abgebildet werden. Es ist unbedingt notwendig, alle sekundären Kosten auf die einzelnen Profit-Center abzubilden.

In den nachfolgenden Releases wird es neue Komponenten geben:

- Bestandsveränderungen
- Änderung der Ware in Arbeit
- Aktivierte Eigenleistungen
- Änderung bei Anlagen im Bau

4.4 Profit - Center - Planung

Die Profit-Center-Planung gehört zur Gesamtunternehmensplanung. Es wird innerhalb der Planung zwischen Erlösarten und Kostenarten unterschieden.

Es ist Aufgabe der Profit-Center-Planung, Einzelkosten, Gemeinkosten und Erlöse in erfolgsverantwortlichen Einheiten zusammenzufassen. Dabei ist es unbedingt erforderlich, betriebswirtschaftliche als auch technische Anforderungen in der Planung zu berücksichtigen.

4 Profit-Center

Planarten

Die Profit-Center-Planung ist Element der kurzfristigen **Unternehmensplanung**. Es werden somit folgende Teilpläne erstellt:

- **Absatzplan**
- **Produktionsplan**
- **Kostenplan**
- **Umsatzplan**

Absatzplan

Der **Absatzplan** ist wichtig für die kurzfristige Unternehmensplanung. Vom Vertriebscontrolling wird festgelegt, wieviel Mengeneinheiten in einem bestimmten Zeitraum am Markt abgesetzt werden sollen.

Produktionsplan

Die Daten werden an die **Produktionsplanung** weitergeleitet, die dann die Plankapazitäten und Planleistungen darauf abstimmt.

Zusammen mit dem Absatzplan wird ein Plan erstellt, der die Kapazitäten und die Menge der benötigten Roh-, Hilfs- und Betriebsstoffe ermittelt. Das Ergebnis wird an die Kostenplanung weitergeleitet.

Die **Kostenplanung** muß geeignete Kapazitäten in Form von Leistungseinheiten bereitstellen. Die Berechnungen des Produktionsplanes gehen von den Daten des Absatzplanes aus.

Kostenplan

Es werden hier die voraussichtlichen Kosten geplant. Die Leistungseinheiten, die erstellt werden sollen, werden hier auch geplant.

Umsatzplan

Die Kostenplanung sowie die Absatzplanung ist Ausgangspunkt für die **Umsatzplanung**.

Durch die verschiedenen Pläne können nun die Erlöse ermittelt werden. Es können auch die Plandeckungsbeträge abgeleitet werden. Hierfür werden die Kosten des Kostenplans und des Absatzplans herangezogen.

4.5 Berichtswesen

Es werden alle Buchungen, die sich auf das Betriebsergebnis auswirken, erfaßt. Diese Daten können dann einzeln, wie auch zusammen analysiert werden. Die Rückmeldung von Informationen und von Vorschauwerten an das Management bezeichnet man als Berichtswesen.

4.5 Berichtswesen

Man unterscheidet drei Arten von Berichten (siehe Abb. 5.21):

Abb. 5.21
Berichtsarten

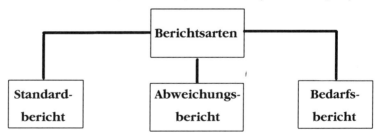

Standardbericht

Wenn ein Bericht regelmäßig geschrieben wird, spricht man von einem **Standardbericht**. Er wird nach einem festgelegten Schema gestaltet und wird meistens an die gleichen Empfänger geschickt.

Dabei wird immer die gleiche Anzahl von Informationen an den Empfänger übermittelt. Man spricht von einer vollständigen Berichterstattung, da das Management offiziell über alles informiert wird.

Abweichungsbericht

Es gibt aktuelle Geschehnisse, die es erfordern, daß das Management informiert wird. Zum Beispiel, wenn Vorgaben nicht erreicht bzw. die erlaubten Toleranzgrenzen weit überschritten werden. Dann wird ein Abweichungsbericht erstellt.

Es werden hier auch bedeutsame Routinefälle übernommen, die dann je nach Notwendigkeit von dem Berichtsempfänger angefordert werden können.

Bedarfsbericht

Sollte das Informationsmaterial des Standardberichtes oder des Abweichungsberichtes nicht ausreichen, so kann ein **Bedarfsbericht** angefordert werden. Bedarfsberichte sind sehr genau, behandeln ein Thema sehr detailliert und sind deshalb sehr umfangreich.

Gestaltung von Berichten

Bei der **Gestaltung von Berichten** ist folgendes zu beachten:

- **Format**
  z.B. immer DIN A4
- **Gliederung**
  z.B. Inhaltsverzeichnis, Zusammenfassung
- **Darstellungen**
  - Tabellen
  - Schaubilder
  - Kennzahlen
  - Verbale Erläuterungen

4 Profit-Center

Informationsabfrage

Der Benutzer kann mit Hilfe des Computers auf die Informationen der Datenbasis zugreifen. Unter Datenbasis versteht man zum Beispiel die Dateien, in denen sämtliche Geschäftsvorgänge abgespeichert sind.

Unterstützt wird er dabei von Abfrage- bzw. Dialogsprachen. Solche Systeme werden als Management-Informations-Systeme bezeichnet und erweitern die Möglichkeiten der Informationsbeschaffung erheblich.

6. Kapitel

MATERIALWIRTSCHAFT

R/3-MODUL „MM"

1 Einkauf

Der Einkauf wurde im SAP-System als Komponente innerhalb des Moduls MM (Materialwirtschaft) realisiert. Es werden sowohl die Verantwortlichen als auch die SachbearbeiterInnen innerhalb des Bereichs Einkauf unterstützt, indem viele Bearbeitungsvorgänge automatisiert werden können. Dies geschieht zum einen dadurch, daß alle für den Beschaffungsprozess notwendigen Belege mit dem System erstellt und bearbeitet werden können, zum anderen dadurch, daß die Möglichkeit besteht, Auswertungen zu sämtlichen einkaufsrelevanten Aktivitäten zu erzeugen. Der Einkauf greift hierzu auf Stammdaten, z.B. Material- und Lieferantenstammdaten, zurück und bietet ebenfalls die Möglichkeit, Auswertungen über diese Einkaufsdaten zu erstellen.

1.1 Aufgaben des Einkaufs

Die Hauptaufgaben des Einkaufs bestehen aus:

1. Beschaffung von Werkstoffen, Waren und Dienstleistungen sowie Betriebsmitteln, die für die Leistungserstellung erforderlich sind.
2. Ermittlung der für die Bedarfsdeckung optimalen Bezugsquellen (d.h. Lieferanten und Rahmenverträge), unter Berücksichtigung ökonomischer Zielsetzungen.
3. Kontrolle der Einhaltung von Liefer- und Zahlungsterminen.

Eine effiziente Bearbeitung dieser Aufgabenstellungen setzt jedoch voraus, daß der Einkauf auch auf Daten, die von anderen Bereichen genutzt werden, zugreifen kann. Hierzu wurden Übergänge zu anderen Modulen geschaffen, was u.a. Mehrfachspeicherung von Daten verhindert und den Datenbestand - regelmäßige Pflege vorausgesetzt - stets auf aktuellstem Niveau hält.

Übergänge zu anderen Modulen

Übergänge bestehen z.B. zum Vertrieb, dessen Bedarf direkt an den Einkauf übergeben werden kann, zum Controlling, das der Zuordnung von Bestellungen zu Kostenstellen Rechnung trägt, sowie zum Finanzwesen, das auf die Daten der Lieferanten zugreift und buchhalterische Daten zur Verfügung stellt. Andererseits greifen auch andere Komponenten innerhalb des Moduls

1.2 Beschaffungszyklus

MM, wie z.B. die Bestandsführung, die Disposition oder die Rechnungsprüfung auf die vom Einkauf genutzten Daten zu.

1.2 Beschaffungszyklus

Die Beschaffung von Gütern gliedert sich in mehrere Abschnitte, die in Abb. 6.1 dargestellt werden:

Abb. 6.1
Der Beschaffungszyklus

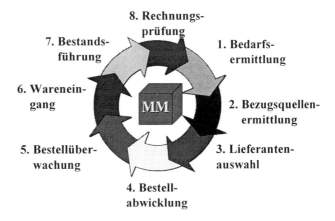

Bedarfsermittlung

Die **Bedarfsermittlung**, als auslösende Phase des Beschaffungszyklus, erfolgt im SAP-System sowohl automatisch im Rahmen der Disposition als auch durch die einzelnen Fachabteilungen. Eine automatische Bedarfsermittlung setzt jedoch voraus, daß das Material im Materialstammsatz gepflegt ist. Nur so ist das System fähig, eingestellte Meldebestände mit den aktuellen Beständen zu vergleichen und ggf. Bestellanforderungen automatisch zu erzeugen bzw. den Bedarf zu melden.

Bezugsquellenermittlung

Die **Ermittlung** der für die Bedarfsdeckung möglichen **Bezugsquellen** und die Lieferantenauswahl werden durch Auswertung historischer Daten und bestehender Rahmenverträge erleichtert. Zusätzlich berücksichtigt das System definierte Quotierungen und Daten aus Infosätzen und dem Orderbuch. Sind die möglichen Bezugsquellen ermittelt, unterstützt das System die Erstellung von Anfragen. Es beschleunigt die Übermittlung der Daten, indem es die Möglichkeit offeriert, die Daten auf elektronischem Weg direkt zum Lieferanten zu übermitteln.

Bestellabwicklung

Die gesamte **Abwicklung einer Bestellung**, d.h. die Erstellung der für die Beschaffung notwendigen Belege, kann nun gestützt auf Bestellanforderungen, Angebote und Rahmenverträge realisiert werden. Bei der Erzeugung von Bestellungen besteht auch

1 Einkauf

die Möglichkeit, diese automatisch durch das System generieren zu lassen.

Bestellüberwachung — Eine **Überwachung** der Einhaltung von Fristen, das können Angebotsfristen als auch Lieferfristen sein, kann durch das System, unter Berücksichtigung vorgegebener Wiedervorlagefristen, ebenfalls vorgenommen werden. Sind einzelne Fristen überschritten, erzeugt das System eine Meldung und bietet die Möglichkeit, Mahnungen, entsprechend der einzelnen Mahnstufen, zu erzeugen. Neben dieser Überwachungsfunktion kann der aktuelle Status sämtlicher einkaufsrelevanter Belege, wie z.B. Bestellanforderungen, Angebote und Bestellungen, abgerufen werden.

Wareneingang — Durch die Eingabe der Bestellnummer kann der **Wareneingang** bestätigt werden. Als Reaktion hierauf werden die entsprechenden Bestellpositionen als geliefert erkannt, was sich auf den Status der Bestellung und auf die Bestellüberwachung auswirkt. Wurde das Material zur Erhöhung des Lagerbestandes bestellt, was voraussetzt, daß das Material im Materialstamm definiert ist, wird der Bestand ebenfalls sofort aktualisiert.

Rechnungsprüfung — Die den Einkaufszyklus abschließende **Rechnungsprüfung** wird durch den Zugriff auf Bestell- und Wareneingangsdaten erleichtert, indem der Rechnungsprüfer auf Abweichungen in der Leistungserfüllung des Lieferanten hingewiesen wird.

1.3 Organisationsebenen

Durch die Beziehungen der organisatorischen Einheiten im SAP-System ist die folgende Unternehmensstruktur vorgegeben:

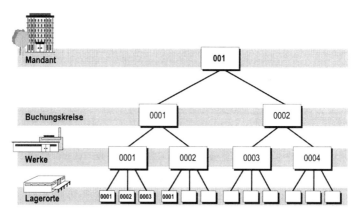

Abb. 6.2 Unternehmensstruktur in SAP-R/3 (Quelle: On-Line-Dokumentation des SAP-R/3-Systems)

1.3 Organisationsebenen

Der hierarchische Aufbau zeigt auf der obersten Stufe den Mandanten, der mehrere Buchungskreise umfassen kann. Einem Buchungskreis können mehrere Werke zugeordnet sein, die wiederum verschiedene Lagerorte umfassen können.

Zu beachten ist die Nummerierung der Werke über alle Buchungskreise, d.h. Werke zweier Buchungskreise können nicht dieselbe Nummer tragen.

Vergleicht man diese Hierachie mit dem Beispiel eines großen Konzerns, so sieht man unmittelbar die Parallelen:

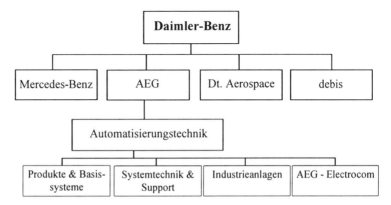

Abb. 6.3 Beispiel einer Unternehmensstruktur

Es wäre theoretisch denkbar, diesen Beispielkonzern in einem Mandanten zusammenzuführen. Angesichts der Konzernverschachtelung werden die Mandanten eher auf der zweiten Stufe der Hierarchie gebildet, also z.B. bei AEG als Mandant mit dem Buchungskreis AEG Electrocom und einem Werk in Konstanz, das wiederum diverse Lagerorte unterhält.

Spezielle Organisationsebenen innerhalb der R/3-Unternehmensstruktur bilden die Einkaufsorganisation und die Einkäufergruppe.

Einkaufsorganisation

Die **Einkaufsorganisation**, die stets einem Buchungskreis zugeordnet ist, ist verantwortlich für die Beschaffung der benötigten Güter eines oder mehrerer Werke. Sie ist Dritten gegenüber rechtlich für alle Einkaufsvorgänge verantwortlich und handelt allgemeine Einkaufskonditionen aus. Innerhalb der Einkaufsorganisation bilden Einkäufergruppen die operativen Einheiten.

1 Einkauf

Unternehmensstruktur im Materialstamm

Um die **Unternehmensstruktur im Materialstamm** wiederzugeben, wird dieser in sechs Ebenen unterteilt. Diese bilden eine stufenweise Hierarchie vom gesamten Unternehmen bis hinab zum einzelnen Lagertyp.

In den Ebenen wird sowohl der Geltungsbereich der erfaßten Daten, als auch ihre Bedeutung auf immer kleinere Einheiten eingeschränkt.

Die folgende Übersicht zeigt die Ebenen des SAP-Systems, ihre **betriebswirtschaftlichen Entsprechungen** und die enthaltenen **Materialdaten** mit Beispielen:

Tab. 6.1 Aufbau R/3-Materialdatenbestand

Ebene des SAP-Systems	betriebswirtschaftliche Entsprechung	Geltungsbereich der Materialdaten	Beispiele
Mandant	Konzern	Gesamtes Unternehmen	Materialklasse, Basismengeneinheit, Materialkurztexte
Werk	Produktionsstätte, Außenstelle, Filiale	Zu einem Werk gehörende Lagerorte	Dispositions- und Prognosedaten
Lagerort	Lagerplätze innerhalb eines Werkes	ein bestimmter Lagerort	Lagerortbestände
Verkaufsorganisation	Verkaufsorganisation	Vertriebsrelevante Materialdaten	Verkäufergruppe, Mindestauftragsmenge, Mindestliefermenge
Lagernummer	Lagerhaltungssystem	gesamtes Lagersystem	Palettierung, Ein-/Auslagerung
Lagertyp	Teillager mit spezifischer Lagertechnik/Funktion	spezifischer Lagertyp	Festplatz, minimale/maximale Lagerplatzmengen

Die Informationen zur Verwaltung eines Materials sind in einem Datensatz abgelegt, dem Materialstammsatz. Sämtliche einzelnen Materialstammsätze bilden folglich den gesamten Materialstamm.

1.4 Einkaufsrelevante Stammdaten

Der Einkauf greift hauptsächlich auf die im nachfolgend erläuterten Informationsquellen zu:

1.4.1 Materialstammdaten

Der Materialstamm enthält sämtliche Daten, die für die Beschreibung eines Materials notwendig sind. Hierzu gehören z.B. die Materialnummer und -bezeichnung, Daten über die Konstruktion sowie die zuständige Einkaufsorganisation, aber auch Mengeneinheiten, Melde- und Sicherheitsbestände sowie Preise und Bewertungen.

Verwendung des Materialstamms

Im SAP-Logistiksystem wird der Materialstamm für eine Vielzahl abteilungsspezifischer Funktionen genutzt. Die folgende Tabelle gibt eine schnelle Übersicht über die Abteilungsfunktionen, die auf den Materialstamm zugreifen:

Tab. 6.2 Abteilungsfunktionen

Abteilung	Einkauf	Bestandsführung	Rechnungsprüfung	Vertrieb	Produktionsplanung und -steuerung
Funktion	Bestellabwicklung	Warenbewegungsbuchungen	Rechnungsbuchung	Auftragsabwicklung	Bedarfsplanung, Terminierung
Aktivität	Einkaufsinformationsverwaltung	Inventurabwicklung	Preisänderungen		Arbeitsvorbereitung

Hieraus ist leicht ersichtlich, welch gewichtige Rolle der Materialstamm und dessen Pflege für das gesamte Unternehmen spielt. Die daraus resultierenden unterschiedlichen Sichtweisen der Fachbereiche auf den Materialstammsatz ergeben sich wie folgt:

1 Einkauf

Abb. 6.4
Sichten auf einen Materialstammsatz (Quelle: On-Line-Dokumentation des SAP-R/3-Systems)

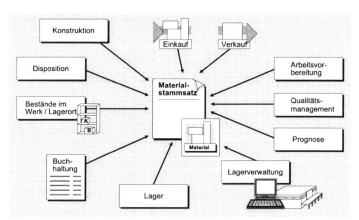

Aus dieser zentralen Rolle der Materialdaten leitet sich der hierarchische Aufbau des Materialstamms ab, in dem sich die Organisationsstruktur des Unternehmens widerspiegelt.

Informationsspeicherung

Die Struktur der **Informationsspeicherung** innerhalb des Materialstamms ist analog zur Abbildung der Unternehmensstruktur (siehe Abb. 6.2) im SAP-System realisiert. Hierbei werden allgemeingültige Daten auf Mandantenebene, Daten, die für einzelne Betriebsstätten gültig sind, auf Werksebene und für einzelne Läger gültige Daten, auf Lagerortebene gespeichert. Durch diese Datenorganisation wird erreicht, daß Daten nicht mehrfach gespeichert werden müssen.

Anlegen eines Materialstammsatzes

Bei der **Anlage neuer Materialstammsätze** werden die Materialien nach verschiedenen Kriterien gruppiert, um ihre Verwaltung zu vereinfachen. Die Zuordnung nach Materialart und Branche erfüllt bei der späteren Verwaltung der Stammsätze Steuerungsfunktionen und ist daher zwingend vorgeschrieben.

Dem Material wird die Materialart, die Branche und ein Profil zugeordnet.

Materialarten

Das Material wird einer **Materialart** zugeordnet, um die Verwaltung vieler Materialien eines Betriebes durch Gruppenbildung zu erleichtern.

Die richtige Zuordnung des Materials zur Materialart ist wichtig, da SAP-Steuerungsfunktionen davon abhängen und daher eine spätere Änderung nur in bestimmten Fällen möglich ist, z.B. wenn noch keine Bestände zu dem Material eingepflegt wurden.

1.4 Einkaufsrelevante Stammdaten

Die **Wahl der Materialart** hat Einfluß auf:

- die Art der Nummernvergabe (intern/extern),
- den Nummernkreis der Materialnummer,
- die folgenden Bildschirmmasken zur Dateneingabe,
- die Beschaffungsart (Eigen- oder Fremdbezug),
- die fachbereichsspezifischen Datensichten, die zur Pflege angeboten werden.

Zudem bestimmt die Materialart zusammen mit dem Werk über die Bestandsführungspflicht eines Materials, d.h. ob Mengenänderungen im Materialstammsatz und Wertänderungen auf den Bestandskonten der Finanzbuchhaltung fortgeschrieben werden.

Folgende Tabelle gibt eine Übersicht über die im **SAP-Standardsystem** verwalteten **Materialarten**:

Tab. 6.3
Materialarten im Standardsystem

Materialart	SAP-Bezeichnung	Definition
Dienstleistungen	DIEN	werden fremdbeschafft und nicht gelagert
Fertigerzeugnisse	FERT	werden selbst hergestellt und enthalten daher keine Einkaufsdaten
Halbfabrikate	HALB	Fremd- und Eigenbezug mit Weiterverarbeitung, daher auch Arbeitsvorbereitungsdaten
Handelswaren	HAWA	Fremdbezug und Weiterverkauf, daher Einkaufs- und Verkaufsdaten
Hilfs-/Betriebsstoffe	HIBE	gehen in die Produktion ein ⇨ nur Einkaufsdaten
Nichtlagermaterial	NLAG	wird sofort verbraucht
Rohstoffe	ROH	Fremdbezug und Weiterverarbeitung ⇨ nur Einkaufsdaten

Materialart	SAP-Bezeichnung	Definition
unbewertetes Material	UNBW	wird nur mengen-, nicht wertmäßig geführt

Branchen

Neben der Zuordnung zu einer Materialart wird das Material einer **Branche** zugeordnet, d.h. einem Industriezweig, was gleichfalls beim Anlegen des Materialstammsatzes geschehen muß.

Ebenso wie bei der Materialart hat das Datum „*Branche*" Steuerungsfunktionen im SAP-System und kann daher nach der Zuordnung nicht mehr geändert werden!

Im Standardsystem werden die Branchen Anlagenbau, Chemie, Maschinenbau und Pharmazie unterschieden.

Profile

Profile sind Konfigurationsinformationen zur leichteren Pflege der Datenobjekte. Sie stellen Standardwerte dar, die bei der Datenpflege stets ähnlicher Konstellation anfallen.

Für die Materialstammsätze gibt es Profile für Dispositions- und Prognosedaten, in denen Festwerte und Vorschlagswerte definiert werden. Beide werden in das jeweilige Datenbild übernommen, Festwerte können jedoch im Vergleich zu den Vorschlagswerten nicht geändert werden.

Anzeige eines Materialstammsatzes

Die **Anzeige eines Materialstammsatzes** kann vom Systemmenü ausgehend über die Menüpunkte

Logistik ⇨ *Materialwirtschaft* ⇨ *Materialstamm* ⇨ *Material* ⇨ *Anzeigen*

erreicht werden.

Nun kann die Materialnummer eingegeben oder das Material über Matchcode, durch Drücken der Taste [F4], ermittelt werden. Mit [Enter] wird die Eingabe abgeschlossen und der Materialstammsatz angezeigt.

Sollte es nötig sein, einen Materialstammsatz zu erstellen oder zu ergänzen, können die entsprechenden Eingabebildschirme über

Logistik ⇨ *Materialwirtschaft* ⇨ *Materialstamm* ⇨ *Material* ⇨ *Anlegen allgemein.*

erreicht werden.

1.4 Einkaufsrelevante Stammdaten

Wenn das Material bereits erfaßt ist oder eine externe Nummernvergabe vorgesehen ist, muß nun die Materialnummer eingegeben werden, andernfalls weist das System dem Material eine Nummer automatisch zu. In einer **Sichtenauswahl** können nun ein oder mehrere Fachbereiche ausgewählt werden, denen entsprechende Eingabebildschirme folgen (siehe Abb. 6.5):

Abb. 6.5
Sichtenauswahl

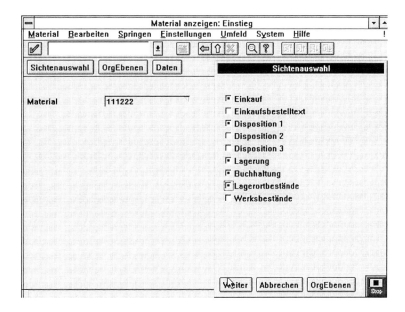

Nach Eingabe sämtlicher Daten können die Datensätze mit F11 gespeichert werden.

1.4.2 Lieferantenstammdaten

Der Lieferantenstamm enthält sämtliche Daten, die für den Umgang mit dem Lieferanten benötigt werden. Hierzu gehören z.B. die Kontonummer des Licferanten, der Name und die Anschrift, Kontaktpersonen, Bankverbindungen, Mindestbestellwerte und die in Verbindung mit diesem Lieferanten gültigen allgemeinen Zahlungsbedingungen.

Auch hier ist die Struktur der Informationsspeicherung nach gewissen Kriterien organisiert. Die Daten werden nach allgemeinen Daten, Buchhaltungsdaten (Kreditorendaten) und Einkaufsdaten unterschieden. So ist es möglich, Lieferantenstammsätze, die sowohl vom Einkauf, als auch von der Buchhaltung genutzt werden, beiden zugänglich zu machen.

1 Einkauf

Um einen Lieferantenstammsatz anzulegen, können die entsprechenden Eingabemasken vom Einkaufsmenü aus über

Stammdaten ⇨ Lieferant ⇨ Einkauf ⇨ Anlegen

aufgerufen werden.

Nach Eingabe der Einkaufsorganisation und Zuordnung des Lieferanten zu einer Kontengruppe können, nach Drücken der [Enter]-Taste, die Lieferantendaten eingegeben werden.

Wenn alle obligatorischen Felder ordnungsgemäß ausgefüllt sind, erscheint nach erneutem Drücken der [Enter]-Taste das Bild Einkaufsdaten, wo die einkaufsspezifischen Daten erfaßt werden können.

Anschließend kann der Datensatz mit [F11] gesichert werden.

CpD-Lieferanten | Lieferanten, die lediglich einmalig oder sehr unregelmäßig zur Lieferung von Materialien beauftragt werden, können in einem CpD-Stammsatz abgelegt werden. Um die Anzahl der CpD-Sätze zu begrenzen, dürfen hier jedoch keine lieferantenspezifischen Daten abgespeichert werden. Diese müssen bei jeder Aktion erneut erfaßt werden.

Um sich einen Überblick über wichtige Informationen zu einzelnen Lieferanten zu verschaffen, können über die Menüpunkte

Stammdaten ⇨ Lieferant ⇨ Listanzeigen

und anschließender Eingabe von Auswahlkriterien, Lieferantenverzeichnisse angezeigt werden.

Das System offeriert die Möglichkeit, Lieferanten entweder für alle Werke, für einzelne Werke oder auch nur für einzelne Materialien zu sperren. Dies kann vom Einkaufsmenü, sollte es sich um Sperrung für ein oder mehrere Werke handeln, oder vom Orderbuch aus, handelt es sich um ein einzelnes Material, erfolgen.

1.5 Einkaufsstammdaten

Einkaufsstammdaten gliedern sich in Einkaufsinfosatz, Orderbuch und Quotierung.

1.5.1 Einkaufsinfosatz

Der Einkaufsinfosatz stellt hierbei die Quelle dar, die von einem Einkäufer genutzt werden kann, um mögliche Lieferanten zu einem Material, respektive die von einem Lieferanten bereits be-

1.5 Einkaufsstammdaten

zogenen oder offerierten Materialien, zu ermitteln. Ferner gehen weitere einkaufsrelevante Daten, wie die Nummer der letzten Bestellung, Bestellmengeneinheit, Preisverlauf, Planlieferzeit, die Anzahl erfolgter Mahnungen an den Lieferanten, als auch das Ergebnis des Lieferanten aus der letzten Lieferantenbeurteilung, daraus hervor. Die meisten dieser Daten werden bei der Anlage von Bestellungen als Vorschlagsdaten benutzt. Erfaßte Konditionen gelten jedoch als Stammkonditionen bei Bestellungen. Auswertungen zu Infosätzen können ebenfalls erstellt werden. So offeriert das System z.B. die Möglichkeit, Preise verschiedener Lieferanten zu vergleichen oder die Bestellpreisentwicklung eines Materials anzuzeigen. Infosätze zu einem Lieferanten können bei der Erzeugung von Einkaufsbelegen automatisch angelegt werden.

Zu den **Daten eines Einkaufsinfosatzes** zählen:

Infosatz-Daten
- **allgemeine Daten**: Daten, die für jede Einkaufsorganisation/Werk gültig sind, z.B. Ursprungsdaten, Mahnstufen, Bestellmengeneinheit.
- **Organisationsdaten**: z.B. Preise und Konditionen für die zuständige Einkaufsorganisation bzw. ein Werk.

Texte im Infosatz
- **Infonotiz**: Interner Vermerk (wird nicht ausgedruckt).
- **Bestelltext**: Dient zur Beschreibung der Bestellposition (wird ausgedruckt).
- **Kurztext**: Für Material mit Materialstammsatz wird der Kurztext aus diesem übernommen, für Material ohne Materialstammsatz wird der Kurztext im Infosatz erfaßt und ausgedruckt.

Die Pflege von Einkaufsinfosätzen wird über folgende Menüfolge realisiert:

Infosatz mit Materialstammsatz anlegen
1. *Stammdaten ⇨ Infosatz ⇨ Anlegen*; das Einstiegsbild wird angezeigt.
2. Folgende Angaben machen: Lieferantennummer; Materialnummer; Organisationsdaten (Werkschlüssel, Einkaufsorganisation)
   Nach [Enter] erscheint das allgemeine Datenbild.
3. Die allgemeinen Daten eingeben oder diese ändern, falls schon vorgeschlagen: Lieferantendaten; Bestellmengeneinheit; Ursprungsdaten (z.B. die Zolltarifnummer, Ursprungsland)
4. Daten zur Einkaufsorganisation eingeben, falls eine gewählt wurde.

1 Einkauf

5. Im Feld Nettopreis den Nettopreis pro Einheit angeben; dieser Preis berücksichtigt nur Rabatte/Zuschläge des Lieferanten, jedoch keine Skontogewährung.
6. Dann *Springen ⇨ Texte* und die Textübersicht wird angezeigt. Hier kann die Infonotiz oder den Einkaufsbestelltext eingegeben werden.
7. Infosatz mit [F11] sichern.

Zur **Überwachung von Infosätze** wird vorgeschlagen:

Infosätze ändern

1. *Stammdaten ⇨ Infosatz ⇨ Ändern.*
2. Im Einstiegsfeld entweder die Infosatznummer oder die Felder Lieferant und Material auswählen.
3. Nach [Enter] erscheint das Bild, auf dem die allgemeinen Daten änderbar sind.
4. Nach Eingabe der Änderungen [Enter]; auf dem nächsten Bild können die Einkauforganisationsdaten geändert werden.
5. Dann wieder [Enter], um in das Textbild zu verzweigen.
6. Änderungen mit [F11] sichern.

Infosätze sind nicht sofort löschbar, sondern nur mit einem Löschkennzeichen vormerkbar. Erst in einem Reorganisationslauf werden gekennzeichnete Infosätze gelöscht; hier die Menüfolge:

Infosatz löschen

1. *Stammdaten ⇨ Infosatz ⇨ Zum Löschen vormerken.*
2. Im Einstiegsbild die Nummer des Infosatzes oder die Felder Lieferant und Material auswählen.
3. Nach [Enter] zeigt das System den Infosatz an.
4. Entweder das Feld „Kompletter Infosatz" oder „Einkaufsorganisation" markieren, um dieses zu löschen.
5. [F11], um die Löschvormerkungen zu sichern.

Konditionen bei Infosätzen

Konditionen werden zur **Ermittlung des effektiven Nettopreises** bei Bestellung verwendet. Die Stammkonditionen sind die in Infosätzen festgelegten Konditionen. Auf der Basis dieser Konditionen erfolgt bei Bestellungen die Ermittlung des effektiven Nettopreises.

Zur einfacheren Erfassung von Konditionen schlägt das System sämtliche bereits vordefinierte Konditionen vor:

1. *Zusätze ⇨ Konditionen.* Wenn bereits Konditionen vorhanden sind, dann den gewünschten Gültigkeitszeitraum mit [F2] wählen oder einen neuen mit [F7] anlegen. Dann erscheinen die Konditionen.
2. Dann *Bearbeiten ⇨ Zusatzkonditionen vorschlagen.*
3. Bei den Konditionen, die für die Position angegeben sind, die gewünschten Beträge/Prozentsätze erfassen.

1.5 Einkaufsstammdaten

4. Um nicht benötigte Konditionen aus der Liste zu streichen, *Bearbeiten ⇨ Wiederherstellen* wählen. Sämtliche Konditionen ohne Betragsangaben (Leerzeichen) und mit dem Betrag 0 werden aus der Liste gelöscht.
5. Infosatz mit F11 sichern.

Preise aktualisieren
Mit der Funktion *Stammdaten ⇨ Infosatz ⇨ Folgefunktionen ⇨ Preis setzen* können die Netto- bzw. Effektivpreise in mehreren Infosätzen aktualisiert werden. Das System berechnet die Preise aus den gerade gültigen Konditionen.

1.5.2 Orderbuch

Das Orderbuch enthält die innerhalb eines vorgegebenen Zeitraums für ein Material möglichen Lieferanten. Lieferfristen und Kontrakte werden berücksichtigt und tragen zur automatischen Bezugsquellenermittlung bei.

Es wird auf Werksebene gepflegt und bietet die Möglichkeit, eine Bezugsquelle für einen bestimmten Zeitraum als fest oder gesperrt zu definieren. Neben der Angabe von einzelnen Materialien, können auch ganze Warengruppen, sollten sich Rahmenverträge (siehe Abschnitt Rahmenverträge) auf Warengruppen beziehen, im Orderbuch definiert sein. Bei dieser Vorgehensweise ist es lediglich notwendig, die Materialien zu sperren, die aus der entsprechenden Warengruppe nicht bestellt bzw. die Materialien freizugeben, die aus einer für das Orderbuch gesperrten Warengruppe bestellt werden dürfen.

Um die Richtigkeit der Orderbucheinträge zu kontrollieren, bietet das System die Möglichkeit einer Bezugsquellensimulation. Hierbei können einmal sämtliche Ermittlungsquellen, wie Einkaufsinfosätze, Rahmenverträge etc., zur Bezugsquellensimulation hinzugezogen werden sowie auch eine Simulation unter Ausschluß dieser Quellen erzeugt werden. Ist in einem Werk Orderbuchpflicht definiert, können nur Materialien bestellt werden, für die ein Orderbuchsatz existiert.

Jede Bezugsquelle wird durch einen Orderbuchsatz im Orderbuch definiert; es bestehen die nachfolgenden Anlagemöglichkeiten:

Bezugsquellenanlage
- Definition einer Bezugsquelle als fest, d.h. die betreffende Bezugsquelle gilt für einen vorgegebenen Zeitraum als bevorzugte Bezugsquelle.
- Definition einer Bezugsquelle als gesperrt.

1 Einkauf

- Ermittlung der effektiven Bezugsquelle, d.h. der Bezugsquelle, die zu einem gegebenen Zeitpunkt die bevorzugten Bezugsmöglichkeiten darstellen.

Ein **Orderbuch** kann auf verschiedene Arten **gepflegt** werden:

Pflege eines Orderbuches

- **manuell**: Diese Methode empfiehlt sich, wenn zahlreiche Änderungen oder neue Einträge im Orderbuch vorgenommen werden müssen.
- **von einem Rahmenvertrag**: Bei diesem Verfahren kann eine Rahmenvertragsposition in das Orderbuch übernommen werden, wenn ein Rahmenvertrag angelegt oder geändert wird.
- **von einem Infosatz aus**: Hier kann ein Lieferant im Orderbuch erfaßt werden, wenn ein Einkaufsinfosatz angelegt oder geändert wird.
- **automatisch**: Das Orderbuch eines Materials kann vom System erzeugt werden.

Die **manuelle Anlage eines Orderbuches** wird in folgenden Schritten vollzogen:

Orderbuch manuell anlegen

1. *Stammdaten ⇨ Orderbuch ⇨ Pflegen*. Das Einstiegsbild erscheint.
2. Die Material- und Werksnummer eingeben und (Enter), um das Übersichtsbild des Orderbuchs anzuzeigen.
3. Erfassen der einzelnen Orderbuchsätze. Hierzu folgende Daten je Orderbuchsatz eingeben:
   - **Gültigkeitszeitraum**
   - **Kenndaten der Bezugsquelle**: Nummer des Lieferanten/Einkaufsorganisation bzw. Nummer des Rahmenvertrags (Lieferplan oder Kontrakt).
   - **Feste Bezugsquelle**: Ein „x" in der Spalte „Fix" eingeben, um eine Bezugsquelle als fest zu definieren. Der Lieferant bzw. Rahmenvertrag wird vor anderen Bezugsquellen in dem jeweiligen Gültigkeitszeitraum immer bevorzugt.
   - **Gesperrte Bezugsquelle**: Hier „x" in der Spalte „Gsp" eingeben, um eine Bezugsquelle als gesperrt zu definieren.
4. Sichern des Orderbuches mit (F11).

Die weiteren Möglichkeiten, um ein Orderbuch zu erstellen, werden hier nicht behandelt.

1.5 Einkaufsstammdaten

Ein **Orderbuchsatz** kann aus folgenden Gründen **unwirksam** sein:

- Der Gültigkeitszeitraum ist abgelaufen.
- Die Rahmenvertragsposition wurde gelöscht.
- Der Infosatz wurde gelöscht.
- Der Lieferantenstammsatz wurde gelöscht.

Löschen von Orderbuchsätzen

Es folgt der **Bearbeitungsweg zum Löschen**:

1. Im Pflegemodus die Orderbuchsätze anzeigen lassen.
2. Den oder die zu löschenden Orderbuchsätze markieren.
3. *Bearbeiten ⇨ Löschen*.
4. Dann „ja" im Dialogfenster, um das Löschen zu bestätigen.
5. Das Orderbuch mit [F11] sichern.

Um ein **Orderbuch zu überwachen**, können folgende Schritte durchgeführt werden:

Orderbuch anzeigen

1. *Stammdaten ⇨ Orderbuch ⇨ Anzeigen*. Das Einstiegsbild für das Orderbuch erscheint.
2. Die Material- und Werksnummer eingeben und [Enter], um das Übersichtsbild anzuzeigen.
3. Wenn die Orderbuchsätze ab einem bestimmten Datum erscheinen sollen, wählt man *Bearbeiten ⇨ Positionieren*. Im Dialogfenster zunächst angeben, ab welchem Gültigkeitszeitraum die Orderbuchsätze angezeigt werden sollen. Nach [Enter] werden die Sätze angezeigt.
4. Zu den ausgewählten Orderbuchsätzen können Einzelheiten angezeigt werden. Die gewünschten Orderbuchsätze markieren und *Springen ⇨ Detail* wählen.

Orderbuch mehrerer Materialien anzeigen

Das **Orderbuch sämtlicher Materialien** kann aufgelistet werden. Darüber hinaus kann man das Orderbuch von der Liste aus pflegen:

1. *Stammdaten ⇨ Orderbuch ⇨ Listanzeigen ⇨ Zum Material*.
2. Das Intervall der Materialnummer bzw. den Werkschlüssel eingeben, deren Orderbuchsätze angezeigt werden sollen.
3. Nach [F8] wird die Liste der ausgewählten Orderbuchsätze angezeigt.

Der Lieferanten- bzw. Materialstammsatz - auf den sich der markierte Orderbuchsatz bezieht - wird angezeigt, indem [F7] bzw. [F8] gedrückt wird.

Möchte man den Orderbuchsatz ändern, dann sollte hierzu [F2] gewählt werden. Es wird der gewählte Orderbuchsatz angezeigt.

1 Einkauf

1.6 **Einkaufsmenü**

Sämtliche Aktivitäten innerhalb des Einkaufs gehen vom Einkaufsmenü aus. Es kann innerhalb des Systemmenüs durch Anklicken der Menüpunkte (siehe Abb. 6.6):

Logistik ➪ Materialwirtschaft ➪ Einkauf

erreicht werden. Es ist so aufgebaut, daß die einzelnen Menüpunkte den jeweiligen Einkaufsbelegen entsprechen.

Abb. 6.6
Einkaufsmenü

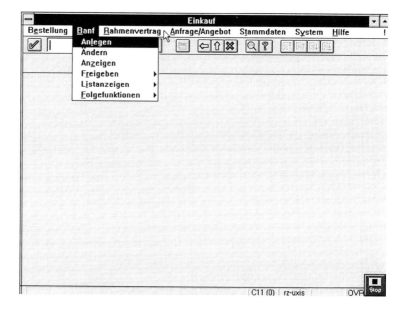

Die **Standardfunktionen** innerhalb eines jeden Untermenüs sind:

Anlegen, Ändern und Anzeigen von Einkaufsbelegen, Listanzeigen zur Erstellung und Anzeige von Auswertungen zum Einkauf, Folgefunktionen für nicht im Umfang des Einkaufs enthaltene Funktionen, wie Waren- und Rechnungsprüfung sowie Nachrichten für die Ausgabe der Belege auf dem jeweiligen Ausgabemedium.

Das Einkaufsmenü kann von Untermenüs heraus jederzeit durch Drücken von F15 erreicht werden.

Belegarten	Die im Einkauf verwendeten **Belegarten** sind im einzelnen:
	Bestellanforderung (Banf), Anfrage, Angebot, Bestellung, Kontrakt (gegliedert in Mengen- und Wertkontrakt) sowie der Lieferplan.
Nummernkreise	Hierbei sei erwähnt, daß innerhalb des SAP-Systems sämtliche Belege einem **Nummernkreis** zugeordnet sind, wobei die Belege entweder automatisch oder manuell numeriert werden können.

1.7 Struktur eines Einkaufsbelegs

Ein Einkaufsbeleg ist in den Belegkopf und den Bereich der einzelnen Positionen untergliedert, wobei der Belegkopf die für den gesamten Beleg geltenden Informationen, wie z.B. Lieferantendaten sowie Zahlungs- und Lieferdaten enthält, während die einzelnen Positionen die zu beschaffenden Güter darstellen. Für jede Position innerhalb eines Einkaufsbeleges besteht die Möglichkeit, Zusatzdaten, wie die der Position zuzuordnende Kostenstelle oder das zu bebuchende Sachkonto, zu erfassen.

Erfassung eines Einkaufsbeleges — Der Ablauf der **Erfassung eines Einkaufsbeleges** ist hierbei folgender:

1. Einstiegsebene:	Hier werden die Kopfdaten sowie Vorschlagsdaten für die einzelnen Positionen erfaßt.
2. Positionsübersicht:	Hier können relevante Kopf- und Positionsdaten angezeigt und für die spätere Bearbeitung markiert werden. Die Markierung erfolgt durch Ankreuzen oder Anwahl der Menüpunkte *Bearbeiten ⇨ Markieren*. Von der Positionsübersicht aus besteht ebenfalls die Möglichkeit in das Kopfdetailbild zu verzweigen, indem F14 gedrückt wird.
3. Positionsdetailbild:	In die Anzeige der Positionsdetaildaten kann über die Menüpunkte *Position ⇨ Detail* verzweigt werden. Hier werden Informationen zur Beschaffung des Materials angezeigt.
4. Zusatzdaten:	Markierte Positionen können durch Anklicken des Menüpunktes *Position* angezeigt werden.

1 Einkauf

Sämtliche Positionen von Einkaufsbelegen können mit Bezug zu bereits bestehenden Einkaufsbelegen erfaßt werden, indem der Menüpunkt

Anlegen ⇨ Anlegen mit Bezug

angewählt wird.

1.8 Beschaffung innerhalb des R/3-Systems

Grundsätzlich ist bei jeder Beschaffung festzulegen, ob das zu beschaffende Material für das Lager, was zur Erhöhung der Lagerbestände führt, oder für den Verbrauch bestimmt ist. Hieraus ergeben sich unterschiedliche organisatorische Abläufe:

Ware, die für das Lager bestimmt ist, muß im Materialstamm definiert sein, muß jedoch nicht kontiert, d.h. keiner Kostenstelle zugeordnet werden, da bei jeder Warenbewegung die Buchung auf den entsprechenden Bestands- bzw. Verbrauchskonten sowie die Aktualisierung der Bestandsdaten im Materialstamm automatisch erfolgt.

Wird die Ware hingegen für den Verbrauch beschafft, ist ein Materialstammsatz nicht zwingend erforderlich, die Bestellung muß aber, da die Ware mit dem Wareneingang als bereits verbraucht gilt, sofort einer Kostenstelle zugeordnet (kontiert) werden. Innerhalb eines Einkaufsbelegs kann es also zu kontierende und nicht zu kontierende Positionen geben. Eine Kontierung ist für Bestellanforderungen, Rahmenverträge und Bestellungen möglich.

Beschaffungsformen Innerhalb der Beschaffung gibt es verschiedene **Beschaffungsformen**:

Die einmalige Bestellung und die Beschaffung über Rahmenvertrag, der Kontrakt mit anschließenden Abrufbestellungen sowie der Lieferplan mit Lieferplaneinteilungen.

1.9 Bestellanforderung

Wie bereits zu Beginn dieses Kapitels erwähnt, legen Bestellanforderungen den Beginn eines Beschaffungszyklus fest. Bestellanforderungen („Banf") sind interne Belege, die einen Bedarf definieren und den Einkauf veranlassen, eine Bestellung zu erzeugen oder einen Rahmenvertrag mit einem Lieferanten zu schließen. Sie können automatisch durch die Komponente „*Verbrauchs-gesteuerte Disposition*", welche auf Verbrauchsstati-

1.9 Bestellanforderung

stik, Bestandsführung und Prognosen zurückgreift, durch Fachabteilungen oder direkt im Einkauf erzeugt werden.

Die Bestellanforderungen werden entweder über Disposition oder direkt angelegt (siehe Abb. 6.4):

- **über Disposition**: Die SAP-Komponente schlägt die zu bestellenden Materialien vor und orientiert sich dabei an zurückliegenden Verbräuchen und vorhandenen Lagerbeständen. Bestellmenge und Liefertermin werden durch die Komponente automatisch ermittelt.
- **direkt**: In der anfordernden Abteilung wird eine Bestellanforderung manuell erfaßt.

Die Person, die die Bestellung anlegt, bestimmt, was in welcher Menge zu welchem Termin bestellt werden soll. Die Eingabebildschirme für das manuelle Anlegen von Bestellanforderungen können über:

Bestellanforderungen ⇨ Anlegen

erreicht werden(siehe Abb. 6.7).

Abb. 6.7
Positionsübersicht Banf

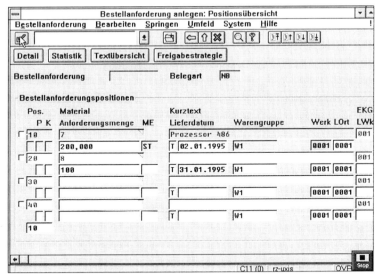

Nach Eingabe der Belegart, z.B. „NB" für Normalbestellung oder „RV" für Rahmenvertrag und ggf. einer „Banf-Nr." können Vorschlagsdaten eingegeben werden, die innerhalb dieser Bestellanforderungen für alle Positionen vorgeschlagen werden. Wird als Belegart RV angegeben, dann wird der Einkauf veranlaßt, einen Rahmenvertrag zu schließen.

1   Einkauf

Sollen Bestellanforderungen über bereits bestehende Vorlagen angelegt werden, muß die ausgewählte Bestellanforderung lediglich über die Menüfolge *Bestellanforderung ⇨ Anlegen*, dann *Bestellanforderung ⇨ Vorlage* kopiert und anschließend die benötigten Positionen in den neuen Beleg übernommen werden. Die anschließende Vorgehensweise geschieht in folgenden Schritten:

In der Positionsübersicht, in die durch Drücken der Eingabetaste verzweigt werden kann, sind die positionsspezifischen Daten, wie Materialnummer, Menge etc. einzugeben. Selbstverständlich besteht auch hier die Möglichkeit (über die Menüpunkte *Springen ⇨ Detail*), Detaildaten einzugeben.

1.9.1 Ermittlung von Bezugsquellen

Das System stützt sich bei der Ermittlung der Bezugsquelle auf Quotierungen, Orderbuch, Rahmenverträge und Infosätze. Wird bei einer entsprechenden Informationsquelle ein Eintrag gefunden, wird er entsprechend vorgeschlagen, ansonsten wird auf die darunterliegende Quelle zugegriffen.

Bezugsquellenzuordnung

Eine **Bezugsquelle** wird systemgestützt vorgeschlagen, sofern der Lieferant im System definiert ist. Um eine Bezugsquelle zu einer Bestellanforderung (Banf) zuzuordnen, müssen die Menüpunkte:

Bearbeiten ⇨ Bezugsquelle zuordn.

gewählt werden(siehe Abb. 6.5). Im Anschluß an diese Eingabe ermittelt das System die in Frage kommenden Bezugsquellen. Bei mehreren möglichen Bezugsquellen wird ein Dialogfenster geöffnet, aus der die gewünschte ausgewählt werden kann.

Sammelzuordnung

Um eine **Sammelzuordnung** mehrerer Bestellanforderungen zu Bezugsquellen in einem Arbeitsschritt zu erstellen, muß nach der Abspeicherung der Bestellanforderung über die Menüpunkte

Bestellanforderung ⇨ Folgefunktionen ⇨ Zuordnen bzw. Zuordn. u. bearbeit.

zum entsprechenden Eingabebildschirm verzweigt werden. Hier müssen die zu bearbeitenden Bestellanforderungen selektiert werden und danach weiterbearbeitet werden.

Der Vorteil dieses Verfahrens besteht darin, daß die Zuordnung einer Reihe von Bestellanforderungen in einem Arbeitsgang möglich ist (siehe Abb. 6.8):

1.9 Bestellanforderung

Abb. 6.8
Bezugsweg zu Banf zuordnen

„Banf" gesammelt zuordnen

1. Dann *Banf* ⇨ *Folgefunktionen* ⇨ *Zuordnen*.
   Es erscheint das Selektionsbild.
2. Die Selektionskriterien für die zuzuordnenden Banf eingeben. Jetzt z.B. den Schlüssel einer bestimmten Einkäufergruppe eintragen, damit sämtliche Banf ausgegeben werden, die der Einkäufergruppe zugeordnet sind.
   Mit [F8] erhält man die Liste der zuzuordnenden „Banf".
3. Die „Banf" markieren, entweder über das Markierungsmenü (*Bearbeiten* ⇨ *Markieren*), indem alle oder blockweise Banf markiert werden oder einzeln, indem der Cursor auf die entsprechende Banf gestellt und [F9] gedrückt wird.
4. Dann *Bearbeiten* ⇨ *Bezugsquelle zuordn.*, um mögliche Bezugsquellen zu ermitteln. Das System ermittelt für jedes angeforderte Material in der Liste die möglichen Bezugsquellen.
5. Gibt cs mehr als eine Bezugsquelle, mit [F2] die gewünschte Bezugsquelle selektieren.

227

1 Einkauf

Abb. 6.9
Übersicht
Bezugsquellen

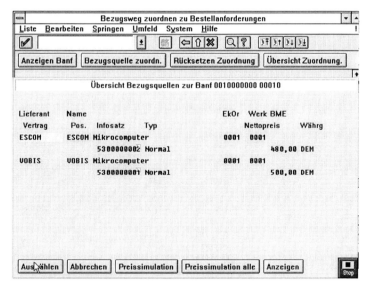

Nachdem alle „Banf" markiert und bearbeitet sind, erscheint die Bezugsquelle jeweils unterhalb der zugeordneten Banf.

6. Mit F17 kann eine Übersicht über die zugeordneten Banf angezeigt werden (siehe Abb. 6.9).

Soll die Bestellanforderung für ein Material angelegt werden, das keinen Materialstammsatz hat, müssen zusätzliche Daten, wie Kontierungstyp, Kontierung sowie die materialspezifischen Daten, eingegeben werden.

Kontierungstyp

Der **Kontierungstyp** legt hierbei fest, welcher Kategorie (Kostenstelle, Kundenauftrag) die Kontierung angehört, welche Konten bei Waren- bzw. Rechnungseingang zu bebuchen sind und welche Daten für die Kontierung bereitzustellen sind.

Änderungen

Bei der **Änderung von Bestellanforderungen** muß beachtet werden durch wen, d.h. Fachabteilung oder Disposition, die Bestellanforderung erstellt wurde, ob eine Bestellung bereits erfolgte und ob sie bei genehmigungspflichtigen Bestellanforderungen bereits freigegeben wurde.

Zur Änderung einer Bestellanforderung müssen die Menüpunkte *Bestellanforderung* ⇨ *Ändern* angewählt und die Nummer der zu ändernden Bestellanforderung eingegeben werden.

Nun können über den Menüpunkt *Bearbeiten* Positionen erfaßt oder bereits erfaßte gelöscht werden. Detailinformationen zu markierten Positionen können über *Springen* ⇨ *Detail* ebenfalls geändert werden.

Nach der Sicherung der Änderung hält das System sämtliche Änderungsdaten in einem Protokoll fest.

Freigabe von Bestellanforderungen

Bevor nun Positionen einer **Bestellanforderung** bestellt werden können, müssen sie ggf. noch freigegeben werden. Dies hängt von Freigabebedingungen ab, die z.B. durch den Bestellwert, die Warengröße oder den Kontierungstyp festgelegt sind. Unter **Freigabe** wird hier ein Genehmigungsverfahren verstanden, das, je nach Unternehmensvorgaben, in unterschiedliche Freigabestrategien (wie z.B. die Anzahl und Reihenfolge der Freigabestellen) unterteilt wird. Erst wenn sämtliche Instanzen durchlaufen und die Positionen vom jeweiligen Sachbearbeiter freigegeben wurden, können Anfrage oder eine Bestellung zur entsprechenden Position erzeugt werden. Informationen zum Freigabestatus oder der Freigabestrategie können über *Springen* ⇨ *Freigabe-Infos* und Auswahl entsprechender Untermenüpunkte abgefragt werden.

R/3 bietet neben der Pflege auch die Möglichkeit der Überwachung und Auswertung von Bestellanforderungen. Auswertungen können zu einer Vielzahl einkaufsrelevanter Daten, wie Materialnummer, Kontierung etc., erstellt werden und liefern so einen vielseitigen Überblick über sämtliche Aktivitäten. Die Überwachung bietet u.a. auch die Möglichkeit, vom Einkauf unbearbeitet gelassene Bestellanforderungen diesem nach einer definierten Wiedervorlagezeit erneut vorzulegen.

1.9.2 Quotierung

Soll ein bestimmtes Material abwechselnd von verschiedenen Bezugsquellen bezogen werden, so können die einzelnen Bezugsquellen mit einer Quote versehen werden. Die Quote gibt an, welcher Anteil des anfallenden Bedarfs von welcher Bezugsquelle beschafft werden soll. Das heißt, wenn es eine Quotierung für ein Material gibt, wird sie bei der Bezugsquellenermittlung berücksichtigt. Eine Quotierung wird für einen spezifischen Zeitraum vereinbart.

Die Quotierung gibt Auskunft über den maximalen Anteil am Gesamtbedarf, der einem Lieferanten zugeordnet werden soll. So

1 Einkauf

ist eine automatische Zuordnung des Bedarfs zu wechselnden Bezugsquellen möglich.

Die Ermittlung einer Bezugsquelle erfolgt durch die Errechnung einer **Quotenzahl** nach folgender Formel:

Quotenzahl

$$\text{Quotenzahl} = \frac{\text{quotierteMenge} + \text{Quotenbasismenge}}{\text{Quote}}$$

quotierte Menge

Die **quotierte Menge** enthält die akkumulierte, vom Lieferanten bereits bezogene Menge.

Quotenbasismenge

Soll zu einer bestehenden Quotierung eine neue Bezugsquelle hinzugefügt werden, besteht die Möglichkeit, dem neuen Lieferanten über die Eingabe einer **Quotenbasismenge**, quasi eine fiktive quotierte Menge zuzuordnen. Durch diese Möglichkeit wird umgangen, daß alle Bedarfe dem neuen Lieferanten zugeordnet werden.

Quote

Die **Quote** wird als Ganzzahl eingegeben und stellt den einem Lieferanten zugeordneten Anteil am Bedarf dar.

Der Lieferant, dessen Quotenzahl am niedrigsten ist, bekommt die nächste Bestellung zugewiesen. Hierbei ist jedoch zu beachten, daß Bestellpositionen bei zu geringen Kapazitäten eines Lieferanten nicht gesplittet werden können.

Eine Quotierung wird für einen spezifischen Zeitraum vereinbart. Für jede Bezugsquelle wird eine Quotierungsposition innerhalb des Zeitraums angelegt; hier die Menüfolge:

Quotierung für ein Material definieren

1. *Stammdaten ⇨ Quotierung ⇨ Pflegen.*
2. Die Material- und Werksnummer eingeben und [Enter], um das Übersichtsbild der Quotierungszeiträume anzuzeigen.
3. Einen Gültigkeitszeitraum für die Quotierung und das Datum eingeben, bis wann die Quotierung gültig ist. Das Anfangsdatum wird vom System berechnet; dann [Enter].
4. Quotierung markieren und [F7], um die Positionsübersicht der Quotierung anzuzeigen.
5. Quotierungsposition für jede Bezugsquelle erfassen, die in der Quotierung definiert werden soll. Dazu müssen folgende Daten eingegeben werden:

- **Beschaffungsart**: Eine Quotierung kann Fremdbeschaffung oder Eigenfertigung vorsehen. „F" für Fremdbeschaffung in der Spalte B eingeben.
- **Sonderbeschaffungsart**: z.B. „K" in der Spalte S eingeben, wenn eine Konsignationsvereinbarung für das Material mit dem Lieferanten existiert.
- **Lieferantennummer**
- **Beschaffungswerk**: Schlüssel des Werkes.
- **Quote**: In der Spalte Quote für jede Position die gewünschte Quote eingeben. Die Quote legt fest, welcher Anteil eines anfallenden Bedarfs von der Bezugsquelle beschafft werden soll. Angenommen, eine Quotierung enthält zwei Bezugsquellen und die Quote 1 wurde für beide Bezugsquellen eingegeben, so wird jeder Bezugsquelle 50% des anfallenden Bedarfs zugeordnet.

6. Dann [Enter]; die prozentuale Verteilung der Quoten wird automatisch vom System berechnet und angezeigt.
7. Quotierung mit [F11] sichern; das System ordnet der Quotierungsposition automatisch eine Nummer zu.

Als zusätzliches Kriterium zur Bezugsquellenermittlung stehen noch Stammkonditionen, die der Ermittlung des effektiven Preises dienen sowie die Lieferantenbeurteilung zur Verfügung.

1.9.3 Überwachung von Quotierungen

Die Überwachung von Quotierungen erreicht man über die Menüfolge:

Quotierung anzeigen

1. *Stammdaten ⇨ Quotierung ⇨ Anzeigen*. Das Einstiegsbild für die Quotierung erscheint.
2. Material- und Werksnummer eingeben und [Enter], um das Übersichtsbild anzuzeigen.
3. Die einzelnen Quotierungssätze einer Quotierung erscheinen, nachdem eine Quotierung markiert und [F7] gedrückt wurde.

Quotierung mehrerer Materialien anzeigen

Die **Quotierung sämtlicher Materialien** kann aufgelistet und von der Liste aus gepflegt werden:

1. *Stammdaten ⇨ Quotierung ⇨ Listanzeigen ⇨ Zum Material*.

2. Das Intervall der Materialnummer bzw. den Werksschlüssel eingeben, deren Quotierungspositionen man anzeigen will. Nach [F8] wird die Liste der ausgewählten Quotierungsposi-

1 Einkauf

tionen angezeigt. Den Materialstammsatz anzeigen mit [F7]. Soll der Lieferantenstammsatz einer Quotierungsposition angezeigt werden, den Cursor auf die Quotierungsposition stellen und [F8] drücken.

3. Die Quotierungsposition markieren, die geändert bzw. gepflegt werden soll und [F6] drücken.

1.10 Materialdisposition

Die Disposition gibt den Zeitpunkt und die Höhe des Bedarfs eines Materials vor. Sie tritt als deterministische Disposition (auf Stücklisten und externen Bedarf zurückgreifend) innerhalb der Produktionsplanung und als verbrauchsgesteuerte Disposition, unter Berücksichtigung zurückliegender Verbrauchswerte, innerhalb der Materialwirtschaft auf.

Die **Dispositionsverfahren**, die einzelnen Materialstammsätzen zugeordnet sind, erzeugen Meldungen bzw. Bestellanforderungen aufgrund der im Materialstammsatz vorgegebenen Kriterien. Diese können das Erreichen des Meldebestands oder eines Bestellzeitpunkts, ermittelt auf der Basis eines Prognosemodells, sein. Beispiele für Prognosemodelle sind das Konstant-, das Trend- und das Saisonmodell.

Bestellmengen-
ermittlung

Die Ermittlung der Bestellmenge erfolgt über ein Losgrößenverfahren, das vom Disponenten festgelegt wird. Es wird zwischen statischen, periodischen und dynamischen Losgrößenverfahren unterschieden.

statistische
Losgrößenverfahren

Bei **statischen Verfahren** werden nur feste Losgrößen ohne Berücksichtigung des künftigen Bedarfs festgestellt. Innerhalb dieses Verfahrens wird nach exakter Losgröße, welcher der Fehlmenge entspricht, fester Losgröße und „Auffüllen bis zum Höchstbestand" unterschieden.

periodische
Losgrößenverfahren

Bei **periodischen Verfahren** wird der Gesamtbedarf, der für eine bestimmte Zeitperiode anfällt, zu einem Los zusammengefaßt, welches dann der Bestellmenge entspricht.

dynamische
Losgrößenverfahren

Dynamische Verfahren unterstützen den Einkäufer bei der Ermittlung der optimalen Bestellmenge, d.h. der Bestellmenge, bei der optimale Lager- und Beschaffungskosten erreicht werden. Innerhalb dieser Verfahren wird noch weiter nach dem Verfahren der gleitenden Losgröße und der dynamischen Planungsrechnung unterschieden. In beiden Fällen werden die Bedarfe akkumuliert. Beim Verfahren der gleitenden Losgröße geschieht das solange, bis eine minimale Gesamtkostensumme, die sich aus Lager- & Bestellkosten zusammensetzt, erreicht wird. Bei der dynamischen Planungsrechnung hingegen werden von einem Unterdeckungstermin ausgehend, die Bedarfe solange akkumuliert, bis die zusätzlichen Lagerkosten größer als die auflagefixen Bestellkosten sind.

Toleranzen, wie Mindestlosgröße und maximale Losgröße sowie Rundungswerte, werden bei der Ermittlung der Bestellmenge ebenfalls berücksichtigt.

Die Festlegung des Liefertermins erfolgt aufgrund definierter Kriterien, wie Freigabetermin, Planlieferzeit und Wareneingangsbearbeitungszeit, ebenfalls automatisch.

Die Materialdisposition (Materialbedarfsplanung) und die Bestandsführung gehören zu den Bereichen der Materialwirtschaft, die den Materialbestand steuern. Siehe hierzu Abb. 6.10:

Abb. 6.10
Verbindungen der Bestandsführung und der Materialdisposition zur Steuerung des Materialbestands

Die **Materialdisposition** (Bedarfsanforderung) ermittelt in Abhängigkeit von den Materialstammdaten, vom aktuellen Materialbestand und von den Plandaten der Produktion bzw. des Einkaufs den Bedarf eines Materials. Das für die Disposition benötigte Dispositionsverfahren (z.B. ein Verfahren der verbrauchsgesteuerten Disposition) sowie das Losgrößenverfahren, die Terminierungsart und das Prognosemodell werden durch die Stammdaten des jeweiligen Materials festgelegt. Bei der Durch-

1 Einkauf

führung der Materialdisposition wird dann auf die zur Verfügung stehenden Verfahren und Modelle zugegriffen. Das Ergebnis der Materialdisposition wird an die Produktion bzw. an den Einkauf weitergeleitet, um eine entsprechende Produktion bzw. Bestellung zu veranlassen.

Die **Bestandsführung** verändert den aktuellen Materialbestand durch das Verbuchen von Materialzu- und -abgängen, durch Umbuchungen oder durch Reservierungen. Einen Einfluß auf die Bestandsführung haben in diesem Zusammenhang die Materialstammdaten, die Produktion, der Einkauf, der Warenein- und -ausgang sowie die Lagerverwaltung.

1.11 Verbrauchsgesteuerte Disposition

Die verbrauchsgesteuerte Disposition wird, wie die Leitteileplanung und die plangesteuerte Disposition, für die Materialdisposition verwendet. Bei ihr handelt es sich um einen Sammelbegriff für Verfahren, die sich am Verbrauch des Materials orientieren und vorwiegend für die nachfolgenden Materialdispositionen eingesetzt werden:

- Materialdisposition in Bereichen ohne eigene Fertigung
- Materialdisposition von B- und C-Teilen (ABC-Analyse)
- Materialdisposition von Hilfs- und Betriebsstoffen

Die verbrauchsgesteuerte Disposition ermittelt, in Abhängigkeit vom ausgewählten Verfahren, welches Material zu welchem Termin in welcher Menge benötigt wird. Bei der Ermittlung dieser Daten werden auch Losgrößenverfahren und - je nach Dispositionsverfahren - auch Prognosen verwendet.

Beim *Anlegen/Ändern* eines Materials im Materialstamm, erfolgt die Verknüpfung zum jeweiligen Dispositionsverfahren, Losgrößenverfahren, Prognosemodell und zu weiteren Daten, die für die Disposition notwendig sind.

Die Ergebnisse der Materialdisposition mit verbrauchsgesteuerten Dispositionsverfahren können in Form einer Dispositionsliste oder einer Bestands-/Bedarfsübersicht angezeigt und bearbeitet werden. In Abhängigkeit von den Ergebnissen erfolgt die Erstellung von Bestellvorschlägen (Bedarfsanforderungen) für den Einkauf bzw. für die Produktion.

Bei den **Dispositionsverfahren** der verbrauchsgesteuerten Disposition handelt es sich um die manuelle bzw. maschinelle Bestellpunktdisposition und um die stochastische Disposition. Die

1.11 Verbrauchsgesteuerte Disposition

Abb. 6.11 zeigt die Einordnung dieser Verfahren in die bei der Materialdisposition zur Verfügung stehenden Verfahren.

Abb. 6.11
Dispositionsverfahren bei der Materialdisposition

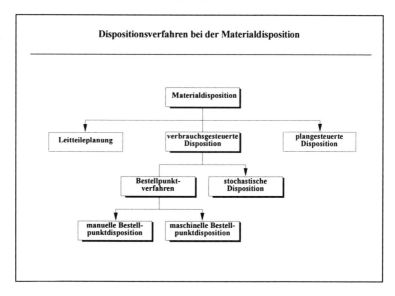

Bei den **Bestellpunktverfahren** wird der verfügbare Bestand eines Materials mit dessen Meldebestand verglichen. Wenn dabei der verfügbare Bestand den Meldebestand unterschreitet, kommt es zur Generierung eines Bestellvorschlags. In diesem Zusammenhang wird auch der Sicherheitsbestand, das Losgrößenverfahren, die Plandaten aus Produktion bzw. Einkauf und die Vorwärtsterminierung mitberücksichtigt.

Die **maschinelle Bestellpunktdisposition** unterscheidet sich zur manuellen dadurch, daß sie nicht den im Materialstamm festgelegten Melde- und Sicherheitsbestand verwendet, sondern diese Bestände durch bisherige Verbrauchswerte ermittelt.

Bei der **stochastischen Disposition** wird in regelmäßigen Abständen (Tage, Wochen, Monate oder Buchhaltungsperioden) maschinell mit Hilfe eines Prognoseverfahrens der zukünftige Materialbedarf ermittelt. Dieser Materialbedarf wird dann mit dem verfügbaren Bestand verglichen. Wird hierbei eine Unterdeckung festgestellt, kommt es zur Erzeugung eines Bestellvorschlags. In diesem Zusammenhang wird, wie bei den Bestellpunktverfahren, der Sicherheitsbestand, das Losgrößenverfahren und die Plandaten aus der Produktion bzw. Einkauf berücksichtigt. Bei der Terminierung hingegen handelt es sich um die Rückwärtsterminierung.

1 Einkauf

Losgrößenverfahren

Bei den zur Verfügung stehenden **Losgrößenverfahren** handelt es sich um verschiedene statische, periodische und optimierende Losgrößenverfahren. Das Bild 6.12 zeigt einen Überblick über diese Verfahren. Bei der maschinellen Bestellpunktdisposition und der stochastischen Disposition können dabei alle Verfahren angewendet werden. Bei der manuellen Bestellpunktdisposition hingegen sind nur statische Verfahren erlaubt. Hierbei ist zu beachten, daß dies nicht durch das System überprüft wird und so nicht zu den gewünschten Ergebnissen der Materialdisposition führen kann.

Abb. 6.12
Losgrößenverfahren bei der Materialdisposition

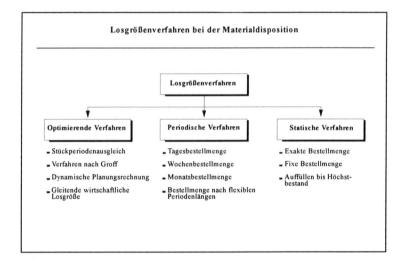

Prognosemodelle

Bei den **Prognosemodellen** handelt es sich um das Konstant-, Trend-, Saison- und Trend-/Saisonmodell. Hinter diesen Modellen verbergen sich verschiedene **Prognoseverfahren**. Einen Überblick über diese Verfahren zeigt das Bild 6.13.

Die Auswahl eines Verfahrens ist abhängig von dem Bedarfsverlauf eines Materials und kann manuell oder maschinell erfolgen. Der Bedarfsverlauf ergibt sich hierbei aus den Bedarfswerten der vergangenen Perioden.

1.11 Verbrauchsgesteuerte Disposition

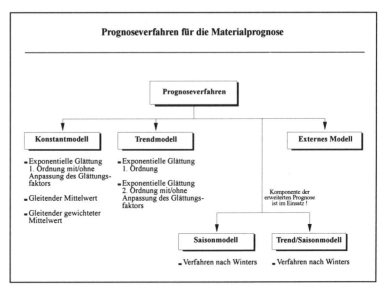

Abb. 6.13
Prognoseverfahren für die Materialprognose

1.11.1 Voraussetzung für die Materialdisposition

Um für ein Material eine Disposition mit einem verbrauchsgesteuerten Verfahren durchführen zu können, müssen zuvor im **Materialstamm** die dafür notwendigen Daten dem Material zugeordnet werden. In der Regel erfolgt die Zuordnung der Daten beim Anlegen eines Materials.

Bei den betroffenen Sichten handelt es sich um **Disposition 1**, **Disposition 2**, **Disposition 3** und **Prognose**.

In der Sicht **Disposition 1** müssen die Grunddaten, die noch nicht vorhanden sind, eingegeben werden. Dies betrifft vor allem das Dispositionsmerkmal und die Dispositionsgruppe. Im Feld Dispositionsmerkmal erfolgt die Zuordnung des Materials zu dem gewünschten Dispositionsverfahren. In Abhängigkeit von den Grunddaten erfolgt die weitere Eingabe für die allgemeinen Daten und Losgrößendaten. Eine Eingabe in einem Feld kann dabei weitere Eingaben notwendig machen. Betroffene Felder werden in diesem Zusammenhang farblich hervorgehoben. Diese Vorgehensweise ist für eine korrekte Eingabe unumgänglich, jedoch kann sie auch sehr verwirrend sein. Bei den restlichen Sichten erfolgt, wenn erforderlich, die Eingabe in ähnlicher Weise.

In der Sicht **Disposition 2** können neben den Grunddaten auch Daten für die Prognoseverarbeitung und die Bedarfsauflösung eingegeben werden. Eine Eingabe in diese Sicht ist evtl. nur dann notwendig, wenn ein Dispositionsverfahren ausgewählt wurde, welches Prognosen für die Disposition verwendet.

In der Sicht **Disposition 3** können ebenfalls Grunddaten und zusätzlich noch Daten für die weitere Verrechnung dem Material zugeordnet werden.

In der Sicht **Prognose** werden Daten erfaßt, die für die Materialprognose verwendet werden. Neben den Grunddaten handelt es sich hierbei um Daten über die Anzahl der gewünschten Perioden und um Steuerungsdaten.

Beispiel: Wasserpumpe

Anhand einer **Wasserpumpe**, die als Handelsware bezogen wird, soll nun die Zuordung der notwendigen Daten erläutert werden. Die Wasserpumpe soll dabei durch die maschinelle Bestellpunktdisposition disponiert und der monatliche Bedarf durch ein Trendmodell prognostiziert werden. Die Prognose wird manuell initialisiert mit einer Bedarfsteigerung von 10 Pumpen/Monat und einem Grundbedarf von 100 Pumpen. Bei der Prognose soll der monatliche Bedarf für die nächsten 12 Monate ermittelt werden. Als Lieferzeit werden 5 Tage veranschlagt. Der Lieferbereitschaftsgrad des eigenen Lagers beträgt ca. 5%. Der Meldebestand ist bei 10 Wasserpumpen erreicht.

In der Sicht Disposition 1 müssen aufgrund dieser Angaben nachfolgende Daten eingegeben werden. Die Erfassung der Materialbezeichnung und der Basismengeneinheit ist dabei nur notwendig, wenn zum ersten Mal Daten zur Wasserpumpe erfaßt werden:

- Materialbezeichnung = "Wasserpumpe"
- Basismengeneinheit = "St" für Stück
- Dispositionsmerkmal = "VM" für masch. Bestellpunktdisp.
- Dispositionsgruppe = z.B. "0000" für keine Vorplanung
- Disponent = z. B. "001" für Disponent 1
- Horizontschlüssel = z. B. "001" für Horizontschlüssel 1
- Dispolosgröße = "MB" für Monatslosgröße
- Meldebestand = "10"
- Planlieferzeit = "5"

1.11 Verbrauchsgesteuerte Disposition

Abb. 6.14
Sicht: Disposition 1

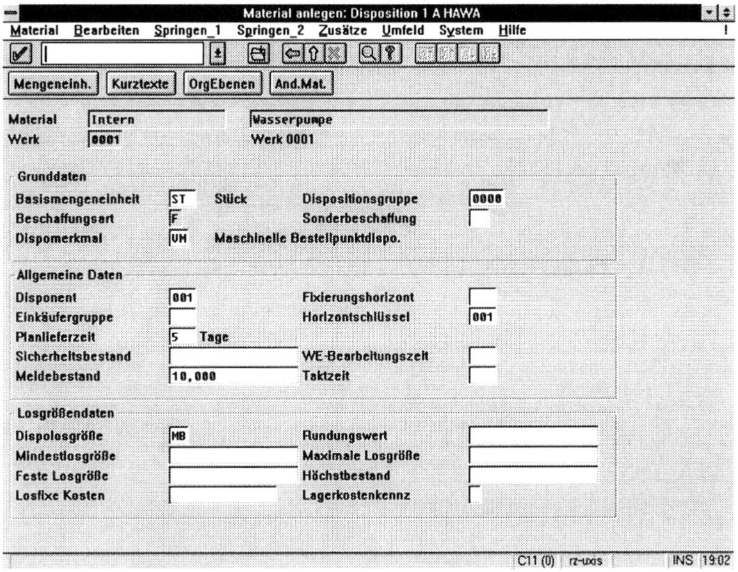

Nach der Eingabe der Daten in der Sicht **Disposition 1** müssen Daten in der Sicht **Disposition 2** und **Prognose** eingegeben werden.

Abb. 6.15
Sicht: Disposition 2

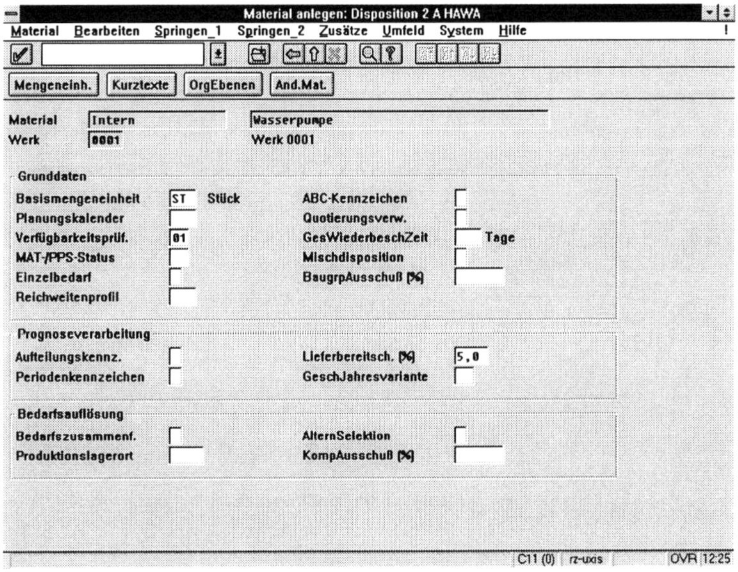

1   Einkauf

In der Sicht **Disposition 2** ist es nur notwendig, den Lieferbereitschaftsgrad von 5% zu erfassen. Die weiteren Daten wurden bereits durch das System vorgegeben.

Abb. 6.16
Sicht: Prognose

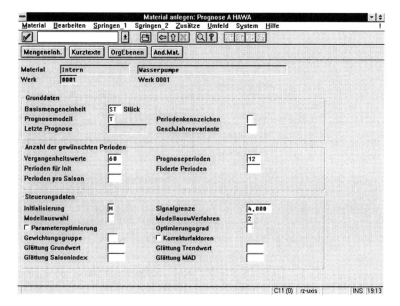

In der Sicht **Prognose** müssen die folgenden Daten eingegeben bzw. geändert werden:

- Prognosemodell   = "T" für Trendmodell
- Initialisierung   = "M" für manuell

Die Anzahl der Prognoseperioden wurde bereits systemseitig vorgegeben. Dies gilt auch für die anderen angegebenen Daten. Aufgrund des Trendmodells können noch weitere Daten in einem zusätzlichen Fenster erfaßt werden. Bezogen auf unser Beispiel handelt es sich vor allem um den Grundwert "100" (Bestellmenge in der Periode 0) und um dem Trendwert "10" (Menge, um die der Grundwert pro Periode erhöht wird). Der Grundwert wurde dabei angenommen.

1.11.2 Durchführung einer Materialdisposition

Die Materialdisposition bietet eine Vielzahl von Durchführungsmöglichkeiten an. Diese können in 3 Hauptmöglichkeiten zusammengefaßt werden:

1) **Bedarfsplanung ohne Prognosen**
2) **Bedarfsplanung mit Prognosen**
   (Initialisierung durch das System)
3) **Bedarfsplanung mit Prognosen**
   (Initialisierung durch den Benutzer)

Die Festlegung der Hauptmöglichkeiten erfolgt im Materialstamm durch das Dispositionsmerkmal (Sicht: Disposition 1) und durch die Prognoseinitialisierung (Sicht: Prognose). Die weiteren Möglichkeiten sind dann abhängig von den getroffenen Entscheidungen bei der Materialdisposition. Das Bild 6.17 zeigt hierzu einen Überblick:

Abb. 6.17
Möglichkeiten der Materialdisposition

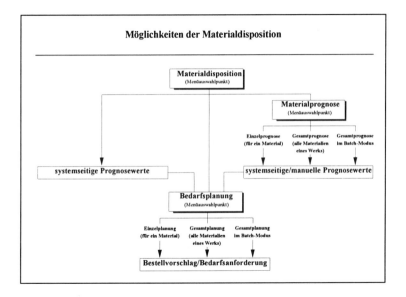

Die Materialprognose und die Bedarfsplanung erscheinen bei der Auswahl des Menüpunktes „*Materialdisposition*" als weitere Menüpunkte (siehe Abb. 6.18). Die Auswahl der Materialprognose ist nur notwendig für Materialien, deren Prognose manuell initialisiert wird oder wenn Änderungen von systemseitigen Prognosen notwendig sind. In diesem Zusammenhang muß die Materialprognose vor der Durchführung der Bedarfsplanung erfolgen. Bei Materialien mit systemseitiger Initialisierung der Prognose kann hingegen die Bedarfsplanung sofort durchgeführt werden.

1 Einkauf

Der Weg zur Bedarfsplanung und Materialprognose führt über *Logistik* ⇨ *Materialwirtschaft* ⇨ *Materialdisposition*.

Abb. 6.18
Menüweg zur Materialprognose/Bedarfsplanung

Nach der Auswahl der **Materialprognose** erhält man ein neues Fenster mit den nachfolgenden Menüpunkten.

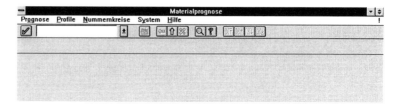

Abb. 6.19
Fenster Materialprognose

Unter dem Menüpunkt „*Prognose*" können die Möglichkeiten der Materialprognose angewendet werden. Unter Profile können Prognoseprofile, die als Eingabehilfe bei der Durchführung einer Prognose verwendet werden, angelegt, angezeigt, geändert oder gelöscht werden. Der Menüpunkt „*Nummernkreise*" ermöglicht die Verwaltung des Nummernkreises für Prognoseparameter bzw. für Prognosewerte.

Die Durchführung einer Materialprognose wird nun anhand des Beispiels aus dem Punkt 1.10.2 in Verbindung mit der Einzelprognose erläutert. Nachdem die Einzelprognose als Durchführungsart ausgewählt und Materialnummer sowie die Schlüsselnummer für ein Werk eingegeben wurden, erscheint nachfolgendes Fenster (siehe Abb. 6.20). In diesem Fenster wird die Prognose durch das Drücken des Buttons „*Ausführen*" bzw. über die Menüpunkte „*Bearbeiten*" ⇨ „*Ausführen*" gestartet.

1.11 Verbrauchsgesteuerte Disposition

Abb. 6.20
Fenster: Prognose-
durchführung

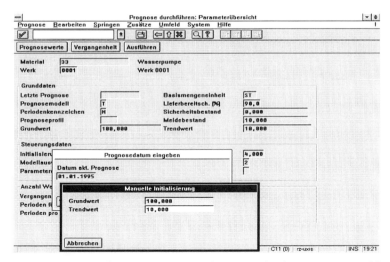

Nach dem Drücken des Buttons bzw. nach der Menüauswahl muß dann in einem weiteren Fenster das aktuelle Prognosedatum eingegeben werden. Da es sich im vorliegenden Beispiel um eine monatliche Prognose handelt, wird der erste Tag des aktuellen Monats angegeben.

Wurde der Grundwert und der Trendwert beim Anlegen des Materials noch nicht erfaßt, so kann die Eingabe dieser Werte im Fenster *„Manuelle Initialisierung"* erfolgen. Nach der Eingabe des Grundwertes „100" und des Trendwertes „10", laut Beispiel, wird das Prognoseergebnis am Bildschirm angezeigt (Siehe Bild 6.21). Wurden hingegen diese Werte bereits erfaßt, so werden diese im Fenster *„Manuelle Initialisierung"* angezeigt und können dort geändert oder bestätigt werden.

Es ist zu beachten, daß das Prognoseergebnis den zuvor festgelegten Lieferbereitschaftsgrad (Prozentsatz, mit dem der Bedarf durch den Lagerbestand gedeckt wird) noch nicht berücksichtigt, da es sich hierbei um eine Initalisierung der Prognose handelt und noch kein Lagerbestand vorhanden ist.

Unter dem Menüpunkt *„Prognose"* erhält man zusätzlich noch die Möglichkeit, sich dieses Prognoseergebnis auch grafisch am Bildschirm anzeigen zu lassen (siehe Abb. 6.21).

1 Einkauf

Abb. 6.21
Fenster: Prognoseergebnis

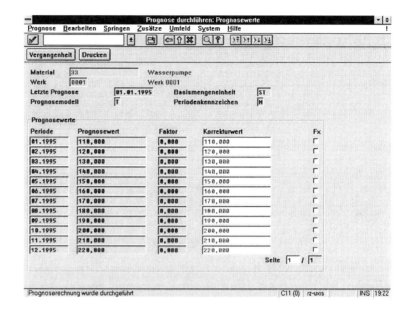

Um diese Werte bei der Bedarfsplanung zu verwenden, ist vor dem Verlassen dieses Fensters das Speichern der Werte notwendig.

Nach der Auswahl der **Bedarfsplanung** erhält man ein neues Fenster mit den nachfolgenden Menüpunkten.

Abb. 6.22
Fenster: Bedarfsplanung

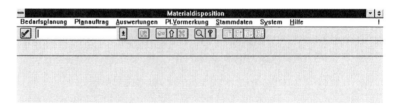

Unter dem Menüpunkt *Bedarfsplanung* können die Möglichkeiten der Bedarfsplanung angewendet werden, die bereits in Punkt 1.11.2 beschrieben wurden. Der Menüpunkt *Planauftrag* bietet Möglichkeiten zum Bearbeiten und Anzeigen von Planaufträgen.

Unter *Auswertungen* können die Ergebnisse der Bedarfsplanung in Form einer Dispositionsliste bzw. einer Bestands- und Bedarfsübersicht angezeigt werden. Bei *Pl.Vormerkung* können Planungsvormerkungen bearbeitet und angezeigt werden. Unter *Stammdaten* können Daten zu Seriennummern, zum Planungs-

1.11 Verbrauchsgesteuerte Disposition

kalender und zu Quoten gepflegt werden, die für die Materialdisposition evtl. notwendig sind.

Aufbauend auf der Materialprognose, mit dem Beispiel aus dem Punkt 1.11.1, wird nun die Bedarfsplanung in Form einer Einzelplanung erläutert. Nach der Auswahl der Einzelplanung erscheint auf dem Bildschirm das nachfolgende Dialogfenster (siehe Abb. 6.23). Nach der Eingabe der Materialnummer und der Schlüsselnummer eines Werks werden die Steuerungsparameter für die Disposition durch das System vorgegeben. Diese Parameter können daraufhin abgeändert werden.

Wird der Steuerungsparameter für den Ablauf (*„Ergebnis anz."*) ausgewählt, so wird nach der Disposition das Ergebnis am Bildschirm angezeigt. Wird dieser Parameter nicht ausgewählt, so wird das Ende der Bedarfsplanung durch das Verschwinden der Parameterbeschreibung angezeigt. Das Ergebnis kann dann unter dem Menüpunkt *Auswertungen* im Fenster der Bedarfsplanung (siehe Bild 6.23) angezeigt werden.

Abb. 6.23
Fenster: MRP-Einzelplanung

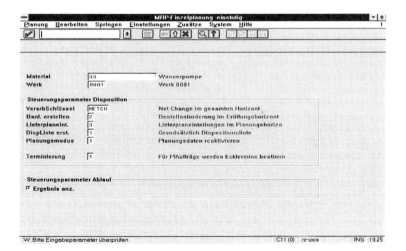

1.11.3 Ergebnis der Materialdisposition

Bei dem Ergebnis der Materialdisposition handelt es sich, wie bereits erwähnt, um die Dispositionsliste bzw. Bestand-/Bedarfsübersicht, aber auch um Ausnahmemeldungen, die während der Disposition erstellt wurden. Solche Ausnahmemeldungen treten auf bei Terminverzug, bei einem Unterterminierungs- oder Stor-

1 Einkauf

nierungsvorschlag sowie bei Unterschreitung des Sicherheitsbestandes.

Bei der auf das Beispiel angewandten Materialdisposition ergab sich nach Beendigung der Bedarfsplanung nachfolgendes Ergebnis (siehe Abb. 6.24). Es traten dabei keine Ausnahmemeldungen auf. Nach der Überprüfung und Speicherung des Ergebnisses kann nun durch den Einkauf die entsprechende Bestellung in die Wege geleitet werden.

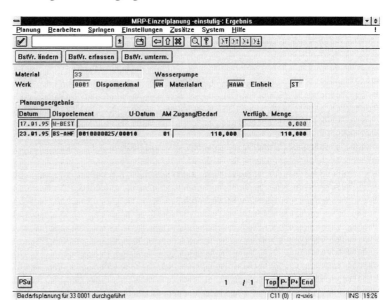

Abb. 6.24
Fenster: Dispositionsliste

1.12 Anfragen und Angebote

Definition Anfrage

Eine **Anfrage** stellt eine Aufforderung an einen Lieferanten dar, ein Angebot über die Lieferung eines oder mehrerer Materialien zu machen. Der Lieferant wird insbesondere aufgefordert, Angaben über Preis und Liefermöglichkeiten des Materials zu machen sowie seine Konditionen im Angebot festzuhalten.

Abgesehen von den Lieferantendaten, die in einer Bestellanforderung nicht zwingend vorgeschrieben sind, enthält eine Anfrage gegenüber einer Bestellanforderung lediglich noch einige zusätzliche anfragerelevante Daten, wie die für das Angebot einzuhaltende Angebots- und Bewerbungsfrist.

Die Struktur einer Anfrage entspricht der allgemeinen Struktur eines Einkaufsbeleges. Sie enthält einen Belegkopf, in dem die

1.12 Anfragen und Angebote

für die Anfrage relevanten Daten eingegeben werden können und Positionen, die die Angaben zum Material enthalten. Zusätzlich können positionsbezogene Texte erfaßt werden.

Anfragen anlegen

Die **Anfrage** kann entweder manuell, mit Bezug auf eine Vorlage oder automatisch, durch Zuordnung einer Bestellanforderung, erstellt werden. Für die Lieferantenauswahl stehen Infosätze, zu denen Auswertungen generiert werden können, und das Orderbuch zur Verfügung.

Sollen die Anfragen automatisch, durch Zuordnung von Bestellanforderungen erstellt werden, müssen die entsprechenden (bereits freigegebenen) Bestellanforderungen ausgewählt werden. Der entsprechende Bildschirm zur Eingabe der Selektionskriterien kann über die Menüpunkte

Bestellanforderung ⇨ *Folgefunktionen* ⇨ *Zuordn. und bearbeit.*

erreicht werden. Nach Auflistung der Bestellanforderungen auf dem Bildschirm können diese entweder den Anfragen oder Bestellungen zugeordnet werden. Im Anschluß daran kann der entsprechende Einkaufsbeleg erzeugt werden.

Die entsprechenden Menüs zur manuellen Erfassung von Anfragen und Angeboten sind über:

Anfrage/Angebot ⇨ *Anfrage* ⇨ *Anlegen*

zu erreichen(siehe Abb. 6.25).

Abb. 6.25
Anfrage anlegen

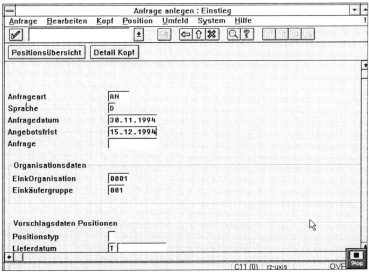

1   Einkauf

Schon in der Anfrage besteht die Möglichkeit, zu Positionen Lieferzeiten festzulegen, d.h. eine Einteilung zu erstellen, an die sich der Lieferant halten muß.

Nach Erfassung sämtlicher Anfragedaten und Festlegung der Anfrage zu den einzelnen Lieferanten kann die Belegausgabe über Drucker oder EDI-/Telex (siehe hierzu Kapitel 11) erfolgen.

Ändern von Anfragen

Sämtliche im System erfaßten **Anfragen** können, ebenso wie Bestellanforderungen, nachträglich geändert werden. Hierzu müssen lediglich die Anfragenummer und ggf. die Submissionsnummer, welche die Anfrage zu einer bestimmten Ausschreibung zuordnet, bekannt sein.

Das **Änderungsbild** zu einer Anfrage wird über

Anfrage ⇨ Ändern

erreicht.

Auch für die Änderung von Anfragen erstellt das System ein Protokoll, aus dem sämtliche Änderungsdaten hervorgehen.

Angebote

Gehen nun auf eine Ausschreibung die **Angebote** ein, können diese in das System eingegeben und über einen Preisspiegel miteinander verglichen werden. Mittels dieses Preisspiegels, worin die einzelnen Angebote positionsweise miteinander verglichen werden, ist es möglich, den günstigsten Lieferanten für eine Position sowie einen Mittelwertpreis für die Materialien zu ermitteln.

Da in R/3 Angebot und Anfrage in einem Beleg realisiert wurden, sind die Angebotsdaten innerhalb der zugehörigen Anfrage zu erfassen. Der entsprechende **Eingabebildschirm** kann über

Anfrage/Angebot ⇨ Angebot ⇨ Pflegen

erreicht werden, wo die entsprechenden Daten direkt im Detailbild der entsprechenden Positionen erfaßt werden können.

Bei der Erfassung von Preisen ist zwischen Nettopreis und Bruttopreis zu unterscheiden. Der Nettopreis enthält lediglich normale Rabatte oder Zuschläge des Lieferanten, währenddessen Skonti sowie Steuern nicht in diesem Preis enthalten sind.

Preise und Konditionen

Soll der **Bruttopreis** erfaßt werden, welcher ohne jegliche Rabatte oder Zuschläge des Lieferanten angegeben wird, müssen **Konditionen** zur jeweiligen Position erfaßt werden. Sind diese bereits im System enthalten, ermittelt das System aus dem Bruttopreis automatisch den Nettopreis. Dies ist erforderlich, da nur

1.12 Anfragen und Angebote

so ein objektiver Preisvergleich zwischen den einzelnen Angeboten vorgenommen werden kann.

Konditionen können entweder im Belegkopf, dann sind sie für den gesamten Einkaufsbeleg gültig oder lediglich für eine bestimmte Position erfaßt werden. Sämtliche Zu- oder Abschläge des Lieferanten werden in einem Kalkulationsschema erfaßt. Das Kalkulationsschema legt fest, wie der Nettopreis errechnet wird, d.h. in welcher Reihenfolge die Kon-ditionsarten berechnet werden, und ob entsprechende Zwischensummen angezeigt werden.

Das System berücksichtigt ebenfalls, wenn die Mengeneinheit des Lieferanten nicht mit der intern geführten Mengeneinheit übereinstimmt. Diese Diskrepanz kann, sollte ein entsprechender Umrechnungsfaktor nicht schon im System definiert sein, durch Eingabe des Faktors auf Positionsebene korrigiert werden.

Nach Angabe des für den Lieferanten gültigen Steuerkennzeichens kann entschieden werden, ob das Angebot des Lieferanten in einem Einkaufsinfosatz gespeichert werden soll oder nicht. Hier kann ebenfalls definiert werden, ob das Angebot lediglich auf Einkaufsorganisationsebene oder auf Werksebene Gültigkeit haben soll. Nach Anlage des Einkaufsinfosatzes steht dieser bis zu seiner Löschung zur Verfügung und kann bei der Anlage von Bestellungen vom System berücksichtigt werden.

Angebote vergleichen

Um **Angebote** miteinander zu **vergleichen**, kann ein Preisspiegel erzeugt werden. Zu beachten ist hierbei, daß ein korrekter Preisvergleich nur dann möglich ist, wenn die eingegangenen Angebote für alle Positionen erfaßt wurden. Die Eingabemaske zur Erzeugung eines **Preisspiegels** kann über die Menüpunkte:

Anfrage/Angebot ⇨ Angebot ⇨ Preisspiegel

erreicht werden. Auf dieser Ebene können die entsprechenden Selektionskriterien eingegeben werden.

Mittelwert- oder Minimalwertangebot

Durch die Auswahl von **Mittelwertangebot oder Minimalwertangebot** kann eine zusätzliche Spalte erzeugt werden, in der ein Durchschnittspreis bzw. der günstigste Preis zu einem entsprechenden Material angezeigt wird. Sämtliche Preise werden im Preisspiegel als prozentuale Veränderung zu einer Basisgröße, die entweder der höchste, der niedrigste oder der mittlere Preis sein kann, angezeigt. Die Anzeige des Preises erfolgt in der internen Basismengeneinheit, die im Materialstammsatz abgelegt ist.

Um einen **Marktpreis**, der als Bewertungsgrundlage bei der Lieferantenbeurteilung dienen kann, festzuhalten, kann ein entsprechender Preis innerhalb des Preisspiegels als Marktpreis definiert und abgespeichert werden.

Nachdem der Lieferant ermittelt wurde, können über die Menüpunkte

Anfrage/Angebot ⇨ Angebot ⇨ Pflegen

und durch anschließende Angabe der Anfragenummer die Angebote markiert werden, für die eine Absage erzeugt werden soll. Die Absagen werden dann automatisch erzeugt und können über das eingestellte Ausgabemedium an den Lieferanten weitergeleitet werden.

Anfragen und Angebote überwachen

Auch zu Anfragen und Angeboten besteht die Möglichkeit, Auswertungen zu erzeugen. Diese können, ebenso wie die Auswertungen zu Bestellanforderungen, nach diversen Kriterien eingeschränkt werden.

1.13 Bestellungen

Eine Bestellung ist eine rechtlich wirksame Willenserklärung, die einen Lieferanten auffordert, die bestellten Güter zu festgelegten Bedingungen zu liefern. Eine Bestellung enthält Lieferantendaten, das bestellte Material, Menge, Preis, Liefertermin und Lieferbedingungen sowie die für diese Bestellung geltenden Zahlungsbedingungen.

Innerhalb des R/3-Systems legt eine Bestellung fest, ob das Material für das Lager oder den Verbrauch bestimmt ist. Der Aufbau einer Bestellung entspricht dem SAP-typischen Aufbau eines Einkaufsbelegs.

Der **Positionstyp**, der pro Position festgelegt werden kann, definiert, ob Rechnungs- oder Wareneingang erforderlich sind, Materialnummer und/oder Kontierung erforderlich ist, und ob das Material lagerhaltig geführt werden soll.

Positionstypen

Standardmäßig stehen folgende **Positionstypen** zur Verfügung:

Normal	für die externe Warenbeschaffung
Konsignation	für die Erhöhung des Konsignationslagerbestandes
Streckenbestellung	für die Lieferung der Ware an einen Dritten (Kunden)

1.13 Bestellungen

Umlagerungsbestellung	für die Lieferung aus dem Lager eines anderen Werkes
Text	für die positionsbezogenen Texte

Bestellungen anlegen

Um eine **Bestellung anzulegen**, müssen die Menüpunkte:

Bestellung ⇨ Anlegen

sowie ggf. zusätzlich „*Lieferant bekannt/unbekannt*" gewählt werden (siehe Abb. 6.26).

Abb. 6.26 Bestellung anlegen

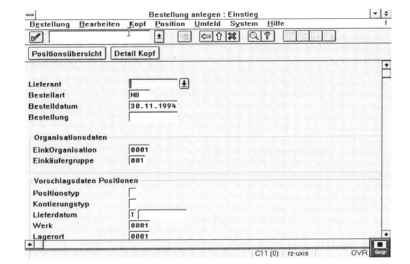

Ist der Lieferant unbekannt, kann eine Zuordnung der Bestellposition zu einem möglichen Lieferanten durch das System vorgeschlagen werden. Hierzu muß das Feld *Bezugsquellenfindung* im Einstiegsbild markiert werden oder auf Positionsebene über die Menüpunkte

Bearbeiten ⇨ Bezugsquelle zuordn.

in das entsprechende Dialogfenster verzweigt werden.

Bestellungen können auch über Vorlagen angelegt werden. Vorlagen können hierbei Anfragen, Angebote, bereits bestehende Bestellungen und Rahmenverträge sein.

Bei beiden Anlagearten wird nun eine dem entsprechenden Beleg zugeordnete Nummer verlangt. Nach Eingabe dieser Nummer wird in den Vorlagebeleg verzweigt, aus dem entweder alle Positionen oder lediglich markierte übernommen werden können (siehe Abb. 6.27). Die weitere Vorgehensweise entspricht dann

251

1 Einkauf

weitestgehend der Vorgehensweise bei der Anlage von Anfragen.

Abb. 6.27
Positionsübersicht

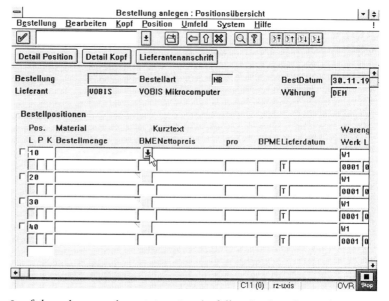

Im folgenden werden einige Sonderfälle, die bei der Anlage von Bestellungen auftreten können, erläutert:

Kontierung

Wird eine Bestellung für den Verbrauch angelegt, ist eine **Kontierung** obligatorisch. In diesem Fall wird zu jeder Bestellposition eine Kontierung vom System vorgeschlagen, die übernommen oder überschrieben werden kann. Die Kontierung kann als Zuordnung zu einer oder mehreren Kostenstelle(n) erfolgen. Bei der Zuordnung einer Bestellposition zu mehreren Kostenstellen kann zwischen prozentualer und betragsmäßiger Zuordnung der Bestellkosten sowie zwischen proportionaler und auffüllender Zuordnung, für den Fall von Teillieferungen der Bestellposition, gewählt werden.

Analog zu bisher erläuterten Einkaufsbelegen müssen bei abweichenden Mengeneinheiten entsprechende Umrechnungsfaktoren eingegeben werden, sofern diese nicht schon im Einkaufsinfosatz zum Material und Lieferanten erfaßt sind. Diese Umrechnungsfaktoren können im Positionsdetailbild zu den einzelnen Positionen erfaßt werden.

Eine Bestellung enthält Angaben über Versand und Lieferung. Hierzu gehören die Angabe der für die Bestellung geltenden Incoterms, international anerkannter Lieferbedingungen sowie die

1.13 Bestellungen

Angabe von Versandvorschriften (z.B. Verpackungsvorschriften) für die zu liefernde Ware. Ferner können Liefervorschriften als Kopf- oder Positionstexte erfaßt werden.

Die wareneingangsbezogene Rechnungsprüfung kann gewählt werden, wenn die Lieferung einer Ware in Form mehrerer Teillieferungen erfolgt. Bei dieser Fakturierungsart muß eine Lieferung erfolgen, bevor die Rechnung im System erfaßt werden kann.

Preise und Konditionen

Wird eine Ware in einem Unternehmen sowohl eigengefertigt als auch extern beschafft, kann es aus kalkulatorischen Gründen erforderlich sein, das Material mit verschiedenen **Preisen** zu bewerten. Dies kann durch Angabe einer Bewertungsart geschehen., was jedoch erfordert, daß das Material im Materialstamm definiert ist.

Effektivpreis

Der **Effektivpreis** einer Ware, welcher dem Preis entspricht, in dem sämtliche Zu- und Abschläge eingerechnet sind, kann durch die Eingabe von Bestellkonditionen ermittelt werden. Bei der Anlage von Konditionen für eine Bestellung kann auf voreingestellte Konditionsarten zurückgegriffen werden, die vom System automatisch an der richtigen Stelle des Konditionsschemas eingefügt werden. Die weitere Vorgehensweise entspricht der bei der Anlage von Anfragen bereits beschriebenen.

Bei der Preisangabe kann eine **Preis-Mengen-Staffel** berücksichtigt werden, und es können Preisabweichungen sowie Schätzpreise eingegeben werden. Eine Preisabweichung ist erforderlich, wenn der angegebene Preis nicht dem im Materialstammsatz des Materials spezifizierten Preis entspricht. Bei Rechnungsstellung in Fremdwährung kann ein Fremdwährungsbetrag eingegeben werden, der dann entsprechend dem von der Systemverwaltung eingestellten Umrechnungskurs in die Hauswährung umgerechnet wird.

Bestellungen ändern

Bei Bedarf besteht die Möglichkeit, Bestellungen zu ändern, zu stornieren oder zu löschen. Hierbei ist jedoch zu prüfen, ob der Lieferant die Bestellung bereits erhalten oder die Ware bereits geliefert hat, ob bereits ein Rechnungseingang erfolgte oder die Verbindlichkeit bereits beglichen wurde. Ist das der Fall, sind Änderungen nur noch in begrenztem Umfang möglich.

Bestellüberwachung

Im Rahmen der **Bestellüberwachung** können Statistikdaten zum Bestellkopf, welcher Informationen über die gesamte Bestellung enthält, sowie Statistikdaten zu den einzelnen Bestellpositionen angezeigt werden.

In der Bestellentwicklung werden sämtliche Daten zu den einzelnen Bestellpositionen fortgeschrieben. Hier können Daten über bereits erfolgte Waren- und Rechnungseingänge sowie Detaildaten zu den einzelnen Bestellpositionen abgerufen werden. Die entsprechenden Datenausgaben können über

Position ⇨ *Statistik* ⇨ *Bestellentwicklung*

veranlaßt werden.

Erledigte und stornierte Bestellungen werden vom System deaktiviert. Sie werden beim nächsten Archivierungslauf durch die Systemverwaltung auf einem separaten Datenträger abgelegt.

1.14 Rahmenverträge

Rahmenverträge sind längerfristige Vereinbarungen mit Lieferanten, bestimmte Materialien zu festgelegten Konditionen zu liefern. Sie werden in **Kontrakte** und **Lieferpläne** unterschieden; Kontrakte wiederum in Mengenkontrakt, Wertkontrakt und Konsignationskontrakt.

Mengenkontrakt

Beim **Mengenkontrakt** wird eine Vereinbarung mit einem Lieferanten dahingehend getroffen, daß die im Vertrag näher spezifizierten Materialien bis zum Erreichen einer bestimmten Abnahmemenge, zu festgelegten Konditionen geliefert werden. Die Dauer des Kontrakts wird ebenfalls durch die vereinbarte Laufzeit begrenzt, in der die Bestellmenge erreicht werden muß.

Wertkontrakt

Der **Wertkontrakt** erfüllt betriebswirtschaftlich denselben Zweck wie der Mengenkontrakt, lediglich ist das Kriterium für die Erfüllung des Kontrakts durch das Erreichen eines bestimmten Bestellwertes festgelegt. Bestellungen zu Kontrakten werden Abrufbestellungen genannt.

1.14.1 Anlage von Kontrakten

Bei der Anlage von Kontrakten wird die manuelle Erfassung sämtlicher Daten sowie die Erfassung über Kopiervorlagen unterstützt. Als Kopiervorlagen können hier Bestellanforderungen, Anfragen und Angebote als auch bereits bestehende Kontrakte dienen.

Zusätzlich zu den bei der Anlage sonstiger Einkaufsbelege erforderlichen Daten muß bei der Erfassung eines Kontrakts entschieden werden, ob es sich um einen Mengen- oder Wertkontrakt handelt. Im **Kopfdatenbild** (siehe Abb. 6.28) wird die Laufzeit des Kontrakts festgehalten, die für den gesamten Beleg

1.14 Rahmenverträge

gültig ist, währenddessen Zielmenge, Preis und Materialdaten als positionsbezogene Daten eingegeben werden. Um Abrufbestellungen anzulegen, muß der Kontrakt jedoch, sollte Orderbuchpflicht innerhalb der Unternehmung eingestellt sein, zuerst im Orderbuch gepflegt werden.

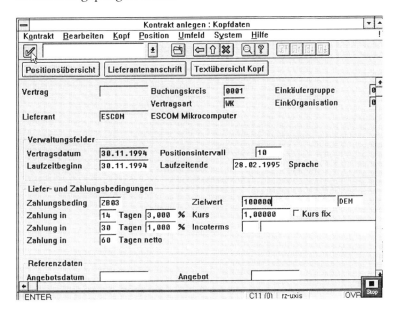

Abb. 6.28
Kopfdaten von
Kontrakt anlegen

Positions- und
Kontierungstypen

Besonderheiten bei der Anlage von Kontrakten stellen die **Positionstypen** M (Material unbekannt) und W (Wert und Menge unbekannt) sowie der **Kontierungstyp** U (Kontierung unbekannt) dar. Während der Positionstyp M bei den Kontraktarten Mengen- und Wertkontrakt Verwendung finden kann, darf der Positionstyp W nur für Wertkontrakte verwendet werden. Der Positionstyp M wird z.B. für Materialien benötigt, die gleichartig sind, einen gleichen Preis haben und sich nur im Detail unterscheiden. Um nun nicht alle Materialien erfassen zu müssen, reicht es aus, die entsprechende Materialnummer in der Abrufbestellung anzugeben. Der Positionstyp W findet dann Verwendung, wenn die zu bestellenden Materialien einer Materialgruppe angehören und die genaue Angabe des Materials erst bei Bestellung erfolgen kann.

Bei Abrufbestellungen zu diesem Positionstyp müssen deshalb zu jeder Bestellposition genaue Angaben zum Material gemacht werden. Der Kontierungstyp U (Kontierung unbekannt) kann für

1 Einkauf

Kontraktpositionen verwendet werden, zu denen bei Abschluß des Kontrakts noch keine Kontierung bzw. Kostenstelle zugeordnet werden konnte.

Preisermittlung und Konditionen bei Kontrakten

Die Konditionen bei Kontrakten enthalten im Gegensatz zu **Konditionen** bei Anfragen und Bestellungen lediglich noch den Zeitraum, für den sie Gültigkeit haben. Sie stellen für die folgenden Abrufbestellungen Stammkonditionen dar, auf deren Basis die Effektivpreisermittlung erfolgt. Der Effektivpreis in der Abrufbestellung kann sich jedoch vom Effektivpreis des Kontrakts unterscheiden, wenn als Basis eine **Preis-Mengen-Staffel** (siehe Abb. 6.29) zu berücksichtigen ist.

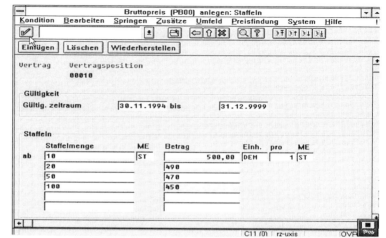

Abb. 6.29 Preis-Mengen-Staffeln

1.14.2 Lieferpläne

Lieferpläne stellen eine besondere Ausprägungsform des Rahmenvertrags dar. Die grundsätzlichen Vertragsdaten entsprechen denen bei einem Mengenkontrakt vereinbarten. Eine Abrufbestellung ist jedoch nicht mehr notwendig, da beim Lieferplan nur noch Einteilungen erzeugt werden, die dem Lieferanten die Liefermenge sowie den genauen Lieferzeitpunkt mitteilen.

Aufgrund dieser genauen Liefertermine ist es nun möglich, den Bedarf des Unternehmens mittels **Just-in-time-Lieferungen** zu decken. Dies bedeutet für den Lieferanten den Nachteil kürzerer Vorlaufzeiten einzelner Lieferungen sowie den Vorteil geringerer Lagerbestände für das empfangende Unternehmen.

Anlage von Lieferplänen	Die Vorgehensweise bei der **Anlage von Lieferplänen** entspricht der Vorgehensweise bei der Anlage von Kontrakten. Um einen Lieferplan manuell anzulegen, müssen die Menüpunkte

Rahmenvertrag ⇨ *Lieferplan* ⇨ *Anlegen*

angewählt werden.

Fixierungszeiträume	Eine Besonderheit bei der Anlage von Lieferplänen stellt die Festlegung von **Fixierungszeiträumen** dar, die den Verbindlichkeitsgrad von Einteilungen festlegen. Innerhalb des Fixierungszeitraums 1, des Produktionsfreigabezeitraums, gelten Einteilungen als verbindlich. Der Fixierungszeitraum 2, auch Materialfreigabezeitraum genannt, ermächtigt den Lieferanten zur Beschaffung der für die Fertigung der zu liefernden Waren benötigten Materialien. Er stellt einen geringeren Verbindlichkeitsgrad als der des Fixierungszeitraums 1 dar. In den Fixierungszeitraum 3 fallen alle Liefertermine, die außerhalb der ersten beiden Fixierungszeiträume liegen. Sämtliche Fixierungszeiträume werden, in Tagen beginnend, ab dem Tagesdatum festgelegt.

Um **Lieferplaneinteilungen** zu erfassen, müssen die Menüpunkte

Rahmenvertrag ⇨ *Lieferplan* ⇨ *Folgefunktionen* ⇨ *Lieferplaneinteilungen*

angewählt werden. Nach Eingabe der Lieferplannummer können dann die Positionen ausgewählt werden, für die eine Einteilung erstellt werden soll.

Sämtliche Lieferplaneinteilungen können kumuliert und innerhalb des erzeugten Belegs als kumulierte Menge ausgegeben werden. Dies erleichtert den Überblick über den aktuellen Status des Lieferplans.

Eine Abweichung zwischen der kumulierten Menge des Systems und der kumulierten Menge des Lieferanten, die durch Über- oder Unterlieferungen entstanden sein kann, kann ggf. berichtigt werden.

1.14.3 Änderung, Sperre u. Überwachung von Rahmenverträgen

Änderung	Bedarf es einer **Änderung** an einem bestehenden Rahmenvertrag, muß unter bestimmten Aspekten beachtet werden, daß diese nur in eingeschränktem Umfang vorgenommen werden können. So können z.B. neu einzugebende Liefermengen nicht kleiner als bereits gelieferte Mengen sein.

Können die Änderungen am Beleg jedoch vollzogen werden, erstellt das System automatisch einen Änderungsbeleg, der dem Lieferanten über das ausgewählte Ausgabemedium zugeleitet werden kann. Sämtliche Änderungen eines Rahmenvertrags werden protokolliert.

Um Positionen von Rahmenverträgen für Bestellungen zu sperren, müssen folgende Menüpunkte angewählt werden:

Rahmenvertrag ⇨ *Ändern*

und nach Markierung der entsprechenden Positionen:

Sperre

Markieren ⇨ *Sperren*.

Die **Sperre** bleibt dann so lange im System, bis sie zurückgesetzt wird.

Überwachung

Bei der **Überwachung** von Rahmenverträgen ist die Anzeige der Bestellentwicklung zu einem Kontrakt interessant. Das System zeigt dabei sämtliche relevanten Abrufbestelldaten an und bietet die Möglichkeit, Wareneingänge sowie Rechnungseingänge und -werte zu einzelnen Abrufbestellungen anzuzeigen. Auswertungen zu Rahmenverträgen können ebenfalls erzeugt werden. Die entsprechende Vorgehensweise ist analog der Vorgehensweise bei der Erstellung von Auswertungen zu anderen Einkaufsbelegen.

1.15 Auswertungen im Einkauf

Grundsätzlich können Auswertungen in den jeweiligen Menüs der Einkaufsbelege erzeugt werden. Dort werden, nach Anwahl des entsprechenden Einkaufsbelegs und des Menüpunktes *Listanzeigen*, die möglichen Selektionskriterien und Listumfangsparameter aufgelistet, nach denen eine Auswertung erstellt und deren Ausgabe eingeschränkt werden kann.

Sollen allgemeine Auswertungen erzeugt werden, das sind Auswertungen über bestimmte Einkaufsbelege, jedoch variabel summiert und aufgebaut werden, kann vom Einkaufsmenü aus über die Menüpunkte:

Bestellung ⇨ *Auswertungen* ⇨ *Allg. Auswertungen*

zum Einstiegsbild variabler Auswertungen, verzweigt werden.

Hier werden die Hauptselektionskriterien angezeigt, nach denen die Auswertung erfolgt. Nach Auswahl einer Gruppe, über die die Auswertung erstellt werden soll, kann durch Angabe der Belegart sowie weiterer Daten, wie z.B. des Zeitraums, der Umfang der Auswertung eingeschränkt werden. Nachdem alle Daten eingegeben wurden, kann die Grundliste, die vom System als Ergebnis der Auswertung angezeigt wird, mit Hilfe des Menüs *Einstellungen* und der darauffolgenden Untermenüs individuell gestaltet werden.

Bestellwertanalyse
: Die Komponente Einkauf bietet über die Menüfolge

Bestellung ⇨ *Auswertungen* ⇨ *Bestellwertanalyse*

die Möglichkeit, Summenanalysen, ABC-Analysen, Analysen mit Vergleichsperiode oder Häufigkeitsanalysen durchzuführen, wobei die Möglichkeit besteht, mehrere Analysen in einem Arbeitsgang durchzuführen.

Summenanalyse und ABC-Analyse
: Eine **Summenanalyse** gibt Auskunft darüber, wie hoch der Bestellwert bei einem bestimmten Lieferanten im Auswertungszeitraum war. In der Folge einer Summenanalyse können zu allen berechneten Summen Einteilungen nach dem ABC-Analysemodell durchgeführt werden, die sämtliche Positionen in Kategorien der Stufen **A** (sehr wichtig) bis **C** (minder wichtig) einstuft. Die Standardverteilung, die bei ABC-Analysen zugrunde liegt, wird vom System mit 70 : 20 : 10 vorgegeben.

Analyse mit Vergleichsperiode
: Die im System ebenfalls implementierte Analyse mit **Vergleichsperiode** offeriert die Möglichkeit, Analysen einzelner Bereiche über zwei Zeiträume hinweg zu erzeugen.

Häufigkeitsanalyse
: Eine **Häufigkeitsanalyse** gibt Aufschluß darüber, wie hoch die Einkaufsbestellwerte bei einzelnen Einkaufsorganisationen waren. Hierzu können durch Eingabe von Nettowerten bis zu vier Intervalle definiert werden, denen die anschließenden Ergebnisse zugeordnet werden.

1.16 Konsignation

Die Konsignation ist eine Geschäftsform, bei der ein Lieferant einen Materialbestand im Lager des Kunden auf eigene Kosten unterhält. Die Waren bleiben bis zur Entnahme aus dem Konsignationslager Eigentum des Lieferanten und werden erst mit Entnahme zum aktuellen Preis des Lieferanten bewertet. Die Warenentnahmen werden dem Lieferanten periodisch, z.B. monatlich, mitgeteilt und lösen damit eine Rechnungsstellung aus.

R/3 bietet nun die Möglichkeit, Waren sowohl im Konsignationsbestand als auch im Eigenbestand zu führen. Die Bestände der Konsignationsläger gehen jedoch, mit Ausnahme der in der Qualitätsprüfung befindlichen Ware, mit in die Berechnung des

1 Einkauf

frei verfügbaren Bestands ein. Sollten mehrere Lieferanten Konsignationsläger mit denselben Materialien in der Unternehmung führen, so ist es möglich, sämtliche Lagerbestände zu ermitteln und bei Entnahme alle Materialien mit den jeweiligen Preisen der Lieferanten zu bewerten. Dies erleichtert die Bezugsquellenermittlung, da so der günstigste Lieferant für Konsignationslagermaterial ermittelt werden kann.

Um ein Material als Konsignationsmaterial anlegen zu können, müssen zuerst die Konsignationspreisdaten eingegeben werden. Dies geschieht dadurch, daß ein Materialstammsatz für das entsprechende Werk angelegt und der Konsignationspreis in diesem Materialstammsatz gepflegt wird. Die Bestandsdaten für das Material werden dann vom System automatisch verwaltet.

Positionstyp K

Bei der Anlage von Bestellanforderungen, Rahmenverträgen und Bestellungen muß im Unterschied zur bereits beschriebenen Beleganlage lediglich das Feld **Positionstyp** mit einem **K** versehen werden. Die weitere Erfassung geschieht analog zu der bereits bei der Anlage anderer Einkaufsbelege beschriebenen.

Wareneingänge zu Konsignationslägern können mit und ohne Bestellung erfolgen. Eine entsprechende Erhöhung des Lagerbestandes wird über die Komponente Bestandsführung erfaßt. Sollen nun die **Konsignationsverbindlichkeiten** beglichen werden, muß zuerst über die Menüfolge

Weiterverarbeitung ⇨ KonsiVerb

aus dem Rechnungsprüfungsmenü eine Liste, der für die ausgewählten Selektionskriterien zutreffenden Konsignationsverbindlichkeiten erstellt werden.

Die weitere Buchung der Konsignationsverbindlichkeiten wird dann über die Menüpunkte

Belegbearbeitung ⇨ Rechnung hinzufügen

eingeleitet. Mit Sicherung der eingegebenen Daten wird der Beleg gebucht und die Finanzbuchhaltung zur Begleichung des Betrags angewiesen.

Schlußbemerkung

Das Kapitel "*Optimierte Einkaufsabwicklung*" der R/3-Dokumentation enthält sehr viele Hinweise, die in dieser Ausarbeitung bereits bei den entsprechenden Erklärungen zu den einzelnen Einkaufsbelegen und Stammdaten, eingebunden wurden. Den Autoren schien es wichtiger, einen entsprechenden Hinweis an der

1.17 Lieferantenbeurteilung

Stelle zu geben, an der sich der Leser über die einzelnen Vorgänge informiert, als in einem separaten Kapitel.

Die Lieferantenbeurteilung unterstützt die Verantwortlichen und SachbearbeiterInnen im Einkauf bei einer objektiven Beurteilung der Leistungen von Lieferanten, die der jeweiligen Einkaufsorganisation zugeordnet sind. Sie kann für einen oder mehrere Lieferanten durchgeführt werden, wobei die Möglichkeit besteht, Beurteilungen über Batchbetrieb in regelmäßigen Abständen automatisch erzeugen zu lassen.

Hauptkriterien

Lieferantenbeurteilungen werden auf der Basis von vordefinierten **Hauptkriterien** durchgeführt, die standardmäßig

- Preis
- Lieferung
- Qualität und
- Service umfassen.

Aus diesen Hauptkriterien setzt sich eine Note zusammen, die zwischen 1 und 100 Punkten liegt. R/3 bietet die Möglichkeit, bis zu 99 Hauptkriterien zu pflegen sowie eine individuelle Gewichtung der einzelnen Hauptkriterien zu definieren. Die Hauptkriterien setzen sich wiederum aus bis zu 20 Teilkriterien zusammen, die in die Note des jeweiligen Hauptkriteriums einfließen.

Teilkriterien

Die Noten für die **Teilkriterien** können automatisch, teilautomatisch und manuell entstehen. Bei automatischer Generierung greift das System auf bereits vorhandene Daten, z.B. Einkaufsinfosätze sowie Daten des Qualitätsmanagement zurück, wogegen bei teilautomatischer Generierung auf Daten der Einkaufsinfosätze zurückgegriffen wird, die von dem oder der zuständigen MitarbeiterIn für einzelne Materialien gepflegt wurden. Bei manueller Eingabe wird die Note für ein ganzes Teilkriterium manuell erfaßt.

Den einzelnen **Hauptkriterien** sind standardmäßig folgende **Teilkriterien** zugeordnet:

Preis	Preisentwicklung, Preisniveau
Qualität	Qualitätsaudit, WE-Prüfungen, Reklamationen aus der Produktion
Lieferung	Liefertermintreue, Mengentreue, Versandvorschrift
Service	Teilautomatische Kriterien: Zuverlässigkeit, Kundendienst, Innovation

Aus diesen Teilkriterien wird die Note für die jeweiligen Hauptkriterien errechnet.

Werden teilautomatische Noten für ein Material gepflegt, gehen diese Noten automatisch mit in eine Lieferantenbeurteilung ein. Sind keine Noten gepflegt, greift das System lediglich auf die verfügbaren Daten zur Ermittlung automatischer Kriterien zurück.

Um eine **Lieferantenbeurteilung** durchzuführen, müssen folgende Menüpunkte angewählt werden:

Stammdaten ⇨ *Lieferantenbeurteilung* ⇨ *Pflegen*

Nachdem der Schlüssel für die Einkaufsorganisation und des zu beurteilenden Lieferanten eingegeben wurden, wird nach Drücken der [Enter]-Taste in die Übersicht der Lieferantenbeurteilung verzweigt, in welcher die für die Einkaufsorganisation gepflegten Hauptkriterien angezeigt werden. Nach Eingabe des **Gewichtungsschlüssels** für die einzelnen Hauptkriterien kann über Anwahl der Menüpunkte

Bearbeiten → *Auto.Neubeurteilung*

die Gesamtnote des Lieferanten ermittelt werden.

Nach einer Beurteilung besteht die Möglichkeit, die Daten, auf deren Basis die Note für ein Teilkriterium ermittelt wurde, in einem Protokoll anzuzeigen.

Selbstverständlich können auch Neubewertungen für einzelne Hauptkriterien erzeugt werden, ohne eine Gesamtnote zu erzeugen.

Automatische Neubeurteilung

Soll die Veränderung der Noten gegenüber einer vorherigen Beurteilung angezeigt werden, kann dies über die Funktion ***Automatische Neubeurteilung*** erfolgen. Über diese Funktion kann ebenfalls eine Liste erzeugt werden, die sämtliche Lieferanten umfaßt, für die seit einem einzugebenden Zeitpunkt keine Neubeurteilung mehr durchgeführt wurde. Für eine Vergleichsbeurteilung werden nur die automatischen und teilautomatischen Noten neu ermittelt, wogegen die manuell erfaßten Noten unverändert in die Beurteilung eingehen, was gewährleistet, daß das Bild der Lieferantennote nicht verzerrt wiedergegeben wird.

Nach Überprüfung der alten und neuen Noten kann die neue Beurteilung gesichert werden, um als Basis für eine nächste dienen zu können.

1.17.1 Systeminterne Notenberechnung

Gesamtnote

Die Ermittlung der **Gesamtnote** sowie der Noten für die Hauptkriterien erfolgt auf der Basis von eingegebenen Gewichtungsfaktoren. Die Gewichtungsanteile der Hauptkriterien für die Ermittlung der Gesamtnote werden neben den jeweiligen Hauptkriterien als Prozentwert angezeigt. Hierzu rechnet das System die eingegebenen Gewichtungsfaktoren für jedes Kriterium in einen Prozentwert um. Wird nun eine Lieferantenbeurteilung gestartet, errechnet das System anhand dieser Prozentsätze die Gesamtnote sowie die Noten für die Hauptkriterien, indem die darunterliegenden Noten entsprechend ihrem prozentualen Anteil in die Beurteilung einbezogen werden.

Teilnoten

Die Ermittlung der Noten für die vollautomatischen **Teilkriterien** hingegen erfolgt aufgrund von Steuerparametern, die im Rahmen der Systemeinstellungen gepflegt werden. Diese Steuerparameter beinhalten Punktvorgaben für die Bewertung prozentualer Abweichungen von Soll- oder Durchschnittswerten, die der Ermittlung einer, für eine einzelne Lieferung bzw. Qualitätsprüfung geltenden Note als Grundlage dienen. Die so ermittelte Einzelnote wird im Anschluß geglättet, d.h. in einem bestimmten Verhältnis in die bereits bestehende Note eingerechnet und trägt so zur Fortschreibung der Note des Teilkriteriums bei.

Sonderfälle bei der Ermittlung der Noten für Teilkriterien werden auch hier beachtet. So besteht z.B. bei der Ermittlung des Preisniveaus eines Lieferanten die Möglichkeit, die Benotung zu beeinflussen, wenn es für ein Material nur einen Lieferanten gibt. Dies kann dann verhindern, daß ein monopolistischer Anbieter aufgrund eines fehlenden Marktpreises eine gute Benotung für seine Preise erhält.

Werden Noten für **Teilkriterien teilautomatisch** ermittelt, so müssen die zur Ermittlung heranzuziehenden Daten zuerst auf Infosatzebene eingegeben, d.h. für jedes einzubeziehende Material manuell erfaßt werden. Wird dann eine Beurteilung gestartet, ermittelt das System den Durchschnitt der Einzelnoten, welcher die Note für das Teilkriterium darstellt.

1.17.2 Auswertungen über Lieferantenbeurteilungen

Das R/3-System offeriert die Möglichkeit, Auswertungen zu bereits bestehenden Lieferantenbeurteilungen zu erzeugen. Über diese Auswertungen sind zum Beispiel Aussagen darüber möglich, welcher Lieferant in Bezug auf alle Materialien, bestimmte

1   Einkauf

Warengruppen oder auch nur ein Material am besten abgeschnitten hat. Ferner besteht die Möglichkeit, sowohl Auswertungen bezüglich einzelner Hauptkriterien, als auch einen Beurteilungsvergleich zu erzeugen, der die allgemeine Beurteilung eines Lieferanten mit seiner Beurteilung im Bezug auf nur ein bestimmtes, von ihm geliefertes Material vergleicht.

Auswertungen erzeugen

Um **Auswertungen** zu **erzeugen**, müssen die Menüpunkte

Stammdaten ⇨ Lieferantenbeurteilung ⇨ Listanzeigen

angewählt werden.

Im Anschluß an diese Anwahl werden die Auswertungen

- Hitliste der Lieferantenbeurteilung
- Beurteilung zur Material- bzw. Materialgruppe
- alle Lieferanten, die keine Beurteilung haben sowie
- alle Lieferanten, die seit einem bestimmten Datum nicht mehr beurteilt wurden

angeboten.

Um einen **Beurteilungsvergleich** (siehe Abb. 6.30) zu erzeugen, müssen die Menüpunkte

Stammdaten ⇨ Lieferantenbeurteilung ⇨ Beurt.Vergleich

angewählt werden.

Um nun Auswertungen zu erstellen, müssen zuerst die Intervalle der Daten eingegeben werden, auf die sich die Auswertung beziehen soll sowie eine Einschränkung der Listumfangsparameter vorgenommen werden. Nach der Eingabe einer Vergleichsebene oder eines Stichdatums kann die Auswertung gestartet werden.

Hitliste der Lieferantenbeurteilung

Eine Besonderheit bei der Anzeige von Auswertungen weisen **Hitlisten** auf. Hier wird ein zusätzliches Feld generiert, das die Abweichung der einzelnen Lieferanten vom Mittelwert anzeigt. Dies ist vor allem dann von Interesse, wenn sich die Auswertung auf bestimmte Materialien bezieht.

1.17 Lieferantenbeurteilung

Abb. 6.30
Materialvergleich

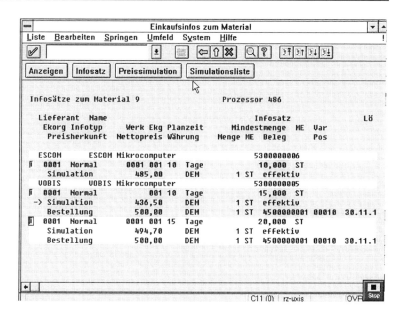

1.17.3 Systemeinstellungen

SAP geht davon aus, daß die Systemeinstellungen zur Lieferantenbeurteilung von der jeweiligen Einkaufsorganisation gepflegt werden. Um eine individuell zugeschnittene Beurteilung oder Auswertung erzeugen zu können, bedarf es einiger Einstellungen, die in das Gebiet der Systemsteuerung fallen. Zu beachten ist, daß es Systemeinstellungen geben kann, die für alle Einkaufsorganisationen gelten und welche, die nur für eine oder mehrere Einkaufsorganisationen gültig sind. Allgemeine Einstellungen sind der Gewichtungschlüssel, Kriterien, Listumfang sowie der inhaltliche Umfang der Hitliste. Werden für einzelne Einkaufsorganisationen Einstellungen getroffen, hier sind Steuerungsparameter, Beurteilungskriterien, Gewichtungsschlüssel und Punktewerte als automatische Teilkriterien möglich, gelten diese vor den allgemeinen Einstellungen.

Gewichtungsschlüssel

Zusätzlich zu den vorgegebenen **Gewichtungsschlüsseln** 01, der sämtliche Kriterien gleich und 02, der die Kriterien Preis, Qualität, Lieferung und Service im Verhältnis 5:3:2:1 bewertet, können hier weitere Gewichtungsschlüssel definiert werden.

Kriterien einstellen

Hier besteht die Möglichkeit, zu den bereits bestehenden Hauptkriterien bis zu 99 weitere zu definieren und die jeweiligen Teilkriterien dazu festzulegen.

1 Einkauf

Der Inhalt von Hitlisten wird über die Listumfangsparameter und die Eingabe der anzuzeigenden Daten bestimmt. Hier können zusätzliche Listen erzeugt und deren Umfang individuell eingeschränkt werden.

Systemeinstellungen pro Einkaufsorganisation

Systemeinstellungen, die nur für einzelne **Einkaufsorganisationen** gelten, stellen ebenfalls wesentliche Merkmale zur Beeinflussung von Lieferantenbeurteilungen dar. Hier werden Glättungsfaktoren zur Einbindung neuer Daten in bestehende Beurteilungen, Toleranzen bezüglich der Termintreue, Zuordnungen von Hauptkriterien zu Einkaufsorganisationen, einkaufsorganisationsspezifische Gewichtungsschlüssel der Hauptkriterien und vieles mehr gepflegt.

Hinweis

Vor Aufbau eines umfangreichen Lieferantenbeurteilungssystems sollten diese Parameter unbedingt mit den im Einkauf Verantwortlichen besprochen und entsprechend eingerichtet werden.

2 Bestandsführung

2.1 Aufgaben der Bestandsführung

Zu den Aufgaben der Bestandsführung gehören:
- die mengen- und wertmäßige Führung der Materialbestände;
- die Planung, Erfassung und der Nachweis von Warenbewegungen und
- das Bestandscontrolling.

Im folgenden soll anhand von einigen Beispielen der Einsatz dieses Moduls gezeigt werden. Es kann und soll keine Bedienungsanleitung darstellen, sondern nur einen Überblick über die Möglichkeiten in diesem Bereich des SAP-Systems gewähren. Als Bedienungsanleitung sei auf die SAP-Dokumentation verwiesen.

2.2 Warenbewegungen

Zunächst ist zu definieren, was sich hinter dem Begriff „**Warenbewegung**" verbirgt; man versteht darunter:
- Wareneingang
- Warenausgang
- Umlagerung
- Umbuchung

Zu jeder einzelnen dieser Bewegungen bietet das SAP-System noch eine Vielzahl von feineren Untergliederungen. Da sich diese in der Anwendung jedoch lediglich in ihrer Bewegungsartnummer unterscheiden, soll hier nur auf einige ausgewählte näher eingegangen werden.

2.3 Belegkonzept

Wie auch in jeder konventionellen (nicht EDV-gestützten) Bestandsführung, wird auch im R/3-System für jede Materialbewegung ein Beleg erzeugt. Auch hier gilt:

Keine Buchung ohne Beleg!

2 Bestandsführung

Dabei gibt es **zwei Arten von Belegen**:
- den **Materialbeleg**;
  er wird bei jeder Bewegung erzeugt und
- den **Buchhaltungsbeleg**;
  er wird nur erzeugt, wenn die Bewegung Auswirkungen auf die Buchhaltung hat.

Wichtig! Wurde ein Beleg gebucht, kann er nicht mehr verändert werden, sondern muß mit einem neuen Beleg storniert werden.

2.4 Materialinformationen

Das Modul IM bietet folgende Informationen zu einem Material an:

- Auflistung von gebuchten Materialbelegen
- Bedarfs-/Bestandslisten zu einem Material
- Lagerbestandslisten
- Liste stornierter Materialbelege

Am folgenden Beispiel soll näher betrachtet werden, wie man Informationen über den Lagerbestand eines Materials erhält:

Über

Logistik ⇨ *Materialwirtschaft* ⇨ *Bestandsführung* ⇨ *Umfeld* ⇨ *Bestand* ⇨ *Bestandsübersicht*

erhält man folgendes Einstiegsbild:

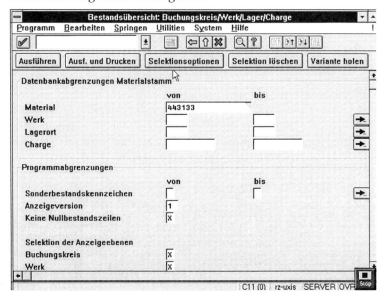

Abb. 6.31
Einstieg:
Bestandsübersicht

2.5 Wareneingang zur Bestellung

Nach Eingabe der Materialnummer (mit den übrigen Eingaben kann man die Anzeige einschränken) erhält man die folgende Auflistung der Bestände dieses Materials:

Abb. 6.32
Grundliste

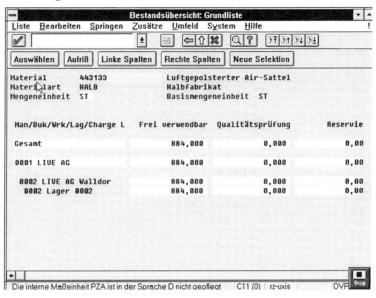

2.5 Wareneingang zur Bestellung

Sobald Ware am Lager angeliefert wird, muß diese von der Bestandsführung als Wareneingang gebucht werden. Erst danach kann die Ware wirklich eingelagert werden.

Da Lieferungen normalerweise immer aufgrund einer Bestellung erfolgen, kann man sich beim Wareneingang hierauf beziehen und die Rahmendaten von dort übernehmen.

Bestimmungsorte

Als **Bestimmungsorte** kommen folgende in Frage:
- Lager
- Verbrauch
- Qualitätsprüfung
- Wareneingangssperrbestand

Die ersten drei erklären sich von selbst, der Wareneingangssperrbestand dient dazu, eine Lieferung unter Vorbehalt anzunehmen, jedoch noch nicht fest einzulagern.

Auch hier gilt wieder, daß das SAP-System noch eine Vielzahl von feineren Bewegungsarten kennt, diese unterscheiden sich im Schlüssel der Bewegungsart.

2 Bestandsführung

Ablauf einer Wareneingangsbuchung

In der Praxis läuft die **Buchung eines Wareneingangs** folgendermaßen ab:

Über

Logistik ➪ *Materialwirtschaft* ➪ *Bestandsführung* ➪ *Warenbewegung* ➪ *Wareneingang* ➪ *Zur Bestellung*

gelangt man in folgendes Einstiegsbild:

Abb. 6.33
Einstieg: Wareneingang zur Bestellung

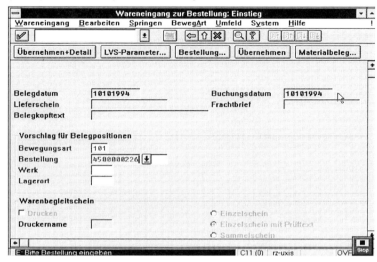

Nach Eingabe der Bewegungsart und der Bestellung, auf den sich der Eingang beziehen soll, muß man noch die Positionen der Bestellung anwählen, die geliefert wurden. Im darauf erscheinenden Bildschirm muß man nun die tatsächlich gelieferte Menge eingeben und „*Buchen*" anwählen:

Abb. 6.34
Wareneingang zur Bestellung (Details)

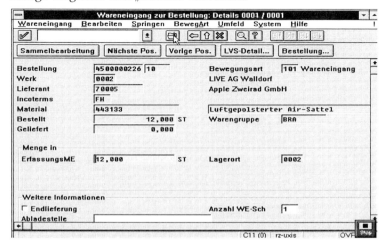

Wurde die gesamte Menge geliefert, wird die entsprechende Position der Bestellung gelöscht. Ansonsten bleibt der noch zu liefernde Teil bestehen. Will man anzeigen, daß keine Restlieferung mehr erwartet wird, obwohl nicht die gesamte Menge geliefert wurde, hat man die Möglichkeit *„Endlieferung"* anzuwählen.

Sobald *„Buchen"* angewählt wurde, wird für das System die Ware angenommen, daraufhin wird dann ein Transportbedarf (siehe hierzu Punkt 3.7) generiert, worauf die Ware dann wirklich physisch eingelagert wird.

2.6 Warenausgang

Bestimmungsorte

Auch ein Warenausgang muß dem System mitgeteilt werden. Als **Bestimmungsorte** kommen dabei in Frage:
- Kunden
- Produktion
- Sonstige interne Verwendung
- Rücklieferungen an Lieferanten

Rücklieferungen an Lieferanten kommen eigentlich nur in Frage, wenn ein Mangel an der Ware festgestellt wurde.

Normalerweise wird ein Warenausgang schon einige Zeit vor der eigentlichen physischen Bewegung geplant, damit sich die Produktion darauf einstellen kann.

Durch **Reservierungen** kann ein Material zu einem bestimmten Zeitpunkt für einen bestimmten Zweck bereitgehalten werden.

Über

Logistik ⇨ Materialwirtschaft ⇨ Bestandsführung ⇨ Reservierung ⇨ Anlegen

gelangt man in ein Einstiegsbild, in dem die geplante Bewegungsart (im Beispiel Verbrauch für Verkauf 251) sowie der geplante Liefertermin ausgewählt wird. Nach Anwahl von *„neue Position"* wird noch zur Eingabe der Kostenstelle aufgefordert (hier: Verkauf Inland). Wurde auch diese eingegeben, gelangt man zu folgender Eingabemaske:

2 Bestandsführung

Abb. 6.35
Reservierung anlegen

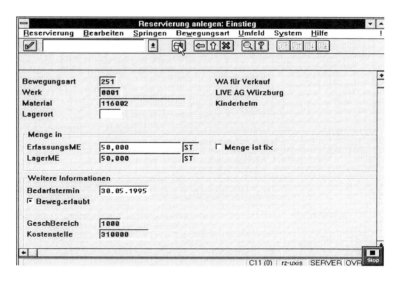

Hier wird nun festgelegt, wieviel von welchem Material reserviert werden soll. Durch Anwählen von „Buchen" wird die Reservierung abgeschlossen.

Der **Warenausgang** erfolgt dann abschließend über:

Logistik ⇨ Materialwirtschaft ⇨ Bestandsführung ⇨ Warenausgang

Zum vorherbestimmten Liefertermin muß dann nur noch auf die Reservierung Bezug genommen und gebucht werden, daraufhin ist für das System die Ware nicht mehr im Bestand. Automatisch wird dabei ein Transportbedarf erzeugt.

Abb. 6.36
Vorlage:
Reservierung

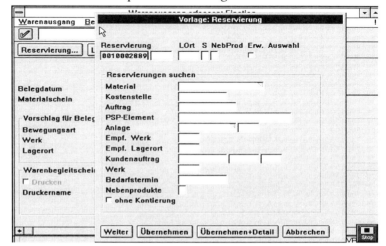

Es ist hier auch möglich, die entsprechende Reservierung suchen zu lassen.

2.7 Umbuchung / Umlagerung

Bei **Umbuchungen** findet keine wirkliche Umlagerung statt, die Bestände werden lediglich in den Büchern verändert. Beispiel: Ware verliert durch Lagerung an Qualität und muß einer anderen Handelsklasse zugeordnet werden. Es erfolgt lediglich eine Umbuchung von einem an ein anderes Material.

Bei **Umlagerungen** handelt es sich zwar um physische Bewegungen, jedoch nur innerhalb eines Unternehmens, daher sind sie getrennt von Warenein/ausgängen zu betrachten.

Da diese Bewegungen bis auf die Bewegungsnummer gleich wie Ein/Ausgänge behandelt werden, wird auf ein Beispiel mit Screenshots verzichtet.

Sonstige Warenbewegungen

Als **sonstige Bewegungen** seien noch erwähnt:
- Zu/Abgänge in den Qualitätsprüfbestand
- Verschrottung/Vernichtung aus dem frei verwendbaren Bestand

Letztere ist z.B. notwendig, um „Ladenhüter" aus den Büchern zu bringen oder Bruch von Ware zu verbuchen.

2.8 Bestandscontrolling

Ebenfalls zur Materialwirtschaft gehört das Bestandscontrolling, es bietet mächtige Analysefunktionen, um schnell einen Überblick über den Zustand bzw. Nutzung eines Lagers zu erhalten. In dieses Modul gelangt man über:

Logistik ⇨ Controlling ⇨ Bestandscontrolling ⇨ Belegauswertungen

Analysefunktionen

Die **ABC-Analyse** (Verbrauchswert) ermöglicht einen Überblick darüber, welche Materialien in welchem Umfang verbraucht werden. Hierzu werden die Materialien in A, B und C Kategorien eingeteilt, wobei A Materialien mit dem höchsten, B die mit mittlerem und C die mit niedrigen Verbrauchswerten sind.

Um eine solche Analyse durchzuführen, muß erst angegeben werden, über welchen Bereich eines Betriebes diese gemacht werden soll. Im folgenden Beispiel dient ein Werk als Basis:

Abb. 6.37
ABC-Analyse
(Verbrauchswerte)

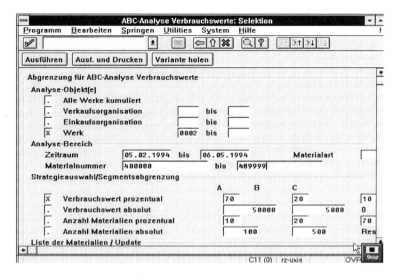

Desweiteren muß der Zeitraum sowie die Materialien, für die die Analyse durchgeführt werden soll, festgelegt werden. Im unteren Bereich kann man noch eingeben, wie die ABC-Kategorien festgelegt werden sollen.

Wählt man danach *„Ausführen"* an, erhält man eine Liste der Materialien mit dem Zusatz A, B oder C.

Will man feststellen, wie stark sich diese Kennzeichen verändert haben, bietet SAP die Möglichkeiten der **graphischen Darstellung**:

Abb. 6.38
Präsentationsgrafik:
ABC-Analyse

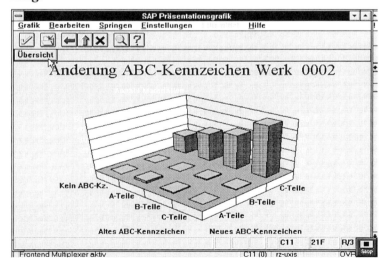

2.8 Bestandscontrolling

Bestandswert-Analyse
: Diese Analyse stellt fest, welcher Anteil des gesamten **Bestandswertes** in welchen Materialien gebunden ist. Damit ist es leicht, Materialien mit hoher Kapitalbindung festzustellen.

Lagerbodensatz-Analyse
: Die **Lagerbodensatz-Analyse** gibt an, welcher Teil des Lagerbestandes innerhalb eines bestimmten Zeitraumes nicht mehr bewegt wurde. Dies ist wichtig, um Überbestände festzustellen.

Reichweiten-Analyse
: Die **Reichweiten-Analyse** gibt an, wie lange der Lagerbestand bei einem durchschnittlichen Tagesverbrauch ausreicht, um die Produktion zu sichern.

Lagerhüter-Analyse
: Die **Lagerhüter-Analyse** gibt an, welche Materialien seit einem bestimmten Zeitpunkt nicht mehr gebraucht wurden.

Umschlagshäufig-keits-Analyse
: Die **Umschlagshäufigkeits-Analyse** gibt an, wie oft ein durchschnittlicher Lagerbestand umgeschlagen wurde. Die Umschlaghäufigkeit ergibt sich aus dem Quotienten von kumuliertem Verbrauch und mittleren Bestand:

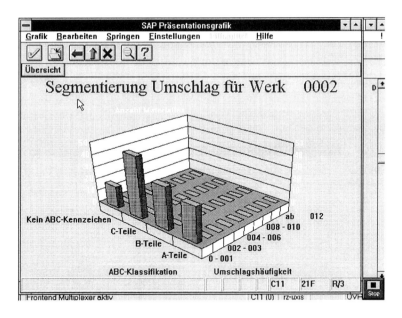

Abb. 6.39 Präsentationsgrafik: Lagerumschlag

2.9 Materialbewertung

Zu den **Aufgaben** der Materialbewertung gehören:

Aufgaben
- Feststellung des aktuellen Bestandswertes;
- Anpassung der eingetragenen Materialpreise an die aktuellen Marktpreise;
- Durchführung von Umbewertungen, z.B. wenn Ware durch lange Lagerzeit an Wert verliert;
- Durchführung der Inventur;
- Bilanzbewertung.

Im folgenden sollen einige **Besonderheiten im R/3-System** herausgestellt werden:

Preissteuerung
Zur **Preissteuerung** sei vermerkt, daß es im SAP-System zwei Arten von Preisen gibt, die zur Bewertung eines Materials verwendet werden können.

Standardpreis
Verwendet man den **Standardpreis**, erfolgen alle Bestandsbuchungen zum Standardpreis, der im Materialstammsatz fest eingetragen ist. Preisabweichungen bei einer Bestellung/Lieferung werden auf Preisdifferenzkonten gebucht. Dadurch lassen sich Preisänderungen sehr gut überwachen.

gleitender Durchschnittspreis
Verwendet man den **gleitenden Durchschnittspreis** werden alle Zugänge mit ihrem Zugangswert gebucht. Der Preis im Materialstammsatz wird dabei automatisch angepaßt.

2.10 Rechnungsprüfung

Zweck der Rechnungsprüfung
Würde man bei allen Wareneingängen ohne Kontrolle die Menge buchen und bezahlen, die auf dem Lieferschein ausgewiesen ist, könnte nicht festgestellt werden, ob die Lieferung überhaupt in Preis und Menge mit der Bestellung übereinstimmt.

Aus diesem Grund haben alle Unternehmen ein spezielle Abteilung, die Rechnungsprüfung.

Auch das R/3-System bietet hierfür eine Unterstützung an:

Ablauf einer Rechnungsprüfung
Über

Logistik ⇨ *Materialwirtschaft* ⇨ *Rechungsprüfung*

gelangt man in das Modul Rechnungsprüfung.

Um nun eine Rechnung zu prüfen, wählt man „*Rechnung hinzufügen*" an, daraufhin gelangt man zu folgendem Einstiegsbild:

2.10 Rechnungsprüfung

Abb. 6.40
Rechnungen prüfen

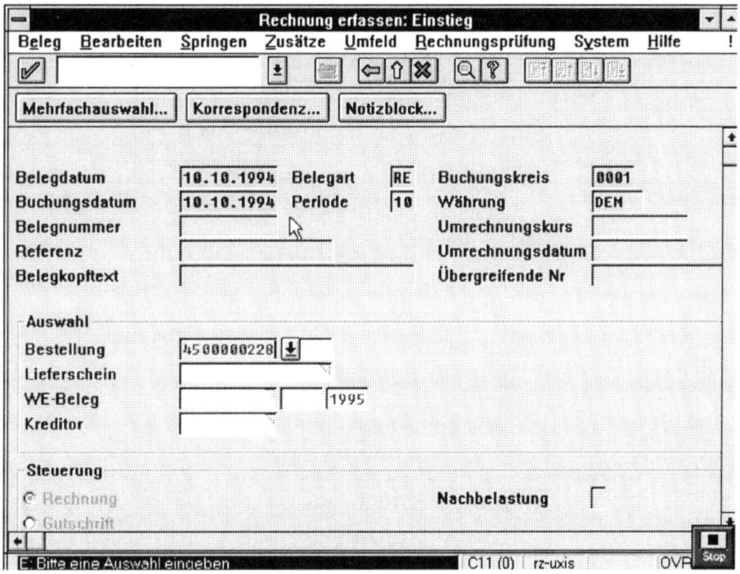

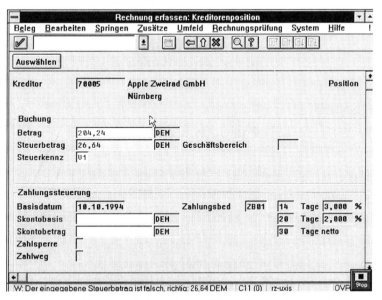

Hier muß Beleg und Buchungsdatum eingegeben werden sowie die Nummer der Rechnung, die geprüft werden soll.

Abb. 6.41
Kreditorenerfassung

Hinweis

In dem daraufhin erscheinenden Bild muß nun der Rechnungsbetrag des Lieferscheins eingetragen werden. (Hierbei wäre es wünschenswert, wenn SAP in Zukunft hier wahlweise die Möglichkeit anbieten würde, den Betrag Brutto oder Netto eingeben zu können!)

Danach muß man auswählen, auf welche Positionen der Bestellung sich die Rechnung bezieht.

Sobald man nun „Buchen" anwählt, erfährt man, ob die eingegangene Rechnung korrekt war oder nicht.

Liegt die **Abweichung** innerhalb eingestellter **Toleranzen** wird die Buchung trotzdem durchgeführt, die Rechnung aber automatisch vom System zur Zahlung gesperrt. Sie muß dann (z.B. nach Eingang einer noch ausstehenden Lieferung) von Hand wieder entsperrt werden.

Bemerkung

Insgesamt machen die Module des R/3-Systems einen weitgehend ausgereiften Eindruck.

Es wäre jedoch von Vorteil, wenn etwas konsequenter die Möglichkeit, **Nummern nach bestimmten Kriterien** zu bestimmen, verfolgt werden würde. So gibt es Eingabefelder für die **Materialnummern**, bei denen die Möglichkeit besteht, auch nach Schlagwort zu suchen; an anderer Stelle fehlt diese jedoch.

Bei anderen Nummern, so z.B. Buchungskreise, bietet das System zwar die Möglichkeit nach Namen zu suchen, doch selbst bei der Eingabe des Namens aus der R/3-Dokumentation wurde keine Nummer gefunden; dieser **Mangel wurde leider an mehreren Stellen gefunden**.

3 Lagerverwaltung

Mit Hilfe der Komponente Lagerverwaltung WM wird innerhalb des Systems R/3 die komplette Lagerverwaltung abgewickelt.

Diese umfaßt

- die Definition und Verwaltung der Lagerplätze,
- die Kontrolle aller Lagerbewegungen,
- die Inventur pro Lagerplatz,
- die Anbindung an die Systeme SD und PPS.

Sämtliche Warenein- und -ausgänge und Umlagerungen innerhalb der Läger werden vom Lagerverwaltungssystem (LVS) kontrolliert und abgewickelt. Das LVS erstellt aufgrund eines Transportbedarfs (z.B. durch einen Warenausgang durch das Vetriebssystem) einen Transportauftrag, über den die Ware dann physisch ausgelagert werden kann. Für sämtliche Warenbewegungen werden die notwendigen Begleitpapiere automatisch ausgedruckt, somit bleiben alle Bewegungen nachvollziehbar.

3.1 Erfassung von Stammdaten

Bevor mit dem WM-System eine Verwaltung des Lagers möglich ist, muß dieses zunächst komplett im System abgebildet werden, d.h. die Struktur des Lagers und die Informationen über die zu lagernden Materialien müssen erfaßt werden.

3.1.1 Lagerstruktur

Der Lagerkomplex als solches wird im System unter einer **Lagernummer** geführt. Innerhalb dieses Lagerkomplexes, mit z.B. der Lagernummer 0001, wird das Lager in **Lagertypen** unterteilt.

Folgende Übersicht erläutert die Aufteilung einer Lagernummer in verschiedene Lagertypen:

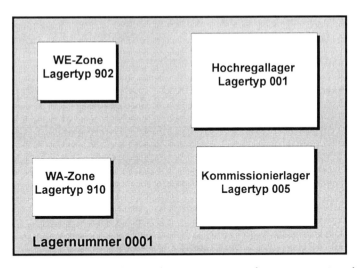

Abb. 6.42
Physische Abbildung der Lagerstruktur im WM-System

Jeder **Lagertyp** besteht wiederum aus einer bestimmten Anzahl von Lagerplätzen. Lagerplätze sind die kleinste vom System her ansprechbare Einheit eines Lagers. Die Adressierung eines Lagerplatzes erfolgt z.B. bei Hochregallagern über eine dreidimensionale Koordinate (z.B. 10-01-02, Gasse 10 - Säule 01 - Ebene 02). Lagerplätze mit gleichen Eigenschaften können in Lagerbereichen zusammengefaßt werden. Zu diesen Eigenschaften gehören z.B. Lagerplätze mit Materialien, die häufig umgeschlagen

3 Lagerverwaltung

Quants

werden (Schnelldreher) und somit auf einen Lagerplatz nahe der WE-Zone bzw. WA-Zone gelagert werden sollten, um lange Kommissionierwege zu verhindern. Auf einem Lagerplatz können eine bestimmte Anzahl von **Quants** gelagert werden. Quants sind die kleinste ansprechbare Mengeneinheit innerhalb von R/3 (siehe Abb. 6.43):

Abb. 6.43
Lagerstruktur innerhalb des WM-System

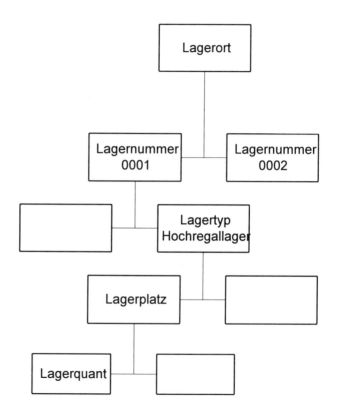

3.1.2 Customizing-Einstellungen

Jede Hierarchieebene innerhalb der Struktur kann über die Customizingfunktion noch mit verschiedenen Eigenschaften belegt werden:

Werkzeuge ⇨ Customizing ⇨ Systemeinstellung ⇨ Materialwirtschaft ⇨ Lagerverwaltung

Hier werden im System für jede Lagernummer Vorschlagswerte und Steuerkennzeichen vergeben. Diese betreffen z.B. Men-

3.1 Erfassung von Stammdaten

geneinheiten, Nummernkreise, Kommisioniertechnik und Behandlung von Inventurdifferenzen.

Ebenso werden die **Eigenschaften für Lagertypen** festgelegt:

Eigenschaften für Lagertypen
- Strategien für Ein- und Auslagerung
- Kapazitätsprüfungen
- Quittierungspflichten
- Nullkontrolle
- Sperr- und Inventurkennzeichen

Auch für die Lagerplätze müssen innerhalb des Customizings **Behandlungsvorschriften** hinterlegt werden:

Behandlungsvorschriften
- Zuordnung zu einen Lagerbereich
- Lagerplatztyp
- maximales Gewicht
- Brandabschnitt
- Sperrkennzeichen (Lagerplatz gesperrt, z.B. wegen Reparatur)
- Quantinformationen (Datum der Einlagerung, Wareneingangsnummer etc.)

3.1.3 Auswertungen

Für die ordnungsgemäße Verwaltung der Läger sind eine Vielzahl an Informationen notwendig. Über die Auswahl von

Stammdaten ⇨ Lagerplatz ⇨ Auswertungen

erhält man Informationen über (siehe Abb. 6.44):

- Lagerstruktur
- gelagertes Material
- Auslastungsgrad
- Lagerbestand
- leere Lagerplätze
- Gefahrstoffe

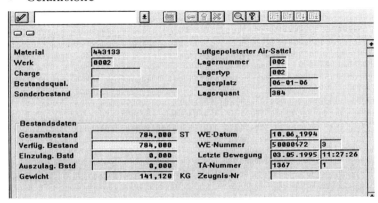

Abb. 6.44
Lagerplatzinformationen

In diesem Menü ist es weiterhin möglich, einzelne Lagerplätze, bzw. Lagerbereiche wegen Reparatur, Inventur etc. für Ein- oder Auslagerungen zu sperren (siehe Abb. 6.45).

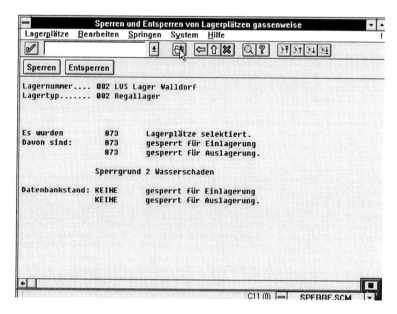

Abb. 6.45
Lagerplätze sperren

3.2 Schnittstellen zu anderen Arbeitsgebieten

Die Lagerverwaltung ist innerhalb eines Unternehmens für die komplette Verwaltung aller Läger verantwortlich. Zu den **Hauptaufgaben der Lagerverwaltung** gehören:

- Wareneingang
- Identifizierung und Sortierung der Waren
- Einlagerung auf Lagerplätzen
- Überwachung der gelagerten Materialien
- Kommisionierung
- Verpackung
- Verladung und Versand
- Inventur

Aus diesen Aufgabenstellungen ergeben sich Berührungspunkte mit anderen SAP-Komponenten, wie z.B. SD (Vertrieb) oder IM (Bestandsführung). Dieser Informationsaustausch geschieht entweder Online oder über Batch-Läufe zum Ende eines Arbeitstages.

3.3 Lagerstrategien im Lagerverwaltungssystem

In das Lagerverwaltungssystem gelangt man über:

Werkzeuge ➪ *Customizing* ➪ *Einstellungsmenü* ➪ *Logistik* ➪ *Materialwirtschaft* ➪ *Lagerverwaltung*

Hier muß festgelegt werden, nach welchen Kriterien ein Ein- oder Auslagerplatz gesucht wird. Nur durch Hinterlegung der Strategie im Materialstammsatz ist eine reibungslose, schnelle und automatische Abwicklung aller Lagerbewegungen gewährleistet. Allerdings ist immer die Möglichkeit gegeben, Vorschläge, die das System anhand einer Strategie vorgibt, manuell abzuändern und evtl. Gegebenheiten anzupassen.

Einstellen der Strategie zum Einlagern

Beim Einlagern einer Ware steht im Normalfall der Vorlagerplatz (Lagerplatz von dem die Ware genommen wird) fest. Dieser wird in der Regel der Schnittstellenlagertyp Wareneingang sein. Der Nachlagerplatz muß erst noch gesucht werden. Dazu ist im System zuerst die Lagertypfindung zu hinterlegen. Für jedes Material können bis zu 10 Lagertypen hinterlegt werden, die das System dann nacheinander nach freien Lagerkapazitäten durchsucht. Um die Eingabe zu vereinfachen, bietet das System die Möglichkeit, Materialien zu Gruppen zusammenzufassen und diese Gruppen in die gleichen Lagertypen einzulagern.

Weiterhin ist es möglich, einer Bewegungsart eine Strategie zur Lagertypfindung zu hinterlegen, z.B. bei Bewegungsart 102 (*Wareneingang zur Bestellung*) eine bestimmte Strategie zu hinterlegen.

Hat das System einen Lagertyp für das Material gefunden, wird anschließend nach einem geeigneten Lagerplatz für die Ware gesucht.

Unabhängig von der Einlagerungsstrategie existieren im System noch zwei Faktoren, die die Einlagerung beeinflussen:

- **Lagerbereich**
- **Lagerplatztyp**

Lagerbereich

Wie oben bereits beschrieben, ist es möglich, Lagerplätze in bestimmten Bereichen zusammenzufassen. Auf diese Art und Weise können sogenannte „**Schnelldreher**" im vorderen **Lagerbereich** und „**Langsamdreher**" im hinteren Lagerbereich eingelagert werden.

Lagerplatztyp	In einem Lager sind in der Regel nicht alle Lagerplätze gleich groß. Über den **Lagerplatztyp** wird im SAP-System für jeden Lagerplatz hinterlegt, welche Lagereinheiten auf diesem Platz abgelegt werden dürfen. Jeder Lagereinheit werden verschiedene Lagertypen zugewiesen. Über diese Verknüpfung erkennt das System beim Einlagern, auf welchen Lagerplatz der einzulagernde Einheitentyp eingelagert werden kann und sucht solange im betreffenden Lagertyp, bis ein freier Lagerplatz gefunden wurde.
Einstellen der Strategie zum Auslagern	Die Festlegung der Auslagerungsstrategie erfolgt analog der **Einlagerungsstrategie**. Zuerst wird vom System ein passender Lagertyp aufgrund der im Materialstammsatz hinterlegten Informationen selektiert. Anschließend wird in diesem Lagertyp nach geeigneten Lagerquants gesucht und diese dann ausgelagert.

3.3.1 Einlagerungsstrategien

Folgende **Strategien** sind möglich:

- **Manueller Platz**
- **Blocklager**
- **Freilager**
- **Festplatz**
- **Nächster Platz**
- **Zulagerung**
- **Lagereinheitentyp**

Manueller Platz	In diesem Fall wird vom System der Lagerplatz nicht automatisch vergeben. Vielmehr muß der Anwender bei der Transportauftragserstellung einen Nachlagertyp manuell eingeben.
Blocklager	Materialien, die in großen Mengen vorkommen und dadurch auch viel an Lagerplatz beanspruchen, werden in der Regel in einem **Blocklager** gelagert. Die Befehlsfolge hierfür lautet:

Strategien ➪ Einlagerungsstrategien ➪ Blocklager

Die **Vorteile eines Blocklagers** sind:
- geringer Platzbedarf
- hohe Übersichtlichkeit
- schneller Zugriff

Im System kann die Einteilung eines Blocklagers frei gewählt werden. Normalerweise wird eine Zeile eines Blockes als Ordnungsmerkmal (Lagerplatz) benutzt.

Im Blocklager ist es möglich, verschiedene Lagereinheitentypen gleichzeitig auf einem Platz zu verwalten. Dabei werden die verschiedenen Abmessungen, z.B. die der Paletten, vom System her berücksichtigt. Allerdings ist eine Mischbelegung von Materialien auf einem Lagerplatz in gleichen Lagereinheitentypen normalerweise nicht gewünscht. Das System berücksichtigt dies und läßt eine Mischbelegung nicht zu.

Es ist möglich, einen **Lagerplatz für Einlagerungen zu sperren**, um zuerst den Lagerplatz durch Auslagerung ganz zu leeren.

Hierzu stehen **zwei Möglichkeiten** zur Verfügung:

- Nach der ersten Auslagerung von einem Lagerplatz wird der Platz für weitere Einlagerungen gesperrt bis der Bestand durch Auslagerungen auf Null gesunken ist. Sollte ein Mangel an Lagerplatz auftreten, ist eine manuelle Freigabe jederzeit möglich.

- Es ist auch möglich eine Zeitschranke zu definieren. Nach einer einzugebenden Anzahl von Tagen wird eine Einlagerungssperre aktiv. Diese bleibt solange erhalten, bis ein Nullbestand auf diesem Lagerplatz erreicht wird.

Freilager · Die Menüfolge zum **Freilager** lautet:

Strategien ⇨ Einlagerstrategien ⇨ Freilager

Ein Freilager stellt einen Lagertyp dar, bei dem pro Lagerbereich nur ein Lagerplatz definiert wird. Auf diesem Lagerplatz ist eine Mischbelegung von Quants möglich.

Festplatzzuordnung · Die Menüfolge zum **Fixplatz** lautet:

Strategien ⇨ Einlagerstrategien ⇨ Fixplatz

Wird diese Einlagerungsstrategie im Materialstammsatz hinterlegt, wird das Material immer nur auf diesem dort angegebenen Ort eingelagert. Zum Einsatz kommt diese Strategie meist dort, wo eine manuelle Kommisionierung erfolgt.

nächster leerer Platz · Die Menüfolge zum **Leerplatz** lautet:

Strategien ⇨ Einlagerstrategien ⇨ Leerplatz

Bei dieser Einlagerungsstrategie schlägt das System automatisch den nächsten leeren Lagerplatz vor. Diese Strategie unterstützt die Einlagerung in chaotisch organisierte Läger mit artikelreiner Lagerung, wie z.B. in Hochregallägern.

Zulagerung

Die Menüfolge zur **Zulagerung** lautet:

Strategien ⇨ Einlagerstrategien ⇨ Zulagerung

Bei dieser Einlagerungsstrategie versucht das System für das einzulagernde Material einen Lagerplatz zu finden, auf dem die Ware bereits vorkommt. Dies ist allerdings immer nur dann möglich, wenn auf diesem Lagerplatz noch genügend Restkapazität vorhanden ist. Ist dies nicht der Fall, sucht das System nach der Strategie „Nächster leerer Platz" den nächsten leeren Lagerplatz. Bei dieser Strategie wird allerdings das FIFO-Prinzip verletzt. Aus diesem Grund empfiehlt sich diese Methode nur bei Platzmangel im Lager.

Platz nach Lagereinheitentyp suchen

Die Menüfolge zu **Paletten** lautet:

Strategien ⇨ Einlagerstrategien ⇨ Paletten

Das R/3-System unterstützt die Möglichkeit, verschiedene Lagereinheitentypen zu verwalten. Ein Regallager ist in der Regel in verschiedene Regalabschnitte unterteilt. In diese Abschnitte dürfen normalerweise gleichzeitig nur gleiche Lagereinheitentypen (z.B. Europaletten) eingelagert werden. Durch die verschiedenen Ausmaße der Lagereinheitentypen ist die maximale Anzahl der Quants pro Regalabschnitt unterschiedlich. Die mögliche Kombination aus Lagereinheitentyp und maximaler Anzahl von Quants müssen dem System bekannt sein, um diese Strategie zum Einlagern zu verwenden.

Weitere Faktoren

Die verschiedenen **Einlagerungsstrategien** werden im R/3-System noch von verschiedenen Faktoren beeinflußt, die mit dazubeitragen, daß das System bei der Einlagerung genau nach den vom Benutzer definierten Regeln vorgeht.

Durch diese vielfältigen Möglichkeiten ist eine weitgehend optimale Anpassung an verschiedene **Lagerungsgegebenheiten** möglich:

- Lagertypen
- Lagerbereiche
- Lagerplatztypen
- Quereinlagerung
- Kapazitätsprüfung

Lagertypen, Lagerbereiche und Lagerplatztypen wurden bereits im Kapitel Lagerstrategien (siehe hierzu Punkt 3.3) angesprochen.

3.3 Lagerstrategien im Lagerverwaltungssystem

Quereinlagerung
Die Menüfolge zur **Quereinlagerung** lautet:

Lagerverwaltung ⇨ Strategien ⇨ Quereinlagerung

Bei Quereinlagerung kann dem System eine feste Variable übergeben werden, die die Suche z.B. nach leeren Plätzen beeinflußt. Zum Beispiel ist es sinnvoll, in einem Regallager zuerst alle vorderen Fächer jedes Regalganges zu füllen, anstatt zuerst einen Regalgang komplett zu befüllen und dann den nächsten Regalgang.

Kapazitätsprüfung
Bei der **Kapazitätsprüfung** wird überprüft, ob das maximal zulässige Gewicht, z.B. pro Lagerplatz, überschritten wird oder die Anzahl von Quants im Lagerplatz überschritten wird.

3.3.2 Auslagerungsstrategien

Das R/3-System kennt verschiedene **Auslagerungsstrategien**:

„A"	zuerst Anbruchslagereinheiten
„F"	FIFO, First In First Out
„L"	LIFO, Last In First Out
„M"	Auslagerungsvorschlag nach Menge
„_"	Strenges FIFO über alle Lagertypen

zuerst Anbruchs-lagereinheiten
Die Menüfolge zum **Anbruch** lautet:

Strategien ⇨ Auslagerstrategien ⇨ Anbruch

First In First Out (FIFO)
Bei dieser Strategie wird das Prinzip **First In First Out (FIFO)** zugunsten einer Lageroptimierung gebrochen. Die Anzahl der Anbruchslagereinheiten innerhalb eines Lagertyps wird so gering wie möglich gehalten.

Bei der Ermittlung des **Auslagerungsplatzes** geht das System folgendermaßen vor:

Entspricht oder übersteigt die Anforderungsmenge die Menge einer Standardlagereinheit, lagert das System eine Standardlagereinheit aus. Sind keine Standardlagereinheiten vorhanden, lagert das System Anbruchseinheiten aus. Ist die Anforderungsmenge geringer als die Menge einer Standardlagereinheit, werden Anbruchslagereinheiten ausgelagert. Sind keine Anbruchslagereinheiten vorhanden, werden volle Lagereinheitentypen angebro-

3 Lagerverwaltung

chen. Bei der Suchreihenfolge nach vollen Lagereinheitentypen geht das System nach dem FIFO-Prinzip vor.

FIFO
(First In First Out)

Die Menüfolge zu **FIFO** lautet:

Strategien ⇨ Auslagerstrategien ⇨ FIFO

Bei dieser Auslagerungsstrategie lagert das System bei einer Anforderung das älteste Quant eines Materials aus. Als Bezugsdatum wird das Wareneingangsdatum aus der Bestandsführung herangezogen.

LIFO
(Last In First Out)

Die Menüfolge zu **LIFO** lautet:

Strategien ⇨ Auslagerstrategien ⇨ LIFO

In manchen Branchen wird das FIFO Prinzip bewußt nicht angewandt. Z.B. in der Baustoffbranche wird das neu einzulagernde Material immer auf bereits gelagertem Material gelagert. Bei einer Entnahme nach den FIFO-Prinzip müßte nun die obere Ware weggeräumt werden und die unten liegende Ware zuerst ausgelagert werden. Durch das LIFO-Prinzip wird dieser Umstand umgangen.

Auslagerungsvorschlag nach Menge

Die Menüfolge zur **Auslagerung nach Mengen** lautet:

Strategien ⇨ Auslagerstrategien ⇨ Groß/Klein

(Auf diesen Unterpunkt wird in Punkt 3.8 ausführlich eingegangen.)

Strenges FIFO über alle Lagertypen

Die Menüfolge zum **strengen FIFO** lautet:

Strategien ⇨ Auslagerstrategien ⇨ Strenges FIFO

Bei den bisher beschriebenen Auslagerungsstrategien geht man davon aus, daß pro Lagertyp genau eine Auslagerungsstrategie hinterlegt ist. Diese lagertypbezogene Vorgehensweise ist jedoch nicht in allen Branchen praktikabel. Aus diesem Grund ist es im Modul WM möglich, über alle Quants innerhalb einer Lagernummer zu suchen. In diesem Fall werden nicht einzelne Lagertypen durchsucht, sondern das System schlägt das älteste Quant innerhalb des Lagers zur Auslagerung vor. Bei der Suche über das gesamte Lager werden Lagerstrategien, die für einzelne Lagertypen vereinbart wurden, ignoriert, da dies zu Widersprüchlichkeiten führen würde.

Beim Auslagern von vollentnahmepflichtigen Lagertypen kann es zu Restmengen kommen, die nicht kommisioniert werden können. Diese Mengen werden über eine **Rückposition** auf einen Lagerplatz zurückgelegt.

Rücklagerungsplätze

Man unterscheidet drei verschiedene Methoden zur Findung des **Rücklagerplatzes**:

- Das Material bleibt auf dem Nachlagerplatz.
- Das Material wird auf den Vonlagerplatz zurückgelagert.
- Die Rücklagerung erfolgt auf einen neuen Lagerplatz, der nach der Einlagerungsstrategie für diesen Lagertyp gesucht wird.

3.4 Warenbewegungen

Im WM-System unterscheidet man grundsätzlich zwischen zwei verschiedenen **Warenbewegungen**:

- Bewegungen, die nur innerhalb des Lagers vorgenommen werden (z.B. Umlagerungen im Lager).
- Bewegungen, an denen auch andere Komponenten beteiligt sind (z.B. Warenausgang aufgrund einer Kundenbestellung).

3.4.1 Warenbewegungsarten

Wareneingang

D.h. Waren werden von einem Lieferanten aufgrund einer Bestellung angeliefert oder werden aus der Produktion angeliefert. In beiden Fällen wird der Bestand an Material erhöht.

Warenausgang

Das bedeutet Waren werden entweder an einen Kunden versandt oder Waren werden in der Produktion verbraucht, in beiden Fällen wird der Bestand an Waren gemindert.

Umbuchung

Umbuchungen von Materialien sind nicht immer mit einer physischen Umlagerung verbunden. Mittels Umbuchungen ist z. B. eine Änderung der Bestandsqualifikation möglich oder eine Übernahme von Waren aus dem Konsignationslager in den eigenen Bestand. Im Kapitel Bestandsführung finden sich hierzu weitere Informationen.

IM R/3-System werden in der Komponente IM (Bestandsführung) die Bestände mengen- und wertmäßig geführt.

Schnittstellen-lagertypen

Über den **Schnittstellenlagertyp** erfolgt der Datenaustausch zwischen LVS und Bestandsführung. Bei einer Bestandsbuchung im IM-System erfolgt dort eine summarische Fortschreibung der Bestände. Gleichzeitig wird die jeweilige Menge auf den entsprechenden Schnittstellenlagertyp im WM-System gebucht. Somit ist immer sichergestellt, daß die Bestände in beiden Systemen übereinstimmen.

Im WM-System werden sämtliche Lagerbewegungen über **Transportaufträge** durchgeführt. Bei jeder Lagerbewegung ist es notwendig anzugeben, von wo die Ware ausgelagert werden soll (Vorlagerplatz) und wohin sie gebracht werden soll (Nachlagerplatz). Z.B. wird Ware vom Wareneingang (Vorlagerplatz) in das Hochregallager (Nachlagerplatz) gebracht. Dort wird die Ware physisch eingelagert. Mengenmäßig hat bei diesem Vorgang keine Änderung stattgefunden. Innerhalb des Lagers wurde lediglich eine Umlagerung durchgeführt und der Schnittstellenlagertyp ausgeglichen.

3.4.2 Auslösen von Lagerbewegungen

Grundsätzlich unterscheidet man zwei Arten von Lagerbewegungen, je nachdem welche Komponente die Lagerbewegung auslöst.

Buchung im IM-System

Eine Bestandsbuchung erfolgt zuerst im IM-System bei
- Wareneingang aufgrund einer Bestellung
- Warenausgang an eine Kostenstelle (in die Produktion)

Wareneingang zu einer Bestellung

Trifft zu einer Bestellung Ware ein, wird diese als Wareneingang im IM-System gebucht.

Dazu ist die entsprechende Bewegungsart für die Transaktion „*Wareneingang zu Bestellung*", die im System definiert ist, auszuwählen. Durch diese Bewegungsart bekommt die Ware als Lagerort, der beim Einbuchen notwendig ist, den Schnittstellenlagerplatz Wareneingang zugewiesen. Der Bestand der Ware wird im IM-System durch die Einbuchung der Ware fortgeschrieben, und der Bestand im WM-System wird durch die Zubuchung auf den Schnittstellenlagerplatz angeglichen. Somit ist in beiden Systemen der Bestand an Waren immer gleich.

Im WM-System wird durch den Wareneingang in die Wareneingangszone ein **Transportbedarf** erzeugt. Über die Transportbedarfe wird im System ein **Transportauftrag** erstellt, der die physischen Bewegungen im Lager anstößt. Mittels dieses Belegs wird die Ware vom Schnittstellenlagerplatz im Wareneingang nach der für das Material hinterlegten Einlagerungsstrategie auf den Nachlagerplatz gebracht und die Einlagerung quittiert und der Vorgang somit abgeschlossen.

Wareneingang im Qualitätsprüfbestand/ Umbuchung

Bei Anlieferung von Waren von einer Fremdfirma wird in der Regel ein Teil der Waren zuerst in der **Qualitätsprüfung** geprüft.

3.4 Warenbewegungen

Auch hier erfolgt die Behandlung analog zu einem Wareneingang zur Bestellung. Allerdings bekommt die Ware als Bestandsart „Q" gesetzt. Dies bedeutet, daß die Ware zwar physisch vorhanden ist, der Bestand aber nicht zum freien, verfügbaren Bestand gehört.

Nachdem die Qualitätsprüfung positiv abgeschlossen wurde, muß der Bestand freigegeben werden. Dies geschieht durch eine Umbuchung. Bei dieser Umbuchung erstellt das System zwei Buchungen auf dem Schnittstellenlagerplatz für die Umbuchung; eine mit negativer Menge des Materials mit der Bestandsqualifikation „Q", um die Ware auszubuchen und eine Buchung mit positiver Menge und der Bestandsqalifikation „_", um die Ware in den freien Bestand wieder einzubuchen. Aufgrund dieser Umbuchungsanweisung wird im WM-System ein Transportbedarf ausgelöst, der die Ware vom Schnittstellenlagerplatz in das Lagerinnere bringt. Befindet sich ein Teil der Ware bereits dort, geschieht die Umlagerung am Lagerplatz, d.h. es ist keine physische Bewegung der Ware mehr notwendig.

Bypass-Verfahren

Das **Bypass-Verfahren** ermöglicht das schnelle Durchschleusen der Ware vom Wareneingang direkt zum Warenausgang, ohne daß eine Einlagerung notwendig ist. Diese Verfahrensweise ist immer dann anzuwenden, wenn für eine bestimmte Ware ein Warenausgang vorgesehen ist, z.B. durch eine Lieferung an einen Kunden oder durch eine Materialanforderung der Produktion, wenn kein freier Bestand im Lager verfügbar ist. In diesem Fall wird das Material in eine Fehlteiletabelle eingetragen. Sind die entsprechenden Kennzeichen in der Bewegungsart gesetzt, überprüft das System bei einem Transportauftrag zur Einlagerung, ob das Material in der Fehlteiletabelle geführt wird.

Ist dies der Fall, wird die Ware nicht in das Lagerinnere eingelagert, sondern auf den Nachlagerplatz, der in der Fehlteiletabelle hinterlegt wird. Durch diese Strategie werden zeitaufwendige Ein- und Auslagerungen umgangen, und die Ware kann schneller zur Verfügung gestellt werden.

Warenausgang an Kostenstelle

Bei einem **Warenausgang an eine Kostenstelle** wird die Bestandsveränderung wiederum zuerst im IM-System gebucht. Das System erstellt automatisch einen Transportbedarf. Das Material wird mit negativer Menge auf den Schnittstellenlagerplatz Warenausgang gebucht.

Im WM-System werden aufgrund der Transportbedarfe Transportaufträge erzeugt, um die Ware physisch vom Lagerinnern, dem Vonlagerplatz, in die Warenausgangszone zu bringen. Der Vonlagerplatz wird vom System automatisch ermittelt, kann aber jederzeit geändert werden. Das System erstellt analog zum Einlagern für jeden Vonlagerplatz eine Transportauftragsposition. Ist die Auslagerung aufgrund der Transportaufträge physisch durchgeführt, wird sie vom Ausführenden quittiert und der Vorgang ist somit abgeschlossen.

Analog zu den Vorgängen beim Wareneingang ist der Bestand auch beim Warenausgang und somit in beiden Systemen immer gleich.

Buchung im WM-System

Bei folgenden Lagerbewegungen wird die Bestandsveränderung erst im **WM-System** gebucht und dann an die Bestandsführung weitergegeben:

- Warenausgang für Lieferungen aus Bestellungen
- Wareneingang aus Produktion

Warenausgang aufgrund einer Bestellung

Der Vertrieb erzeugt im Modul SD von SAP-R/3 über die Lieferung an einen Kunden einen Transportbedarf im WM-System. Dieser Lieferbeleg ersetzt in diesem Fall den Transportbedarf. Aufgrund der Angaben auf dem Transportauftrag wird die Ware auf einen Schnittstellenlagerplatz „Warenausgänge für Lieferungen" gebracht.

Wareneingang aus der Produktion

Bei fortlaufenden Wareneingängen aus der Produktion möchte man vermeiden, daß jeder Wareneingang einzeln im Bestandsführungssystem (IM) gebucht werden muß. Aus diesem Grund werden zunächst im LVS-System zu jedem Wareneingang aus der Produktion Transportaufträge erzeugt. Durch diese Transportaufträge wird auf dem Schnittstellenlagerplatz *„Waren-eingang aus Produktion"* jeweils eine negative Mengenbuchung und auf dem Nachlagerplatz im Lagerinnen eine positive Mengenbuchung erzeugt.

Zu einem frei bestimmbaren Zeitpunkt wird ein Batchlauf angestoßen, der die Daten des Schnittstellenlagertyps (Mengen und Materialart) ausliest und die Verwendungsfunktion *„Buchen Wareneingang zum Fertigungsauftrag"* anstößt. Dadurch wird der Bestand in der Bestandsführung aktualisiert und der Schnittstellenlagerplatz ausgeglichen.

Differenzen-Schnittstellenlagertyp

Über diesen **Schnittstellenlagertyp** werden Bestandsdifferenzen ausgebucht. Diese können z.B. durch Fehlmengen oder Beschädigung herbeigeführt werden. Sind die Differenzen geklärt, werden die Differenzen über eine Differenzenbuchung im WM-

3.6 Transportauftrag

System über das IM-System ausgeglichen und der aktuelle Bestand wieder angeglichen.

3.5 Transportbedarf

Wie im vorigen Kapitel bereits beschrieben, wird ein Transportbedarf (TB) aufgrund einer im Lagerverwaltungssystem WM oder eines der angeschlossenen SAP-Komponenten (z.B. IM) angestoßenen Lagerbewegung erzeugt. In einem Transportbedarf werden alle relevanten Daten für eine Lagerbewegung festgehalten:

- Was soll bewegt werden?
- Wie groß ist die Menge?
- Wer hat den TB ausgelöst?
- Was ist schon abgearbeitet?

Normalerweise geschieht die Abarbeitung eines TB automatisch. Allerdings können die in der Praxis immer auftretenden Sonderfälle berücksichtigt werden.

Durch die Anwahl von

Lagerverwaltung ⇨ *TransBedarf* ⇨ *Ändern*

können folgende **Eigenschaften eines Transportbedarfs** vor der Weiterverarbeitung geändert werden:

Eigenschaften eines Transportbedarfs

- Langtext
- Bedarfsnummer
- Transportpriorität
- Plandatum / -zeit
- Lagerplatzkoordinaten
- Transportbedarfsmenge
- Alternative Mengeneinheit
- Bestandsqualifikation
- Löschen von Transportbedarfen

3.6 Transportauftrag

Der Transportbedarf aus dem vorherigen Kapitel enthält die Information über die geplante Lagerbewegung. Der Transportauftrag hingegen enthält die Informationen über den physischen Transport einer Ware. Transportaufträge werden in der Regel direkt nach der Erstellung auf einem Drucker im Lager ausgegeben und somit ohne Zeitverlust kommissioniert.

Transportauftrag anlegen

Die Menüfolge zum **Anlegen eines Transportauftrages** lautet (siehe Abb. 6.46):

Lagerverwaltung ⇨ *Transportauftrag* ⇨ *Anlegen*

3 Lagerverwaltung

Über die notwendigen Angaben von Lagernummer etc. in der Maske werden dem Anwender alle offenen Transportbedarfspositionen, die der Selektierung entsprechen, angezeigt. Der Anwender kann hier jetzt einzelne Position von der Weiterverarbeitung ausschließen oder alle offenen Transportbedarfspositionen zu Transportbedarfen weiterverarbeiten lassen. Für jede Position des Transportbedarfs wird mindestens eine Position auf dem Transportauftrag erzeugt. Mehrere Transportauftragspositionen werden pro Transportbedarfsposition erzeugt, wenn die Ware von oder auf mehreren verschiedenen Lagerplätzen pro Material ein- / ausgelagert werden muß. Das System sucht die Lagerplätze nach der im Materialstamm hinterlegten Auslagerungsstrategie (siehe hierzu Punkt 3.3.2) automatisch.

Auf einem Transportbedarf befinden sich **Informationen** über

- Materialnummer
- Menge
- Vonlagerplatz
- Nachlagerplatz

Abb. 6.46
Transportauftrag anlegen

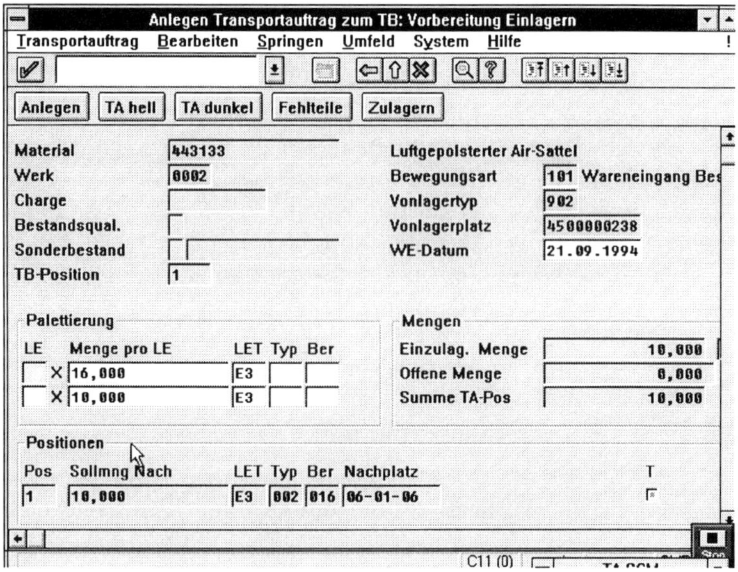

Für die Endverarbeitung der Transportaufträge bestehen für den Anwender zwei Möglichkeiten:

Entweder läuft die Buchung und die Verarbeitung zur Erzeugung des Transportauftrags im Hintergrund, also **dunkel**, oder im Vordergrund, mit der Möglichkeit, vom System vorgeschlagene Werte zu ändern, also **hell**, ab.

Dunkel

Bei der Wahl von „**Dunkel**" werden dem Benutzer nur eventuelle Fehler angezeigt, ansonsten geschieht die Verarbeitung im Hintergrund. Bei erfolgreichen Abschluß aller Transaktionen zeigt das System die Nummer des eben erzeugte Transportauftrags an. Wenn das Kennzeichen für sofortigen Druck gesetzt ist, werden für den Lageristen alle Transportauftragspositionen ausgedruckt.

Hell

Wenn der Verarbeitungsprozeß „**Hell**" abläuft, hat man als Benutzer die Möglichkeit, Vorgaben, die das System macht, zu ändern.

Das System schlägt z.B. eine entsprechende Palettierung für das zu bewegende Material vor, sofern im Materialstammsatz die entsprechenden Angaben eingepflegt wurden. Für alle bearbeiteten Positionen erstellt das System sogenannte Arbeitspositionen. Wenn alle Positionen bearbeitet wurden, wird der endgültige Transportauftrag mit *Transportauftrag* ⇨ *Buchen* im System erstellt und die Nummer ausgegeben.

Quittierung eines TA

Es besteht die Möglichkeit, eine beliebige Bewegungsart bzw. für beliebige Lagertypen, eine Quittierungspflicht des ausführenden Lageristen zu setzen. Bei der Quittierung des Transportauftrags wird die korrekte Ein- bzw. Auslagerung durch den Ausführenden bestätigt. Eventuelle Differenzen zwischen körperlicher und buchmäßiger Menge werden bei der Quittierung automatisch auf den sogenannten Differenzen-Schnittstellen-lagertyp ausgebucht (siehe hierzu Punkt 3.4.1).

3.7 Kommissioniertechniken

Der Vonlagerplatz kann durch drei verschiedene Kommissioniertechniken vom System ermittelt werden:
- Festplatzkommisionierung
- Chaotische Kommisionierung
- Groß- / Kleinmengenkommisionierung

Festplatzkommisionierung

Bei dieser Art der Kommisionierung wird kein Transportauftrag erstellt, da das System die Lagerorte der auf dem Lieferbeleg angeforderten Waren direkt aus dem Materialstammsatz ausliest. Waren, für die das Kennzeichen für **Festplatzkommisionierung** gesetzt wurde, werden immer nur auf diesen festen La-

3 Lagerverwaltung

gerplätze ein- und ausgelagert. Der Schnittstellenlagertyp wird bei dieser Art der Kommisionierung nicht angesprochen, da die Ware direkt vom Vonlagerplatz ausgelagert wird.

Chaotische Kommissionierung

Diese Kommissioniertechnik wird immer dann angewandt, wenn die Ware aus einem **chaotisch organisierten Lager** entnommen wird.

Die Vorlagerplätze werden vom System aufgrund der vorgegeben Auslagerungsstrategie ermittelt. Dabei wird die Auslagerung entweder aus dem Reservelager oder dem Kommissionierlager vorgenommen und die Ware mittels Transportauftrag, der in diesem Fall als Kommissionierliste verwendet wird, vom Lagerinnern auf den entsprechenden Schnittstellenlagertyp ausgelagert.

Bei der anschließenden Warenausgangsbuchung im IM-System wird der Bestand auf dem Schittstellenlagerplatz mit ausgebucht und somit wieder ein einheitlicher Bestand in beiden Systemen erreicht.

Groß- und Kleinmengekommissionierung

Bei dieser Technik der Kommissionierung wird, je nach Anforderungsmenge, eine der beiden Techniken der Kommissionierung angewandt. Im Feld Manipulationsmenge im Materialstammsatz wird hinterlegt, ab welcher Menge die Festplatzkommissionierung für **Kleinmengen** oder chaotische Kommissionierung für **Großmengen** angewandt wird. Der weitere Ablauf geschieht dann analog zu den oben beschriebenen Verfahren.

3.8 Inventurverfahren

Jedes Unternehmen ist gesetzlich verpflichtet, einmal pro Jahr für den gesamten Lagerbestand eine Inventur durchzuführen. Hierzu gibt es unterschiedliche **Verfahren**, die auch im R/3-System unterstützt werden:

- **Stichtagsinventur**
- **Permanente Stichtagsinventur**
- **Permanente Inventur durch Einlagerung**
- **Permanente Inventur durch Nullkontrolle**

Je nachdem wie das Lager organisiert ist, sind einige der Verfahren sinnvoll oder weniger sinnvoll. Hier ist eine Absprache mit einem Wirtschaftsprüfer bzw. Inventurverantwortlichen unbedingt anzuraten!

Im System ist es möglich, für jeden Lagertyp eine andere Inventurmethode zu hinterlegen.

3.8 Inventurverfahren

Wird bei einer Inventur eine Differenz zwischen Soll und Ist-Bestand festgestellt, wird die Differenz auf den Schnittstellenlagertyp für Differenzen gebucht und in der Bestandsführung zu einem späteren Zeitpunkt ausgebucht. Ist ein Lagerplatz gezählt, werden die Inventurdaten des Lagerplatzes und des gezählten Quants gespeichert und ein entsprechendes Inventurkennzeichen gesetzt.

Stichtagsinventur

Bei dieser Methode der Inventur wird zu einem bestimmten Tag im Jahr (meist zum Ende eines Geschäftsjahres) das gesamte Lager gezählt. Diese Art der Inventur birgt allerdings eine Menge an Nachteilen, z.B. Produktionsausfall durch Sperrung der zu zählenden Materialien, sehr personalintensiv etc.. Bevor eine **Stichtagsinventur** durchgeführt werden kann, müssen alle Transportaufträge quittiert zurückgemeldet sein, um richtige Ergebnisse zu erzielen.

Dann werden im System die Lagerplätze gesperrt, um eine Zu- oder Auslagerung während des Zählvorgangs zu vermeiden. Nach der physischen Bestandsaufnahme und der Erfassung im System werden eventuelle Differenzen ausgebucht und die Lagerplätze wieder freigegeben.

Permanente Stichtagsinventur

Durch die **permanente Stichtagsinventur** verteilt sich die Inventur über das gesamte Jahr. Bei dieser Art von Inventur können Leerlaufzeiten (Betriebsurlaub etc.) dazu genutzt werden die Inventur durchzuführen. Außerdem erhält man über das ganze Jahr verteilt ständig Rückmeldung über Übereinstimmung von Buchbestand und tatsächlichem Bestand. Während des Zählvorgangs auf den Lagerplätzen sind diese gesperrt und erhalten den Status „Inventur aktiv". Nach der physischen Aufnahme und der Aufnahme der Ergebnisse in das System und der Ausbuchung der Differenzen erhalten die entsprechenden Lagerplätze den Status „gezählt". Die Lagerplätze werden wieder freigegeben.

Permanente Inventur durch Einlagerung

Bei diesem System wird lediglich beim ersten Einlagerungsvorgang und dessen Quittierung im Geschäftsjahr das Inventurkennzeichen gesetzt. Durch die **lückenlose Nachweisbarkeit der Bewegungen** auf diesem Lagerplatz durch Transportaufträge ist während des Jahres keine weitere Inventur notwendig.

Dieses Verfahren setzt voraus, daß alle Transportaufträge archiviert werden. Da bei diesem Verfahren Lagerplätze, die während eines Jahres nicht angegriffen werden, ungezählt bleiben, empfiehlt es sich für diesen Lagertyp zusätzlich noch ein Kennzeichen für Stichtagsinventur zu setzen. Damit ist sichergestellt, daß alle Lagerplätze eines Lagertyps einmal pro Jahr, wie es der Gesetzgeber fordert, physisch aufgenommen wurden.

Permanente Inventur durch Nullkontrolle

Um eine maximale Bestandssicherheit in einem zu gewährleisten, genügt eine Inventur einmal pro Jahr nicht. Wenn die Nullkontrolle für einen Lagerplatz gesetzt ist, überprüft das System bei jeder Auslagerung, ob durch diesen Vorgang der Bestand auf diesem **Platz auf Null** zurückgeht. Ist dies der Fall, wird auf dem Transportauftragsbeleg ein entsprechender Hinweis angedruckt. Wird die Auslagerung quittiert, muß zusätzlich noch die **Kontrolle auf Nullbestand** quittiert werden. Verbleibt noch Ware auf dem Lagerplatz, wird dieser Bestand erfaßt und über Differenzenschnittstelle ausgebucht. Dadurch wird der Bestand sowohl in der Bestandsführung als auch im Lagerverwaltungssystem angeglichen. Der Lagerplatz bekommt den Inventurstatus „*gezählt*', und die Inventurdaten werden fortgeschrieben.

Bei dieser Art der Bestandsaufnahme ist jedoch darauf zu achten, daß Transportauftragserstellung, physischer Transport und die Quittierung zeitlich in einem engen Rahmen geschehen, um genaue Ergebnisse zu erzielen. Bei einer Mischbelegung eines Lagerplatzes mit verschiedenen Materialien ist die Methode nicht sehr sinnvoll.

Da es durchaus vorkommen kann, daß für einen Lagerplatz während eines Geschäftsjahres vom System keine Nullkontrolle angefordert wird, ist es notwendig, als zusätzlichen Inventurtyp für diesen Lagertyp die Stichtagsinventur festzulegen.

manuelle Nullkontrolle

Die **Nullkontrolle** kann auch manuell angefordert werden. Dies wird dann notwendig, wenn der Lagerist nach der Auslagerung einen Nullbestand meldet, das System für diesen Lagerplatz aber keine Nullkontrolle vorgeschrieben hat. Auch in diesem Fall muß die Bestandsdifferenz ausgebucht werden.

7. Kapitel

FERTIGUNGSWIRTSCHAFT

R/3-MODULE „PP & QM"

1 Grundlagen

Aufgaben der Produktionsplanung und -steuerung

Die **Produktionsplanung und -steuerung (PPS)** ist eine der ältesten und umfangreichsten EDV-Anwendungen im Industriebetrieb und für ein Unternehmen eines der wichtigsten. Die Marktstellung eines Unternehmens hängt in erster Linie von der Qualität, Funktionalität und Innovation seiner Produkte ab. Das allein kann aber nicht ausschlaggebend sein, denn auch Unternehmen mit hochwertigen Produkten verschwinden vom Markt. Es gibt also noch einen weiteren, entscheidenden Einfluß für das Gedeihen eines Unternehmens, nämlich die Organisation des Güterflusses. Auffällig ist, daß florierende Unternehmen eine straffe Organisation des logistischen Flusses vom Lieferanten bis hin zum Kunden besitzen; sie verwenden besonders gute PPS-Systeme. Die Produktionsplanung und -steuerung befaßt sich mit der Organisation aller Vorgänge, die beim Güterfluß durch die Produktion zu planen und zu steuern sind.

Jeder Industriebetrieb stellt Produkte aus den drei Elementarfaktoren Material, Personal und Betriebsmittel her. Die Aufgabe der PPS ist es nun, diese Elementarfaktoren terminlich und mengenmäßig zu koordinieren. Die Optimierung einzelner Elemente kann kaum zu einem Optimum führen, da bei einer Optimierung der Beschaffungsteile zum Beispiel vorausgesetzt werden muß, daß Personal- und Maschinenkapazitäten in beliebiger Menge zur Verfügung stehen. Daraus wird erkenntlich, daß es wichtiger ist, die drei Elementarfaktoren gemeinsam zu planen und zu optimieren.

Forderung an PPS-Systeme

Aus den Aufgaben, die ein PPS-System zu erfüllen hat, lassen sich **5 wichtige Forderungen** ableiten:

1. **Simultane Planung der Elementarfaktoren**
   Wer zuerst das Material, anschließend die Kapazität und danach die Werkzeuge plant, muß entweder das Material, die Kapazität oder die Werkzeuge im Überfluß planen, weil sonst die sukzessive Planung nur zu Sonderfällen und Eilaufträgen führen würde.

   Man plant also in allen Ressourcen Puffer ein und verlängert so die Durchlaufzeit um ein Vielfaches.

Fertigungswirtschaft

Sobald andererseits einer der Elementarfaktoren in zu geringer Menge oder zu spät bereitgestellt wird, entstehen bei allen anderen Elementarfaktoren Gemeinkosten (Brach-, Liege- und Wartezeiten). Es kommt im Industriebetrieb weniger darauf an, daß die Planung eines Faktors mit großer Genauigkeit erfolgt - vielmehr ist es wichtig, jederzeit das Zusammenspiel planerisch zu erfassen. In jeder Planungs- und Steuerungsphase müssen Material und Kapazität gleichzeitig geplant und überwacht werden.

2. **Grundprinzip der knappen Mengenplanung**
Sobald einer der Elementarfaktoren in zu hoher Menge oder zu früh verfügbar ist, entstehen ebenfalls vermeidbare Gemeinkosten. Ein PPS-System muß also aufzeigen, welche Elementarfaktoren in zu großer Menge eingeplant werden.

3. **Grundprinzip der knappen Terminplanung**
Ungenauigkeiten in der Mengenplanung können durch kleine Sicherheitsreserven aufgefangen werden. Terminliche Ungenauigkeiten dagegen verlängern die Durchlaufzeit. Just-in-time ist hier das Schlagwort. Die Terminabweichung eines Arbeitsgangs kann sich auf alle noch nicht bearbeiteten Arbeitsgänge und Baugruppen eines Kundenauftragsnetzes auswirken. Eine Terminabweichung hat viel krassere Konsequenzen als eine Verbrauchsabweichung und muß somit bei einem PPS-System mit Vorrang behandelt werden. Wer seinen Informationsfluß straffen will, muß möglichst knapp planen. Alle Puffer verzögern den Güter- und Informationsfluß.

4. **Echtzeitplanung**
Im kommerziellen Bereich ist unter Echtzeitplanung zu verstehen, daß Ereignisse in ihren direkten und indirekten Folgen möglichst zeitnah verbucht werden. Es genügt nicht, einen Auftrag im Dialog zu stornieren; auch die anderen Aufträge, die jetzt vorgezogen werden können, müssen möglichst zeitnah umterminiert werden, was bedeutet, daß die PPS-Datenbank stets aktuelle Daten enthält. Batchläufe reichen dazu schon nicht mehr aus.

5. **Abteilungsübergreifende Planung**
Ziel ist es, daß alle Abteilungen zeitgleich ihren Auftrag erledigen können. Wenn jeder wartet, bis er an der Reihe ist, ist die Verweilzeit riesig (z.B. Arbeiten mit Karteien).

1 Grundlagen

Hier sieht man den Vorteil, wenn alle Daten an jedem Arbeitsplatz verfügbar sind, und somit die Auftragsbearbeitung gestrafft und möglichst parallelisiert werden kann.

Ziele von PPS-Systemen

Befragungen unter PPS-Anwendern haben bestätigt, daß die Verringerung der Durchlaufzeit, die Reduzierung der Lagerbestände, die Steigerung der Termintreue und eine Verbesserung der Kapazitätsauslastung zu den wichtigsten Zielen gezählt werden. Diese vier **Ziele** stehen auch im engsten Zusammenhang, da die Änderung einer Zielsetzung Einfluß auf alle Größen hat. Diese Bereiche müssen also gemeinsam geplant und ein individuelles Gleichgewicht festgelegt werden.

Notwendigkeit von PPS-Systemen

Zur EDV-gestützten Produktionsplanung und -steuerung gibt es in naher Zukunft keine Alternative. Der Markt fordert von den europäischen Unternehmen hohe Variantenvielfalt, kurze Lieferzeiten, ständige Produktinnovationen und hohe Produktqualität. Das führt zu immer größerem Datenvolumen und zu erhöhtem Planungs- und Steuerungsaufwand.

Struktur von PPS-Systemen

In den PPS-Systemen der 3. Generation sind die betrieblichen Funktionen eng miteinander verzahnt. Die PPS hat die Aufgabe, die Informationen zwischen allen Funktionen in allen Richtungen schnell auszutauschen.

PPS-Systeme der 1. Generation versuchten in Teilbereichen optimale Lösungen zu errechnen.

PPS-Systeme der 3. Generation basieren auf denselben betriebswirtschaftlichen Methoden. Heute weiß man aber, daß Insellösungen zwar Teiloptima schaffen, aber das Gesamtoptimum eventuell schwächen. Der Algorithmus, der für einen Betrieb die optimale Lösung findet, ist noch nicht erfunden.

1.1 Material

Unter Material versteht man beim System R/3 Erzeugnisse, Baugruppen, Rohstoffe, Einsatzstoffe und Dienstleistungen.

Ausgehend vom Eröffnungsbildschirm des R/3-Systems gelangt man in das Einstiegsbild für die Produktionsstammdaten wie folgt:

Logistik ⇨ Produktion ⇨ Stammdaten

Datenstruktur

Die **Datenstruktur** ist flexibel aufgebaut, um einen hohen Grad an Anpassungsfähigkeit zu erreichen. Jede Abteilung kann die für sie notwendigen Daten im Materialstamm hinterlegen. Die Daten sind entsprechend den Organisationsebenen zugeteilt.

So können:
- allgemeine Daten, die im gesamten Unternehmen gültig sind (z.B. Materialnummer);
- auf Werkebene (Produktionsstätten) Fertigungsdaten sowie auch die entsprechende Stückliste und der gültige Arbeitsplan;
- auf Ebene von Lagerorten (z.B. Materialbestandsdaten)
- sowie auch Vertriebsdaten der einzelnen Verkaufs- und Vertriebsorganisation

gepflegt werden.

Zugriffsberechtigung Die **Zugriffsberechtigungen** können an jeden einzelnen Anwender je Organisationsebene und Tätigkeit vergeben werden (Anlegen, Anzeigen, Ändern).

Materialart Die **Materialart** teilt das Material in Gruppen ein, um keine unnötigen Datenmengen im Materialstammsatz „mitschleifen" zu müssen. Sie kann unternehmensspezifisch angepaßt werden und steuert u.a. die Beschaffungsart (Eigen- oder Fremdfertigung) und welche Fachbereiche den Materialstammsatz pflegen können.

Vorlagen Beim Anlegen eines neuen Materials kann ein bestehender Materialstammsatz als **Vorlage** benutzt werden. Es können gewünschte Fachbereiche und Organisationsebenen schon vorher als Benutzer definiert werden.

1.2 Stücklisten

Die Stückliste (siehe hierzu Punkt 2.4) ist die Beschreibung von Produktionsstrukturen und bildet die zentrale Basis zur Planung von Materialbedarf und Erzeugniskalkulationen.

Aus dem Eröffnungsbildschirm des R/3-Systems gelangt man in das Einstiegsbild für die Stücklisten über:

Logistik ➪ Produktion ➪ Stammdaten ➪ Stücklisten.

Stücklistenformen Folgende **Stücklistenformen** sind möglich:
- Einfache Stückliste
- Variantenstückliste
- Mehrfachstückliste
- Kundenauftragsstückliste
- frei konfigurierbare Stückliste (ab Release 3.0)

1 Grundlagen

Stücklistenaufbau

Der **Aufbau einer Stückliste** enthält mindestens folgende Parameter:

- **Stücklistenkopf** enthält Angaben über Werke und Gültigkeitsdauer
- **Stücklistenposition** beschreibt verschiedene sogenannte Positionen, welche weitere zugehörigen Daten enthalten (z.B. Nichtlagerpositionen enthält Einkaufsdaten)

Stücklistenpflege

Die **Stücklistenpflege** erfolgt gewöhnlich durch die PP-Stücklistenverwaltung, sie kann aber auch aus einem CAD-System heraus erfolgen. Sollten bei einer Änderung Zusatzinformationen benötigt werden, erscheint beim Anwender das entsprechende Bild.

Vorlage

Eine bereits bestehende Stückliste kann als **Vorlage** dienen.

Darstellung

Die **Darstellung** zur Auswertung kann auf dem Bildschirm u.a. auch als grafische Stückliste erfolgen und entsprechend ausgedruckt werden; Abb. 7.1 zeigt ein Beispiel für eine Baukastenansicht:

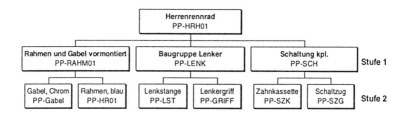

Abb. 7.1 Stückliste, Baukastenansicht

1.3 Arbeitsplatz

Unter einem Arbeitsplatz versteht man einen Ort, an dem eine Arbeit durchgeführt wird. Dies können Maschinen, Personen, Fertigungsstraßen oder Montagearbeitsplätze sein.

Der Arbeitsplatz bildet die Grundlage zur Pflege von Arbeitsvorgängen in Arbeitsplänen. Über den Eröffnungsbildschirm der SAP-Sitzung gelangt man in das Einstiegsbild für die Arbeitsplätze folgendermaßen:

Logistik ⇨ Produktion ⇨ Stammdaten ⇨ Arbeitsplätze.

Die Arbeitsplätze enthalten Daten, die die Terminierung, die Kalkulation und die Kapazitätsrechnung steuern. Die Standardformeln können über das Customizing eingestellt und jederzeit erweitert werden.

Verbindung zur Kostenstelle
Bei der Pflege von Arbeitsplatzdaten ordnet der Planer den Arbeitsplatz einer **Kostenstelle** zu (Verbindung zwischen Kostenrechnung und PPS-System).

Kapazitäten
Dem Arbeitsplatz kann eine beliebige Anzahl von **Kapazitäten** zugeordnet werden. Diese sind die Basis für die Funktionen der Kapazitätenplanung und Fertigungssteuerung. So lassen sich jederzeit die Auslastung der Maschinen und des Personals feststellen (Reservekapazität).

1.4 Arbeitsplan

Im R/3-Arbeitsplan werden nicht nur die einzelnen Fertigungsschritte dokumentiert, sondern auch die benötigten Ressourcen, wie Materialkapazität, Fertigungshilfsmittel und die Qualitätsanforderungen. Der Arbeitsplan bildet die Grundlage für die Erzeugniskalkulation, Auftragsabwicklung, Terminierung, Fertigungssteuerung und die Kapazitätenrechnung.

Aus dem Eröffnungsbildschirm des R/3-Systems gelangt man in das Einstiegsbild für die Arbeitspläne wie folgt:

Logistik ⇨ Produktion ⇨ Stammdaten ⇨ Arbeitspläne.

Unter einheitlicher Oberfläche erlauben die Arbeitspläne eine einfache Beschreibung linearer Fertigungsabläufe sowie komplexer bzw. gesplitteter oder überlappender Strukturen.

Man unterscheidet dabei:
- Normalarbeitsplan (materialbezogen)
- Standardarbeitsplan

Die Arbeitspläne werden werkstattbezogen gepflegt.

Arbeitsvorgang
Der **Arbeitsvorgang** ist ein einzelner Schritt in einem Arbeitsplan. Er besteht aus folgenden Daten :
- **Arbeitsplatz**
- **Steuerschlüssel** (legt fest, ob der Vorgang kalkuliert und die Kapazitätenbelastung ermittelt werden soll. Weiterhin legt er fest, ob der Vorgang zurückgemeldet werden soll.)
- **Vorgangsbeschreibung** (kurze Anweisungstexte)
- **Vorgabewerte** (werden manuell gepflegt oder können über die automatische Vorgabezeitermittlung errechnet werden.)

1 Grundlagen

Folgen Als **Folgen** bezeichnet man den Ablauf der Vorgänge eines Arbeitsplanes. Dadurch lassen sich netzartige Fertigungsprozesse einfach abbilden.

Man unterscheidet :
- Stammfolge (lineare Fertigung)
- Parallele Folge (parallele Fertigungsprozesse)
- Alternative Folge (kann bei Kapazitätenüberlastung auf eine alternative Maschinenfolge ausweichen.)

Auswertungsfunktion Vorgang bzw. Übersichtslisten werden im Customizing in Layout und Inhalt individuell an den Benutzer angepaßt.

1.5 Dokumente

Mit dem Dokumentenverwaltungssystem können jegliche Arten von Dokumenten beschrieben, verwaltet und visualisiert werden. So können z.B. durch Verknüpfen oder durch Suchfunktionen einem einzelnen Material oder Fertigungsschritt entsprechende Dokumente (z.B. Zeichnungsänderungen, Nachrichten oder Anweisungen) zugeordnet und so die entsprechenden Stellen informiert werden.

Das Visualisieren erfolgt durch Einbinden beliebiger Standardformate (z.B. *.tif, *.dxf) in das SAP-Format.

1.6 Fertigungshilfsmittel

Unter Fertigungshilfsmittel versteht man Werkzeuge aller Art, z.B. auch NC-Programme oder Vorrichtungen, Meß- und Prüfmittel. Ihr Einsatz ist aus dem Materialstammsatz, aus dem Dokument oder aus einem eigenen Fertigungshilfsmittelstammsatz ersichtlich. Ausgehend vom Eröffnungsbildschirm der SAP-Sitzung gelangt man in das Einstiegsbild für die Fertigungshilfsmittel wie folgt (siehe Abb. 7.2):

Logistik ⇨ Produktion ⇨ Stammdaten ⇨ FertHilfsmittel.

1.8 CAD Integration

Abb. 7.2 Fertigungshilfsmittel

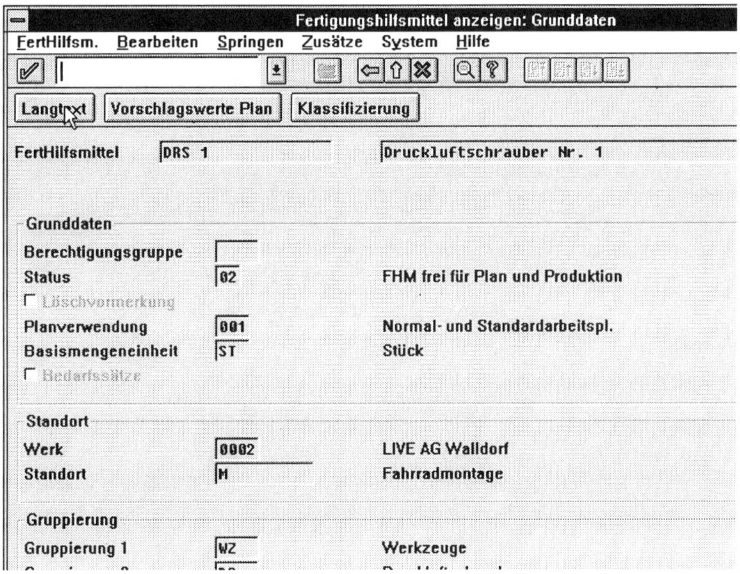

1.7 Prüfplan und Prüfmerkmale

Hierbei unterscheidet man:
- **Prüfplan** (legt die Reihenfolge der Prüfdurchführung fest.)
- **Prüfmerkmal** (gibt die Anzahl der notwendigen mengen- und qualitätsmäßigen Messungen sowie auch die Stichprobenparameter, Sollwerte und Toleranzen an.)

Prüfmerkmal

Prüfplan

Weitere Unterteilungen des **Prüfplanes** sind:
- **Materialprüfplan** (ist dem zu prüfenden Material zugeordnet)
- **Individualprüfplan** (legt den Prüfumfang für Material in Beziehung zu einem Lieferanten oder Kunden fest.)
- **Familienprüfplan** (beinhaltet Prüfung einer Teilefamilie zusätzlich mit Toleranzen für Beziehungen untereinander.)

Dynamisierung

Durch die Analyse der Prüfhistorie werden Lieferanten oder Prozesse mit schlechter Qualität intensiver überwacht als Lieferanten oder Prozesse mit ständig verbesserter Qualität.

1.8 CAD Integration

Die CAD Funktionsbibliothek gestattet die Anbindung grafischer Fremdsysteme an das R/3 System.

Koppelung CAD-PPS

Durch eine **Schnittstelle** zwischen SAP-R/3 und einem CAD-System ist ein engeres Zusammenspiel zwischen Konstruktion und Fertigung möglich. Schnellere Reaktion auf Kundenwünsche und eine Verkürzung der Entwicklungszeiten erhöhen die Flexibilität einer Unternehmung.

Das bedeutet:

- Zugriff auf Grunddaten des PPS-Systems, die Materialstückliste oder die Dokumentenverwaltung.
- Während der Erstellung einer Zusammenbauzeichnung im CAD überprüft das angeschlossene R/3-System automatisch die Stückliste auf die Verfügbarkeit des gewählten Materials.
- Anbindung der Dokumentenverwaltung an das CAD-System.

1.9 Vorgabewertermittlung (CAP)

Mit der Vorgabewertermittlung können Werte und/oder Formeln in Arbeitsplänen automatisch erzeugt werden. Die Funktionen der CAP (Computer Aided Planning) bestehen aus zwei zentralen Elementen:
- Automatische Arbeitsplangenerierung (ab Release 3.0)
- Automatische Vorgabewertermittlung (Einmal in Tabellen hinterlegte Werte und Formeln können schnell zusammengefaßt, kombiniert und neuen Arbeitsplätzen zugeordnet werden.)

In die CAP-Vorgabewertermittlung gelangt man über:

Logistik ⇨ Produktion ⇨ Stammdaten ⇨ CAP-Vorgabewerte.

1.10 Änderungsdienst

Der Änderungsdienst erlaubt die zentrale Verwaltung und Steuerung von Änderungen an Grunddaten (z.B. Stücklisten, Prüfplänen oder Arbeitsplänen).

Er kann für folgende Objekte genutzt werden:
- Material
- Dokument
- Stückliste
- Plan

Aus dem Eröffnungsbildschirm der SAP-Sitzung gelangt man in das Einstiegsbild für den Änderungsdienst wie folgt:

Logistik ⇨ Produktion ⇨ Stammdaten ⇨ Änderungsdienst.

2 Absatz- und Produktionsgrobplanung

Planungskonzept
: Manufactoring Resource Planning (MRP) ist ein **Planungskonzept**, das international anerkannt und verwendet wird. Die Absatz- und Produktionsgrobplanung im Modul PP ist somit ein Bestandteil dieses Konzeptes. Die Absatz- und Produktionsgrobplanung steht zwischen den Modulen der Absatz- und Ergebnisplanung und der Produktionsplanung.

Aufgaben der SOP
: Mit Hilfe der **Absatz- und Produktionsgrobplanung (SOP)** sollen die mittel- bis langfristigen Absatzmengen festgelegt und die zur Verwirklichung dieses Absatzes notwendigen Schritte grob geplant werden (d.h. es findet eine grobe Abschätzung der Realisierbarkeit der Pläne statt).

2.1 Grobplanung

2.1.1 Einordnung in den Planungsprozeß

Abb. 7.3
Planungsebenen im Planungsprozeß

Planungsebenen

- Geschäfts-/Ergebnisplanung
  - Umsatzpläne
  - Absatzpläne
- Absatz-/Produktionsgrobplanung
  - Absatzplan
  - Produktionsgrobplanung
- Produktionsplanung
  - Produktionsprogramm
  - Abgest. Produktionsplan
- Bedarfsplanung
  - Sekundärbedarf
  - Produktionsplan
  - Beschaffungsplan

Quelle: SAP-Schulungsunterlagen

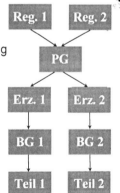

Während die Geschäfts- und Ergebnisplanung für das gesamte Unternehmen oder für eine bestimmte Region des Unternehmens durchgeführt wird, gilt die Absatz-und Produktionsgrobplanung nur für Produktgruppen. Aus der Absatz- und Produktionsgrobplanung gehen dann die Produktionsplanung und, nach der Stücklistenauflösung, die Bedarfsplanung für die Produktion hervor.

2.1.2 Vorlauf zur Absatz- und Produktionsgrobplanung

Vor der Absatzplanung müssen folgende Fragen beantwortet werden:

- Wie wird sich die Gesamtnachfrage entwickeln?
- Welchen Marktanteil kann der planende Betrieb erreichen?
- Entspricht die gegenwärtige Kapazität diesem Marktanteil?
- Welche Absatzmengen ergeben sich für die einzelnen Jahresperioden?
- Auf welchen Betrag soll der langfristig zu erwartende Durchschnittsertrag festgelegt werden?

Mit der Beantwortung dieser Fragen kann der Absatzplan erstellt werden.

2.1.3 Wesen der Absatz- und Produktionsgrobplanung

Im Rahmen der Absatz- und Produktionsgrobplanung werden die lang- und mittelfristigen Absatzmengen festgelegt (siehe Abb. 7.4). Die nötige Materialbeschaffung, die zur Verfügung stehenden Kapazitäten und die zu erstellende Leistung können zu erheblichen Fertigungsengpässen führen. Deshalb ist es sinnvoll, die Absatz- und Produktionsgrobplanung einer detaillierten Produktionsplanung zugrunde zu legen.

2.2 Absatzplan

Abb. 7.4
Aufgaben der Absatz- und Produktionsplanung

Aufgaben der Absatz und Produktionsgrobplanung

- Mittelfristig / langfristige Planung
- Planung der Absatzmengen
- Planung Produktionsmengen
- Abschätzung Realisierbarkeit

(Quelle: SAP-R/3-Schulungsunterlagen)

Aufgrund der Fülle der Daten werden die benötigten Produktionsaktivitäten grob geplant, d.h. es wird vorerst keine detaillierte Planung über Stücklistenauflösung und Arbeitsplanterminierung erstellt. Das Ziel dieser Planung ist es vielmehr, die Realisierbarkeit der aufgestellten Pläne abzuschätzen.

Dabei bietet die Absatz- und Produktionsgrobplanung die Möglichkeit, die Planung für Produktgruppen oder für Enderzeugnisse durchzuführen.

2.2 Absatzplan

Der Ausgangspunkt der Planung bildet die Ermittlung der Absatzmengen für zukünftige Perioden. Für die Planungsdatengewinnung können unterschiedliche Verfahren (siehe Abb. 7.5) verwendet werden:

- manuelle Eingabe der Absatzmengen
- maschinelle Prognose der Absatzmengen auf Basis von Vergangenheitswerten
- Übernahme der Absatzmengen aus der monetär orientierten Ergebnis- und Marktsegmentrechnung (CO-PA)
- Übernahme der Absatzmengen aus dem Vertriebsinformationssystem (SD-IS)
- Übernahme aus einem externen System

2 Absatz- und Produktionsgrobplanung

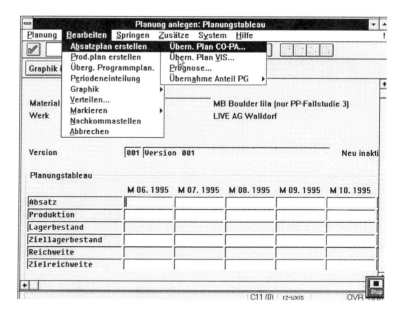

Abb. 7.5
Absatzgrobplanung anlegen

Die Ergebnisse der Absatz- und Produktionsgrobplanung können auf die Produktgruppenmitglieder aufgeteilt werden (**Disaggregation**) und an die Produktionsplanung übergeben werden.

2.2.1 Produktgruppen

In der Absatz- und Produktionsgrobplanung besteht die Möglichkeit, verschiedene Materialien zu einer Gruppe (eine Produktgruppe) zusammenzufassen und somit die Planung auf der Ebene von Produktgruppen zu konsolidieren. Im Rahmen der Produktgruppenverwaltung werden beliebige Materialien zu Produktgruppen zusammengefaßt. Die Produktgruppenstruktur kann dabei mehrstufig sein und damit beliebige Produktgruppenhierarchien darstellen (siehe Abb. 7.6).

2.2 Absatzplan

Abb. 7.6
Produktgruppen-
hierarchie

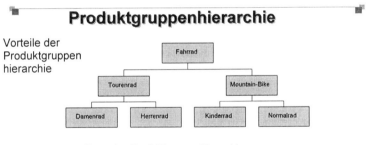

- Alternative Produktgruppenhierarchien
- Umrechnung zw. beliebigen Mengeneinheiten
- Korrekturfaktoren für Aggregation
- Anteilsfaktoren für Disaggregation
- Werksübergreifende Zuordnung
- Fertigungsversionsfestlegung
- Komfortable Top-Down-Pflege

Quelle: SAP-Schulungsunterlagen

Darüber hinaus kann ein Material mehreren Produktgruppen zugeordnet werden. Es ist daher möglich, alternative Produktgruppenhierarchien zu erstellen.

Durch die Möglichkeit Produktgruppen werksübergreifend zu definieren und zu planen, können Materialien aus verschiedenen Werken Bestandteil einer Produktgruppe sein.

Das Ermitteln der geplanten Absatzmengen bildet die Grundlage der Planung. Diese Angaben ermöglichen es, die Produktionsmengen zu bestimmen. Die daraus resultierenden Ergebnisse können an die Produktionsplanung weitergegeben werden.

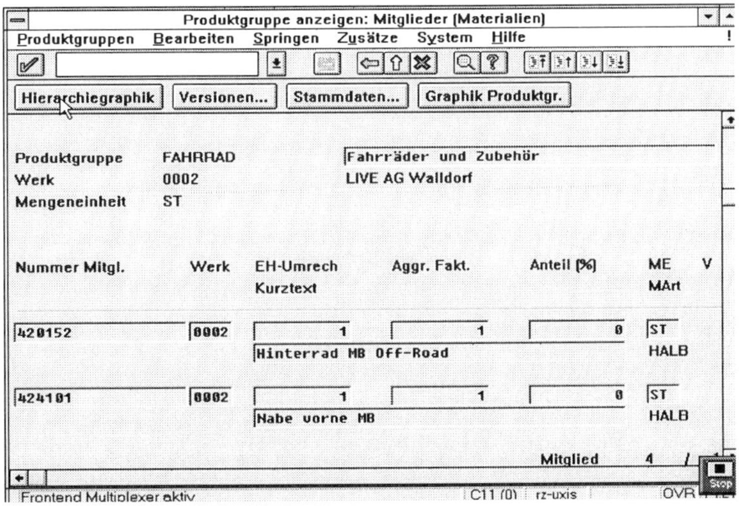

Abb. 7.7
Aufbau einer
Produktgruppe

2 Absatz- und Produktionsgrobplanung

Wichtige Daten für die Produktgruppenstruktur (siehe Abb. 7.7) sind zum einen die Mengenrelationen zwischen der Produktgruppe und dem jeweiligen Mitglied (z.B. Produktgruppe wird in Tonnen dargestellt und das Mitglied in Stück) und zum anderen der Anteilsfaktor des jeweiligen Produktgruppenmitglieds an der gesamten Produktgruppe.

Deshalb können solche Gruppen ein- oder mehrstufig sein (mehrstufig bedeutet, daß die Gruppe als Mitglieder Gruppen enthält). Die letzte Ebene der Produktgruppe muß ein Material sein.

2.2.2 Produktionsgrobplan

Es gibt drei Möglichkeiten aus dem Absatzplan den Produktionsgrobplan zu erstellen. Dabei wird die Produktionsplanung nach verschiedenen Daten des Absatzplanes ausgerichtet.

Diese Daten müssen **absatzsynchron** gehalten werden, damit sie den **Ziellagerbestand** und die **Zielreichweite** exakt vorhalten.

Die Mengen und Termine werden dabei exakt übernommen. Das System errechnet aus den Zielangaben automatisch die notwendigen Produktionsmengen für die entsprechenden Perioden.

Abb. 7.8
Beispiel für die Umsetzung des Absatzplans

Vom Absatzplan zur Produktionsgrobplanung

Via. Ziellagerbestand

	W29	W30	W31	W32
Absatz	50	70	220	250
Produktion	60	70	250	250
Ziellagerbestand	10	10	40	40

(Quelle: SAP-R/3-Schulungsunterlagen)

2.2 Absatzplan

In der oben gezeigten Abbildung 7.8 wird deutlich, daß sich die Produktion nach dem Absatz und nach dem gewünschten Ziellagerbestand richtet.

2.2.3
Zweck der Disaggregation

Disaggregation

Unter der Disaggregation versteht man die Splittung der Prozesse, d.h. daß die Planung grob begonnen und anschließend verfeinert wird. Der Absatzplan des Mitglieds ist schließlich das Resultat der Aggregation. Die Disaggregation kann für den Absatzplan und den Produktionsgrobplan gemacht werden, außerdem können aktive und inaktive Versionen der Planung verwendet werden.

Je nach Auswahl kann die Disaggregation für alle oder einzelne Mitglieder gemacht werden (Komplett-/Teildisaggregation). Die Durchführung kann als Einzel- oder Sammeldisaggregation bearbeitet werden (siehe Abb. 7.9).

Abb. 7.9
Disaggregation

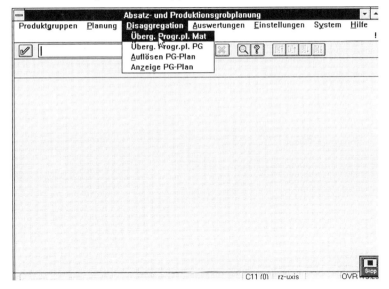

Das Ziel der Absatz- und Produktionsgrobplanung ist es, die Durchführbarkeit der Planung zumindest grob zu überprüfen. Der Absatzplan und der Produktionsgrobplan können damit als Vorgabe für die nachfolgenden Planungsebenen (Produktionsplanung, Materialbedarfsplanung) herangezogen werden. Zu diesm Zweck ist es möglich, die Produktgruppenpläne automatisch auf die Produktgruppenmitglieder „herunterzubrechen". Dieses Herunterbrechen nennt man **Disaggregation (TOP-**

DOWN). Es ist aber auch möglich, von den Produktgruppenmitgliedern auf die gesamte Produktgruppe zu schließen. Dieses Verfahren nennt man **Aggregation (BOTTOM-UP)**:

Abb. 7.10
Vorgehensweise
bei der Planung

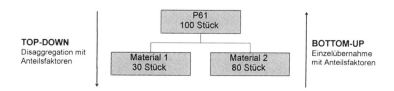

Quelle: SAP-Schulungsunterlagen

Bei der Disaggregation werden die Produktgruppenmengen entsprechend der Anteilsfaktoren auf die Produktgruppenmitglieder heruntergebrochen. Gleichzeitig mit dieser sachlichen Disaggregation kann auch eine zeitliche Disaggregation erfolgen. So ist es möglich, die auf Wochen- oder Monatsbasis aufgestellten Pläne auf Tage herunterzubrechen. Als Aufteilungsschlüssel kann hierzu die Anzahl der Arbeitstage in der jeweiligen Periode verwendet werden.

2.3 Produktionsplanung

Im Rahmen der Produktionsplanung werden die grundlegenden Entscheidungen über die operative Nutzung der Produktionsressourcen getroffen.

Die Produktionsplanung hat drei **Hauptaufgaben**:
- Auswahl der Planungs- und Fertigungsstrategie
- Festlegung der Bedarfsmengen und Liefertermine
- Festlegung des Produktionsplans für Leitteile

2.3.1 Programmplanung

In der Programmplanung werden die Bedarfsmengen und die Liefertermine für die Enderzeugnisse und die wichtigen Baugruppen festgelegt. Das Produktionsprogramm kann entweder direkt als Primärbedarf vom Disponenten erstellt werden oder auf vorgelagerten Planungsergebnissen aufbauen. So können z.B. die Ergebnisse der Produktionsgrobplanung die Basis für die Programmplanung bilden.

Neben der Mengen- und Terminplanung wird im Rahmen der Programmplanung auch die Strategie bestimmt, mit der ein Erzeugnis geplant und gefertigt bzw. beschafft wird. Drei Planungsstrategien stehen zur Verfügung:

- Anonyme Lagerfertigung
- Kundeneinzelfertigung
- Losfertigung für Kunden- und Lageraufträge

Darüber hinaus wird im Rahmen der Programmplanung festgelegt, nach welcher Vorplanungsstrategie die auftragsorientierte Fertigung abgewickelt werden soll.

2.3.2 Primärbedarfsverwaltung

Primärbedarfe dienen der auftragsneutralen Vorplanung der Produktion.

Neben der manuellen Primärbedarfspflege kann der Disponent im Rahmen einer integrierten Planung auf die Ergebnisse vorgelagerter Planungsstufen zurückgreifen. Durch den Bezug auf übergeordnete Planungsstufen ist so eine kontinuierliche Verfeinerung und Abstimmung errechenbar.

Folgende **Vorlagen** können zur Primärbedarfspflege benutzt werden:

- Absatzplanung für das Erzeugnis
- Maschinell ermittelte Prognose aus der Absatzplanung
- Produktionsgrobplan für das Erzeugnis
- Primärbedarf für ein beliebiges Erzeugnis

Die Primärbedarfe können in beliebigen Zeitrastern geplant werden, wobei unterschiedliche Zeitraster miteinander kombinierbar sind. Dies eröffnet dem Disponenten die Möglichkeit, das Produktionsprogramm für die nähere Zukunft, z.B. in Wochen, für die weitere Zukunft oder in Monaten, zu planen. Die automatische Aufteilung von Primärbedarfen von einem gröbe-

2 Absatz- und Produktionsgrobplanung

ren Zeitraster in einen feineren Zeitraster erweist sich insbesondere bei einer rollierenden Planung als vorteilhaft.

2.3.3 Leitteileplanung

In der MPS-Planung (Planung von Leitteilen) werden die Teile oder Erzeugnisse, die die Wertschöpfung im Unternehmen in hohem Maße beeinflussen oder kritische Ressourcen belegen, als Leitteile gekennzeichnet und mit erhöhter Aufmerksamkeit geplant. Leitteile können sowohl Enderzeugnisse als auch Baugruppen oder Rohmaterialien sein. In einem separaten Planungslauf werden nur die Leitteile geplant.

2.3.4 Standortübergreifende Produktionsplanung

Das PP-System gewährleistet auch für die Produktion eines Artikels an verschiedenen Standorten oder bei ausgelagerter Komponentenvorfertigung einen reibungslosen Material- und Informationsfluß zwischen den beteiligten Standorten bzw. Werken.

Charakteristisch für diese Art der Planung ist die Produktion an verschieden Standorten, wobei die Planung, Überwachung und Auslieferung zentral erfolgt. Bei der Verteilung der Produktionsmengen auf die unterschiedlichen Standorte kann der Planer mit Beschaffungsquotierungen pro Artikel arbeiten.

2.3.5 Distribution Requirements Planing

Die Internationalisierung der Märkte erfordert zunehmend leistungsfähigere Distributionssysteme. So ist es vielfach schon aus Gründen der geographischen Entfernung nicht mehr möglich, den Kunden unmittelbar vom Produktionsstandort aus zu beliefern. Vor diesem Hintergrund gehen viele Unternehmen dazu über, ihre Kunden über Distributionslager oder Distributionszentren, die von Produktionswerken versorgt werden, zu beliefern.

Das PP-System ist in seinem planerischen und operativen Komponenten so ausgerichtet, daß firmen- und länderübergreifende Produktions- und Distributionseinheiten komfortabel abgebildet werden können.

Distributionsläger können firmen- oder länderübergreifend als Werke definiert werden. Sie stellen damit eine disponierende Einheit dar, für die eine Bedarfsplanung durchgeführt wird. Dieses Verfahren hat den Vorteil, daß für einen Artikel, je nach Distributionslager, unterschiedliche Distributionsstrategien angewendet werden können.

Die Versorgung der Distributionsläger aus den Produktionswerken erfolgt unter Nutzung der Einkaufs- und Vertriebsfunktionen aus den Systemen MM und SD.

Auswertungen auf Produktgruppen- und Enderzeugnisebene geben dem Planer jederzeit einen Überblick über alle beteiligten Produktionsstätten und Distributionsläger.

2.4 Stücklisten

Stücklisten, wie auch Arbeitspläne, sind die zentralen Informationsträger in einem Fertigungsbetrieb. Sie stellen die zentralen Stammdaten für die Produktionsplanung und -steuerung dar. Gleichwohl benötigen Stücklisten und Arbeitspläne Basisinformationen aus der Materialwirtschaft, Konstruktion, Controlling und Personalwirtschaft. Umgekehrt geben sie Informationen an andere Bereiche ab: Konstruktion, Normenstelle, Arbeitsvorbereitung, Terminplanung, Materialbedarfsermittlung, Fertigungsauftragsverwaltung, Fertigungssteuerung, Montage, Einkauf (Bestellanforderung), Kostenrechnung (Kalkulation) etc.[1]

Dabei benötigen alle diese Abteilungen die Unterlagen in verschiedenen Ausführungen und Zusammensetzungen. Die CIM-Modulvielfalt von SAP bietet hierfür optimale Voraussetzungen.

Die folgenden Kapitel sollen einen Überblick über die Stücklisten in der Theorie und im SAP-System geben. Dabei wird auf die konkreten Aufgaben, die unterschiedlichen Arten und den Aufbau von Stücklisten eingegangen. An einem konkreten Beispiel soll das Anlegen, Ändern und die Auswertung von Stücklisten im System R/3 verdeutlicht werden.

Stücklistendefinition

Eine Stückliste beschreibt die Zusammensetzung der Produkte aus den einzelnen Komponenten. Sie enthält die Menge aller Baugruppen, Teile und Werkstoffe, die für die Herstellung einer Einheit des Erzeugnisses notwendig sind.

Die **Stückliste** ist:[1]
- Ausgangsbasis zur Ermittlung des Bedarfs an Baugruppen, Teilen, Rohmaterial und deren Disposition;
- Bereitstellungs- und Entnahmebeleg;

---

[1] vgl. Roschmann, K.: Fertigungssteuerung, Hanser Verlag, München, 1980, S. 30-35

[1] Hackstein, R.: Produktionsplanung und -steuerung (PPS), VDI-Verlag, Düsseldorf, 1984, S. 134

- Grundlage zur Terminierung des Fertigungs- und Beschaffungsvorganges;
- Dokumentation der konstruierten bzw. gelieferten Erzeugnisse (Voraussetzung für weitere Auswertungen, wie z.B. Ersatzteillisten, Materialliste, Typenübersichten oder Einkaufslisten).

In der folgenden Darstellung sind den Unternehmensfunktionen die entsprechenden **Stücklistenaufgaben** zugeordnet:[1]

Tab. 7.1 Aufgaben von Stücklisten

2.5 Klassifizierung von Stücklisten

Das Stücklistenwesen ist in vielen Betrieben historisch gewachsen. Daher gibt es viele verschiedene Stücklisten bezüglich des

---

[1] Hackstein, R.: Produktionsplanung und -steuerung (PPS), VDI-Verlag, Düsseldorf, 1984, S. 135

Aufbaus und des Inhaltes. Es soll nun ein kurzer Überblick über die verschiedenen Stücklistentypen gegeben werden.

2.5.1 Stücklistenarten

Für die Unterteilung von Stücklisten gibt es verschiedene Möglichkeiten. Einerseits gibt es die Unterscheidung nach Art des Aufbaus einer Stückliste und andererseits nach Art der Verwendung.

Unterscheidung nach Art des Aufbaus der Stückliste:[1]

a) Strukturlose Stücklisten
- **Aufzählungsstückliste**: Die Baugruppen (Baugruppe: in sich geschlossener aus zwei oder mehr Teilen und/oder Gruppen niederer Ordnung bestehender Gegenstand), Eigen- und Kaufteile aller niederen Ebenen eines Erzeugnisses werden ohne Strukturierung (Zuordnung) dargestellt. Diese Stücklistenart ist als Produktübersicht hilfreich.
- **Mengenstückliste**: Stückliste, die nur die Eigen- und Kaufteile aller niederen Ebenen eines Erzeugnisses oder einer Gruppe enthält. Die Mengenstückliste ist oft Grundlage für die Kalkulation.

b) Strukturierte Stücklisten
- **Strukturstückliste**
  Die Eigenschaften sind gleich der Aufzählungsstückliste, wobei die Darstellung in strukturierter Form erfolgt. Diese Strukturierung kann z.B. durch Einrückungen, Zahlenangaben oder Pfeile erreicht werden.
- **Baukastenstückliste**
  Die Baukastenstückliste dient als Basis für die Datenspeicherung. Es werden nur die Gruppen bzw. die Eigen- und Kaufteile der nächsten Ebene ohne Strukturierung dargestellt. Dennoch zählt sie zu den strukturierten Stücklisten.
- **Baukastenstrukturstückliste**
  Unvollständige Strukturstückliste, in der die Gruppen nicht weiter untergliedert sind, für die eine Baukastenstückliste vorhanden ist.

---

[1] vgl. Hackstein, R.: Produktionsplanung und -steuerung (PPS), VDI-Verlag, Düsseldorf, 1984, S. 136ff und Roschmann, K.: Fertigungssteuerung, Hanser Verlag, München, 1980, S. 30ff

2 Absatz- und Produktionsgrobplanung

c) **Variantenstückliste**
Zusammenfassung mehrerer Stücklisten auf einem Vordruck, um verschiedene Erzeugnisse oder Gruppen, mit einem in der Regel hohen Anteil identischer Bestandteile, gemeinsam aufführen zu können. In diese Kategorie fallen die Endform-Gleichteil-Stückliste, die Komplexstückliste, die Grund- und Plus-/Minus-Stückliste und die Typenstückliste.

Unterscheidung nach Art der Verwendung

Stücklisten, die nach **Art der Verwendung** unterscheiden, sind beispielsweise:[1]

- Konstruktionsstückliste
- Fertigungsstückliste
- Bedarfsermittlungsstückliste
- Montagestückliste
- Ersatzteilstückliste

2.5.2 Stücklistenarten im R/3-System

SAP stellt für die unterschiedlichen Einsatzgebiete verschiedene Typen von Stücklisten bereit. Bestimmte Typen sind analog zur Literatur, andere bieten neue Ansätze und Einsatzmöglichkeiten. Diese Besonderheiten sind allerdings in dem noch recht jungen SAP-Modul PP geplant, aber meist noch nicht (vollständig) realisiert. Das Handbuch beschränkt sich oft auf Ankündigungen von Plänen und Verweise auf Folgeversionen.

Im SAP-System R/3 gibt es ebenfalls zwei verschiedene Möglichkeiten die Stücklistenarten zu unterscheiden: **„Stücklisten mit Objektbezug"** und **„Technische Typen"**.[1]

Objektbezug

Zu den Stücklisten mit **Objektbezug** zählen:

- **Materialstückliste**
  Die Materialstückliste ist der klassische Stücklistentyp. Sie stellt den Aufbau von Erzeugnissen dar. Dem Benutzer bleibt es überlassen, ob er die Materialstückliste in strukturierter oder unstrukturierter Form realisiert.
- **Equipmentstückliste**
  Dieser Stücklistentyp wird verwendet, um den strukturierten Aufbau einer Maschine zu beschreiben und um die Ersatzteile für Instandhaltungszwecke einer Maschine zuzuordnen.

---

[1] Hackstein, R.: Produktionsplanung und -steuerung (PPS), VDI-Verlag, Düsseldorf, 1984, S. 136

[1] vgl. SAP AG: System R/3-Handbuch „PP-Stücklisten", Release 2.0; 1993

- **Dokumentenstückliste**
  Mit der Dokumentenstückliste will SAP die Stücklistentechnik einem ganz anderen Bereich zugänglich machen. Die Dokumentenverwaltung im Rahmen der Konstruktion, Verwaltung und Dokumentation und sicherlich auch der Bürokommunikation, soll mit Stücklisten strukturiert werden. Ein Dokument kann sich mehrstufig aus vielen anderen Dokumenten zusammensetzen, z.B. aus technischen Zeichnungen, Schriftstücken und Fotos.

Technische Typen

Technische Typen klassifizieren Stücklisten, die ein Erzeugnis oder ähnliches durch eine gemeinsame Stücklistengruppe beschreiben. Die Einteilung der Stücklisten hinsichtlich der Abbildung von Produktvarianten und Fertigungsalternativen erfolgt durch das System. Erst nachdem für z.B. eine Materialstückliste eine weitere Alternative hinzugefügt bzw. zu einer bereits erstellten Stückliste eine Variante angelegt wird, legt das Programm den technischen Typ fest.

- **Einfache Stückliste**
  Einem Material wird eine fest definierte Stückliste zugeordnet. Diese einfache Stückliste wird verwendet, wenn es zu dem Produkt keine Varianten gibt und das Produkt immer nach dem gleichen Produktionsverfahren gefertigt wird. Die einfache Stückliste läßt sich mit der Strukturstückliste und der Baukastenstückliste aus der Literatur vergleichen, da sie nur die Gruppen und Einzelteile der nächst niederen Ebene enthält.
- **Variantenstückliste**
  Mehrere ähnliche Materialien können mit Hilfe einer gemeinsamen Stücklistenstruktur abgebildet werden. Wie die einfache Stückliste, so ist auch die Variantenstückliste aus der Literatur bekannt. Wird im System R/3 zu einer Stückliste eines Materials eine Variante angelegt, so kennzeichnet sie das System automatisch als Variantenstückliste.
- **Mehrfachstückliste**
  Ein Erzeugnis kann in Abhängigkeit von der zu fertigenden Menge (Losgröße) in alternativer Materialzusammensetzung produziert werden. Es wird mehrfach durch alternative Stücklisten dargestellt. Werden im System R/3 zu einem Material mehrere Alternativen angelegt, dann wird die Stückliste als Mehrfachstückliste gekennzeichnet.

Ab dem Release 3.0 ist die „**konfigurierbare Stückliste**" geplant. Auf der Basis von Beziehungswissen soll automatisch eine

2 Absatz- und Produktionsgrobplanung

Stücklistenstruktur konfiguriert werden. Anwendung findet dieser Typ bei komplexen Variantenstrukturen oder bei verfahrensabhängigen Stücklistenkonfigurationen in der Prozeßindustrie.

2.6 Verwendung der Stückliste in R/3

Produktbeispiel „Osterhase"

Im folgenden soll an einem einfachen Beispiel das prinzipielle Anlegen, Ändern und Auswerten einer Stückliste im SAP-System verdeutlicht werden. Es soll eine **Materialstückliste** zum Produkt *„Osterhase"* angelegt werden. Der „Osterhase" setzt sich dabei aus den Materialien „Kakao", „Milch", „Fett" und „Zucker" zusammen.

Zu beachten sind die Wechselwirkungen mit anderen Bereichen. So ist es erforderlich, die für die Stückliste benötigten Materialien bereits in der Stammdatenverwaltung anzulegen/zu pflegen. Dabei ist darauf zu achten, daß die Gültigkeit des Materialstammes zumindest den Gültigkeitsbereich der Stückliste abdeckt.

2.6.1 Anlegen

Um zu der Einstiegsmaske für Stücklisten zu gelangen, muß man, ausgehend vom SAP-Hauptmenü, folgende Auswahl treffen:

Logistik ➪ Produktion ➪ Stammdaten ➪ Stücklisten

Man befindet sich nun in der Stücklistenübersicht. Um eine Materialstückliste anzulegen, muß man *Stückliste ➪ Materialstückliste ➪ Anlegen* auswählen. Es erscheint die Einstiegsmaske **„Materialstückliste anlegen"**:

Abb. 7.11
Einstiegsmaske:
Materialstückliste
anlegen

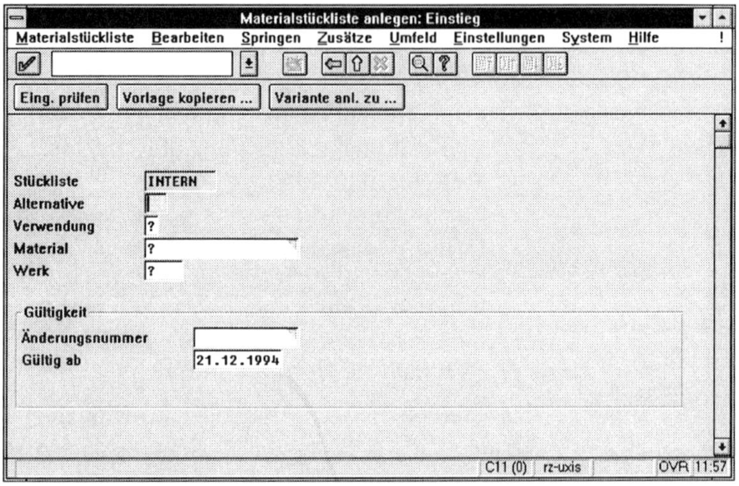

2.6 Verwendung der Stückliste in R/3

Erläuterung der Eingabefelder	**Stückliste**:	(Stücklistennummer) „*INTERN*" deutet an, daß die Nummer vom System vergeben wird. Die Vergabe erfolgt innerhalb eines festgelegten Nummernkreises (Customizing).
	Alternative:	Identifikation einer Stückliste innerhalb einer Stücklistengruppe (z.B. Alternative einer Mehrfachstückliste). Wenn der Benutzer keine Eingabe macht, erfolgt die Vergabe durch das System. Dieses Feld ist vor allem bei einer Mehrfachstückliste wichtig.
	Verwendung:	Festlegung des Bereiches, in dem die Stückliste gelten soll. Wenn z.B. „*Fertigung*" ausgewählt wird, können auf Positionsebene nur bestimmte Kennzeichen (fertigungsrelevante) gepflegt werden. Mit [F4] erhält man sämtliche Eingabemöglichkeiten.
	Material:	Festlegung des Materials, zu dem die Stückliste angelegt werden soll. Hier sind wiederum die Einstellungen im Customizing zu beachten. Es gibt u.a. die Möglichkeit, Materialien für eine Stückliste nicht zuzulassen. Hilfreich kann die Suche über Matchcode ([F4]) sein. Es werden folgende Möglichkeiten zum Selektieren angeboten: • Materialnummer • Klasse • Produkthierarchie • Vertriebsrelevante Daten
	Werk:	Hier wird die räumliche Gültigkeit der Stückliste festgelegt.
	Änderungsnummer:	Wenn hier eine Eingabe erfolgt, kann die Stückliste nur unter Angabe einer solchen Änderungsnummer geändert bzw. erweitert werden (historienpflichtig).
	Gültig ab:	Festlegung des zeitlichen Gültigkeitsbereiches. Falls im Customizing kein Standardwert festgelegt ist, schlägt das System das aktuelle Datum vor.
Konkretes Beispiel „Osterhase"		In den Feldern „*Stückliste*" und „*Alternative*" sowie in „Gültigkeit" sind keine Eingaben notwendig. Das System regelt hier die Vergabe selbst.

2 Absatz- und Produktionsgrobplanung

Im Feld „*Verwendung*" erhält man mit [F4] die Eingabemöglichkeiten und kann z.B. „*Fertigung*" auswählen. Die Eingabe des Materials läßt sich mit dem Matchcode einfach realisieren: [F4] ⇨ Suche Materialnummer über Bezeichnung *(M)* ⇨ „*Osterhase*"; die entsprechende Materialnummer wird dann automatisch eingetragen. Im Feld „*Werk*" kann man wiederum mit [F4] die Eingabemöglichkeit abrufen und ein gültiges Werk auswählen.

Wenn in der Einstiegsmaske die Eingabe bestätigt wird (z.B. mit der Return-Taste), erfolgt eine Prüfung durch das System. Wenn die Daten in Ordnung sind, wird automatisch das Sammelerfassungsbild *„Neue Positionen"* aufgerufen. Dieser Bildschirm kann je nach Stücklistentyp ein anderes Aussehen haben. Die Abbildung 7.12 zeigt die Bildschirmmaske für die Erfassung einer einfachen Materialstückliste:

Abb. 7.12 Sammelerfassungsbild „Neue Position"

Erläuterung der Eingabefelder

S: Wenn dieses Selektionskennzeichen gesetzt ist, wird das entsprechende Objekt für die weitere Verarbeitung markiert.

Pos: Nummer der Stücklistenposition (Vorschlag vom System, der geändert werden kann). Durch diese Nummer wird eine Komponente innerhalb der Stückliste geordnet.

Komponente: Eingabe der Materialnummer oder Dokumentennummer. Dieses Material bzw. Dokument ist dann als Bestandteil des Erzeugnisses erfaßt. Mit der Materialnummer wird die Verbindung zum Materialstammsatz hergestellt (analog Dokumentennummer ⇨ Verbindung zum Dokumentenstammsatz).

2.6 Verwendung der Stückliste in R/3

Menge: Eingabe der Menge, mit der die Komponente in die Stückliste und damit in das Erzeugnis, eingeht.

ME: Gibt die Einheit der Komponente an.

PosTyp: (Positionstyp) Mit dem Positionstyp können spezielle Daten verarbeitet und weitere spezielle Systemaktivitäten gesteuert werden.

Beispiele für Positionstypen sind:

- **R** Rohmaßposition; auf Basis der angegebenen Rohmaße werden automatisch die Verbrauchsmengen berechnet.
- **L** Lagerposition (lagerhaltige Komponenten); Bedarfsplanung leitet Maßnahmen ein, damit Material zum richtigen Zeitpunkt, in richtiger Menge, am richtigen Ort, kostengünstig zur Verfügung steht.
- **N** Nichtlagerposition; Verbindung zum MM-Einkauf; Erzeugen einer Bestellanforderung durch den Einkauf.
- **T** Textposition; es können Texte aller Art hinterlegt werden (ohne operative Funktionalität).

SortBegr.: (Sortierbegriff) Dies ist ein frei definierbarer Begriff, nach dem die Komponenten angezeigt werden können.

Fix.Menge: Dieses Kennzeichen (entweder ja oder nein) definiert, daß die Komponentenmenge konstant ist, d.h. sie ist unabhängig von der produzierten Menge.

Konkretes Beispiel „Osterhase"

In dem Feld „Komponente" müssen die Rohstoffe („Kakao", „Milch", „Fett" und „Zucker") des Osterhasen als verschiedene Positionen eingegeben werden. Diese müssen vorher als Material erfaßt sein. Die jeweilige Menge und die Mengeneinheit (Liter, Kilogramm - ebenfalls wieder von den Einstellungen abbhängig -) werden in den entsprechenden Feldern eingegeben. In der Spalte *„SortBegr."* und *„Fix.Menge"* sind für dieses einfache Beispiel keine Eingaben notwendig.

Bemerkungen zum Erfassen von Stücklistenpositionen:
- Eine neue Position kann erst hinzugefügt werden, wenn von der aktuellen Position alle obligatorischen Daten eingegeben wurden. Diese sind je Positionstyp unterschiedlich (Bsp.: Bei einer Rohmaßposition müssen die Rohmaße gepflegt werden).

2   Absatz- und Produktionsgrobplanung

- In der Positionsübersicht (erreichbar mit dem Button „*PosÜbersichtMat.*") ist zusätzlich noch der Kurztext der Komponenten und die Gültigkeit sichtbar.
- **Unterpositionen** erfassen:
  Falls es im Customizing festgelegt ist, können für Positionen zusätzlich noch Unterpositionen erfaßt werden. Hierzu sind folgende Arbeitsschritte notwendig: Position(en) markieren (Das entsprechende Feld 'S' aktivieren), dann *Bearbeiten* ➪ *Neue Unterposition* auswählen. In der Unterposition besteht die Möglichkeit der detaillierten Komponentenbeschreibung. Beispiel: Einbauorte einzelner Komponenten im PC. Eine Unterposition hat in der Stückliste keine operative Bedeutung.
- Mit einem Doppelklick auf die Eingabefelder erhält man meist noch genauere Informationen zu den eingegeben Daten.

2.6.2   Ändern

Durch verschiedene technische oder wirtschaftliche Ereignisse können Änderungen an Stücklisten notwendig werden.

Beispiel: Das Erkennen eines Fehlers oder der Einsatz von billigeren Rohstoffen kann zu Änderungen auf Seiten der Konstruktion führen.

Im SAP-System können Stücklisten mit Historie oder ohne Historie geändert werden (siehe auch Feld „*Änderungsnummer*" in der Erfassungsmaske „*Materialstückliste anlegen*").

Änderungen, die nachzuweisen sind, werden mit Historie durchgeführt. Der Zustand der Stückliste vor der Änderung wird in einem Änderungsstammsatz gespeichert. Dadurch sind die Änderungen der Objekte lückenlos nachweisbar. Im Änderungsmodus ist auch das Löschen einer Stückliste möglich.

Materialstückliste ändern

Um eine **Materialstückliste zu ändern,** geht man wie folgt vor:
1. **Ändern starten**: Vom Menübild der Stücklisten ausgehend, wählt man *Stückliste* ➪ *Materialstückliste* ➪ *Ändern*.
2. **Daten auf dem Einstiegsbild pflegen** (bei der Änderung ohne Historie entfällt die Angabe einer Änderungsnummer).
3. **Daten pflegen**: Positionen ändern, hinzufügen, löschen; Unterpositionen ändern, hinzufügen, löschen; Kopfdaten ändern.
4. **Daten überprüfen und buchen**.

2.6.3 Auswerten

Der Hauptzweck einer Auswertung ist zumeist die **Stücklistenauflösung**. Durch die Auflösung der Erzeugnisse und Gruppen in die Bestandteile wird der **Bedarf der Teile (Materialverwendung)** ermittelt.[1] Dabei können einzelne Komponenten wieder eine Baugruppe darstellen. Die Stücklistenauflösung ist somit i.d.R. ein mehrstufiger Prozeß.

Wie bei den Stücklisten kann auch die Materialverwendung in Baukasten-, Struktur- und Mengenübersichtsmaterialverwendung unterteilt werden.

Das **R/3-Stücklistensystem** unterstützt zur Zeit folgende Auswertungen:
- Stücklistenauflösung als mehrstufiger Baukasten, mehrstufige Strukturübersicht sowie Mengenübersicht.
- Einstufige Materialverwendung sowie die Mengenübersicht der Materialverwendung.

Es gibt vielfältige Auswertungsformen für eine Stückliste. Über verschiedene Selektionskriterien können die Auswertungen eingeschränkt (Beispiel: konstruktions- oder fertigungsrelevant) werden. Damit erhält man eine Ausgabeliste zu genau definierten Bedingungen.

2.7 Fazit zur Absatz- u. Produktionsplanung

Der große Vorteil des SAP-Systems R/3 liegt, unserer Ansicht nach darin, daß klassische CIM-Anwendungen, die früher über aufwendige Schnittstellen mit dem PPS-System verbunden werden mußten; im PP-System als anwendungsübergreifende Funktionen integriert sind. Die Daten müssen, soweit möglich, nur einmal erfaßt und in der gemeinsamen Datenbank abgespeichert werden. Das spart Zeit bei der Datenerfassung.

Durch die wechselseitigen Einflußmöglichkeiten von Partnermodulen auf die von PP initiierten Stücklisten (Material-disposition, Bestellanforderung, Kalkulation etc.) werden die Datenstrukturen widerspruchsfrei in unternehmensglobalen Datenbanken geführt. Die Informationen sind deshalb aktuell und bereichsübergreifend (Berechtigung vorausgesetzt) verfügbar. SAP-Stücklisten unterstützen damit den wesentlichen CIM-Grundgedanken und deshalb die Anforderungen unseres Informationszeitalters.

---

[1] vgl. Roschmann, K.: Fertigungssteuerung, Hanser Verlag, München, 1980, S. 43

Übersichtlichkeit	Aufgrund des Funktionsumfanges und der vielen Wahlmöglichkeiten leidet allerdings die **Übersichtlichkeit**. Das Zusammenspiel mit anderen Modulen setzt wesentliche bereichsübergreifende Kenntnisse voraus. Wünschenswert wäre ein *„verbergen"* von nicht so wichtigen Informationen. Für Experten stellen diese sicher eine wesentliche Arbeitserleichterung dar, für Laien dagegen stiften sie Verwirrung und Orientierungslosigkeit. Warum also nicht in einem Menü verstecken oder noch mehr benutzerspezifische Einstellungen ermöglichen?
Zuordnung zu Funktionstasten	Desweiteren ist **die Zuordnung zu den Funktionstasten nicht immer einheitlich**. SAP arbeitet mit 24 Funktionstasten, die sich häufig in der Funktion ändern.

Das **PP-Modul ist eines der jüngsten „Kinder"** im Hause SAP. Entsprechend unvollständig ist die Realisierung und auch die Dokumentation. An vielen Stellen wird der Anwender auf kommende Releases und Dokumentationen verwiesen. Zum Beispiel bei der Leitstandtechnik: mit dem Release 3.0 möchte SAP ein mit den klassischen Funktionen ausgestatteten, voll integrierten Leitstand, mit grafischer Plantafel anbieten. Auch die **„konfigurierbare Stückliste"** ist für das Release 3.0 angekündigt ist.

3 Produktions-/Materialbedarfsplanung

Das SAP-System bedient sich im Bereich der Produktionsplanung- und Steuerung des sogenannten MRPII-Konzepts. Im Gegensatz zu den traditionellen PPS-Systemen, die erst die Programmplanung als erste Planungsstufe einstellten, werden innerhalb des MRPII-Konzepts (siehe Abb. 7.13) alle Vorgänge berücksichtigt, die den Leistungserstellungsprozeß eines Unternehmens beeinflussen.

Abb. 7.13
MRPII-Konzept

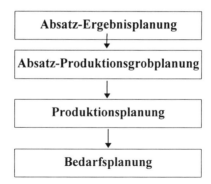

Hervorzuheben ist, daß die Prüfung der Ressourcenbelastung nicht erst in der Phase der Fertigungsteuerung möglich ist, sondern bereits in der Grobplanung zur Verfügung steht. Darüber hinaus kann die Verläßlichkeit der Planungsdaten mit Hilfe der integrierten Verfügbarkeitsprüfung nach ATP-Logik (Availiable-To-Promise) gewährleistet werden, wobei die einzelnen Planungsstufen als Teilpläne betrachtet werden können.

3.1 Stammdatenpflege

3.1.1 Pflege von Dispositionsparametern

Um in der Lage zu sein, Dispositionen durchzuführen, müssen zuerst die Parameter im Materialstammsatz gepflegt werden, die das System zur Disposition benötigt.

Hierzu kann man wie folgt vorgehen:

1. Ausgehend vom Menüfenster des Materialstammes im MM-Modul, wählt man ⇨ *Material* ⇨ *Anlegen allgemein*.
2. Eintragen der Materialart und Materialbranche, dann [Enter].
3. Im Dialogfenster zur Sichtenauswahl Markierung von Disposition 1-3 und [Enter].
4. Ausfüllen der notwendigen Felder in nachfolgenden Datenbildern 1-3 und anschließend ⇨ *Material* ⇨ *Sichern*.

Im Materialstammsatz muß durch Spezialisierung des sogenannten Dispositionsmerkmals festgelegt werden, nach welchem Dispositionsverfahren das Material disponiert werden soll.

3 Produktions-/Materialbedarfsplanung

Dispositions-
verfahren

Die wichtigsten Dispositionsverfahren sind:

- **PD** Plangesteuerte Disposition
- **MO** Leitteileplanung
- **VB** Bestellpunktdisposition (mit manueller Bestimmung)
- **VM** Bestellpunktdisposition (mit maschineller Best.)
- **VV** Stochastische Disposition

Danach müssen die vom Verfahren abhängigen Parameter eingegeben werden (siehe Abb. 7.14):

Abb. 7.14
Dispositions-
merkmale

Merkmal / Parameter	VB	VM	VV	PD	M*
Sicherheitsbestand	*	*	*	*	*
Meldebestand	+	+	-	-	-
Prognosedaten	*	+	+	*	*
Lieferbereitschaftsgrad	-	+	*	*	*
Aufteilungskennzeichen	-	-	*	*	*
Fixierungshorizont	-	-	-	*	+

+ Eingabe erforderlich
* Kanneingabe
- Eingabe nicht sinnvoll

3.1.2 Parameter zur Losgrößenberechnung für Profil und Seriennummer

Losgrößen-
berechnung

Nach der Bestimmung des Dispositionsverfahrens und der abhängigen Parmeter ist festzulegen, nach welchem Verfahren das System bei der Disposition die Losgrößen (Bestell- und Fertigungsmengen) berechnen soll.

Profil

Profil ist ein Satz von Informationen zum Konfigurieren bestimmter Objekte. Es enthält Standardinformationen, die immer wieder benötigt werden und der Erleichterung der Verwaltung von Objekten dienen.

In einem Profil wird folgendes festgelegt:

- welche Felder beim Erfassen der Objektdateien mit Werten gefüllt werden;
- mit welchen Werten diese Felder gefüllt werden;
- welche dieser Werte überschrieben werden können (Vorschlagswerte) und welche nicht (Festwerte).

Profile kann man mit folgenden Funktionen bearbeiten:

- Profil anlegen
- Profil anzeigen
- Profil ändern
- Profil löschen

Um diese Funktionen ausführen zu können, muß man aus der Materialstammdatenverwaltung die folgende Auswahl aus dem Menübild des Materialstammes treffen:

Profil ⇨ Dispositionsprofil ⇨ gewünschte Funktion

Seriennummer

Mit der **Seriennummer** wird eine Fertigungseinheit versehen, um ihr einen festgelegten Termin für die Stücklistenauflösung zuzuordnen. Mittels Seriennummer kann ein einheitlicher Auflösungstermin für alle Stücklistenstufen festgelegt werden. Diesen Termin nennt man **Bruttotermin**, der in der Seriennummer festgehalten wird. Die Seriennummer kann sowohl beim Erstellen des Planprimär- oder Kundenprimärbedarfs oder des Kundenauftrags als auch manuell eingegeben oder geändert werden.

Dafür muß man, ausgehend vom Menü der Bedarfsplanung, *Stammdaten ⇨ Seriennummer ⇨ gewünschte Funktion* anwählen.

3.1.3 Pflege des PPS-Planungskalenders

PPS-Planungskalender sind dazu bestimmt, flexible Perioden für die Produktions- und Materialbedarfsplanung festzulegen.

Erstens kann der Gesamtplanprimärbedarf einer bestimmten Periode (z.B. 1 Jahr) gemäß der Periodenvorgaben im Planungskalender aufgeteilt werden. **Zweitens** ist es möglich, flexible Perioden für ein periodisches Losgrößenverfahren im Rahmen der Leitteile- und Bedarfsplanung festzulegen. Hierzu werden die Bestellvorschläge, die innerhalb der im Planungskalender definierten Periode anfallen, zu einer Losgröße zusammengefaßt. **Drittens** gibt es die Möglichkeit, die Perioden des Planungska-

3 Produktions-/Materialbedarfsplanung

lenders für die Periodensummen-Auswertung in der Bedarf-/Bestandsliste zu verwenden.

Um einen Planungskalender zu pflegen, anzulegen, zu ändern usw., muß man vom Bedarfsplanungsmenü folgendes auswählen (siehe Abb. 7.15):

Stammdaten ⇨ Planungskalender ⇨ gewünschte Funktion.

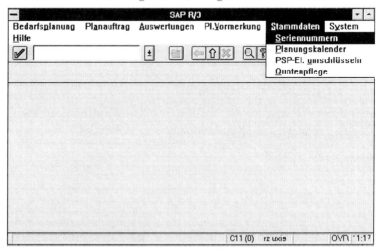

Abb. 7.15 Planungskalender anwählen

3.2 Produktionsplanung

Die Produktionsplanung hat die Aufgabe, grundlegende Entscheidungen über die operative und effiziente Nutzung der Produktressourcen bereitzustellen. Die Produktionsplanung beinhaltet:

1. **Programmplanung**
2. **Produktionsprogramme für Leitteile**

3.2.1 Programmplanung

Die Programmplanung beschäftigt sich vor allem mit der Festlegung von Bedarfsmengen und Lieferterminen für Enderzeugnisse und wichtiger Baugruppen. Das Produktionsprogramm resultiert somit aus der Programmplanung. Im R/3-System *„Bedarfsart"* muß eine Planungs- und Verrechnungsstrategie ausgewählt werden, mit der das Produktionsprogramm erstellt werden soll.

3.2 Produktionsplanung

Planungsstrategien der Programmplanung

Im SAP-System stehen dem Benutzer grundsätzlich drei Arten der Planung zur Verfügung:

- **Anonyme Lagerfertigung**
- **Kundeneinzelfertigung**
- **Losfertigung für Kunden- und Lageraufträge**

Anonyme Lagerfertigung

Anonyme Lagerfertigung ist besonders ratsam bei Massenfertigung, denn hier findet der Verkauf ab Lager statt. Die voraussichtlichen Absatzmengen werden durch anonyme Planprimärbedarfe vorgeplant. In der anschließenden Bedarfsplanung wird der Produktionsplan erstellt und auf Lager gefertigt. Diese Planung kann als **Nettoplanung** durchgeführt werden, wobei eine Abstimmung mit dem Lagerbestand, den Zu- und Abgängen erfolgt. Bei der **Bruttoplanung** dagegen erfolgt eine Prüfung gegenüber der erwarteten Planaufträge, Bestellanforderungen usw..

Kundeneinzelfertigung

Losfertigung für Kunden- und Lageraufträge

Für die **Kundeneinzelfertigung** z.B. erfolgt die Übernahme der Kundenaufträge aus dem Vertriebssystem direkt als Bedarf für die Fertigung. Außerdem können Kundenaufträge auch direkt im PP-System erfaßt werden. Die **Losfertigung für Kunden- und Lageraufträge** sieht vor, daß mehrere Kundenbedarfe als gemeinsames Los gefertigt werden können.

Vorplanungsmöglichkeiten für kundenauftragsorientierte Fertigung

Für kundenauftragsorientierte Fertigung gibt es im übrigen folgende **Vorplanungsmöglichkeiten**. Bei der Vorplanung und Bedarfsverrechnung geht es darum, durch die Vorplanung die Fertigung anzustoßen und nötige Baugruppen und Rohmaterialien im voraus zu beschaffen bzw. zu produzieren, bevor Kundenaufträge vorliegen, wenn die Fertigungszeit im Verhältnis zur marktüblichen Lieferzeit relativ lang ist. Die **Vorplanung mit Endmontage** erfolgt z.B. durch die Eingabe von Planprimärbedarfen auf Enderzeugnisebene (siehe Abb. 7.16). Bei der Vorplanung ohne Endmontage erfolgt die Beschaffung von Rohmaterialien und die Fertigung von Baugruppen nur bis zur festgelegten Fertigungsstufe. Die **Vorplanung mit Vorplanungsmaterial** sorgt dafür, daß für ähnliche Erzeugnisse die gleichen Teile mit Hilfe eines Vorplanungsmaterials vorgeplant werden. Wenn sich für häufig benötigte Baugruppen leichter eine Bedarfsprognose erstellen läßt als auf Enderzeugnisebene, ist es sinnvoll, die **Vorplanung auf Baugruppenebene** durchzuführen. Kundenaufträge müssen zu diesem Zeitpunkt noch nicht vorhanden sein.

3 Produktions-/Materialbedarfsplanung

Abb. 7.16
Planungsstrategien

Planungsstrategien im SAP-System:

Planungsart	Bezeichnung im System
Anonyme Lagerfertigung	**LSF**
Vorplanung mit Endmontage	**VSF**
Vorplanung ohne Endmontage	**VSE**
Vorplanung mit Vorplanungsmaterial	**VSEF**
Vorplanung auf Baugruppenebene	**VSFB**
Losfertigung	**VSF**

Verwaltung von Planprimärbedarfen

Die Vorplanung wird mit Hilfe von Planprimärbedarfen durchgeführt. Ein **Planprimärbedarf** besteht aus einer Planmenge und einem Termin oder aus einer Planmenge, die in einem Zeitintervall auf einzelne Termine aufgeteilt wird.

Welche **Funktionen** bietet die **Planprimärbedarfverwaltung**?

- Man kann zwischen verschiedenen Bedarfsarten wählen. Die Bedarfsarten sind im Customizing durch die Planungsstrategie vorgegeben.
- Es ist möglich, unterschiedliche Parameter für das Anlegen, Anzeigen und Ändern der Vorplanung als Bedarfsparameter einzugeben.
- Vorlagen aus Absatz- oder Produktionsgrobplanung können übernommen, Planprimärbedarfsversionen eines beliebigen Materials oder die Prognose der aktuellen Vorplanung können benutzt werden.
- Eine bestimmte Planmenge innerhalb eines Intervalls kann auf kleinere Perioden aufgeteilt werden.
- Der Planungskalender kann genutzt werden, um, wenn nötig, die Zeitintervalle und Bedarfstermine nach betrieblichen Bedürfnissen auszurichten.
- Eine Anzeige des Planungswertes für den aktuellen Primärbedarf ist möglich.

Um sich die Arbeit bei der Pflege des Produktionsprogramms leichter zu machen, kann man diverse **Bedarfsparameter** für die Funktionen „*Vorplanung anlegen*", „*Vorplanung ändern*", „*Vorplanung anzeigen*" und die Auswertung der Programmplanung benutzerspezifisch voreinstellen.

3.2 Produktionsplanung

Um dies zu bewerkstelligen, wählt man, ausgehend vom Einstiegsfenster der Vorplanung, ➪ *Einstellungen* ➪ *Bedarfsparameter* und gibt die gewünschten Parameter ein. Unter anderem können die Ergebnisse vorgelagerter Planungen (siehe Abb. 7.17) genutzt werden, durch die zur Auswahl stehenden Vorlagearten.

Abb. 7.17 Planvorlagen

Anlegen eines Planprimärbedarfs

Beim **Anlegen eines Planprimärbedarfs** wählt man, ausgehend vom Fenster der

Programmplanung ➪ *Vorplanung* ➪ *anlegen.*

Anschließend sind die gewünschten Positionen einzugeben:
- Vorlagen übernehmen: Drücken der Taste *„Vorlage"*; man erhält das Fenster *„Vorlage kopieren"*.
- Aufteilung nach Planungskalender, ausgehend vom Einteilungsbild der Primärbedarfspflege, wählt man *Planungskalender* ➪ *Anlegen Planperioden.*

Um eine **Vorplanung zu ändern**, wählt man, ausgehend vom Menü der *Programmplanung* ➪ *Vorplanung* ➪ *ändern* (siehe Abb. 7.18). Anschließend müssen die gewünschten Komponenten eingegeben werden. Hier besteht die Wahl zwischen verschiedenen Versionen eines Materials.

Zum Anzeigen einer Vorplanung wählt man: *Vorplanung* ➪ *anzeigen*. Um sich den Wert der Vorplanung, gemäß des im Materialstammsatz gepflegten Preises, anzeigen zu lassen, drückt man im Anzeigemodus der Programmplanung die Taste *Wertanzeige*.

Für die Auswertung der Vorplanung geht man wie folgt vor: ausgehend vom Fenster der Programmplanung anklicken:

Auswertungen ➪ *Gesamtbed.anzeigen.*

3 Produktions-/Materialbedarfsplanung

Abb. 7.18 Vorplanung

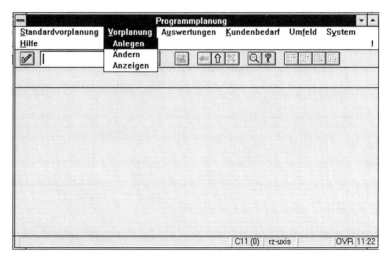

Verwaltung des Kundenprimärbedarfs

Kundenprimärbedarfe dienen der Darstellung von Kundenaufträgen im System. Wie bei den Planprimärbedarfen werden die Planungsstrategien als Bedarfsarten eingetragen.

Wenn ein Kundenprimärbedarf angelegt werden soll, wählt man, ausgehend vom Menü Programmplanung (siehe Abb. 7.19):

Kundenbedarf ⇨ *Anlegen*.

Anschließend werden die gewünschten Daten (Wunschlieferdatum, Bedarfsart, Auslieferungswerk) eingegeben. Der Kundenbedarf wird im System als Verkaufsbeleg gespeichert. Beim Sichern findet eine automatische Verfügbarkeitsprüfung statt. Wenn ein Kundenbedarf teilweise oder gar nicht lieferbar ist, erscheint automatisch das Fenster „*Kundenprimärbedarf-Verfügbarkeitskontrolle*".

Abb. 7.19 Kundenbedarf

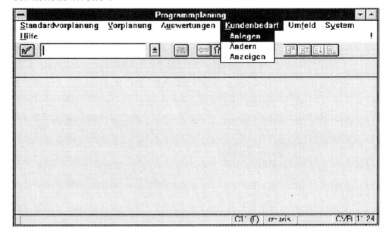

Im Fenster „*Reaktion im Verkaufsbeleg*" kann zwischen folgenden Liefervorschlägen gewählt werden:

1. **Einmallieferung zum Wunschliefertermin**. Hier wird überprüft, ob das Wunschlieferdatum eingehalten werden kann (*Bearbeiten* ⇨ *Einmallieferung*).
2. **Vollständige Lieferung**. Hier wird festgestellt, ob zu einem beliebigen zukünftigen Termin ausreichend Bestand für eine vollständige Lieferung vorhanden ist (*Bearbeiten* ⇨ *Vollieferung*).
3. **Liefervorschlag**. Hierzu gibt es eine Überprüfung, ob und zu welchen Terminen Teillieferungen möglich sind. Es werden auch aufgrund der geplanten Zu- und Abgänge auf der Zeitachse Teillieferungen zu verschiedenen Terminen vorgeschlagen (*Bearbeiten* ⇨ *Liefervorschlag*).

Wenn ein Kundenbedarf geändert oder gelöscht werden soll, wählt man

Kundenbedarf ⇨ *Ändern* oder *Primärbedarf* ⇨ *Löschen*.

3.2.2 Leitteileplanung

Als Leitteile werden in der Leitteileplanung (MPS-Planung) die Teile oder Erzeugnisse bezeichnet, die „im hohem Maße die Wertschöpfung des Unternehmens beeinflussen oder kritische Ressourcen belegen. Leitteile können Enderzeugnisse, Baugruppen oder Rohmaterialien darstellen.

Funktionen zur Leitteileplanung

Das R/3-System verfügt über mehrere **Funktionen zur Leitteileplanung**; u.a. sind dies folgende:

- **Separater Planungslauf für Leitteile**
  Dadurch kann man bewirken, daß für die unmittelbar darunterliegenden Stücklisten Sekundärbedarfe erzeugt werden, ohne daß in die weitere Stücklistenstruktur eingegriffen wird. Folglich kann man den Produktionsplan ändern, ohne globale Auswirkung.

- **Fixierungshorizont**
  Damit ist man in der Lage, den Produktionsplan für Leitteile bis zu einem bestimmten Datum (Horizont) vor maschinellen Änderungen zu schützen.

- **Interaktive Leitteileplanung**
  Hiermit können die Ergebnisse des maschinellen Planungslaufs für Leitteile bequem bearbeitet werden.

- **Auswertungslayout für die Leitteileplanung**
  Hier stehen dem Benutzer MPRII-Standard-Auswertungen zur Verfügung, die man im Einstellungsmenü der Leitteileplanung weiter spezifizieren kann.

  Die Leitteileplanung kann man auf zwei Arten durchführen. Planung für ein einzelnes Material heißt **Einzelplanung**. Planung für ein bestimmtes Werk, in dem alle zu planenden Leitteile disponiert werden, nennt man **Gesamtplanung**.

Durchführung der Gesamtplanung für Leitteile

Um die **Gesamtplanung** für Leitteile einzuleiten, wählt man, ausgehend vom Menübild der Disposition, *Leitteile ⇨ Gesamtplanung*. Anschließend muß das gewünschte Werk angegeben werden, um in den Bereich „*Steuerungsparameter Disposition*" zu gelangen, wo weitere Parameter eingegeben werden. Um danach den Planungslauf zu starten, drückt man (Enter). So erhält man die Statistik über die Informationen zum Planungslauf, Ausnahmesituationen und Abbrüche.

Durchführung der einstufigen Einzelplanung für Leitteile

Soll die **einstufige Einzelplanung** durchgeführt werden, wählt man, ausgehend vom Menübild der Leitteileplanung, *Leitteile ⇨ Einzelpl. einstufig* (siehe Abb. 7.20). Vom nächsten Fenster aus gelangt man nach der Eingabe der Materialnummer des Leitteils in den Bereich „*Steuerungsparameter Disposition*", wo verschiedene Parameter für den Ablauf eingegeben werden können. Nach Beendigung der Eingabe schließt man mit *Einstellungen ⇨ Parameter Sichern*. Das Ergebnis kann gedruckt werden über *Planung ⇨ drucken*.

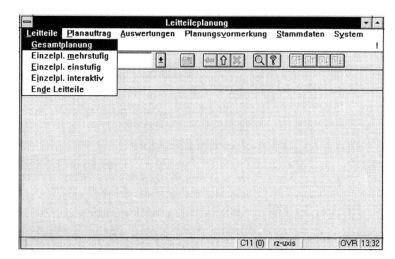

Abb. 7.20 Leitteileplanung

Diese Planung ist empfehlenswert, wenn die Planung mit besonderer Aufmerksamkeit durchgeführt wird und die Auswirkung der Leitteileplanung auf die folgenden Stücklistenstufen überprüft werden soll.

Bei dieser Art von Planung erfolgt die Auflösung der Stückliste des Leitteils, und Sekundärbedarfe für Baugruppen und Komponenten werden erzeugt. Man kann die Planung im ganzen Verlauf verfolgen, wobei noch zu planende Materialien als **Haltepunkte** angezeigt werden. Ausgehend vom Menübild der Leitteileplanung wählt man *Leitteile ⇨ Einzelpl. mehrstufig*. Nach der Eingabe der Materialnummer des Leitteils gelangt man, wie in den vorhergehenden Fällen, in den Bereich *„Steuerungsparameter Disposition"*, wo weitere Parameter eingegeben werden können. Die Sicherung erfolgt durch *Einstellungen ⇨ Parameter Sichern*. Die Weiterplanung kann nach Wunsch mit Haltepunkten oder ohne Haltepunkte erfolgen; dies ist erreichbar über das Dialogfenster *„nächster Haltepunkt"*.

Interaktive Leitteileplanung

Die **interaktive Leitteileplanung** dient dazu, das Planungsergebnis zu überprüfen und bezüglich der Leitteile eine Feinabstimmung durchzuführen, die im Fixierungshorizont vor maschinellen Änderungen geschützt sind. Hier sind einige der Möglichkeiten, die die Leitteileplanung bietet:

- Man kann Bestellvorschläge für eigen- und fremdbeschaffte Materialien erfassen.
- Man hat die Möglichkeit, die vom Leitteile-Planungslauf erstellten Bestellvorschläge zu ändern oder umzuterminieren.

Zum **Durchführen der interaktiven Leitteileplanung** wählt man, ausgehend vom Menü der Leitteileplanung, *Leitteile ⇨ Einzelpl. interaktiv*. Nach der Eingabe der Materialnummer gelangt man in den Bereich *Steuerungsparameter* zur weiteren Eingabe. Am Ende, wie üblich, sichern. Wenn die Dispositionsrechnung durchgeführt werden soll, wählt man *Planungslauf ⇨ Disp.-Rechnung*; für die ATP-Mengenberechnung *Springen ⇨ ATP-Menge berechnen*. Darüber hinaus besteht die Möglichkeit, in dem Menübild Bestellvorschläge zu verwalten (Ändern, Löschen).

Auswertung für die Leitteileplanung

Für die Leitteileplanung sind spezielle **Auswertungen** vorgesehen. Das Ergebnis des letzten Planungslauf wird im Bereich der Materialbedarfsplanung im **Planungsergebnis** festgehalten. Aus der **Planungssituation** kann man die Bedarfs-/Bestandssituation ersehen.

Um sich z.B. das **Planungsergebnis für ein Material** anzuschauen, wählt man aus dem Menü der Leitteileplanung ⇨ *Auswertungen* ⇨ *Planungsergebnis* ⇨ *zum Material*. Im Einstiegsbild „*Planungsergebnis*" muß die Materialnummer eingegeben werden. Um sich zusätzliche Materialdaten anzeigen zu lassen, wählt man *Sicht* ⇨ *Großer Kopf*. Die Lagerbestände eines Materials sind ebenfalls anzeigbar über *Springen* ⇨ *Lagerbestände*. Planungsergebnisse sind selbsverständlich ausdruckbar.

Die Anzeige „*Planungsergebnis zum Disponent*" ermöglicht es, mehrere Planungsergebnisse zu einem Werk und zu einem Disponenten zu wählen. Dies veranlaßt man vom Menübild der Disposition durch *Auswertungen* ⇨ *Planungsergebnis* ⇨ *Zum Disponenten*. Die Vorgehensweise bei der Planungssituation ist analog wie bei dem Planungsergebnis. Die Basis hierzu bildet ebenfalls die Bedarfs-/Bestandsliste der Materialbedarfsplanung.

3.3 Materialbedarfsplanung

Die wichtigste Aufgabe der Materialbedarfsplanung ist die Sicherstellung der Materialverfügbarkeit, d.h. für Betrieb und für den Vertrieb die nötigen Bedarfsmengen pünktlich zu beschaffen. Das beinhaltet die ständige Kontrolle der Bestände und die automatische Generierung von Bestellvorschlägen für den Einkauf und die Fertigung.

3.3.1 Verarbeitungsschritte des Planungslaufs

Bei einem Planungslauf innerhalb der Materialbedarfsplanung des SAP-R/3-Systems werden verschiedene Verarbeitungsschritte durchlaufen, die an unternehmensspezifische Anforderungen angepaßt werden können. Die wichtigsten Schritten sind:

- Nettobedarfsrechnung
- Losgrößenrechnung, Ausschußberechnung
- Terminierung
- Ermittlung des Sekundärbedarfs
- Ermittlung des Bestellvorschlags
- Ausnahmemeldungen, Umterminierungsprüfung
- Lagerortdisposition
- Werkübergreifende Planung

3.3 Materialbedarfsplanung

Nettobedarfsrechnung

Bei der **Nettobedarfsrechnung** findet der Planungslauf auf der Werksebene statt. Die Nettobedarfsrechnung erfolgt in **drei Schritten**:
- Ermittlung des verfügbaren Bestandes
- Ermittlung der eingeplanten Zugänge
- Ermittlung der Unterdeckungsmenge

Außerdem kann im **Materialstammsatz** festgelegt werden, nach welcher Planungsstrategie die Nettobedarfsrechnung durchgeführt werden soll. Grundsätzlich stehen zwei Arten der Materialbedarfsplanung zur Verfügung:
- Plangesteuerte Disposition
- Verbrauchsgesteuerte Disposition (Bestellpunktdisposition; stochastische Disposition)

Die **plangesteuerte Disposition** prüft, ob jeder exakte Bedarf und jeder Prognosebedarf pro Bedarfstermin durch Lagerbestand/Zugänge gedeckt ist. Der verfügbare Bestand ergibt sich wie aus Abb. 7.21 ersichtlich wird:

Abb. 7.21 plangesteuerte Disposition

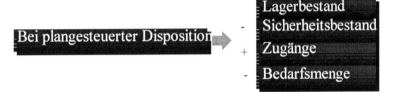

Die Unterdeckungsmenge, die vom System fortan festgehalten wird, entsteht, wenn die Bedarfsmenge größer ist als die Bestands- oder die Zugangsmenge.

Bei der **Bestellpunktdisposition** errechnet sich der verfügbare Bestand folgendermaßen:

Abb. 7.22 Bestellpunktdisposition

Falls der verfügbare Bestand kleiner als der Meldebestand ist, ergibt sich die Unterdeckungsmenge als Differenz zwischen Meldebestand und verfügbarem Lagerbestand.

3 Produktions-/Materialbedarfsplanung

Die **stochastische Disposition** nimmt als Grundlage die Prognose des Gesamtbedarfs. Der verfügbare Bestand wird wie folgt bestimmt:

Abb. 7.23
stochastische
Disposition

Die Unterdeckung ist erreicht, wenn die Bedarfsmengen größer sind als die Zugänge.

Die Unterdeckungsmengen, die während der Nettobedarfsrechnung ermittelt wurden, müssen nun durch Zugänge gedeckt werden. Durch die **Losgrößenberechnung** bestimmt das System die Höhe dieser Zugänge. Die Losgrößenberechnung bedient sich dreier Methoden:

Losgrößen-
berechnung

- Statische Losgrößenverfahren
- Periodische Losgrößenverfahren
- Optimierende Losgrößenverfahren

Die Wahl, wie die Losgrößen ermittelt werden, legt man bei der **Materialstammsatzpflege** fest.

Abb. 7.24
Einstellung der
Losgrößen

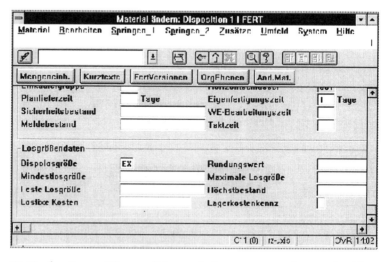

exakte Losgröße

Statische Losgrößenverfahren haben unter anderem das Verfahren der **exakten Losgröße** zur Verfügung. Dabei setzt das System gerade die Unterdeckungsmenge, die sich aus der Differenz zwischen Bedarf und Lagerbestand ergibt, in die Berech-

3.3 Materialbedarfsplanung

feste Losgröße

nungen ein, wobei die Planung tagesgenau erfolgt. Das Verfahren **feste Losgröße** ist sinnvoll, wenn die Losgröße für ein Material berechnet werden soll, das technische Besonderheiten aufweist (z.B. Plattengröße, Tankinhalte). Es ist aber zu beachten, daß im Materialstammsatz im Feld „*Feste Größe*" die Bestellmenge eingetragen werden muß, die bei Unterdeckung beschafft oder gefertigt werden soll. Für die Unterdeckung gilt das Kriterium der festen Losgröße.

periodische Losgrößenverfahren

Bei **periodischen Losgrößenverfahren** werden mehrere Bedarfsmengen innerhalb eines Zeitraumes zu einer Losgröße zusammengefaßt. Als Periodenlängen können Tage, Wochen, Monate oder freidefinierbare Perioden nach dem Planungskalender gewählt werden. Der Liefertermin wird standardmäßig auf den ersten Bedarfstermin der Periode gesetzt.

optimierende Losgrößenverfahren

Im Gegensatz zu den oben genannten Verfahren werden bei **optimierenden Losgrößenverfahren** die Kosten, die durch die Lagerhaltung sowie das Rüsten oder den Einkaufsvorgang entstehen, berücksichtigt. Das Ziel ist, die Losgröße so zu wählen, daß minimale Gesamtkosten entstehen. Die Gesamtkosten bestehen aus losgrößenfixen Kosten (Rüst- oder Bestellkosten) und Lagerhaltungskosten. Bei allen optimierenden Losgrößenverfahren ist der Ausgangspunkt der erste aus der Nettobedarfsrechnung ermittelte Unterdeckungstermin. Das Verfahren des **Stück-**

Stück-Perioden-Ausgleich

Perioden-Ausgleichs geht von der klassischen Losgrößenformel aus, die besagt, daß bei einem Kostenminimum die Lagerkosten gleich den losgrößenfixen Kosten sind.

Abb. 7.25
Stück-Perioden-Ausgleich

Bedarfstermin	Bedarfsmenge	Losgröße	losgrößenfixe Kosten	Lagerkosten	Gesamte Lagerkosten
09.08.1993	1000	1000	100	0	0
15.08.1993	1000	2000		38.36	38.36
22.08.1993	1000	3000		76.71	115.07
30.08.1993	1000	4000		105.07	168.78

Die günstigste Losgröße in dem Beispiel liegt bei 2000 Stück.

dynamische Planungsrechnung

Während der **dynamischen Planungsrechnung** faßt das System, ausgehend vom Unterdeckungstermin, Bedarfsmengen zu einem Los zusammen, bis die aktuellen anfallenden Lagerkosten größer als die losgrößenfixen Kosten sind.

Abb. 7.26
Dynamische
Planungsrechnung

Bedarfstermin	Bedarfs-menge	Losgröße	losgrößenfixe Kosten	Lagerkosten
09.08.1993	1000	1000	100	0
15.08.1993	1000	2000		38.36
22.08.1993	1000	3000		76.71
30.08.1993	1000	4000		105.07

Die günstigste Losgröße ist in dem Fall 3000 Stück.

Terminierung

Durch die Nettobedarfsplanung wurden die Unterdeckungsmengen und -termine, bei der Losgrößenrechnung die Losgrößen, die zur Bedarfsdeckung notwendig sind, errechnet. Die Terminierung hat die Aufgabe, Fertigungs- und Beschaffungstermine für eigengefertigte und fremdbeschaffte Materialien festzulegen. Die **Terminierung bei Eigenfertigung** beinhaltet zwei nacheinanderfolgende Stufen:

- Bestimmung der Auftragsecktermine
- Durchlaufterminierung

Rückwärts-terminierung

Ecktermine können einerseits durch **Rückwärtsterminierung** bestimmt werden. In dem Fall sind die Bedarfstermine in der Zukunft bekannt. Der Eckendtermin wird dadurch ermittelt, daß die Wareneingangsbearbeitungszeit vom Bedarfstermin abgezogen wird. Vom Eckendtermin rechnet das System um die Eigenfertigungszeit zurück, um den Eckstarttermin zu bestimmen. An-

Vorwärts-terminierung

dererseits können Termine durch **Vorwärtsterminierung** bestimmt werden, wobei als Eckstarttermin das aktuelle Datum eingesetzt wird. Zum aktuellen Datum addiert das System die Eigenfertigungszeit und ermittelt damit den Eckendtermin. Der Dispositionstermin, zu dem das Material zur Verfügung steht, wird durch Addition der Wareneingangsbearbeitungszeit zum Eckendtermin bestimmt. Im Rahmen der **Durchlaufterminie-**

Durchlauf-terminierung

rung werden die genauen Fertigungszeiten (Produktionsstart- und Produktionsendtermin für eigengefertigte Materialien) festgelegt und gleichzeitig Kapazitätsbelastungssätze erzeugt. Die Art der Terminierung kann im **Einstiegsbild des Planungslaufs** gesteuert werden (siehe Abb. 7.27):

3.3 Materialbedarfsplanung

Abb. 7.27
Einstiegsbild des Planungslaufs

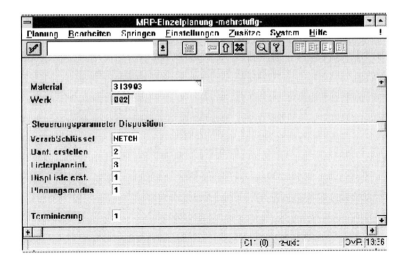

Terminierung bei Fremdbeschaffung

Im Rahmen der **Terminierung bei Fremdbeschaffung**, bei der ausschließlich die Ecktermine bestimmt werden, gibt es wiederum die Möglichkeit der **Rückwärtsterminierung,** wobei vom Dispositionstermin die Wareneingangsbearbeitungszeit, Planlieferzeit und Bearbeitungszeit für den Einkauf abgezogen werden, um den Freigabetermin für die Bestellanforderung zu ermitteln. Die **Vorwärtsterminierung** bestimmt, ausgehend vom Unterdeckungstermin, den Termin, an dem das Material zur Verfügung stehen soll. Diese Art der Terminierung wird oft in der Bestellpunktdisposition angewendet.

Sekundärbedarfsermittlung

Im nächsten Schritt der Materialbedarfsplanung erfolgt die **Sekundärbedarfsermittlung**, deren Ziel ist es, für eigengefertigte Baugruppen die Einsatzmengen der benötigten Komponenten und Baugruppen zu bestimmen. Die Sekundärbedarfsermittlung verläuft in zwei Phasen:

- Auflösung der Stückliste und Übernahme der fertigungsrelevanten Positionen in den Planauftrag;
- der Sekundärbedarf, der die Menge und den Bedarfstermin der Komponente enthält, wird für diese Positionen ermittelt.

Als Sekundärbedarfstermin erhält man den Eckstarttermin des bedarfsverursachenden Planauftrags. Damit die Komponenten nicht zu früh bereitgestellt werden, wird der Sekundärbedarfstermin vom Eckstarttermin aus um die Nachlaufzeit in die Zukunft verschoben.

3 Produktions-/Materialbedarfsplanung

Durchführung der Materialbedarfsplanung

Im folgenden wird die eigentliche **Durchführung der Materialbedarfsplanung** vorgestellt mit den restlichen Punkten des Planungslaufs, wie Bestellvorschläge, Ausnahmemeldungen, Lagerortdisposition und werksübergreifende Disposition.

Art des Planungsaufs

Hat man sich für Gesamtplanung oder Einzelplanung entschieden, kann weitergewählt werden zwischen:

1. **Neuplanung**
2. **Veränderungsplanung**
3. **Veränderungsplanung im Planungshorizont**

Neuplanung

Nach der **Neuplanung** werden alle Materialien für ein Werk geplant. Dies empfiehlt sich, wenn durch technische Fehler die Konsistenz der Daten nicht gewährleistet ist. Der Nachteil dabei ist, daß alle betroffenen und nicht betroffenen Materialien geplant werden, dadurch entsteht eine hohe Rechnerbelastung.

Veränderungsplanung

Üblich im SAP-System ist die **Veränderungsplanung** (auch Net-Change-Planung genannt). Bei der Art von Planung werden nur die Materialien geplant, die eine dispositionsrelevante Änderung erfahren haben. Außerdem kann die Planung in z.B. kurzen Intervallen durchgeführt und mit aktuellem Planungsergebnis gearbeitet werden.

Veränderungsplanung mit Planungshorizont

Die **Veränderungsplanung mit Planungshorizont** ermöglicht weitere Verkürzungen des Planungslaufs, d.h. es werden nur die Materialien disponiert, die innerhalb des Planungshorizonts geplant wurden.

Die Art des Planungslaufs kann im Einstiegsmenü der Planung im Feld durch „*Verarb.Schlüssel*" ausgewählt werden.

Bestellvorschläge

Im SAP-System werden drei Arten der **Bestellvorschläge** unterschieden:

- **Planaufträge**
- **Bestellanforderungen**
- **Lieferplaneinteilungen**

Im Falle von Eigenfertigung erstellt das System grundsätzlich Planaufträge, bei Fremdbeschaffung Bestellanforderungen (Banf) oder Lieferplaneinteilungen (wenn für ein Material ein Lieferplan und im Orderbuch ein dispositionsrelevanter Eintrag besteht). Zum Durchführen der Planung können im Bereich „*Erstellungskennzeichen für Bestellanforderungen*" folgende einstellbaren Möglichkeiten gewählt werden:

3.3 Materialbedarfsplanung

- grundsätzlich Planaufträge erzeugen
- grundsätzlich Bestellanforderungen erzeugen
- innerhalb des Eröffnunghorizonts Bestellanforderungen und außerhalb Planaufträge erzeugen (der Eröffnungshorizont ist über Customizing einstellbar und stellt einen Zeitpuffer dar, um Planaufträge in Bestellanforderungen umzusetzen)

Im Bereich der Erstellungskennzeichen für Lieferplaneinteilungen hat man die Möglichkeit, vom System Lieferplaneinteilungen erzeugen zu lassen.

Ferner steht im System die Funktion zur Verfügung, Dispositionslisten erstellen zu lassen, die mit „*Erstellungskennzeichen für Dispositionslisten*" angestoßen werden können.

Ähnlich wie in der Leitteileplanung kann man sich für die **einstufige Einzelplanung** entscheiden. Das bedeutet, daß die Planung ohne Stücklistenauflösung verläuft und somit nur eine Stufe geplant wird. Ausgehend vom Menü der Disposition wählt man *Bedarfsplanung* ⇨ *Einzelpl. einstufig* (siehe Abb. 7.28).

Abb. 7.28
Anlegen der
Bedarfsplanung

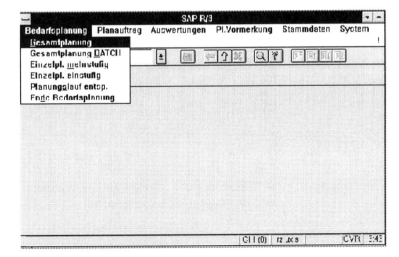

Im Bereich „*Steuerungsparameter Disposition*" können weitere Parameter eingegeben werden. Um eine **mehrstufige Einzelplanung** durchzuführen, geht man im Menübild der Disposition auf *Bedarfsplanung* ⇨ *Einzelpl. mehrstufig*, ebenso bestehen weitere Eingabemöglichkeiten im Bereich „*Steuerungsparameter Disposition*". Wie in der Leitteileplanung kann man zwischen „*Weiterplanen mit Haltepunkt*" oder „*Weiterplanen ohne Haltepunkt*" entscheiden.

3 Produktions-/Materialbedarfsplanung

Gesamtplanung

Die **Gesamtplanung** ist durchführbar über *Bedarfsplanung* ⇨ *Gesamtplanung*.

3.3.2 Ergebnis der Planung

Das Ergebnis der Materialbedarfsplanung ist aus der Dispositionsliste (siehe Abb. 7.29) und aus der Bedarfs-/Bestandsliste zu ersehen. Obwohl sie inhaltlich gleich sind, spiegelt die Dispositionsliste die Planungssituation zum Planungszeitpunkt wider. Die Bedarfs-/Bestandsliste stellt die aktuelle Bestands-/Bedarfssituation dar und dient als bequemes Instrument, um den aktuellen Bestand zu überwachen.

Abb. 7.29
Dispositionsliste

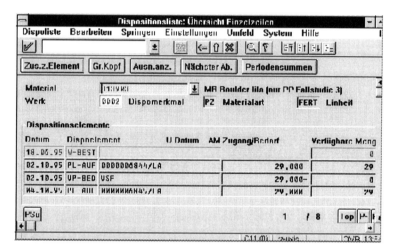

Um sich die Dispositionsliste anzeigen zu lassen, wählt man, ausgehend vom Einstiegsbild der Bedarfsplanung, *Auswertungen* ⇨ *Dispositionsliste* bzw. *Bedarfs-/Bestandsliste*. Anschließend sind die Mußfelder auszufüllen.

4 Kapazitätsplanung im R/3-System

4.1 Grundbegriffe

Kapazität

Unter einer **Kapazität** versteht man eine Ressource, deren Angebot über einen vorgegebenen Zeitraum geplant wird. Kapazitäten können im Gegensatz zu anderen Ressourcen, wie Finanzen, Material oder Fertigungshilfsmittel nicht abgespeichert werden, da sich die Kapazitätsverwendbarkeit von Plan zu Plan verändert. Kapazitäten bilden das Leistungsvermögen ab.

Kapazitätsplanung

Die **Kapazitätsplanung** ist ein zentraler Baustein innerhalb des SAP-Systems. Ihre Funktionen werden u.a. in folgenden Modulen verwendet:

- Produktionsplanung und -steuerung
- Instandhaltung
- Qualitätssicherung
- Projektsystem

Da sämtliche Module Realtime-Anwendungen sind, werden Mengen und Werte direkt gesichert.

Aufträge bilden den Mittelpunkt der Kapazitätsplanung. Sie liefern die Ecktermine für die Kapazitätsterminierung und werden erstellt als :

- Planaufträge in der Materialbedarfsplanung
- Fertigungsaufträge in der Fertigungssteuerung
- Instandhaltungsaufträge in der Instandhaltung
- Prüfaufträge im Qualitätsmanagment
- Netzpläne im Projektsystem

Kapazitätsarten

Abhängig von der Art des Arbeitsplatzes existieren verschiedene **Kapazitätsarten**. So kann z.B. eine Maschine in der Fertigungssteuerung oder auch eine Gruppe von Konstrukteuren im Projektsystem eine Kapazität darstellen.

Die Kapazitätsplanung besteht aus den Komponenten Sichtendefinition, Benutzungsoberfläche und aus einer Funktionsbibliothek.

4 Kapazitätsplanung im R/3-System

Sichtendefinition

Da unterschiedliche Benutzer der Kapazitätsplanung unterschiedliche Anforderungen an das System stellen, können über das CUSTOMIZING sog. Anforderungsprofile erstellt werden, die individuell auf den Anwender zugeschnitten sind. Ergebnisse der Kapazitätsplanung können in tabellarischer Form oder als Grafik ausgegeben werden. Hier stehen u.a. Balken-, Linien- oder Ganttdiagramme zur Verfügung.

Funktionsbibliothek

Im gegenwärtigen Release umfaßt die **Funktionsbibliothek**:

- Die Auswertung des Kapazitätsangebots am Arbeitsplatz mit Verdichtungsmöglichkeiten über Arbeitsplatzhierarchien.
- Das Terminieren von Fertigungsaufträgen mit Zeitelementen, Arbeitsplatzformeln, Verteilungsfunktionen und Reduzierungsmaßnahmen.
- Berechnung des Kapazitätsbedarfs mittels Verteilungsfunktion über die Vorgangsdauer.
- Belastungsanalyse des Kapazitätsbedarfs von Plan und Fertigungsaufträgen mittels diverser Gruppierungen, Sortierungen und Verdichtungen.

Kapazitätsauswertung

Mittels einer Datenbasis, die sich aus Grunddaten wie Materialstämmen, Arbeitsplänen und Arbeitsplätzen zusammensetzt, wird die Möglichkeit geschaffen, die Kapazitätsangebote sowie die Kapazitätsbedarfe abzubilden. Die Gegenüberstellung der Angebote und Bedarfe führt zur **Kapazitätsauswertung**.

Kapazitätsangebot

Das **Kapazitätsangebot** muß zunächst ermittelt werden. Es bezieht sich auf das Leistungsvermögen einer Kapazität und wird durch die Faktoren Arbeitsbeginn und Arbeitsende, Pausendauer, technische und organisatorische Störungen, den Nutzungsgrad einer Kapazität und die Anzahl der Einzelkapazitäten, aus denen sich eine Kapazität zusammensetzt, bestimmt (siehe Abb. 7.30).

Abb. 7.30
Kapazitätsangebot mit der Dimension Zeit

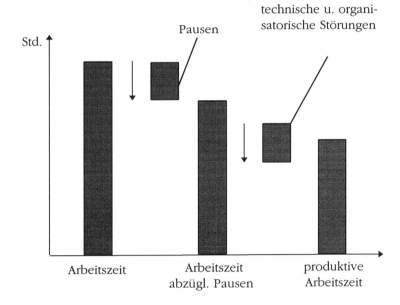

Um eine Kapazität in der Terminierung als Terminierungsbasis zu nutzen, muß das Kapazitätsangebot die Dimension „Zeit" besitzen. Ein Kapazitätsangebot mit zeitlicher Gültigkeit wird auch als Angebotsintervall bezeichnet. Wird kein Angebotsintervall definiert, gilt das Standardangebot. Hierfür müssen Daten, wie Arbeitsbeginn und Arbeitsende, Pausendauer, Nutzungsgrad der Kapazität und die Anzahl der Einzelkapazitäten gesondert gepflegt werden, damit das System die Einsatzzeit und das Kapazitätsangebot in der Basismengeneinheit der Kapazität errechnen kann.

4.2 Schichtprogramm

Typische Folgen von Schichtdefinitionen können mittels eines Schichtprogramms zur Vereinfachung arbeitsplatzübergreifend definiert werden. Dadurch muß z.B. bei Verschiebung der Arbeitszeiten in einem Fertigungsbereich nur das entsprechende Schichtprogramm (siehe Abb. 7.31) geändert werden, das Kapazitätsangebot wird dann für jede Kapazität automatisch mitgeändert.

Abb. 7.31
Schichtprogramm

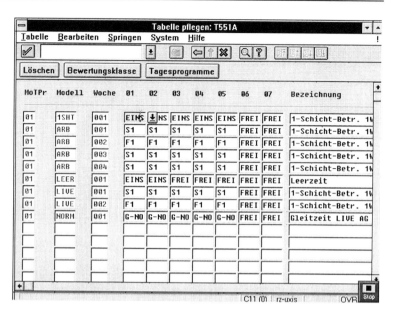

Zeitliche Gültigkeiten für Tagesprogramme werden in der Schichtdefinition gepflegt, die (siehe Abb. 7.32), wie das Schichtprogramm auch, eine Tabelle darstellt.

Abb. 7.32
Schichtdefinition

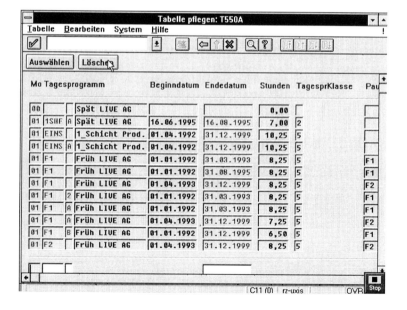

4.2 Schichtprogramm

Abb. 7.33
Tagesprogramm

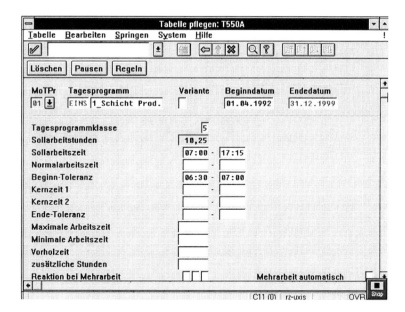

Das **Tagesprogramm** (siehe Abb. 7.33) ist von der Schichtdefinition aus einzusehen und ggf. zu verändern. Es bildet die täglichen Einsatzzeiten einer Schicht ab. Für jedes Tagesprogramm können mehrere Varianten definiert werden. Pausen, Toleranzen, die maximale/minimale Arbeitszeit sowie die Reaktion bei Mehrarbeit werden hier festgehalten.

Arbeitsplatzhierarchien

Arbeitsplätze können in einer **Arbeitsplatzhierarchie** zusammengefaßt werden (siehe Kapitel PM-Instandhaltung). Mit Hilfe von Arbeitsplatzhierarchien hat man die Möglichkeit, das Kapazitätsangebot und den Kapazitätzbedarf von untergeordneten Arbeitsplätzen auf übergeordnete Hierarchien zu verdichten, d.h. die Summe der Angebote der untergeordneten Arbeitsplätze bilden das Angebot des Hierarchiearbeitsplatzes. Dasselbe gilt für die Bedarfe.

Die Spitze der Hierarchie bildet ein Auswertungsarbeitsplatz. Verdichtungen (siehe Abb. 7.34) auf diesen Arbeitsplatz ermöglichen es, die Belastung einer gesamten Arbeitsgruppe zu betrachten.

4 Kapazitätsplanung im R/3-System

Abb. 7.34
Hierarchie-
verdichtung

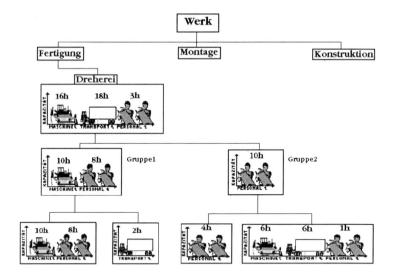

Verdichtungsarten

Es gibt zwei **Verdichtungsarten**: Die statische Verdichtung, bei der das Angebot bereits bei der Pflege der Kapazität verdichtet wird, und die dynamische Verdichtung. Hier wird erst bei der Kapazitätsplanung verdichtet.

Die statische Verdichtung ist aufgrund der höheren Verarbeitungsgeschwindigkeit der dynamischen vorzuziehen. Allerdings hat sie den Nachteil, daß sich bei einer Änderung des Kapazitätsangebotes eines untergeordneten Arbeitsplatzes, das des übergeordneten nicht automatisch mitverändert, wie dies bei dynamischer Verdichtung der Fall ist.

4.3 Terminierung

Die Ecktermine für die Terminierung werden in der Materialbedarfsplanung ermittelt. Die zu terminierenden Aufträge sind Planaufträge, Fertigungsaufträge, Instandhaltungsaufträge und Netzpläne. Anhand eines Wunschlieferdatums, das über den Vertrieb ermittelt wird, erfolgt eine Rückwärtsterminierung.

Anordnungsbeziehungen werden mittels der Termine der Vorgangsabschnitte für Plan und Fertigungsaufträge vom System ermittelt, müssen bei den Netzplänen aber gesondert gepflegt werden.

Bei den Instandhaltungsaufträgen werden die Anordnungsbeziehungen ebenfalls vom System generiert.

Vorgangsabschnitte, aus denen das System Termine für die Ermittlung der Anordnungsbeziehungen bei Plan- und Fertigungsaufträgen ermittelt, sind:

- **Wartezeit** (Zeit zwischen Transport und Beginn der Durchführung)
- **Rüstzeit** (Arbeitsplatz vorbereiten)
- **Bearbeitungszeit** (Bearbeitung des Werkstücks)
- **Abrüstzeit** (Arbeitsplatz aufräumen, Werkzeug versorgen)
- **Liegezeit** (prozessbedingte Liegezeit, z.B. Abkühlen des Werkstücks)

Vorgiffs- und Sicherheitszeit

Vorgriffs- und Sicherheitszeiten werden bei Plan- und Fertigungsaufträgen mitberücksichtigt.

Die Vorgriffszeit stellt die Zeit zwischen Eckstarttermin und dem terminierten Start eines Auftrages in Arbeitstagen dar (Puffer). Die Sicherheitszeit ist die Zeit zwischen dem terminierten Ende und dem Endecktermin eines Auftrages.

Eckstarttermin ⟶ terminierter Start
24.05.1995   28.05.1995

Vorgriffszeit: 5 Tage

Reduzierungsstrategien

Über Reduzierungsmaßnahmen, die die Wartezeit, die Transportzeit oder Auftragspuffer betreffen, wird die Durchlaufzeit vom System in 6 Stufen reduziert, wenn die errechneten Termine außerhalb der Eckstart- und Eckendtermine liegen.

Splittung und Überlappung sind weitere Maßnahmen, die die Durchlaufzeit bei Überschneidungen reduzieren sollen.

Bei der Splittung wird ein Vorgang auf mehrere Arbeitsplätze aufgeteilt, was zur Reduzierung der Durchführungszeit führt, bei Überlappung beginnt ein Vorgang bereits, während der andere noch nicht abgeschlossen sein muß, was eine Verkürzung der Durchlaufzeit zur Folge hat.

4.4 Kapazitätsbedarf

Gesamtbedarf

Der Kapazitätsbedarf muß für das Rüsten, Bearbeiten und Abrüsten im Kapazitätsbild des Arbeitsplatzes gepflegt werden. Im Rahmen der Terminierung errechnet das System aus den hier abgelegten Formeln den **Gesamtbedarf** des Vorgangs.

4 Kapazitätsplanung im R/3-System

Verteilung des Bedarfes

Der Bedarf muß nach der Berechnung noch auf die gesamte Vorgangsdauer verteilt werden. Über einen Verteilungsschlüssel, der im Kapazitätsbild des Arbeitsplatzes gepflegt wird, wird die Art der Verteilung gesteuert. Der Verteilungsschlüssel besteht aus einer Verteilungsstrategie, die Lage, Basis und Art der Verteilung festlegt. Die Lage besagt, ob der Bedarf zwischen den frühesten oder den spätesten Terminen eines Vorgangs verteilt wird, die Basis bestimmt den zugrundegelegten Kalender (Fabrikkalender, Gregorianischer Kalender oder Verteilung nach der Einsatzzeit) und die Art gibt an, wie die Stützwerte der Verteilungsfunktion interpretiert werden sollen. Ebenfalls im Verteilungsschlüssel enthalten ist die Verteilungsfunktion, die eine Reihe von Stützwerten(prozentuale Zeit und Bedarfswerte) enthält. Die Stützwerte geben an, bis zu welchem Zeitpunkt welcher Bedarf eingelastet sein muß. Zwei Verteilungsarten sind zu unterscheiden:

- **Verteilung nach Zeitpunkt** (hier erfolgt die Bedarfseinlastung genau zu dem Zeitpunkt, der durch den prozentualen Zeitwert bestimmt ist)
- **Verteilung nach Funktion** (hier wird mittels linearer Interpolation auch zwischen den Stützstellen Bedarf eingelastet)

4.5 Kapazitätsentlastung

Rückmeldungen

Werden Fertigungsaufträge rückgemeldet, wird der Restkapazitätsbedarf auf 0 gesetzt.

Im Fall der Teilrückmeldung muß der Kapazitätsbedarf anhand der Restmenge neu berechnet werden. Die Formeln für die Rüstzeit werden bei einer einmal erfolgten Teilrückmeldung nicht mehr berücksichtigt. Die Verteilung muß durch den Verteilungsschlüssel neu interpretiert werden. Hierzu wird der Fertigstellungsgrad berechnet:

Fertigstellungsgrad = 1 - (Restbedarf/Gesamtbedarf) * 100%

Aus der Verteilungsfunktion kann mit Hilfe des Fertigstellungsgrades ermittelt werden, welcher Anteil der Vorgangsdauer bereits vergangen sein muß. Der errechnete Anteil der vergangenen Vorgangsdauer bildet über eine Nullpunktverschiebung die Basis der neuen Verteilungsfunktion.

4.6 Kapazitätsauswertung

Im Mittelpunkt der Kapazitätsplanung steht die Auswertung. In der Auswertung kann man Angebote und Bedarfe der verschiedenen Kapazitätsarten gegenüberstellen, um die Belastung von Arbeitsplätzen oder Maschinen zu kontrollieren, oder um beispielsweise einzusehen, welche Aufträge an welcher Kapazität Bedarf haben.

Beispiel 1.1

Kapazitätsübersicht der Aufträge

Über *Logistik* ⇨ *Produktion* ⇨ *Kapazitätsplanung* gelangt man in das Hauptmenue. Hier kann man über *Auswertung* ⇨ *Arbeitsplatz* ⇨ *Aufträge* die Belastung einzelner Aufträge an den selektierten Arbeitsplätzen (siehe Abb. 7.35) über mehrere Perioden hinweg einsehen.

Abb. 7.35
Selektion der Arbeitsplätze

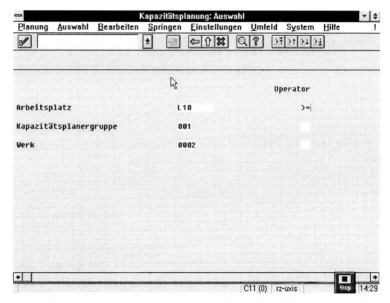

Nach der Selektion der Arbeitsplätze (≥ L10) erhält man das Bild der Kapazitätsdetailliste. Hier werden die einzelnen Aufträge angezeigt, die in den ausgewählten Perioden Bedarf an den Arbeitsplätzen haben.

Über *Planung* ⇨ *Profile* ⇨ *Einstellungsprofil* (siehe Abb. 7.36) hat man die Möglichkeit, das Periodenraster zu verändern und so die tagesgenaue Auftragseinlastung zu sehen.

4 Kapazitätsplanung im R/3-System

Abb. 7.36
Einstellungsprofil

Die Auftragseinlastung kann man sich auch graphisch, hier in Form von 3D-Balkendiagrammen, anzeigen lassen:

Abb. 7.37
Auftragseinlastung
Arbeitsplatz L10

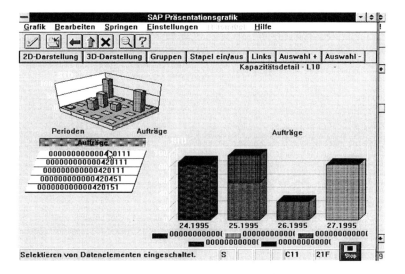

Beispiel 1.2

Kapazitätsplanung
nach Belastung

Nach dem Einstieg in die Kapazitätsplanung wählt man *Arbeitsplatz ⇨ Belastung*. Anschließend selektiert man einen Arbeitsplatz (L11). Über *Einstellungen⇨ Allgemein* aktiviert man die kumulierte Darstellung, die die Angebote und Bedarfe periodisch aufsummiert. Damit ist es möglich festzustellen, bis zu

4.6 Kapazitätsauswertung

welchem Zeitpunkt der Bedarf am selektierten Arbeitsplatz abgebaut werden kann. Der markierte Bereich (siehe Abb. 7.38) signalisiert Überlast, d.h. Belastung über 100%. Es werden alle Aufträge zur Kapazitätsplanung herangezogen, die über den Betrachtungszeitraum (8 Wochen ab dem Tagesdatum) Bedarf am ausgewählten Arbeitsplatz haben.

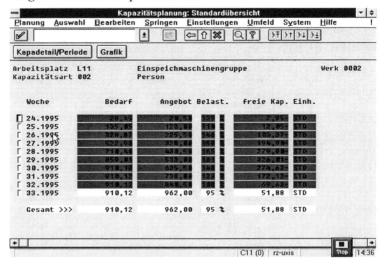

Abb. 7.38
Standardübersicht:
kumulierte
Darstellung (L11)

Die Basismengeneinheit der vorliegenden Kapazitätsart ist Stunde, die freie Kapazität bildet die Anzahl der Stunden ab, an denen noch kein Bedarf eingelastet wurde. Dies ist ein negativer Wert im Falle der Überlast.

Nach Änderung des Graphikprofils in Liniendarstellung kann man den zeitlichen Verlauf als Durchlaufdiagramm darstellen:

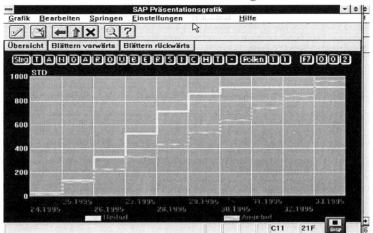

Abb. 7.39
kumulierte Darstellung als Durchlaufdiagramm

4   Kapazitätsplanung im R/3-System

Man erkennt, bei der momentanen Auftragslage kann die Überlast erst zur 33. Kalenderwoche abgebaut werden.

Um festzustellen, wie sich der Bedarf zum Angebot verhält, wenn z.B. die Anzahl der Einzelkapazitäten verdoppelt wird, springt man über *Umfeld* ➪ *Kapazität* in das Kapazitätsbild des Arbeitsplatzes:

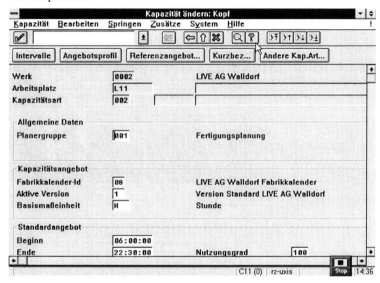

Abb. 7.40
Kapazitätsbild Arbeitsplatz

Von hier aus kann man in das Angebotsintervall (siehe Schichtdefinition) springen und dort die Anzahl der Einzelkapazitäten festlegen:

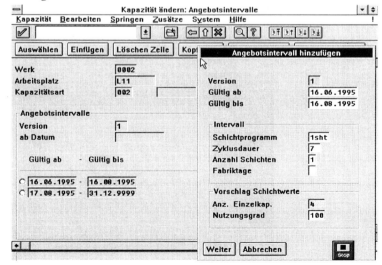

Abb. 7.41
Angebotsintervall einfügen

362

4.6 Kapazitätsauswertung

Nach Sicherung des Angebotsintervalls erfolgt der Rücksprung in die Standardübersicht, in der die Daten mittels Doppelklick der linken Maustaste in der Übersicht über „Auffrischen" aufgrund der asynchronen Verbuchung aktualisiert werden müssen. Man sieht, daß keine Überlast mehr auftritt:

Abb. 7.42
Belastung
Arbeitsplatz L11

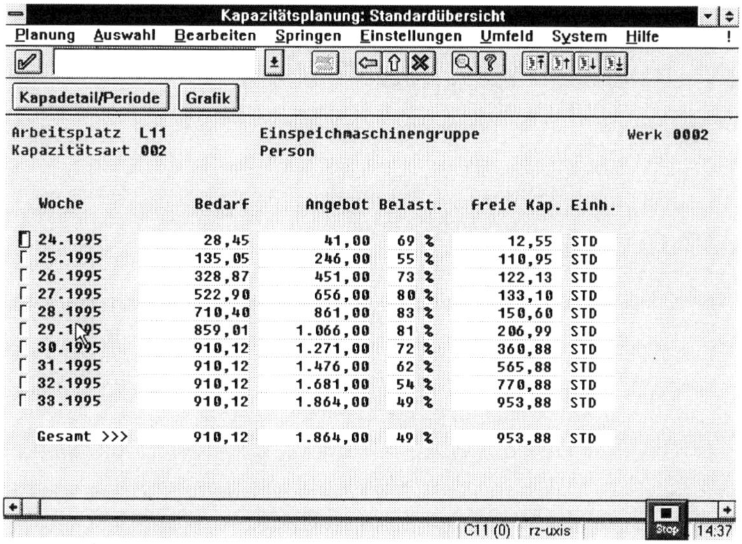

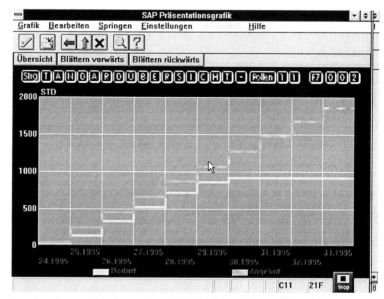

Abb. 7.43
Belastung
Arbeitsplatz L11
(Graphik)

In der dazugehörigen Graphik (siehe Abb. 7.43) erkennt man, daß der Bedarf zu jedem Zeitpunkt abgebaut werden kann.

363

5 Fertigungssteuerung

5.1 Grundlagen

Die Fertigungssteuerung setzt auf den Ergebnissen aus der Planung auf und setzt sie in der Fertigung um. Sie benutzt den Fertigungsauftrag als zentrales Steuerinstrument bei der Durchführung der Fertigung.

Fertigungsauftrag

Ein **Fertigungsauftrag** ist ein Auftrag, der an die Fertigung eines Betriebes gegeben wird, mit dem Ziel der Erstellung eines Materials oder der Erbringung einer Leistung.

Er beinhaltet u.a. Vorgänge, Materialkomponenten, Fertigungshilfsmittel und Kostendaten.

Ein Fertigungsauftrag kann durch Einbringung der PLAN- sowie der IST-Daten alle fertigungsrelevanten Faktoren beschreiben und damit überwachen.

Fertigungsaufträge werden eingesetzt zur

- Steuerung,
- Überwachung,
- Kostenermittlung und als Controllinginstrument in der Kostenrechnung.

5.1.1 Wirkungsgebiete

Fertigungsaufträge haben, bedingt durch ihre Zusammensetzung, einen sehr großen Einflußbereich. Sie haben auf folgende Bereiche Auswirkungen:

- Fertigung/Montage
  Zeiten
  Steuerdaten
  Texte
  Fertigungshilfsmittel
  Material
  Qualitätssicherung

5.1 Grundlagen

- Terminierung
  Starttermin
  Endtermin
- Arbeitsplatz
  Personalkapazität
  Maschinenkapazität
- Kalkulation
  Materialkosten
  Materialgemeinkosten
  Fertigungskosten
  Fertigungsgemeinkosten

Wird ein neuer Fertigungsauftrag angelegt, so werden im allgemeinen folgende **Aktionen** ausgeführt:

- Übernahme der Vorgänge und Folgen eines Arbeitsplanes
- Übernahme der Stücklistenpositionen durch Auflösung derselben
- Reservierung von am Lager befindlichen Stücklistenpositionen
- Ermittlung der Plankosten
- Erzeugung der Belastungssätze für Arbeitsplatzkapazität und Fertigungshilfsmittel
- Erzeugung von Bestellanforderungen für Fremdbearbeitung oder Fremdbezug

5.1.2 Bestandteile

Ein Fertigungsauftrag hat folgende Bestandteile:

- Auftragskopf
- Vorgang
- Folge
- Komponente
- Fertigungshilfsmittel

Auftragskopf
Der **Auftragskopf** beinhaltet allgemeine Daten zu dem zu fertigenden Material. So sind im Auftragskopf Angaben über die zu fertigende Menge, den erwarteten Ausschuß, die prozentuale Unter- und Überlieferung, die Terminierungsart sowie die Eckstart- bzw. Eckendtermine und die Pufferzeiten zu machen.

Vorgang
Unter einem **Vorgang** versteht man einen zur Erstellung des Materials notwendigen Arbeitsschritt. Alle Vorgänge werden sequentiell abgearbeitet.

Folge	Eine **Folge** faßt eine Gruppe von Vorgängen innerhalb eines Auftrages zusammen. Folgen werden netzartig miteinander verbunden, so daß Vorgänger- und Nachfolgerbeziehungen, eine Stammfolge und dazu alternative und parallele Folgen entstehen.
Komponente	Ein Objekt, das mit einer Objektnummer innerhalb einer Stückliste geführt wird, bezeichnet man als **Komponente**. Als Beispiel für eine Komponente ist ein Material, das mit der Materialnummer in der Stückliste angegeben wird, zu nennen.
Fertigungshilfsmittel	**Fertigungshilfsmittel** (FHM) sind Maschinen und Vorrichtungen, die zur Erstellung des Materials beitragen oder dazu dienen die Funktionstüchtigkeit, Beschaffenheit und Qualität eines Materials zu prüfen.

5.2 Phasen der Fertigungssteuerung

Die Abwicklung eines Auftrages gliedert sich in **drei Phasen**:

- **Auftragseröffnung**
- **Auftragsabwicklung**
- **Auftragsabschluß**

5.2.1 Auftragseröffnung

Das R/3-System bietet zwei Möglichkeiten zur Eröffnung eines Fertigungsauftrages.

Durch eine integrierte Produktionsplanung und -steuerung ist es möglich, Fertigungsaufträge durch direkte Umsetzung von Planaufträgen aus der Materialbedarfsplanung zu erzeugen.

Für Sonderaufträge oder Aufträge ohne Planauftrag besteht die Möglichkeit der manuellen Eröffnung.

5.2.1.1 Umsetzung Planaufträge

Die häufigste und auch schnellste Art einen Fertigungsauftrag anzulegen, ist die Übernahme eines Planauftrages aus der Materialbedarfsplanung.

Hierzu sind die Menüpunkte *Auftrag* ⇨ *Anlegen* ⇨ *Mit Planauftrag* anzuwählen, um auf das Einstiegsbild zur Umsetzung zu gelangen.

Nun muß die **Nummer des Planauftrages** und die **Auftragsart des Fertigungsauftrages** angegeben werden.

5.2 Phasen der Fertigungssteuerung

Das System ermittelt den Planauftrag und übergibt an den Fertigungsauftrag die Positionen:

- Bedarfsmenge
- Start- und End- bzw. Liefertermin
- Materialnummer
- Materialkomponenten

Danach wird ein zum Material gültiger Arbeitsplan ermittelt und ebenfalls überstellt.

Die übernommenen Daten können nun geprüft und dem Fertigungsauftrag entsprechend geändert werden. Es ist notwendig, sofort den Fertigungsauftrag abzuspeichern, da das System den Planauftrag nach der Übernahme löscht und somit eine erneute Übernahme der Daten nicht möglich ist.

5.2.1.2 Manuelle Eröffnung

Bei der manuellen Eröffnung existiert, im Gegensatz zur Umsetzung von Planaufträgen, kein Auftrag aus der Materialbedarfsplanung. Dies kann bedingt durch eine Sonderfertigung oder Einzelanfertigung auftreten.

Die manuelle Eröffnung verbirgt sich im Menü *Auftrag* ⇨ *Anlegen* ⇨ *Mit Material* (siehe Abb. 7.44).

Dort wird man aufgefordert, die **Materialnummer**, das **Werk** und die **Auftragsart** anzugeben oder aus den entsprechenden Auswahltabellen auszuwählen. Wurde bei der Auftragsart die Auftragsart mit externer Nummernvergabe (PP02) gewählt, so muß die Auftragsnummer in das Feld Auftrag eingegeben werden.

PP01/PP02

SAP-R/3 vergibt bei der Auftragsart „**PP01**" selbständig fortlaufende Nummern für Fertigungsaufträge, d.h. es wird ein (system-)interner Nummernkreis verwendet. Die Auftragsart „**PP02**" hingegen erlaubt die benutzerdefinierte Vergabe von Auftragsnummern und verwendet somit einen (system-)externen Nummernkreis.

Abb. 7.44
Einstiegsbild bei
manuellem Anlegen

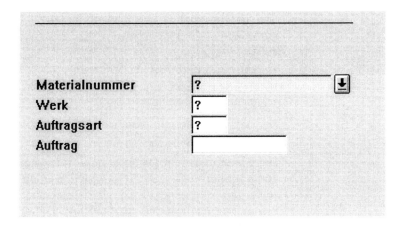

Durch Betätigen der Taste [Enter] gelangt man in den zentralen Auftragskopf des Fertigungsauftrages.

Während des Wechsels in den Auftragskopf (bei der manuellen Erstellung) bzw. dem Sichern und Umsetzen der Planaufträge werden im Hintergrund die Arbeitspläne ausgewählt und damit die Vorgangs- und Fertigungshilfsmitteldaten übernommen und die Stücklisten aufgelöst.

5.2.1.3 Zentraler Auftragskopf

Im „Auftragskopf zentral" werden alle komponenten- und folgenrelevanten, allgemeinen Auftragsdaten gespeichert.

Abb. 7.45
Auftragskopf zentral

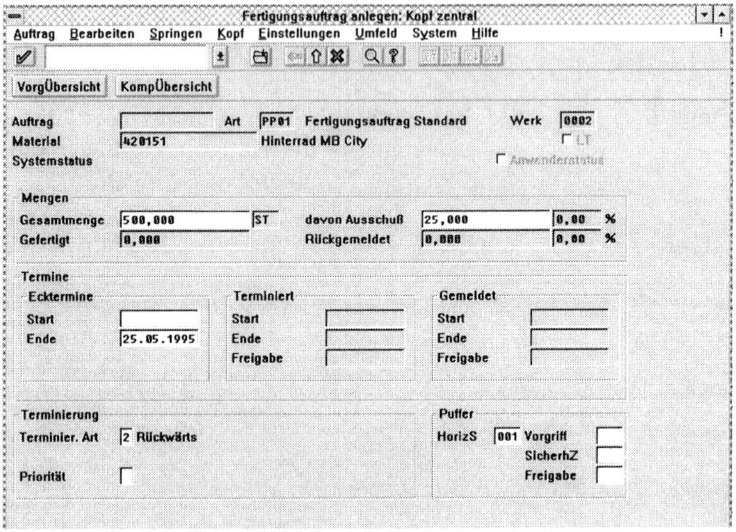

5.2 Phasen der Fertigungssteuerung

Im zentralen Auftragskopf werden die zu produzierende Gesamtmenge, der Eckstart- oder der Eckendtermin, die entsprechende Terminierungsart und optional der anteilige Ausschuß angegeben.

Weitere **Kopfdaten** findet man in den Menüpunkten

- *Kopf ⇨ Wareneingang/Bewertung*
- *Kopf ⇨ Zuordnung*
- *Kopf ⇨ Stammdaten*
- *Kopf ⇨ Termine/Mengen*

Dort sind u.a. Über- und Unterlieferungen, Angaben zur Anlieferung und Charge sowie dem Lagerort untergebracht. Weitere Angaben dienen der Zuordnung zu Disponenten, Fertigungssteurer, Geschäftsbereiche und Profit-Center. Innerhalb der Stammdaten können Informationen zu den zugrundeliegenden Stücklisten und Arbeitsplänen erhalten bleiben.

Verfügbarkeitsprüfung und Terminierung

Nachdem im zentralen Auftragskopf die Mengen und Termine eingetragen wurden, können die Angaben durch [Enter] bestätigt werden. Das System prüft nun auf Verfügbarkeit von Fertigungshilfsmitteln sowie Materialkomponenten und führt gleichzeitig eine Terminierung durch. Das bedeutet, daß bei einer **Rückwärtsterminierung** der Eckstarttermin anhand der Vorgangsdauer und den entsprechenden Übergangszeiten retrograd ermittelt wird. Bei einem Terminkonflikt (z.B. durch einen zu frühen Eckendtermin, damit verbunden wäre ein Eckstarttermin in der Vergangenheit) versucht das System durch Optimierung die Durchlaufzeit zu verringern. Bleibt dieser Versuch ohne Erfolg, so wird der Eckendtermin entsprechend angepaßt.

Bei einer **Vorwärtsterminierung** wird, ausgehend vom Eckstarttermin, der Eckendtermin progressiv ermittelt. Hierbei treten selten Schwierigkeiten auf, da der Eckendtermin vom System frei errechnet werden kann.

nachträgliche Terminierung

Sollen die Termine auch nach einer Terminierung verändert werden, so kann über den Menüpunkt *Kopf ⇨ Terminänderung ⇨ Termine* ermittelt bzw. *⇨ Ecktermine* der entsprechende Termin zum Ändern angewählt werden. Der Fertigungsauftrag darf, um Termine ändern zu können, noch nicht freigegeben worden sein. Nachdem die gewünschten Änderungen vorgenommen wurden, muß der Auftrag neu terminiert werden. Dies ist durch den Menüpunkt *Auftrag ⇨ Funktion ⇨ Terminieren* möglich.

5.2.1.4 Manuelle Änderungen

Innerhalb des Fertigungsauftrages ist es jederzeit möglich, Änderungen vorzunehmen. Damit kann ein Fertigungsauftrag durch Veränderung der Werte aus den Arbeitsplänen und Stücklisten individuell gestaltet werden. Die Komponenten und Vorgänge des Auftrages sind über die Komponenten- bzw. Vorgangsübersicht zugänglich. Dort ist die entsprechende Position zu markieren und anschließend für Vorgänge aus dem Menü *Vorgänge,* für Komponenten aus dem Menü *Komponenten,* der gewünschte Punkt auszuwählen.

Vorgangsdaten ändern

Für Änderungen an Vorgängen steht dem Benutzer eine breite Palette an Auswahlpunkten zur Verfügung. Über den Menüpunkt *Vorgang* innerhalb der **Vorgangsübersicht** (siehe Abb. 7.46) können Veränderungen bzw. Informationen durch folgende Unterpunkte gemacht bzw. erhalten werden:

- allgemeine Sicht
- Vorgabewerte
- Übergangszeiten
- Fremdbearbeitung
- Vorgabewertermittlung
- Splittung
- Überlappung
- Vorgangstermine
- Benutzerdaten
- Untervorgang terminliche Lage
- Mengen/Leistungen
- Termine rückgemeldet

Es können somit alle von einem Planauftrag übernommenen Vorgangswerte individuell verändert und auf den jeweiligen Auftrag angepaßt werden, unabhängig vom zugrundeliegenden Planauftrag.

5.2 Phasen der Fertigungssteuerung

Abb. 7.46
Vorgangsübersicht

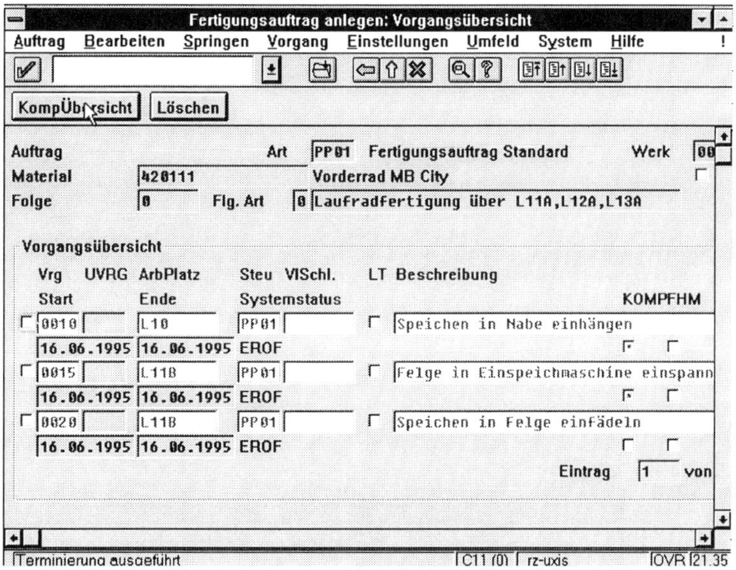

[Screenshot: Fertigungsauftrag anlegen: Vorgangsübersicht]

Analog zur Vorgangsbearbeitung ist es auch möglich, Komponentendaten zu ändern, selbst hinzufügen und zu löschen.

Komponenten hinzufügen, ändern, löschen

Änderungen an Komponentendaten werden in der Komponentenübersicht (siehe Abb. 7.47) vollzogen. Dort wird die Komponente markiert. Dann erfolgt die Auswahl aus folgenden Unterpunkten des Menüpunktes *Komponente*:

- allgemeine Daten
- Rohteildaten
- Einkaufsdaten
- Textposition
- Verfügbarkeit Material
- Status

Abb. 7.47
Komponentenübersicht

[Screenshot: Komponentenübersicht]

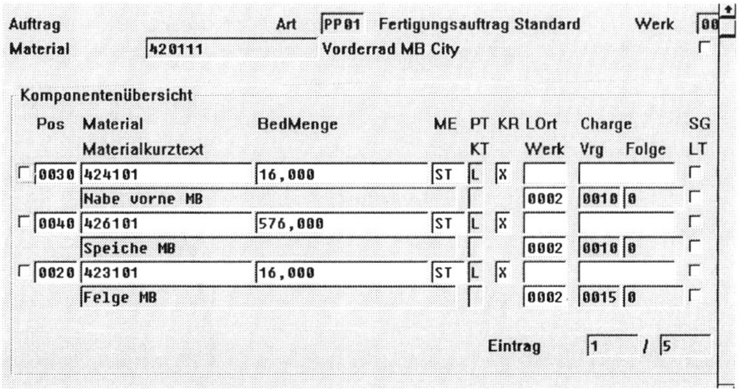

5 Fertigungssteuerung

Beim Hinzufügen von Komponenten ist zu beachten, daß man zuerst in die Vorgangsübersicht wechselt, dort den Vorgang markiert, bei dem eine Komponente hinzugefügt werden soll und anschließend über die Menüpunkte *Vorgang* ⇨ *Komp. zum Vorgang* die Komponente einträgt. Nur so ist eine korrekte Zuordnung der Komponente zum Vorgang gewährleistet.

5.2.1.5 Graphische Präsentation

Für einen Planer ist es nützlich, seine Vorgänge graphisch aufbereitet zu präsentieren oder für eigene Zwecke eine anschauliche Darstellung des Auftragsablaufes präsent zu haben.

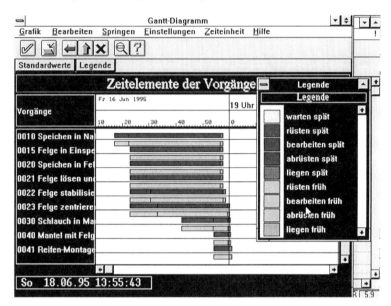

Abb. 7.48
Gantt-Diagramm

Grafische Präsentationen sind meist effektiver als reine Zahlenkolonnen, sie ermöglichen damit einen schnellen Überblick über die aktuelle Terminsituation eines Auftrages.

R/3 besitzt hierzu ein Grafikmodul, das anschauliche Grafiken erstellen kann. Dieses Grafikmodul ist über den Menüpunkt *Springen* ⇨ *Grafik* ⇨ *Gantt-Grafik* innerhalb des Auftragskopfes zentral zugänglich (siehe Abb. 7.48).

5.2 Phasen der Fertigungssteuerung

5.2.1.6 Abschluß der Auftragseröffnung

Wurden alle Anpassungen des Auftrages vorgenommen, muß der Fertigungsauftrag gesichert werden.

Eine Auftragspeicherung kann über das [Symbol] Symbol oder über die Menüpunkte *Auftrag* ⇨ *Sichern* durchgeführt werden.

Hierbei werden im Hintergrund alle grundlegenden Prüfungen nochmals durchgeführt. So wird der Auftrag erneut terminiert, die Verfügbarkeit der Komponenten und der Fertigungshilfsmittel wird geprüft, eine Auftragskalkulation wird durchgeführt und für Komponenten, die fremdbearbeitet werden, erzeugt das System Bestellanforderungen für den Einkauf.

5.2.2 Auftragsabwicklung

Zur Phase der Auftragsabwicklung zählen speziell folgende Funktionen (siehe Abb. 7.49):

- Auftragsfreigabe
- Materialentnahmen
- Rückmeldungen
- Lagerzugang

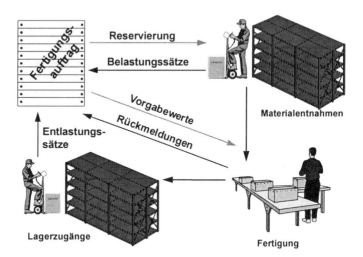

Abb. 7.49 Ablauf einer Auftragsabwicklung

5.2.2.1 Auftragsfreigabe

Alle Aufträge, die neu angelegt wurden und gespeichert worden sind, haben automatisch den Status „eröffnet".

Um einen Auftrag zu produzieren, muß er zuerst „freigegeben" werden. Das bedeutet, daß durch die Auftragsfreigabe der erstellte Fertigungsauftrag an die Produktion weitergereicht wird.

Ist ein Auftrag noch nicht freigegeben, so können

- erzeugte Reservierungen für Material rein dispositiven Charakter besitzen. Es werden noch keine Veränderungen am verfügbaren und reservierten Bestand im Materialstammsatz ausgeführt.
- keine Rückmeldungen für den Auftrag durchgeführt werden.
- keine Auftragspapiere gedruckt werden.
- keine Lagerbewegungen durchgeführt werden.

Anlege-/Änderungsmodus

Fertigungsaufträge können im **Anlege- und Änderungsmodus** freigegeben werden, indem die Menüpunkte *Auftrag* ➪ *Funktionen* ➪ *Freigeben* angewählt werden. Der Fertigungsauftrag hat nach dem Sichern den Status „freigegeben". Durch die Freigabe ändert sich der Status der Vorgänge von *„EROF"* auf *„FREI"*.

5.2.2.2 Materialentnahmen

Um eine Materialentnahme vorzunehmen, muß der Fertigungsauftrag den Status *„freigegeben"* oder *„teilfreigegeben"* haben.

Auswirkungen

Eine Materialentnahme am Lager erzeugt folgende Aktionen:

- Erzeugung eines Materialbeleges als Nachweis für Bewegung
- Fortschreibung der Bestandsmengen
- Fortschreibung der Bestands-/Verbrauchskonten und der Bestandswerte im Materialstammsatz

Durch die Erstellung eines Fertigungsauftrages wurde automatisch eine Reservierung der dort angegebenen Materialkomponenten erzeugt.

Eine Entnahme der Materialkomponente bewirkt im Auftrag eine Fortschreibung der Istkosten in Höhe der Komponente nach Kostenart und Herkunft.

Zum Verbuchen einer Materialentnahme geht man wie folgt vor:

1. Ausgehend vom Einstiegsbild wählt man *Logistik* ➪ *Materialwirtschaft* ➪ *Warenbewegung* ➪ *Warenausgang*.
2. Dann *Warenausgang* ➪ *Erfassen mit Bezug* ➪ *Zum Auftrag*.
3. Eingabe der Auftragsnummer im Dialogfenster.

5.2 Phasen der Fertigungssteuerung

4. Eintrag der Bewegung bei der entsprechenden Komponente.
5. Sicherung des Warenausgangs.

(Eine ausführlichere Beschreibung der Verbuchung ist im Modul MM zu finden.)

5.2.2.3 Rückmeldungen

Unter einer Rückmeldung versteht man eine Meldung der Produktion an den Fertigungsauftrag in Höhe der Istdaten (siehe Abb. 7.50).

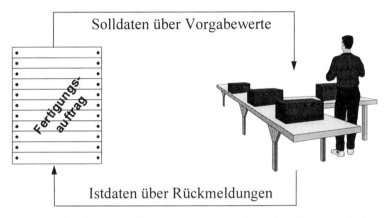

Abb. 7.50 Datenaustausch: Fertigungsauftrag - Produktion

Eine Rückmeldung dokumentiert somit den aktuellen Stand der Vorgänge und Untervorgänge. Sie dient somit der Auftragsüberwachung in Bezug auf Zeiten und Mengen.

Rückmeldungen geben an

- welche Mengen als Gutmenge und als Ausschußmenge an einem Vorgang angefallen sind;
- welche Zeiten benötigt wurden um die geforderten Mengen zu produzieren;
- welcher Arbeitsplatz den Vorgang bearbeitet hat;
- welche Mitarbeiter an dem Arbeitsplatz gearbeitet haben.

manuelle Rückmeldung

SAP-R/3 ermöglicht fünf Arten von **manuellen Rückmeldungen**:

- Einzelrückmeldung
- Sammelrückmeldung
- Standardrückmeldung
- Meilensteinrückmeldung
- Summenrückmeldung

5 Fertigungssteuerung

Im Rahmen dieser Ausführungen werden nur die beiden gängigsten Rückmeldungsarten, die **Einzelrückmeldung** und **Standardrückmeldung**, erläutert.

Zum Erfassen von Rückmeldungen wählt man aus dem Bereich Fertigungsauftrag *Rückmeldung* und anschließend ⇨ *Einzelerfassung*.

Einzelrückmeldung

Bei der Einzelerfassung ist *Erfassen* anzugeben und anschließend die Auftrags-, Folge- und Vorgangsnummer einzugeben, um den Vorgang eindeutig zu identifizieren

Danach besteht über das Menü *Springen* die Möglichkeit folgende Daten rückzumelden:

- Mengen/Leistungen
- Termine
- Personaldaten
- Mengen/Leistungen/Prognose

Zur Rückmeldung von Mengen, Leistungen und Terminen ist das Bildschirmbild *Istdaten* am zweckmäßigsten, da hier alle drei Bereiche auf einem Bildschirm dargestellt werden. Hierfür wählt man *Springen* ⇨ *Istdaten* und sichert anschließend die Rückmeldung (siehe Abb. 7.51).

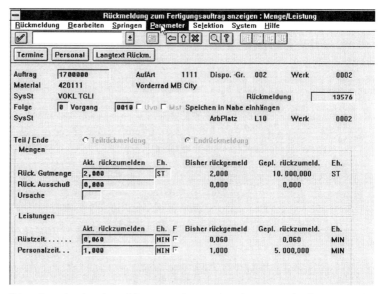

Abb.7.51
Rückmeldung von Mengen/Leistungen

Die Standardrückmeldung gehört zu den Sonderformen der Rückmeldungen. Sie meldet die vorgegebenen Planwerte als Istwerte zurück.

| | 5.2 Phasen der Fertigungssteuerung |

Standard-
rückmeldung

Zur Erfassung einer **Standardrückmeldung** geht man folgendermaßen vor:

1. Auswahl der Menüeinträge *Rückmeldung* ⇨ *Erfassen*.
2. Eingabe der Auftragsnummer.
3. Markierung des rückzumeldenden Vorgangs auf dem Vorgangsübersichtsbild.
4. Sicherung der Rückmeldung. Durch das Sichern werden nun die Planwerte als Istwerte übernommen.

Es ist zu beachten, daß man über die Standardrückmeldung immer nur einen Vorgang rückmelden kann.

Rückmeldung
stornieren

Jede erfaßte oder automatisch erzeugte Rückmeldung kann vollständig storniert werden.

Die **Stornierung** wird folgendermaßen erreicht:

1. Auswahl von *Rückmeldung* ⇨ *Stornieren*.
2. Angabe der Rückmeldenummer, die beim Anlegen erzeugt wurde oder Angabe der Auftragsnummer und Auswahl des Vorgangs aus den entsprechenden Listbildern mit abschließender Rückmeldung.
3. Überprüfung der zu stornierenden Daten anhand des Detailbildes.
4. Durch Sichern der Stornierung wird die Rückmeldung storniert.

Eine Stornierung kann nur durch erneutes Erfassen der Daten rückgängig gemacht werden.

Offenheit des
PP-Moduls

Im Rahmen der CIM-Konzepte mit den Bestandteilen CAD, CAM, CAP und CAQ ist es unumgänglich, auch ein PPS-System an solche Systeme anzubinden. Da das PP-Modul als ein offenes System ausgelegt wurde, ist es somit möglich, mit anderen technischen Systemen in kommunikative Verbindung zu treten.

Rückmeldungen
automatisieren

Somit können u.a. auch Rückmeldungen automatisch über den BDE/MDE-Kanal erzeugt werden, ohne daß eine manuelle Erfassung der Daten notwendig ist.

Mit Hilfe von Barcode-Lesegeräten und barcodefähigen Druckern können innerhalb der manuellen Erfassung Arbeitserleichterungen geschaffen werden.

5 Fertigungssteuerung

SAP-R/3 bietet die Möglichkeit, über nachfolgende Kommunikationskanäle in bidirektionaler Richtung einen Informationsaustausch vorzunehmen:

- **BDE/MDE**
  (Betriebsdatenerfassung/Maschinendatenerfassung)
  Hierüber können Anwesenheitszeit, Betriebsdaten und Maschinendaten für die Module PP und HR erfaßt werden.
- **DNC** (ab Release 3.0)
  (Distributed Numerical Control oder auch Direkt Numerical Control)
  Über diesen Kanal können Informationen vom R/3-System an eine untergelagerte DNC- oder Fertigungshilfsmittelverwaltung übergeben werden.
- **Transportsteuerung** (ab Release 3.0)
  Dieser Kanal kann Transportanforderungen an Transportsysteme im Produktionsbereich übermitteln.
- **Prozeßvisualisierung** (ab Release 3.0)
  Hierüber können Stamm- und Bewegungsdaten mit Prozeßsteuerungs- und Prozeßvisualisierungssystemen ausgetauscht werden.
- **Meßdatenerfassung** (ab Release 3.0)
  Über die Verbindung zur Meßdatenerfassung können Informationen zu Prüfvorgängen an automatische Erfassungssysteme für das Modul QM bereitgestellt werden.
- **Technische Optimierung** (ab Release 3.0)
  Dieser Kanal dient der Anbindung von beispielsweise Verschnittoptimierungssystemen oder anderen technischen Optimierungssytemen an das PP-Modul.

5.2.2.4 Lagerzugang

Nach erfolgter Produktion eines Materials wird dieses am Lager abgeliefert und als Lagerzugang verbucht.

Lagerzugangsdaten   Zur Verwaltung von allgemeinen **Lagerzugangsdaten** steht im Auftragskopf der Teil Wareneingang/Bewertung zur Verfügung. Dieser Teil des Auftragskopfes ist über die Menüeinträge *Kopf* ⇨ *Wareneingang/Bewert.* zugänglich.

Dort sind die Unter-/Überlieferungssätze, Kennzeichen für Qualitätsprüfung, Wareneingang und Endlieferung sowie der Lagerort untergebracht.

5.2 Phasen der Fertigungssteuerung

Ablieferung Bei der **Ablieferung** des gefertigten Materials prüft das System zunächst, ob ein Wareneingang für den Fertigungsauftrag zulässig ist. Danach wird kontrolliert, ob sich die abgelieferte Menge innerhalb der Unter-/Überlieferungstoleranzen, die im Auftragskopf angegeben wurde, befindet. Ist dies nicht der Fall, so wird eine Warn- bzw. eine Fehlermeldung ausgegeben.

Auswirkung auf Materialstamm Eine korrekte Ablieferung verändert im **Materialstamm** den Gesamtbestand des Materials, den Gesamtwert sowie den gleitenden Preis. Vorgenannte Positionen werden automatisch mit dem Ergebnis aus der Multiplikation von abgelieferter Menge und Standardpreis verrechnet.

Auswirkungen auf Fertigungsauftrag Im **Fertigungsauftrag** werden die gemeldete Menge, der gemeldete Endtermin und der Auftragsstatus verändert. Die gemeldete Menge wird um die Ablieferung erhöht, der gemeldete Endtermin erhält das Datum der Ablieferung, der Auftragsstatus wird solange auf *„Teil-geliefert"* gesetzt, bis die gelieferte Menge innerhalb der Toleranzgrenzen liegt. Danach erfolgt eine Statusänderung auf *„Endgeliefert"*, wobei noch Wareneingangsbuchungen von Restmengen erlaubt sind.

Verbuchen von Wareneingängen Das **Verbuchen von Wareneingängen** wird im Modul MM abgehandelt.

Die Menüfolge bis zur Verbuchung lautet:

Logistik ⇨ *Materialwirtschaft* ⇨ *Warenbewegung* ⇨ *Wareneingang* ⇨ *Zum Auftrag*

Dort muß *Bewegungsart* ⇨ *Auftrag an Lager* ausgewählt werden, um Wareneingänge zu verbuchen.

5.2.3 Auftragsabschluß

Die letzte Phase der Fertigungssteuerung bildet der Auftragsabschluß.

Abrechnung Durch die **Abrechnung** eines Auftrages werden die angefallenen Istkosten an ein Material oder den Kundenauftrag abgerechnet. Den Belastungen werden dabei automatisch die Entlastungen gegenübergestellt.

Abrechnungsparameter Zur Ausführung einer Abrechnung müssen folgende **Abrechnungsparameter** gepflegt oder übernommen werden:

1. Abrechnungsart
2. Abrechnungsempfänger
3. Abrechnungsanteil

Abrechnungsart	Über Abrechnungsparameter wird die Art der Abrechnung festgelegt. So ist es möglich, eine **Gesamtabrechnung**, d.h. alle angefallenen Kosten des Auftrages werden abgerechnet oder eine **periodische Abrechnung**, d.h. die Kosten werden periodengerecht abgerechnet, zu erzeugen.
Abrechnungs-empfänger	Desweiteren wird der **Empfänger der Abrechnung** festgelegt. Dies können sein: • ein Material • eine Kostenstelle • ein Innenauftrag • ein Kundenauftrag • ein Projekt • ein Netzplan • eine Anlage Es ist auch möglich, mehrere Abrechnungsempfänger gleichzeitig anzugeben.
Abrechnungsanteil	Über den **Abrechnungsanteil** sind die Kosten prozentual an einzelne Abrechnungsempfänger verteilbar.
Standardeinstellung	Das System hat als **Standardeinstellung** für die Abrechnungsparameter: • eine Kontierung an das Material • einen Abrechnungsanteil von 100% • als Abrechnungsart „Gesamtabrechnung" Zum **Aufrufen der Abrechnungsparameter** geht man wie folgt vor: 1. Öffnen des Fertigungsauftrags 2. Wahl von *Kopf* ⇨ *Abrechnungsvorschr*.
Fertigungsauftrag abrechnen	Das **Abrechnen eines Fertigungsauftrages** wird folgendermaßen realisiert: 1. Wahl von *Umfeld* ⇨ *Abrechnen*. 2. Man gelangt dann auf das Einstiegsbild der Abrechnung. 3. Angabe der Nummer des Fertigungsauftrages. 4. Eintrag von Geschäftsjahr und Periode. 5. Es muß in den Mußfeldern angegeben werden, ob eine Verbuchung oder eine Simulation durchgeführt werden soll. 6. Zum Ausführen müssen die Einträge *Abrechnen* ⇨ *Ausführen* angewählt werden.

5.3 Fertigungsinformationssystem

Abrechnen von Ausschuß	Fällt in einem Fertigungsauftrag Ausschuß an, so würde bei einem Abrechnungsanteil von 100% und nur einem Abrechnungsempfänger der **Ausschuß** zu 100% dem Abrechnungsempfänger belastet. Dieser genannte Fall entspricht der Standardeinstellung, wobei der Abrechnungsempfänger das Materialkonto darstellt.

Soll der Ausschuß an einen gesonderten Empfänger belastet werden, so ist in den Abrechnungsparametern ein weiterer Abrechnungsempfänger mit dem Prozentsatz an Ausschuß als Abrechnungsanteil anzugeben.

Der Abrechnungsanteil für den Empfänger der Gutteile ist um den Ausschußprozentsatz zu verringern, so daß als Gesamtabrechnungsanteil wiederum 100% entstehen.

5.3 Fertigungsinformationssystem

5.3.1 Funktion

Produktionsplanungssysteme haben zur Aufgabe, sämtliche Aktivitäten im Produktionsbereich so aufeinander abzustimmen, damit die vier Hauptziele:

- **kurze Durchlaufzeiten**
- **hohe Termintreue**
- **niedrige Bestände**
- **gute Kapazitätsauslastung**

erfüllt werden können.

SFIS (Shop Floor Information System)	Das **SFIS (Shop Floor Information System)** bietet die Möglichkeit, diese Zielkriterien zu kontrollieren, um rechtzeitig zu reagieren. Es ist Bestandteil des Logistikinformationssystems, zu dem auch das Vertriebsinformationssystem und das Bestandscontrolling gehören. Die Datenanalyse wird als Standardanalyse oder als flexible Analyse ausgeführt.

5.3.2 Grundbegriffe

Datenbasis	Die Datenbasis im Fertigungsinformationssystem wird aus Informationen gebildet, die in der Fertigungssteuerung vorhanden sind, also Daten, die in der operativen Anwendung anfallen, wie bei Freigabe eines Fertigungsauftrages, Teilrückmeldung eines Auftrags oder Lieferung an das Lager.
Informationsstrukturen	Die wichtigsten dieser Daten werden in Informationsstrukturen fortgeschrieben. Dabei definiert eine Fertigungsinformationsstruktur eine Gruppe von Informationen, die für die Auswertung

von Daten aus der Fertigungssteuerung genutzt wird. Es gibt die Fortschreibung, die synchron zur Belegverbuchung verläuft (V1-Verbuchung) und die asynchron verlaufende Fortschreibung (V2-Verbuchung). Wann die Fortschreibung erfolgen soll, wird im Einstellungsmenü des Logistik-Controllings festgelegt.

Eine **Informationsstruktur** besteht aus drei Teilen:

- **Merkmalen**, das sind Informationen, die sich zur Verdichtung eignen, wie Werk, Arbeitsplatz, Material.
- **Kennzahlen**, betriebswirtschaftlich interessierende Werte, wie die Wartezeitabweichung oder die Durchführungszeit eines Auftrags.
- **Periodizität**, die den Zeitbezug zur jeweiligen Informationsstruktur darstellt.

Es existieren zwei Arten von Informationsstrukturen:

- **Standardinformationsstrukturen**, die im SAP-System bereits enthalten sind und signifikante Kennzahlen zu den entsprechenden Strukturen beinhalten.
- **Auswerteinformationsstrukturen**, die eine Sicht auf eine oder mehrere bereits existierende Strukturen definieren und vom Anwender selber zusammengestellt werden können.

Die Auswerteinformationsstrukturen bilden zusammen mit den Standardinformationsstrukturen die Basis für flexible Analysen:

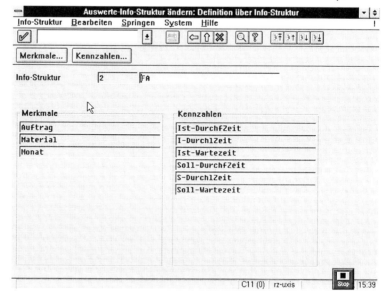

Abb. 7.52 Auswerte-informationsstruktur

5.3 Fertigungsinformationssystem

Mit Standardinformationsstrukturen werden Standardanalysendurchgeführt.

Mittels Pick-up-Technik können Kennzahlen frei zusammengestellt werden. Zur Auswahl stehen über 50 Kennzahlen.

Man unterscheidet zwischen **vier Standardinformationsstrukturen**:

- S021 Fertigungsauftrag
- S022 Vorgang
- S023 Material
- S024 Arbeitsplatz

Aufrißfunktion
Man hat die Möglichkeit, nach den Merkmalen, die verdichtete Daten enthalten, aufzureißen, d.h. den Grad der Informationstiefe zu variieren.

weitere Funktionen
Eine Reihe **weiterer Funktionen** sind im Fertigungsinformationssystem enthalten. So z.B.:

- Summenkurve
- ABC-Analyse
- Klassifikation
- Hitliste
- Vorjahresvergleich bei der Arbeitsplatz- und Materialanalyse
- Gantt- und Durchlaufdiagramm bei der Vorgangs- und Fertigungsauftragsanalyse

Es lassen sich zusätzliche Detailinformationen zum Arbeitsplatz, Material und zu den Fertigungsaufträgen anzeigen.

Benutzerkreis
Das SFIS stellt detaillierte Informationen für den Sachbearbeiter, wie auch verdichtete Informationen für das Management bereit.

Kennzahlensuche
Die **Kennzahlensuche** erleichtert das Auffinden von Kennzahlen, wenn z.B. der Transaktionscode nicht bekannt ist.

Es werden **drei Formen der Kennzahlensuche** unterschieden:

- über Textelemente; hier werden ein oder mehrere Begriffe angegeben, die in der Beschreibung einer Kennzahl enthalten sind. Die Begriffe können logisch verknüpft werden.
- über Klassifizierung; hier werden Merkmale eines Klassifizierungsschemas ausgewählt. Alle Kennzahlen, die in den Merkmalen enthalten sind, werden angezeigt.
- über Infosets; innerhalb eines Info-Sets sind Kennzahlen enthalten, die zueinander in einer logischen Beziehung stehen. Info-Sets (siehe Abb. 7.53) können auch vom Anwender zusammengestellt werden. Info-Sets enthalten entweder Kennzahlen oder aber andere Info-Sets.

5 Fertigungssteuerung

Abb. 7.53
Kennzahlensuche
Infoset

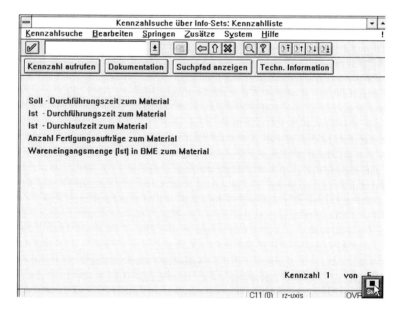

Zu jedem Info-Set gibt es ein Protokoll, in dem die Nummern der einzelnen Kennzahlen sowie die dazugehörige Standardinformationsstrukturen abgebildet werden:

Abb. 7.54
Protokoll eines Info-Sets

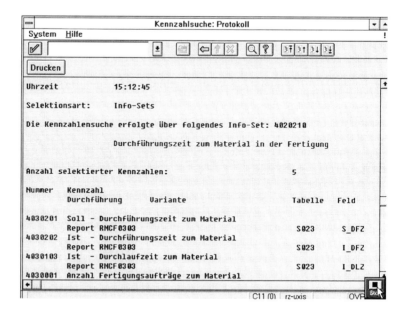

6 Erzeugniskalkulation

Die Arbeit mit der Erzeugniskalkulation setzt gründliche Kenntnisse der Stücklisten, der Arbeitsplätze und Arbeitspläne voraus. Kenntnisse der Kostenstellenrechnung tragen ebenfalls zum besseren Verständnis bei.

Grundlagen der Kostenträgerrechnung

Die **Kostenträgerrechnung** als Teilbereich der Kostenrechnung klärt die Frage: „Wofür sind Kosten entstanden?" Sie rechnet hierfür die angefallenen Kosten den Erzeugnissen, Erzeugnisgruppen oder Aufträgen eines Unternehmens zu.

Zweck der Kostenträgerrechnung

Die Kostenträgerrechnung hat die Aufgabe

- der Feststellung der Kosten für betriebliche Leistungseinheiten;
- der Optimierung der Herstellkosten eines Produktes;
- der Ermittlung der Preisuntergrenze eines Produktes;
- der Bewertung von Beständen an Fertig-/Unfertigerzeugnissen;
- der Gegenüberstellung von Kosten und Erlösen eines Kostenträgers.

Definition „Kostenträger"

Die erstellten Leistungseinheiten eines Betriebes werden **Kostenträger** genannt. Dies können im allgemeinen ein Produkt, ein Auftrag oder eine hierarchische Struktur sein.

Kostenträger im SAP-System

SAP-R/3 unterscheidet drei Arten von Kostenträgern:

- **Objekte im SAP-Logistiksystem** (z.B. Material, Fertigungsauftrag, Netzplan, Kundenauftrag, Instandhaltungsauftrag, Projekte)
- **Objekte im SAP-Controllingsystem** (z.B. Material, CO-Fertigungsauftrag, Innenauftrag, Kostenträger-Identnummer)
- **Verdichtungsobjekte**

6.1 Durchführen einer Erzeugniskalkulation

Datenbasis einer Erzeugniskalkulation

Eine **Erzeugniskalkulation basiert auf Daten** aus verschiedenen Bereichen eines Betriebes. Dabei sind die Bereiche Produktionsplanung und -steuerung, Kostenstellenrechnung und Materialwirtschaft zu nennen.

Um eine Kalkulation aufzubauen, müssen folgende Daten zugrundeliegen:
1. technische Daten
2. kaufmännische Daten

Mengengerüst

Technische Daten, auch **Mengengerüst** genannt, werden aus der Stückliste, dem Arbeitsplan und dem Arbeitsplatz ermittelt. Sie geben den mengenmäßigen Anteil an den Berechnungen an.

Wertgerüst

Kaufmännische Daten, auch **Wertgerüst** genannt, werden aus dem Materialstamm, den Tarifen, der verlängerten Werkbank (Fremdbearbeitung) und der Gemeinkostenbezuschlagung entnommen.

Die Erzeugniskalkulation benötigt für ihre Berechnungen diverse Daten. Hierzu werden aus den Stücklisten Materialeinsatzmengen, aus den Arbeitsplänen Vorgabezeiten, aus dem Materialstamm Materialpreise und aus der Kostenstellenrechnung Leistungstarife herangezogen.

Die Zusammenführung dieser genannten Daten erfolgt innerhalb eines Kalkulationsschemas.

Kalkulationsarten

Die Erzeugniskalkulation in R/3 sieht folgende **Kalkulationsarten** vor (siehe Abb. 7.55):
- Plankalkulation
- Vorkalkulation
- Sollkalkulation
- aktuelle Kalkulation
- Inventurkalkulation

6.1 Durchführen einer Erzeugniskalkulation

Abb. 7.55
Plankalkulation als zentrales Instrument

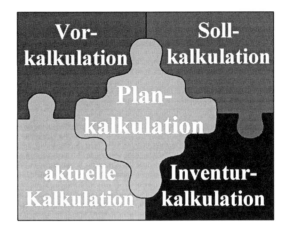

Plankalkulation	Die **Plankalkulation** stellt das zentrale Kalkulationsinstrument in der Erzeugniskalkulation dar.
	Ziel der Plankalkulation ist es, die geplanten Herstellkosten eines Produktes für eine Planungsperiode zu ermitteln. Die ermittelten Herstellkosten werden zur Festlegung des Material-Standardpreises herangezogen.
Vorkalkulation	Zweck der **Vorkalkulation** ist es, die Vorabermittlung der Herstellkosten eines Produktes durchzuführen. Die Produkte der Vorkalkulation nehmen nicht an der Plankalkulation teil, da sie noch nicht im Produktionsprogramm aufgenommen wurden. Eine Vorkalkulation wird bei der Entwicklung neuer Stücklisten, Produktionsverfahren oder neuer Produkte eingesetzt.
Sollkalkulation	Die **Sollkalkulation** errechnet auf der Basis der Plankalkulation mit einem veränderten Mengengerüst die Herstellkostenabweichungen gegenüber der Plankalkulation. Änderungen des Mengengerüstes können aufgrund von Stücklistenänderungen aus der Konstruktion oder durch Arbeitsplanänderungen durch die Arbeitsvorbereitung entstehen.
aktuelle Kalkulation	Die **aktuelle Kalkulation** basiert ebenfalls auf der Plankalkulation, im Gegensatz zur Sollkalkulation wurde hier eine Veränderung des Mengengerüstes und des Wertansatzes vorgenommen. Diese Form der Kalkulation dient der Ermittlung der aktuellen Herstellkosten.
Inventurkalkulation	Diese Kalkulation ermittelt die Herstellkosten von Halb- und Fertigprodukten aufgrund von abgewerteten Einsatzmaterialpreisen. Sie wird i.d.R. am Bilanzstichtag eingesetzt.

6 Erzeugniskalkulation

6.1.1 Struktur einer Erzeugniskalkulation

Steuerungstabellen

Die Struktur einer Erzeugniskalkulation wird in **Steuerungstabellen** abgelegt. Diese sind im Customizing über die Menüfolge *Werkzeuge* ⇨ *Customizing* ⇨ *Einstellungsmenü* ⇨ *Logistik* ⇨ *Produktion* ⇨ *Produktkostenrechnung* ⇨ *Kalkulation* erreichbar.

Zuordnungstabellen

Mit Hilfe der **Zuordnungstabellen** werden die Kostenelemente der Kalkulation aufgebaut. Hierbei bildet das Elementeschema ein zentrales Objekt, welches erweitert oder neu angelegt werden kann. Über die Menüfolge *Werkzeuge* ⇨ *Customizing* ⇨ *Einstellungsmenü* ⇨ *Logistik* ⇨ *Produktion* ⇨ *Produktkostenrechnung* ⇨ *Kostenelemente* können die Zuordnungstabellen angezeigt werden.

Zur Kalkulation von Material gibt es zwei verschiedene Kalkulationsschemen, die nach Erzeugnistiefe unterscheiden.

einstufige Erzeugniskalkulation

Zur Kalkulation von Material, dessen Komponenten keine Baugruppen enthalten, wird die **einstufige Erzeugniskalkulation** verwendet.

Standardkalkulation

Materialien, bei denen Baugruppen verarbeitet werden, kalkuliert man über die **Standardkalkulation**. Dabei werden die Kosten der darunterliegenden Kalkulationen von unten nach oben verrechnet (siehe Abb. 7.56).

Abb. 7.56
Standardkalkulationsschema

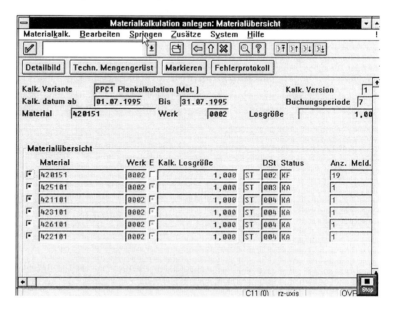

6.1.2 Kostenermittlung

Eine Kalkulation enthält drei Arten von Grunddaten, die zur Berechnung der Herstellkosten vorhanden sein müssen.

Grunddaten

Diese **Grunddaten** sind:
- Materialkosten
- Fertigungskosten
- Gemeinkosten

6.1.2.1 Materialkostenermittlung

Grundlage der Materialkosten sind der Materialstamm und die Stückliste. Der Materialstamm trägt den wertmäßigen, die Stückliste den mengenmäßigen Anteil zur Berechnung bei.

Um eine Erzeugniskalkulation erstellen zu können, müssen eine Stückliste und die Materialstämme für die Komponenten der Stückliste angelegt sein. Ist dies nicht der Fall, so müssen die fehlenden Informationsquellen angelegt werden.

Eine Erzeugniskalkulation legt man über die Menüpunkte

Logistik ⇨ *Produktion* ⇨ *Erzeugniskalkulation* ⇨ *Kostenträger* ⇨ *Material* ⇨ *Anlegen* an.

Es ist möglich, für ein Material verschiedene Kalkulationen anzulegen, indem sog. Versionsnummern vergeben werden. Zur Kalkulation müssen Losgröße, Werk und die Materialnummer angegeben werden.

Das System ermittelt nun die notwendigen Kalkulationsdaten automatisch und verzweigt danach in ein Listbild der Kalkulation (siehe Abb. 7.57).

Abb. 7.57
Listbild einer einstufigen Einzelkalkulation

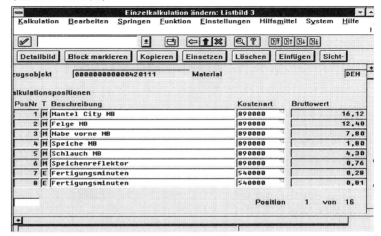

6 Erzeugniskalkulation

6.1.2.2 Fertigungskosten

Die Fertigungskosten werden, wie in obiger Abbildung angezeigt, bei der Erstellung der Kalkulation automatisch ermittelt. Hierzu werden Daten aus der Kostenstellenrechnung, dem Arbeitsplan und dem Arbeitsplatz herangezogen.

Voraussetzung dafür ist jedoch, daß ein Arbeitsplan und die passenden Arbeitsplätze existieren, da sonst keine Berechnung durchgeführt werden kann.

Aus der Kostenstellenrechnung wird ein Kostensatz, der die Höhe der Kosten an dem Arbeitsplatz angibt, selektiert. Der Arbeitsplatz steuert mit der Planzeit, die aus der Vorgabezeit und einem Nutzungsgrad zusammengesetzt ist, einen Teil der Bearbeitungszeit. Als Ergänzung zur Planzeit wird eine Produktionsmenge aus dem Arbeitsplan herangezogen.

Die angegebenen Werte werden miteinander verrechnet und ermitteln somit die Fertigungskosten.

6.1.2.3 Gemeinkostenermittlung

Die Material- und Fertigungsgemeinkosten können in der Erzeugniskalkulation über Zuschläge errechnet werden.

Zur Gemeinkostenermittlung muß ein **Kalkulationsschema** angegeben werden (siehe Abb. 7.58). Dort werden die Zuschlagssätze, die Zuschlagsbasis und die Entlastungen angegeben.

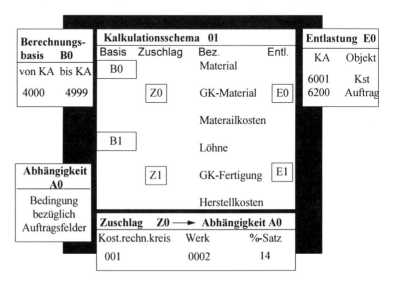

Abb. 7.58 Kalkulationsschema

Kalkulationsschemen, wie oben abgebildet, sind über die Menüpunkte

Werkzeuge ⇨ *Customizing* ⇨ *Einstellungsmenü* ⇨ *Logistik* ⇨ *Produktion* ⇨ *Produktkostenrechnung* ⇨ *Kostenelemente*

verfügbar.

Hier werden die sogenannten Zuordnungstabellen gepflegt, in denen für jede Kostenart die Basis anhand von Kostenartenintervallen angegeben werden kann.

In dem abgebildeten **Kalkulationsschema** (siehe Abb. 7.58) besitzt das Material die Berechnungsbasis „B0". In der Tabelle der Berechnungsbasis „B0" ist ein Kostenartenintervall eingetragen, das die Kostenarten für das Material angibt.

Die **Materialgemeinkosten** werden über den Zuschlag „Z0" in Abhängigkeit von „A0" berechnet. Die Entlastung „E0" ist den Materialgemeinkosten zugeordnet und wird auf die in der Entlastungstabelle eingetragenen Objekte angewandt.

Zum Pflegen von Gemeinkostensätzen können über das Customizing der Produktkalkulation die Menüpunkte *Umfeld* ⇨ *GMK-Zuschlag pflegen* angewählt und die Zuschläge geändert werden.

6.2 Kalkulationsabschluß

Durch den Kalkulationsabschluß wird der ermittelte Materialpreis als Standardpreis im Kalkulationssegment bzw. im Buchhaltungssegment des Materialstammes fortgeschrieben.

Der Kalkulationsabschluß wird untergliedert in **vier Vorgänge**:
- **Vormerkung erlauben**
- **Vormerkung durchführen**
- **Freigabe erlauben**
- **Freigabe durchführen**

Vormerkung erlauben

Mit der Aktion „**Vormerkung erlauben**" werden die organisatorischen und kalkulatorischen Daten der Fortschreibung festgelegt. Die Vormerkung beinhaltet den Buchungskreis, die zukünftige Periode, das Geschäftsjahr und die Bewertungsvariante.

Die Vormerkung findet man unter den Menüpunkten *Logistik* ⇨ *Produktion* ⇨ *Erzeugniskalkulation* ⇨ *Org.Maßnahmen* ⇨ *Freigabe* ⇨ *Vormerkung erlauben*.

Vormerkung durchführen

Nachdem eine Erlaubnis für eine Vormerkung erzeugt wurde, kann die Vormerkung durchgeführt werden. Dabei werden die

Kalkulationsergebnisse als **zukünftiger** Standardpreis im Materialstamm geführt. Für einzelne Materialien kann die Vormerkung über die Menüpunkte *Logistik* ⇨ *Produktion* ⇨ *Erzeugniskalkulation* ⇨ *Kostenträger* ⇨ *Material* ⇨ *Vormerken* durchgeführt werden. Eine abschließende Sicherung ist nötig, da sonst kein Eintrag im Materialstamm vorgenommen wird.

Freigabe erlauben

Ziel einer Plankalkulation ist die Ermittlung eines neuen Standardpreises für eine Planperiode. Um eine Vormerkung im Buchhaltungssegment des Materialstamms wirksam werden zu lassen, muß eine **Freigabe erfolgen**. Somit wird mit dieser Maßnahme für jeden Buchungskreis die Kalkulationsperiode festgelegt, die bei der Freigabe verwendet wird. Ein Erlauben der Freigabe kann unter den Menüpunkten

Logistik ⇨ *Produktion* ⇨ *Erzeugniskalkulation* ⇨ *Org.Maßnahmen* ⇨ *Freigabe erlauben*

erfolgen.

Freigabe durchführen

Nach der Erlaubnis zur **Freigabe** folgt die **Durchführung**. Hierbei wird der durch die Vormerkung als zukünftiger Standardpreis abgelegte Wert als Standardpreis eingetragen. Sobald eine Freigabe in einem Buchungskreis erfolgt, dürfen keine Änderungen an den Kalkulationsvormerkungen oder eine erneute Durchführung der Kalkulationsvormerkung erfolgen.

Eine Freigabe für einzelne Materialien kann über die Menüpunkte

Logistik ⇨ *Produktion* ⇨ *Erzeugniskalkulation* ⇨ *Kostenträger* ⇨ *Material* ⇨ *Freigeben*

erfolgen.

7 Qualitätsmanagement

QM-System

„Wenn der Kunde zurückkommt und nicht das Produkt, so nennt man das Qualität". Aus diesem Satz lassen sich die Aufgaben des **QM** bereits erahnen. So folgt hieraus, daß die gesamten Maßnahmen der Qualitätssicherung aus den verschiedensten Abteilungen (z.B. Entwicklung, Planung, Fertigung usw.) das QM-System ergeben.

Aufgaben des QM-Systems	Das QM-System ist in der Produktionsplanung, Materialwirtschaft, Instandhaltung und dem Vertrieb als Bestandteil enthalten. So gibt es im Modul QM die Hauptgruppen: • **Qualitätsplanung** • **Qualitätsprüfung** • **Qualitätslenkung**
ISO-Normen	Das QM - Modul entspricht in den wesentlichen Teilen der **ISO 9004** und **EN 29000**. Als Hilfe steht dem Anwender ein Leitfaden zur Verfügung (IMG), in dem Informationen über die Einstellungen des QM aufgerufen werden können. Er ist über die Befehlsfolge *Werkzeuge* ⇨ *Hypertext* ⇨ *Anzeigen* erreichbar.
ISO-Normenreihe	Die **Normen** der **ISO 9000 ff**. dienen der Darstellung der Zusammenhänge der QM-Elemente und bilden die Grundlage zum Aufbau eines QM-Systems. Von den fünf verschiedenen Normen können jedoch nur jeweils drei verwendet werden.
ISO 9000	Die **ISO 9000** legt die Handhabung des Regelwerks fest und hat hauptsächlich das Erfüllen der Qualitätsanforderungen, Erwerben des Vertrauens der Unternehmensleitung und die Sicherstellung des Vertrauens gegenüber dem Kunden zum Ziel.
ISO 9001	Die **ISO 9001** enthält Beschaffung, Produktentwicklung, Produktion, Marketing, Kundendienst usw. und ist somit am umfangreichsten.
ISO 9002	Diese **9002-Normen** sind für einen Produktionsbetrieb anwendbar (Beschreibung der Beschaffung, Herstellung usw.).
ISO 9003	Die **ISO 9003** beschreibt nur die Endprüfung.
ISO 9004	Diese **ISO 9004** soll der Umsetzung der Normen in einem Unternehmen dienen. Somit gibt sie Hinweise zum Auf- und Ausbau eines QM-Systems.

7.1 Zweck der Normierung

In den folgenden Punkten wird der **Zweck der Normierung** zum Ausdruck gebracht:

- Festlegung der Qualitätspolitik
- Erfüllung der Verträge
- Qualitätssicherung beigestellter Produkte
- richtiger Umgang mit den Qualitätsaufzeichnungen
- Überprüfung der Wirksamkeit des Systems
- Betreuung des Kunden

7 Qualitätsmanagement

- Überwachung der Eignung der Prozesse
- Zuordnung der Produkte zu den Herstellungsphasen
- Sicherstellung der Qualität der Produkte
- Qualitätskontrolle in der Herstellung
- Verwendung von Prüfmitteln
- Lieferung fehlerfreier Produkte
- sinnvolle Handhabung der Dokumente
- Einkauf von Produkten nach festgelegten Kriterien
- Kennzeichnung des Prüfstandes
- Verhinderung des Einsatzes fehlerhafter Produkte
- Vermeidung von Fehlern (keine Wiederholungsfehler)
- Qualitätssicherung bei der Lagerung

7.2 Stammdaten im QM

Die Stammdaten sind für das Modul von großer Bedeutung und enthalten die Prüfmethoden, Merkmale, Kataloge und die Dynamisierung.

Versionen

Auch im Modul QM besteht die Möglichkeit, verschiedene **Versionen** von Stammdaten zu führen (d.h. die Stammdaten müssen nicht in einer einzigen Ausführung vorliegen). Wenn eine Version eines schon bestehenden Stammsatzes angelegt werden soll, wählt man *Prüfmethode* ➪ *Version anlegen* und für Merkmale *Prüfmerkmale* ➪ *Version anlegen*. Danach geht man im Dialogfeld weiter. Die Eingabe des Stammsatzes kann durch direkte Eingabe, Suche über den Matchcode oder Suche über *-Eingabe erfolgen. Nach dieser ist [F5] und später [F11] zum Speichern auszuwählen.

Ersetzen von Versionen

Alte Versionen von verwendeten Stammsätzen können ersetzt werden, hier muß in einem Dialogfeld die Frage „*alte Pläne durch neue ersetzen*" mit „*JA*" beantwortet werden.

Anzeigen von Versionen

Alle gültigen „***Versionen anzeigen***" können angezeigt werden, indem man *Zusätze* ➪ *Zeitachse* anwählt. Die angezeigten gültigen Versionen stehen in zeitlich sortierter Reihenfolge. Mit [F2] kann die jeweilige Version des Stammsatzes angezeigt werden, auf der sich der Cursor gerade befindet.

Historienführung

Die **Historienführung** bietet die Möglichkeit, im QM-System alle Änderungen, die an Stammsätzen vorgenommen werden, zu dokumentieren. Wenn eine Änderung mit Historie vorgenommen wird, legt das System für den Stammsatz eine neue Version mit gleichem Gültigkeitsstand an. Sobald eine neue Version existiert, wird die alte zu einer historischen Version. Alte Versionen können generell durch neue ersetzt werden. Wenn man ohne Historie arbeitet, wird keine neue Version bei einer Veränderung erstellt.

Anzeigen der Feldhistorie

Über den Befehl *Zusätze* ⇨ *Feldhistorie* kann für alle Felder, an denen eine Änderung vorgenommen worden ist, eine **Feldhistorie angezeigt** werden, die die Änderungen dokumentiert.

Kopiervorlage

Damit eine schnellere und einfachere Erfassung möglich ist, verwendet man am besten die **Kopiervorlage**. So besteht die Möglichkeit, die Kopiervorlage beim Anlegen einer neuen Version sowie eines bestehenden Stammsatzes bei der Verwendung eines Prüfmerkmals im Prüfplan zu verwenden.

7.3 Prüfmethoden

Die Prüfmethoden beschreiben, auf welche Art ein Merkmal zu prüfen ist. Zur Pflege der Prüfmethoden stehen die gewöhnten Funktionen wie anlegen, ändern, löschen und anzeigen zur Verfügung. Hierzu wählt man im Hauptmenue *Logistik* ⇨ *QM* ⇨ *Stammdaten* und den gewünschten Befehl aus (siehe Abb. 7.59).

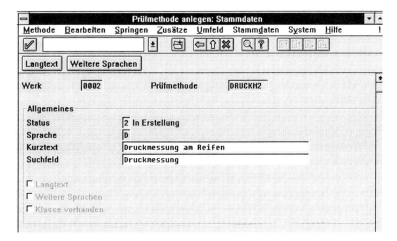

Abb. 7.59
Prüfmethoden anlegen

Anlegen

Beim **Anlegen** geht man wie gewohnt vor und füllt die benötigten Felder aus. Zu beachten ist der unterschiedliche Status (1 = in Einstellung, 2 = freigegeben, 3 = gesperrt, 4 = vorgemerkt zum löschen), das Sortierfeld und Prüferqualifikation (siehe Stammprüfmerkmale).

Ändern

Zum **Ändern** sucht man sich einen Datensatz aus (über die verschiedenen Suchmöglichkeiten) und wählt dann [F5]. Auf dem nun erscheinenden Bild können die Änderungen vorgenommen

7 Qualitätsmanagement

werden. Bei dieser Funktion steht die Historie wieder zur Verfügung.

7.4 Prüfkataloge

Der Prüfkatalog beschreibt die Merkmalsausprägungen, Fehlerursachen und Verwendungsentscheide. Die Unterteilung des Kataloges erfolgt in Katalogart, Codegruppe und Code.

Die Codegruppen bzw. Codes lassen sich nach Arten einteilen. Die **Katalogarten** werden über die Customizing-Funktion gepflegt.

7.4.1 Codegruppen

Die Codegruppen beinhalten die Gruppierung der Codes. Zur Bearbeitung stehen folgende **Funktionen** zur Verfügung (siehe Abb. 7.60):

- Codegruppenverzeichnis pflegen (Möglichkeit, Codegruppen anzulegen, zu ändern oder zu löschen.)
- Codegruppen einzeln pflegen (Möglichkeit, Codegruppen anzulegen, zu ändern oder zu löschen.)
- Codegruppenverzeichnis anzeigen (über *Prüfkatalog* ⇨ *Codegruppen* ⇨ *Anzeigen*)

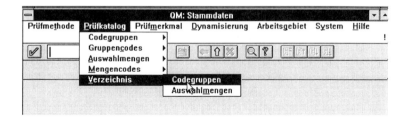

Abb. 7.60 Codegruppenmenü

7.4.2 Codes

Prüfergebnisse, Beobachtungen und Entscheidungen

Die Codes beschreiben Prüfergebnisse, Beobachtungen und Entscheidungen in verschlüsselter Form. So wären z.B. bei einer Codegruppe „*Größe*" die Typen „A4, A5, A6 usw." die Codes (siehe Abb. 7.61). Auch bei diesem Menüpunkt stehen wieder die gewohnten Funktionen *Anlegen, Ändern* und *Löschen* zur Verfügung.

Abb. 7.61
Beispiel für
Codegruppe

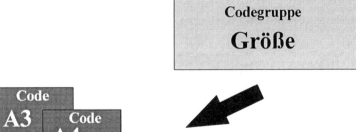
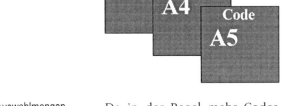

Auswahlmengen

Da in der Regel mehr Codes vorhanden sind als für die verschiedenen Prüfungen notwendig sind, steht die Funktion **„Auswahlmengen"** bereit.

Codes zu Auswahlmengen

In diesem Menüpunkt können neue Codes zugeordnet, entfernt oder die Informationen zu einem Code geändert werden. Wenn man einer Auswahlmenge einen Code zuordnen will, ist dies alternativ möglich über direktes Zuordnen, mit Hilfe einer Kopierfunktion, durch Übernahme aus einer Liste mit Codegruppen oder einer Liste mit Auswahlmengen.

7.4.3 Anzeigen eines Prüfkataloges

Um die Daten eines Prüfkataloges zu betrachten, muß entweder die Funktion „Codegruppe und Codes anzeigen" oder „Auswahlmengen und zugeordnete Codes anzeigen" aufgerufen werden.

1. **Codegruppen und Codes anzeigen**: Hierzu wählt man *Prüfkatalog* ⇨ *Verzeichnis* ⇨ *Codegruppen*; danach Eingabe eines Selektionskriterium und [F5].
2. **Auswahlmengen und Codes anzeigen:** Hierzu wählt man *Prüfkatalog* ⇨ *Verzeichnis* ⇨ *Auswahlmengen*; danach Eingabe eines Selektionskriterium und [F5].

7.5 Stammprüfmerkmale

Kopiervorlage benutzen

In einem Stammprüfmerkmal werden die Prüfmerkmale, in denen definiert wird, was zu prüfen ist, als Stammsatz abgespeichert. Hier werden die Anforderungen zur Prüfung von Erzeugnissen und Materialien beschrieben. Zur Erleichterung können

7 Qualitätsmanagement

Stammprüfmerkmale als Kopiervorlage genutzt und verschiedene Versionen erstellt werden. Im wesentlichen stehen wiederum die Punkte *Anlegen, Ändern, Löschen* und *Anzeigen* zur Verfügung.

Abb. 7.62
Merkmale anlegen

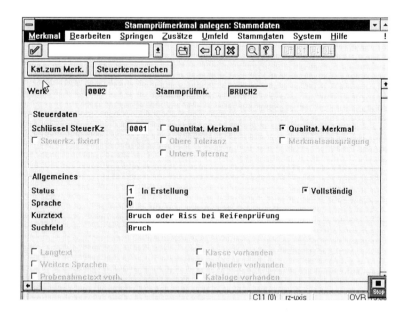

Stammprüfmerkmale anlegen

Über die QM-Stammdaten-Menüleiste gelangt man über *Prüfmerkmale* ⇨ *Anlegen* in das Ausgangsbild (siehe Abb. 7.62); nach Eingabe der Daten mit [F5] weiter. Dann ist ein Merkmal festzulegen und in den Feldern „*Kurztext*" und „*Sortierfeld*" Eintragungen vornehmen, die mit [Enter] bestätigt werden.

Weiterhin stehen folgende **Eingabefelder** zur Verfügung:

- Kennzeichen (kennzeichnet die Vollständigkeit)
- Status (1 = in Einstellung, 2 = freigegeben, 3 = gesperrt, 4 = vorgemerkt zum Löschen)
- Sotrierfeld (zur Eingabe eines Schlagwortes)
- Merkmalsgewichtung (zur Einteilung der Gewichtung der Merkmale)
- Prüferqualifikation

Es besteht die Möglichkeit, den Stammprüfmerkmalen Prüfmethoden, Codegruppen und Auswahlmengen über Funktionstasten zuzuordnen.

7.6 Dynamisierung

Stichproben

Dynamisierung bedeutet, daß die **Stichproben** einer Prüfung nicht generell feststehen, sondern abhängig von der Qualitätslage gesteuert werden. Folglich werden Lieferanten oder Prozesse mit schlechter Qualitätslage intensiver geprüft als solche mit guter oder immer besserer Qualitätslage. Aus diesem Grund ist eine Dynamisierung des Prüfumfangs möglich. Die Stichprobensysteme werden über die Customizing-Funktion gepflegt.

7.6.1 Stichprobenverfahren

In diesem Verfahren wird der Stichprobenumfang ermittelt und die Art der Bewertung für die Ergebniserfassung definiert. Man gelangt über *Logistik* ➪ *QM* ➪ *Stammdaten* ➪ *QM-spezifische Grunddaten* in das Menü. Hier können Stichprobenverfahren angelegt, gelöscht, geändert und angezeigt werden.

Anlegen

Um Stichprobenverfahren anzulegen, wählt man folgende Befehlsfolge: *Dynamisierung* ➪ *Stichprobenverfahren* ➪ *Anlegen* und Angabe des Stichprobenverfahrens. Wenn kein Stichprobenverfahren als Kopiervorlage verwendet werden soll, wählt man [F5]. Nach der erfolgten Eingabe kann mit [F5] die Bearbeitung fortgesetzt werden. Mit [F11] erfolgt die Speicherung. Im Feld Stichprobenart wird definiert, wie die Stichprobe ermittelt wird, und im Bewertungsmodus werden die Regeln für die Annahme und Rückweisung eines Merkmals beschrieben.

Ändern

Zum **Ändern** wählt man ➪ *Dynamisierung* ➪ *Stichprobenverfahren* ➪ *Ändern*. Nachdem der Name des zu verändernden Verfahrens eingegeben ist, wählt man [F5], um auf das Bild zu gelangen, in dem die Änderung vorgenommen werden soll. Mit [F5] kann man hier zu den Sonderbedingungen gelangen und mit [F11] speichern.

7.6.2 Dynamisierungsregeln

Hier erfolgt die Begriffsbestimmung der Prüfstufen und die Verankerung der Bedingungen (siehe Abb. 7.63). Notwendig wird dies, da der Prüfumfang hinsichtlich der Qualitätslage erhöht oder reduziert werden muß. Das Anlegen, Ändern, Löschen und Anzeigen der Dynamisierungsregeln wird in drei Bildfolgen realisiert. Die Befehle können von der QM-Menüleiste aus mit *Dynamisierung* ➪*Dynamisierungsregel* erreicht werden.

Prüfstufenbild

Auf dem Prüfstufenbild existieren: *Prüfstufe*, *Prüfschärfe* und *Skip* (Prüfverzicht) als Eingabefelder. Im Prüfstufenbild können noch mehrere Funktionen gewählt werden, wobei „*neue Einträge hinzufügen*" mit F8, „*Stufe löschen*" mit F14 und „*Prüfstufenwechsel pflegen*" die wichtigsten sind.

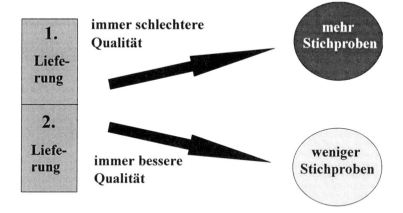

Abb. 7.63 Beispiel zur Dynamisierung

7.7 Prüfplan

Die Prüfpläne beschreiben die Arbeitsvorschriften für die Qualitätsprüfung und sind somit unabdinglich für die Qualitätsprüfung mit dem QM-System. Für die Pläne sind folgende Daten **Voraussetzung**:

- Arbeitsplatz (zur Prüfung für die Kalkulation, Terminierung, Kapazitätsplanung)
- Fertigungshilfsmittel (für die Bereitstellung der benötigten Prüfmittel)
- Lieferant (für die Zuordnung zu einem Prüfplan hinsichtlich des Materials)
- Prüfkatalog (zur Verwaltung der Codes)
- Prüfmethode (zum Erfassen der Verfahren)
- Stammprüfmerkmal (zum Definieren, was zu prüfen ist)
- Dynamisierung (zum Ermitteln der Prüfumfänge)

Prüf- und Arbeitspläne

Die **Prüfpläne** sind den **Arbeitsplänen** sehr ähnlich; sie gleichen sich im Aufbau. Die wesentliche Unterscheidung besteht darin, daß nun auch Prüfmerkmale und Merkmalsdaten vorhanden sind. So beinhaltet der Plan allgemeine Informationen und einen oder mehrere Vorgänge.

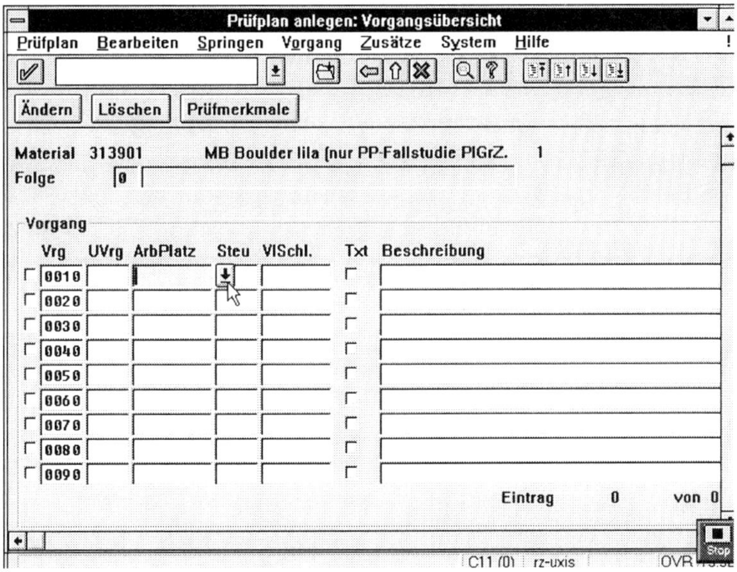

7.7 *Prüfplan*

Abb. 7.64
Prüfplan anlegen

Durch die Plangruppe und den Plangruppenzähler wird der Plan eindeutig markiert und durch den Plantyp, die Planverwendung und die Planergruppe in Kategorien aufgeteilt.

Planmenü
Über *Logistik* ⇨ *QM* ⇨ *Stammdaten* ⇨ *Prüfpläne* gelangt man in das Menü der Pläne (siehe Abb. 7.64). Hier bestehen mehrere Auswahlmöglichkeiten, wie *Plan bearbeiten, Einstellungen* usw..

Anlegen eines Prüfplanes
Damit ein Prüfplan funktionstüchtig ist, sollten zuvor einige Fragen beantwortet werden:

- Verwendungszweck ?
- Was wird geprüft ?
- Wo wird geprüft ?
- Was wird benötigt ?

Bestehende Prüfpläne können wie üblich als Kopiervorlage benutzt werden. Es besteht eine Unterteilung in Prüfpläne und Standardpläne.

Profile
In den **Profilen** sind Vorschlagswerte enthalten, die zur Bearbeitung gebraucht werden. Mit *Einstellungen* ⇨ *Profil* kann ein Profil aufgerufen werden und mit [F6] erhält man QM-spezifische Vorschlagswerte.

Vorgänge
Der **Vorgang** liefert Daten zur Terminierung und Kapazitätsplanung. Zum Erstellen verwendet man am besten einen Standardplan (*Achtung ! Die Mengeneinheiten müssen identisch sein*).

401

7 Qualitätsmanagement

Das Merkmal wird dem Prüfvorgang zugeordnet und definiert, was wie zu prüfen ist. Zum Aufrufen wählt man den gewünschten Prüfvorgang aus und markiert ihn in der ersten Spalte. Nun wählt man: *Springen* ⇨ *Prüfmerkmale Übersicht* und zum neu Eingeben *Bearbeiten* ⇨ *Neue Einträge*.

Prüfmerkmal

Wenn einem **Prüfmerkmal** eine Methode zugeordnet wird, werden den Methoden die Merkmale als Referenz zugeordnet.

Zuordnungswerte

Zuordnungswerte sind Werte, denen neben einer Kombination aus Material, Lieferant und Kunde zusätzlich noch Merkmalswerte zugeordnet wurden. Die Zuordnungswerte kann man unter der Merkmalsübersicht mit *Springen* ⇨ *Prüfmerkmale Übersicht* und folgendem Markieren des Merkmals mit „x" und dem Anwählen von *Springen* ⇨ *Merkmalswerteübers.* pflegen und mit *Bearbeiten* ⇨ *Neue Einträge* neue Zuordnungswerte erfassen.

Materialzuordnungen

Damit ein Prüfplan benutzt werden kann, muß ihm zumindest ein Material zugeordnet worden sein. Weiterhin muß der Plantyp dem Materialtyp zugeordnet sein (erfolgt im Customizing). Im Menü *Prüfplan* ruft man *Plan* ⇨ *Material-Plan-Zuordnung* auf, um die Zuordnung durchführen zu können. Weiterhin besteht die Möglichkeit, die Zuordnungen zu löschen.

Planänderung

Beim **Ändern** wird entweder ein Änderungsstammsatz oder ein Stichtag benötigt. Mit Hilfe von *Prüfpläne* ⇨ *Ändern* ⇨ *Standardpläne* ⇨ *Ändern* gelangt man in das Ändern-Menü.

7.8 Qualitätsprüfungen

Die Qualitätsprüfung erfolgt anhand von Prüflosen, die eine Voraussetzung für die Prüfung eines Materials sind. Das Los ergibt sich aus dem Prüfplan, dem Q-Infosatz, dem Wareneingangsbeleg und der Qualitätslage. Es führt zusammen mit den Methoden, Merkmalen und Katalogen zum Prüfergebnis, aus dem der Verwendungsentscheid resultiert.

7.9 Prüfabwicklung

Die Abwicklung kann auf zwei Arten erfolgen. Bei der Verwendung eines Planes muß zuerst das Prüflos angelegt werden. Nach der Planauswahl und Stichprobenbestimmung wird der Prüfanweisungsdruck durchgeführt. Nachfolgend wird das Ergebnis erfaßt, und es kommt zum Verwendungsentscheid sowie zur Bestandsbuchung. Als letzter Punkt erfolgt die neue Dynamisierung. Wenn kein Plan verwendet wird, muß man lediglich ein Los anlegen und die Stichprobenanzahl eintragen. Nach dem

Verwendungsentscheid folgt auch hier die Bestandsbuchung und die Folgeaktion.

7.10 Verwendung des QM in der Logistik

Zur Verwendung des QM-Systems in logistischen Bereichen (z.B. Warenbewegungen) stellt das System dem Anwender **drei Funktionen** zur Verfügung.

1. **QM in der Beschaffung**
2. **QM mit Prüfabwicklung**
3. **kein QM**

Bei der Beschaffung hilft das QM-System in den Bereichen der Lieferantenbewertung, dem Sperren, bei der Zuordnung von Bedingungen und Vereinbarungen zum Lieferanten und bei der Zeugnisabwicklung.

notwendige Daten

Das QM-System benötigt für die Beschaffungs- und Prüfaktivitäten folgende Daten für ein Material:

- Grunddaten (z.B. Kurztext für das Material, Basismengeneinheit usw.)
- Prüfdaten (hier wird die Prüfart hinterlegt)
- Beschaffungsdaten
- Prüfart (legt fest, wie die Prüfung erfolgen soll)
- Kennzeichen und Werte für die Prüfart
- Prüflosherkunft (kennzeichnet, wo das Los erzeugt wurde)

QM in der Beschaffung

In dem Qualitätsinformationssatz sind **Daten zum Lieferanten**, wie die Freigabe oder Sperrung, und Vereinbarungen enthalten. Das System erkennt, ob ein solcher Satz zu einem Material in Verbindung mit einem Lieferant vorhanden ist und reagiert entsprechend.

QM mit Prüfabwicklung

Wenn die Einstellung für die **Prüfabwicklung** aktiviert ist, wird die Erstellung von Losen, die Stichprobenbestimmung, die Ergebniserfassung usw. vom System übernommen.

7.11 Prüflos

Das Prüflos dient bei seiner Erzeugung zur Dokumentation der Prüfanforderung. Die Ergebnisse, die bei der Prüfung entstanden sind, werden für jedes Los hinterlegt. Somit wird über das Prüflos auf das Ergebnis zugegriffen. Daten, wie der Verwendungsentscheid und die Qualitätskennzahlen, werden auch hin-

Status des Prüfloses	terlegt und können später zu Auswertungen genutzt werden. Einem Prüflos wird auch der Prüfplan automatisch zugeordnet.
	Der **Status des Prüfloses** zeigt, wofür das Prüflos bereits verwendet wurde und gibt Informationen über die noch erlaubten Möglichkeiten der Bearbeitung. Der Status ändert sich mit dem Bearbeitungszustand.
Voraussetzungen	Wenn ein Prüflos automatisch aggregiert werden soll, muß das QM aktiviert sein und im Materialstamm muß ein Kennzeichen für die Prüfart gesetzt und zur Bewegungsart eine Prüfosherkunft hinterlegt sein. Außerdem sind zur Bearbeitung noch einige Berechtigungen nötig.
manuelle Erzeugung eines Loses	Ein Prüflos kann manuell erstellt werden, indem man im QM *Prüfabwicklung* ⇨ *Prüflos anlegen* wählt und dort das gewünschte Material angibt. Nach Anwahl des Buttons „*Losdaten*", müssen die herkunftsbezogenen Daten eingegeben werden.
	Als nächstes muß dem Material ein Prüfplan zugeordnet werden und abschließend der Stichprobenumfang ermittelt werden.

8 Prüfergebnisse

Art und Umfang der Prüfergebnisse werden durch die Erreichung verschiedener Ziele der Qualitätsprüfung bestimmt.

Ziele können beispielsweise sein:

- festzustellen, ob die Produkte den Qualitätsanforderungen entsprechen;
- zu beurteilen, ob Produkte verwendet werden können (**Verwendungsnachweis**);
- die Qualität von Produkten, Anlagen oder Prozessen festzustellen und zu dokumentieren (**Audit**);
- die Fähigkeit von Prozessen, Maschinen oder Fertigungshilfsmitteln zu ermitteln (**Fähigkeitsuntersuchungen**).

Im Vordergrund stehen Funktionen zur Bearbeitung von Merkmals- und Probenergebnissen. Merkmals- bzw. Probenergebnisse lassen sich erfassen, anzeigen und ändern.

8.1 Bearbeitung von Prüfergebnissen

Die Prüfergebnisbearbeitung umfaßt vier Schritte:

- Losselektion
- Bearbeitung von Merkmals- bzw. Teilstichprobenergebnissen
- Bewertung der Merkmale bzw. Teilstichproben
- Abschließen der Merkmale bzw. Teilstichproben

Erfassungsformen
Erfaßt werden können Urwerte, summarische Kenngrößen und klassierte Ergebnisse. Aus eingegebenen Urwerten werden Mittelwert, Streuung und weitere statistische Kenngrößen ermittelt.

Bewertung
Nach der Erfassung werden Prüfmerkmale und Teilstichproben bewertet und abgeschlossen.

Mit dem Qualitätsmanagmentsystem werden folgende **Bewertungsverfahren** ausgeliefert:

- Manuelle Bewertung;
- Bewertung anhand eines Auswahlmengencodes;
- Einfachstichprobenanweisung nach der Anzahl der fehlerhaften Einheiten oder der Anzahl der Fehler;
- Einfachstichprobenanweisung für die Variablenprüfung mit einseitig oder zweiseitig begrenztem Toleranzbereich;
- Prüfung des Mittelwerts gegen Toleranzvorgaben.

Fehleranteil
Der Anteil der fehlerhaften Einheiten wird in der Bewertung statistisch geschätzt. Dafür sind Funktionsbausteine hinterlegt, die z.B. Normalverteilung, Binominialverteilung, Poisson-Verteilung enthalten.

Die Ergebniserfassung ist dann abgeschlossen, wenn die Bearbeitung aller Muß-Merkmale und aller in Bearbeitung gesetzten Kann-Merkmale abgeschlossen ist.

Prüflosauswahl
Da sich alle Funktionen zur Ergebnisbearbeitung auf ein Prüflos beziehen, ist es wichtig, die Selektionskriterien zu kennen.

Wenn bereits vor Aufruf der Funktion Prüflose bearbeitet wurden, schlägt das System automatisch die letzte Prüflosnummer vor. Ansonsten muß man ein Prüflos angeben. Dies geschieht entweder über eine Prüflosselektion durch *Selektion* ⇨ *Prüflos* ⇨ *Weiter* ⇨ *Prüflose* selektieren.

Hier kann man die Prüflossuche weiter eingrenzen, um letztendlich das gesuchte Prüflos auszuwählen.

Anschließend müssen die Prüfmerkmale eingelesen werden. Die Einlesemodi werden für jede Funktion im Customizing eingestellt.

Eine weitere Möglichkeit der Prüflossuche ist die Suche über Matchcodes.

Prüflosstatus

Der **Prüflosstatus** gibt den Bearbeitungsstand eines Prüfloses an und wird vom System ermittelt.

Im Einstellungsmenü kann man sich über die Drucktaste „*Losstatus*" den Bearbeitungsstand anzeigen lassen.

8.2 Bearbeitung von Merkmalsergebnissen

Um die Merkmalsergebnisse zu bearbeiten, stehen mehrere Funktionen zur Verfügung, wie das *Erfassen*, *Ändern* und *Anzeigen* von Merkmalsergebnissen.

Merkmalsergebnisse erfassen

Das Vorgehen, um Merkmalsergebnisse anzuzeigen oder zu verändern, entspricht im wesentlichen der Erfassung

Einstieg

Über die Hauptmenüleiste: *Logistik* ⇨ *Qualitätsmanagement* ⇨ *Prüfabwicklung* ⇨ *Ergebniserfassung* ⇨ *Ergebnisse* ⇨ *Erfassen* erreicht man das Einstiegsbild, in dem man ein Prüflos eingeben muß. Bei Unkenntnis der Prüflosnummer hat man die Möglichkeit, das Prüflos zu suchen.

Vorgangswahl

Anschließend erfolgt die Eingabe des Vorgangs im Feld „*Vorgang*", da die Ergebnisbearbeitung vorgangsbezogen durchgeführt wird. Auch hier kann man über „*Selektion*" einen Vorgang auswählen.

Einlesemodus

Nun wird der Einlesemodus aus mehreren zur Wahl stehenden Einlesemodi selektiert. Daraufhin werden vom System verschiedene Daten, wie der Name des Prüfers, Uhrzeit des Prüfbeginns angezeigt, die man jedoch modifizieren kann.

Merkmalsübersichtsbild

Im **Merkmalsübersichtsbild** hat man die Möglichkeit, diverse Merkmale zu selektieren. Daraufhin kommt man in das Merkmalshauptbild. Die Eingaben, die hier zu tätigen sind, richten sich nach der Erfassungsform (summarische Erfasug von Prüfergebnissen, die Führung von Einzelergebnissen oder die klassierte Ergebniserfassung).

Merkmalsbewertung

Jetzt kann das Merkmal bewertet werden. Dieser Abschnitt kann auch übersprungen werden, was die automatische Bewertung des Merkmals zur Folge hat. Man kann das Merkmal sowohl auf dem Einzelbild als auch auf dem Merkmalsübersichtsbild bewerten.

Prüfmerkmal abschließen	Nach der Bewertung des Merkmals wird es abgeschlossen und die Bearbeitung beendet. Wenn hier ein Fehler auftritt, wird eine Fehlermeldung ausgegeben.
Merkmalsergebnisse sichern	Abschließend werden die Merkmalsergebnisse gesichert.
Funktionen zur Bearbeitung	Es stehen zahlreiche **Funktionen zur Bearbeitung** und zur Navigation zwischen den Prüfvorgängen und Prüflosen zur Verfügung, z.B. *alle markieren, Merkmal auswählen, springen zum nächsten Merkmal* etc..

8.3 Erfassungsformen

Abhängig von den Anforderungen zur Prüfdatenerfassung existieren unterschiedliche Erfassungsformen. Die Erfassungsform wird im Prüfplan festgelegt.

In Release 2.1 werden folgende Erfassungsformen unterstützt:
- summarische Kenngrößen
- Einzelwerte
- klassierte Ergebnisse

summarische Kenngrößen	Die Erfassung von **summarischen Kenngrößen** kann zu Annahme- oder Rückweiseentscheidungen, zur Rückmeldung der Fehleranzahl, zur codierten Rückmeldung von Merkmalsausprägungen oder zur quantitativen Rückmeldung führen.
Einzelwerte erfassen	Bei der **Erfassung von Einzelwerten** sind folgende Ergebnisbearbeitungen möglich:

- Rückmeldung der Fehleranzahl
- Rückmeldung der Anzahl fehlerhafter Einheiten
- Codierte Rückmeldung von Merkmalsausprägungen
- Meßwerterückmeldung

Einzelwerte werden mittels Erfassungsmasken erfaßt. Die Felder *„Geprüft"* und *„Fehlerhaft"* werden vom System aktualisiert.

Einzelne Werte können auch gelöscht werden, solange sie noch nicht in eine Datenbank geschrieben wurden. Ansonsten können sie durch einen Vermerk ungültig gemacht werden.

klassierte Ergebnisse	Die **klassierte Ergebniserfassung** unterstützt:

- **quantitative Klassen für Merkmale**, zu denen Meßwerte zurückgemeldet werden und die über beidseitige Toleranzgrenzen verfügen.
- **qualitative Klassen für Merkmale**, zu denen Ausprägungscodes zurückgemeldet werden.

8 *Prüfergebnisse*

quantitative Klassen

Im Abschnitt Rückmeldeklassen werden in der Spalte Anzahl die Zahl der geprüften Einzelstücke angegeben. Das System ermittelt aus der Summe der Anzahlen in allen Klassen den geprüften Stichprobenumfang im Feld „*Geprüft*", fehlerhafte Einheiten im Feld „*Fehlerhaft*", die Summe der Anzahlen in den Klassen unterhalb der unteren Toleranzgrenze im Feld „*Anz. unten*" und die Summe der Anzahlen in den Klassen oberhalb der oberen Toleranzgrenze im Feld „*Anz. oben*".

qualitative Klassen

Nachdem im Abschnitt „*Rückmeldeklassen*" in der Spalte „*Anzahl*" die Einzelstücke eingegeben wurden, ermittelt das System den geprüften Stichprobenumfang im Feld „*Geprüft*" und die fehlerhaften Einheiten im Feld „*Fehlerhaft*".

8.4   Bearbeiten von Probeergebnissen

Prognoseergebnisse erfassen, ändern und anzeigen

Die Ergebnisse zu den einzelnen Teilstichproben eines Prüfloses können mit den Funktionen „Prognoseergebnisse erfassen, ändern und anzeigen" bearbeitet werden. Prognoseergebnisse werden wie die Merkmalsergebnisse erfaßt. Der einzige Unterschied besteht in einem zusätzlichen Feld, in dem man nach der Stichprobennummer gefragt wird. Gibt man hier keine Nummer an, ermittelt das System die nächste zu vergebende Probennummer aus den Parametern für den Startwert und dem Inkrement für die Probennummernvergabe.

weitere Funktionen

Außerdem besteht die Möglichkeit, die Probe zu wechseln und sich eine Probenübersicht zu verschaffen. Mit der Funktion „*Nächste Probe*" kann man die Probe wechseln und so innerhalb der Proben zum Prüfmerkmal navigieren. Außerdem kann man mit dieser Funktion eine neue Teilstichprobe zum Merkmal anlegen. Mit der Funktion „*Probenübersicht*" kann man sich eine Übersicht über alle Teilstichproben zu einem Merkmal verschaffen. Aus der Übersicht heraus kann man auch über „*Probe bewerten*" und „*Probe abschließen*" einzelne Proben bewerten bzw. abschließen.

8.5   Bewertung

Bei der Bewertung wird festgestellt, ob die Qualititätsanforderungen erfüllt sind. Das Ergebnis dient für den Verwendungsentscheid. Eine erfolgreiche Bewertung ist eine notwendige Voraussetzung für den Abschluß eines Merkmals oder einer Teilstichprobe. Ausgehend von der Menüleiste wählt man *Bearbeiten* ⇨ *Bewerten*. Man kann den Schritt des Bewertens auch überspin-

8.6 Prüfabschluß

gen und somit Prüfmerkmale direkt abschließen. Die Bewertung enthält das Prüfergebnis, das für den Verwendungsentscheid maßgebend ist.

Bewertungsverfahren

Im **Bewertungsmodus** wird die Art der Bewertung mittels einer Bewertungsregel hinterlegt. Die Bewertungsregeln sind durch den Merkmalstyp und das Stichprobenverfahren festgelegt. Die Bewertungsverfahren wurden im obigen Teil bereits genannt.

Abschließen der Ergebnisbearbeitung

Mit dem Abschluß des Merkmals wird die Bearbeitung eines Prüfmerkmals beendet.

Alle Muß- und alle Kannmerkmale sind abzuschließen. Dies geschieht über *Bearbeiten* ⇨ *Abschließen*. Vor dem Abschluß prüft das System, ob der geforderte Prüfumfang eingehalten wurde, und ob für dokumentationspflichtige Merkmale eine Prüfbemerkung erfaßt wurde. Wenn ein Merkmal nicht erfolgreich abgeschlossen werden konnte, werden entsprechende Einträge im Merkmalsprotokoll notiert.

8.6 Prüfabschluß

Im Anschluß an die Ergebniserfassung und an den Abschluß der Prüfung muß eine Entscheidung über die Verwendung der geprüften Erzeugnisse getroffen werden. Der Verwendungsentscheid versorgt Funktionen im QM-System gleichermaßen, wie Funktionen anderer R/3-Module, z.B.:

- Materialbestandsführung
- Versenden von Hinweisen, Meldungen über R/3-Mail
- Setzen einer Lieferantensperre aufgrund schlechter Qualitätslage
- Aktualisieren der Qualitätskennzahl

Um die Prüfung abzuschließen, muß zunächst die Bewertung der Prüfergebnisse durchgeführt werden. Die Ergebnisse werden mit den vordefinierten Grenzen verglichen, woraufhin das System ermittelt, ob ein Prüfmerkmal angenommen oder abgelehnt wird. Das System läßt dem Anwender die Möglichkeit offen, auch ohne Verwendungsentscheid abzuschließen.

Verwendungs-entscheid treffen

Man wählt in der Hauptmenüleiste *Logistik* ⇨ *Qualitätsmanagement* ⇨ *Prüfabwicklung* ⇨ *Verwendungsentscheid* ⇨ *Erfassen*. Im Einstiegsbild wählt man nun ein Prüflos aus und auf dem Losdatenbild einen Code für den Verwendungsentscheid. Um die Codegrupppen und Codes der zugeordneten Auswahlmenge anzuzeigen, wählt man die Taste „*Verwendungsentscheid*". Anschließend sichert man die Änderungen. Im System existiert auch

8   Prüfergebnisse

die Möglichkeit, den Verwendungsentscheid für mehrere Prüflose zu treffen.

8.7 Bestandsbuchung

Bei automatisch erzeugten Prüflosen werden über die Funktionen des Verwendungsentscheids die Prüfbestände manuell gepflegt. Anhand der getätigten Eingaben ermittelt das System die Bestandsbuchungen für die Materialwirtschaft. Man hat die Möglichkeit, den Bestand vor, nach oder während des Treffens des Verwendungsentscheides zu aktualisieren.

Änderung eines Verwendungsentscheides

Die Ergebnisse zu einem Prüflos können nicht mehr geändert werden, wenn der Verwendungsentscheid einmal festgelegt wurde. Dies kann aufgrund besonderer Umstände jedoch nötig werden. Es gibt hier die Änderung mit und ohne Historie. Bei der Änderung mit Historie erzeugt das System einen Änderungsbeleg, bei der Änderung ohne Historie entfällt der Änderungsbeleg.

8.8 Qualitätskennzahlen für Prüflose

Wenn für ein Wareneingangsprüflos ein Verwendungsentscheid getroffen wurde, muß eine Qualitätskennzahl errechnet werden, die die Qualität eines geprüften Loses beschreibt. Qualitätskennzahlen werden manuell eingegeben oder mittels spezieller Verfahren vom System errechnet.

Die Qualitätskennzahl kann entweder für jeden Verwendungsentscheidcode definiert werden oder durch das Qualitätskennzahlverfahren berechnet werden. Die obere und die untere Grenze für die Qualitätskennzahl wird auf der Mandantenebene über das Customizing definiert. Änderungen der Qualitätskennzahlen kann man sich graphisch als Zeitreihe anzeigen lassen.

Qualitätslage

In der **Qualitätslage** wird die Prüfstufe der nächsten Prüfung abgelegt. Wenn ein Prüflos erstellt wird, wird die Qualitätslage angelegt, wenn noch keine besteht oder aktualisiert, wenn bereits eine Qualitätslage besteht. Die Pflege der Qualitätslage erfolgt auf Grundlage der Daten:

- Werk
- Material
- Plangruppe
- Plangruppenzähler
- Lieferant.

Das manuelle Anlegen von Qualitätslagen ist möglich, und zwar über Logistik ⇨ Qualitätsmanagement ⇨ Prüfabwicklung ⇨ Qualitätslage ⇨ Anlegen.

Fazit über die Arbeit mit SAP-R/3

Die Arbeit mit SAP-R/3 fand unter der Windows-Oberfläche statt, was eine erhebliche Verkürzung der Einlernphase zur Folge hatte. Es wäre jedoch wünschenswert, daß SAP seine angebotene **Symbolleiste** aussagekräftiger gestaltet oder zumindest an die von Microsoft eingeführten und dem Benutzer bereits vertrauten Symbole anlehnt.

Desweiteren könnte die **Menüstruktur** intuitiver gestaltet werden, um beispielsweise das Auffinden bestimmter Menüpunkte zu vereinfachen. Eine Möglichkeit der Verbesserung wäre eine vom Benutzer selbst definierbare Symbolleiste, bei der bestimmten Symbolen häufig benötigte Menüpunkte zugeordnet werden können.

Positiv zu erwähnen ist die übergreifende Zusammenarbeit zwischen den einzelnen Modulen, die einen relativ reibungslosen Datenaustausch gewährleisten.

8. Kapitel

INSTANDHALTUNG

R/3-Modul „PM"

1 Grundlagen

Definition

PM ist eines der neuesten Module im System R/3. PM steht für „**Plant Maintenance**" und bedeutet auf deutsch: **Maschinen- bzw. Betriebsinstandhaltung.**

Die Instandhaltung (IH) setzt sich aus der

- **Inspektion** (Feststellung des Istzustandes)
- **Wartung** (Bewahrung des Sollzustandes)
- **Instandsetzung** (Wiederherstellung des Sollzustandes)

zusammen.

Aufbau

Die Instandhaltung läßt sich weiter untergliedern in:

- **Anlagenstrukturierung**
- **Objektverbindung und -vernetzung**
- **IH-Stücklisten**
- **IH-Arbeitspläne**
- **IH-Meldungen**
- **IH-Aufträge**
- **IH-Historie**
- **Wartungsplanung**

Die genannten Punkte werden in den weiteren Punkten näher beschrieben und mit Beispielen unterlegt.

2 Anlagenstrukturierung

2.1 Definition Technischer Strukturen

Aufbauvorschrift

Um Technische Referenzplätze und Technische Plätze anlegen zu können, muß eine Struktur definiert werden, nach deren Muster die Plätze hierarchisch aufgebaut werden können.

Dazu wird das sogenannte Strukturkennzeichen benötigt, das einen generischen Aufbau besitzt.

2.1 Definition Technischer Strukturen

Sein Zweck ist:

- das Festlegen und Kontrollieren der Platznummer
- der optische Aufbau von Hierarchieebenen
- das Ausnützen der automatischen Systemfunktionen

Strukturkennzeichen Es kann maximal eine fünfstellige Nummer für das **Strukturkennzeichen** eingegeben werden (Identifikationsnummer).

Vorgehensweise:

Werkzeuge ⇨ *Customizing* ⇨ *Einstellungsmenü* ⇨ *Logistik* ⇨ *Instandhaltung* ⇨ *Stammdaten* ⇨ *Technische Objekte* ⇨ *Technische Plätze* ⇨ *Strukturkennzeichen*

Bereits eingegebene Strukturen werden an dieser Stelle angezeigt. Eine neue Struktur kann nach dem Anklicken von „*neue Einträge*" eingegeben werden.

In der Editionsmaske können **Zeichen** wie:

„**X**" für alphanumerisch

„**N**" für numerisch

„-" (Bindestrich) für die Trennung in einzelne Hierarchieebenen und

„/" (Schrägstrich) für weitere Unterteilungen

verwendet werden.

Bsp.:

Strukturkennzeichen	FB „Firmenbereiche"
Editionsmaske	XX - X - XNN - X - NN
Hierarchieebenen	1 2 3 4 5

Abb. 8.1
Eingabebild für neue Einträge

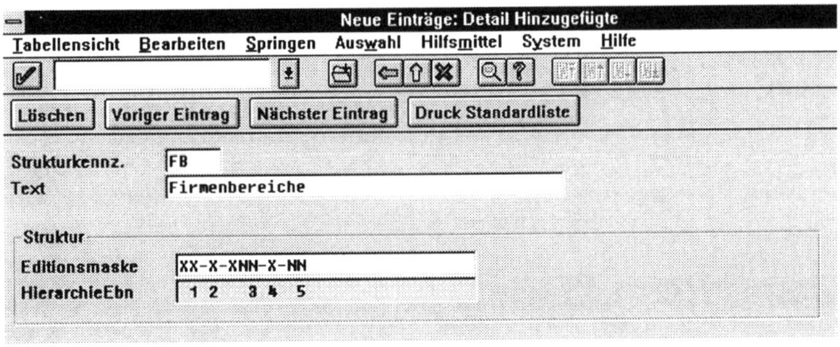

Der **Technische Platz Drehbereich 1** hat also folgenden Aufbau:

Bezeichnung:	Platznummer:
Technischer Bereich	TB
Produktion	TB - P
Fertigungsstelle 2	TB - P - F02
Dreherei	TB - P - F02 - D
Drehbereich 1	TB - P - F02 - D - 01

2.2 Definition von Technischen Plätzen

Technischer Referenzplatz

Ein **Technischer Referenzplatz** ist für die Verwaltung von „echten" Technischen Plätzen gedacht; er ist somit nur eine Eingabehilfe. Referenzplätze werden in Stammsätzen verwaltet, die alle Daten der zugeordneten Technischen Plätze enthalten. Nur die platzspezifischen Daten sind beim Anlegen eines Technischen Platzes über einen Referenplatz getrennt davon einzugeben (siehe Abb. 8.2).

2.2.1 Anlage eines Stammsatzes für einen Technischen Referenzplatz

Um einen Stammsatz für einen Technischen Referenzplatz anzulegen, müssen folgende Voraussetzungen erfüllt sein:
- die Anlagenstruktur muß bereits definiert sein;
- die Tabelleneinstellung für die Strukturierung der Technischen Plätze muß durch die Customizing - Funktion vorgenommen werden;
- die gewünschte Hierarchieebene muß bekannt sein (wobei das Top-Down-Prinzip gilt).

Referenzplatz anlegen

Wenn die Voraussetzungen erfüllt sind, kann der Technische **Referenzplatz im System PM angelegt** werden. Vom Einstiegsbild ausgehend geschieht dies über das Anwählen von:

Logistik ⇨ *Instandhaltung* ⇨ *Technische Objekte* ⇨ *Referenzplatz* ⇨ *Anlegen*

An dieser Stelle muß die Referenzplatznummer sowie das Strukturkennzeichen eingetragen werden. Nachdem [Enter] gedrückt wurde, gelangt man zur Eingabe für die IH-Daten.

Nach der Dateneingabe sollte der neu angelegte Referenzplatz gesichert werden.

2.2.2 Anlage eines Stammsatzes für einen Technischen Platz

Der Stammsatz des Technischen Platzes sollte neben den Instandhaltungsdaten und einer eventuellen Klassifizierung auch noch die Standortdaten und alles notwendige über den Equipmenteinsatz enthalten.

Der Technische Platz kann auf zwei Arten angelegt werden:

- **mit Benutzung eines Technischen Referenzplatzes** (siehe Abb. 8.2)
- **ohne Benutzung eines Technischen Referenzplatzes**

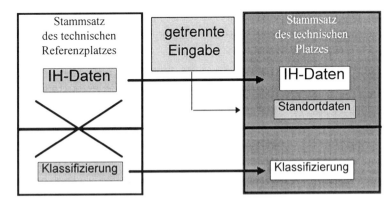

Abb. 8.2 Anlegen eines Technischen Platzes unter Benutzung eines Technischen Referenzplatzes

Technischen Platz anlegen

Um einen Stammsatz anzulegen, muß folgendermaßen vorgegangen werden:

Logistik ⇨ Instandhaltung ⇨ Technische Objekte ⇨ Technischer Platz ⇨ Anlegen

Auf diesem Einstiegsbild muß die Nummer des Technischen Platzes eingegeben werden (Achtung: Hierarchischen Aufbau beachten).

Bsp.: Der Technische Platz „Dreherei" soll angelegt werden (siehe auch Technische Strukturen definieren):

Platznummer: *TB - P - F02 - D*

Nun kann ein Referenzplatz als Vorlage eingegeben werden bzw. wenn bereits vorhanden, ein entsprechender Technischer Platz.

Nach dem Bestätigen mit [Enter] können die **Standortdaten** und die **Instandhaltungsdaten** eingegeben werden.

2 Anlagenstrukturierung

2.2.3 Listerfassung von Stammsätzen Technischer (Referenz-) Plätze

Es gibt folgende Möglichkeiten der **Listerfassung**:

Listerfassungsarten
- **einfache Listerfassung**
- **Listerfassung über die Kopiervorlage**
- **Referenzplatz als Vorlage benutzen**

Die Menüfolge für die **einfache Listerfassung**:

Einfache Listerfassung
Logistik ⇨ *Instandhaltung* ⇨ *Technische Objekte* ⇨ *Technischer Platz* ⇨ *Listbearbeitung* ⇨ *Anlegen*

Auf dem Listerfassungsbild muß das Strukturkennzeichen angewählt werden. Dannach erscheint die Editionsmaske mit den Hierarchieebenen.

Nun können die gewünschten Technischen Platznummern in den darunterliegenden Zeilen eingegeben werden.

Listerfassung mit Kopiervorlage
Diese **Listerfassungsart** ist vorteilhaft, wenn bereits eine ähnliche Platzstruktur existiert, die als **Vorlage** für die neue Struktur dienen soll.

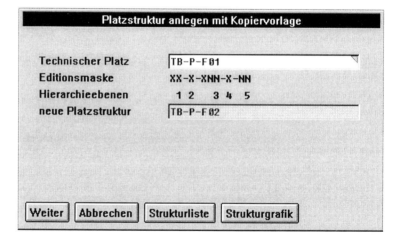

Abb. 8.3
Anlegen einer neuen Platzstruktur mit Hilfe der Kopiervorlage

Das Anwählen ist gleich wie bei der einfachen Listerfassung. Nach der Eingabe des Strukturkennzeichens:

Bearbeiten ⇨ *Kopiervorlage*

anwählen.

Im Dialogfenster (siehe Abb. 8.3) muß die Nummer des Vorlageplatzes und die Nummer des „neuen Technischen Platzes" eingegeben werden, wobei der neue Platz den obersten Technischen Platz in der zu erstellenden Struktur darstellt.

Referenzplatz als Vorlage benutzen

Wie bei der **Listerfassung mit Kopiervorlage** muß auch bei dieser Art des Anlegens vorgegangen werden. Dazu stellt man den Cursor auf den vorbereiteten Technischen Platz, dessen Nummer geändert werden soll.

Bearbeiten ⇨ *Struktur ändern*

Im Dialogfenster kann anschließend die Nummer abgeändert und das Feld „*ersetzen*" angeklickt werden. Nachdem [Enter] gedrückt wurde, ist die alte Nummer ausgewechselt.

2.3 Definition von Equipments

Equipment

Ein Equipment ist ein eigenständig instandzuhaltendes, technisches Wirtschaftsgut, das als Teil einer technischen Anlage eingebaut sein kann.

Allerdings sind auch andere Definitionen zugelassen. So können auch folgende Beispiele Equipments darstellen:

- **Produktionsmittel**
- **Fertigungshilfsmittel**
- **Transportmittel**
- **Prüf- und Meßmittel**

Equipmentstammsätze sind nötig:

- bei der Pflege individueller Daten über dieses Equipment (z.B. Baujahr des Objekts, Garantiedaten und Daten über den Equipmenteinsatz);
- wenn an dem Objekt IH-Maßnahmen durchzuführen sind;
- zum Nachweis bereits durchgeführter IH-Maßnahmen;
- zur Ansammlung und Auswertung von technischen Daten;
- bei der Kostenverfolgung für die IH-Maßnahmen und
- bei der Verfolgung der Einsatzzeiten.

2.3.1 Anlage eines Equipmentstammsatzes

Es muß bekannt sein, ob die Equipmentnummern

Voraussetzungen

- **intern durch das System oder**
- **extern durch manuelle Eingabe des Benutzers**

vergeben werden.

2 Anlagenstrukturierung

Equipment anlegen

Sind die Voraussetzungen erfüllt, kann mit dem Anlegen der Equipmentstammsätze begonnen werden. Dazu muß folgendermaßen vorgegangen werden:

Logistik ⇨ *Instandhaltung* ⇨ *Technische Objekte* ⇨ *Equipment* ⇨ *Anlegen*

Auf dem Einstiegsbild „**Equipment anlegen**" ist eventuell die Equipmentnummer einzugeben. Ein anderes Equipment kann für das zu erstellende Equipment als Vorlage herangezogen werden.

Im folgenden werden allgemeine Daten, wie:

- **Equipmentart**
- **Größe und**
- **Gewicht des Objektes**

eingegeben. Ebenso können die Bezugs- und Herstellungsdaten, wie z.B. Lieferanten, Anschaffungsdaten und -werte verwendet werden. Letztendlich gehören auch die Hersteller und das Baujahr der Equipments dazu.

Neben den allgemeinen Daten sind auch die Standort- und IH-Daten von Wichtigkeit. Sie geben Auskunft über

- **das Standortwerk**
- **den Standort**
- **den Arbeitsplatz**
- **die ABC - Kennzeichen**
- **die Kontierung**
- **das IH - Planungswerk**
- **die IH-Planergruppe**

Nach den Eingaben, die im Normalfall nicht immer vollständig ausgefüllt werden können, sollte der Stammsatz gesichert werden.

2.3.2 Änderung und Anzeige des Equipmentstammsatzes

Ändern des Equipmentstammsatzes

Um einen **Equipmentstammsatz zu ändern**, geht man vom Bild **Technische Objekte** wie folgt vor:

Equipment ⇨ *Ändern*

Alle gewünschten Änderungen können durch diese Funktion ausgeführt werden. Das Anwählen der allgemeinen Daten, IH-Daten und Standortdaten geschieht wie unter „**Equipmentstammsatz anlegen**" (Punkt 2.3.1) beschrieben.

Anzeige des Equipmentstammsatzes	Das **Anzeigen eines Equipmenstammsatzes** ist ausführbar über:

Equipment ⇨ Anzeigen

Nach Eingabe der Stammsatznummer und des Gültigkeitsdatums können die gesuchten Daten dieses Zeitraums angezeigt werden.

Um die Einsatzliste anzuzeigen, muß man

Zusätze ⇨ Einsatzzeitliste

anwählen. Mit Hilfe der Funktionstasten können die Einsätze bezüglich der

- **Standortdaten**
- **Instandhaltungsdaten**
- **Vertriebsdaten**

auf den Bildschirm gebracht werden.

2.4 Verwaltung von Equipments auf Technischen Plätzen

Durch das Anlegen von Technischen Plätzen im System wurden automatisch mögliche Einbauorte für die Equipments bestimmt. Wie Stammsätze für Equipments angelegt werden, wurde bereits im vorangegangenen Kapitel beschrieben.

An dieser Stelle wird nun davon ausgegangen, daß für Technische Plätze und Equipments Stammsätze angelegt sind, so daß nur noch eine Verbindung der Stammsätze erfolgen muß.

Die Verbindung wird durch den *Einbau, Ausbau* oder *Austausch* von Equipments auf den Technischen Plätzen realisiert. Das geschieht über die Objektstammsätze.

Möglichkeiten im Stammsatz des Technischen Platzes	• Auf dem Platz ist noch kein Equipment **eingebaut**, und es sollen ein oder mehrere Equipments mit Technischen Plätzen verbunden werden. • Auf einem Technischen Platz sind mehrere Equipments bereits eingebaut, und ein bzw. mehrere sollen **ausgebaut** werden. • Auf einem Technischen Platz sind wiederum mehrere Equipments eingebaut, die aufgrund von Mängeln ausgebaut oder **ausgetauscht** werden sollen.

2 Anlagenstrukturierung

2.4.1 Aufbau platzbezogener Verbindungen

Die platzbezogene Verbindung läßt sich in Einbau, Ausbau und Austausch untergliedern.

Einbau

Angenommen, es ist ein **Einbau** mehrerer Equipments erlaubt, dann geht man beim Einbau folgendermaßen vor:

Logistik ⇨ *Instandhaltung* ⇨ *Technische Objekte* ⇨ *Technischer Platz* ⇨ *Ändern*

Auf dem Einstiegsbild „*Technischer Platz ändern*" sollte man die Nummer des Technischen Platzes angeben, auf dem die Equipments eingebaut werden sollen. Danach kann entweder die Funktionstaste „*Standortdaten*" oder „*IH-Daten*" gewählt werden.

Zusätze ⇨ *Equipment Einbau*

In der erscheinenden Tabelle können die einzubauenden Equipments angegeben werden (siehe Abb. 8.4):

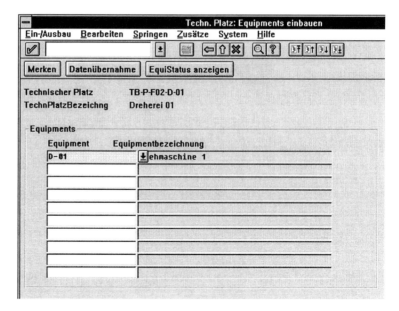

Abb. 8.4
Equipments vom Technischen Platz ausgehend einbauen

Nach der Eingabe wird der Einbau mit der Funktionstaste *Merken* vorgemerkt.

Der **Einbau** kann über das Anwählen von:

Zusätze ⇨ *Umbauprotokoll*

angezeigt werden.

2.4 Verwaltung von Equipments auf Technischen Plätzen

Abgeschlossen wird der Vorgang durch das Sichern. Damit ist eine Verbindung zwischen einem Technischen Platz und einem oder mehreren Equipments hergestellt (siehe Abb. 8.7).

Ausbau

Nun wird davon ausgegangen, daß bereits Equipments auf einem Technischen Platz eingebaut sind. Die Vorgehensweise ist bis zum Einstiegsbild: **Technischer Platz ändern: Einstieg** völlig identisch mit dem **Einbau** von Equipments (siehe Abb. 8.7).

Nachdem zu den Standort- oder IH-Daten gesprungen wurde, wird mit:

Zusätze ⇨ Equipment-Ausbau

die Liste der eingebauten Equipments angezeigt (siehe Abb. 8.5). Durch Markieren und anschließendes *Merken* ist das markierte Equipment für den Ausbau vorgemerkt. Über das Umbauprotokoll kann der Ausbau nachvollzogen werden.

Der vorgenommene Ausbau sollte im Anschluß daran wieder gesichert werden, um einem Datenverlust vorzubeugen.

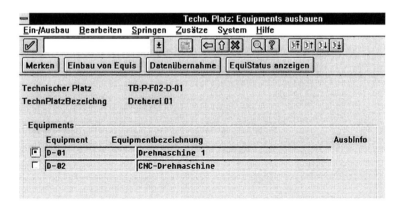

Abb. 8.5 Technischer Platz: Equipments ausbauen

Austausch

Die Anweisungen sind bis zum Bild: **Technischer Platz ändern: IH-Daten** identisch mit dem **Einbau** von Equipments. Daran anschließend wird mit der Funktion *Ausbau der Equipments,* wie unter **Ausbau** beschrieben, fortgesetzt.

Das System fragt nach dem Merken des Ausbaus, ob die Bearbeitung mit dem **Equipment-Einbau** fortgesetzt werden soll (siehe Abb. 8.6).

2 Anlagenstrukturierung

Soll also ein Equipment ausgebaut und ein anderes an seine Stelle eingesetzt werden, muß hier „Ja" gewählt werden:

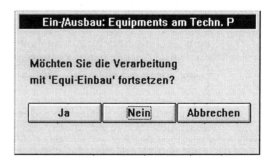

Abb. 8.6
Dialogfenster: Ein-/Ausbau (Austausch)

Es kann nun, wie beim normalen Einbau von Equipments, ein oder mehrere Equipment(s) zum Einbau angegeben werden.

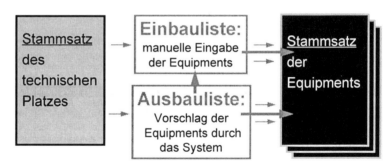

Abb. 8.7
Ein/Ausbau im Stammsatz des Technischen Platzes

2.4.2 Equipmentbezogene Verbindung aufbauen

An dieser Stelle muß davon ausgegangen werden, daß im System PM bereits Stammsätze von Technischen Plätzen und Equipments angelegt sind.

Mit Anwählen von

Logistik ⇨ *Instandhaltung* ⇨ *Technische Objekte* ⇨ *Equipment* ⇨ *Ändern*

kommt man zum Einstiegsbild für das Equipment. Hier muß die Nummer des Equipments eingegeben werden, das **ein-** oder **ausgebaut** werden soll.

2.4 Verwaltung von Equipments auf Technischen Plätzen

Equipment einbauen

Über:

Zusätze ⇨ Ein-/Ausbau

gelangt man direkt auf das Bild: **Equipment: Ein-/Ausbau am Technischen Platz**. Nun muß der Einbau markiert und die Nummer des Technischen Platzes eingegeben werden (siehe Abb. 8.8).

Um den **Einbau** vorzunehmen,

Ein-/Ausbau ⇨ Merken

wählen und die Eingaben sichern.

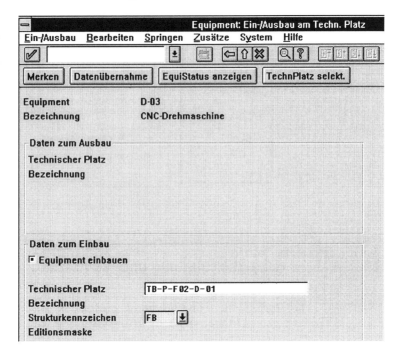

Abb. 8.8 Equipment: Ein-/Ausbau am Technischen Platz

Equipment ausbauen

Das Anwählen geschieht beim **Ausbau** wie beim Einbau des Equipments. Allerdings ist hier das eingebaute Equipment automatisch für den Ausbau gekennzeichnet.

So muß nur noch

Ein-/Ausbau ⇨ Merken

angewählt und die Änderung anschließend gesichert werden.

Equipment ausbauen und direkt auf einem anderen Technischen Platz wieder einbauen

Einzige Besonderheit ist hierbei, daß der sofortige Einbau auf dem neuen Platz markiert wird und die neue Technische Platznummer angegeben wird (siehe Abb. 8.9). Dies kann z.B. über den Matchcode geschehen.

Ein-/Ausbau ➪ *Merken*

Nach dem Vormerken muß diese Änderung gesichert werden.

Über die Ein-/Ausbau-Funktion wurden nun Verbindungen zwischen den Stammsätzen von Equipment und Technischem Platz erstellt.

Senkrechte Objektstruktur

Wenn mehrere solcher Verbindungen hergestellt werden, dann spricht man von einer **Senkrechten Objektstruktur**. Diese kann sich auch über Baugruppen erstrecken.

Abb. 8.9 Ein-/Ausbau im Stammsatz des Equipments

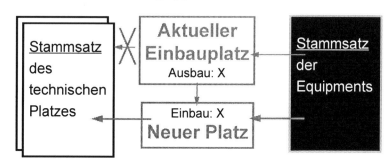

3 Objektverbindung und -vernetzung

Anlagenstruktur

Im Rahmen einer computergestützten Instandhaltung ist eine gute **Anlagenstrukturierung** sehr sinnvoll. Wie die Strukturierung dabei aussieht, hängt von der Art der Unternehmung und ihren Anlagen ab.

Im System PM gibt es deshalb unterschiedliche Strukturierungsmöglichkeiten.

vertikale Strukturierung

Die **vertikale Strukturierung** auch hierarchische Strukturierung genannt, bietet eine Untergliederung in Technische Plätze und Equipments. Hierbei kann unter einem Technischen Platz ein weiterer Technischer Platz definiert sein. Im Top-Down-Prinzip entsteht so eine vertikale Hierarchie (siehe Punkt 2).

horizontale Strukturierung	Die zweite Möglichkeit der Strukturierung ist die **horizontale Struktur**. In ihr werden die Querverbindungen sichtbar gemacht, die zwischen unterschiedlichen technischen Einheiten entstehen können. Durch solche Verbindungen können ganze Objektnetze erzeugt werden, wenn diese sich zwischen verschiedene Systemarten erstrecken.
	Eine solche Verbindung wäre z.B. zwischen einem Versorgungs- und einem Produktionssystem möglich.
	Die Herstellung von **Objektverbindungen** ist aus nachfolgenden Gründen notwendig bzw. ratsam:
Gründe für Objektverbindungen	• Die Analyse von Störungen bei betroffenen Objekten und ihren Nachfolgeobjekten wird vereinfacht. • Vorgeschaltete Systeme können leichter erkannt werden. • Bei der Planung von IH-Maßnahmen kann jederzeit ein durch Störung betroffenes Objekt ausgemacht und entsprechende Gegenmaßnahmen eingeleitet werden.
	Dabei unterscheidet man zwei Arten von Objektverbindungen: • **Gerichtete Verbindungen** Wenn das Medium, das von einem ersten zu einem zweiten System geleitet wird, sich nur in einer einzigen Richtung bewegt, wird es gerichtet genannt. • **Ungerichtete Verbindungen** Wenn das Medium in einer Verbindung einmal von Objekt 1 zu Objekt 2 und ein anderes Mal von Objekt 2 zu Objekt 1 geleitet werden kann, spricht man von einer ungerichteten Verbindung.
Merkmale von Objektverbindungen	Im Objektverbindungsstammsatz stehen folgende Daten: • **Daten zur Objektverbindung** • **(z.B. die Nummer und Bezeichnung der Verbindung)** • **Daten über die verbundenen Objekte** • **(z.B. Technische Plätze oder Equipments)** • **Daten über die nähere Beschreibung der Verbindung**
	Zusätzlich können noch folgende, weitergehende Daten aufgenommen werden: • mehrsprachige Texte • Klassifizierungsdaten • Daten aus Dokumentation

3   Objektverbindung und -vernetzung

3.1 Verbinden von Technischen Plätzen

Um Verbindungen zwischen Technischen Plätzen zu erfassen, sollte die Struktur der Unternehmung genauestens bekannt sein.

Erfassen einer Verbindung

Damit eine Verbindung angelegt werden kann, muß folgendermaßen vorgegangen werden:

Logistik ⇨ Instandhaltung ⇨ Technische Objekte ⇨ Technischer Platz ⇨ Objektverbindung ⇨ Anlegen

Nach diesem Vorgang gelangt man auf das Bild: **Objektverbindung anlegen: Einstieg.**

Es wäre möglich, daß die Nummer der Verbindung extern vergeben wird. In diesem Fall muß sie auf dem Einstiegsbild angegeben werden. Andernfalls übernimmt dies das System. Nach dem Speichern wird die Nummer auf dem Bildschirm mitgeteilt.

Wurde die Verbindung angewählt, können Daten eingegeben werden. Dazu gehört im ersten Abschnitt der **Kurztext,** wie auch die **Nummer des Netzes.**

Im zweiten Abschnitt werden die **Technischen Plätze,** zwischen denen die Verbindung liegt, eingegeben.

Beim letzten Abschnitt kann das **Medium** und die **Richtung der Verbindung** bestimmt werden.

Nachdem alle wichtigen Daten über die Verbindung eingegeben wurden, sollte der Stammsatz mit:

Objektverbindung ⇨ Sichern

gespeichert werden.

3.2 Änderung, Anzeige und Löschung von Verbindungen

Verbindung ändern

Damit eine bestehende **Verbindung geändert** werden kann, geht man folgendermaßen vor:

Logistik ⇨ Instandhaltung ⇨ Technische Objekte ⇨ Technischer Platz ⇨ Objektverbindung ⇨ Ändern

Im nun erscheinenden Einstiegsbild muß die Nummer der Objektverbindung eingegeben werden.

Mit der Änderungsfunktion *Objektverbindung ändern* ist es möglich, alle vorhandenen Daten dieser Objektverbindung zu ändern. Dazu kann wie bei der Erfassung der Verbindung vorgegangen werden. Genauso verhält es sich mit dem Sichern der Änderungen.

Verbindung anzeigen	Das Anwählen geschieht wie beim Ändern von Verbindungen. Allerdings wird statt *Ändern* die Funktion *Anzeigen* gewählt. Im Einstiegsbild wird die Nummer der Objektverbindung eingegeben. Nach dem Drücken von [Enter] wird die Verbindung angezeigt.
Verbindung löschen	Um **Objektverbindungen** zu **löschen**, muß man auf das Bild: „*Objektverbindung ändern: Technische Plätze*" gelangen. Wie das geschieht, wurde bereits in diesem Kapitel beschrieben (siehe hierzu: **Verbindung ändern**).

Damit die Verbindung gelöscht wird,

Objektverbindung ⇨ *Löschen*

anwählen. Bei der folgenden Sicherheitsabfrage ist mit „*Ja*" der Löschvorgang zu bestätigen oder mit „*Nein*" die Funktion abzubrechen.

3.3 Verbindung und Änderung von Equipments

Überblick

Dieser Punkt beschreibt wie Equipments miteinander verbunden werden können. Damit die Verbindung von Equipments sinnvoll erfaßt wird, sollte die Gesamtstruktur der Equipments genau bekannt sein. Spätere Änderungen können sich weitreichend auf andere Equipments auswirken.

Anwählen der Objektverbindung

Die Menüfolge zur Objektverbindung:

Logistik ⇨ *Instandhaltung* ⇨ *Technische Objekte* ⇨ *Equipment* ⇨ *Objektverbindung* ⇨ *Anlegen*

Wie bei den Technischen Plätzen kann auch bei den Equipments eine externe oder interne Nummernvergabe vorliegen. Es sollte deswegen bei externer Nummernvergabe darauf geachtet werden, die Nummern nach einem einheitlichen System zu verteilen.

Auf das Bild: ***Objektverbindung anlegen: Equipments*** gelangt man nach dem Drücken von [Enter].

Hier können alle Daten eingegeben werden, die für diese neue Objektverbindung gelten sollen, wie z.B. ein Kurztext, das zugehörige Objektnetz und seine Nummer, die durch diese Verbindung betroffenen Equipments und die Richtung der Verbindung. Wie bereits bekannt, sollte nach jeder neuen Eingabe diese gesichert werden.

4   *Stücklisten*

Hier durch das Anwählen von

Objektverbindung ⇨ *Sichern*

Nach dem Sichern wird mitgeteilt, daß eine neue Objektverbindung angelegt wurde. Bei interner Nummernvergabe wird auch die Objektnummer am Bildschrim ausgegeben.

Equipmentver-
bindung ändern

Um **Equipmentverbindungen** zu **ändern**, ist folgende Menüfolge anzuwählen:

Logistik ⇨ *Instandhaltung* ⇨ *Technische Objekte* ⇨ *Equipments* ⇨ *Objektverbindung* ⇨ *Ändern*

Nach Eingabe der Nummer und Bestätigen mit (Enter), erscheint das Bild: **Objektverbindung ändern: Equipments** auf dem Bildschirm. Nach dem Ändern oder Ergänzen von Daten wird der Stammsatz mit

Objektverbindung ⇨ *Sichern*

gespeichert.

4 Stücklisten

In diesem Punkt sollen die Stücklisten kurz beschrieben werden. Weitere Informationen sind dem Kapitel 7 zu entnehmen.

Definition

In einer Stückliste sind alle Bestandteile eines Technischen Objektes, einer Baugruppe oder eines Materials aufgeführt.

Arten von Stücklisten:
- **einfache Stücklisten**
  Bei einfachen Stücklisten ist einem Technischen Objekt, einer Baugruppe oder einem Material eine einfache Stückliste zugeordnet.
- **Variantenstückliste**
  Diese Stücklisten sind mehreren Equipments zugeordnet. Sie unterscheiden sich nur in wenigen Positionen.
- **Mehrfachstücklisten**
  Mehrfachstücklisten sind eine komplexe Art von Stücklisten, die einem Objekt zugeordnet werden. Diese Art von Stücklisten sind für die Instandhaltung nicht relevant (siehe Kapitel 7).

4.1 Verwendung und Zuordnung von Stücklisten

Stücklisten können als Strukturbeschreibung und zur Ersatzteilzuordnung verwendet werden.

Strukturbeschreibung
: Mit Hilfe der **Strukturbeschreibung** kann man aufgetretene Störungen leichter lokalisieren, indem man die vorkommenden Bestandteile systematisch untersucht.

Ersatzteilzuordnung
: Mit Hilfe der **Ersatzteilzuordnung** lassen sich die Materialien und Ersatzteile bei der Durchführung von IH-Aufträgen besser planen.

direkte Zuordnung
: Bei der **direkten Zuordnung** werden einer Stückliste ein oder mehrere Equipments direkt zugeordnet (siehe Abb. 8.10):

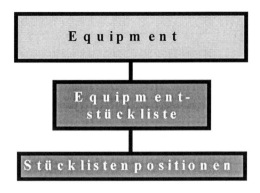

Abb. 8.10 direkte Stücklistenzuordnung

indirekte Zuordnung
: Bei der **indirekten Zuordnung** wird einem Material eine Stückliste zugeordnet. Auf diese Stückliste kann jedes Equipment zugreifen, das aus diesem Material besteht (siehe Abb. 8.11):

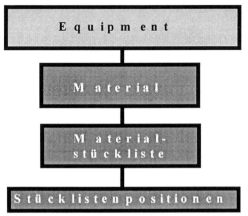

Abb. 8.11 indirekte Stücklistenzuordnung

4.2 Pflege von Instandhaltungsstücklisten

Instandhaltungsstücklisten können mit oder ohne Vorlage angelegt werden. Im folgenden wird das Anlegen von Material- und Equipmentstücklisten mit und ohne Vorlage beschrieben.

Anlegen von Instandhaltungsstücklisten ohne Vorlage

Um eine Stückliste anzulegen, muß man zunächst folgende Schritte ausführen:

Logistik ⇨ *Instandhaltung* ⇨ *Technische Objekte* ⇨ *Stückliste* ⇨ *Equipmentstückliste* ⇨ *Anlegen*

oder:

Stückliste ⇨ *Materialstückliste* ⇨ *Anlegen*

Wichtig ist, daß auf dem Einstiegsbild die richtige Stücklistenverwendung eingetragen wird. Über die Online-Hilfe kann man verschiedene Verwendungsarten auswählen. Hier muß „*Instandhaltung*" auf jeden Fall ausgewählt werden; „*Kalkulation*" und „*Ersatzteile*" können zusätzlich ausgewählt werden.

Wenn alle gewünschten Eingaben erfolgt sind, [Enter] drücken; anschließend gelangt man zu nachfolgendem Bildschirmbild:

Abb. 8.12
Equipmentstückliste anlegen: Neue Materialpositionen

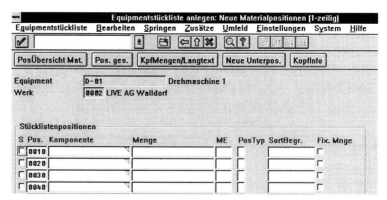

Von diesem Bild aus kann man jetzt, wenn nötig mit der Online-Hilfe, die Stücklistenpositionen eingeben. Außerdem kann man über verschiedene Buttons Informationen abrufen bzw. erfassen.

Jetzt kann man die neue Stückliste sichern, indem man

Equipmentstückliste ⇨ *Sichern*

oder:

Materialstückliste ⇨ *Sichern*

anwählt.

Anlegen von Instandhaltungsstücklisten mit Vorlage	Man geht, wie vorher beschrieben, auf das Einstiegsbild, macht die gewünschten Eingaben und kann dann über

Materialstückliste ⇨ *Vorlage kopieren*

oder:

Equipmentstückliste ⇨ *Vorlage kopieren* ⇨ *MaterialStl.kop.*

oder:

Equipmentstückliste ⇨ *Vorlage kopieren* ⇨ *EquipmentStl.kop.*

vorgehen.

Über ein Dialogfeld kommt man auf eine bestehende Stückliste. Dort kann man die Positionen markieren, die man kopieren möchte. Anschließend wählt man:

Bearbeiten ⇨ *Übernehmen*

Von jetzt an kann, wie beim Anlegen ohne Vorlage, weitergearbeitet werden.

Variantenstückliste anlegen	Das **Anlegen von Variantenstücklisten** unterscheidet sich nur im folgenden durch das Anlegen von Stücklisten mit Vorlage:

Equipmentstückliste ⇨ *Variante anl. zu*

oder:

Materialstückliste ⇨ *Variante anl. zu*

Weitere Informationen und ausführlichere Funktionsbeschreibungen sind im Kapitel 7 (Produktionsplanung und -steuerung - PPS) zu finden.

5 Instandhaltungsarbeitspläne

Durch IH-Arbeitspläne werden aufeinanderfolgende Tätigkeiten für Inspektionen, Wartungen und Instandsetzungen, die an einem technischen Objekt zu bestimmten Zeiten durchgeführt werden sollen, beschrieben. IH-Arbeitspläne enthalten Informationen über die einzelnen Arbeitsschritte, die dazu benötigte Zeit und die Ressourcen.

5 Instandhaltungsarbeitspläne

5.1 Verwendung von Instandhaltungsarbeitsplänen

IH-Arbeitspläne können verwendet werden für

- **die planmäßige Instandhaltung oder**
- **die laufende Instandhaltung.**

planmäßige Instandhaltung

Bei der **planmäßigen Instandhaltung** ist der Arbeitsumfang und der Termin der IH-Arbeiten planbar.

laufende Instandhaltung

IH-Arbeitspläne für die **laufende Instandhaltung** sind aufgrund der Inspektionsbefunde nach Bedarf verwendbar.

IH-Arbeitspläne bieten Hilfe beim:

- **Standardisieren von Arbeitsabläufen**
  Mit IH-Arbeitsplänen kann man Tätigkeiten zentral definieren.
- **effektiven Planen von IH-Arbeiten**
  Bei wiederkehrenden IH-Tätigkeiten kann man IH-Arbeitspläne verwenden, damit die Tätigkeiten nicht jedesmal neu geplant werden müssen.
- **Erstellen von Wartungsplänen**
  Man kann sich beim Erstellen von Wartungsplänen auf IH-Arbeitspläne beziehen.
- **zeitsparenden Bearbeiten von IH-Aufträgen**
  In der Vorgangsliste des IH-Auftrags kann man den IH-Arbeitsplan auflösen.

5.2 Instandhaltungs-Arbeitsplantypen

Es gibt zwei Arten von IH-Arbeitsplänen:

- **Equipmentplan**
  Der Equipmentplan ist für ein bestimmtes Equipment gedacht. Mit ihm kann man die IH-Arbeiten für das Equipment zentral definieren und verwalten. Mit seiner Hilfe lassen sich Wartungspläne und Instandhaltungsaufträge vorbereiten.

- **Instandhaltungsanleitung**
  Die IH-Anleitung ist für allgemeine Instandhaltungsarbeiten, die sich nicht auf ein bestimmtes technisches Objekt beziehen, vorgesehen. Mit ihr lassen sich die Abfolgen von IH-Arbeiten zentral definieren und verwalten. Wartungspläne und Instandhaltungsaufträge können mit ihr vorbereitet und Euipmentpläne mit geringerem Aufwand angelegt werden.

Plangruppen

IH-Arbeitspläne mit denselben oder ähnlichen IH-Abläufen werden in sogenannten **Plangruppen** zusammengefaßt. Sie bekommen innerhalb einer Gruppe einen Plangruppenzähler zugewiesen. Die Nummern für die IH-Anleitungen können intern sowie extern vergeben werden. Einem Equipmentplan kann die Nummer nur intern zugewiesen werden.

5.3 Aufbau von Instandhaltungs-Arbeitsplänen

Ein IH-Arbeitsplan enthält folgende Elemente:

- **Vorgänge**
  Sie beschreiben die einzelnen Arbeitsschritte, die durchzuführen sind und enthalten Steuerungsinformationen. Im Vorgangstext können die Arbeiten in Textform beschrieben werden. Der Steuerschlüssel besagt, wie der Vorgang durchgeführt werden soll.
- **Untervorgänge**
  Untervorgänge sind eine Untergliederung der Vorgänge. Man verwendet Untervorgänge, wenn dem Vorgang mehrere Arbeitsplätze zugeteilt sind oder wenn Mitarbeiter mit unterschiedlicher Qualifikation am Vorgang beteiligt sind.
- **Materialien**
  Die benötigten Materialien stehen im Vorgang. Man kann sie diesem durch die Stücklistenpositionen angeben.
- **Wartungspakete**
  Um die Zeiten der Durchführung richtig zuordnen zu können, braucht man Wartungspakete.

Es gibt zwei Möglichkeiten, um Vorgänge und Untervorgänge auszuführen:

Eigenbearbeitung

- Bei der **Eigenbearbeitung** wird der Vorgang/Untervorgang von eigenen Mitarbeitern ausgeführt.

Fremdbearbeitung

- Der Vorgang/Untervorgang wird bei der **Fremdbearbeitung** von einer anderen Firma ausgeführt.

5.4 Stammdaten

IH-Arbeitspläne sind Stammdaten und greifen auf andere Stammdaten zu; hierzu zählen:

- **Equipmentstammsätze**
  Beim Anlegen eines Equipmentplans werden Daten und die Stückliste aus dem Equipmentstammsatz übernommen.

- **Materialstammsätze**
  Wird im Kopf des IH-Arbeitsplans eine Baugruppe angegeben, werden die Daten der Baugruppe aus dem Materialstammsatz übernommen.
- **Arbeitsplatzstammsätze**
  Das System übernimmt Daten aus dem Arbeitsplatzstammsatz, wenn dem IH-Arbeitsplan ein Arbeitsplatz zugewiesen wurde.
- **Stücklistenstammsätze**
  Es können einzelne Stücklistenpositionen den Vorgängen des IH-Arbeitsplans zugeordnet werden.
- **Einkaufsinformationsdatensätze**
  Wird ein Vorgang fremdbearbeitet, so benötigt man Informationen über den Lieferanten und dessen Material. Diese stehen in den Einkaufsinformationsdatensätzen.
- **Kreditorenstammsätze**
  Informationen über den Kreditor sind in den Kreditorenstammsätzen enthalten.
- **Wartungsstrategien**
  Dem IH-Arbeitsplan kann eine Wartungsstrategie zugeordnet werden.

5.5 Anlage von Instandhaltungsarbeitsplänen

Um einen IH-Arbeitsplan anzulegen wählt man:

Logistik ⇨ *Instandhaltung* ⇨ *Arbeitsplanung* ⇨ *Arbeitspläne* ⇨ *Arbeitspläne Equi*

oder:

Anleitungen ⇨ *Anlegen*

Nun können die gewünschten Eingaben getätigt werden. Mit [Enter] gelangt man auf das Kopfdatenbild, in dem die gewünschten Eingaben gemacht werden und danach muß gesichert werden (siehe Abb. 8.13):

5.5 Anlage von Instandhaltungsarbeitsplänen

Abb. 8.13
Kopf-Allgemeine-Sicht

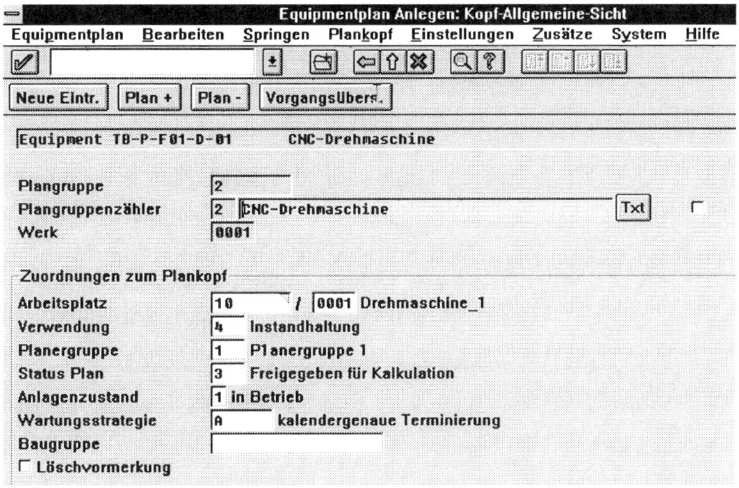

Um Vorgänge und Untervorgänge anzugeben, geht man folgendermaßen vor:

Vom Kopfdatenbild aus ist die Vorgangsübersicht anzuwählen, dann Eingabe der gewünschten Vorgänge/Untervorgänge, wobei diese mit einem entsprechendem Steuerschlüssel (siehe Abb. 8.14) versehen werden müssen.

Nun können Vorgänge ausgewählt und als Eigenbearbeitung oder Fremdbearbeitung durchgeführt werden.

Hierzu muß von der Vorgangsübersicht ausgehend entweder *Eigenbearbeitung* oder *Fremdbearbeitung* gewählt werden. Dann kann die Dateneingabe erfolgen.

Mit der Option *Zurück* gelangt man auf die Vorgangsübersicht zurück.

Abb. 8.14
Vorgangsübersicht - Vorgänge anlegen

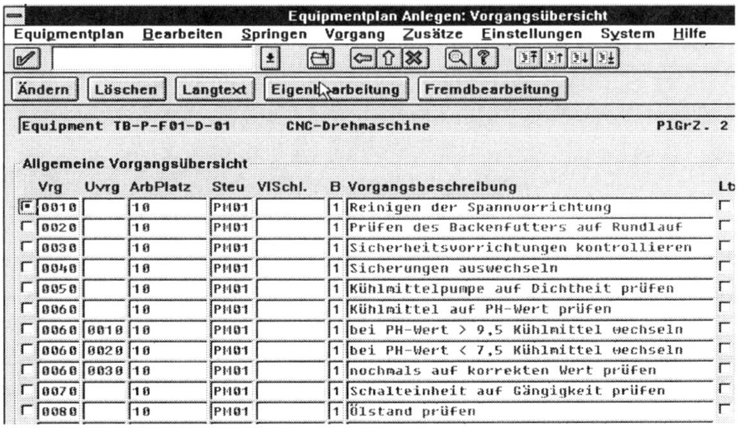

5 Instandhaltungsarbeitspläne

Um Materialien zuzuordnen, ist folgendermaßen vorzugehen: Vorgänge, denen Material zugewiesen werden soll, markieren. Von der Vorgangsübersicht mit

Springen ⇨ Materialkomponentenübersicht

gelangt man auf das Bild Materialkomponentenübersicht. Die gewünschten Eingaben sind zu tätigen und zu sichern.

Um Wartungspakete zuzuordnen, geht man folgendermaßen vor: Markieren der Vorgänge, denen Wartungspakete zugeordnet werden sollen. Von der Vorgangsübersicht aus mit

Springen ⇨ Wartungspaketübersicht

gelangt man auf das Bild *Wartungspaketübersicht*, dann Zuordnung der Wartungspakete und abschließendes Sichern.

5.6 Änderung von Instandhaltungsarbeitsplänen

IH-Arbeitspläne können mit und ohne Änderungshistorie geändert werden.

Ändern ohne Historie

Beim **Ändern ohne Historie** wird die Änderung nicht dokumentiert. Im Einstiegsbild darf keine Änderungsnummer eingegeben werden.

Ändern mit Historie

Beim **Ändern mit Historie** wird die Änderung dokumentiert. Im Einstiegsbild muß die Änderungsnummer angegeben weden. Die Änderung gilt ab dem Gültigkeitsdatum der Änderungsnummer. Der Änderungsstammsatz wird mit der Änderungsnummer identifiziert. Im Änderungsstammsatz werden die Änderungen beschrieben und das Gültigkeitsdatum eingegeben. Zum Anlegen eines Änderungsstammsatzes wählt man:

Logistik ⇨ Zentrale Funktionen ⇨ Änderungsdienst ⇨ Änderungsstammsatz ⇨ Anlegen

Um einen Arbeitsplan zu ändern, geht man folgendermaßen vor:

Arbeitspläne ⇨ Arbeitspläne Equi

oder:

Arbeitspläne Anleitungen ⇨ Ändern

Nach Eintragung der Daten und Drücken von [Enter] erscheint eine Warnung, die mitteilt, daß das Gültigkeitsdatum überschrieben wird. Drücken von [Enter], wenn man damit einverstanden ist, ansonsten muß die Eingabe geändert werden durch Markie-

5.6 Änderung von Instandhaltungsarbeitsplänen

rung des zu ändernden IH-Arbeitsplans und entsprechender Änderung.

IH-Arbeitspläne mit Hilfe einer Vorlage ändern

Zum schnelleren **Anlegen eines IH-Arbeitsplans** kann ein anderer **IH-Arbeitsplan als Vorlage** dienen. Dann ist folgende Vorgehensweise einzuschlagen:

Start aus dem Einstiegsbild des anzulegenden IH-Arbeitsplans (siehe IH-Arbeitspläne anlegen).

Eingabe der IH-Arbeitsplan-Nr. und der benötigten Daten ohne [Enter] zu drücken. Nun verwendet man die Vorlage, indem man *Vorlage kopieren* anwählt.

In dem nun erscheinenden Dialogfenster muß der Typ des gewünschten IH-Arbeitsplans angegeben und markiert werden; diesen mit [Enter] bestätigen.

Im Dialogfenster können die Selektionskriterien für die Vorlage eingegeben werden.

Mit [Enter] gelangt man auf ein weiteres Dialogfenster, in dem die IH-Arbeitspläne, die den Kriterien entsprechen, angezeigt werden. Es ist der gewünschte IH-Arbeitsplan auszuwählen.

Die Daten werden nun im *Kopf-Allgemeine Sicht* des neuen IH-Arbeitsplans angezeigt. Mit [Enter] werden diese kopiert. Hier sind ggf. Änderungen einzugeben und eine abschließende Sicherung vorzunehmen.

6 Instandhaltungsmeldung

Für ungeplante Maßnahmen werden IH-Meldungen angelegt. IH-Meldungen beschreiben

- **die Störung oder**
- **den Mangelzustand**

einer Anlage.

Es gibt drei verschiedene Arten der IH-Meldung:

- **Störmeldung**
- **Tätigkeitsmeldung**
- **IH-Anforderung**

6 Instandhaltungsmeldung

Diese werden wie folgt angelegt:

Instandhaltung ➪ *Logistik* ➪ *IH-Abwicklung*

Nun gelangt man auf das Bild *IH-Abwicklung*. Hier wählt man:

IH-Meldung ➪ *Anlegen speziell* ➪ *Störmeldung, Tätigkeitsmeldung oder IH-Anforderung*

6.1 Störmeldung

Eine Störmeldung wird aufgrund einer Störung angelegt. Sie beschreibt den Ist-Zustand des Objektes. Mit ihr wird eine Maßnahme angefordert, die den Sollzustand wiederherstellen soll.

Auf das Bild „*Instandhaltungsmeldung anlegen: Störmeldung*" (siehe Abb. 8.15) können die noch fehlenden Eingaben vorgenommen werden:

Abb. 8.15
IH-Meldung anlegen:
Störmeldung

Bei den Störmeldungen sind zwei Sonderfälle zu beachten:
- **Störmeldung ohne Bezugsobjekt**
  In diesem Fall wird die Störmeldung normal angelegt, jedoch das Bezugsobjekt freigelassen. Sollte das Bezugsobjekt im nachhinein bekannt werden, wird dieses mit *Störmeldung ändern* erfaßt.
- **Störmeldung nach Behebung der Störung**
  Manche Störungen erfordern eine sofortige Behebung des Schadens. Diese Störungen werden erst nach Beseitigung der Störung als Meldung erfaßt.

6.2 Tätigkeitsmeldung

Tätigkeitsmeldungen werden erst nach Durchführung einer Tätigkeit angelegt. In diese Meldungen gehen technische Daten ein, die bereits bei der Durchführung bekannt waren. Die Tätigkeitsmeldung kann man auch als Inspektionsbefund bezeichnen (siehe Abb. 8.16).

Abb. 8.16
IH-Meldung anlegen:
Tätigkeitsmeldung

6.3 Instandhaltungsanforderung

Die IH-Anforderung bedarf bestimmter Maßnahmen. Sie wird im Normalfall für Investitionen verwendet (siehe Abb. 8.17).

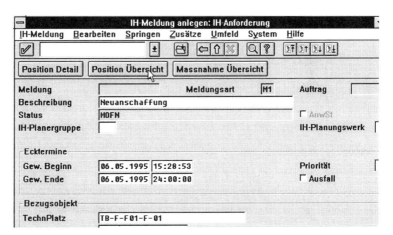

Abb. 8.17
IH-Meldung anlegen:
IH-Anforderung

Meldungspositionen

In Meldungspositionen werden, soweit bekannt, technische Einzelheiten festgehalten. In ihnen werden Schadensursache und Schadensbild erfaßt. Während der Durchführung der Maßnahme können Änderungen vorgenommen werden. Wird zum Beispiel während der Durchführung festgestellt, daß eine andere Scha-

6 Instandhaltungsmeldung

densursache als ursprünglich angenommen vorliegt, kann diese geändert werden.

Die Positionsdaten werden in dem dafür vorgesehenen Block erfaßt. Werden später weitere Positionen angefordert, sollten diese nicht im Gesamten eingegeben, sondern einzeln erfaßt werden. Dies kann man über

Neuer Eintrag ➪ *Position*

bewerkstelligen. Es besteht hier die Möglichkeit, eine Positionsliste anzeigen zu lassen. Dazu muß man

Springen ➪ *Position* ➪ *Übersicht*

anwählen (siehe Abb. 8.18).

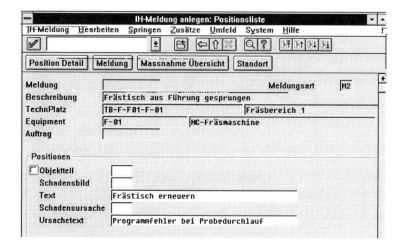

Abb. 8.18 Positionsliste

Maßnahmen dienen hauptsächlich der Dokumentation. In ihnen wird festgehalten, welche Schritte eingeleitet werden sollen (siehe Abb. 8.19).

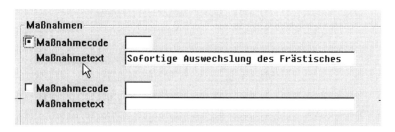

Abb. 8.19 Maßnahmen

6.4 Graphische Darstellung der Ausfallzeit

Über die Selektionsliste besteht die Möglichkeit, sich die Ausfallzeit graphisch anzeigen zu lassen. Man markiert die gewünschten IH-Meldungen und wählt die *Terminübersicht* aus.

Die Graphik wird über die Selektionsliste angezeigt. Hierzu gibt man in dieser die gewünschten Daten an, die für die IH-Meldungen relevant sind. Dies geschieht über:

Bearbeiten ⇨ alle markieren ⇨ Springen ⇨ Termingraphik.

6.5 Statusverwaltung

vorgangsabhängige Statusverwaltung

Bei der **vorgangsabhängigen Statusverwaltung** ist ersichtlich, in welchem Stadium sich die IH-Meldung befindet und welche Schritte noch durchzuführen sind. Während der Bearbeitung der IH-Meldung, ändert sich der Status laufend. Dies hängt vom aktuellem Stand der IH-Meldung ab.

Im System PM kann man sich den Status anzeigen lassen. Vom Meldungskopf ausgehend wählt man

Zusätze ⇨ Status

und gelangt damit auf das Bild **Statusanzeige** (siehe Abb. 8.20):

Abb. 8.20 Statusanzeige

Nun erscheint der Anwender- und Systemstatus. Aus dem letzteren ist ablesbar, in welchem Stadium sich die IH-Meldung zur Zeit befindet.

variable Statusverwaltung

Der variable Status ist vom System voreingestellt. Das Customizing hat jedoch die Möglichkeit, den Status unternehmensspezifisch einzurichten.

6.6 IH-Meldung und IH-Auftrag

Es können mehrere IH-Meldungen einem IH-Auftrag zugeordnet werden, jedoch nicht mehrere IH-Aufträge einer IH-Meldung.

Dazu gibt es verschiedene Möglichkeiten:
- **IH-Meldung einem bestehenden IH-Auftrag zuordnen**
  Hier kann man auf zwei Arten vorgehen:
  - Man kann die Nummer des bestehenden IH-Auftrages in die IH-Meldung eingeben.
  - Der IH-Auftrag kann bearbeitet und die Nummer der IH-Meldung eingegeben werden.
- **IH-Auftrag einer IH-Meldung zuordnen**
  Auch hier kann man auf zwei Arten vorgehen:
  - Der IH-Auftrag wird durch die Funktion IH-Meldung ändern angelegt, wobei die Zuordnung automatisch erfolgt.
  - Es wird ein IH-Auftrag angelegt und ihm die IH-Meldung zugeordnet.

6.6.1 IH-Meldung in Auftrag geben

aktive Auftragsabwicklung

Bei der aktiven Auftragsabwicklung wird eine IH-Meldung angelegt, die einen IH-Auftrag nach sich zieht. Ist der IH-Auftrag angelegt, kann die IH-Meldung in Arbeit gegeben werden. Hierzu wählt man:

Logistik ⇨ Instandhaltung ⇨ IH-Abwicklung ⇨ Meldung ⇨ ändern

Man gelangt auf das Einstiegsbild, in dem die Meldungsnummer eingegeben werden muß. Dann ist die Funktion *Meldung* anzuklicken.

Mit:

IH-Meldung ⇨ Funktionen ⇨ In Arbeit geben

kann diese Meldung in Arbeit gegeben werden.

ohne Auftragsabwicklung

Existiert in einem Unternehmen keine Auftragsabwicklung, werden sämtliche Daten die für den IH-Auftrag vorgesehen sind, in eine IH-Meldung geschrieben. Es entsteht kein gesonderter IH-Auftrag.

6.6.2 IH-Meldung zurückstellen

Man kann eine IH-Meldung zurückstellen. Dies ist jedoch nur möglich, wenn der IH-Auftrag noch nicht weiter bearbeitet wurde.

Stellt man einen IH-Auftrag zurück, muß das Datum, an dem die IH-Meldung weiter bearbeitet werden soll, bereits feststehen. Hierzu wählt man

Logistik ⇨ *Instandhaltung* ⇨ *IH-Abwicklung* ⇨ *ändern*

und gibt die Meldungsnummer ein. Nach Wahl der Funktion *Meldung* erscheint der Meldungskopf. Mit

IH-Meldung ⇨ *Funktionen* ⇨ *zurückstellen*

kann die Funktion zurückgestellt werden.

6.6.3 IH-Meldung löschen

Es besteht die Möglichkeit, eine IH-Meldung zu löschen. Dieser Schritt kann jedoch nur ausgeführt werden, wenn die IH-Meldung noch nicht weiter bearbeitet wurde. Ist die IH-Meldung bereits in Arbeit gegeben oder wurde ihr ein IH-Auftrag zugewiesen, ist es nicht mehr möglich, die IH-Meldung zu löschen.

7 Instandhaltungsauftrag

Müssen IH-Maßnahmen an einem technischen Objekt durchgeführt werden, werden diese mit der IH-Meldung angefordert. Durch den daraufhin eröffneten IH-Auftrag werden sie detailliert geplant und ihre Durchführung überwacht. Im IH-Auftrag wird gezielt auf die Instandsetzungsarbeiten eingegangen.

7.1 Erstellen eines Instandhaltungsauftrags

Ein IH-Auftrag kann auf **vier Arten** erstellt werden:

- **zu einer IH-Meldung**
  Anfallende IH-Maßnahmen in einer IH-Meldung können durch einen IH-Auftrag geplant und ausgeführt werden.

  Vorgehensweise

  Logistik ⇨ *Instandhaltung* ⇨ *IH-Abwicklung* ⇨ *Aufträge* ⇨ *Anlegen zur Meldung*

  Es ist die Auftragsart und -nummer der IH-Meldung einzugeben. Mit [Enter] gelangt man auf das Kopfdatenbild, in dem die übernommenen Daten angezeigt werden (siehe Abb. 8.21). Es können nun weitere Daten eingegeben und abschließend gesichert werden.

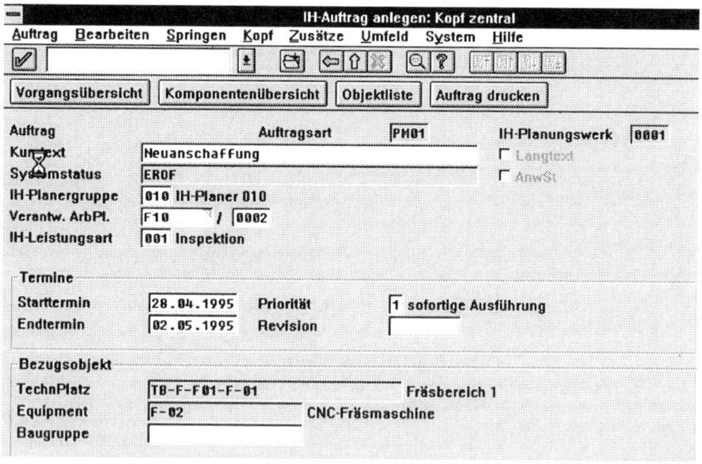

Abb. 8.21
Kopf zentral

- **aus einer IH-Meldung heraus**
  Um Zeit zu sparen, kann sofort aus einer IH-Meldung heraus ein IH-Auftrag erstellt werden. Von der IH-Meldung ausgehend wählt man:

  IH-Meldung ⇨ Funktionen ⇨ Auftrag ⇨ Anlegen zur Meldung

  Man gelangt auf das Einstiegsbild des IH-Auftrags, in dem die gewünschten Eintragungen gemacht werden können. Mit (Enter) gelangt man auf das Bild Kopf zentral. Die gewünschten Daten sind einzugeben und zu sichern.

- **als selbständiger IH-Auftrag**
  Liegt eine Störung an einem technischen Objekt vor, so muß nicht erst eine IH-Meldung abgewartet werden, sondern es kann sofort ein IH-Auftrag erstellt werden. Die dazugehörige IH-Meldung kann zu einem späteren Zeitpunkt erstellt werden.

Vorgehensweise

Logistik ⇨ Instandhaltung ⇨ IH-Abwicklung ⇨ Aufträge ⇨ Anlegen

Zunächst muß das Einstiegsbild ausgefüllt werden. Mit (Enter) gelangt man auf das Kopfdatenbild, in dem die übernommenen Daten ersichtlich werden. Nun können weitere Daten eingegeben und der IH-Auftrag gesichert werden.

- **automatisch aus einem Wartungsplan**
  (siehe Punkt 8)

7.1 Erstellen eines Instandhaltungsauftrags

7.1.1 Objektliste

Mit Hilfe der Objektliste stellt man eine Verbindung zwischen dem IH-Auftrag und der IH-Meldung oder dem technischen Objekt her. Gibt man bei der Erstellung eines IH-Auftrags ein technisches Objekt an, so stellt dieses das Bezugsobjekt für den IH-Auftrag dar. Wird bei der Erstellung eines IH-Auftrags eine IH-Meldung angegeben, so wird dessen Bezugsobjekt als Bezugsobjekt in den IH-Auftrag übernommen.

Vorgehensweise

Vom Kopfdatenbild aus wählt man die Objektliste an und macht die gewünschten Eingaben (siehe Abb. 8.22). Mit

Springen ⇨ Zurück

kommt man auf das Kopfdatenbild zurück.

Abb. 8.22
Objektliste im Auftrag - Objekte eingeben

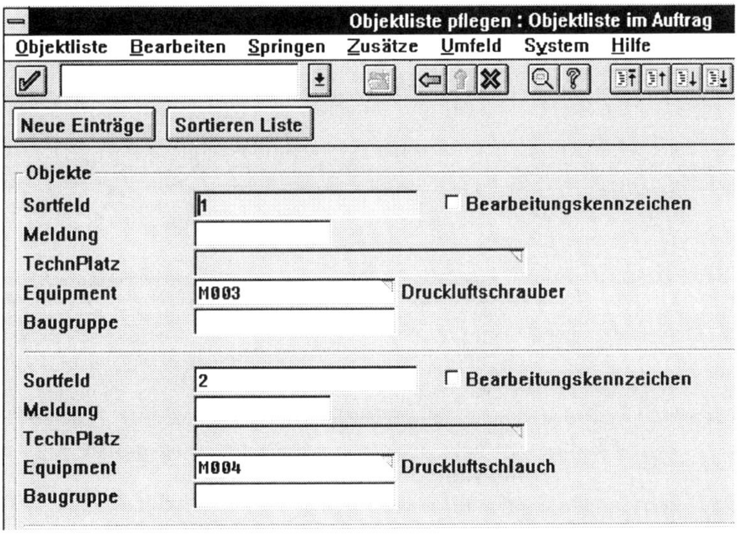

7.1.2 Arbeitsvorbereitung

IH-Maßnahmen müssen oft im voraus und sehr detailliert geplant werden, damit die Ausfallzeit oder die Zeit, in der das technische Objekt nur bedingt zur Verfügung steht, minimiert werden kann.

Um die einzelnen Arbeiten zu beschreiben verwendet man:

- **Vorgänge**
  Mit den Vorgängen werden die einzelnen Arbeitsschritte beschrieben.

7   *Instandhaltungsauftrag*

- **Untervorgänge**
  Werden für einen Vorgang mehrere Arbeitsplätze benötigt, so kann man den Vorgang in Untervorgänge gliedern. Die Kapazität der Arbeitsplätze in den Untervorgängen kann geplant werden, jedoch können Untervorgänge nicht eigenständig terminiert werden, sondern sie übernehmen die Terminierung des Vorgangs.

Detaillierungsebene Vorgänge und Untervorgänge kann man auf verschiedenen **Detaillierungsebenen** planen.

- **Schnellerfassung**
  Im Kopfdatenbild werden die Daten eines Vorgangs eingegeben.
- **Umfangreiche Aufträge ohne detaillierte Planung**
  Vorgänge auf Vorgangsliste eingeben.

Vorgehensweise Vom Kopfdatenbild ausgehend gelangt man mit

Springen ⇨ *Vorgangsübersicht*

auf die Vorgangsübersicht. Hier werden die Vorgänge eingetragen und gesichert (siehe Abb. 8.23). Mit

Springen ⇨ *Zurück*

kommt man auf das Kopfdatenbild zurück.

Abb. 8.23
Vorgangsübersicht

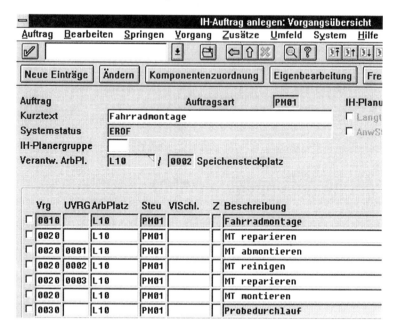

- **Aufträge mit detaillierter Planung**
  Hierzu stehen die Vorgangsübersicht und die Vorgangsdetailbilder zur Verfügung.

Vorgehensweise

Vom Bild: *Vorgangsübersicht* ⇨ *Eigenbearbeitung* ⇨ *Fremdbearbeitung* oder *Vorgangstermine* anwählen.

7.1.3 Aktionspunkte

Für die Vorgänge können folgende Aktionspunkte ausgeführt werden:

- **Angeben der Baugruppe**
  Vom Detailbild ausgehend gibt man den gewünschten Vorgängen die Baugruppe im entsprechenden Feld ein.
- **Beschreiben der Arbeitsschritte**
  Die einzelnen Arbeitsschritte können in Textform angegeben werden.
- **Zuordnen der Arbeitsplätze**
  Eingabe des entspechenden Arbeitsplatzes auf der Vorgangsübersicht oder dem Vorgangsdetailbild.
- **Angabe des Steuerschlüssels**
  Der Steuerschlüssel gibt an, wie der Vorgang behandelt werden soll.
  Vorgehensweise: wie Arbeitsplätze
- **Planen der Materialien**
  Es können nur den Vorgängen Materialien zugeordnet werden, nicht aber den Untervorgängen. Man kann **Lagermaterialien**, **Nichtlagermaterialien** und **Rohmaterialien** zuordnen.

Vorgehensweise

Es sind die Vorgänge auszuwählen, denen Materialien zugeordnet werden sollen. Von der Vorgangsübersicht ausgehend wählt man die *Komponentenzuordnung* an; dann sind die gewünschten Eingaben (siehe Abb. 8.24.) zu tätigen. Um die Einkaufsdaten für Nichtlagermaterialien einzugeben, wählt man:

Komponentenübersicht ⇨ *Einkauf*

Es sind die gewünschten Eingaben zu machen. Mit [Enter] gelangt man auf die Komponentenübersicht zurück.

7 Instandhaltungsauftrag

Abb. 8.24
Vorgang Komponentenzuordnung

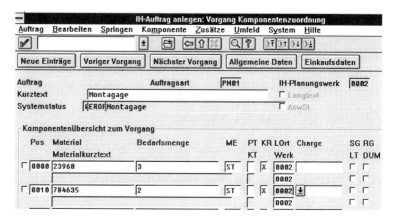

Materialien können im eröffneten sowie freigegebenen IH-Auftrag gelöscht werden.

Auswirkungen

- **Eröffneter IH-Auftrag:** Materialsposition wird gelöscht.
- **Freigegebener IH-Auftrag:** Material wird als gelöscht gekennzeichnet, jedoch zu Dokumentationszwecken weiter angezeigt.

7.2 Kalkulation eines IH-Auftrags

Bei der Ausführung eines IH-Auftrags können Kosten anfallen. Diese können kalkuliert werden, wenn dem Vorgang ein entsprechender Steuerschlüssel zugewiesen wurde.

Kosten anzeigen lassen

Nach Sicherung des IH-Auftrags: Vom Kopfdatenbild ausgehend wählt man:

Springen ➪ *Kostenübersicht* ➪ *Analysieren Kosten* ➪ *Ergebnis*

Vor Sicherung des IH-Auftrags: Vom Kopfdatenbild ausgehend wählt man:

Auftrag ➪ *Funktionen* ➪ *Ermitteln Kosten*

Die Kosten werden nun vom System kalkuliert. Mit

Springen ➪ *Kostenübersicht*

können die Kosten anzeigt werden.

IH-Auftrag auf Zielkonten

Der **IH-Auftrag** kann auf folgende **Zielkonten** abgerechnet werden:

- **Kostenstellen**
- **Auftrag**
- **Projekt**
- **Anlage**

Vorgehensweise   Vom Kopfdatenbild aus wählt man:

Kopf ⇨ Abrechnungsvorschrift

Die vom System vorgegebenen Abrechnungsvorschriften müssen überprüft und ggf. geändert werden.

7.3 Terminierung eines IH-Auftrags

Anhand der Terminierung können die konkreten Ausführungstermine und der Kapazitätsbedarf ermittelt werden. Dazu benötigt das System folgende Daten:

- **Eckdaten**
  Die Eckdaten werden auf dem Kopfdatenbild eingegeben.
- **Terminierungsart**
  Vorwärts terminieren: Der Starttermin wird angegeben.
  Eckdaten: Starttermin
  Zum Tagesdatum terminieren: IH-Auftrag wird am gleichen Tag ausgeführt.
  Eckdaten: Start-Endtermin
  Rückwärts terminieren: Der Endtermin wird angegeben.
  Eckdaten: Endtermin
- **Steuerschlüssel**
  Der Steuerschlüssel besagt, ob der IH-Auftrag terminiert werden soll.
- **Terminierungsdaten**
  Die Terminierungsdaten geben die Durchführungsdauer an. Diese können vom System errechnet oder manuell eingegeben werden.
- **Terminierungseinschränkungen**
  Die Terminierungseinschränkungen werden auf dem Terminierungsbild angegeben.
- **Arbeitsplatz**
  Das System errechnet die Kapazität des Arbeitsvorgangs.

7.4 Freigabe eines IH-Auftrags

Wurde die Planung abgeschlossen, kann der IH-Auftrag freigegeben werden, damit mit der Durchführung der IH-Tätigkeiten begonnen werden kann. Folgende IH-Tätigkeiten können nun durchgeführt werden:

- **Drucken der Arbeitspapiere**
  Zu den Arbeitspapieren gehören:
  Steuerkarte: dient dem verantwortlichen Instandhalter als Übersicht

7 Instandhaltungsauftrag

Laufkarte: dient dem ausführenden Mitarbeiter als Übersicht
Materialbereitstellungsliste: für den Lageristen, um die Materialien bereitzustellen
Materialentnahmeschein: für den Mitarbeiter, um die Materialien aus dem Lager zu holen

- **Materialien aus dem Lager entnehmen**
- **Rückmeldungen**
- **Maßnahmen abschließen**

7.5 Arbeitsvorbereitung

7.5.1 Arbeitsvorbereitung mit IH-Arbeitsplänen

IH-Arbeitspläne können als Grundlage für einen IH-Auftrag dienen. Der gewünschte IH-Arbeitsplan wird selektiert und in den IH-Auftrag eingebunden. Nun kann der IH-Arbeitsplan an den IH-Auftrag angepaßt werden.

Um den gewünschten IH-Arbeitsplan zu selektieren, wählt man vom Kopfdatenbild des IH-Auftrags ausgehend:

Vorgehensweise *Zusätze ➪ Arbeitsplan ➪ Sel. Equipmentplan oder Sel. IH-Anleitung*

Dann Auswahl des gewünschten IH-Arbeitsplans; man gelangt wieder auf das Kopfdatenbild und kann den IH-Arbeitsplan ggf. auf der Vorgangsübersicht des IH-Auftrags ändern.

7.5.2 Arbeitsvorbereitung mit Stücklisten

Dem IH-Auftrag können folgende Positionen der Stückliste zugeordnet werden. Diese Zuordnungen haben verschiedene Auswirkungen:

- **Lagerpositionen**
  Lagerpositionen werden reserviert und können bei Bedarf aus dem Lager entnommen werden.
- **Nichtlagerpositionen**
  Es wird eine Bestellanforderung erzeugt und die Materialien bestellt. Bei der Lieferung werden die Kosten direkt auf den IH-Auftrag gebucht.
- **Rohmaßpositionen**
  Rohmaßpositionen haben die gleichen Auswirkungen wie die Lagerpositionen.

Vorgehensweise	Es sind die gewünschten Vorgänge zu markieren, denen Materialien zugeordnet werden sollen und dann Auswahl von

Vorgang ⇨ *Komponentenübersicht*

und markieren der benötigten Materialien.

Es werden die entsprechenden Materialien angezeigt, die ggf. abgeändert werden können.

7.6 Instandhaltungsrückmeldung

Bei der Instandhaltungsrückmeldung wird zwischen Teilrückmeldung und Endrückmeldung unterschieden. Die Rückmeldungen dienen zur Ergänzung der IH-Meldungen. Ihre Daten werden in die IH-Historie geschrieben. Eine Rückmeldung kann bewirken, daß eine neue offene Meldung entsteht.

Teilrückmeldung	Die **Teilrückmeldung** wird während der Durchführung der Maßnahme ausgeführt. Es kommen Rückmeldungen, bis die Maßnahme abgeschlossen ist.
Endrückmeldung	Die **Endrückmeldung** wird nach Abschluß der Maßnahme ausgeführt. Erst wenn die Endrückmeldung angelegt ist, bekommt der IH-Auftrag den Status *„Endrückgemeldet"*.
IH-Meldung abschließen	Um eine lückenlose Historie zu erhalten, muß jede **Meldung abgeschlossen** werden. Diese kann jedoch erst dann abgeschlossen werden, wenn sämtliche Daten vorhanden sind.
Instandhaltungshistorie	Im System PM werden IH-Meldung, IH-Auftrag und Rückmeldung in die **IH-Historie** eingestellt. Zur Entscheidungsfindung bei Neu- bzw. Ersatzinvestitionen kann man der IH-Historie wichtige Informationen entnehmen.

Die **Instandhaltungshistorie** setzt sich aus folgenden Historien zusammen:

- **Befundhistorie**
  In ihr stehen die Daten der IH-Meldungen. Sie ist ein wichtiger Bestandteil der späteren Auswertung. Hier sind die technischen Daten eines Objektes enthalten. Aus ihr ist ersichtlich, welches Objekt, wie lange, welche Störung aufwies und welche Maßnahmen getroffen wurden, um diese Störung zu beseitigen.
- **Einsatzhistorie**
  In ihr sind die Stammdaten eines Objektes gespeichert. Ferner enthält sie noch Einsatzdaten.

- **Auftragshistorie**
  In ihr stehen die Abwicklungsdaten.

Die Auswertung der Daten erfolgt mittels der Befundhistorie und der Einsatzhistorie.

Schwachstellenanalyse

Die **Schwachstellenanalyse** wird durchgeführt, um etwaige Schwachstellen zu finden und diese zu beheben. Sie ist ein wichtiges Kriterium, um Kosten einzusparen und Maschinenausfällen vorzubeugen.

Planungsgrundlage

Die IH-Meldungen bzw. IH-Historie sind wichtige Bestandteile der Planung. In ihnen ist ersichtlich, welche Störungen immer wieder auftreten, so daß man vorbeugende Maßnahmen treffen kann.

8 Wartungsplanung

8.1 Planungsprämissen

Die Wartungsplanung ist für die regelmäßigen Instandhaltungsmaßnahmen verantwortlich.

Definition

Wartungsplanung ist demnach die Planung einer vorbeugenden Instandhaltung, die in regelmäßigen Abständen wiederholt werden soll.

Gründe für vorbeugende Instandhaltung

Folgende Gründe rechtfertigen eine vorbeugende Instandhaltung:

- **Qualitätssicherung**
  Einwandfreie Produkte können nur auf gut laufenden Maschinen produziert werden.
- **Kostenvermeidung**
  Durch Produktionsausfälle können hohe Kosten entstehen, wie z.B. Konventionalstrafen. Außerdem ist die Instandsetzung von Maschinen meistens teurer, als wenn man den Ausfall durch Wartung im voraus vermieden hätte.
- **Empfehlungen durch den Hersteller**
  Um eine Maschine möglichst lange im Produktionsprozeß zu halten, muß man sie ordnungsgemäß warten, dazu können Empfehlungen des Herstellers hilfreich sein. Auch wenn es

um Garantieansprüche geht, muß man eine ordnungsgemäße Wartung nachweisen.
- **Rechtliche Vorschriften**
  Unter rechtliche Vorschriften fallen alle gesetzlichen Vorgaben, wie z.B. TÜV.
- **Umweltschutzanforderungen**
  Wenn in Anlagen Filter eingebaut sind, müssen diese in regelmäßigen Abständen ausgewechselt werden.

Fragestellungen, die bei der Planung von Wartungsmaßnahmen auftreten:

- Wo möchte man vorbeugende Wartungsmaßnahmen durchführen?
- Welche Maßnahmen sollen durchgeführt werden?
- Wie oft (in welchen Zeitabständen) sollen diese Vorgänge ausgeführt werden?
- Wie sollen diese Wartungsmaßnahmen in einem Wartungsplan zusammengestellt werden?

Kriterien zur Festlegung des Wartungszeitpunktes:

- **Wartung in regelmäßigen Zeitabständen**
  Darunter versteht man die Wartung, die unabhängig von anderen Faktoren in regelmäßigen Zeitabständen wiederholt werden soll.
- **Wartung nach einer bestimmten Leistung**
  Hierbei soll die Maschine nach einer bestimmten produzierten Menge gewartet werden (Bsp.: Kilometer beim Auto).
- **Wartung nach einer bestimmten Laufzeit**
  Bei Maschinen, deren Leistung nicht gemessen werden kann, kann man den Wartungszeitpunkt über eine Maschinenlaufzeit festlegen.

Es ist auch eine Mischung aus den oben aufgeführten Punkten denkbar, wie z.B. bei einem Auto, das nach einer bestimmten Kilometerzahl oder spätestens nach einem Jahr gewartet werden soll.

Kriterien im R/3-System

Man muß beachten, daß im momentanen Release nur die Wartungsplanung in bestimmten Zeitabständen möglich ist. Die Wartungsplanung nach anderen Kriterien soll in den folgenden Releases verwirklicht werden.

Überblick

In der Wartungsplanung greifen mehrere Elemente ineinander; das nachfolgende Bild soll einen Überblick über die Bestandteile geben:

8 Wartungsplanung

Abb. 8.25
Übersicht über die Bestandteile der Wartungsplanung

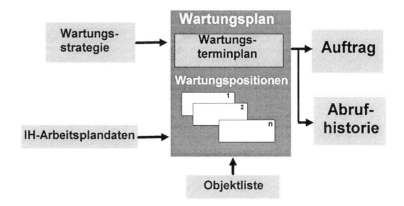

8.2 Wartungsstrategien

Wartungsstrategien enthalten allgemeine Terminierungsregeln. Ihnen können beliebig viele Wartungspläne und Wartungspositionen zugeordnet werden.

Diese Wartungsstrategien bauen sich aus Strategiekopf und Wartungspakete auf.

Strategiekopf

Der **Strategiekopf** enthält die allgemeinen Stratiegiedaten, wie z.B. Eröffnungshorizont, Fabrikkalender oder Zeiteinheit.

Wartungspakete

In den **Wartungspaketen** werden die Zeitzyklen festgelegt, in denen Wartungstätigkeiten durchgeführt werden sollen. Das bringt für den Anwender die **Vorteile**:

Vorteile

- Wartungspläne können schneller erstellt werden, da man nicht jedesmal die allgemeinen Informationen eingeben muß.
- Terminierungsregeln sind einfach änderbar, d.h. es muß nur in der Strategie die gewünschte Information geändert werden.

8.2.1 Anlage und Änderung von Wartungsstrategien

Vom Einstiegsbild in die Wartungsplanung muß man:

Wartungsstrategien ⇨ Wartungsstragegien pflegen

anwählen.

Wenn bisher nur eine Strategie vorhanden ist, gelangt man direkt in diese vorhandene Strategie. Man kann sie sofort ändern.

Um eine **andere Strategie** anlegen zu können, muß man mit dem Pfeil der Menüleiste auf das vorherige Bildschirmbild.

456

8.2 Wartungsstrategien

Jetzt gelangt man über das Feld „Neue Einträge" in einen neuen Strategiekopf.

Um eine Strategie zu ändern, markiert man die auf dem Einstiegsbild zu ändernde Strategie und wählt „Detail" an.

Nach der Eingabe der gewünschten Daten, wie z.B. in Abb. 8.26, kann man die Strategie abspeichern oder direkt Wartungspakete (siehe Punkt 8.3.2) anlegen.

Abb. 8.26
Sicht „Wartungsstrategien" ändern: Detail

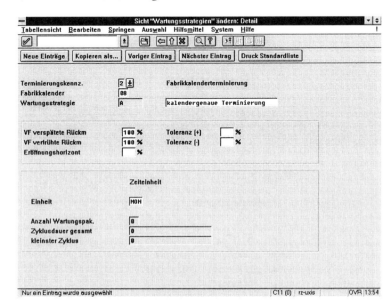

8.2.2 Anlage und Änderung von Wartungspaketen

Ausgangspunkt im R/3-System

Um im Modul PM in der Wartungsplanung arbeiten zu können, muß man zunächst in den Bereich Wartungsplanung wechseln. Dazu sind folgende Schritte notwendig:

Logistik ⇨ Instandhaltung ⇨ Wartungsplanung

Von diesem Punkt wird im folgenden ausgegangen (siehe Abb. 8.27).

Abb. 8.27
Ausgangspunkt der Wartungsplanung

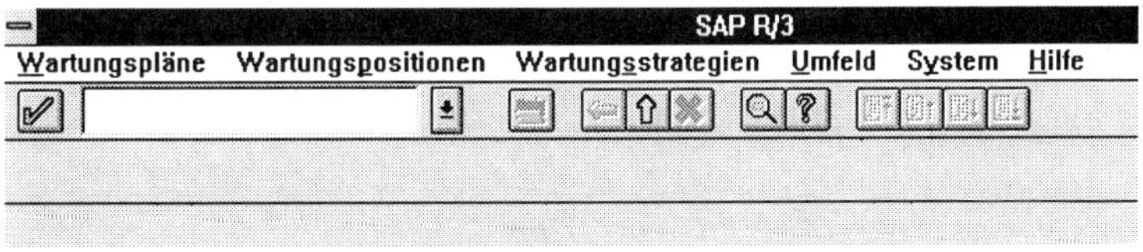

8 Wartungsplanung

Aus dem Strategiekopf der gewünschten Wartungsstrategie wählt man

Tabellensicht ➪ *Pakete* ➪ *Stratkopf*

aus.

Ausgefüllte Wartungspakete könnten folgendermaßen aussehen:

Abb. 8.28
Sicht „Wartungsstrategie" ändern: Übersicht

Die schwarze Beschriftung ist für die erste Zeile und die blaue für die zweite Zeile eines Wartungspaketes gültig.

Abkürzungen:

- **„Pk"** Paketnummer
- **„Ktx"** Kurztext
- **„Einh"** Einheit
- **„Hier"** Hierarchie
- **„HiKtx"** Hierarchiekurztext
- **„VL"** Vorlauf
- **„NL"** Nachlauf

Achtung!

Bei der Änderung von Wartungspaketen ist zu beachten:
- Wartungspakete müssen immer hinten angefügt werden.
- Die Nummerierung von Wartungspaketen darf nicht geändert werden.

Ist die Eingabe beendet, muß man über

Tabellenansicht ➪ *Sichern*

die erfaßten Daten sichern.

8.2.3 Anzeige von Wartungsstrategien

Anzeigen über Anzeigemodus

Um alle Einzelheiten, speziell aus dem Strategiekopf einer Wartungsstrategie, anschauen zu können, muß man die Strategie über:

Wartungsstrategien ⇨ *Strategie anzeigen*

aufrufen. Jetzt muß man die gewünschte Stratigie auswählen und über *Detail* anzeigen lassen.

Grafikdarstellung

Möchte man nur die **grafische Darstellung** der Wartungspakete, kann man über

Wartungsstrategien ⇨ *Grafik*

folgende Grafik erhalten:

Abb. 8.29
Grafik: Wartungsstrategie

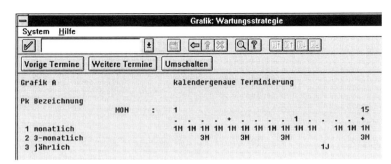

8.2.4 Verwendungsnachweis von Wartungsstrategien

Wenn man eine Wartungsstrategie löschen möchte, darf diese in keinem Wartungsplan mehr vorhanden sein. In R/3-PM gibt es die Möglichkeit, alle Wartungspläne anzeigen zu lassen, in denen die Wartungsstrategie noch verwendet wird.

Vorgehensweise

Wartungsstrategien ⇨ *Verwendungsnachweis*

Gewünschte Strategie auswählen und über *Ausführen* die Verwendungen anzeigen lassen.

8.3 Wartungsplan

Wartungspläne vereinigen sämtliche Informationen, die zur Erstellung einer Wartungsplanung notwendig sind. Aus diesen Informationen werden die Termine errechnet und die IH-Aufträge erstellt.

8 Wartungsplanung

Wartungspläne bestehen aus Wartungspositionen, die die zu wartenden Objekte beinhalten (siehe Punkt 8.3.2 „**Wartungspositionen**" und 8.3.3 „**Objektliste**") und dem **Wartungsterminplan**, der alle Terminparameter zusammenfaßt.

8.3.1 Anlage von Wartungsplänen

Zum Anlegen von Wartungsplänen muß man zunächst über:

Wartungspläne ⇨ Wartungspläne anlegen

zum Einstiegsbild kommen.

Hier muß nur die gewünschte Strategie eingegeben werden, da die Nummernvergabe intern geregelt ist. Anschließend gelangt man mit [Enter] auf die Seite „*Wartungsplan anlegen: Positionsdaten*".

Auf dieser Seite kann man die Mußfelder mit der Online-Hilfe ausfüllen. Mit der Taste *Wartungspositionen* kommt man auf eine Bildschirmseite, auf der man bestehende Wartungspositionen (siehe Punkt 8.3.2 „Wartungspositionen") eintragen oder eine neue anlegen kann (siehe Abb. 8.30). Danach muß man den Wartungsplan noch sichern.

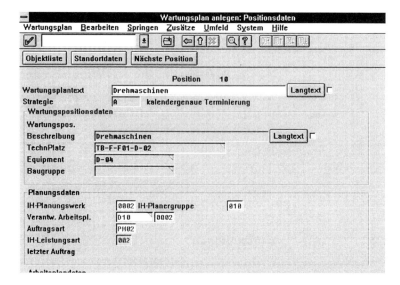

Abb. 8.30
Wartungsplan anlegen: Positionsdaten

8.3.2 Wartungspositionen

Eine Wartungsposition beinhaltet ein Objekt, das gewartet werden soll. Es können folgende **Elemente als Objekte** zugeordnet werden:

- **Technische Plätze**
- **Equipments**
- **Baugruppen**

Inhalte einer Wartungsposition

Zu den **Inhalten einer Wartungsposition** zählen:

- **Positionsdaten**
  Unter Positionsdaten versteht man die Positionsbeschreibung (d.h. wie die Position heißt), das Bezugsobjekt und die Strategie.
- **Planungsdaten**
  Hier stehen die Informationen wo geplant, vorbereitet wird und von wem koordiniert wird.
- **IH-Arbeitsplandaten**
  Sie beinhalten die Tätigkeiten, die ausgeführt werden sollen.
- **Wartungsplandaten**
  Hier steht, welchem Wartungsplan die Wartungsposition zugeordnet ist.
- **Allgemeine Daten**
  Hier stehen die Standort-, Abrechnungsdaten und eine evtl. Objektliste.

Anlage von Wartungspositionen

Zum **Anlegen von Wartungspositionen** muß man auf dem Bildschirmbild, das man über

Wartungspositionen ⇨ Wartungsposition anlegen

erreicht, die gewünschte Strategie eingeben. Auch hier ist die Nummernvergabe, wie bei den Wartungsplänen, wenn nicht anders vom Customizing eingestellt, intern geregelt. Außerdem muß das gewünschte Objekt angegeben werden. Anschließend kann (Enter) gedrückt werden.

Auf dem darauf folgenden Bildschirmbild (siehe Abb. 8.31) kann man die Mußfelder mit der Online-Hilfe ausfüllen und danach die Wartungsposition sichern.

Eine Wartungsposition kann auch in einem Wartungsplan (siehe Punkt 8.3.1 „Anlegen von Wartungsplänen") angelegt werden.

8 Wartungsplanung

IH-Arbeitsplan zuordnen

Einen **IH-Arbeitsplan** (siehe Punkt 5 „IH-Arbeitspläne") kann man über

Springen ⇨ *Arbeitsplan* ⇨ *Equipmentpla. auswähl.*
einfügen.

Abb. 8.31
Wartungsposition anlegen:
Positionsdaten

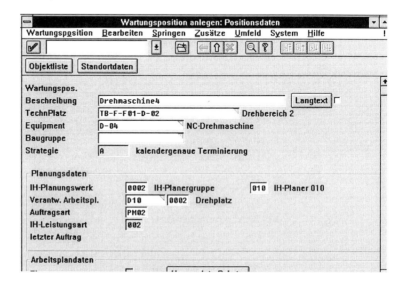

8.3.3 Objektliste

Einer Wartungsposition können über eine Objektliste beliebig viele weitere Objekte zugeordnet werden. Die im IH-Arbeitsplan festgelegten auszuführenden Tätigkeiten werden auf die zugeordneten Objekte übertragen. Bei der Terminierung wird für die gesamte Wartungsposition (inklusive den Objekten der Objektlisten) ein IH-Auftrag erstellt. Das führt zu nachfolgenden **Vorteilen**:

Vorteile

- Man kann mehrere gleichartige Objekte zusammenfassen und erspart sich so jede Menge Erfassungsaufwand.
- Da man logische Gruppen gebildet hat, kann man die Bearbeitungszeit von IH-Aufträgen verkürzen.

Anlegen einer Objektliste

Von einer Wartungsposition aus kann man über *„Objektliste"* nachfolgendes Bildschirmbild erreichen:

8.4 Terminierung

Abb. 8.32
Objektliste pflegen

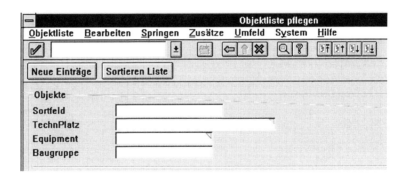

Hier können die gewünschten Objekte angelegt werden. Dazu muß lediglich das Kennzeichen angegeben werden. Alle weiteren Informationen werden aus der Wartungsposition bzw. aus den Stammdaten des Objektes übernommen.

8.3.4 Wartungsterminplan

Der Wartungsterminplan beinhaltet:

- **Wartungsstrategie**
  Alle Informationen, die aus der Strategie wichtig sind, werden in diesen Bereich des Terminplans zusammengefaßt.
- **Spezielle Terminierungsparameter**
  In diesem Bereich werden Informationen, wie Starttermin und letzte Rückmeldung, zusammengefaßt.
- **Terminierungsobjekte**
  Hier werden die wartungsobjektspezifischen Parameter berücksichtigt.

8.4 Terminierung

Wenn der Wartungsplan fertig ist, kann man ihn terminieren. Dazu muß man

Wartungspläne ⇨ Terminieren

auswählen.

Jetzt kann man die Nummer des zu terminierenden Wartungsplans eingeben und dann (Enter) drücken.

Anschließend kann man den Wartungsplan über

Bearbeiten ⇨ Terminieren

terminieren.

8 Wartungsplanung

Instandhaltungs-auftrag

Im Bereich der Wartungsplanung wird der **IH-Auftrag** bei der Terminierung automatisch für jede Wartungsposition erstellt. Es kann aber auch durch die Freigabe eines Fälligkeitsdatums in der Abrufhistorie ein IH-Auftrag manuell erstellt werden. Genauere Informationen sind dem Kapitel Instandhaltungsaufträge zu entnehmen (siehe Punkt 7 „IH-Aufträge").

Abrufhistorie

In der **Abrufhistorie** werden der aktuelle Stand und alle Aktionen, die nach der ersten Terminierung eines Wartungsplans vorgenommen werden, aufgezeichnet.

9. Kapitel

VERTRIEBSSYSTEM

R/3-MODUL „SD"

1 Grundlagen des Vertriebssystems „SD"

Das Vertriebssystem „SD" ist als integrierter Baustein des R/3-Systems auf die Belange der Materialwirtschaft und des Rechnungswesens abgestimmt. Es soll alle im Vertrieb anfallenden Aufgaben und Aktivitäten sowie die Verfolgung der Informationen entlang der logistischen Kette optimieren.

Das R/3-System leistet nur dann einen entscheidenden Beitrag zum Unternehmenserfolg, wenn das Unternehmen schnell und flexibel auf die Marktbedürfnisse reagieren kann. Diese Zielsetzung soll durch das integrierte Vertriebssystem SD ermöglicht werden.

branchenneutrale Gesamtlösung

Das System SD stellt eine branchenneutrale Gesamtlösung für die Aufgaben:

- **der Vertriebsunterstützung**
- **des Verkaufs**
- **des Versands**
- **der Fakturierung**

dar.

Vertriebsinformationssystem

Der Anwender gewinnt mit dem **Vertriebsinformationssystem** (siehe hierzu Punkte 7-10) aussagekräftige Daten und variable Auswertungen als Entscheidungshilfen im Tagesgeschäft und zur Ausarbeitung strategischer Planungen, wobei der fortlaufende Austausch von Informationen mit anderen Funktionsbereichen des R/3-Systems eine aktuelle Datenbasis gewährleistet.

1.1 Stammdaten

Basis der im Vertrieb abzuwickelnden Geschäftsvorgänge sind die Stammdaten. Es handelt sich um Informationen zu Geschäftspartnern, Materialien, Preisen, Zu- und Abschlägen, Steuern und Sortimenten, auf die bei der Vorgangsbearbeitung automatisch zugegriffen wird.

Die Stammdaten werden im R/3-System an zentraler Stelle in Stammsätzen hinterlegt, die durch eine eindeutige Nummer identifiziert werden. Die Gültigkeit der Stammdaten kann auf

1.1 Stammdaten

Teilbereiche der Unternehmensorganisation, z.B. auf Vertriebsbereiche, beschränkt werden.

Abb. 9.1
Stammdatenverwaltung

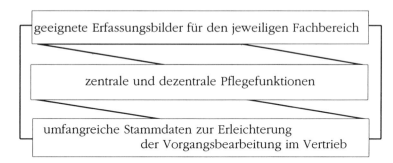

Stammsätze

Zur Bearbeitung der **Stammsätze** stehen Funktionen zur Verfügung, mit denen diese angelegt, verändert und angezeigt werden können. Als Erfassungshilfe können bereits existierende Datensätze einer Historie fortgeschrieben werden. Für das Auffinden eines Stammsatzes können anstelle der Satznummer unterschiedliche Suchbegriffe eingegeben werden. Mit diesen Matchcodes kann z.B. die Kundennummer über den Namen des Kunden oder die Materialnummer über die Materialbezeichnung gefunden werden.

Daten von Kunden sind sowohl für den Vertrieb, als auch für die Buchhaltung von Bedeutung. Um Datenredundanz zu vermeiden, werden die buchhalterischen und die vertriebsspezifischen Daten in einem gemeinsamen Stammsatz hinterlegt. Die Pflege der Stammsätze kann zentral oder dezentral in den einzelnen Fachbereichen erfolgen.

Kundenstammsatz

Zur Unterscheidung der Datenelemente hat der **Kundenstammsatz** eine bestimmte Struktur. Neben den vertriebsspezifischen und den allgemeinen Daten werden die buchhalterischen Informationen gespeichert (siehe Abb. 9.2):

Abb. 9.2
Kundenstammsatz

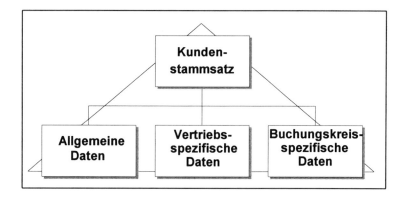

Allgemeine Daten umfassen:

- die Anschrift und
- Informationen zur Kommunikation mit dem Kunden.

Vertriebsspezifische Daten sind:

- Informationen zur Preisfindung, Belieferung und
- Versand von Nachrichten.

Dadurch kann jeder Vertriebsbereich dem Kunden gegenüber eine eigene Verkaufsstrategie verfolgen.

Buchungskreisspezifische Daten sind:

- Bankverbindung und
- Informationen über den Zahlungsverkehr.

Nicht für jeden Kunden muß ein eigener Stammsatz angelegt werden. Für einmalige oder sehr seltene Geschäftsbeziehungen mit einem Kunden steht ein **reduzierter Sammelstammsatz** (siehe Abb. 9.3) zur Verfügung; für sog. Einmal-Kunden = **CPD** („Conto pro Diverse"):

1.1 Stammdaten

Abb. 9.3
reduzierter Kundenstammsatz

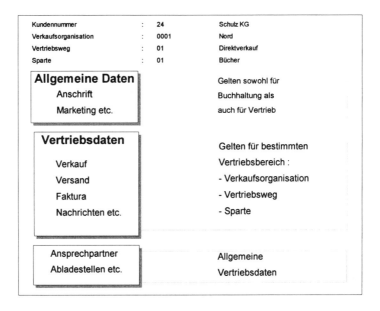

Kontengruppe

Ist die Unternehmensstruktur des Kunden komplex, reicht es nicht aus, lediglich den Kunden als Auftraggeber im System SD zu führen. Ein Kunde kann z.B. mehrere Fertigungsstätten betreiben, die beliefert werden sollen. Die Rechnung soll wiederum an eine andere Stelle geschickt werden oder wird von einer Zentrale beglichen.

Man unterscheidet im System SD unterschiedliche **Rollen**, die ein Kunde einnehmen kann:

Abb. 9.4
Rollen eines Kunden

- Auftraggeber
- Warenempfänger
- Rechnungsempfänger
- Regulierer

Für jede dieser Rollen sind unterschiedliche Daten von Bedeutung. Für einen Warenempfänger sind beispielsweise Versanddaten von Bedeutung, während sich der Regulierer für Rechnungstermine und Bankverbindungen interessiert. Die Behandlung der

1 Grundlagen des Vertriebssystems „SD"

unterschiedlichen Rollen im System erfolgt über die sogenannte Kontengruppe.

1.2 Materialdaten

Lieferanten

Die Pflege der kreditorischen Geschäftspartner ist im Bereich der Materialwirtschaft und der Buchhaltung angesiedelt. Die Daten können aber auch im Vertrieb definiert sein, wenn ein **Lieferant** gleichzeitig Kunde ist. Durch Angabe der Lieferanten-Nummer im entsprechenden Kundenstammsatz ist diese Verknüpfung im System hergestellt.

Material

Unter dem Begriff **Material** werden im R/3-System **Produkte** und **Dienstleistungen** verstanden.

Alle Daten eines Materials, die zur Verwaltung, zur Bestandsführung und für den Kauf notwendig sind, werden in einem gemeinsamen **Materialstammsatz** gespeichert (siehe Abb. 9.5). Auf die zentral abgelegten Materialdaten haben die Unternehmensbereiche aus der jeweiligen Sicht Zugriff.

Abb. 9.5
Materialstammsatz

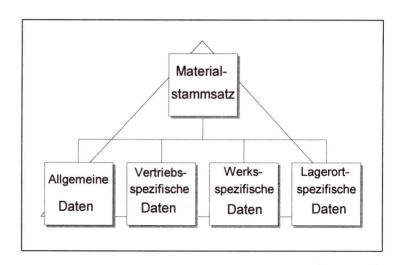

Daten im Materialstammsatz

- **Allgemeine Daten** sind z.B. Materialnummer (siehe Abb. 9.6) und Bezeichnung, die im gesamten Unternehmen Gültigkeit haben.
- **Vertriebsspezifische Daten** umfassen Verkaufstexte und Versanddaten, die in Abhängigkeit von der Verkaufsorganisation und dem Vertriebsweg jeweils für einen Vertriebsbereich gelten.

1.2 Materialdaten

- **Werksspezifische Daten** sind Informationen für Disposition und Fertigung.
- **Lagerortspezifische Daten** sind Informationen zur Lagerung und Bestandsführung.

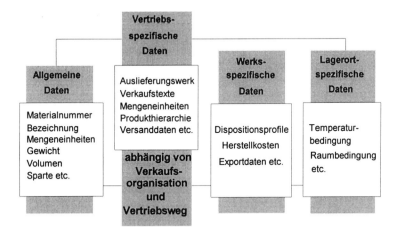

Abb. 9.6
Daten des Materialstammsatzes

Mengeneinheiten und Mindestmengen

Ein Material kann in beliebigen **Mengeneinheiten** gelagert, verkauft und transportiert werden. Die Basismengeneinheit wird über Faktoren in alternative Mengeneinheiten umgerechnet. Die Bestandsführung erfolgt in der Basismengeneinheit eines Materials.

Je Vertriebsbereich können eine **Mindestauftrags-** und eine **Mindestliefermenge** definiert werden, die bei der Auftrags- bzw. Lieferungserstellung nicht unterschritten werden sollen.

Abb. 9.7
Mengenheiten

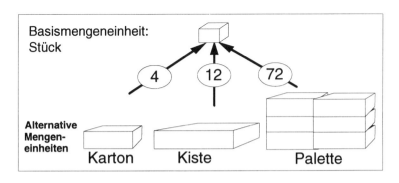

Gruppierungen

Aus Vertriebssicht kann es nützlich sein, Materialien nach unterschiedlichen Gesichtspunkten zu gruppieren, um eine gemein-

1 Grundlagen des Vertriebssystems „SD"

same Preisfindung oder gemeinsame Auswertungen zu ermöglichen. In der Standardversion des System SD sind verschiedene **Gruppierungsbegriffe** enthalten, die je nach den individuellen Anforderungen genutzt werden können. Es handelt sich um die Waren- und Materialgruppe sowie die Produkthierarchie.

Der Aufbau einer **Produkthierarchie** orientiert sich an bestimmten Merkmalen der Materialien. Mit Hilfe eines alphanumerischen Schlüssels kann eine maximal dreistufige Hierarchie gebildet werden (siehe Abb. 9.8):

Abb. 9.8
Produkthierarchie

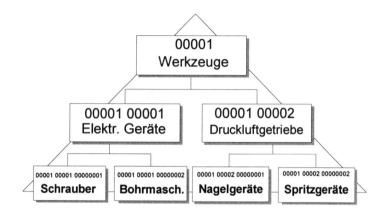

1.3 Konditionen

Mit der sogenannten **Konditionstechnik** steht ein flexibles Instrument zur Preisgestaltung zur Verfügung. Es können sowohl einfache Preisstrukturen als auch komplexe Zusammenhänge dargestellt werden (siehe Abb. 9.9).

Abb. 9.9
Konditionen

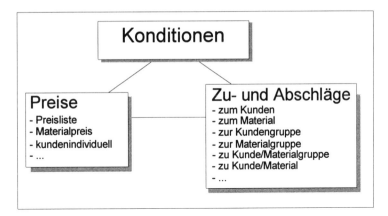

Konditionen können auf beliebigen Vereinbarungsebenen festgelegt werden. In der Standardversion werden zur Festlegung von Preisen, Zu- und Abschlägen die in der Praxis üblichen Ebenen vordefiniert. Preise können z.B. zu einem Material, in einer Preisliste oder kundenindividuell hinterlegt werden. Zu- und Abschläge können vom Kunden, vom Material, von der Kunden- oder Materialgruppe sowie von Kombinationen dieser Kriterien abhängen.

Die Berechnung der Preise, Zu- und Abschläge geschieht im Auftrag und Faktura automatisch.

2 Vertriebsunterstützung

Die Komponente Vertriebsunterstützung als Bestandteil des Systems SD unterstützt die Mitarbeiter aus Vertrieb und Marketing bei allen Aktivitäten im Rahmen von Akquisition und Kundenbetreuung. Die Vertriebsunterstützung ist mit den Bereichen **Versand / Verkauf / Fakturierung** eng verknüpft:

2 Vertriebsunterstützung

Abb. 9.10
Vertriebsunterstützung
(Quelle: On-Line-Dokumentation des SAP-R/3-Systems)

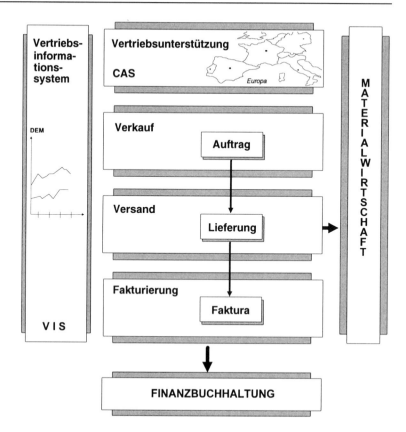

Ziel der Vertriebsunterstützung ist es, den Vertriebsmitarbeitern im Innen- und Außendienst aktuelle Informationen zur Verfügung zu stellen. Schwerpunkte sind individuelle Verkaufsförderung, interne und externe Kommunikation und Beurteilung der Wettbewerber und ihrer Produkte.

Die im Vertrieb gesammelten Informationen werden in strukturierter Form im System hinterlegt. Sie sind somit auswertbar und für alle Vertriebsmitarbeiter zugänglich (siehe Abb. 9.11).

Abb. 9.11
Marketingdaten

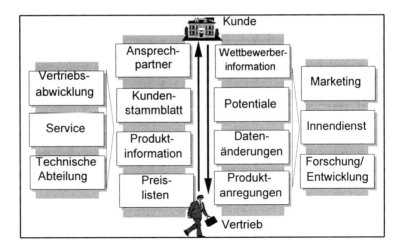

Auf Basis aktueller Marktdaten ist es möglich, eine strategische Produktplanung durchzuführen sowie Maßnahmen zur Verkaufsförderung einzuleiten. Daten zu Kunden und Konkurrenzprodukten stehen wiederum dem Vertrieb unmittelbar zur Verfügung.

2.1 Kunden, Interessenten und Ansprechpartner

Die Verwaltung von Kunden und Interessenten ist ein zentraler Bestandteil der Vertriebsunterstützung.

- **Interessenten**
  Verwaltung von Interessenten wie im Kundenstammsatz. Wird ein Interessent als Kunde gewonnen ⇨ Änderung eines Attributs im Kundenstammsatz. Fehlende Kundenstammdaten werden ergänzt.
- **Ansprechpartner**
  Vertriebsmitarbeiter haben im Rahmen von Akquisition und Kundenbetreuung Kontakt mit verschiedenen Ansprechpartnern. Daten betreffen Kommunikation, Stellung, Person etc. ⇨ gezielte Bearbeitung von Kunden- und Interessentenpotential.
- **Wettbewerber/Wettbewerbsprodukte**
  Daten zur permanenten Beobachtung der Wettbewerbssituation: Anschrift, Branche, Klassifizierung und Umsatzzahlen; Eigenschaften des Produkts, Kundenfragen, Stärken/Schwächen etc..
- **Kundenkontakt**

2 *Vertriebsunterstützung*

Abb. 9.12
Optimierung der Aktivitäten des Vertriebs

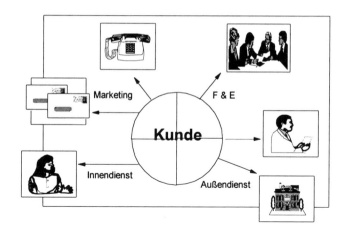

2.2 Geschäftsvorgänge

Das System SD unterstützt alle Vertriebsaktivitäten beginnend bei der **Akquisition**, bei der Abwicklung einer **Kundenanfrage** über die **Angebots- und Auftragsbearbeitung**, den **Versand** bis hin zur **Fakturierung**:

Abb. 9.13
SD-Geschäftsvorgänge

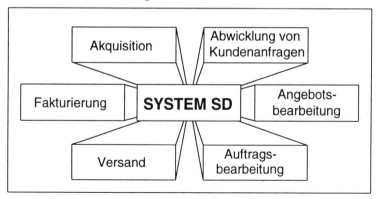

Diese Geschäftsvorgänge (siehe Abb. 9.13) werden in **Vertriebsbelegen** für Vertriebsunterstützung Verkauf, Versand und Fakturierung abgebildet. Kundenkontakte, Anfragen, Angebote, Aufträge, Lieferungen und Fakturen enthalten jeweils alle relevanten Informationen zu einem Geschäftsvorgang und seinem Status.

Mit den im Auslieferungssystem enthaltenen Vertriebsbelegen können viele in der Praxis üblichen Geschäftsvorfälle bearbeitet werden. Falls spezielle Anforderungen bestehen, können die

2.2 Geschäftsvorgänge

Systemeinstellungen über das Customizing-Tool auf einfache Weise verändert werden.

Bearbeitung der Vertriebsbelege

Zur Bearbeitung der **Vertriebsbelege** stehen Funktionen zur Verfügung, mit denen diese erstellt, verändert und angezeigt werden können. Änderungen der Belege, z.B. bezüglich der Preise und Mengen, werden in einer Historie festgehalten.

Matchcodes für Vertriebsbelege

Für das Auffinden eines Vertriebsbeleges können anstelle der Belegnummer unterschiedliche Suchbegriffe eingegeben werden. Folgende **Matchcodes** sind standardmäßig definiert:

Abb. 9.14 Matchcodes

▲ Kundenkontakte nach Kurzbezeichnungen
▲ Verkaufsbelege nach Kundenbestell-Nr.
▲ Gut- und Lastschriften zur Freigabe
▲ Lieferung einer Versandstelle nach Warenausgangsdatum
▲ Fakturen, die noch nicht an die Buchhaltung übergeleitet wurden

- **KONTAKT:**
  Ein Vertriebsmitarbeiter besucht regelmäßig einen Kunden. Das Ergebnis dieser Besuche wird in Kundenkontakten hinterlegt.
- **ANFRAGE:**
  Während eines Besuchs äußert der Kunde eine Anfrage.
- **ANGEBOT:**
  Aufgrund der Anfrage wird ein Angebot erstellt, das für einen bestimmten Zeitraum Gültigkeit besitzt.
- **AUFTRAG:**
  Nimmt der Kunde das Angebot an, erteilt er einen Auftrag, der zum Liefertermin beliefert werden muß.
- **LIEFERUNG:**
  Für die Lieferung müssen die Materialbereitstellung und der Transport termingerecht organisiert werden. Die Ware verläßt mit dem Warenausgang das Werk. Dabei werden die Wert- und Mengenänderungen in der Materialwirtschaft und der Buchhaltung vorgenommen.

2 Vertriebsunterstützung

- **FAKTURA:**
  Zum Abschluß des Vorgangs wird eine Faktura erstellt und an den Kunden geschickt. Der Buchungsstoff wird automatisch an die Finanzbuchhaltung übergeben.

Entwicklung eines Geschäftsvorganges

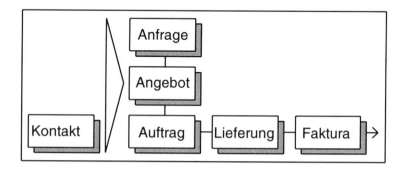

Abb. 9.15 Belegfluß

Dieser Vorgang wird durch sechs Vertriebsbelege dargestellt. Jeder Vertriebsbeleg enthält die relevanten Informationen, die zur Bearbeitung des Geschäftsvorfalls notwendig sind.

2.3 Belegstruktur

Vertriebsbelege besitzen eine bestimmte Struktur, um alle für einen Geschäftsvorfall relevanten Daten festhalten zu können. Eine Ausnahme bilden die Kundenkontakte, da in der Kundenbetreuung andere Anforderungen bestehen als in der Verkaufsabwicklung.

Jeder Beleg besteht aus einem **Belegkopf** und beliebig vielen **Belegpositionen**:

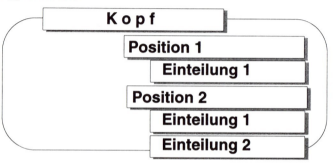

Abb. 9.16 Belegaufbau

- **Belegkopf:**
  Allgemeine Daten, die für den gesamten Beleg gelten.
  Bsp.: Auftraggeber, Vertriebsbereich
- **Auftragskopf:**
  Zahlungsbedingungen, Texte, Bestelldaten, Angaben zu den Geschäftspartnern.
- **Belegpositionen:**
  Daten zu Waren und Dienstleistungen.
  Bsp.: Materialnummer, Menge, abweichende Versandanschriften.
  Auftragsposition: Preise, Texte, Bestelldaten.
- **Verkaufsbelege:**
  Zusätzlich pro Position beliebig viele Einteilungen, die sich je nach Termin und Menge unterscheiden.
  Bsp.: Einteilungen werden dann gebildet, wenn ein Material zunächst nur teilweise ausgeliefert werden kann.

3 Vertriebsorganisation

3.1 Geschäftsarten

Besonders im Vertrieb sind die unterschiedlichsten Abwicklungsformen vertreten. Daher muß es möglich sein, in den Vertriebsbelegen sowohl einfache Geschäftsvorgänge, die keiner weiteren Klärung bedürfen, als auch komplexe Anforderungen, unter der Berücksichtigung von branchenspezifischen Anforderungen, darzustellen.

Um diese verschiedenen Geschäftsvorgänge im System SD zu behandeln, werden sogenannte **Geschäftsarten** mit unterschiedlicher Funktionalität definiert (siehe Abb. 9.17).

3 Vertriebsorganisation

Abb. 9.17
Standardversion der Geschäftsarten des Verkaufs

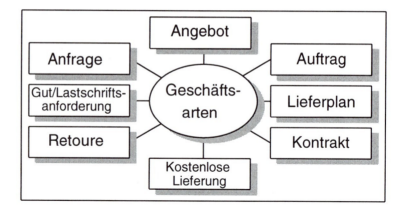

Analog dazu werden auch im Versand und in der Fakturierung Geschäftsarten unterschieden, die diese entsprechend ergänzen.

3.2 Vertriebsbelegsarten

Die Geschäftsarten werden über sogenannte Vertriebsbelegarten unterschieden. Jede Vertriebsbelegart erhält über Parameter eine spezifische funktionelle Ausprägung, die die jeweiligen Anforderungen erfüllt.

Bsp.: Zum Angebotszeitpunkt findet bereits eine Preisermittlung, jedoch keine Verfügbarkeitsprüfung statt. Verfügbarkeitsprüfung und Bedarfsübergabe an die Materialdisposition erfolgen dann erst im Auftragsfall.

Abb. 9.18
Vertriebsbelegarten

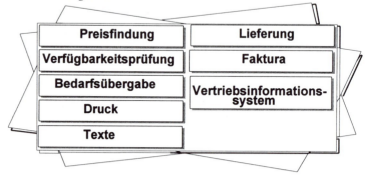

Datenherkunft

Zur Erstellung der Vertriebsbelege stehen geeignete Techniken zur Verfügung. Die Daten werden dabei aus Stammsätzen, Vorgänger- oder Referenzbelegen übernommen. Dabei werden die Daten zum Auftraggeber, Warenempfänger etc. aus den Kundenstammsätzen (siehe Abb. 9.19) übernommen, die Daten zu

3.3 Organisationsstrukturen

den Auftragspositionen aus den Materialstammsätzen. Falls Sortimente oder Kunden-Material-Informationen bestehen, werden diese zusätzlich berücksichtigt. Die Daten können im Vertriebsbeleg manuell verändert werden, falls separate Absprachen, z.B. bezüglich Zahlungsbedingungen, getroffen wurden.

Bei der Erstellung kann auch auf **Vorgänger- oder Referenzbelege** Bezug genommen werden.

Abb. 9.19
Kundenstammsätze

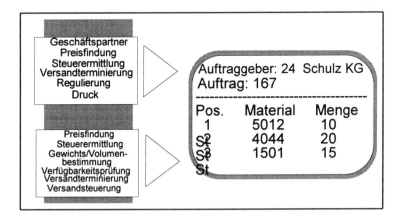

3.3 Organisationsstrukturen

Flexible Organisationseinheiten im SAP-System bieten die Möglichkeit, auch komplexe Unternehmensstrukturen abzubilden. Eine Vielzahl von Organisationseinheiten dient dazu, den rechtlichen und organisatorischen Aufbau eines Unternehmens aus unterschiedlichen Sichtweisen darzustellen. So können im Modul SD eigene Organisationseinheiten des Vertriebs definiert werden. In der Materialwirtschaft und der Buchhaltung bspw. sind wiederum andere Organisationseinheiten von Bedeutung. Durch die Verknüpfung der Organisationseinheiten untereinander werden die verschiedenen Unternehmensbereiche zusammengeführt. Es ergibt sich eine Integration der gesamten Unternehmensstruktur.

Mandant

Übergeordnetes Element aller Organisationseinheiten ist der **Mandant**. Er entspricht bspw. einem Konzern mit mehreren Tochterfirmen. Innerhalb eines Mandanten wird auf die gleiche Datenbasis zugegriffen; so wird auf der Ebene des Mandanten die Kundenadresse definiert.

3 Vertriebsorganisation

Vertriebsorganisation

Die **Organisationselemente im Vertrieb** sind:
- die Verkaufsorganisation,
- der Vertriebsweg,
- die Sparte sowie
- der Vertriebsbereich als Kombination dieser drei Elemente.

Es kann somit z.B. eine komplexe, marktorientierte Profit-Center-Organisation abgebildet werden. Darüber hinaus werden für die Innenorganisation in Akquisition und Verkauf Verkaufsbüros, Verkäufergruppen und Verkäufer definiert. Der Versand wird mit Hilfe von **Versand- und Ladestellen** gegliedert.

Verkaufsorganisation

Jede **Verkaufsorganisation** steht für eine verkaufende Einheit im rechtlichen Sinne, d.h. sie ist für die Produkthaftung oder eventuelle Regreßansprüche der Kunden verantwortlich. Mit Hilfe der Verkaufsorganisationen kann eine regionale Untergliederung des Marktes, z.B. der Verkaufsgebiete Nord und Süd, berücksichtigt werden. Die Geschäftsvorfälle des Vertriebs werden immer jeweils innerhalb einer Verkaufsorganisation abgewickelt.

Vertriebsweg

Um den Markt optimal zu versorgen, nutzt der Vertrieb verschiedene **Vertriebswege** im Sinne von Vertriebskanälen oder Absatzschienen. Mögliche Vertriebswege sind z.B. der Verkauf an Endverbraucher oder über Händler.

Sparte

Beim Vertrieb eines breitgefächerten Produktspektrums geht man häufig zu einer Spartenorganisation über. Jedes Material wird genau einer **Sparte** zugeordnet. Damit können spartenabhängig für jeden Kunden individuelle Vereinbarungen abgelegt werden.

3.4 Vertriebsbereich

Jede Kombination der Organisationselemente Verkaufsorganisation, Vertriebsweg und Sparte bildet einen eigenen Vertriebsbereich (siehe Abb. 9.20):

Abb. 9.20
Vertriebsorganisation

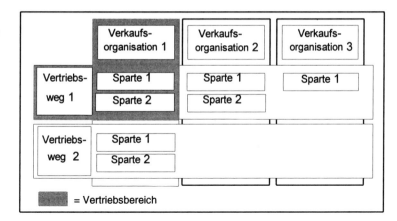

Beispiel: Verkaufsorganisation 1 vertreibt auf Vertriebsweg 1 sowohl Produkte aus Sparte 1 als auch aus Sparte 2. Hierdurch ergeben sich zwei Vertriebsbereiche.

Alle vertriebsrelevanten Daten eines Kunden werden in Abhängigkeit vom Vertriebsbereich definiert. So ist z.B. für jeden Kunden eine individuelle Preisfindung je Vertriebsbereich möglich. Auswertungen können auf Vertriebsbereichsebene erstellt werden.

Ein Kunde kann innerhalb einer Verkaufsorganisation auf unterschiedlichen Vertriebswegen beliefert werden, für die jeweils eigene Konditionen mit dem Kunden vereinbart werden. Ferner können sich vertriebsrelevante Materialstammdaten wie Preise, Mindestauftrags- oder -liefermengen, je nach beteiligter Verkaufsorganisation und genutztem Vertriebsweg, unterscheiden.

Beispiel für mögliche Verkauforganisationen, Vertriebswege und Sparten in einem Unternehmen:
- Verkaufsorganisation 1, 2, 3 = Nord, Süd, West
- Vertriebsweg 1, 2 = Direktverkauf, Vertreterverkauf
- Sparte 1, 2 = Bücher, Schallplatten
- Alle denkbaren Kombinationen dieser drei Elemente könnten eigene Vertriebsbereiche bilden.
- Beispiel: Direktverkauf von Büchern in der Verkaufsregion Nord kann ein Profit-Center bilden, das mit eigenständiger Vertriebspolitik den Markt bedient.

3 Vertriebsorganisation

Innenorganisation

Innenorganisation in Akquisition und Verkauf kann durch Verkaufsbüros, Verkäufergruppen und Verkäufer abgebildet werden.

- **Verkaufsbüros:**
  Vertriebsniederlassung oder Geschäftsstelle, für einen oder mehrere Vertriebsbereiche zuständig.
- **Verkäufergruppen und Verkäufer:**
  Personelle Besetzung eines Verkaufsbüros, wobei jede Verkäufergruppe einen eigenen Zuständigkeitsbereich haben kann. Verkäufer können über ihren Personalstammsatz identifiziert werden.

Abb. 9.21
Innenorganisation

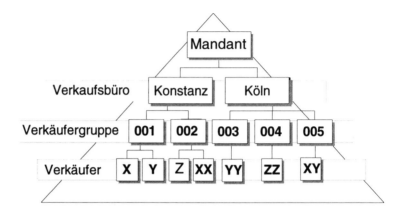

Organisation im Versand

Strukturierung durch Versand- und Ladestelle:

- **Versandstelle:**
  Räumlicher Ort in einem Werk, in dem die Warenlieferungen bearbeitet werden. Hierbei wird eine Lieferung von genau einer Versandstelle bearbeitet.
- **Ladestelle:**
  Repräsentiert die unterschiedliche technische Ausstattung einer Versandstelle.
  Bsp.: Es können mehrere Rampen zu einer Versandstelle gehören, von denen eine mit einem Kran, eine andere mit einem Gabelstapler ausgestattet ist.

3.5 Verknüpfung der Organisationseinheiten

Abb. 9.22
Versand- und Ladestellen

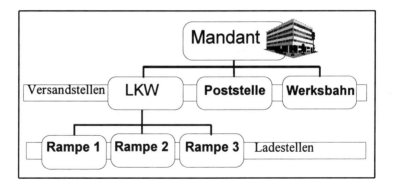

3.5 Verknüpfung der Organisationseinheiten

Durch die Verknüpfung der Organisationseinheiten wird der Aufbau des Gesamtunternehmens im R/3-System dargestellt:

- **Buchungskreis:**
  Bilanzierende Einheit im Sinne einer rechtlich selbstständigen Firma.
  Zentrales Organisationselement der Finanzbuchhaltung.
- **Werk:**
  Produktionsstätte oder einfach die Zusammenfassung räumlich nahe zusammenliegender Orte mit Materialbestand (= Lagerorte);
  bildet eine disponierende und bestandsführende Einheit;
  zentrales Organisationselement der Materialwirtschaft.

Abb. 9.23
Organisationseinheiten

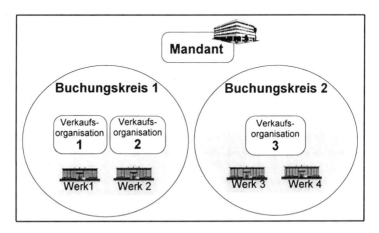

4 Verkauf

Das System SD erfüllt die verschiedensten Anforderungen im Bereich der Angebots- und Kundenauftragsbearbeitung:
- Bearbeitung und Überwachung von Anfragen, Angeboten, Aufträgen und Rahmenverträgen
- Kopierfunktion und Positionsvorschlag bei Auftragserfassung
- Verfügbarkeitsprüfung
- Versandterminierung
- Preisfindung und Steuerermittlung
- Kreditlimitprüfung
- Erstellen der Handelspapiere

4.1 Angebot und Anfrage

Die Aktivitäten der Vorverkaufsphase werden mit Hilfe von Anfragen und Angeboten im System SD festgehalten. Anfragen des Kunden und Angebote an den Kunden können erfaßt, verwaltet und überwacht werden. Für die optimale Bedienung des Marktes können so die Akquisitionsaktivitäten geplant und gesteuert werden.

Ein Angebot stellt eine rechtlich verbindliche Aussage an den Kunden dar. In einem Angebot werden daher die Materialspezifikation, Preise, Lieferzeiten und -konditionen angegeben. Die erfaßten Anfragen und Angebote können in einer Liste angezeigt werden:

Abb. 9.24
Liste zu bearbeitender Anfragen

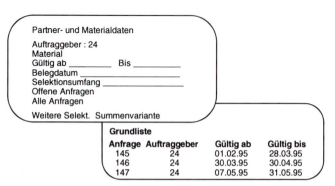

4.2 Auftrag

Zur Auftragserfassung und -bearbeitung stehen verschiedene, auf die jeweilige Situation zugeschnittene Techniken bereit. Im einfachsten Fall wird ein Auftrag mit mehreren Positionen auf nur einer Bildschirmmaske erfaßt. Die Daten zu Geschäftspartner, Materialien und Preisen werden aus den zugehörigen Stammsätzen oder einem referierten Verkaufsbeleg vorgeschlagen:

- Aus dem Stammsatz des Auftragsgebers resultieren unter anderem Daten über Geschäftspartner bezüglich Auslieferung, Dokumentendruck und Regulierung.
- Daten zur Preisfindung, Steuerermittlung, Versandterminierung und Regulierung ergeben sich aus den Stammsätzen der betroffenen Geschäftspartner.
- Informationen für die Preisfindung, Steuerermittlung, Gewichts- und Volumenbestimmung, Verfügbarkeitsprüfung, Versandterminierung und -steuerung werden aus den Materialstammsätzen übernommen.

Eine Liste der unvollständigen Verkaufsbelege (siehe Abb. 9.25) gibt Aufschluß darüber, welche Aufträge oder Angebote ergänzt werden müssen. Erst wenn alle fehlenden Daten eingegeben wurden, können die Folgeaktivitäten, wie Belieferung und Fakturierung, durchgeführt werden.

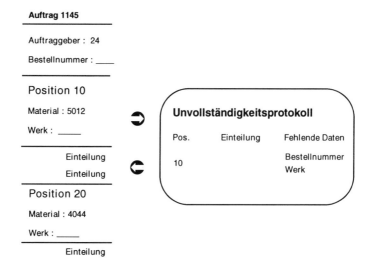

Abb. 9.25 Unvollständigkeitsprotokoll

4 Verkauf

4.2.1 Kopierfunktion

Erfassungshilfen

Als **Erfassungshilfe** dient die Kopierfunktion für Verkaufsbelege. Falls ein Auftrag aufgrund eines Angebots erfaßt wird, kann dieses Angebot kopiert werden. Es werden alle vorgangsspezifischen Daten in den Auftrag übernommen. Sie können ergänzt oder verändert werden. Erfassungsaufwand und Fehlerursachen sind so minimiert.

4.2.2 Positionsvorschlag über Sortiment

Bei der Auftrags- und Angebotserfassung kann ein **Positionsvorschlag** aufgrund eines zuvor zusammengestellten Sortiments erfolgen. Man kann den Vorschlag der Materialien unverändert übernehmen oder nur bestimmte Materialien auswählen. Falls im Sortiment Mengenangaben gemacht wurden, können diese übernommen werden.

Ein Sortiment kann entweder mit der Sortimentsnummer oder über einen Suchbegriff mit Hilfe eines **Matchcodes** aufgerufen werden. Zusätzlich kann ein kundenindividuelles Sortiment definiert werden, das bei der Auftragserfassung vorgeschlagen wird:

Abb. 9.26
Positionsvorschlag über Sortiment

Sortiment

Suchbegriff	: Ersatzteile
Gültigkeit	: 01.01.95 - 31.12.95
Sortiment	: 560000008

Pos.	Material	Menge
10	4404	40 St
20	4410	50 St
30	5001	30 Ki

Auftrag

Auftraggeber : 24 Schulz KG

Pos.	Material	Menge
10	4404	40 St
20	4410	50 St
30	5001	30 Ki

Matchcode

?

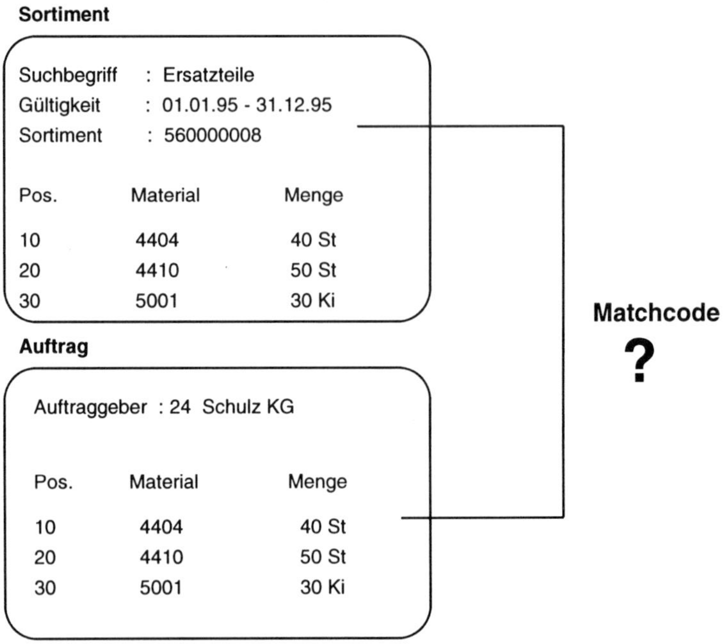

4.2.3 Auftragserfassung aus Bestellersicht

Kunden-Material-Information

Falls ein Kunde mit seiner eigenen Materialnummer Waren bestellt, wird der Auftrag aus Bestellersicht erfaßt. Voraussetzung ist, daß vorher eine entsprechende **Kunden-Material-Information** definiert wurde. Anstelle der firmeneigenen wird dann die kundenindividuelle Materialnummer angegeben. Das System erkennt automatisch den Zusammenhang zwischen der Materialnummer des Bestellers und dem eigenen Materialstammsatz.

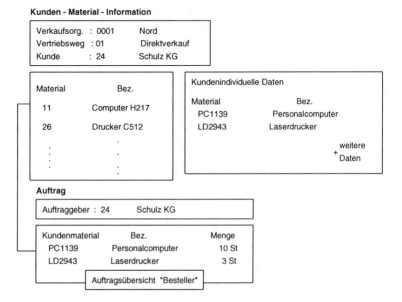

Abb. 9.27 Auftragserfassung aus Bestellersicht

4.2.4 Rahmenverträge

In Rahmenverträgen wird eine Vereinbarung mit einem Kunden zur Abnahme von Waren oder Dienstleistungen in einer bestimmten Menge oder einem bestimmten Wert für einen definierten Gültigkeitszeitraum hinterlegt.

Das System SD unterstützt die Rahmenvertragsarten Kontrakt und Lieferplan in unterschiedlichen Ausprägungen. Kontrakte enthalten nur Mengen- und Preisvereinbarungen, erst mit den Aufträgen zu einem Kontrakt werden die genauen Auftragsmengen spezifiziert. Im Lieferplan sind Liefermengen und Lieferdaten bereits bekannt.

4 Verkauf

4.2.5 Kontrakt

Zur Erstellung und Bearbeitung von Kontrakten stehen dem Benutzer eigene Techniken zur Verfügung. In Kontrakten werden zunächst nur Preis- und Mengenvereinbarungen hinterlegt. Die relevanten Liefer- und Versanddaten werden zum Zeitpunkt des Kundenabrufs in sogenannten Abrufaufträgen zu Kontrakten ergänzt. Abrufaufträge werden wie normale Kundenaufträge bearbeitet. Aus den Abrufaufträgen werden zum Fälligkeitstermin Lieferungen erzeugt, um den Versand der Materialien durchzuführen (siehe Abb. 9.28):

Abb. 9.28 Kontrakt

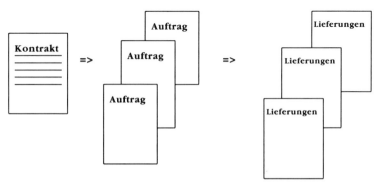

4.2.6 Lieferplan

Auch zur Erfassung und Bearbeitung von Lieferplänen bietet das System SD geeignete Techniken (siehe Abb. 9.29).

Dabei stehen dem Anwender die gleichen Routinen wie im Auftrag, z.B. Preisfindung oder Verfügbarkeitsprüfung, zur Verfügung.

Abb. 9.29 Lieferplan

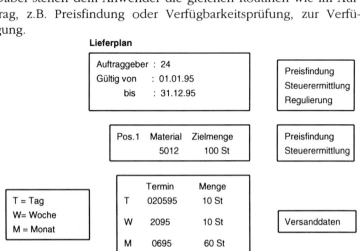

4.2 Auftrag

4.2.7 Versandterminierung

Bei der Auftragserfassung führt das System SD automatisch die Terminierung der Versandaktivitäten durch. Ausgehend vom Wunschlieferdatum des Kunden ermittelt das System in Abhängigkeit von Warenempfänger, Route, Versandstelle und Material das Materialbereitstellungsdatum. Zu diesem Termin muß mit den Versandaktivitäten, wie Kommissionieren und Packen, begonnen werden. Bei der Terminierung können Transit-, Lade- und Richtzeit sowie Transportdispositionszeit für die Bereitstellung der Transportmittel berücksichtigt werden.

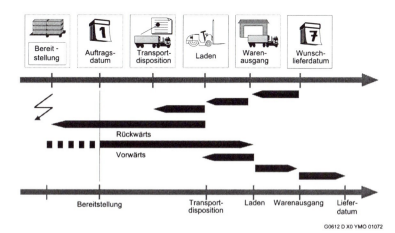

Abb. 9.30
Vorwärts-terminierung
(Quelle: On-Line-Dokumentation des SAP-R/3-Systems)

4.2.8 Verfügbarkeitsprüfung

Versandterminierung und Verfügbarkeitsprüfung hängen voneinander ab:

Auf Basis des Wunschlieferdatums des Kunden prüft das System, ob zum ermittelten Bereitstellungsdatum das Material in gewünschter Menge verfügbar ist (siehe Abb. 9.31).

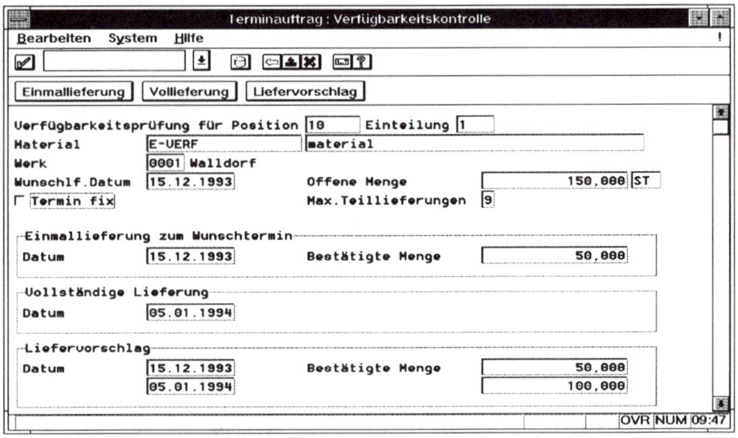

4 Verkauf

Abb. 9.31
Verfügbarkeits-
kontrolle
(Quelle: On-Line-
Dokumentation des
SAP-R/3-Systems)

Ist dies nicht der Fall, so ermittelt das System automatisch den Termin, zu dem das Material wieder verfügbar sein wird, und zu welchem Zeitpunkt die Ware dann beim Kunden eintrifft. Der Anwender erhält Liefervorschläge zur Auswahl.

4.2.9 Bedarfsübergabe

Mit der Verfügbarkeitsprüfung kann auch eine Bedarfsübergabe an die Materialwirtschaft erfolgen.

Durch die Integration des R/3-Systems erfolgt der erforderliche Informationsaustausch zwischen dem System SD und dem System MM oder PP automatisch. Der Bedarf wird in Form von Einzel- oder Sammelbedarfen gemeldet. In der Materialwirtschaft bzw. der Produktionsplanung wird dann anhand der Bedarfe entweder der Einkauf oder die Fertigung angestoßen.

Abb. 9.32
Bedarfsübergabe
(Quelle: On-Line-
Dokumentation des
SAP-R/3-Systems)

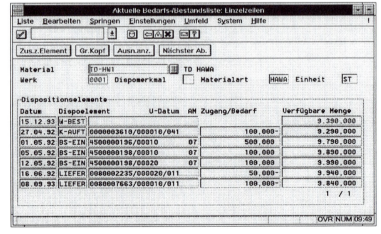

Falls für einen Auftrag eine Liefersperre besteht, z.B. wegen einer Überschreitung des Kreditlimits, kann auch die Bedarfsübergabe gesperrt werden. In Abhängigkeit von der Geschäftsart wird dazu automatisch eine Sperre der Bedarfsübergabe gesetzt. Erst wenn die Liefersperre manuell zurückgenommen wird, erfolgt die Bedarfsmeldung.

Rückstandsauflösung
Auftragspositionen, die aufgrund mangelnder Verfügbarkeit nicht bestätigt werden konnten, werden mit Hilfe der **Rückstandsauflösung** weiterbearbeitet.

Falls die veränderte Verfügbarkeitssituation eine Belieferung zuläßt, kann mit Hilfe der Rückstandsauflösung auch direkt die Bestätigung der Aufträge vorgenommen werden.

4.2.10 Preisfindung und Kalkulationsschema

Die **Preisfindung** findet im System SD auf Basis der zuvor definierten Preise, Zu- und Abschläge automatisch statt. Ohne Eingriff des Anwenders werden die momentan gültigen Preise und relevanten Zu- und Abschläge für einen Geschäftsvorfall ermittelt. Manuelle Änderungen und Ergänzungen im konkreten Einzelfall sind selbstverständlich möglich. Die Preisfindung kann sowohl in Angeboten und Aufträgen als auch in Fakturen stattfinden.

Kalkulationsschema
Das **Kalkulationsschema** stellt das Regelwerk für die Preisfindung dar. Hier wird festgelegt, welche Preise, Zu- und Abschläge zu ermitteln sind und in welcher Weise sie im Beleg anzuordnen sind. Das bedeutet, daß z.B. zunächst ein Materialpreis gesucht und von diesem dann ein Rabatt abgezogen wird. Es werden zunächst die Positionswerte und anschließend der daraus resultierende Gesamtauftragswert berechnet. Dabei können beliebige Zwischensummen gebildet werden, die wiederum Basis für Zu- und Abschläge sein können.

Darüber hinaus werden auch die Bedingungen festgelegt, unter denen die Preise, Zu- und Abschläge jeweils gültig sind. Zum Beispiel ist im Standardsystem festgelegt, daß bei der Suche nach dem Materialpreis zunächst ein kundenindividueller Preis, dann ein Preislistenpreis und schließlich ein materialabhängiger Preis berücksichtigt werden soll. Sobald ein gültiger Preis gefunden wurde, der alle Bedingungen erfüllt, ist die Suche beendet. Der Preis wird in Angebot, Auftrag oder Faktura übernommen.

Steuern	Ziel der **Steuerermittlung** ist es, die Mehrwertsteuer oder andere Verkaufssteuern, die für einen Vorgang anfallen, automatisch zu ermitteln. In Abhängigkeit der Kriterien für die Steuerermittlung ergeben sich die Steuerbeträge der Positionen und des gesamten Beleges. Diese Steuerbeträge werden auf Belegebene pro Steuersatz kumuliert.
Kreditlimitprüfung	Durch den Verzicht auf eine sofortige Bezahlung beim Verkauf von Waren und Dienstleitungen übernimmt ein Unternehmen gegenüber dem Abnehmer eine Finanzierungsfunktion. Mit der Festlegung eines **kundenspezifischen Kreditlimits** können die Risiken dieser absatzbezogenen Kreditgewährung begrenzt werden. Bei der Auftragsbearbeitung erfolgt darum eine Überwachung des eingeräumten Kreditlimits.

Falls das noch offene Kreditlimit überschritten wird, sind in Abhängigkeit der Verkaufsbelegart unterschiedliche Systemreaktionen möglich.

5 Versand

Das System SD unterstützt die vielfältigen Aufgaben im Rahmen einer Versandabwicklung.

Durch die Integration der Komponenten Verkauf und Versand können alle für eine Lieferung benötigten Daten im Auftrag ermittelt werden. Damit ist die Vorbereitung und Steuerung der Versandaktivitäten im direkten Anschluß an den Verkauf möglich.

5.1 Erstellung und Bearbeitung von Lieferungen

In der Lieferung werden alle für Warenbereitstellung und Auslieferung benötigten Daten festgehalten. Für die Erstellung der Lieferung stehen dem Benutzer im System SD verschiedene Möglichkeiten zu Verfügung:

- Erstellung einzelner Lieferungen gezielt für einen Auftrag;
- Erstellung aller fälligen Lieferungen;
- Erstellung unabhängiger Lieferungen ohne Bezugnahme auf einen Auftrag.

5.3 Warenausgang

Bei der Erstellung einer Lieferung wendet das System unterschiedliche Routinen und Prüfungen an, um die Vollständigkeit und Korrektheit der Lieferdaten sicherzustellen. Manuelle Eingriffe aus dispositiven Gründen sind auch im nachhinein auf den entsprechenden Detailbildern einer Lieferung möglich.

5.2 Kommissionierung

Die auszuliefernden Waren müssen termingerecht kommissioniert, d.h. für den Versand bereitgestellt werden. Dazu werden die Materialien aus dem Lager in eine Kommissionier- oder Versandzone gebracht (siehe Abb. 9.33).

Der Kommissionierlagerort einer Lieferposition kann automatisch ermittelt werden. Dies erfolgt in Abhängigkeit von Versandstelle, Werk und Raumbedingungen, die für die Lagerung des Materials gelten.

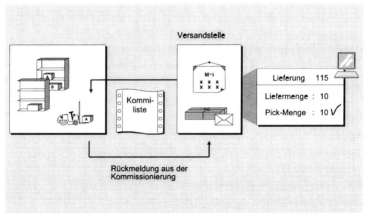

Abb. 9.33
Kommissionierung
(Quelle: On-Line-Dokumentation des SAP-R/3-Systems)

Zum Abschluß der Kommissionierung werden die bereitgestellten Mengen zurückgemeldet. Bei Fehlmengen kann nachkommissioniert oder die Liefermenge reduziert werden.

5.3 Warenausgang

Sobald die Ware das eigene Werk verläßt, sind die Aktivitäten der Versandabteilung abgeschlossen.

Mit dem Warenausgang gilt die Lieferung als erledigt, darüber hinaus werden die Informationen des erfolgten Warenausgangs im zugrundeliegenden Auftrag festgehalten. Die Lieferung wird in den Arbeitsvorrat für die Fakturierung aufgenommen. Die Rechnungserstellung kann erfolgen.

6 Fakturierung

Die Fakturierung bildet den Abschluß eines Geschäftsvorfalls im Vertrieb. So wird bei der Fakturierung auf die Daten des Verkaufs und des Versandes zurückgegriffen und die fakturarelevanten Daten, z.B. zu Mengen und Preisen, automatisch aus den Vorgängerbelegen in die Faktura aufgenommen. Mit der Fakturierung werden die erforderlichen Daten an die Finanzbuchhaltung und die Ergebnisrechnung übergeben.

6.1 Erstellungs- und Abrechnungsformen

Erstellungsformen

Zur Fakturaerstellung stehen zwei Techniken zur Verfügung:
- Die Faktura wird gezielt für eine Lieferung bzw. einen Auftrag erstellt. Dazu muß die Lieferungs- bzw. Auftragsnummer explizit angegeben werden.
- Die fakturierbaren Geschäftsvorfälle bilden den Arbeitsvorrat für die Fakturierung.

Abrechnungsformen

Mit dem System SD können unterschiedliche **Abrechnungsformen** realisiert werden (siehe Abb. 9.34):
- Für jede Lieferung wird eine separate Rechnung erzeugt.
- Alle Lieferungen einer Periode werden zu einer Sammelrechnung zusammengefaßt. Dabei sind die Perioden frei definierbar.
- Nach bestimmten Kriterien werden für eine Lieferung mehrere Rechnungen erzeugt.

Abb. 9.34 Abrechnungsformen

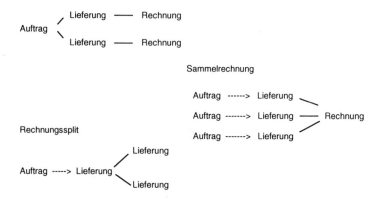

6.2 Reklamationsbearbeitung, Gut- und Lastschrift

Retoure

Der Kunde reklamiert eine Warenlieferung. Die Ware kann beim Kunden abgeholt werden. Bei berechtigter **Reklamation** wird dem Kunden der beanstandete Wert gutgeschrieben. Diese Gutschrift wird aufgrund des Retourenauftrags erstellt, der in der Verkaufsabteilung erfaßt wurde und alle Informationen der Reklamation enthält.

Gutschrift

Falls der Kunde eine **Gutschrift**, z.B. aufgrund einer Lieferverzögerung fordert, wird diese Anforderung in der Verkaufsabteilung erfaßt. Die Gutschriftsanforderung ist zunächst für die Fakturierung gesperrt. Sobald die Höhe der Gutschrift endgültig entschieden ist, kann die Sperre zurückgenommen und die Gutschrift erstellt werden. Die Daten werden an die Finanzbuchhaltung übergeben.

Lastschrift

Analog erfolgt die Bearbeitung einer **Lastschrift** an den Kunden. Der Lastschriftswert wird als Forderung an den Kunden in der Finanzbuchhaltung behandelt.

7 Vertriebsinformationssystem

Das Vertriebsinformationssystem ist ein Bestandteil des zum SAP-R/3-System gehörenden Vertriebsmoduls (SD). Es ist im wesentlichen dazu ausgelegt, Führungskräften Informationen über den Vertrieb graphisch oder tabellarisch aufzubereiten, wobei der Benutzer den Grad der Informationstiefe selbst bestimmen kann. Desweiteren ist das Vertriebsinformationssystem (VIS) Bestandteil des Logistikinformationssystems (LIS), das u.a. auch das Einkaufs- und Fertigungsinformationssystem beinhaltet.

Die Gesamtheit des **Vertiebsmoduls mit seinen Teilen**

- **SD-Grundfunktionen und Stammdaten**
- **SD-Verkauf**
- **SD-Versand**
- **SD-Fakturierung**
- **SD-Preisfindung und Konditionen**

spielt eine große Rolle bei den zu erstellenden Auswertungen des Teils SD-Vertiebsinformationssystem, wie später noch aufgezeigt werden wird.

7 Vertriebsinformationssystem

Das Vertriebsinformationssystem läßt sich im wesentlichen in drei Teile untergliedern: die Standardanalysen, die Flexiblen Analysen und die Planung.

Datenbasis des VIS

Die **Datenbasis** für diese drei Teile sind die sog. Informationsstrukturen, von denen es zwei verschiedene Arten gibt (Standard-Informationsstrukturen und Auswerte-Informationsstrukturen). Diese Strukturen sind in einer Art Datenbank abgelegt, in der alle wichtigen Vorgänge und Informationen, die bei der Vertriebsabwicklung entstehen, automatisch fortgeschrieben werden (z.B. bei der Erstellung von Angeboten und Aufträgen). Sie beinhalten drei Informationstypen (vgl. Abb. 9.35):

Abb. 9.35
Inhalt der Informationsstrukturen

7.1 Merkmale, Kennzahlen und Periodizität

Merkmale

Merkmale kann man als Informationen deklarieren, die sich zur Verdichtung eignen. Im R/3-Vertriebsinformationssystem sind unterschiedliche Merkmale festgelegt (z.B. Vertriebsweg, Material).

SAP hat zu jedem Merkmal eine sog. **Merkmalsausprägung** erstellt:

Abb. 9.36
Merkmalsausprägungen

Zu jedem Merkmal gibt es sog.
Merkmalsausprägungen

Merkmal: Verkaufsorganisation

Unterteilung:  Merkmalsausprägung

498

Kennzahlen

Kennzahlen enthalten Daten, die betriebswirtschaftlich interessant sind und aus einer Datenbank gelesen werden (z.B. Auftragseingang, Umsatz). Die Merkmale bilden zu ihnen die dazugehörigen Schlüssel.

Da zu jeder Kennzahl Werte gehören, können sie am besten von den Merkmalen unterschieden werden, weil Kennzahlen in irgendeiner Weise meßbare Größen darstellen (z.B. meßbar in einer Währungseinheit oder einer Gewichtsklasse).

Periodizität

Jeder Informationsstruktur bzw. den darin enthaltenen Kennzahlen und Merkmalen wird ein bestimmter Zeitbezug (**Periodizität**) zugeordnet (z.B. Jahr, Monat, Tag).

Die Werte der Kennzahlen werden für jedes Merkmal in dieser Informationsstruktur periodisch kumuliert (z.B. Januar 1994 betrug der Umsatz 100.000 DM, im Februar 1994 betrug der Umsatz 98.000 DM; der hier zugeordnete Zeitbezug ist der Monat).

7.2 Arten von Informationsstrukturen

SAP unterscheidet im wesentlichen zwei Arten von Informationsstrukturen:

- Standard-Informationsstrukturen
- Auswerte-Informationsstrukturen

In beiden Arten der Informationsstrukturen sind Merkmale und Kennzahlen zusammengestellt.

7.2.1 Standard-Informationsstrukturen

Es werden im Standard sechs Standard-Informationsstrukturen mit dem VIS ausgeliefert. Sie enthalten von den 50 unterschiedlichen Kennzahlen jeweils jene, die thematisch zu der entsprechenden Struktur gehören und für sie aussagekräftig sind.

Die Standard-Informationsstrukturen sind in einer Datenbank abgelegt. Diese Strukturen werden ständig mit neu entstandenen Daten aus der Vertriebsabwicklung fortgeschrieben.

Die Datenbasis für die Standardanalysen und die Planung bilden die Standard-Informationsstrukturen.

7.2.2 Auswerte-Informationsstrukturen

Die Auswerte-Informationsstrukturen können vom Benutzer selbst definiert werden, d.h. Merkmale und Kennzahlen können selbst zusammengestellt werden und stellen dann somit eine vom Benutzer selbst festgelegte Sicht dar.

Diese Art von Strukturen wird nicht mit neu entstandenen Daten fortgeschrieben.

Bezug der Auswerte-informationsstrukturen

Sie können sich auf ein oder mehrere Standard- oder Auswerte-Informationsstrukturen beziehen. Einen anderen Bezug stellen auch beliebige Data-Dictionary-Strukturen dar (z.B. Belegdatei).

Die Datenbasis für die flexiblen Analysen bilden, neben den Standard-Informationsstrukturen, die Auswerte-Informationsstrukturen.

8 Standardanalysen

Die Standardanalysen stellen, neben den flexiblen Analysen, eine Form der Datenauswertung dar.

Der Datenumfang, der ausgewertet werden soll, und der Detaillierungsgrad kann vom Benutzer durch unterschiedliche Funktionen und Selektionsmöglichkeiten bestimmt werden.

Mögliche Kriterien

Standardanalysen können nach **sechs** verschiedenen **Kriterien** durchgeführt werden:

- Kunde
- Material
- Verkaufsorganisation
- Versandstelle
- Vertriebsbeauftragter
- Verkaufsbüro

Durchführung

Um eine Standardanalyse auszuführen, geht man wie folgt vor:

- Im SAP-R/3-Einstiegsbild ist der Menüpunkt „*Logistik-Vertrieb-Vertriebsinformationssystem*" anzuwählen.

- Damit ist der Menüpunkt „*Standardanalyse*" und die gewünschte Analyse (z.B. Kundenanalyse, Materialanalyse) und der Menüpunkt „*Neue Selection*" anzuklicken. Man befindet sich nun in folgendem Einstiegsbild (siehe Abb. 9.37):

7.2 Arten von Informationsstrukturen

Abb. 9.37
Einstiegsmenü:
Kundenanalyse

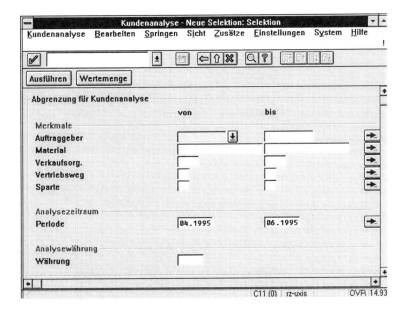

- Hier besteht die Möglichkeit, die einzelnen Merkmale gezielt anzugeben oder diese Zeilen auszulassen. Der Analysezeitraum wird vom System automatisch festgelegt (falls jedoch für diesen Zeitraum keine Daten vorhanden sind, muß er geändert werden). Die Angabe der Analysewährung kann optional erfolgen.

Abb. 9.38
Standardanalyse
(Quelle: On-Line-Dokumentation des SAP-R/3-Systems)

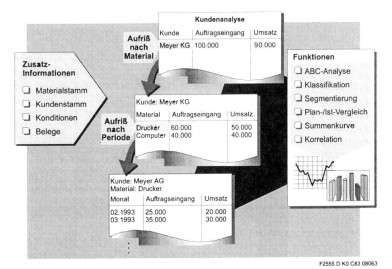

8　*Standardanalysen*

Listenarten　　Bei der Standardanalyse gibt es **zwei Listenarten**:
- Grundliste
- Aufrißliste

8.1　Grundliste

Über die Grundliste kann sich der Benutzer gemäß der zuvor gewählten Selektionskriterien einen Überblick über die Merkmalsausprägungen zu den Kennzahlen anzeigen lassen (die Merkmalsausprägungen bei der Kundenanalyse sind die Kunden; zu den einzelnen Kunden werden dann die Kennzahlen, wie z.B. Umsatz, angezeigt).

Die Kennzahlen, die jeweils bei den verschiedenen Analysen erscheinen, können über den Menüpunkt der *Analyseform-Einstellungen* (z.B. *Kundenanalyse-Einstellungen*) ausgewählt werden.

Abb. 9.39
Anzeige der
Grundliste

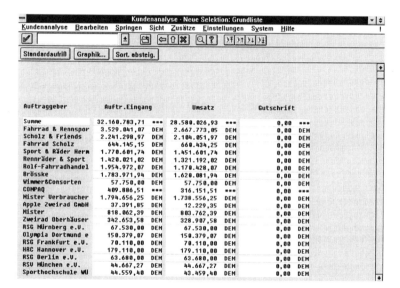

8.2　Aufrißliste

Über die Aufrißliste erhält der Benutzer die Möglichkeit, sich eine bestimmte Merkmalsausprägung (z.B. Kunde Meyer) in Hinblick auf ein Merkmal (z.B. Verkaufsorganisation) detaillierter anzeigen zu lassen (siehe Abb. 9.40):

Abb. 9.40
Beispiel eines
Aufrisses

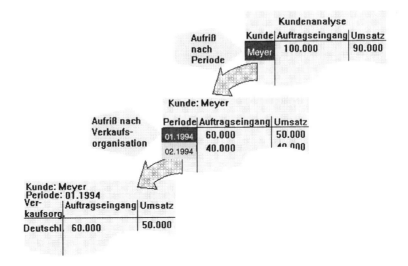

Die Stufen, nach denen aufgerissen werden kann, entsprechen der Anzahl der Merkmale der Standard-Informationsstruktur, die der jeweiligen Analyse zugrunde liegt.

Die Reihenfolge nach der aufgerissen wird, erfolgt entweder über einen bereits voreingestellten Analysepfad, dem sog. Standardaufriß, oder wird vom Benutzer selbst bestimmt.

Durchführung eines Standardaufrisses

Ein **Standardaufriß** wird durchgeführt, indem der Cursor auf der gewünschten Merkmalsausprägung (z.B. Kunde Meyer) positioniert wird und dann die Taste Standardaufriß betätigt wird. Eine Wiederholung ist solange möglich, bis das Ende des Analysepfades erreicht ist, d.h. keine weiteren Merkmale in der relevanten Informationsstruktur mehr vorhanden sind.

Durchführung eines benutzerdefinierten Aufrisses

Ein **benutzerdefinierter Aufriß** wird angezeigt, wenn der Cursor auf der Merkmalsausprägung, zu der Detailinformation gewünscht wird, positioniert wird. Dann muß im Menü „Sicht-Aufreißen" das Merkmal gewählt werden, nach dem aufgerissen werden soll.

8.3 Weitere Funktionen

Für alle Listenstufen, die durch solch einen Aufriß entstanden sind, stehen noch eine Reihe von weiteren Funktionen zur Verfügung, die im Menü „Bearbeiten" enthalten sind:

8   Standardanalysen

Abb. 9.41
Mögliche Funktionen

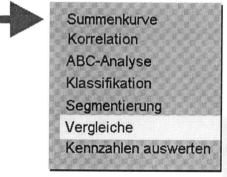

Alle enthaltenen Funktionen können mit Hilfe von *SAP-Graphik* graphisch am Bildschirm dargestellt werden.

8.3.1 Summenkurve

Der Benutzer hat die Möglichkeit, sich die Daten bezüglich einer Kennzahl in Form einer Summenkurve anzeigen zu lassen.

Ausführung

Die Summenkurve wird projiziert, wenn

- der Cursor auf der Kennzahl positioniert wird, für die eine Summenkurve erstellt werden soll und
- das Menü „*Bearbeiten-Summenkurve*" gewählt wird.

8.3.2 Korrelationskurve

Die Korrelationskurve stellt Wechselbeziehungen und Zusammenhänge bzgl. mehrerer Kennzahlen dar.

Ausführung

Eine Korrelationskurve wird dargestellt,

- wenn das Menü „*Bearbeiten-Korrelation*" gewählt wird. Hier erscheint ein Dialogfenster, in dem die Kennzahlen der aktuellen Liste angezeigt werden;
- aus dieser Liste müssen nun die Kennzahlen gewählt werden, aus denen eine Korrelationskurve erstellt werden soll;
- nach dem Drücken von [Enter] wird die Korrelationskurve für die ausgewählten Kennzahlen angezeigt.

8.3.3 ABC-Analyse

Die ABC-Analyse klassifiziert die Wichtigkeit von bestimmten Merkmalsausprägungen in Hinblick auf bestimmte Kennzahlen.

Durchführung

Eine ABC-Analyse wird erstellt, wenn

- der Cursor auf der Kennzahl positioniert wird, die als Kriterium für die Analyse dient.
- danach das Menü *„Bearbeiten-ABC-Analyse"* gewählt wird. Hier erscheint ein Dialogfenster, in dem die vier Strategien für die Durchführung angezeigt werden (genauere Erläuterung der Strategien siehe SAP-Handbuch).
- dann eine Strategie, nach der die Analyse durchgeführt werden soll, gewählt wird.

Das Ergebnis erscheint, je nach gewählter Einstellung, zuerst als Graphik oder in Form einer Liste. Wenn das Ergebnis als erstes in Form einer Graphik erscheint, kann sich der Benutzer mittels der Schaltflächen am rechten Rand der SAP-Graphik ebenfalls die Listenarten anzeigen lassen.

Für die ABC-Analyse gibt es **zwei Arten von Listen**:

- Übersicht Segmente
- Liste A-, B- oder C-Segment

Abb. 9.42 Graphik einer ABC-Analyse

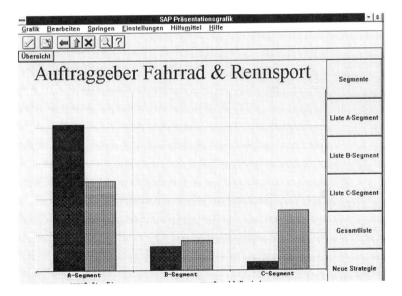

8.3.4 Klassifikation

Die Klassifikation teilt die Merkmalsausprägungen einer Kennzahl in Klassen ein.

Die Festlegung der Klassengrenzen und die Anzahl der Klassen wird automatisch vom System übernommen. Es kann jedoch auch vom Benutzer selbst festgelegt werden.

Die Klassengrenzen werden vom System je nach Datenlage festgelegt. Es sind vom System standardmäßig sechs Klassen vorgesehen.

Durchführung

Eine Klassifikation wird durchgeführt, wenn

- der Cursor auf der Kennzahl (bzw. Kennzahlspalte) positioniert wird, die für die Klassifikation herangezogen werden soll.
- danach das Menü *„Bearbeiten-Klassifikation"* gewählt wird.

Das Ergebnis erscheint je nach gewählter Einstellung zuerst als Graphik oder in Form einer Liste.

Für die Klassifikation gibt es **zwei Listenarten**:
- Übersicht Klassen
- Klassenliste

8.3.5 Segmentierung

Die Merkmalsausprägungen zweier Kennzahlen können mit Hilfe der Segmentierung in Klassen eingeteilt werden.

Durchführung

Eine Segmentierung wird durchgeführt, wenn

- das Menü *„Bearbeiten-Segmentierung"* gewählt wird. Hier erscheint ein Dialogfenster, in dem alle Kennzahlen der aktuellen Liste angezeigt werden.
- dann zwei Kennzahlen ausgewählt werden und [Enter] gedrückt wird.

Das Ergebnis erscheint je nach gewählter Einstellung zuerst als Graphik oder in Form einer Liste.

Für die Segmentierung gibt es **zwei Arten von Listen**:
- Übersicht Segmente
- Segmentliste

8.3.6 Plan-/Ist-Vergleich

Mit Hilfe des Plan-/Ist-Vergleiches können Plan- und Ist-Daten von einer Kennzahl gegenübergestellt werden.

Durchführung

Ein Plan-/Ist-Vergleich wird erstellt, wenn

- der Cursor auf der für den Plan-/Ist-Vergleich relevanten Kennzahl positioniert ist.
- danach das Menü *„Bearbeiten-Vergleiche-Plan-/Ist-Vergleich"* gewählt wird. Hier erscheint ein Dialogfenster, in dem die Planungsversion einzugeben ist.
- durch Drücken der *„Weiter-Taste"* der Vorgang abgeschlossen wird, erscheint der Plan-Ist-Vergleich; die Differenz wird in einer Währung und in Prozent angegeben.

8.3.7 Vorjahr-/Aktuell-Vergleich

Der Vergleich Vorjahr-/Aktuell stellt die Werte einer Kennzahl des Vorjahres und des aktuellen Jahres gegenüber.

Durchführung

Ein Vorjahr-/Aktuell-Vergleich wird erstellt, wenn

- der Cursor auf der für den Vergleich relevanten Kennzahl positioniert ist.
- danach das Menü *„Bearbeiten-Vergleiche-Vorjahr-/Aktuell-Vergleich"* gewählt wird.

Die Gegenüberstellung erfolgt in der Geldeinheit und prozentual.

8.3.8 Vergleich zweier Kennzahlen

Bei diesem Verfahren werden die Werte zweier Kennzahlen gegenübergestellt.

Durchführung

Ein Vergleich zweier Kennzahlen wird erstellt, wenn

- der Cursor auf einer Kennzahl (Kennzahlspalte) positioniert ist.
- danach das Menü *„Bearbeiten-Vergleiche-zweier Kennzahlen"* gewählt wird. Hier erscheint ein Dialogfenster mit allen Kennzahlen.
- zwei Kennzahlen ausgewählt werden und die Taste *„weiter"* betätigt werden.

Der Vergleich erfolgt ebenfalls in Geldeinheiten und prozentual.

9 Flexible Analysen

Die flexiblen Analysen bieten dem Benutzer, im Vergleich zu den Standardanalysen, die Möglichkeit, die Auswertungen auf seine persönlichen Bedürfnisse abgestimmt auszuführen.

REPORT WRITER

Das bedeutet, er kann den Grad der Informationstiefe, die Aussagekräftigkeit und den Umfang der Analyse selbst bestimmen. So können hier zum Beispiel sowohl detaillierte Daten für einen Sachbearbeiter, als auch eine komprimiertere Datenaufarbeitung als Übersicht für das Management erstellt werden. Nach dem Ausführen der Analyse wird im **REPORT WRITER** ein Bericht generiert. Dieser Bericht kann in seinem Layout ebenso individuell gestaltet werden. Es besteht außerdem die Möglichkeit, den Bericht im *REPORT WRITER* weiter zu bearbeiten. Hier können bestimmte Zeilen unterdrückt, von der Anzeige ausschlossen, Texte und Kommentare angefügt oder das Layout nochmals verändert werden.

Datenquelle

Alle Informationen, die in der Vertriebsabwicklung vorhanden sind, bilden die Datenbasis für das Vertriebsinformationssystem. Die Daten aus den operativen Anwendungen, wie z.B. das Erstellen von Aufträgen, werden in den sog. Informationsstrukturen (Statistikdateien) fortgeschrieben.

Datenbasis

Die flexiblen Analysen greifen bei der Auswertung auf die schon erwähnten Informationsstrukturen zurück. Es gibt zwei Arten dieser Statistikdateien:

- Standard-Informationsstrukturen (siehe Punkt 8)
- Auswerte-Informationsstrukturen (selbst definierbare Informationsstruktur)

9.1 Auswerte-Informationsstrukturen

Auswerte-Informationsstrukturen liefern, zusammen mit den Standard-Informationsstrukturen, die erfaßten Daten und Informationen, die benötigt werden, um eine Auswertung durchzuführen.

Das besondere an der Auswerte-Informationsstruktur ist, das der Benutzer sie selbst definieren kann, d.h. er kann sich die gewünschten Merkmale und Kennzahlen individuell zusammenstellen (siehe Abb. 9.43). In eine solche Struktur werden keine Da-

9.1 Auswerte-Informationsstrukturen

ten fortgeschrieben, denn sie stellen nur eine individuelle Sicht auf bestimmte bestehende Strukturen dar (z.B. eine Standard-Informationsstruktur).

Eine Auswerte-Informationsstruktur kann sich auf eine oder mehrere Informationsstrukturen beziehen.

Zur Auswahl stehen:

- **Standard-Informationsstrukturen**
- beliebige **Data-Dictionary-Strukturen** (z.B. Belegdateien)
- bereits bestehende **Auswerte-Informationsstrukturen**

Die für eine solche Analyse selbst definierten Auswertestrukturen können sich dabei auf eine beliebige Data-Dictionary- Struktur oder auf eine oder mehrere Informationsstrukturen beziehen. Das Erstellen einer Auswertestruktur ist durch einfache „**Pick-Up-Technik**" möglich:

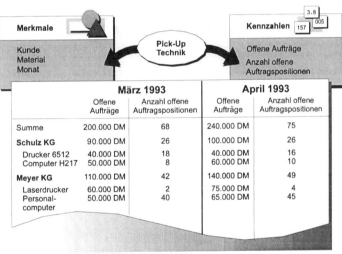

Abb. 9.43 Pick-Up-Technik (Quelle: On-Line-Dokumentation des SAP-R/3-Systems)

9.1.1 Anlage der Auswerte-Informationsstruktur

Wenn eine Auswerte-Informationsstruktur angelegt werden soll, so wählt man ausgehend vom Menü *„Vertriebsinformationssystem"*:

Flexible Analysen ⇨ *Auswerte-Informationsstruktur* ⇨ *Anlegen*

9 Flexible Analysen

Dann erhält man folgendes Bild:

Abb. 9.44
Einstiegsmenü:
Auswerte-Info-
Struktur anlegen

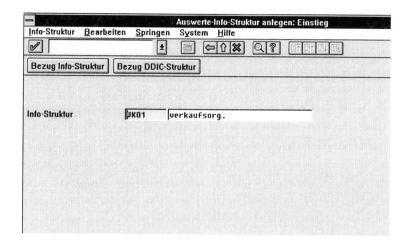

Im Feld „*Info-Struktur*" wird der Name der anzulegenden Informationsstruktur eingegeben; im Feld dahinter eine nähere Beschreibung.

Nun kann ausgewählt werden, auf welche bereits bestehende Informationsstruktur oder Data-Dictionary-Struktur (DDIC-Struktur) sich die Auswerte-Informationsstruktur beziehen soll.

Achtung!

Soll sich die Auswerte-Informationsstruktur auf mehrere Informationsstrukturen beziehen, so müssen die gewählten Merkmale auch in allen Strukturen enthalten sein, da sonst für die bestehenden Kennzahlen keine Daten, für das in einer Struktur fehlende Merkmal, ermittelt werden können.

Auswählen von
Merkmalen und
Kennzahlen

Nach dem Betätigen der [Enter]-Taste erscheint ein Bildschirmelement (siehe Abb. 9.45), in dem durch Anklicken der Taste „*Merkmale*" (oder „*Kennzahlen*") eine Auswahlliste aufgerufen werden kann. In dieser Auswahlliste sind rechts alle zur Verfügung stehenden Informationsstrukturen und links alle **Merkmale** (oder **Kennzahlen**) der gewählten Informationsstruktur, auf die sich die Auswerte-Informationsstruktur beziehen soll, aufgeführt. Die Auswahl von Merkmalen oder Kennzahlen erfordert dieselbe Vorgehensweise, deshalb werden diese beiden Arbeitsschritte in einem erklärt.

9.1 Auswerte-Informationsstrukturen

Abb. 9.45
Auswahlliste:
Merkmale und
Kennzahlen

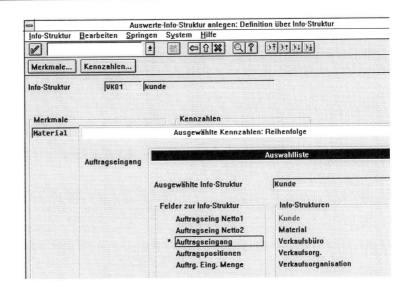

9.1.1.1 Anlage mit Bezug auf eine Informationsstruktur

- Um die Felder zu der gewünschten Info-Struktur zu erhalten, muß nun eine der rechts aufgeführten Info-Strukturen (siehe Abb. 9.46) ausgewählt werden (entweder durch Anklicken der Taste „*Info-Struktur ausw.*" oder durch Doppelklicken auf die gewählte Info-Struktur).

- Nun erscheint auf der linken Hälfte die Auflistung (in diesem Fall der Kennzahlen) der Felder zur Info-Struktur.

- Die Kennzahlen (oder Merkmale) können einzeln angeklickt und durch die Taste „*übernehmen*" Auswerte-Informationsstruktur hinzugefügt (die gewählten Felder werden mit einem „ * " gekennzeichnet) werden oder

- es kann durch bestimmte Tasten, wie z.B. [F7], ein ganzer Block markiert werden.
  Dies geschieht durch Markieren des ersten Elements des Blocks, Drücken der Taste [F7] und durch Wiederholen dieses Vorgangs beim letzten Element des Blocks. Diese Funktionstastenliste erhält man, wenn irgendwo im obigen Bild mit der rechten Maustaste angeklickt wurde.

Ist die Auswahl der Kennzahlen abgeschlossen, drückt man [Enter] und erhält eine Auflistung der getroffenen Auswahl. Dasselbe kann mit den Merkmalen durchgeführt werden. Danach sieht man in der Auflistung links die Merkmale und rechts die Kennzahlen abgebildet. In diesem Fenster kann die Auswahl noch verändert werden, z.B. neue Felder hinzugefügt, die Reihenfolge geändert und Felder gelöscht werden.

9.1.1.2 Veränderung der getroffenen Auswahl

verändern der Reihenfolge von Feldern

Zuerst muß das Feld, das verschoben werden soll, dann die Stelle, an der es eingefügt werden soll, markiert werden (mit der Taste [F9]). Dann Wahl der Funktion *„Verschieben"*.

neue Felder hinzufügen

Nochmals die Funktion *„Auswahlliste"* anklicken und man erhält noch einmal die Auswahlliste der Felder und Informationsstrukturen, auf die nach Wunsch zugegriffen werden kann.

Löschen von Feldern

Das Löschen von Feldern wird dadurch erreicht, indem man das gewünschte Feld markiert und die Funktion *„löschen"* wählt.

9.1.1.3 Anlage mit Bezug auf eine Data-Dictionary-Struktur

Im Einstiegsbild ist *„Bezug DDIC-Struktur"* zu wählen. Im darauffolgenden Fenster kann der Name einer DDIC-Tabelle angegeben werden und im Eingabefeld *„Tabelle"* der Name der DDIC-Struktur, auf die sich die Auswerte-Informationsstruktur beziehen soll. Dann Drücken der [Enter]-Taste.

Die Merkmale und Kennzahlen können nun genauso im Abschnitt **Auswerte-Informationsstrukturen mit Bezug auf Informationsstruktur** ausgewählt werden. Auch die Auswahlliste ist identisch zu bearbeiten.

9.1.2 Generierung von Auswerte-Informationsstrukturen

Zunächst muß die erstellte Auswerte-Informationsstruktur bearbeitet werden. Dazu wählt man aus dem Menü den Befehl

Info-Struktur ⇨ Generieren

und gelangt somit in das Einstiegsbild zurück.

Auswerte-Informationsstruktur ändern

Soll eine Auswerte-Informationsstruktur geändert werden, wählt man:

Flexible Analysen ⇨ Auswerte-Info-Strkt. ⇨ Ändern

9.2 Auswertungen

Dann befindet man sich im Einstiegsbild, in dem der Name der zu ändernden Struktur eingegeben werden kann. Nach Betätigen der [Enter]-Taste können, wie beim Anlegen einer Auswerte-Informationsstruktur, die Merkmale und Kennzahlen bearbeitet werden.

Auswerte-Informationsstruktur anzeigen

Um eine Auswerte-Informationsstruktur anzuzeigen, wählt man vom Menü des Vertriebsinformationssystems

Flexible Analysen ⇨ *Auswerte-Info-Strkt.* ⇨ *Anzeigen*

und gelangt somit ins Einstiegsbild. Hier ist der Name der Struktur einzugeben, die angezeigt werden soll.

Auswerte-Informationsstruktur löschen

Hier geht man zuerst wie beim Änderungsvorgang vor:

Flexible Analysen ⇨ *Auswerte-Info-Strkt.* ⇨ *Ändern*

Im Einstiegsbild ist im Feld „*Info.Struktur*" der Name der zu löschenden Auswerte-Informationsstruktur anzugeben. Dann wählt man:

Info-Struktur ⇨ *Löschen*

9.2 Auswertungen

Wie schon erwähnt, bilden die Auswerte-Informationsstrukturen und die Standard-Informationsstrukturen die Datenbasis für die Flexiblen Analysen, im weiteren Auswertungen genannt.

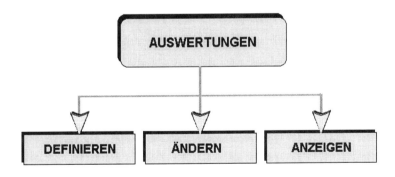

Abb. 9.46 Auswertungen

Eine Auswertung muß zuerst, basierend auf einer Auswerte-Informations- oder einer Standard-Informationsstruktur, definiert werden. Man spricht hier auch von der Generierung eines Reports.

Anschließend kann erst die Auswertung ausgeführt, angezeigt, und geändert werden.

9.2.1 Definition einer Auswertung

Bei der Definition müssen folgende Eigenschaften festgelegt werden:

1. **Datenquelle**, auf die sich die Auswertung beziehen soll (z.B. Informationsstruktur);
2. **Kennzahlen**, die ausgewertet werden sollen;
3. **Merkmale** (zur Verdichtung der Kennzahlen) und
4. **Layout** des Berichts.

9.2.1.1 Definition Anlegen

Um die Definition einer Auswertung anzulegen, wählt man die Menüpunkte:

Flexible Analysen ➪ *Auswertung* ➪ *Definition* ➪ *Anlegen*

Im Feld „*Info-Struktur*" des Einstiegsbildes gibt man den Namen der Informationsstruktur an, auf die sich die Auswertung beziehen soll. Eine solche kann, wie bereits erwähnt, eine Standard-Informationsstruktur oder eine Auswerte-Informationsstruktur sein.

Nun gibt man im Feld „*Auswertung*" den Namen ein, den die Auswertung erhalten soll, mit einer näheren Beschreibung. Dieser Name darf aber maximal 4 alphanumerische Zeichen lang sein.

Optional kann auch eine bereits bestehende Auswertung als Vorlage benutzt werden. Wenn eine Vorlage benutzt werden soll, gibt man im Eingabefeld „*Vorlage*" den Namen der als Vorlage dienenden Auswertung an.

Dann betätigt man die [Enter]-Taste, um ins Definitionsbild zu gelangen, in dem wieder die Merkmale und Kennzahlen für die Auswertung zusammengestellt werden können.

Die Auswahl der Kennzahlen und Merkmale entspricht der Vorgehensweise bei der Anlage von **Auswerte-Informationsstrukturen.**

Achtung! Hier wird die Reihenfolge der Anzeige der Merkmale und Kennzahlen im späteren Bericht festgelegt.

9.2.1.2 Flexibles Layout - durch verschiedene Anzeigetypen

Sind alle Kennzahlen und Merkmale ausgewählt, kann man den Anzeigetyp festlegen. Jedoch wird dieser nur für Merkmale festgelegt.

Das Layout des Berichts kann individuell gestaltet werden. Dazu stehen vier verschiedene Anzeigetypen zur Verfügung. Für jedes ausgewählte Merkmal kann man einen Anzeigetyp festlegen.

Zur Auswahl stehen:

- **Normalanzeige (Typ 1)**

  Bei diesem Anzeigetyp werden die Merkmale in der Reihenfolge der Selektion aufgeführt:

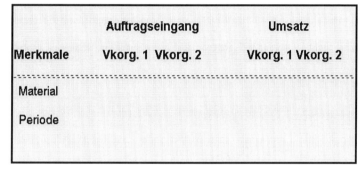

Abb. 9.47 Spaltenvergleich des Merkmals pro Kennzahl (**Typ1**)

Hier wird ein Spaltenvergleich des Merkmals Verkaufsorganisation pro Kennzahl (Umsatz/Auftragseingang) erstellt. Dieser **Typ 1** kann nur für ein Merkmal ausgewählt werden.

- **Normalanzeige (Typ 2)**

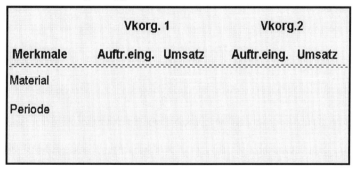

Abb. 9.48 Spaltenvergleich der Kennzahlen für das Merkmal (**Typ 2**)

Hier wird ein Spaltenvergleich der Kennzahlen (Umsatz/Auftragseingang) für das mit **Typ 2** belegte Merkmal Verkaufsorganisation erstellt. Dieser Typ kann nur für ein Merkmal ausgewählt werden.

9 Flexible Analysen

Anzeige nur in Selektion (**Typ 3**)

- **Normalanzeige (Typ 3)**

  Das mit Typ 3 versehene Merkmal dient nur zur Datenauswahl beim Ausführen der Auswertung. Es wird in der Ausgabeliste nicht aufgeführt.

  Um ein Merkmal für einen bestimmten Anzeigetyp festzulegen, muß das gewünschte Merkmal markiert und die Funktion „*Typ*" gewählt werden. Im daraufhin erscheinenden Dialogfenster kann dann zwischen den verschiedenen Anzeigetypen gewählt werden.

  Bei der Wahl von **Typ 1** oder **Typ 2** muß zusätzlich die Anzahl der Spaltenwiederholungen eingegeben werden.

  Vom System wird standardmäßig „**2**" eingestellt, die Auswahl der Spaltenwiederholungen liegt aber zwischen „**2**" und „**12**"!

  Es können auch neue Kennzahlen für Auswertungen definiert werden, in dem man bereits bestehende Kennzahlen bspw. miteinander multipliziert oder voneinander subtrahiert.

Formel definieren

Soll eine **Formel definiert** werden, muß folgende Vorgehensweise gewählt werden:

Der Cursor muß sich innerhalb der Kennzahlenauflistung befinden, dann muß die Funktion „*Formel einfügen*" gewählt werden. Daraufhin erscheint ein Dialogfenster, in dem die Formel eingegeben werden kann.

Abb. 9.49
Maske für Formel einfügen

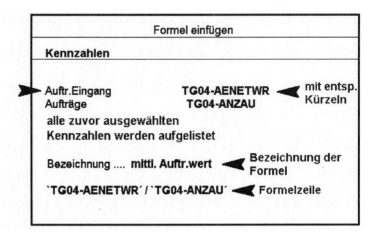

9.2 Auswertungen

In diesem Dialogfenster (siehe Abb. 9.49) werden alle ausgewählten Kennzahlen mit ihren entsprechenden Kürzeln aufgeführt.

Im unteren Teil sind die Bezeichnung der **Formel** (diese Bezeichnung erscheint in der Liste der Kennzahlen und im späteren Bericht) und die eigentliche Formel einzugeben.

Um eine der Kennzahlen in die Formel mitaufzunehmen, positioniert man den Cursor auf der Kennzahl und klickt die Funktion *„Auswählen"* an. Das entsprechende Kürzel wird in die Formelzeile übernommen.

Bei **manueller Eingabe** der Kürzel müssen diese in Hochkomma ('TG04-ANZAU') angegeben werden.

Nach dem Betätigen der [Enter]-Taste wird die Bezeichnung in die Kennzahlenliste übernommen. Alle durch eine Formel ermittelten Kennzahlen werden mit einem "x" gekennzeichnet.

Layoutkontrolle — Es ist möglich, sich den erstellten Bericht zur Kontrolle anzeigen zu lassen. Dieser Bericht erscheint dann aber nur schematisch ohne eingegebene Daten. Um nun eine **Layoutkontrolle** durchzuführen, wählt man die Funktion *„Layout"* im Menü des Vertriebsinformationssystems.

9.2.2 Auswertung generieren

Die nun erstellte Auswertung muß zuerst wieder generiert werden. Dazu wählt man:

Auswertung ⇨ generieren

Im Einstiegsbild zurück, erhält man die Rückmeldung, daß die Auswertung generiert wurde.

Falls die Auswertung noch nicht generiert wurde, erhält man eine Abfrage, ob das System die Auswertung generieren soll. Diese Meldung sollte man mit „Ja" beantworten, da sonst die gesamte Auswertung nicht gespeichert ist.

9.2.3 Auswertung ausführen

Da die Auswertung generiert ist, kann sie ausgeführt und ausgedruckt werden.

Abb. 9.50
Verzweigung zum
Report Writer

Es gibt zwei Möglichkeiten der Ausführung: mit und ohne Selektion (Auswahlkriterien).

9.2.3.1   Mit Selektion

Ausgehend vom Menü des Vertriebsinformationssystems wählt man:

Flexible Analysen ⇨ *Auswertung* ⇨ *Ausführen*

1. Im Feld „*Info-Struktur*" des Einstiegsbildes gibt man den Namen der Informationsstruktur an, auf die sich die Auswertung bezieht.
2. Im Feld „*Auswertung*" ist der Name der Auswertung einzutragen, die ausgeführt werden soll.
3. Nach Wahl der Funktion „*Ausführen*" eröffnet sich ein Selektionsbildschirm.
4. Nun können durch die Angabe von Merkmalsausprägungen die in der Definition angegebenen Merkmale weiter eingeschränkt werden.
5. Die gewünschten Selektionskriterien sind einfach oder in Form von „Sets" anzugeben.

Sets

Sets fassen bestimmte vergleichbare Werte zusammen, z.B. kann man verschiedene Kunden aus einem Bundesland zusammenfassen, evtl. zu einem Set "Verkaufsgebiet Baden/Württemberg". Somit ist eine individuelle Organisation, z.B. der Verkaufsgebiete, möglich. Diese Art der Gruppierung ist für jedes Merkmal gültig und bietet eine Möglichkeit, die Vertriebsinformationen aus einer individuellen Sicht zu betrachten.

zusätzliche Eingabemöglichkeiten

- *„Ergebnisse permanent speichern"* - ist das Feld angewählt, werden die selektierten Daten permanent gespeichert.
- **Name der gespeicherten Daten** - falls das Kennzeichen *„Ergebnisse permanent speichern"* gesetzt ist, kann in diesem Feld ein Name für die zu speichernden Daten eingegeben werden.
- **Kennwort** - diese Eingabe ist optional und erfordert sicher keine weitere Erläuterung.
- **Bericht ausgeben** - dieses Feld ist mit einem "x" vorbesetzt, dies bedeutet, daß die Liste direkt nach der Selektion aufbereitet und angezeigt wird.

Mit dem Befehl *„Ausführen"* wird die gewählte Auswertung ausgeführt. Damit verzweigt man in den **Report Writer** (siehe Abb. 9.50) und kann, falls gewünscht, den Bericht weiterbearbeiten.

9.2.3.2 Ohne Selektion

Achtung !

Eine Auswertung ohne Selektion ist nur dann möglich, wenn die Auswertung zuvor bereits ausgeführt wurde und die Daten durch Setzen des *„Ergebnisse permanent speichern"* Feldes gesichert wurden.

Um die Auswertung nun ohne Selektion durchzuführen, wählt man wieder

Flexible Analysen ⇨ Auswertung ⇨ Ausführen

und erhält wiederum das Einstiegsbild. Hier muß der Name der Informationsstruktur eingegeben werden, auf die sich die Auswertung bezieht und der Name der Auswertung selbst.

Nun wählt man *„Ausführen ohne Selektion"* und erhält ein Aufforderungsbild. Dort gibt man im Feld *„Name der gespeicherten Daten"* den Dateinamen der gesicherten Daten an. Falls ein Kennwort angegeben wurde, muß dieses ebenfalls eingegeben werden.

zusätzliche Parameter

Zusätzlich stehen **weitere Parameter zur Auswahl** des Ausgabemediums, des Ausgabeformats und des Dateiformats zur Verfügung:

Ausgabemedium	„**0**" Ausgabe erfolgt über Bildschirm oder Drucker
	„**1**" Ausgabe erfolgt über eine Textdatei auf dem Applikationsserver (Rechner, auf dem das SAP-System läuft)
	„**2**" Hier erfolgt die Ausgabe auf dem Präsentationsserver (auf dem Rechner, auf dem gerade gearbeitet wird), damit hat man die Möglichkeit, den Bericht auf dem PC abzuspeichern und dort weiterzuverarbeiten. Diese Kennzeichnung ist nur sinnvoll, wenn auf den Präsentationsserver (Ausgabemedium 2) ausgegeben werden soll, da dieser Parameter das Format der Datei festlegt, in die der Bericht exportiert werden soll.
Ausgabeformat	„**0**" Der Bericht wird in Listformat ausgegeben (Ausgabe entspricht der auf dem Bildschirm)
	„**1**" Ausgabe des Berichts in Tabellenformat - dieses Format dient dazu, Daten mit externen Programmen auszutauschen. Formatierungszeichen werden hier weggelassen, deshalb kann es nicht auf dem Bildschirm angezeigt werden.
Dateiformat	Es werden folgende **Dateiformate** unterstützt: ASCII (asc), Binär (bin), Tabellenkalkulation (wk1), Datentabelle (dat), ASCII mit Spaltentabulator.

Zusätzliche Funktionen

Springen	Mit dem Menüpunkt „*Spingen*" kann ein Variantenkatalog angezeigt, bereits erstellte Varianten angezeigt und selbst erstellte Varianten gesichert werden.
Utilities	Mit dem Menüpunkt „*Utilities*" besteht die Möglichkeit, eine Datenbankstatistik und eine Testhilfe einzuschalten.

Wenn nun alle gewünschten Eingabemöglichkeiten genutzt wurden, wählt man die Funktion „*Ausführen*", um die Auswertung zu starten. Auch hier wird in den **Report Writer** verzweigt, und der Bericht wird nun je nach Ausgabemedium ausgegeben.

10 Planung

Die Planung innerhalb des Vertriebsinformationssystems ist ein Hilfsmittel zur Entscheidungsfindung für Entscheidungsbefugte eines Unternehmens. Hier ist es möglich, Plandaten zu erzeugen oder die Plandaten mit den tatsächlich angefallenen Daten (Istdaten) zu vergleichen. Diese Daten können dann zur besseren Veranschaulichung grafisch aufbereitet werden.

Grundlage für die Erfassung der Plandaten sind wiederum die Standard-Informationsstrukturen. Somit ist gewährleistet, daß Plandaten auf derselben Ebene erfaßt werden, wie die, auf der die Istdaten der laufenden Vertriebsabwicklung gesammelt und kumuliert wurden.

Um jedoch die Bedeutung und die Notwendigkeit der Planung innerhalb eines Unternehmens zu verstehen, ist es erforderlich, zuerst auf allgemeine Zusammensetzung und Bedeutung der Planung einzugehen.

Die Zukunft eines Unternehmens ist nicht nur auf innerbetriebliche Daten (Erfahrungen, Vergangenheitsdaten) zurückzuführen. Deshalb müssen in eine Planung eine Reihe außerbetrieblicher Einflußfaktoren, wie z.B. Konkurrenzsituation, Markt, Politik, Gesellschaft etc. einfließen (siehe Abb. 9.51). Gleichzeitig werden auch die Unternehmensziele (wie bspw. Gewinnung größerer Marktanteile durch neue Produktpaletten) berücksichtigt. Dies bedeutet, daß Planungen zielgerichtet sind. Dies alles erfordert, daß alles, was mit dem zu planenden Objekt in Zusammenhang steht, bis in das kleinste Detail durchdacht werden muß.

Abb. 9.51
Einfußfaktoren einer Planung

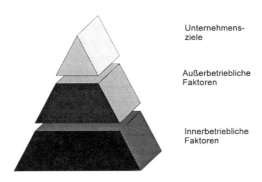

Dieses Vorgehen bringt einem Unternehmen enorme Vorteile, da so unvorhergesehene Ereignisse seltener auftreten, wenn nicht sogar annähernd ausgeschaltet werden. Das Unternehmen stellt sich somit auf die Zukunft ein.

Die Planung ist Bestandteil des **Regelkreismodells** (siehe Abb. 9.52); zuerst werden Ziele formuliert. Die Planung befaßt sich dann damit, wie diese Ziele zu erreichen sind. Entsprechend werden die Pläne realisiert. Anschließend erfolgt eine Kontrolle, ob das Ergebnis mit der Planung übereinstimmt, dann wird ggf. eine neue Zielsetzung formuliert.

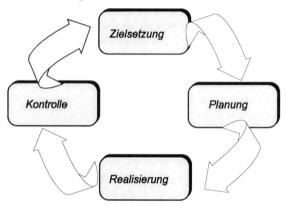

Abb. 9.52 Regelkreismodell

Eine Planung hat selbstverständlich Auswirkungen: es werden bspw. neue Mitarbeiter eingestellt und/oder Anlagegüter angeschafft. U.U. werden bindende Verträge mit Kunden und Lieferanten eingegangen. Da diese Aktivitäten sehr kapitalintensiv sind, entscheidet somit die Planung *maßgeblich* über den Erfolg bzw. Mißerfolg eines Unternehmens in der Zukunft.

10.1 Planungsdimensionen und -sichten

Basis für die Erstellung von Plandaten im R/3-System sind die Standard-Informationsstrukturen. Somit können zu jeder Standard-Informationsstruktur Plandaten für **Kennzahlen** (meßbare Größen, wie Umsatz, Auftragseingang etc.) zu **Merkmalen** (identifizierende Größen, wie Kunde, Verkaufsorganisation etc.) über mehrere Perioden hinweg erfaßt werden.

Eine Planung besteht aus **vier Dimensionen**:

- Kennzahlen,
- Merkmale,
- Perioden und
- Planversionen.

Zu jeder Standard-Informationsstruktur (S001 - S006) besteht die Möglichkeit , 999 verschiedene Planversionen anzulegen (siehe Abb. 9.53):

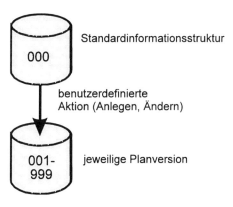

Abb. 9.53
Planversionen innerhalb einer Standard-Informationsstruktur

In der Planversion „000" steht die jeweilige Standard-Informationsstruktur; diese bleibt auch durch benutzerdefinierte Aktionen, wie z.B. Ändern einer Planversion, unberührt. Somit ist gewährleistet, daß beim Anlegen einer neuer Planversion wieder auf die „jungfräuliche" Standard-Informationsstruktur zurückgegriffen wird.

Warum sind jedoch überhaupt verschiedene Planversionen für denselben Sachverhalt nötig? Zum einen existieren Planzahlen, die den Vorstellungen der Geschäftsleitung entsprechen. Zum anderen gibt es Schätzungen von veschiedenen Außenmitarbeitern. Außerdem bietet R/3 weitere Prognosemodelle an, die alle verschiedene Planzahlen „produzieren".

Planungssichten — Innerhalb der SAP-Planung wird zwischen zwei verschiedenen **Planungssichten** unterschieden: der Kennzahlensicht und der Merkmalssicht.

Kennzahlensicht — Bei der **Kennzahlensicht** wird für genau eine Kennzahl und mehrere Merkmalsausprägungen über mehrere Perioden hinweg geplant. Das heißt, es wird beispielsweise für mehrere Kunden der Umsatz für die nächsten 10 Monate geplant. Somit ist es möglich, die Umsätze der verschiedenen Kunden zu vergleichen.

Merkmalssicht — Anders sieht es bei der **Merkmalssicht** aus: hier werden zu einer bestimmten Merkmalsausprägung mehrere Kennzahlen über mehrere Perioden geplant. Das heißt, es werden bspw. für einen bestimmten Kunden der Auftragseingang, der Umsatz und die

10 *Planung*

Retouren für die nächsten 10 Monate geplant. Dies ermöglicht dann einen gesamten Überblick über den speziellen Kunden.

Es ist jedoch auch möglich, innerhalb einer Planung die Planungssicht unter dem Menü „*Sicht*" zu wechseln. Dort können dann andere Kennzahlen und Merkmale ausgewählt werden, und es kann zur jeweils anderen Sicht gewechselt werden.

10.2 Plantableau

Im Plantableau werden alle Plandaten erfaßt und bearbeitet.

Um zum Plantableau zu gelangen, muß entweder eine Planversion angelegt, angezeigt oder geändert werden. Das Plantableau gliedert sich in den Kopfbereich und die Eingabematrix. Das Plantableau sieht - je nach Planungssicht - unterschiedlich aus. Im Kopfbereich stehen jedoch bei beiden Sichten die Informationen, die für die gesamte Planung gelten, wie z.B. die Merkmalsausprägung. Innerhalb der Eingabematrix stehen dann die einzelnen Plandaten für die verschiedenen Perioden (siehe Abb. 9.54):

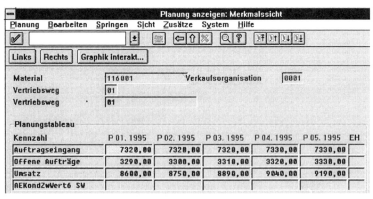

Abb. 9.54
Plantableau bei Merkmalssicht

10.3 Anzeige von Planungen

Um sich eine bereits angelegte Planversion anzeigen zu lassen, muß folgendermaßen vorgegangen werden:

1. Menü „*Planung anzeigen*"

2. Eingabe der Standard-Informationsstruktur und Planversion

3. Eingabe der Merkmalsausprägung

4. Auswahl der Kennzahl(en), die angezeigt werden soll(en)

10.4 Änderung von Planungen

Das **Plantableau** kann auch grafisch veranschaulicht werden, indem das Feld „*Interaktive Grafik*" im Plantableau angeklickt wird (siehe Abb. 9.55):

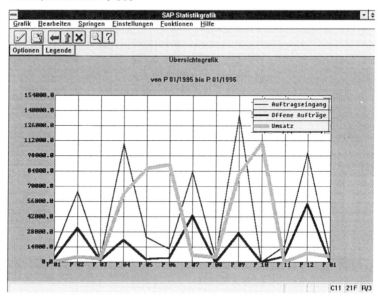

Abb. 9.55
Interaktive Grafik einer Planung

10.4 Änderung von Planungen

Änderungen einer Planung müssen wiederum im Plantableau vorgenommen werden. Um zum Plantableau einer bereits angelegten Planversion zu gelangen, muß im Menü „*Planung*" der Menüpunkt „*Planung ändern*" ausgewählt werden. Der restliche Vorgang ist analog zur Vorgangsweise „*Planung anzeigen*".

10.4.1 Manuelle Änderung

Die einfachste Methode, eine Planung zu ändern, ist das manuelle Überschreiben der einzelnen Planwerte.

Verteil-Funktion

Bei der manuellen Änderung kann der Anwender zusätzlich die „**Verteil-Funktion**" des Plantableaus nutzen, indem die Plandaten nicht für jede einzelne Periode geändert werden müssen. Mit dieser Eingabehilfe ist es bspw. möglich, einen gewünschten Wert einer Kennzahl (z.B. Auftragseingang) über 12 Perioden hinweg zu verteilen. Durch Anklicken des Softkeys „*Verteilen*" (oder Menü „*Bearbeiten* ⇨ *Verteilen*") wird in ein Dialogfenster verzweigt. Dieses Dialogfenster gliedert sich in einen Kopfteil und eine Eingabematrix. Alle Angaben, die im Kopfteil gemacht werden, gelten für die gesamte Eingabematrix. So können im

Kopfteil Angaben darüber gemacht werden, ab welcher Periode und über wieviele Perioden hinweg „verteilt" werden soll. Zusätzlich kann ein Operator eingegeben werden (4 Grundrechenarten), mit dem die Werte verteilt werden sollen. In der Eingabematrix hingegen werden zu jeder Kennzahl Angaben gemacht, die jedoch nur für diese spezielle Kennzahl gelten.

10.4.2 Änderung über die interaktive Grafik

Neben der manuellen Änderung bietet SAP noch die Möglichkeit einer Änderung mittels „interaktiver Grafik" an. Wie der Name schon sagt, können hier Änderungen innerhalb einer Grafik vorgenommen werden. Zur Grafik wird entweder über das Menü „*Bearbeiten* ⇨ *Grafik interaktiv*" oder durch Anklicken des Softkeys „*interakt.Grafik*" verzweigt.

Zuerst wird ein Dialogfenster geöffnet, in dem die Kennzahl, die geändert werden soll, ausgewählt wird. Anschließend erscheinen zwei Grafiken: die Statistikgrafik, die einen Überblick über den gesamten Planhorizont gibt, und die Präsentationsgrafik, in der, in sehr anschaulicher Weise, Ausschnitte des Plantableaus gezeigt werden.

Die Manipulation der Planwerte muß in der Präsentationsgrafik vorgenommen werden. Hierbei sind zwei Varianten möglich: Änderung mittels analogem oder digitalem Modifizieren. Die jeweilige Variante kann über das Menü „*Bearbeiten*" eingestellt werden.

analoges Modifizieren

Um mit **analogem Modifizieren** Werte zu verändern, wird das entsprechende Diagrammobjekt (*Kennzahl für eine Periode*) angeklickt und mit gedrückter Maustaste in die gewünschte Höhe verschoben.

digitales Modifizieren

Eine genauere Änderung kann mit dem **digitalen Modifizieren** erreicht werden: durch einen Doppelklick auf das entsprechende Diagrammobjekt öffnet sich ein Fenster mit dem genauen Wert der Kennzahl, der überschrieben werden kann.

Die Vornahme der Änderungen in der interaktiven Grafik ist ein sehr schönes Hilfsmittel, da eine grafische Veranschaulichung zu einer besseren Vorstellung des Sachverhalts dienen kann.

Leider tauchten beim Ändern mit der interaktiven Grafik typische **Probleme mit Windows 3.11** (Fehlermeldung „Allgemeine Schutzverletzung") auf. Hier liegt jedoch kein R/3-

10.5 Erstellen von Planungen

spezifischer Fehler vor, sondern lediglich ein Beweis, daß ein System wie R/3 nicht zwingend über Windows 3.x laufen sollte!

Um eine neue Planversion zu einer Standard-Informationsstruktur zu erstellen, muß aus dem Menü „*Planung*" der Menüpunkt „*Planung erstellen*" ausgewählt werden. Zum Plantableau wird, analog dem Vorgehen „*Planung anzeigen*", verzweigt.

Plandaten können erzeugt werden durch:
- manuelle Eingabe der Planwerte
- verschiedene Prognosemodelle
- Übernahme von Vergangenheits-/Istdaten

Bei der manuellen Eingabe werden die jeweiligen Planzahlen, basierend auf Schätzungen oder Erfahrungen, in das Plantableau eingegeben und unter der entsprechenden Planversion abgelegt.

10.5.1 Prognosemodelle

R/3 unterstützt **vier Grundmodelle**:

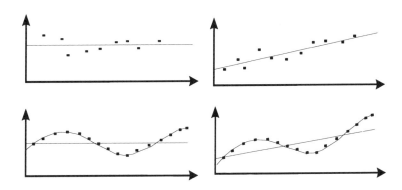

Abb. 9.56 Grundmodelle für die Prognose

Das **Konstantmodell** eignet sich, wenn die Zeitreihe um einen Durchschnittswert statistisch schwankt.

Das **Trendmodell** empfiehlt sich, wenn die Zeitreihe um einen Durchschnittswert, der stetig fällt oder steigt, schwankt.

Das **Saisonmodell** wird eingesetzt, wenn ein gleichbleibender saisonaler Verlauf vorliegt.

Das **Trend-Saison-Modell** sollte gewählt werden, wenn eine Mischung aus Trend- und Saisonmodell vorliegt.

Konstantmodell	Beim **Konstantmodell** kann zwischen dem Modell des gleitenden Mittelwerts (Quotient aus Vergangenheitsdaten und Anzahl Perioden) und dem Modell des gewichteten gleitenden Mittelwerts gewählt werden. Bei dem Modell des gewichteten gleitenden Mittelwerts geht man davon aus, daß die älteren Zeitreihenwerte nicht so stark in die Prognose eingehen sollen wie die jüngsten, aktuellsten Werte. Somit ist es nötig, zusätzlich einen Gewichtungsfaktor anzugeben.
Trendmodell	Beim **Trendmodell** kann zwischen dem Modell der exponentiellen Glättung 1. Ordnung und dem Modell der exponentiellen Glättung 2. Ordnung gewählt werden.
	Hierbei ist es erforderlich, dem System einen *Alpha-Faktor*, zuständig für die Glättung des Grundwertes, und einen *Beta-Faktor*, der für die Ermittlung des Trendwertes notwendig ist, zu übergeben.
Saisonmodell	Das **Saisonmodell** verwendet das Verfahren nach Winters. Hierbei muß dem System ein *Alpha-Faktor* (für die Glättung des Grundwertes), ein *Gamma-Faktor* (zur Ermittlung des Saisonindex) sowie die Anzahl der Perioden pro Saison übergeben werden.
Trend-Saison-Modell	Das **Trend-Saison-Modell** verwendet wiederum das Modell der exponentiellen Glättung 1. Ordnung. Dem Modell müssen *Alpha-, Beta-* und *Gammafaktor* sowie die Anzahl der Perioden pro Saison übergeben werden.

10.5.2 Anwendung der Prognose

Ausgehend vom Plantableau wird durch Drücken des Softkeys „*Prognose*" (oder Menü „*Bearbeiten* ⇨ *Prognose*") in ein Dialogfenster verzweigt, in dem man sich für ein Prognosemodell entscheiden und die Modellparameter (*Alpha-, Betafaktor* etc.) festlegen muß.

Es besteht die Möglichkeit, die Vergangenheitsdaten anzeigen zu lassen und diese ggf. zu ändern (damit bspw. „Ausrutscher" in der Prognose unberücksichtigt bleiben).

Weiß der Anwender nicht, welches Modell er nehmen soll (unbekannte Zeitreihe), so kann er dies über eine automatische Modellauswahl, in der die Zeitreihe vom System untersucht wird, in Erfahrung bringen.

10.6 Kritische Würdigung

Durch Drücken des Softkeys „*Prognose durchf.*" werden die Prognosewerte ermittelt (siehe Abb. 9.57):

Abb. 9.57
Prognoseergebnisse einer Planung

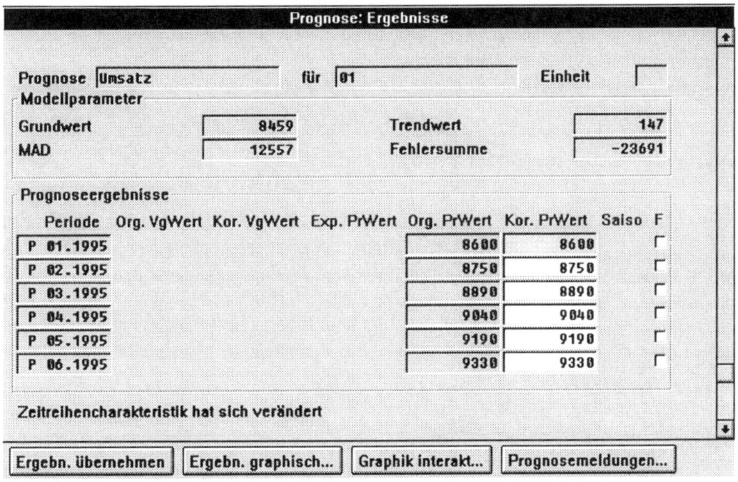

Prognose: Ergebnisse						
Prognose Umsatz		für 01		Einheit		
Modellparameter						
Grundwert	8459		Trendwert		147	
MAD	12557		Fehlersumme		-23691	
Prognoseergebnisse						
Periode	Org. VgWert	Kor. VgWert	Exp. PrWert	Org. PrWert	Kor. PrWert	Saiso F
P 01.1995				8600	8600	
P 02.1995				8750	8750	
P 03.1995				8890	8890	
P 04.1995				9040	9040	
P 05.1995				9190	9190	
P 06.1995				9330	9330	

Zeitreihencharakteristik hat sich verändert

[Ergebn. übernehmen] [Ergebn. graphisch...] [Graphik interakt...] [Prognosemeldungen...]

Die Felder „*MAD*" (mean absolute deviation = Mittlere absolute Abweichung) und „*Fehlersumme*" im Kopfbereich geben die Güte der Prognose an. Die ermittelten Prognoseergebnisse können in den Feldern „*Kor.PrWert*" (korrigierter Prognosewert) nachträglich noch korrigiert werden.

Schwachpunkt

Als **Schwachpunkt** ist jedoch zu nennen, daß hier der Softkey „*Abbrechen*" fehlt und der Anwender somit gezwungen ist, dieses Ergebnis zu übernehmen.

10.6 Kritische Würdigung

Die Prognose innerhalb der Planung des Vertriebsinformationssystems darf nur als **Hilfsmittel für die Planung** verstanden werden. Bei den einzelnen Prognosemodellen bewirkt eine geringe Variation der zu übergebenden Faktoren (Alpha-, Beta- und Gammafaktoren) enorme Unterschiede in den Prognoseergebnissen. So erhält man bspw. bei einer Änderung von nur 0,1 beim Gammafaktor (Saisonindex) Prognoseergebnisse, die über 100% vom alten Wert abweichen. Das heißt, dem Anwender ist mit diesem Prognosemodul nur geholfen, wenn er weiß, wie diese Faktoren im einzelnen zu wählen sind. Dies bedeutet, daß der Anwender nach wie vor ein „Händchen" für die Einschätzung der Zukunft braucht; dies wird ihm und soll ihm durch das R/3-Prognose-Modul jedenfalls nicht abgenommen werden.

Ein weiterer großer Schwachpunkt im Prognosemodul des R/3-Systems ist, daß bisher nur die internen Faktoren, d.h. die Standard-Informationsstrukturen, die auf historischen Werten der Zeitreihe beruhen, in der Prognose berücksichtigt werden.

Die zukünftige Entwicklung wird jedoch, wie eingangs bereits beschrieben, auch zu großen Teilen von außerbetrieblichen Ereignissen beeinflußt. Weit bessere Prognoseergebnisse können deshalb durch die **multiple Regressionsrechnung** (geplant für Release 3), in der die externen Einflußgrößen in die Prognose miteingerechnet werden, erzielt werden.

10. Kapitel

Personalwirtschaft

R/3-Modul „HR"

1 Personalstammdatenverwaltung

Das System R/3 unterstützt den Anwender in den Bereichen der personalwirtschaftlichen Abläufe: von Personalplanung und Bewerberverwaltung, über Personaladministration und -abrechnung bis zur qualitativen Personalentwicklung.

Einsatzvarianten

Mit dem Personalwirtschaftsmodul HR erhält der Anwender Einzelkomponenten, die sowohl einzeln als auch im Verbund mit Fremdsystemen einsetzbar sind. Der modulare Aufbau gestattet einen stufenweisen Einsatz.

Hr-Komponenten

Das **Modul HR** setzt sich aus den folgenden **Komponenten** zusammen:

- **HR-ORG** Organisation und Planung
- **HR-P&C** Planung und Controlling
- **HR-PAD** Personaladministration
- **HR-TIM** Zeitwirtschaft
- **HR-TRV** Reisekosten
- **HR-PAY** Personalabrechnung

Die **Personalstammdatenverwaltung** ermöglicht die Erfassung, Pflege, Speicherung und Verwaltung aller personenbezogenen Daten.

Informationstypen

Die Daten zu einer Person werden nach sachlichen, fachlichen und inhaltlichen Gesichtspunkten in einzelne **Informationstypen** (siehe Abb. 10.1) zusammengefaßt:

Abb. 10.1
Infotypen

Personalwirtschaft

Personalstammdatenstruktur

Die verschiedenen Informationstypen werden nun anhand von einigen Anwendungsbeispielen verdeutlicht (siehe Tab. 10.1):

Tab. 10.1
Informationstypenbeispiele

Informationstypen:	Anwendungsbeispiele:		
Organisatorische Zuordnung	Planstelle	Organisationseinheit	Stelle
Daten zur Person	aktueller Name	Geburtsname	
Urlaubsanspruch	Tarifurlaub	Schwerbeh. Urlaub	Zusatzurlaub
Anschrift	ständiger Wohnsitz	zweiter Wohnsitz	Heimatanschrift
Arbeitszeit	Schicht	Zeiterfassung	Arbeitsstd.
Basisbezüge	Änderung der Eingruppierung	Tariferhöhung	Änderung der Bezüge
wiederkehrende Be-/Abzüge	Fahrkostenzuschuß	Mieteinbehaltung Werkswohnung	
Familie	Ehegatte	Kind	Erziehungsberechtigte(r)
Ausbildung	Schulbildung	Studium	Kurse/Seminare
Qualifikationen	erlernter Beruf	Sprachkenntnisse	
Vollmachten	Prokura	Geschäftsführer	Bankvollmacht
Betriebsint. Daten	Gebäude	Dienstwagen	
Zeiterfassung	Zeitausweisnummer	Dienstgangberechtigung	Zutrittsberechtigung

1 Personalstammdatenverwaltung

Personalmaßnahmen

R/3 unterscheidet folgende sechs Arten von **Personalmaßnahmen** (siehe Abb. 10.2): Einstellung, Organisatorischer Wechsel, Übernahme (Aktive), Übernahme (Rentner), Austritt und Wiedereintritt ins Unternehmen, wobei im folgenden beispielhaft die Einstellung eines neuen Mitarbeiters gezeigt wird.

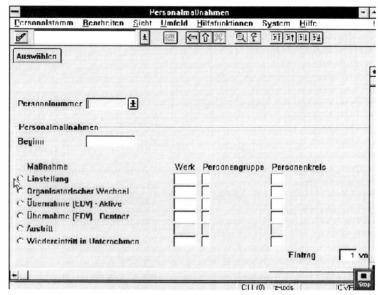

Abb. 10.2 Personalmaßnahmen

Einstellung

Im R/3-Grundmenü werden die Punkte „*Personal* ➪ *Personalverwaltung* ➪ *Personalstamm* ➪ *Personalmaßnahmen*" angewählt. Im **Personalmaßnahmenmenü** muß der Punkt „*Einstellung*" angeklickt werden. Wichtig ist hierbei, daß keine Personalnummer angegeben wird, da diese in Abhängigkeit vom Werk selbst erstellt wird. Es muß noch das Eintrittsdatum festgelegt und das Werk ausgewählt werden.

Personengruppe

Nun muß die **Personengruppe** (Bewerber, Aktiv oder Rentner) und der Personenkreis (Angestellte, Stundenlöhner, Auszubildender usw.) angegeben werden.

persönliche Daten

Als erstes wird bei den **persönlichen Daten** die Anrede ausgewählt. Dies ist über eine sog. Pick-List möglich. Desweiteren werden sämt-liche anderen, personenbezogenen Daten abgefragt. Dies wären z.B. Geburtsdatum (im Format TT.MM.JJ oder TT.MM.JJJJ), Familienstand, Konfession, Kinder, usw..

Personalwirtschaft

Sachbearbeiter	Als nächstes muß der zuständige **Sachbearbeiter**, die Planstelle und der Arbeitsplatz eingegeben werden. Die Pick-List gibt eine Auswahl an möglichen Sachbearbeitern an.
Anschrift	Jetzt wird die **Anschrift** der einzustellenden Person angegeben. Hier muß die Anschriftart (Ständiger Wohnsitz, Zweitwohnsitz) eingestellt werden. Nun folgt noch Straße/Hausnr. und Postleitzahl/Ort. Als letztes muß in diesem Infotyp noch der Länderschlüssel angeben werden
Arbeitszeit	Bei dem „*Infotyp 0007*" **Arbeitszeit** (siehe Abb. 10.3) wird das entsprechende Schichtkennzeichen (z.B. GLZ für Gleitzeit) eingetragen. Hier kann auch eine Teilzeitkraft ausgewählt werden. Das System bestimmt dann die Arbeitszeit pro Tag/Woche/Monat/Jahr aus den Vorgabewerten.
Abb. 10.3 Arbeitszeitinfotyp	
Basisbezüge	Die **Basisbezüge** müssen festgelegt werden. Hier wird auch die Tarifgruppe/-stufe eingetragen. Bei Beschäftigungsgrad steht im Normalfall 100% (wird aus der Arbeitszeit bestimmt). Die tariflichen Zulagen werden in Prozent angegeben; R/3 wird den Betrag aus den Grundbezügen errechnen. Die freiwilligen Zulagen müssen von Hand eingegeben werden; das System wird danach den Gesamtlohn berechnen.
Bankverbindung	Als nächstes wird die **Bankverbindung** angegeben. Hierbei ist der Bankschlüssel einzutragen, der aus einer Pick-List ausgewählt werden kann. Jetzt müssen noch die Kontonummer angegeben und (optional) ein Verwendungszweck (z.B. Entgelt) eingetragen werden.

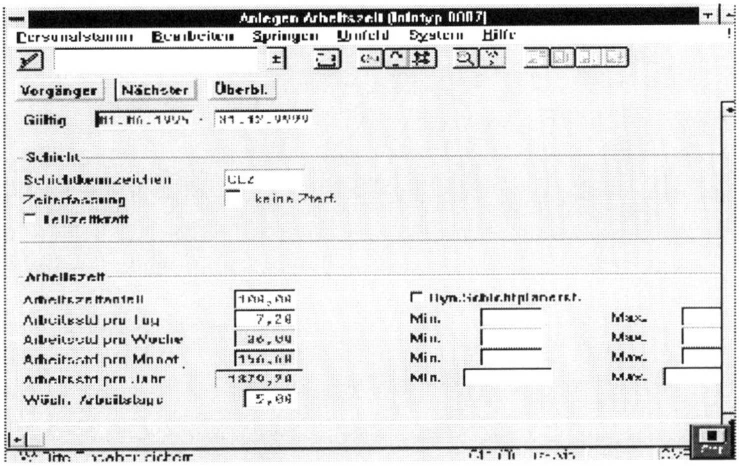

1 Personalstammdatenverwaltung

Steuer
: Im Infotyp **Steuer** muß das Finanzamt und die Gemeinde angegeben werden. Die Gemeindenummer und die Finanzamtnummer sind normalerweise der Steuerkarte zu entnehmen. R/3 bietet hier aber auch eine Pick-List an. Entsprechend der Steuerkarte wird nun auch die Steuerklasse eingetragen. Ebenfalls laut Steuerkarte wird der Kinderfreibetrag hier eingesetzt. Für die Kirchensteuer ist die Konfession über eine Pick-List auszuwählen.

Sozialversicherung
: Im „*Infotyp 0013*" (**Sozialversicherung**) sind Krankenversicherung, Rentenversicherung und Arbeitslosenversicherung einzutragen. Diese Felder sind aber im Normalfall bereits vorbelegt. Nun muß noch die Rentenversicherungsnummer angegeben werden. Die Krankenkasse und deren Geschäftsstelle können aus der dafür vorgesehenen Pick-List entnommen werden.

Vertragsbestandteile
: Im „*Infotyp 0016*" wird die **Probezeit** festgelegt. Es besteht die Möglichkeit, daß man zum Enddatum der Probezeit eine „Erinnerung" setzt.

Im Vertrag wird auch der Urlaub festgelegt. Dies ist im „*Infotyp 0005*" anzugeben, wobei der Tarifurlaub automatisch angezeigt wird.

vermögensbildende Maßnahmen
: Unter R/3 besteht die Möglichkeit, **vermögensbildende Maßnahmen** gleich bei der Einstellung festzulegen (siehe Abb. 10.4). Hierbei ist der Betrag, die Anlageart (Bausparvertrag, Kapitallebensversicherung, usw.) und der Empfänger (Bausparkasse, Versicherung usw.) wichtig.

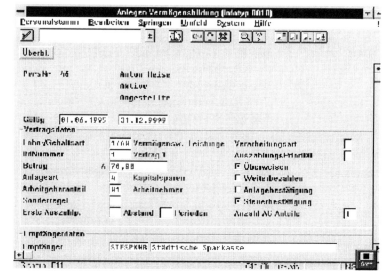

Abb. 10.4 Vermögensbildende Maßnahmen anlegen

Be-/Abzüge	Immer wiederkehrende **Be-/Abzüge** können gleich festgelegt werden. Hierbei muß als erstes der Gültigkeitsbereich angegeben werden. Meist wird das aktuelle Datum als Anfangswert angelegt. Jetzt gibt man noch die Lohn-/Gehaltsart, z.B. Fahrgeld, Weihnachtsgeld, Tantiemen, Essenszuschüsse, Abfindung, Sachbezüge usw. und den Betrag an.
Personalakte	Um die Eingaben zu überprüfen, kann man sich abschließend die **Personalakte** der betreffenden Person ansehen. In ihr stehen sämtliche persönlichen Daten, aber auch alle organisatorischen Daten.
Kritische Würdigung zur Personalstammdatenverwaltung Fotos	Es fehlt eine Funktion zur Einbindung von Bildern der Person. Man könnte z.B. die Person am Einstellungstag fotografieren und das digitalisierte Bild in seiner Personalakte archivieren. Dieses Bild könnte dann für den Betriebsausweis verwendet werden; das **Foto** wäre immer verfügbar und bei Verlust des Ausweises wäre ein neuer sehr schnell erstellt.
abspeichern	Störend erscheint das vorgeschriebene, dauernde **Abspeichern**. Man muß nach fast jeder Seite „sichern". Dadurch ist kein Schritt zurück möglich. Die Daten sollten erst einmal alle zwischengespeichert werden, ganz am Ende der Einstellung sollte man erst „fest" speichern müssen. Somit wären „Rückschritte" während der Einstellung eines Mitarbeiters möglich.

2 Zeitwirtschaft

hoher Verwaltungsaufwand	Bisher wird die Zeitwirtschaft noch von Stempelkarten versorgt, die ggf. noch manuell nachgetragen werden müssen. Der damit verbundene **Verwaltungsaufwand** ist zu hoch. Dieser Verwaltungsaufwand wird noch vergrößert durch die flexible Arbeitszeitgestaltung, die eine Vielzahl von differenten Beginn- und Endzeiten des Arbeitstages mit sich bringt. Hier wird die Notwendigkeit EDV-unterstützter Systeme deutlich, die zur Erfassung, Auswertung und Verwaltung verwendet werden.

Die gängigsten Anforderungen an eine Zeitauswertung lauten:
- Flexibler Aufbau und leichte Anpassungsmöglichkeiten
- Editiermöglichkeiten fehlerhafter Zeitbuchungen
- Datenaustausch mit der Zeiterfassung (Datenerfassung)

2 Zeitwirtschaft

benutzerfreundlich — Flexibler Aufbau und leichte Anpassungsmöglichkeiten bedeutet, daß die Software an den jeweiligen betriebsspezifischen Aufgaben und benutzerspezifischen Einstellungen angepaßt werden kann.

2.1 Zeitauswertung im System HR

Die Zeitauswertung kann auf verschiedene Arten erfolgen. Prinzipiell gibt es zwei Möglichkeiten der Zeitauswertung/-erfassung (siehe Abb. 10.5):

Abb. 10.5 Erfassungsvarianten in HR

Negativerfassung

Bei der **Negativerfassung** wird der geplante Arbeitsablauf als Schichtplan definiert. In der Regel geht man also davon aus, daß nach dieser Sollvorgabe gearbeitet wird. Bei Abweichungen wie

- Abwesenheit (Urlaub, Krankheit)
- Rufbereitschaft
- besondere Anwesenheiten (Seminar)
- Mehrarbeit

müssen diese in ihrer Art und Dauer manuell erfaßt, also zu einem späteren Zeitpunkt nachgetragen werden.

Dies hat den Nachteil, daß die Zeitauswertung (Zeitdaten) nie auf dem aktuellen Stand ist, deshalb wird in der Praxis in erster Linie die Positiverfassung verwendet.

Positiverfassung

Durch eine immer fortschreitende Flexibilisierung der Arbeitszeit (Gleitzeit) kann ein Schichtplan meist nur noch als Arbeitszeitrahmen vorgeben werden und dann als Basis für die Anwesenheitsbewertung dienen. Das heißt, in der **Positiverfassung** werden zusätzlich zu den **Abwesenheiten** auch die entsprechenden Anwesenheiten eines Mitarbeiters erfaßt. Diese Erfassung erfolgt meist über vorgelagerte Zeiterfassungssysteme. In der Praxis können Mischformen beider Zeiterfassungssysteme auftreten, aber im folgenden wird nur noch von der reinen Positiverfassung ausgegangen.

Der Unterschied zur Negativerfassung besteht also in der Erfassung der Anwesenheitszeiten.

2.2 Anbindung an vorgelagerte Systeme

Positiv- und Negativerfassung geben anschließend ihre Daten an

- Lohn- und Gehalt
- Reporting
- Zeitnachweis für Mitarbeiter
- Zeiterfassungsterminal

weiter.

2.2 Anbindung an vorgelagerte Systeme

Nachfolgend werden die Anbindungsmöglichkeiten und der Datenaustausch der HR-Zeitwirtschaft an Systeme wie Zeiterfassungsterminal, Lohn- und Gehaltsabrechnung und das Umfeld der Zeitwirtschaft näher erläutert.

Upload/Download

Es erfolgt ein **Upload** von Daten von den Zeiterfassungsterminals zur HR-Zeitwirtschaft. Hier werden die Daten verarbeitet; die Auswertungsergebnisse, sogenannte Ministämme, werden über einen **Download** wieder zu den Zeiterfassungsterminals geschickt. Der Austausch erfolgt über die **Schnittstelle** (siehe Abb. 10.6). An den Zeiterfassungsterminals können dann die Mitarbeiter ihre aktuellen Daten zu Urlaub, Gleitzeit etc. abfragen.

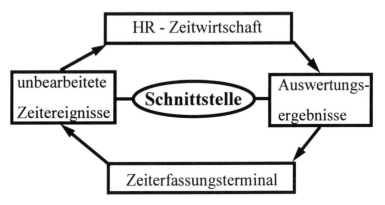

Abb. 10.6 Prinzip der Anbindung über Schnittstelle

Dieser Up- und Download erfolgt über eine interne Schnittstelle und ist für den Mitarbeiter nicht sichtbar.

Abb. 10.7
Datenaustausch

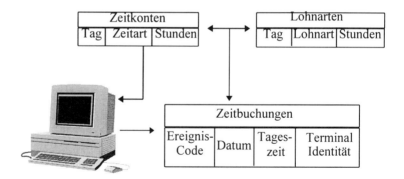

In Abb. 10.7 ist der Datenfluß zwischen den verschiedenen Ereignissen zu sehen. Es erfolgt ein Austausch von Daten von der HR-Zeitwirtschaft zu den Zeiterfassungsterminals. Weiter werden Daten von den Lohnarten an die HR-Zeitwirtschaft weitergegeben.

Daten für die Anbindung

Notwendige **Daten** eines Satzes für den **Upload** sind:
- Datum
- Uhrzeit
- Ausweisnummer bzw. Personalnummer
- Satzart (Kommen, Gehen etc.)

Über den **Download** werden folgende Daten an die Zeiterfassungsterminals weitergegeben:
- Ausweisnummer
- Zutrittsberechtigung
- Dienstgangberechtigung
- Informationen (Salden, Urlaub etc.)

2.2.1 Unterscheidung Zeiterfassungssystem - Zeitwirtschaft

Zeiterfassungsterminal

Aufgaben des Zeiterfassungssystems (**Zeiterfassungsterminal**) sind:
- Erfassen der Zeitereignisse
- Übermitteln der Zeitereignisse zur Schnittstelle
- Übermitteln der errechneten Salden von der Schnittstelle zu den Zeiterfassungsterminals

Die Erfassung der Zeitereignisse erfolgt mittels Einlesen der Daten mit einer Magnetkarte am Zeiterfassungsterminal. Diese Daten werden dann zur HR-Zeitwirtschaft weitergereicht (siehe Abb. 10.6).

2.2 Anbindung an vorgelagerte Systeme

Zeitwirtschaft

Aufgaben der Zeitwirtschaft:
- Übermitteln der Zeitereignisse von der Schnittstelle zur Zeitwirtschaft
- Verarbeiten der Zeitereignisse
- Editieren der Zeitereignisse
- Übermitteln der Salden an die Schnittstelle

In der HR-Zeitwirtschaft werden die erfaßten Zeitereignisse ausgewertet. Auftretende Fehler (z.B. fehlerhafter Lesevorgang, Mitarbeiter hat Kommenbuchung vergessen) werden mittels Auswertungen ausgedruckt und können dann nach Absprache mit dem entsprechenden Mitarbeiter editiert werden.

Umfeld der Zeitwirtschaft

Durch die nachfolgende Grafik soll der Zusammenhang und das **Umfeld der Zeitwirtschaft** genauer erläutert werden (Abb. 10.8):

Abb. 10.8 Zeitwirtschaft

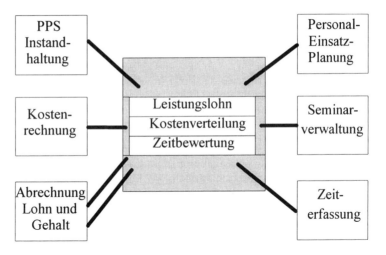

Das Umfeld der Zeitwirtschaft wird durch die sechs angegebenen Module/Anwendungen bestimmt (siehe Abb. 10.8). So sind die Module „Zeiterfassung", „Seminarverwaltung", „Personal-Einsatzplanung" sowie „Lohn und Gehalt" durch den gesamten Bereich betroffen, wohingegen die Kostenrechnung, PPS-Instandhaltung nur auf Teilbereiche zugreift. Hier stellt die Lohn- und Gehaltsabrechnung einen Sonderfall dar, da sie sowohl auf das Gesamte als auch auf den speziellen Teil der Zeitbewertung zugreift.

2 Zeitwirtschaft

2.2.2
Tabelle ZL

Lohn- und Gehaltsabrechnung

Die Versorgung der Lohn- und Gehaltsabrechnung erfolgt über die in dem „*RPTIME00-Modul*" gebildeten Lohnarten. Dabei stellt die interne **Tabelle ZL** die Schnittstelle dar (siehe Abb. 10.9). In der Lohn- und Gehaltsabrechnung muß nun die mit den Lohnarten der Zeitauswertung gefüllte Tabelle ZL gelesen werden. Relevant für die Lohn- und Gehaltsabrechnung sind die aus den An- und Abwesenheiten generierten Lohnarten.

Hierbei kann eingestellt werden, ob zum Beispiel ein Gleitzeitminus vom Gehalt abgezogen wird bzw. der Negativ-Saldo in die nächste Periode (Monat) übernommen wird.

Abb. 10.9
Tabelle ZL

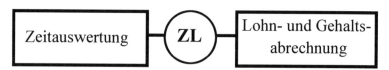

Zeitnachweisformular

In der Abb. 10.9 ist der Datentausch über die Schnittstelle ZL graphisch dargestellt. Die mit dem „*RPTIME00*" errechneten Salden und Lohnarten können als **Zeitnachweisformular** für die Mitarbeiter ausgedruckt werden. Das heißt, der Mitarbeiter bekommt einen Ausdruck, den er abgleichen, und bei eventuell fehlerhaften Zeiten reklamieren kann.

Versorgung einer fremden Lohn- und Gehaltsabrechnung

Mit dem Report „*RPTEZL100*" kann man sich die Daten aus der internen Tabelle besorgen. Die in der Zeitauswertung gebildeten Lohnarten werden auf ein sequentielles Dataset geschrieben, das die fremde Lohn- und Gehaltsabrechnung liest.

2.3 Zeittypen

Welche Zeittypen gibt es? In diesem Punkt soll auf die verschiedenen Zeittypen wie Schichtplan, Tagesprogramm, Pausenregelung und Gleitzeitaufbau genauer eingegangen werden.

2.3 Zeittypen

2.3.1 Schichtplan

Der Schichtplan steht an oberster Stellen. Ein Schichtplan ist wie folgt aufgebaut:

Abb. 10.10 Umfeld eines Schichtplans

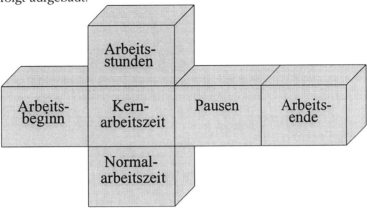

Kernzeiten

Ein Schichtplan wird also durch die Arbeitszeit bestimmt. Im Zentrum steht die **Kernzeit**. In dieser Zeit muß jeder Mitarbeiter am Arbeitsplatz sein. Ein Schichtplan enthält z.B. Schichtarten wie Frühschicht, Spätschicht aber auch die normale Arbeitszeit. Der Schichtplan legt den Arbeitszeitrahmen einer Arbeitswoche fest. Die Arbeitszeiten, Pausen, Sollarbeitszeit usw., die der Schichtplan enthält, werden vom Tagesprogramm vorgegeben.

2.3.2 Tagesprogramm

Das Tagesprogramm beinhaltet sämtliche den Arbeitszeitrahmen betreffende Zeiten. Zum besseren Verständnis ein Beispiel, wie ein Tagesprogramm aussehen könnte (Abb. 10.11):

Abb. 10.11 Übersicht: Tagesprogramme

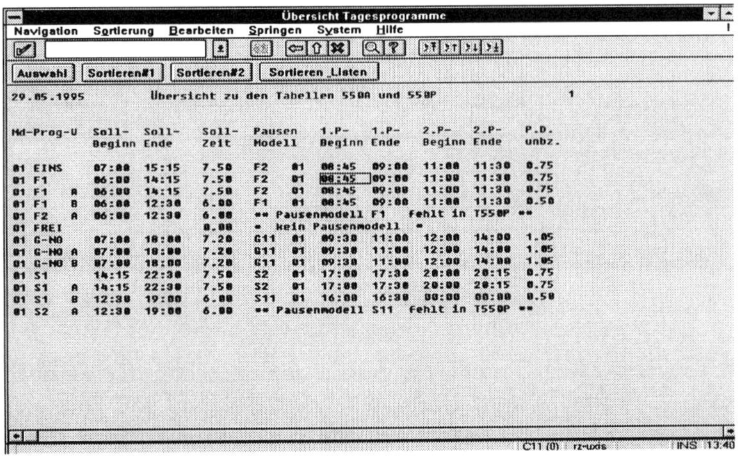

2 Zeitwirtschaft

Die Übersicht aller Tagesprogramme (hier ein Beispiel aus der LIVE-AG) ist zeilenweise zu lesen. Vorne steht der entsprechende Schichtplan (z.B. EINS, F1), aus dem die entsprechenden Zeitdaten, wie Sollzeit, Pausen usw., zu entnehmen sind. Die Pausenzeiten werden in Pausenmodellen erfaßt und hier entsprechend eingefügt.

Gleitzeitaufbau

Die Sollarbeitszeit wird auch Kernarbeitszeit genannt. Um die Arbeitszeit kann dann zusätzlich ein Arbeitszeitbeginn bzw. ein Arbeitszeitende definiert werden. Kommt der Mitarbeiter bspw. vor der Sollarbeitszeit, wird eine **Gleitzeit** aufgebaut. Diese Gleitzeit kann der Mitarbeiter später wieder abbauen, z.B. durch Urlaub.

2.4 Ausgewählte Menüpunkte der HR-Zeitwirtschaft

In diesem Kapitel werden die wichtigsten Punkte der HR-Zeitwirtschaft genauer erklärt und graphisch angezeigt.

Abb. 10.12 Einstieg: Zeiterfassung

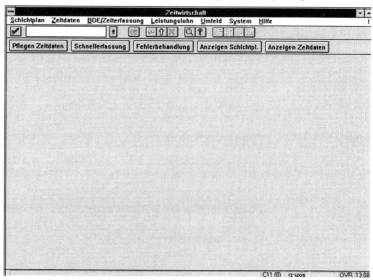

Menüleiste

Die meisten Aufgaben der Zeitwirtschaft können über die Schaltflächen (*„Pflegen Zeitdaten"*, *„Schnellerfassung"*, *„Fehlerbehandlung"*, *„Anzeigen Schichtpl."*, *„Anzeigen Zeitdaten"*) realisiert werden. Auf die Schaltfläche *„Schnellerfassung"* wird später genauer eingegangen.

Auswertungen

Auswertungen können nur über die Menüleiste bearbeitet werden. Dazu muß *„Umfeld"* und im Untermenü *„Auswertungen"* angewählt werden.

2.4 Ausgewählte Menüpunkte der HR-Zeitwirtschaft

Abb. 10.13
Pflege/Anzeige von
Zeitdaten

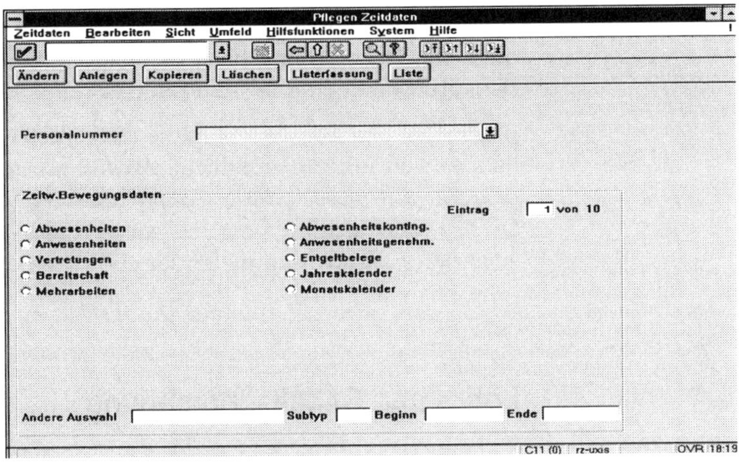

Das Anzeigen und Pflegen von Zeitdaten ist im Ausgangsbild optisch identisch (siehe Abb. 10.13). Durch Anklicken des entsprechenden Punktes wird ein Subtyp (z.B. Abwesenheiten) ausgewählt. Hier kann ein Zeitraum eingegeben werden, um die Selektion sowohl zeitlich als auch dem Umfang nach einzuschränken.

Anwesenheiten

Unter dem Pflegen von **Anwesenheiten** versteht man Buchungen (z.B. Kommen-/Gehenbuchungen), die der Mitarbeiter an den Zeiterfassungsterminals vornimmt. Sollten fehlerhafte bzw. unvollständige Buchungen ins HR-System geladen worden sein, können diese hier korrigiert bzw. hinzugefügt werden.

Der einfachste Weg, Daten wie Urlaub, Krankheit etc. zu erfassen, ist die **Schnellerfassung**:

Abb. 10.14
Schnellerfassung

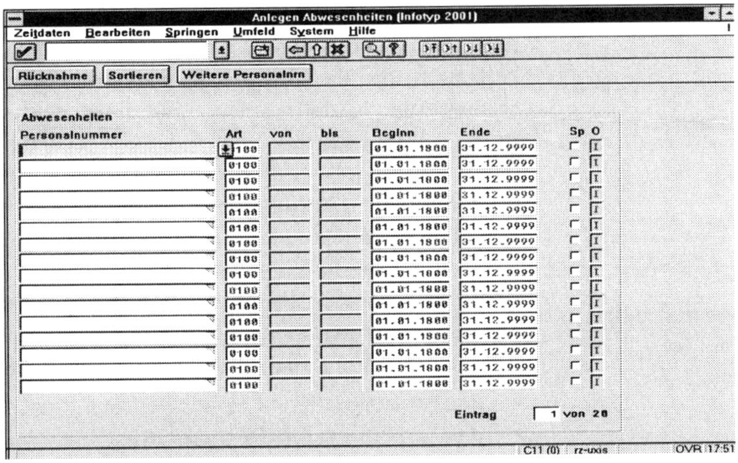

Hier können mehrere Zeiterfassungen auf einmal vorgenommen werden. Die personalnummerbetreffende Abwesenheitsart (Urlaub, Krankheit usw.) wird in das Feld „*Art*" eingetragen.

In die Felder „*von/bis*" können Uhrzeiten eingetragen werden, falls es sich nur um stündliche Abwesenheiten handelt. Die Felder „*Beginn/Ende*" werden durch eine Vorselektion eingestellt. Diese Daten werden, genauso wie „*von/bis*" anschließend angezeigt, können übernommen oder aber verändert werden.

3 Lohn- und Gehaltsabrechnung

3.1 Prinzipieller Ablauf der Lohn- und Gehaltsabrechnung

Die Lohn- und Gehaltsabrechnung befaßt sich im weitesten Sinne mit der Errechnung des Entgeltes für geleistete Arbeit pro Mitarbeiter. Die Errechnung des Entgeltes erfolgt in zwei Hauptschritten:

- **die Errechnung des Bruttoentgeltes**
- **die Errechnung des Nettoentgeltes**

Das Brutto- und Nettoentgelt setzt sich aus verschiedenen Be- und Abzügen, die einem Mitarbeiter während einer Abrechnungsperiode angerechnet werden, zusammen. Im System R/3 fließen diese Be- und Abzüge mit Hilfe von Lohn- und Gehaltsarten in die Berechnung des Arbeitsentgeltes ein.

Bruttoentgelt

Lohn- und Gehaltsarten

Das **Bruttoentgelt** eines Mitarbeiters wird aus den verschiedenen Lohn- und Gehaltsarten gebildet. Mögliche Lohn- und Gehaltsarten, die das Bruttoentgelt eines Mitarbeiters erhöhen, sind Basisbezüge, Urlaubsgeld, Weihnachtsgeld, Zulagen, Fahrtkostenzuschuß etc.; während folgende **Lohn- und Gehaltsarten** das Bruttoentgelt mindern: Werkswohnung, Betriebskindergarten oder ähnliche Leistungen des Arbeitgebers. Ob solche Leistungen das zu versteuernde Einkommen des Mitarbeiters erhöhen oder mindern, hängt von den gesetzlichen Bestimmungen des jeweiligen Landes ab. Wie oben schon erwähnt, können verschiedene Bruttozusammenfassungen gebildet werden (siehe Abb. 10.15). Sinnvolle **Bruttozusammenfassungen** sind z.B.

Bruttozusammenfassungen

- **das Steuerbrutto**
- **das Sozialversicherungsbrutto**

Außerdem können auch betriebsinterne Brutti gebildet werden. Denkbar wären hier Bemessungsgrundlagen für die Berechnung des Weihnachts- oder Urlaubsgeldes.

Abb. 10.15
Bruttozusammenfassungen

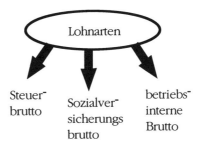

Nettoentgelt

Das **Nettoentgelt** wird auch als Auszahlungsbetrag bezeichnet. In die Berechnung des Nettoentgeltes fließen, je nach länderspezifischen Einstellungen, verschiedene Einflußgrößen, wie z.B. Steuern oder Sozialversicherungsbeiträge, die sich von Land zu Land unterscheiden können, ein. In Abhängigkeit von diesen länderspezifischen Einstellungen errechnet sich das Nettoentgelt aus verschiedenen Bruttowerten. Aus diesem Grund werden verschiedene Summen gebildet, die für die spätere Abrechnung benötigt werden.

3.2 Lohn- und Gehaltsabrechnung unter R/3

Im R/3-Personalwirtschaftssystem HR wird die Lohn- und Gehaltsabrechnung mit Hilfe von Reporten, Schemen und Tabellen realisiert (siehe Abb. 10.16).

Abb. 10.16
Gehaltsabrechnung unter R/3

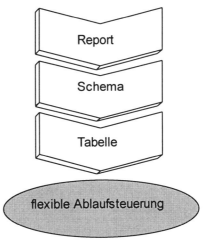

547

3 Lohn- und Gehaltsabrechnung

3.2.1 Report

Basisreport

Der Report beinhaltet keine länderspezifischen Daten. Dies bedeutet, daß er nur den Bruttoteil einer Abrechnung durchführen kann. Der länderspezifische Nettoteil muß explizit für jedes Land angegeben werden. Neben vordefinierten Reporten, wie z.B. Deutschland, Großbritannien, Frankreich, USA, Kanada, gibt es zusätzlich noch einen **Basisreport**, aus dem eigene Länderreporte entwickelt werden können, die jeweils den steuer- und sozialversicherungsrechtlichen Ansprüchen des entsprechenden Landes genügen. Mit Hilfe diese Basisreports kann man für jedes beliebige Land einen Abrechnungsreport erstellen.

3.2.2 Schema

Das Schema sorgt dafür, daß alle für die Abrechnung benötigten Informationen eingeholt werden, um die Lohn- und Gehaltsabrechnung für einen bestimmten Mitarbeiter durchzuführen. Jedem Report stehen verschiedene Schemen zur Verfügung, z.B. gibt es für den Report Deutschland standardmäßig zwei Schemen, „Deutschland allgemein" und „Deutschland Öffentlicher Dienst". Vom Benutzer können auch neue Schemen für seine persönlichen, unternehmensindividuellen Anforderungen erstellt

leeres Schema

werden. Dieses Schema nennt man „**leeres Schema**", mit ihm können Abrechnungen für jedes beliebige Land realisiert werden. Im R/3-Abrechnungssystem gibt es außerdem noch vordefinierte Schemen, diese Schemen nennt man **Standardschemen**;

Standardschemen

das sind neben Deutschland und Deutschland Öffentlicher Dienst auch Belgien, Dänemark, Frankreich, Großbritannien, Niederlande, Österreich, Schweiz, Spanien, USA und Kanada.

3.2.3 Tabellen

Tabellen beinhalten alle Informationen, die die Abrechnung eines bestimmten Mitarbeiters betreffen. Das Schema holt sich aus verschiedenen Tabellen alle benötigten Informationen eines Mitarbeiters, wie z.B. Lohn- und Gehaltsarten, Abrechnungshäufigkeit, Abrechnungskreis etc..

flexible Ablaufsteuerung

Diese Unterteilung der Aufgaben auf Report, Schema und Tabelle im R/3-Abrechnungssystem (siehe Abb. 10.16) hat den großen Vorteil, daß es im Gegensatz zu anderen Abrechnungsprogrammen, die eine Anpassung meist nur in „fest verdrahteter Form" zulassen, sehr flexibel ist. Dies hat zur Folge, daß die Ablaufsteuerung und Abrechnungsanpassung allein durch die Pflege von Tabellen an die Bedürfnisse des Unternehmens angepaßt werden kann. Komplizierte Programmänderungen oder Programmierungen sind im System R/3 nicht notwendig.

hoher Pflegeaufwand

Ein Nachteil allerdings ist hierbei der **hohe Pflegeaufwand** aufgrund der vielen Tabellen und die Unübersichtlichkeit, die schnell entsteht, wenn man versucht, sich durch die verschiedenen Tabellen „durchzuklicken".

3.3 Abrechnungsanpassung

Da alle Anwender der HR-Lohn- und Gehaltsabrechnung unterschiedliche Bedürfnisse haben, ist die Abrechnungsanpassung unabdingbar, um das System R/3 auf die persönlichen Anforderungen jedes einzelnen Unternehmens einzustellen.

3.3.1 Lohnartenschlüsselung

Mit Hilfe der Lohnartenschlüsselung kann der Anwender die Lohn- und Gehaltsarten auf seine Bedürfnisse zuschneiden. Er kann sich demnach verschiedene Be- und Abzüge, also Lohnarten definieren, von denen er meint, sie seien für sein Unternehmen notwendig. Die Definition dieser Lohnarten erfolgt in den Tabellen T512W und T511. Im System R/3 unterscheidet man zwei verschiedene Lohn- und Gehaltsarten:

Benutzerlohnarten

- **Benutzerlohnarten** können direkt in den Infotyp eines Mitarbeiters eingefügt werden, z.B. kann ein freiwilliger Zuschlag zum Basislohn direkt in den Infotyp Basisbezüge eingegeben werden. Diese Lohnart wird dann bei jeder Abrechnung des Mitarbeiters in sein Abrechnungsergebnis miteinbezogen.

technische Lohnarten

- **Technische Lohnarten** können nicht in den Infotyp eines Mitarbeiters eingegeben werden. Aus ihnen geht eine für das Programm interpretierbare Bedeutung hervor.

Verarbeitungsklassen

Jede Lohn- und Gehaltsart kann bis zu 99 **Verarbeitungsklassen** beinhalten (siehe Abb. 10.17). Die Verarbeitungsklassen beinhalten Eigenschaften, die den weiteren Verlauf der Lohn- und Gehaltsabrechnung beeinflussen. Mögliche Eigenschaften wären z.B. Kürzung mit einem Faktor oder Aufteilung der Lohnarten in bestimmte Tabellen.

Kumulation

Im HR-Abrechnungssystem stehen jeder Lohnart 96 **Kumulationen** zur Verfügung (siehe Abb. 10.17). Kumulationen sind Summen, in die die bestimmte Lohnart miteingerechnet wird. Das können nicht nur die verschiedenen Bruttozusammenfassungen sein, sondern auch andere Summen, wie z.B. eine Zu-

3 Lohn- und Gehaltsabrechnung

sammenfassung für die Bemessungsgrundlage der Beiträge zur Arbeitnehmerkammer Bremen oder andere Zusammenfassungen, die dann das individuelle Abrechnungsergebnis jedes einzelnen Mitarbeiters beeinflussen.

Abb. 10.17
Lohn- und Gehaltsarten in der Tabelle T512W

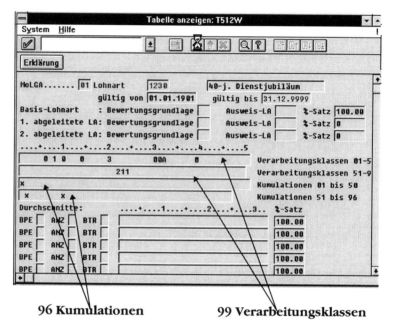

3.3.2 Lohnartengenerierung

Die Lohnartengenerierung beinhaltet die Definition von bestimmte Bedingungen für eine Lohnart. Der Einbezug dieser Lohnart in die Lohnabrechnung erfolgt nur dann, wenn diese Bedingung erfüllt ist. Die Lohnartengenerierung wird hauptsächlich dazu verwendet, die sich aus der Zeitauswertung eines Mitarbeiters ergebenden Lohnarten zu generieren. D.h., es wird bspw. eine Bedingung definiert, daß die Lohnart nur in die Entgeltberechnung miteinfließen soll, wenn der Mitarbeiter sonntags gearbeitet hat. Es wird nun automatisch bei der Auswertung der Zeitdaten für jeden Mitarbeiter, der diese Bedingung erfüllt, eine Lohnart gebildet.

Mit dem Werkzeug Lohnartengenerierung kann viel Arbeit gespart werden: anstatt für jeden Mitarbeiter, der Sonntags gearbeitet hat, manuell ein Lohnart „Zuschlag für Sonntagsarbeit" hinzuzufügen, kann im System diese Lohnart generiert werden. Damit wird sie automatisch in die Entgeltberechnung miteinbezogen.

3.4 Aliquotierung

In der Lohn- und Gehaltsabrechnung bedeutet der Begriff Aliquotierung die Ermittlung eines anteiligen Entgeltes für einen Mitarbeiter innerhalb einer Abrechnungsperiode. Gründe zur Errechnung des anteiligen Entgeltes können folgende Sachverhalte sein:

- Der Mitarbeiter hat nicht die gesamte **Abrechnungsperiode** gearbeitet (Ein- bzw. Austritt in der Abrechnungsperiode oder unbezahlte Abwesenheit)
- **Basisbezugsänderung** in der Abrechnungsperiode
- Wechsel der **organisatorischen Zuordnung** in der Abrechnungsperiode oder Kostenstellenwechsel

In der Aliquotierung werden **vier Kürzungsmethoden** unterschieden (siehe Abb. 10.18):

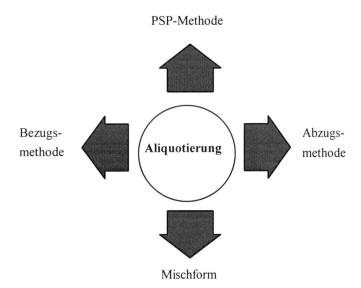

Abb. 10.18 Aliquotierungsmethoden

Bezugsmethode

Bei der **Bezugsmethode** wird aus dem vereinbartem Entgelt des Mitarbeiters ein Stunden- oder Tagessatz errechnet und mit der Anzahl der Tage bzw. Stunden, die der Mitarbeiter anwesend war, multipliziert. Dabei wird von einer pauschalierten Monatsarbeitszeit, z.B. 22 Arbeitstage pro Monat ausgegangen. Hierbei kann es in „langen" Monaten, d.h. in Monaten, in denen die Sollarbeitszeit die pauschalierte Monatsarbeitszeit übersteigt, zu einer Überzahlung kommen.

3 Lohn- und Gehaltsabrechnung

Abzugsmethode

Bei der **Abzugsmethode** wird ebenfalls ein Stunden- oder Tagessatz gebildet. Dieser Stunden- oder Tagessatz wird mit der Anzahl der Stunden bzw. Tage multipliziert, die der Mitarbeiter abwesend war. Das Ergebnis wird dann vom jeweiligen Grundgehalt subtrahiert. Hierbei kann es in „langen" Monaten bei viel unbezahlter Abwesenheit, zu einer Unterbezahlung kommen.

Mischform

In „kurzen" Monaten, d.h. in Monaten, in denen die pauschalierte Arbeitszeit die Sollarbeitszeit übersteigt, kann es bei der Benutzung der Bezugsmethode zu einer hohen Kürzung der Bezüge kommen, und bei Verwendung der Abzugsmethode könnte man selbst bei kompletter Abwesenheit einen Betrag größer Null als Ergebnis erhalten. Deshalb wird in der Praxis meistens eine **Mischung** aus beiden Methoden gewählt. Bei „wenig" Fehlzeit wird dabei die Abzugsmethode und bei „viel" Fehlzeit die Bezugsmethode gewählt.

PSP-Methode

Bei der **PSP-Methode** wird nicht von einer pauschalierten Arbeitszeit, sondern von der genauen Arbeitszeit des Mitarbeiters, laut persönlichem Schichtplan (PSP), ausgegangen. Mit dieser Methode hat der Mitarbeiter in „kurzen" Monaten einen höheren Stundenlohn als in „langen" Monaten.

Welche der vier Methoden wann benutzt werden darf, ist nicht dem Arbeitgeber überlassen, sondern steht in der Regel im Tarifvertrag, damit der Arbeitgeber nicht die für ihn günstigste Methode auswählt.

3.5 Abrechnungsverlauf

Der Abrechnungsverlauf beinhaltet die verschiedenen Schritte, die durchlaufen werden müssen, um das Abrechnungsergebnis zu erhalten.

3.5.1 Abrechnungskreis

Eine Voraussetzung für die Lohn- und Gehaltsabrechnung unter SAP ist es, vorher festzulegen, für wen und für welchen Zeitraum die Abrechnung erfolgen soll. Diese organisatorische Einheit bezeichnet man als Abrechnungskreis. Ein Abrechnungskreis ist also eine Personengruppe, die zum gleichen Zeitpunkt für denselben Zeitraum abgerechnet wird. Innerhalb eines Abrechnungskreises wären z.B. alle Angestellten für den Monat Mai oder alle Mitarbeiter eines bestimmten Werkes für das erste Quartal (siehe Abb. 10.19).

3.5 Abrechnungsverlauf

Abb. 10.19
Abrechnungskreise

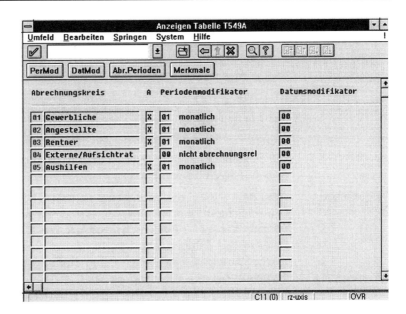

3.5.2 Abrechnung

Im HR-Abrechnungssystem sind zwei verschiedene Abrechnungsarten zu unterscheiden: die Test- und die Produktivabrechnung.

Testabrechnung

Bei der **Testabrechnung** muß der Zeitraum, für den abgerechnet werden soll, explizit angegeben werden. Das hat den Vorteil, daß zukünftige Abrechnungsergebnisse teilweise angezeigt werden können.

Produktivabrechnung

Bei der **Produktivabrechnung** wird der Abrechnungszeitraum vom System automatisch hochgezählt. D.h., wenn als letzte Produktivabrechnung der März abgerechnet wurde und dabei ein Abrechnungskreis gewählt wurde, der monatlich abgerechnet wird, wird bei der nächsten Produktivabrechnung automatisch der April abgerechnet.

3.5.3 Rückrechnung

Unter Rückrechnung versteht man die Korrektur des Abrechnungsergebnisses, wenn sich die Zeit- oder Stammdaten eines Mitarbeiters so geändert haben, daß sie in die Abrechnungsvergangenheit, also in die Zeit vor der letzten Abrechnung reichen. Das könnten z.B. folgende Sachverhalte sein:

3   Lohn- und Gehaltsabrechnung

- Dem Unternehmen wird erst nach der Abrechnung bekannt, daß die Zeitdaten eines bestimmten Mitarbeiters falsch waren und er einen Tag gefehlt hat, an dem er als anwesend ausgewiesen wurde

oder

- ein Mitarbeiter gibt erst verspätet an, daß er geheiratet hat, und somit in eine andere Steuerklasse einzustufen ist.

In beiden Fällen muß eine Korrektur des Abrechnungsergebnisses durchgeführt werden.

Rückrechnungsgrenze

Um dem System das Erkennen einer notwendigen Rückrechnung zu erleichtern, gibt es für jeden Abrechnungskreis und für jeden Mitarbeiter eine **Rückrechnungsgrenze**. Die Rückrechnungsgrenze legt datumsgenau fest, bis zu welchem Datum eine Zeit- oder Stammdatenänderung keinen Einfluß auf das Abrechnungsergebnis hat.

Angenommen, die Rückrechnungsgrenze eines Mitarbeiters wäre der 01.03., dann hätten nur alle Änderungen, die den Zeitraum vor dem 01.03 betreffen, einen möglichen Einfluß auf das Abrechnungsergebnis.

3.5.4   Abrechnungsergebnis

Das Abrechnungsergebnis enthält alle wichtigen Daten, die die Abrechnung eines bestimmten Mitarbeiters betreffen. Im Abrechnungsergebnis werden seine Arbeitszeit, alle Lohnarten, die ihm angerechnet wurden, seine Bankverbindung und etliche andere Informationen festgehalten.

Das **Abrechnungsergebnis** wird an verschiedene HR-Komponenten und an andere SAP-Module intern weiterübermittelt (siehe Abb. 10.20):

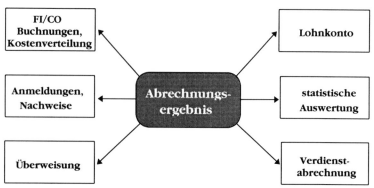

Abb. 10.20
Verwendung des Abrechnungsergebnisses

3.5 Abrechnungsverlauf

Lohnkonto	Jeder Mitarbeiter hat unter HR-Lohn- und Gehaltsabrechnung ein **Lohnkonto**, in dem seine Bezüge festgehalten werden. Mit Hilfe dieses Lohnkontos können die Abrechnungsergebnisse vergangener Perioden aufgelistet werden.
statistische Auswertung	Das Abrechnungsergebnis wird ebenfalls für die **statistische Auswertung** benötigt. Hier können mit Hilfe von R/3-Präsentationsgrafiken verschiedene statistische Auswertungen durchgeführt werden.
Verdienstabrechnung	Unter **Verdienstabrechnung** ist der Computerausdruck zu verstehen, den jeder Mitarbeiter zur Kontrolle seiner Bezüge erhält.
Überweisung	Außerdem wird das Abrechnungsergebnis benötigt, um die Höhe des Auszahlungsbetrags für die **Überweisung** zu erhalten.
Nachweis und Anmeldungen	Jeder Mitarbeiter hat das Recht, **Nachweise** oder **Anmeldungen** zu verlangen, z.B. brauchen Ausländer diesen Nachweis für ihre Aufenthaltsgenehmigung. Diese Anmeldungen bzw. Nachweise können direkt im R/3-System erstellt werden.
FI/CO	Als letztes muß das Abrechnungsergebnis noch an die Module **Finanzbuchhaltung (FI)** und **Controlling (CO)** übergeben werden, damit diese Module die notwendigen Buchungen bzw. die Kosten- und Leistungsrechnung durchführen können.

4 Reiseabrechnung

Das Modul HR-Reise des Systems R/3 ermöglicht dem Anwender, die Reisen der Firmenmitarbeiter komplett über den PC zu erfassen, zu bearbeiten und abzurechnen.

Um eine korrekte Abwicklung einer Reise mit den anfallenden Reisekosten zu gewährleisten, kommuniziert das Reisekostenmodul mit folgenden anderen Komponenten des R/3-Systems:

Abb. 10.21
Zusammenarbeit mit anderen R/3-Modulen

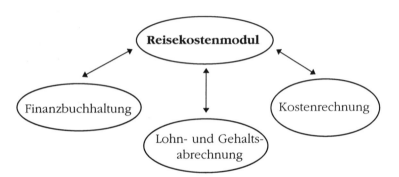

Dies ermöglicht zum einen die korrekte Verbuchung der angefallenen Reisekosten, zum anderen die Berücksichtigung von eventuell bereits an den Mitarbeiter ausbezahlten Vorschüssen und der nachträglich auszubezahlenden Spesen sowie das exakte Umlegen der Reisekosten auf die jeweils betroffenen Kostenstellen innerhalb des Unternehmens. Eine Übermittlung der Daten an die Banken zur Gehaltsabrechnung wird ebenfalls unterstützt.

Die Einsatzmöglichkeiten des Reisekostenprogramms beschränken sich nicht auf den Einsatz im R/3-System, sondern ermöglichen auch die Zusammenarbeit mit diversen anderen Standardsystemen. Es läßt sich somit in bereits vorhandene, andersartige Softwaresysteme einbinden.

4.1 Pauschalabrechnung und Einzelnachweise

Für den isolierten Einsatz des Reisekostenmoduls steht ein eigener Datenträgeraustausch zur Verfügung:

Abb. 10.22
Einsatzmöglichkeiten von HR-Reise

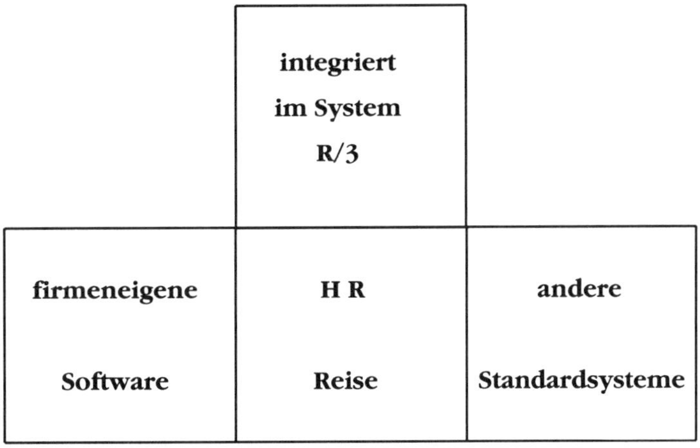

	integriert im System R/3	
firmeneigene Software	**H R Reise**	**andere Standardsysteme**

4.1 Pauschalabrechnung und Einzelnachweise

Die Grundversion des Moduls HR-Reise unterscheidet zwischen Pauschalabrechnung und Einzelnachweisen für eine Reise.

Pauschalabrechnung

Innerhalb der **Pauschalabrechnung** werden folgende Möglichkeiten unterschieden:

- Dienstgang / Dienstreise
- eintägige oder mehrtägige Reisen
- ermäßigte Pauschal- und Höchstsätze bei einer Reisedauer unter zwölf Stunden
- Abzüge wegen unentgeltlicher Bewirtung
- Zusammenfassen von Ländern zu Ländergruppen
- Bewertung des Reisetages nach dem zuletzt vor 24 Uhr erreichten Land
- Bewertung des Rückreisetages nach dem Zeitpunkt des Grenzübertrittes

Einzelnachweise

Die **Einzelnachweise** einer Reise beinhalten dagegen:

- Unterkunftskosten
- Verpflegungsaufwendungen
- Fahrtkosten
- Bewirtungen
- Nebenkosten

4 Reiseabrechnung

Soll eine Abrechnung nicht nach deutschen, sondern nach österreichischen Gesetzen erfolgen, kann die **Reisezeit** entweder nach

- Kalendertagen oder
- 24-Stunden-Intervallen

erfolgen und diese wiederum nach Zwölftel- oder Uhrzeiten-Regelung abgerechnet werden.

Pauschalabrechnung & Einzelnachweise

Die **Kombination** von **Pauschalabrechnung** und **Einzelnachweisen** ist ebenfalls möglich und vor allem dann sinnvoll, wenn für fehlende Belege, z.B. Unterkunftsbelege, ein ermäßigter Pauschalsatz berücksichtigt werden soll.

4.2 Anlage einer Reise

Wie wird nun eine solche Reise eines Mitarbeiters angelegt?

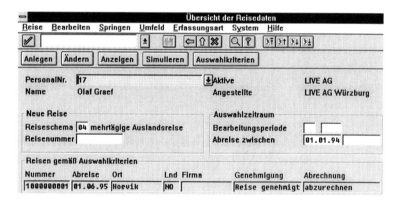

Abb. 10.23
Reisedaten anlegen

Personalnummer

Im Feld „**Personalnummer**" wird zunächst die Personalnummer des Mitarbeiters eingegeben. Sollte diese nicht bekannt sein bzw. auf dem Reiseantrag des Mitarbeiters vergessen worden sein, kann über die ▼-Taste ein Auswahlmenü aufgerufen werden.

Reiseschema

Im Feld „**Reiseschema**" werden nun die Angaben: „Inlands-/Auslandsreisen", „interne/externe Reisen" und „eintägige/mehrtägige Reisen" eingetragen.

Reisenummer

Eine **Reisenummer** kann (und muß) nur bei externen Reisen eingetragen werden, wohingegen diese Nummer bei internen Reisen vom System automatisch vergeben wird und nicht frei auswählbar ist.

4.2 *Anlage einer Reise*

Bearbeitungsperiode   Die **Bearbeitungsperiode** legt fest, in welchem Zeitintervall die Reise später zu verbuchen ist. Dies ist üblicherweise der aktuelle Monat. Falls also hier keine Eingabe erfolgt, wird automatisch der aktuelle Monat als Abrechnungsperiode angenommen.

Abreisedatum   Das **Abreisedatum** soll nun im folgenden Feld eingegeben werden. Liegt dieses auf einem Datum fest, so trägt der Anwender nur dieses ein. Hat der Reisende dagegen die Möglichkeit an zwei oder mehreren unterschiedlichen Tagen abzureisen, wird die Zeitspanne eingegeben, z.B. zwischen dem 1. Juni 1995 und dem 3. Juni 1995.

Im unteren Feld sind schließlich die bisherigen Reisen des Mitarbeiters angezeigt. Es versteht sich von selbst, daß sich die Reisedaten zweier Reisen nicht überschneiden dürfen.

Als nächstes wird die **Reise angelegt**:

Abb. 10.24
Reise anlegen

Dazu klickt man mit der linken Maustaste das Feld `Anlegen` an und erhält nun die folgende Bildschirmmaske, die zur Eingabe der exakten Reisedaten dient:

Abb. 10.25
Reisedaten eingeben

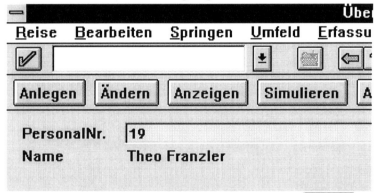

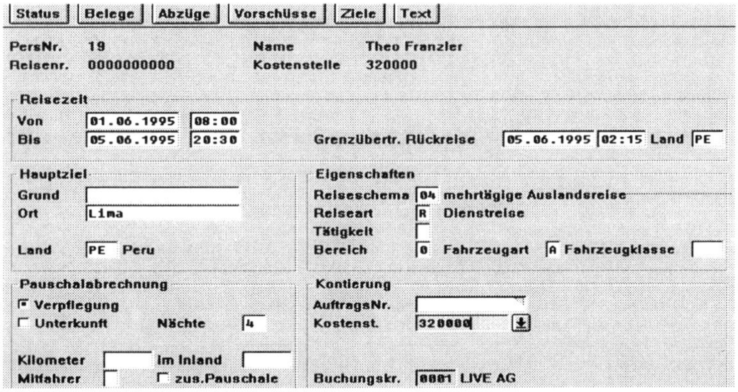

4   *Reiseabrechnung*

Reisezeit

Im oberen Teil wird zunächst nochmals die genaue Reisedauer (Daten und Uhrzeiten) eingegeben, Datum und Uhrzeit des Grenzübertrittes bei der Rückreise sowie das Land (hier: Peru). Datum und Uhrzeit des Grenzübertrittes sind wichtig für die Berechnung des Pauschalen, d.h., ob z.B. nach 14-Uhr-Regelung oder 24-Uhr-Regelung (siehe oben) abgerechnet wird. Davon kann abhängen, ob ein Mitarbeiter noch für den ganzen Tag Spesen erhält, nur anteilig oder gar nicht.

Im Bereich *„Hauptziel"* wird nun das Hauptziel der Reise angegeben:

Abb. 10.26
Hauptziel

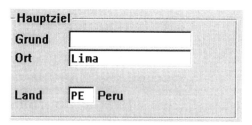

Der *„Grund"* bezeichnet die Kundennummer desjenigen Kunden, bei dem der Mitarbeiter einen Hausbesuch macht. Ist die Reise keinem Kundendienst gewidmet, wird kein Reisegrund eingetragen.

Eigenschaften

Das Untermenü *„Eigenschaften"* (siehe Abb. 10.27) legt weitere reisespezifische Daten fest, wie Reiseschema, Reiseart, Tätigkeit während der Reise, Bereich, Fahrzeugart oder Fahrzeugklasse.

Abb. 10.27
Eigenschaften

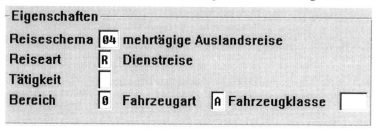

Fahrzeugart

Bei den **Fahrzeugarten** wird unterschieden zwischen:
- „A"   Flugzeug
- „B"   Bus
- „F"   Fahrrad
- „L"   Lkw
- „M"   Motorrad
- „P"   Pkw
- „Z"   Zug

4.2 Anlage einer Reise

Fahrzeugklasse   Die **Fahrzeugklasse** wiederum legt dieselbe fest, welche der Reisende benutzt. Die Berechtigungen für die einzelnen Fahrzeugklassen können in den Reiseprivilegien (siehe Abb. 10.27 unten) festgelegt werden.

Pauschalabrechnung   Desweiteren können - falls eine Pauschalabrechnung der Reise durchgeführt werden soll - in diesem Untermenü die Kosten ausgewählt werden, bei denen die Pauschalabrechnung gewünscht wird:

Abb. 10.28
Pauschalabrechnung

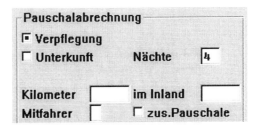

Zum Beispiel „*Verpflegung*" oder „*Unterkunft*", wobei hier die Anzahl der pauschalierten Unterkunftskosten im Feld „*Nächte*" eingetragen wird, die Anzahl der gefahrenen Kilometer (Kilometerpauschale(n)) oder die Anzahl der Mitfahrer etc. eingegeben werden.

Kontierung der Reisekosten   Im Feld „**Kontierung**" wird schließlich festgelegt, wie die Reisekosten im Modul FI (Finanzwesen) verbucht werden, d.h. hier wird bei internen Reisen die jeweilige Kostenstelle eingetragen, der die Reisekosten belastet werden sollen oder die Auftragsnummer, wenn die Reisekosten zu Lasten eines Kunden gehen:

Abb. 10.29
Kontierung

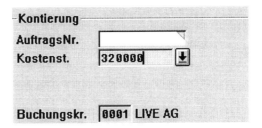

In diesem Beispiel verbirgt sich hinter „320 000" die Kostenstelle „Vertrieb Europa Fahrräder" der Live AG.

Buchungskreis   Der **Buchungskreis** legt fest, auf welches Werk, Zweigstelle o.ä. des Unternehmens sich die Verbuchung bezieht.

4.3 Erfassung der Vorschüsse

Als nächstes soll nun die Erfassung der Vorschüsse genauer dargestellt werden, die einem reisenden Mitarbeiter eventuell gezahlt werden sollen. Dazu wählt man zunächst den Menuepunkt Vorschüsse aus und erhält daraufhin die folgende Eingabemaske:

Abb. 10.30
Vorschüsse

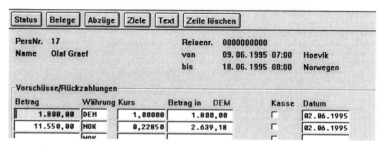

Eingabe der Vorschüsse

Im Feld „*Betrag*" wird nun der jeweilige Betrag des Vorschusses in der entsprechenden Landeswährung eingegeben. Im nächsten Feld „*Währung*" wird das Kürzel der Landeswährung, z.B. DEM für Deutsche Mark, NOK für Norweg. Kronen, USD für U.S.-Dollar usw. eingetragen. Gibt man keine Währung ein, wird die Währung der Zeile davor übernommen.

Den „Betrag in DEM" berechnet das Reisekostenmodul eigenständig, das „Kasse"-Feld wird ebenfalls vom System markiert und kann nicht vom Anwender ausgewählt werden. Es wird dann markiert, wenn ein Reiseantrag den Status „Antrag genehmigt" und „abzurechnen" erhält.

Das Feld „*Datum*" gibt schließlich an, wann der Vorschuß angelegt werden soll.

4.4 Eingabe der Reisebelege

Ein weiterer wesentlicher Teil der Reisekosten sind die Reisebelege. Hier werden sämtliche während der Reise angefallenen Kosten aufgeführt, die später in die Buchhaltung der Firma eingehen müssen.

Um die Reisebelege eingeben zu können, kann man den Shortcut Belege auswählen. Nun können die einzelnen Belege eingegeben werden:

4.5 Abzüge und Kostenaufteilung der Reise

Abb. 10.31
Reisebelege

| Status | Abzüge | Vorschüsse | Ziele | Text | Zeile löschen |

PersNr.	17		Reisenr.	1000000001	
Name	Olaf Graef		von	01.06.1995 07:30	Hoevik
			bis	08.06.1995 22:00	Norwegen

Belege

BNr	SpKz	Spesentext	Betrag	Währ	Kurs	MW	Datum	Text	AF	LFr
001	FLUG	Flug.....	1.158,00	NOK	0,22850	V1	01.06.95	SAS		
002	TAXI	Taxi.....	88,60	NOK	0,22850	V2	01.06.95			
003	MKSO	Sonstiges	178,75	NOK	0,22850	V2	01.06.95	Akershus		
004	TAXI	Taxi.....	107,25	NOK	0,22850	V2	02.06.95	Hot.-Tag.		
005	POST	Postgebühr	4,80	NOK	0,22850	V0	02.06.95	Br.Marken		
006	TELE	Telefon...	54,30	NOK	0,22850	V0	02.06.95	Tlf. Live		
007	BAHN	Bahn.....	22,50	NOK	0,22850	V0	02.06.95	Metro		
008	MKSO	Sonstiges	98,00	NOK	0,22850	V2	02.06.95	M.-Essen		
009	BAHN	Bahn.....	22,50	NOK	0,22850	V0	02.06.95	Metro		
010	TIP	Trinkgeld.	40,00	NOK	0,22850	V0	03.06.95	Ask. Town		
011	BUS	Bus	18,00	NOK	0,22850	V0	03.06.95	z.IntRent		

Belegnr./SpKz.

Die **Belegnummer** wird automatisch hochgezählt. Das erste darauf folgende Feld „*SpKz*" ist dem Spesenkürzel vorbehalten. Diese können aus einer Tabelle auch ausgewählt werden, wenn man das jeweilige Kürzel nicht weiß. Dazu klickt man mit der

Betrag / Währung / Kurs / Steuersatz

linken Maustaste auf das Feld ⬇ und erhält nun die Liste der Spesenkürzel. In den nächsten Feldern werden der Betrag, die Währung und der Kurs, wie beim Anlegen der Vorschüsse, eingegeben.

Mehrwertsteuersatz

Das Feld MW verlangt nach der Eingabe des **Mehrwertsteuersatzes**, welcher für den entsprechenden Beleg relevant ist. Auch hier kann wieder über die ⬇-Taste ausgewählt werden.

Belegdatum

Das Datum bezeichnet das **Belegdatum**, an dem die Kosten entstanden sind, im Feld „*Text*" können zusätzliche Erläuterungen eingegeben werden.

AF / LF

Im Feld „*AF*" wird die Anzahl der Frühstücke eingeben, im folgenden Feld „*LF*" schließlich kann der Länderschlüssel Frühstück eingetragen werden.

4.5 Abzüge und Kostenaufteilung der Reise

Für jeden einzelnen Reisetag können spezifische Abzüge für die Mahlzeiten erstellt werden. Man verwendet diese Möglichkeit dann, wenn der Mitarbeiter am Reiseort kostenlos verpflegt wird.

Hierzu wählt man die Taste | Abzüge | und kann nun dieselben in folgender Bildschirmmaske eintragen:

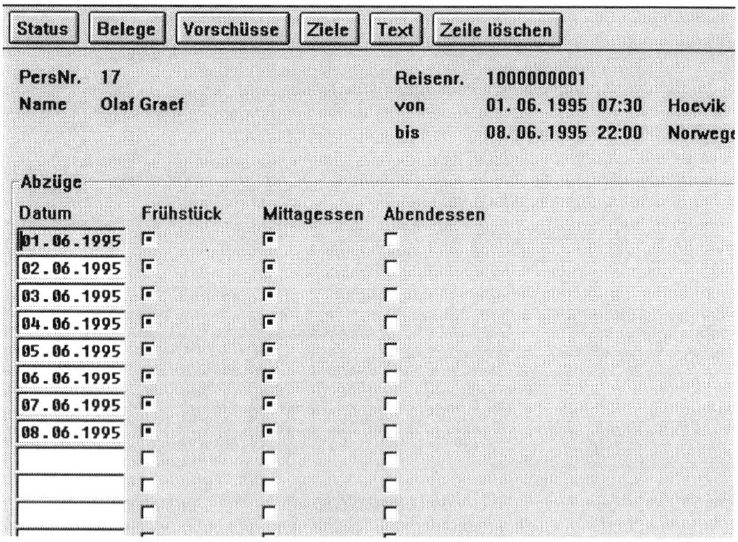

4   *Reiseabrechnung*

Abb. 10.32
Abzüge

Mit der linken Maustaste können nun die jeweils abzuziehenden Mahlzeiten markiert werden.

Die **Kosten einer Reise** können im System unterschiedlich aufgeteilt werden:

Abb. 10.33
Kostenaufteilung
der Reise

Die Kostenaufteilung pro Gesamtreise spricht eigentlich schon für sich selbst, d.h. die Kosten werden auf die gesamte Reise umgelegt.

Kostenaufteilung pro Beleg

Bei der Kostenaufteilung pro Beleg kann
- jeder Beleg mit eigener Aufteilung versehen werden
- oder die Belege einzelnen Kostenstellen zugewiesen werden
- oder die Reisekostenstammkontierung gewählt werden.

Kostenaufteilung pro Zwischenziel

Bei der **Kostenaufteilung pro Zwischenziel** kann entweder eine Verbuchung auf eine Auftragsnummer (Kunde!) oder ebenfalls auf Kostenstellen bzw. eine Reisekostenstammkontierung ausgewählt werden.

4.6 Eingabe der Zwischenziele einer Reise

Wird eine Reise mit mehreren Zwischenzielen angelegt, wie zum Beispiel Rundreisen oder Sternreisen, oder erfolgt während der Reise mit nur einem Ziel noch ein „kurzer Abstecher" zu einem Zwischenziel (z.B. Firmenbesichtigung, Seminar an einem anderen Ort), so können diese Zwischenziele ebenfalls erfaßt werden. Dazu wählt man zunächst mit der Maus den Shortcut Ziele an (siehe Abb. 10.34).

Abb. 10.34 Zwischenziele

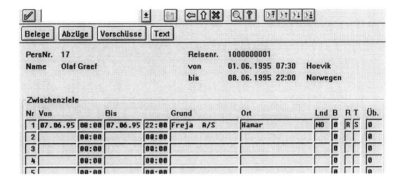

Die Zwischenziele werden wiederum vom System aus automatisch durchnumeriert. Nun können die einzelnen Zwischenziele eingegeben werden.

Zeitraum und Grund

Zunächst muß der **Zeitraum** der Zwischenreise (Daten und Uhrzeiten) eingetragen werden. Im folgenden Feld „*Grund*" ist im obigen Beispiel „Freja A/S" ein Firmenname eingetragen worden. Hier kann also jeder beliebige Kundenname oder sonstiger Firmenname eingegeben werden, zu dem der Mitarbeiter reist.

Ort und Land

Ort und Land (länderspezifisches Kürzel) sind genauso wie bisher zu behandeln.

Feld „*B*" steht für den Bereich, „*R*" für die Reiseart (Dienstgang oder Dienstreise), „*T*" für die Tätigkeit während der Reise (Kurse, Seminare etc.).

Anzahl Übernachtungen

Im Feld „*ÜB*" wird die **Anzahl der Übernachtungen** erfaßt. Erfolgt die Unterkunftsabrechnung pauschal, so schlägt das System R/3 für jedes Zwischenziel die Anzahl der Übernachtungen vor. Diese können aber selbstverständlich auch nach oben oder unten manuell korrigiert werden.

4 Reiseabrechnung

4.7 Festlegen der Reiseprivilegien

Ebenfalls sehr wichtig ist das Festlegen der Reiseprivilegien für die einzelnen Mitarbeiter des Unternehmens. Es können hier Pkw-Regelungen, Berechtigungen zum Benutzen von bestimmten Pkw-Klassen sowie die Spesenberechtigungen festgehalten und/oder verändert werden.

Abb. 10.35
Reiseprivilegien

Umfeld

Man wählt (siehe Abb. 10.35) zunächst den Punkt „*Umfeld*" aus der Menüleiste aus, sodann das „*Stammdatenmenü*". Nun kann die Personalnummer des Mitarbeiters eingegeben werden, für den die Reiseprivilegien geändert werden sollen. Mit der linken Maustaste klickt man nun den Punkt „*Reiseprivilegien*" an und wählt das Feld „*Ändern*" an.

Mit der folgenden Eingabemaske können nun sowohl die Reiseprivilegien als auch die Kostenstelle des Mitarbeiters verändert werden:

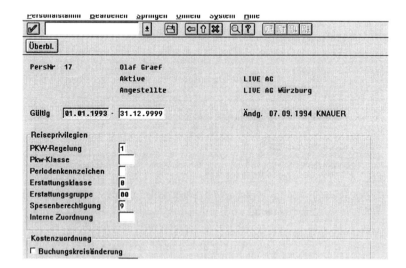

Abb. 10.36
Ändern der Reiseprivilegien

Abschlußkritik	Zum Abschluß sollen die wesentlichsten **Vor- und Nachteile** des Reisekostenmoduls im HR-System kurz aufgeführt werden:
positiv	• komplexe Reisegestaltung ist möglich • Reisen werden im System voll erfaßt und verbucht
negativ	• Erfassung nur über die Personalnummer, **keine Eingabe des Namens möglich** • Spesenkürzel sind zum Teil schwer durchschaubar

5 Personalplanung

Die Personalplanung gliedert sich in folgende Unterthemen:

- **Personalorganisation**
- **Personalbedarfsplanung**
- **Personalbeschaffungsplanung**
- **Personaleinsatzplanung**
- **Personalentwicklungsplanung**
- **Personalfreisetzungsplanung**
- **Personalkostenplanung**

Das R/3-Modul unterstützt, bis auf die Personalfreisetzung, die meisten dieser Punkte, jedoch mit unterschiedlicher Ausprägungs- und Qualitätstiefe.

5.1 Personalorganisation

Zunächst sind grundsätzliche Begriffe der Personalwirtschaft, die SAP benutzt, zu erklären:

Organisationseinheit	Die **Organisationseinheit** ist ein beliebiges organisatorisches Gebilde, dessen Stellenwert sich aus der Position innerhalb des Unternehmens ergibt (z.B. Abteilung, Gruppe). Die Zusammenfassung von Aufgaben ergibt die **Stelle**. Sie steht für eine Berufs- bzw. Tätigkeitsbezeichnung und ist im Unternehmen einmalig.
Stelle	
Planstelle	Die Stelle beschreibt eine **Planstelle**. Dies ist eine Konkretisierung und quantitative Erfassung von Stellen (z.B. Sekretärin, Vorstand). Der eigentliche **Arbeitsplatz** hat einen konkreten Standort und kann von mehreren Planstellen besetzt werden.
Arbeitsplatz	
Aufgabe	Die **Aufgabe** wiederum beschreibt die Tätigkeiten der einzelnen Person sowie eine Stelle.

5 Personalplanung

Der **fachliche Zusammenhang** ergibt sich aus folgender Grafik:

Abb. 10.37
fachlicher Zusammenhang

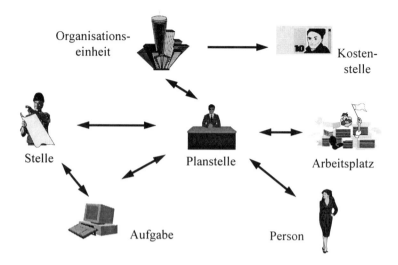

Die Planstelle (siehe Abb. 10.37) ist durch eine Person besetzt. Jede Planstelle wird durch eine Stelle beschrieben, wobei wiederum die Aufgabe die Stelle und Planstelle beschreibt. Die Planstelle gehört zu dem Arbeitsplatz. Jede Organisationseinheit umfaßt ein oder mehrere Planstellen; mehrere Organisationseinheiten ergeben Organisationspläne. Den Organisationseinheiten werden Kostenstellen zugeordnet.

Leistungsumfang des R/3-HR-Moduls

Das HR-Modul „**Organisation und Planung**" kann Organisationseinheiten, Planstellen, Stellen, Arbeitsplätze und Aufgaben abbilden, verwalten und planen. Ferner kann es Arbeitsplatzbeschreibungen, Stellenpläne und Besetzungspläne sowie Organigramme und Organisationspläne erstellen.

Stand-alone-Betrieb

grafische Aufbereitung

Darüber hinaus ist eine Integration in die HR-Stammdaten, aber auch der **Stand-alone-Betrieb**, möglich. Zusätzlich ist eine Grafikanbindung gegeben, mit der Organisationspläne und Organigramme **grafisch aufbereitet** und gedruckt werden können (siehe Abb. 10.38).

Abb. 10.38
Organisationsplan

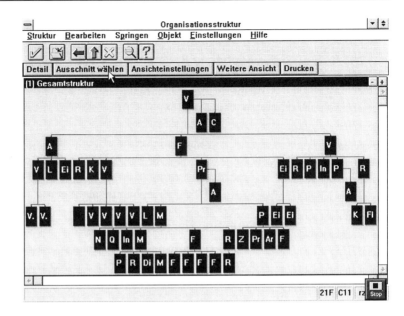

5.2 Seminarverwaltung

Für die Seminarverwaltung werden verschiedene Informationen über Kurse und Teilnehmer benötigt.

interne Kurse

Interne Kurse müssen geplant werden. Hierzu sind verschiedene Angaben notwendig. Zuerst muß der gewünschte Raum ermittelt werden.

Ist er zu dem geplanten Zeitpunkt frei? Auch der gewünschte Referent muß Zeit haben. Daneben müssen die notwendigen Ressourcen (PC, Overhead etc.) gepflegt und gewartet sein.

externe Kurse

Im Gegensatz zu den internen Kursen braucht man bei **externen Kursen** nur den Katalog des Veranstalters und den gewünschten Kurs zu einem bestimmten Termin zu buchen.

Anlegen von Kursen

Um **Kurse im HR-Modul anzulegen**, benötigt man verschiedene Objekte:

Qualifikationen

Zuerst werden Kursgruppe (z.B. R/3-Schulung), Kurstyp (z.B. Einführung HR) und Kurs (z.B. Einführung HR am 13.06.95) benötigt. Dann die **Qualifikationen**, die der Teilnehmer vor und nach dem Kurs besitzt und den Kursort. Bei einem internen Kurs ist der **Referent**, bei einem externen Kurs der **Veranstalter** anzugeben. Darüber hinaus ist für einen internen Kurs noch der Ressourcentyp (z.B. PC) und die **Ressource** (z.B. PC Inventar-Nr. „4711") notwendig.

5 Personalplanung

Leistungsumfang des R/3-HR-Moduls

Das HR-Modul ermöglicht das Verwalten und Pflegen von internen und externen Kursen (z.B. Kosten, Kursort, Referent etc.), das **Buchen** (z.B. Prioritäten, Voraussetzungen etc.) und Stornieren von internen und externen Teilnehmern sowie statistische **Abfragen** über Teilnehmer und Kurse. Ein Übertrag der erworbenen Qualifikationen in die HR-Stammdaten ist ebenso möglich.

Schriftverkehr

Auch der **Schriftverkehr** kann mit diesem Modul abgewickelt werden. Es können Anmeldebestätigungen, Umbuchungs-, Storno- und Wartelistenmitteilungen erstellt werden, genauso wie Absagen und Teilnahmebescheinigungen.

5.3 Karriere- und Nachfolgeplanung

Karriereplanung

Die **Karriereplanung** beantwortet die Frage, welche Aufstiegschancen ein (neuer) Mitarbeiter im Unternehmen hat, und welcher Weiterbildungsbedarf notwendig ist. Ebenso können durch geeignete Zukunftsaussichten abwerbungsgefährdete Mitarbeiter an das Unternehmen gebunden werden (siehe Abb. 10.39).

Abb. 10.39 Karriereplanung

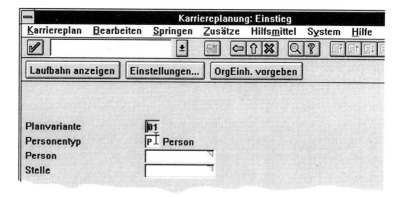

Nachfolgeplanung

Für ein Unternehmen ist es wichtig, daß es nach dem Ausscheiden eines Mitarbeiters (z.B. durch Kündigung) schnell und ohne große Kosten einen geeigneten **Nachfolger** findet.

Nachwuchsführungskräftepotential

Auch die Frage, welche Mitarbeiter förderungswürdig und förderungsfähig sind, muß geklärt sein. Darüber hinaus gibt ein solches System Auskunft über das Nachwuchs- (-führungs) -kräftepotential, das im Unternehmen zur Verfügung steht.

5.5 Personalkosten

Weiterbildungs-
bedarf

Das HR-Modul unterstützt die Abbildung von Laufbahnen sowie deren grafische Aufbereitung. Zudem wird der **Weiterbildungsbedarf** ermittelt, und es besteht eine Integration zur Aus-, Weiterbildungs- und Seminarverwaltung.

5.4 Qualifikationen und Anforderungen

Wichtig bei dem Vergleich zwischen geforderten und vorhandenen Anforderungen ist, daß man nicht „Äpfel und Birnen" vergleicht. Deshalb sind die Qualifikationen gleichartig und strukturiert zu definieren.

Profile

Das R/3-HR-Modul umfaßt das Verwalten von Anforderungsprofilen, das Vergleichen zwischen Anforderungs- und Eigungsprofilen, das Erstellen von **Profilen** für Personen und das Suchen von Personen mit bestimmten Anforderungen.

grafische
Aufbereitung

Die Profilvergleiche werden **grafisch aufbereitet** und ausgewertet (siehe Abb. 10.40).

Abb. 10.40
Profilvergleich

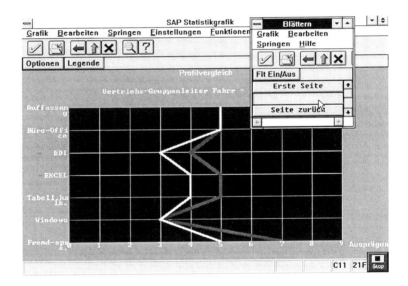

5.5 Personalkosten

Kostenoptimierung

Wie die Kostenplanung, so hat auch die Personalkostenplanung in der Personalabteilung das Ziel der **Kostenoptimierung**. Es ist die Frage zu klären, wie Personalkosten im Verhältnis zu anderen Faktoren (z.B. Materialkosten, Umsatz, Zeit) stehen. Auch ist der Vergleich des aktuellen Budgets zu den angefallenen Ko-

5 Personalplanung

sten notwendig. Zudem sind Simulationen notwendig, die Auswirkungen von Kostenerhöhung/-senkung auf die Gesamtkosten zeigen (z.B. Lohnerhöhungen, Steueränderungen).

Jahresvorschau

Die Komponente „Personal-Kostenplanung" umfaßt u.a. eine **Jahresvorschau** und Budget-Planung für alle Personalkosten im Unternehmen sowie eine freie **Hochrechnung** für einzelne oder alle Lohn- und Gehaltsbestandteile. Terminierte Fakten (z.B. Mutterschutz, Zivildienst) werden zeitgerecht in die Planungen einbezogen und berücksichtigt.

Hochrechnung

Simulationen

Zudem werden verschiedene **Simulationen** unterstützt (z.B. Tariferhöhungen, Steueränderungen). Die Planungen können grafisch aufbereitet werden, und außerdem ist ein Soll/Ist-Vergleich möglich (siehe Abb. 10.41).

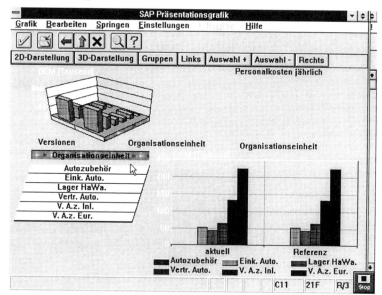

Abb. 10.41 Präsentationsgrafik Personalkosten

5.6 Bewerberauswahl und -verwaltung

Personalbedarf

Eine Bewerbung läuft in der Regel immer nach demselben Schema ab. Aufgrund einer neuen oder freigewordenen Planstelle (z.B. Kündigung, Rente) entsteht ein neuer **Personalbedarf**.

Ausschreibung

Mit einer **Ausschreibung** sucht man einen neuen Mitarbeiter. Diese Ausschreibung (siehe Abb. 10.42) kann extern (Tageszeitung, Fachzeitschrift, Arbeitsamt, Personalberater etc.) oder intern (Rundschreiben, Aushang etc.) erfolgen.

Abb. 10.42
externe Ausschreibung: Zeitungsanzeige

> Für den Bereich Betriebswirtschaftliche Anwendungen
>
> suchen wir eine/n:
>
> **Projektleiter/in**
> **SAP-R/3**
>
> **Aufgaben:**
> - Beratung
> - selbständiges und eigenverantwortliches Arbeiten
> - Durchführung von Schulungen
>
> **Qualifikation:**
> - BWL-Studium
> - SAP-R/3-Kenntnisse

Bewerbungen — Eingehende **Bewerbungen** beziehen sich dann auf die Ausschreibung oder sind sogenannte Blindbewerbungen, bei denen sich der Bewerber ohne Kenntnis von freien Stellen bewirbt. In diesem Fall wird mit der entsprechenden Fachabteilung Rücksprache gehalten. Die Bewerber auf Ausschreibungen sind entweder extern (Bewerber arbeitet nicht im Unternehmen) oder intern (Bewerber arbeitet zur Zeit im Unternehmen).

Bewerberbeurteilung — Die eingegangenen Bewerbungen werden auf Vollständigkeit (Lebenslauf, Zeugnisse, Foto, Personalbogen etc.) und andere Eindrücke (Noten, Qualifikationen, Ausbildung, Studiendauer etc.) geprüft und anschließend beurteilt und bewertet. Aufgrund dieser Informationen findet die erste Vorselektion statt.

Auswahlverfahren — Die noch übriggebliebenen Bewerber werden zu einem Test und/oder zu einem Gespräch eingeladen. Auf die verschiedenen Testtypen und Gesprächsarten wird an dieser Stelle nicht weiter eingegangen, es wird auf die entsprechende Fachliteratur verwiesen. Hat der Bewerber auch diese Hürden erfolgreich überstanden und gibt es nicht sonstige Informationen (z.B. des Betriebsarztes bei unter 18-jährigen) steht einem Vertrag und somit

Einstellung — einer **Einstellung** im Unternehmen nichts mehr im Wege.

5   Personalplanung

Das HR-Modul unterstützt alle diese Vorgänge. Sämtliche Bewerberdaten können bearbeitet, verwaltet und ausgewertet werden.

Reisekosten-
abrechnung

Kostenverwaltung

Bearbeitet werden kann u.a. der **Schriftverkehr** (z.B. Zu- und Absagen der Bewerber). Zudem ist eine Anbindung an die **Reisekostenabrechung** (siehe Punkt 4 Reisekosten) möglich, so daß die angefallenen Kosten für die Bewerber (z.B. Fahrkosten, etc.) gleich abgerechnet werden können. Alle anfallenden **Kosten** für die Bewerberverwaltung der Personalabteilung können sofort über die Module Finanzwesen (FI) und Controlling (CO) gebucht werden. Die Bewerberdaten, ob von internen oder externen Bewerber, werden automatisch verwaltet.

Datenüberspielung

Ebenso ist bei einer Einstellung die **Übernahme der Bewerberdaten** in die Mitarbeiterstammdatenbank möglich. Das wichtigste sind jedoch die **Auswertungen**, die das System übernimmt. So werden automatisch freie Stellen ermittelt und dafür die Stellenausschreibungen erstellt. Darüber hinaus ist eine Anbindung an Qualifikationen und Anforderungen (siehe Punkt 5.4) gegeben, was einen Qualifikationsvergleich ermöglicht. Zuletzt unterstützt es auch die Termin- und Koordinationsüberwachung (z.B. Testtermine).

Schlußkritik

unausgereift

Das HR-Modul ist eines der jüngsten in der R/3-Familie. Daher ist es noch nicht vollkommen ausgereift. So fehlen z.B. zu vielen Eingabefeldern noch Eingabemöglichkeiten und Hilfetexte.

Datenschutz

Zudem halten die Verfasser den Einsatz der computergestützten Personalwirtschaft als integrierten Bestandteil in ein solch komplexes System wie dem R/3, **datenschutzrechtlich** für nicht unproblematisch.

11. Kapitel

BUSINESS-WORKFLOW & OFFICE COMMUNICATION

R/3-MODUL „OC"

1 Einführung

Workflow ist zur Zeit und wohl auch noch in Zukunft ein überaus wichtiges Thema, besonders wenn es darum geht, die Produktivität in den Verwaltungen zu steigern.

In der Produktion wurde in den letzten Jahren schon sehr viel rationalisiert. Fließbandfertigung, Roboter, Lean-Production und Just-in-time-Production waren die Schlagworte.

In den Verwaltungen dagegen steht hier kein nennenswerter Produktivitätszuwachs gegenüber (*„Computer-Produktivitäts-Paradoxon"*).

Man kaufte zwar immer leistungsfähigere und teurere Rechner, fragte sich aber immer nur, wie schnell der Computer ist und, welche Daten und Abläufe mit ihrer Hilfe abgebildet werden können. Dabei wurden meist die Hauptinformationen des Tagesgeschäfts außer Acht gelassen, da diese nur auf Papier vorhanden waren.

Angesichts der immer größer werdenden Konkurrenz ist ein Umdenken in Richtung **Büroautomatisierung** mit dem Ziel der Rationalisierung dringend erforderlich.

1.1 Begriffliche Klärung

Optimieren und Automatisieren von Geschäftsprozessen

Workflow heißt: Ganzheitliche Optimierung und Automatisierung von Geschäftsprozessen mit innovativen technischen Hilfsmitteln, um das Wertschöpfungspotential zu maximieren.

Hier kommt es nun darauf an, die vorhandene Technik (die in den meisten Betrieben in Form von leistungsfähigen Rechnern zweifellos vorhanden ist) sachgerecht und optimal einzusetzen. Dabei spielt die papierlose Bearbeitung von **Geschäftsprozessen** eine zentrale Rolle.

Ein Großteil der **Geschäftsprozesse** wird durch eingehende Papierdokumente ausgelöst. Geschäftsprozesse bestehen aus einzelnen Vorgangsschritten.

Der **Vorgang** definiert die Reihenfolge der einzelnen Vorgangsschritte (siehe hierzu Abb. 11.1). Für die Vorgangsschritte kann ein Bearbeiter die maximale Dauer und Aktionen beim Überschreiten dieser Dauer sowie gegebenenfalls Vor- und Nachbedingungen festlegen. Bei der Implementierung von Vorgangsverarbeitungssystemen und der Modellierung von Geschäftsprozessen wird auch die Bezeichnung **Vorgangstyp** verwandt. Die zur Laufzeit erzeugten Ausprägungen eines Vorgangstyps werden dann als Vorgänge bezeichnet.

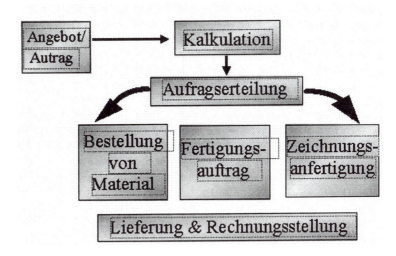

Abb. 11.1 Vorgangsschritte

Business Process Reengineering

Unter **Business Process Reengineering** versteht man die umfassende Neustrukturierung der internen und externen Geschäftsprozesse. Der Ablauf der Leistungserstellung und die damit verbundene Zuständigkeit und Verantwortung wird neu organisiert. Die einzelnen Geschäftsprozesse werden analysiert und optimiert.

Dokumentenmanagementsystem

Der Begriff **Dokumentenmanagementsystem (DMS)** steht im engen Zusammenhang mit der Vorgangsverarbeitung. Es existiert eine große Begriffsvielfalt: die Definitionen reichen einerseits von einem Recherchesystem für Dokumente, die auf Magnet- oder optischen Platten archiviert sind, bis zu Systemen, die den kompletten Lebenszyklus eines Dokuments von der Entstehung und Ablage bis zur Recherche und Anzeige verwalten.

Oft handelt es sich um verschiedene Komponenten (Archiv- und Ablagesystem, Recherchesystem, Indizierungssystem, Erfassungssystem, Formatkonvertierungs-, Ausgabe- und Drucksystem), die integriert als DMS bezeichnet werden. In einer erweiterten Form umfaßt ein DMS auch Mittel der Informationsintegration

1 Einführung

(Bürokommunikationssysteme, Daten von Anwendungen, externe Dokumente), der Dokumentenverteilung (elektronische Post, FAX, Druckern) und Einstellungsmöglichkeiten für die Dokumentenspeicherung (Ablagehierarchien, Aufbewahrungsfristen).

Workgroup computing

Workgroup computing bedeutet die Anwendung von Informatikmitteln, um Aufgaben innerhalb von Teams besser, schneller oder einfacher bearbeiten zu können. Workgroup computing unterstützt eine weitgehend unstrukturierte Bearbeitung von Prozessen. Die Programme in diesem Bereich erlauben den Austausch von Nachrichten (z.B. Mail-Programme, gemeinsame Terminkalender oder Programme zum Versenden von Dokumenten mit entsprechenden Änderungen oder Anmerkungen), die gemeinsame Bearbeitung von Dokumenten oder die Teamarbeit über räumliche Grenzen oder Zeitverschiebungen (Zeitzonen), bei internationalen Projekten hinweg.

papierloses Büro

Das Konzept des **Papierlosen Büros** (paperless office) basiert auf der Idee, die Papierflut zu verringern, indem auf die Verwendung von papiergebundenen Akten verzichtet wird, stattdessen sollen alle Dokumente in elektronischer Form vorliegen. Elektronische Dokumente können von mehreren Bearbeitern gleichzeitig bearbeitet werden, Transportzeiten und Zeiten zur Ablage sowie zum Auffinden von Akten entfallen durch geeignete Indizierung und durch Einsatz von Attributen bei der Ablage gänzlich. Erwähnenswert ist der Einsatz von elektronischem Datenaustausch zwischen Geschäftspartnern (**EDI** Electronic Data Interchange mit dem Standard **EDIFACT**), der in der Zukunft von immer größerer Bedeutung sein wird. Derzeit überwiegt allerdings noch die traditionelle Methode des papiergebunden Nachrichtenwesens zwischen den einzelnen Unternehmen.

EDI - Electronic Data Interchange

1.2 Zielsetzung von Workflow-Systemen

Stichwortartig lassen sich die **Grobziele** für den Einsatz von Workflow-Systemen wie folgt zusammenfassen:
- Rationalisierung von Arbeitsabläufen
- Beschleunigte Vorgangsbearbeitung
- Verfügbarkeit aller Informationen an allen zugelassenen Arbeitsplätzen
- Verzicht auf Ausdruck von Buchungen
- Ablösen von Papier- und Mikrofilmarchiven
- Automatisieren von Routinearbeiten
- Ständige Auskunftsbereitschaft im Rechnungswesen über archivierte Vorgänge

1.2.1 Qualitative Vorteile von Workflow

- eine ganzheitliche Vorgangsbearbeitung ist möglich
- es kann ein verbesserter Informationsaustausch stattfinden
- WF bietet sehr gute Kontrollmöglichkeiten
- mit WF sind schnellere Problemlösungen möglich
- es kann eine verbesserte Datenerfassung und Archivierung erfolgen
- Sortierarbeiten und Botendienste fallen weg.

1.2.2 Quantitative Vorteile von Workflow

- Verringerung der Belegdurchlaufzeiten
- Personalabbau durch Produktivitätssteigerung möglich
- Ablösen von Papier- und Mikrofilmarchiven
- Reduktion der Kommunikationskosten
- schnellere Vorgangsbearbeitung
- schnellere Reaktion und Flexibilität

1.2.3 Nachteile von Workflow

- Netzkosten, Installation, Wartung
- Hardware- und Softwareanforderungen
- Schulungskosten der Mitarbeiter
- zusätzliche Kosten der Einführung
- anfängliche Probleme bei Nutzung

1.3 R/3-Workflow-Module und -Programme

- **SAPaccess:** Mit SAPaccess läßt sich online von externen Anwendungen (z.B. Textverarbeitung, Tabellenkakulation) im Lesemodus auf R/3-Daten zugreifen.
- **SAPArchiveLink:** Ist Schnittstelle zwischen R/3 und dem optischen Archivsystemen.
- **SAPoffice:** Ist ein objektorientiertes Ablage- und Kommunikationssystem, das voll in R/3 integriert ist (siehe Abb. 11.2).
- **Nachrichtensteuerung:** Steuert das Versenden und Verarbeiten von Nachrichten.
- **EDI:** Ermöglicht den Austausch von Daten zwischen Unternehmen, Kunden und Zulieferern.

1 Einführung

Abb. 11.2
Übersicht der
R/3-WF-Module

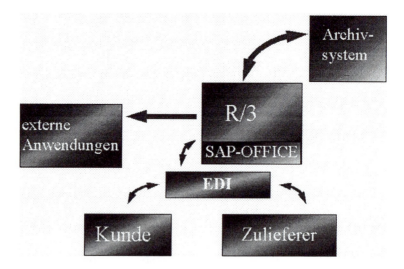

1.4 Workflows in System R/3

Das System R/3 (Rel. 2.1F/2.2A) ermöglicht die durchgängige Bearbeitung von Geschäftsprozessen und stellt Mittel zur automatisierten Vorgangsverarbeitung zur Verfügung. Es läßt sich in **vier Hauptbereiche** gliedern:

1. dokumentenbasierter Workflow
2. Nachrichtensteuerung
3. EDI (Auslösen von Vorgängen durch den Eingang von elektronischen Dokumenten)
4. Adhoc Workflow

Routing

Für die verschiedenen Bereiche existieren unterschiedlich starke Methoden zur automatisierten Bearbeitung. Für den dokumentenbasierten Workflow werden Mittel angeboten, mit denen Originaldokumente erfaßt und bearbeitet werden können. Es können allerdings nur Vorgänge definiert werden, die eine geringe Komplexität aufweisen. In dem Falle, daß ein eingehendes Dokument nur einen Bearbeitungsschritt (neben dem Erfassen und Versenden) durchlaufen muß, reicht die angebotene Funktionalität aus. Man könnte die Vorgangsverarbeitung in diesem Bereich auch als **Routing mit automatischem Applikationsstart** bezeichnen.

Die Behandlung von Vorgängen zur Laufzeit ist komfortabel. Die Werkzeuge zum Erzeugen von Vorgängen, durch Erfassen über die Büro-Komponente sowie zum Weiterleiten (Versen-den), sind für den Anwender einfach zu bedienen. Es existieren au-

1.4 Workflows in System R/3

ßerdem Funktionen, um Vorgänge in der Ablage zu halten (um später ohne langes Suchen darauf zugreifen zu können) oder sie automatisch wiedervorzulegen.

Über **SAP-Office** kann ein Vertreter angegeben werden, an den im Falle der Abwesenheit neben der Office-Mail auch Vorgänge weitergeleitet werden. Der Anwender kann zu einem Vorgang verschiedene Statusinformationen abrufen, z.B. das Datum und die Zeit der letzten Bearbeitung. Ein Mechanismus zur Vergabe und **Kontrolle von Bearbeitungsfristen existiert jedoch nicht**.

Es existieren **keine Rollen oder Gruppen**, deshalb kann ein Vorgang sowohl beim Erfassen als auch beim Weiterleiten nur an einzelne Personen gesandt werden. Der Anwender kann zu einem Vorgang verschiedene Statusinformationen abrufen, z.B. das Datum und die Zeit der letzten Bearbeitung.

Transportzeiten für Papierdokumente werden minimiert

Die Vorgangsverarbeitung ist so in das System integriert, daß der Anwender (Bearbeiter) in seiner Tätigkeit unterstützt wird und mit ihr **ohne langen Schulungsaufwand** arbeiten kann. **Transportzeiten für Papierdokumente werden minimiert**. Die Integration des Dokumentenverwaltungssystems ist ebenfalls komfortabel gelöst; denn bei Vorgängen, denen Originale zugrunde liegen, können diese jederzeit aus der Anwendung heraus aufgerufen werden.

systeminterner Einführungsleitfaden reicht nicht aus

Vorgänge müssen von einem Administrator definiert werden, d.h. für eingehende Originaldokumente müssen Dokumentenarten geschaffen werden, die mit einem Vorgangstyp verknüpft werden. Diese Einstellungen werden im Customizing des SAP-Systems gepflegt. Die Einarbeitung in diesen Bereich des Customizing und das damit verbundene Verstehen der Zusammenhänge erfordern **großen zeitlichen Aufwand**. Es ist notwendig, daß eine weiterreichende Dokumentation, als sie derzeit dem „normalen" Anwender zugänglich ist, geschaffen wird. Auch der **systeminterne Einführungsleitfaden reicht hierfür nicht aus**.

kein grafischer Editor

Ein großer Nachteil ist, daß sich Vorgänge, im aktuellen Releasestand des SAP-Systems **nicht mit einem grafischen Editor**, wie er in Programmen zur Erstellung von Flußdiagrammen verwendet wird, sondern **nur über aufbereitete Tabellen** pflegen lassen.

1 Einführung

Nach der Einarbeitungsphase lassen sich neue Dokumentenarten, neue oder abgewandelte Vorgangstypen und Einstellungen für das Erfassen mit relativ geringem Aufwand durchführen.

Derzeit gibt es nur sehr wenige große Unternehmen, die optische Archivierung im Produktivbetrieb einsetzen. Die Tendenz zum **Einsatz von optischer Archivierung** ist aber stark steigend, dadurch wird auch die Bedeutung des dokumentenbasierten Workflow in SAP-R/3 entsprechend steigen. Um die Vorgangsverarbeitung einsetzen zu können, sind allerdings auch **organisatorische Umstrukturierungen** erforderlich. Für den dokumentenbasierten Workflow bedeutet dies bspw. Durchführung einer zentralen Erfassung.

Nachrichtensteuerung

Die **Nachrichtensteuerung** ist im Umfeld der Vorgangsverarbeitung ebenfalls von Bedeutung, da sie es ermöglicht, auf bestimmte Zustände, d.h. bestimmte Datenkonstellationen, zu reagieren. Output in Form einer Office-Mail als Druckausgabe oder auf anderen Medien kann automatisch erzeugt werden. Obwohl die Nachrichtensteuerung nicht als Vorgangsverarbeitungssystem betrachtet werden kann, da sie nicht komplette Vorgänge umfaßt, sondern immer nur einzelne Teilschritte eines Vorgangs betrachtet, stellt die Nachrichtensteuerung ein mächtiges Instrumentarium dar, und sie unterstützt die Bearbeitung von Vorgängen.

Electronic Data Interchange (EDI)

Electronic Data Interchange (EDI) ist eine weitere Komponente im Umfeld der Vorgangsverarbeitung in R/3. Eingehende elektronische Nachrichten lösen ähnlich, wie beim Erfassen eines Originalbelegs, Vorgänge aus. Für diese Vorgänge existieren eine **Vielzahl von Funktionsbausteinen**, die eine weitgehend automatisierte Bearbeitung dieser Vorgänge ermöglichen, z.B. im Bestellungseingang. Der Anwender ist von diesen Vorgängen nur am Rande betroffen.

Office-Komponente

Das SAP-System besitzt mit der **Office-Komponente** Werkzeuge, die als „Adhoc Workflow" bezeichnet werden können. Dabei werden auch einige Features von Workgroup-Programmen angeboten. Die Office-Komponente besitzt eine durchaus **gute Funktionalität**.

Das SAP-System bietet einige sehr mächtige Werkzeuge zur einfacheren, effizienteren und korrekteren Bearbeitung von Geschäftsprozessen.

Die Methoden sind allerdings nicht in einem Maße integriert, und die Bearbeitung ist nicht so stark automatisiert, daß man von einem Vorgangssteuerungssystem sprechen könnte.

2 Nachrichtensteuerung

Im Rahmen von Workflow müssen Daten und Informationen sofort zwischen verschiedenen Partnern oder Programmen ausgetauscht werden. Die Steuerung dieses Austausches soll in diesem Kapitel beschrieben werden.

Die Nachrichtensteuerung stellt für andere Programme ein Dienstleistungsprogramm dar, sie bildet die Schnittstelle zur Weiterverarbeitung.

Dazu müssen allerdings alle Folgevorgänge genau bekannt sein und in der Nachrichtensteuerung definiert werden.

2.1 Ablauf der Nachrichtensteuerung

Nachrichtenfindung

Die Hauptaufgabe der Nachrichtensteuerung besteht darin, zu entscheiden, wie und über welches Programm eine Nachricht weiterverarbeitet werden soll. Dies geschieht in der **Nachrichtenfindung**.

Konditionstechnik

Hierfür verwendet SAP-R/3, wie auch in anderen Bereichen (z.B. Kosten- oder Preisfindung), die sog. **Konditionstechnik**.

Dabei werden Datenkonstellationen (die Konditionen) sowie die gewünschte Weiterverarbeitung angegeben. Diese werden in den Konditionstabellen abgelegt. Tritt bei einem Objekt in einer Anwendung eine dieser Konditionen ein, wird die entsprechende Folgeverarbeitung gestartet.

In der folgenden Abb. 11.3 wird dieser prinzipielle Ablauf einer Nachrichtenverarbeitung grafisch vorgestellt.

2 Nachrichtensteuerung

Abb. 11.3
Ablauf der Nachrichtenverarbeitung

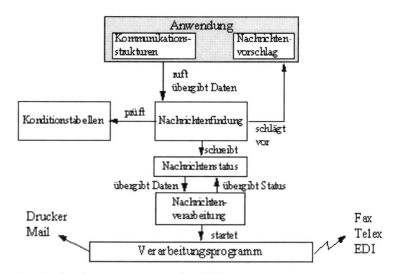

Die Nachrichtenverarbeitung läuft folgendermaßen ab:

Daten werden übergeben
1. In dem Anwendungsprogramm werden die Daten, die versendet werden sollen, und Angaben zur Versendung in sog. Kommunikationsstrukturen zusammengefaßt und der Nachrichtenfindung übergeben

Vergleich mit Konditionen
2. Die Nachrichtenfindung überprüft anhand der Konditionstabellen, ob eine bestimmte den Kommunikationsstrukturen entsprechende Datenkonstellation vorliegt.

Nachrichtenvorschlag
3. Ist dies der Fall, gibt die Nachrichtenfindung, falls vereinbart, einen Nachrichtenvorschlag an den Anwender zurück. Gleichzeitig erzeugt sie einen Nachrichtenstatus, der abgelegt wird.

Verarbeitung der Nachricht
4. Wird der Nachrichtenvorschlag vom Benutzer angenommen, übergibt die Nachrichtenfindung die Daten an die Nachrichtenverarbeitung, die das entsprechende Programm startet. Die Vesendung der Nachricht muß allerdings nicht sofort erfolgen.

2.2 Aufbau der Nachrichtensteuerung

2.2.1 Kommunikationsstrukturen

Für jedes zu versendende Objekt wird ein Auszug aus den Datensätzen mit folgendem Inhalt erstellt:
- entsprechende Applikation
- Schema der Nachrichtenkondition
- Daten des Objektes

2.2 Aufbau der Nachrichtensteuerung

Diese Daten bilden die sog. Kommunikationsstrukturen für jede Anwendung. Diese werden nun der Nachrichtensteuerung übergeben.

Die folgende Abb. 11.4 soll diesen Vorgang noch einmal veranschaulichen:

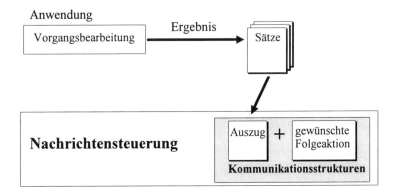

Abb. 11.4 Bildung der Kommunikationsstrukturen

Im Rahmen der Nachrichtenfindung werden diese definierten Datenkonstellationen mit den Konditionstabellen verglichen.

Tritt eine dieser Bedingungen ein, wird ein Nachrichtenvorschlag erzeugt und das entsprechende Verbarbeitungsprogramm gestartet.

2.2.2 Konditionselemente

Zur Beschreibung der Konditionen stehen verschiedene Elemente zur Verfügung. In der folgenden Abb. 11.5 werden diese Elemente und ihre Hierarchie erläutert.

Abb. 11.5 Hierarchie der Konditionselemente

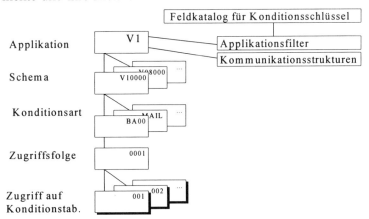

2 Nachrichtensteuerung

Erklärung der einzelnen Elemente:

Applikation
Unter **Applikation** wird das Anwendungsprogramm, z.B. Kundenauftragsverwaltung, verstanden. Sie legt die Datenbasis fest, die der Nachrichtenfindung zugrunde liegt.

Feldkatalog für Konditionsschlüssel
Im **Feldkatalog** stehen alle im System möglichen Schlüsselfelder. Diese Keyfelder werden in die Konditionstabellen geführt und verweisen auf Quellfelder in der Kommukiationsstruktur.

Applikationsfilter
Über den **Applikationsfilter** werden alle Keyfelder, die für eine Anwendung nicht zur Verfügung stehen, herausgefiltert. Die möglichen Konditionsarten der entsprechenden Anwendungen werden in Gruppen zusammengefaßt, z.B. Auftrag, Angebot.

Konditionsarten
Die **Konditionsarten** beinhalten alle Parameter zur Nachrichtenfindung. Diese werden als verschiedene Konditionsarten definiert, z.B. Auftragsbestätigung, Internes Mail.

Zugriffsfolge
Jeder Konditionsart wird eine **Zugriffsfolge** zugeordnet, welche die Zugriffe auf die Konditionstabellen regelt.

Konditionstabelle
In den **Konditionstabellen** werden die möglichen Datenkonstellationen abgelegt.

2.2.3 Zugriffsfolge

Zu jeder Konditionsart werden auch Zugriffsfolgen für die Zugriffe auf die Konditionstabellen generiert.

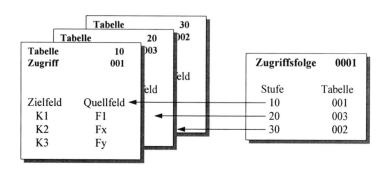

Abb. 11.6
Zugriffsfolge auf Konditionstabellen

Die Tabellen in Abb. 11.6 werden in Reihenfolge der in der Zugriffsfolge angegeben Stufen abgearbeitet.

Innerhalb der Konditionstabellen wird durch die Reihenfolge der Keyfelder die Zugriffsfolge auf die Quellfelder der Applikation geregelt.

2.2 Aufbau der Nachrichtensteuerung

2.2.4 Generierung der Konditionstabellen

Die Konditionstabellen bestehen aus „Keyfeldern" und einem Datenteil.

Die Keyfelder verweisen auf die entsprechenden Quellfelder der Applikation. Diese stehen in den Datensätzen der Kommunikationsstruktur. Sie können entsprechend dem Applikationsfilter aus dem Feldkatalog entnommen werden. Sie werden entsprechend der gewünschten Datenkonstellationen gewählt.

Der Datenteil besteht bei der Nachrichtenfindung lediglich aus einem Index auf die Nachrichtenattribute.

Die Bildung der Konditionstabellen wird in Abb. 11.7 grafisch erläutert:

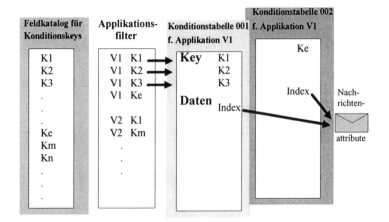

Abb. 11.7 Aufbau von Konditionstabellen

K1 bis Kn sind die Keyfelder, die über den Applikationsfilter aufgeteilt werden.

In diesem Beispiel werden in der Applikation V1 also nur die Keyfelder K1, K2, K3 und Ke verwendet, während die Applikation V2 nur K1 und Km verwendet.

Zusätzlich enhält die Konditionstabelle einen Index im Datenteil. Dieser verweist auf die Nachrichtenattribute, wohin die Nachricht versendet werden soll.

Diese Keyfelder werden dann entsprechend der Applikation den Konditionstabellen zugeordnet.

2.2.5 Konditionssätze

Die Konditionssätze einer Konditionstabelle enthalten alle Werte und Daten, die zu einem Nachrichtenvorschlag führen.

Zur Pflege der Konditionstabellen werden Eingabemasken aufgerufen, die Konditionselemente beinhalten. Mit Hilfe dieser Eingabemasken lassen sich die einzelnen Konditionssätze und die damit verbundenen Datenkonstellationen sehr einfach ändern.

Im Einstellungs- und Systemmenü von R/3 können diese Konditionssätze für den Nachrichtenvorschlag in folgenden Schritten festgelegt werden:

1. Aufrufen der Pflege-Eingabemasken zu einer bestimmten Applikation
2. Angeben der gewünschten Konditionsart
3. Auswählen der Konditionstabellen
4. Einschränken der Schlüsselfelder
5. Schnellerfassung der Konditionsarten in einem Übersichtsbild
6. Pflegen des Konditionssatzes in einem Detailbild

2.2.6 Nachrichtenvorschlag

Voraussetzungen für die Erstellung eines Nachrichtenvorschlags ist, daß die entsprechende Anwendung auch mit der Nachrichtensteuerung verbunden ist und daß die Bearbeitung eines Vorschlags aufgerufen wird.

Einige Anwendungen starten sofort, ohne einen Nachrichtenvorschlag zu generieren, das entsprechende Verarbeitungsprogramm und versenden die Nachricht.

Ein Vorschlag enthält den Empfänger der Nachricht, die Nachrichtenart und den Zeitpunkt des Versandes. Der Anwender kann sich den Nachrichtenvorschlag anzeigen lassen und, wenn nötig, verändern.

2.2.7 Nachrichtenstatus

Sobald die Nachrichtenfindung eine Nachrichtenart gefunden hat, wird ein Nachrichtenstatus erzeugt und in einem Datensatz abgelegt.

Dieser **Datensatz** enhält Angaben,

- zu welchem Objekt der Nachrichtenvorschlag erzeugt wurde;
- wann der Nachrichtenvorschlag erzeugt wurde;
- an wen gesendet wird;
- über welches Medium und mit welcher Nachrichtenart gesendet wird;
- in welcher Sprache gesendet wird;
- wann die Nachricht versendet wurde;
- ob die Versendung erfolgreich war;
- ob es eine erstmalige Versendung war oder eine Änderungsnachricht war;
- alle anderen Attribute, abhängig von der Nachrichtenart.

2.2.8 Nachrichtenverarbeitung

In R/3 wird in der Tabelle „*TNAPR*" festgelegt, welche Programme für die Verarbeitung vorgesehen sind.

Versandarten

Es stehen folgende **Versandarten** zur Verfügung:

- Druckausgabe
- Telefax
- Teletext
- Telex
- Mail (extern)
- EDI
- Mail (intern)

Ebenfalls ist es möglich festzulegen, wann die Nachricht versendet wird.

Versandzeitpunkte

Folgende **Versandzeitpunkte** stehen zur Wahl:

- mit Abspeichern des Vorganges
- zu einem bestimmten Datum oder Zeitpunkt
- nach ausdrücklicher Aufforderung der rufenden Anwendung
- beim nächsten Aufruf der Datei Nachrichtenstatus

3 SAPoffice

3.1 Grundfunktionen

SAP*office* ist ein Ablage- und Kommunikationssystem, das vollständig in das System R/3 integriert ist. Dies ermöglicht die Aufhebung der technischen und organisatorischen Trennung von betriebswirtschaftlichen Anwendungen einerseits und Bürokommunikation andererseits.

Komponenten

Die Grundfunktionen von SAP*office* beinhalten die **Komponenten**:

- SAP*file*
- SAP*mail*
- SAP*find*

Die zur Verfügung stehenden Büro- und Kommunikationsfunktionen lassen sich im R/3-Systemmenü über das Arbeitsgebiet „*Büro*" auswählen (siehe Abb. 11.8).

Abb. 11.8
Arbeitsgebiet: Büro

Aufgaben und Ziele

Zu den **Aufgaben und Zielen** von SAP*office* zählen:

- Unterstützung der betriebswirtschaftlichen Anwendungen;
- System für die interpersonelle Kommunikation (d.h. das Versenden und Empfangen von Nachrichten an interne und externe Benutzer);
- leichte Integration von anderen Bürosystemen und -komponenten;
- Unterstützung der Vorgangsbearbeitung und Gruppenarbeit;
- Träger von Anwendungsnachrichten (d.h. die von SAP-Anwendungen erzeugten Mitteilungen können vom Benutzer direkt aus SAP*office* heraus verarbeitet werden);

- Ablage- und Verteilsystem (d.h. das Verwalten von Textinformationen, PC-Dokumenten und optisch archivierten Dokumenten).

3.2 SAP*file*

Unter SAP*file* versteht man das objektorientierte Ablagesystem in der SAP*office*-Umgebung.

Ablagesystem

Eine **Ablage** kann man mit einem Aktenschrank vergleichen. Eine Ablage in SAP*office* enthält **Mappen**, die Aktenordnern in der realen Büroumgebung entsprechen. Eine Mappe wiederum kann Dokumente oder weitere Mappen enthalten. Daraus ergibt sich eine **Baumstruktur** (siehe Abb. 11.8).

Baumstruktur

3.2.1 Persönliche und Allgemeine Ablage

In SAP*file* gibt es zwei Ablagen, die Persönliche und die Allgemeine Ablage.

Persönliche Ablage:
- Zugriff nur für den Benutzer
- individuelle Ablage und Verwaltung von Dokumenten

Allgemeine Ablage:
- Zugriff wird durch Zugriffsrechte geregelt
- dient dazu, definierten Benutzern, Benutzergruppen oder auch sämtlichen Mitarbeitern des Unternehmens dieselbe Information zur gleichen Zeit zur Verfügung zu stellen

Beispiele für allgemeine Mappen:
- Mandantenmappen (firmenweite Mappen)
- Gruppenmappen (definiert für eine bestimmte Arbeitsgruppe)
- Projektorientierte Mappen (zeitlich befristet)
- Schwarzes Brett (z.B. Informationsmappe der Personalabteilung)

Im folgenden Bild sieht man ein Beispiel für eine **„Persönliche Ablage"**:

Abb. 11.9
Persönliche Ablage

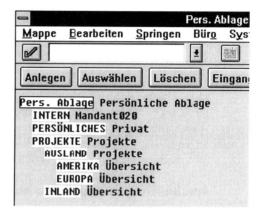

Beispiel für die
Struktur einer Ablage

Man erkennt, daß diese *„Persönliche Ablage"* die Mappen *„Intern"*, *„Persönliches"* und *„Projekte"* enthält. In der Mappe *„Projekte"* sind außerdem die Mappen *„Ausland"* und *„Inland"*; in der Mappe *„Ausland"* noch die Mappen *„Amerika"* und *„Europa"* enthalten.

In sämtlichen Mappen können sich außerdem verschiedene **Objekte** (Dokumente) befinden, was im folgenden Bild am Beispiel der Mappe *„Intern"* ersichtlich wird:

Abb. 11.10
Mappe „Intern"

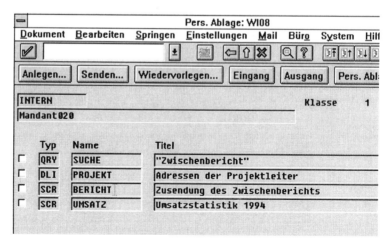

3.2.2 Objektorientierung

gleichartige Be- und Verarbeitung von Objekten

Unter Objektorientierung ist zu verstehen, daß alle Objekttypen in der Ablage gespeichert werden können und sämtliche Funktionen auf alle Objekte in gleicher oder ähnlicher Weise angewandt werden können.

Beispiel:

Das Vorgehen beim Anlegen einer Mappe ist genau gleich wie beim Erstellen eines Textdokuments. Man gibt einfach den Objekttyp an, das System verzweigt dann automatisch weiter.

Die Unterscheidung mehrerer **Objekttypen** dient dazu, die reale Bürowelt möglichst treffend nachzubilden.

Objekttypen

- **„FOL"** Mappe
- **„SCR"** SAP*script*-Text
  Textdokument, das mit dem SAP*script*-Texteditor erstellt wurde.
- **„RAW"** RAW-Editor-Text
  Textdokument, bei dem die Formatierung keine Rolle spielt, geeignet für kurze Meldungen oder Notizen.
- **„DLI"** Verteilerliste
  Darunter versteht man eine Adreßliste, wobei zwischen allgemeinen und persönlichen Verteilerlisten unterschieden wird. Eine Verteilerliste kann andere Verteilerlisten enthalten.
- **„QRY"** Query (Suchanfrage; siehe hierzu Punkt 3.3)
- **„GRA"** SAP-Präsentationsgraphik
- **„IMG"** ArchiveLink-Objekt (siehe hierzu Punkt 5)
- **„WFL"** Workflow-Objekt
  Geschäftsvorfall, der in SAP*office* angezeigt und verarbeitet werden kann.

Windows-Objekte

Außerdem können eine Reihe von **Windows-Objekten** in SAP*office* verwendet werden, z.B.:

- **DOC** WinWord-Dokument
- **XLS** Excel-Dokument

3.2.3 Funktionen in SAP*file*

Die folgenden Funktionen lassen sich innerhalb einer Mappe über das Menü „*Dokument*" auswählen.

- „*Objekt anlegen*"
  Das System verzweigt in den allgemeinen Kopf (siehe Abb. 11.10) des Dokuments, wo man den gewünschten Objekttyp, Namen, Titel, etc. eingibt. Anschließend wird automatisch in den vom Objekttyp abhängigen Folgebildschirm verzweigt.
- „*Objekt ändern*"
  Man hat die Möglichkeit, sowohl den Inhalt als auch den allgemeinen Kopf eines Objekts zu ändern. Versendete Dokumente dürfen nicht mehr verändert werden.
- „*Objekt anzeigen*"
  Man kann sich entweder den Inhalt, den allgemeinen Kopf oder den spezifischen Kopf (enthält weitere Informationen über das Objekt) anzeigen lassen.
- „*Objekt kopieren*"
  Mappen können nicht kopiert werden. Beim Kopieren von Verteilerlisten muß der Name der Kopie geändert werden.
- „*Objekt ablegen*"
  Mit dieser Funktion kann ein Objekt von einer Mappe in eine andere Mappe gelegt werden. In der ursprünglichen Mappe existiert das Objekt dann nicht mehr.
- „*Objekt drucken*"
  Es können nur die Objekttypen SCR und RAW gedruckt werden. Windows-Objekte können aus der jeweiligen Windows-Applikation heraus gedruckt werden.
- „*Objekt wiedervorlegen*" (siehe Kapitel 3.4.1)
- „*Objekt löschen*"
  Gelöschte Objekte werden zunächst für einen Tag in den Papierkorb abgelegt. Objekte können aus dem Papierkorb zurückgeholt werden. Will man eine Mappe löschen, muß diese leer sein.

Um sich den allgemeinen oder spezifischen Kopf eines Dokuments anzeigen zu lassen, oder um den allgemeinen Kopf zu ändern, wählt man aus dem Menü „*Springen*" den Befehl „*Kopf*".

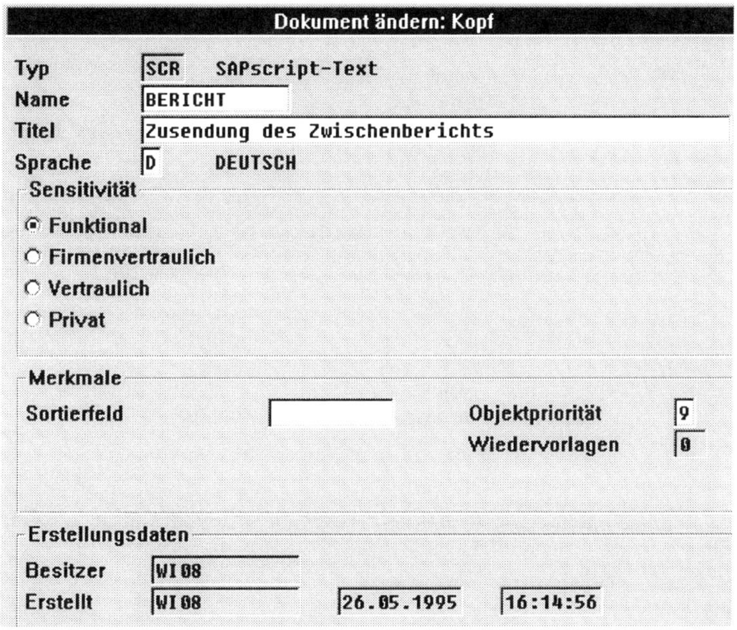

Abb. 11.11
allgemeiner Kopf

```
Dokument ändern: Kopf

Typ      SCR   SAPscript-Text
Name     BERICHT
Titel    Zusendung des Zwischenberichts
Sprache  D     DEUTSCH
 Sensitivität
  ● Funktional
  ○ Firmenvertraulich
  ○ Vertraulich
  ○ Privat

 Merkmale
 Sortierfeld                    Objektpriorität   9
                                Wiedervorlagen    0

 Erstellungsdaten
 Besitzer    WI 08
 Erstellt    WI 08     26.05.1995    16:14:56
```

3.3 SAPfind

sequentielle und indizierte Suche

Unter SAP*find* versteht man die Suchfunktion in der SAP*office*-Umgebung. SAP*find* ermöglicht die **sequentielle und indizierte Suche** nach vorgegebenen Suchbegriffen in allen Objekten einer Ablage. Für die indizierte Suche muß beim Anlegen einer Mappe die Indizierung eingeschaltet werden. Die indizierte Suche ist erheblich schneller als die sequentielle Suche.

Suchanfrage anlegen

Es gibt zwei Möglichkeiten eine **Suchanfrage anzulegen**:

1. über die Bearbeitungsfunktion „*Suchen*"
   (diese Funktion findet man im Menü „*Bearbeiten*")
2. als Dokument mit dem Objekttyp „***QRY***"
   (man legt ein neues Objekt an und gibt als Typ „*QRY*" ein)

Suchbegriffe und weitere Kriterien

Das System verzweigt in beiden Fällen in den Suchbildschirm. Dort kann man mehrere **Suchbegriffe** eingeben und diese mit „*und*", „*oder*" oder „*aber nicht*" verknüpfen. Man hat auch die Möglichkeit, noch **weitere Kriterien** zur Suche anzugeben (siehe Abb. 11.12):

Abb. 11.12
Suchbildschirm

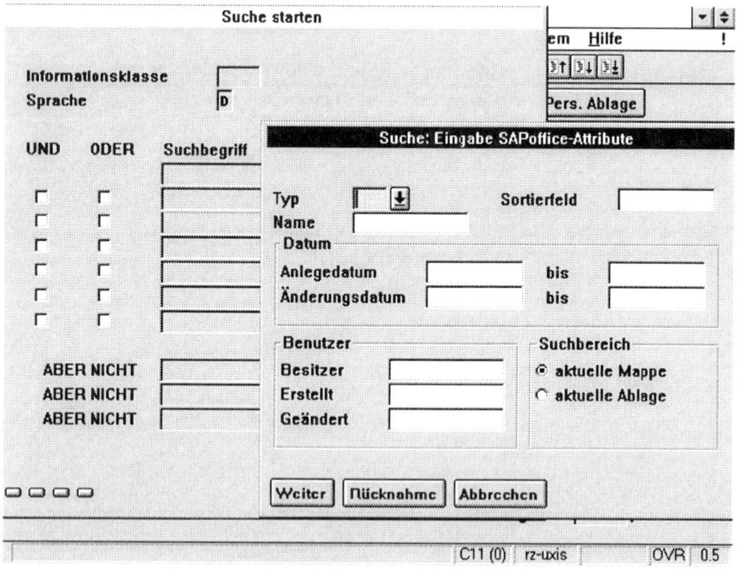

3.4 SAPmail

SAP*mail* stellt die Kommunikationsfunktionen in SAP*office* zur Verfügung und hat sämtliche Vorteile eines herkömmlichen Electronic-Mail-Systems zu bieten.

3.4.1 Grundfunktionen

SAP*mail* hat für jeden Benutzer einen Eingang, einen Ausgang und eine Wiedervorlagemappe eingerichtet.

Mailbox

Den **Eingang** kann man mit einem Briefkasten bzw. einer **Mailbox** vergleichen. Hier werden alle Dokumente abgelegt, die dem Benutzer gesendet wurden. Im Eingang erhält man Informationen über Typ, Name, Titel, Absender, Eingangsdatum und Attribute der erhaltenen Dokumente.

3.4 SAPmail

Im folgenden Bild sieht man ein Beispiel für einen **Eingang**:

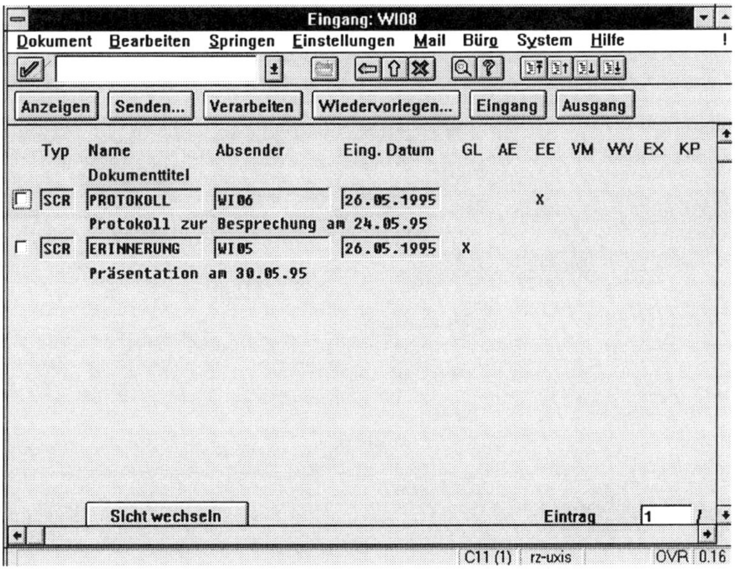

Abb. 11.13
Eingang

```
Eingang: WI08
Dokument  Bearbeiten  Springen  Einstellungen  Mail  Büro  System  Hilfe

Anzeigen  Senden...  Verarbeiten  Wiedervorlegen...  Eingang  Ausgang

   Typ  Name         Absender    Eing. Datum   GL AE EE VM WV EX KP
        Dokumenttitel
   SCR  PROTOKOLL    WI06        26.05.1995              X
        Protokoll zur Besprechung am 24.05.95
   SCR  ERINNERUNG   WI05        26.05.1995   X
        Präsentation am 30.05.95

   Sicht wechseln                              Eintrag  1
                                         C11 (1)  rz-uxis    OVR 0.16
```

Ausgang

Ein Dokument, das mit SAP*mail* versendet wird, kann vom Absender in seinen **Ausgang** gestellt werden. Somit stellt der Ausgang neben der Persönlichen Ablage ein weiteres Arbeitsumfeld für den Benutzer dar. Im Ausgang erhält man Informationen über Typ, Name, Titel, Empfänger (bei mehreren Empfängern nur die Anzahl der Empfänger), Sendedatum und Attribute von versendeten Dokumenten.

Wiedervorlagemappe

In der **Wiedervorlagemappe** werden Dokumente aufbewahrt, die sich selbst vorlegen. Der Benutzer kann sich selbst eine Wiedervorlage definieren, er kann aber auch für den Empfänger eines Dokuments eine Wiedervorlage definieren. Das Dokument wird dann in die Wiedervorlagemappe gelegt und z.B. periodisch oder zu einem definierten Zeitpunkt automatisch in den Eingang gestellt. Mappen und Verteilerlisten können nicht wiedervorgelegt werden.

3.4.2 Funktionen in SAP*mail*

- *„Dokument versenden"*
  Mappen, Verteilerlisten und Queries können nicht versendet werden. Um ein Dokument zu versenden, wählt man aus dem Menü *„Mail"* den Befehl *„Senden"*. Man verzweigt in den Sendebildschirm (siehe Abb. 11.14), wo man Sendedatum,

Empfänger und Sendeattribute eingeben kann. Als Empfänger kann man SAP*office*-Namen, SAP-Namen, persönliche Verteilerlisten, allgemeine Verteilerlisten und/oder Adressen eingeben.

Abb. 11.14
Sendebildschirm

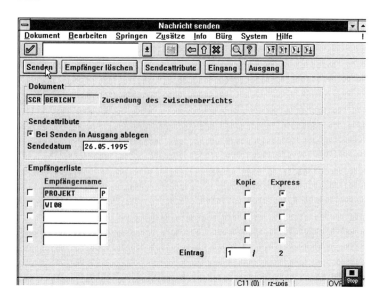

- „*Dokument extern versenden*"
  Im Sendebildschirm hat man im Menü Dokument mit dem Befehl Direkt ext. Senden die Möglichkeit, ein Dokument zu faxen, als Telex zu versenden, über X.400 zu versenden oder SAP-SAP zu senden.
- „*Dokument weiterleiten*"
  Ein Dokument, das man selbst erhalten hat, kann man an andere Benutzer weiterleiten. Das Vorgehen entspricht dem beim Versenden eines Dokuments.
- „*Dokument beantworten*"
  Ein Dokument kann man beantworten, indem man im Eingang aus dem Menü Mail den Befehl Antworten wählt.

3.4.3 Attribute

In SAP*mail* wird zwischen **Sendeattributen** und **Statusattributen** unterschieden. Sendeattribute können einem Dokument beim Versenden vom Absender mitgegeben werden. Diese Attribute bleiben fest mit dem Sendevorgang verbunden. Statusattribute dagegen werden einem Dokument nach dem Senden entweder vom System oder vom Empfänger zugeordnet.

3.4 SAPmail

Sendeattribute
- **„AE"** **Antwort erforderlich**
  Der Empfänger muß das Dokument beantworten. Vorher kann er es nicht aus seinem Eingang entfernen.
- **„EE"** **Erledigung erforderlich**
  Das Dokument muß erledigt werden. Erst nach der Erledigung kann es aus dem Eingang entfernt werden.
- **„EX"** **Expreß**
  Das Dokument wird als Expreßnachricht versendet. Der Empfänger erhält sofort, egal wo er sich im R/3-System gerade befindet, eine Nachricht am Bildschirm, daß eine Expreßmitteilung eingegangen ist.
- **„KP"** **Kopie**
  Das Dokument wird dem Empfänger zur Kenntnisnahme geschickt.
- **„GK"** **Geheime Kopie**
  Kein anderer Benutzer weiß von der Existenz dieser Kopie. Eine Geheime Kopie kann nicht weitergeleitet oder gedruckt werden.
- **„KD"** **Kein Drucken**
  Das Dokument kann vom Empfänger nicht ausgedruckt werden.
- **„KW"** **Kein Weiterleiten**
  Der Empfänger kann das Dokument nicht weiterleiten. Das Attribut „KW" beinhaltet das Attribut „KD".

Statusattribute
- **„GL"** **Gelesen**
  Dieses Attribut wird gesetzt, wenn der Empfänger das Dokument gelesen hat. Ein Dokument muß zuerst gelesen werden, bevor es bearbeitet, erledigt, beantwortet oder aus dem Eingang entfernt werden kann.
- **„IB"** **In Bearbeitung**
  Der Empfänger kann ein zu erledigendes Dokument mit dem Attribut „In Bearbeitung" versehen (über Menü *Bearbeiten* ⇨ *Erledigung* ⇨ *In Bearbeitung*). Dieser Empfänger muß die Nachricht dann aber auch erledigen.

- **„ER"** **Erledigt**
  Wenn der Empfänger ein Dokument mit dem Attribut „EE" erledigt hat, kann er das Attribut „ER" setzen (über Menü *Bearbeiten* ⇨ *Erledigung* ⇨ *Erledigt*).
- **„EA"** **Erledigung von einem anderen**
  Dieses Attribut wird gesetzt, wenn ein zu erledigendes Dokument bereits von einem anderen Empfänger erledigt wurde. Der Benutzer braucht das Dokument dann nicht mehr zu erledigen.
- **„EW"** **Erledigung weitergeleitet**
  Wenn ein Benutzer ein zu erledigendes Dokument mit dem Attribut „EE" weiterleitet, wird das Attribut „EW" gesetzt. Die Erledigungspflicht liegt jetzt bei dem neuen Empfänger.
- **„AS"** **Antwort gesendet**
  Dieses Attribut wird einem Dokument zugeordnet, wenn es beantwortet wurde.
- **„WV"** **Wiedervorlage**
  Das Attribut „WV" wird gesetzt, wenn zu dem Dokument eine Wiedervorlage existiert.
- **„BW"** **Briefwechsel**
  Wenn zu einem Dokument eine Briefwechselgeschichte existiert, wird diesem das Attribut „BW" zugeordnet. Die Briefwechselgeschichte eines Dokuments kann man sich über das Menü *„Mail"* mit dem Befehl *„Briefwechsel"* anzeigen lassen.
- **„VM"** **Zu verarbeitende Mitteilung**
  Dieses Attribut wird Dokumenten zugeordnet, die automatisch von SAP-Anwendungen erzeugt wurden. Um solche Mitteilungen zu verarbeiten, wählt man im Menü *„Bearbeiten"* den Befehl *„Verarbeiten"*.

3.4.4 Informationen über versendete Dokumente

Um Informationen über ein versendetes Dokument zu erhalten (z.B. die momentan gesetzten Attribute), gibt es mehrere Möglichkeiten.

3.4 SAPmail

Als Empfänger eines Dokuments im Eingang:

- in der „*Empfangsinfo*"
  Diese gibt Informationen über Typ, Name und Titel des Dokuments, über Absender, Weiterleitenden und Empfänger des Dokuments, über Sende- und Empfangsdatum und über die Attribute.
- in der „*allgemeinen Empfängerliste*"
  Diese zeigt sämtliche Sendevorgänge an, die alle Benutzer zu dem ausgewählten Dokument durchgeführt haben.

Als Absender über den Ausgang:

- in der „*persönlichen Empfängerliste*"
  Diese zeigt sämtliche Sendevorgänge an, die der Benutzer selbst zu dem ausgewählten Dokument durchgeführt hat.
- in der „*allgemeinen Empfängerliste*"
  (siehe oben)

Man kann sich die „*Empfangsinfo*", die „*allgemeine Empfängerliste*" und die „*persönliche Empfängerliste*" über das Menü „*Mail*" anzeigen lassen. Im folgenden Bild sieht man ein Beispiel für eine ***persönliche Empfängerliste***:

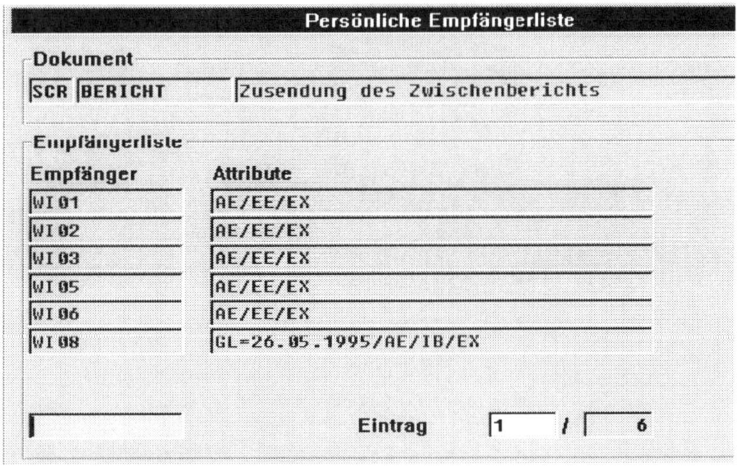

Abb. 11.15
persönliche Empfängerliste

Persönliche Empfängerliste	
Dokument	
SCR BERICHT	Zusendung des Zwischenberichts
Empfängerliste	
Empfänger	**Attribute**
WI 01	AE/EE/EX
WI 02	AE/EE/EX
WI 03	AE/EE/EX
WI 05	AE/EE/EX
WI 06	AE/EE/EX
WI 08	GL=26.05.1995/AE/IB/EX
	Eintrag 1 / 6

4 SAPaccess

4.1 Grundlagen

Datenübernahme in externe Programme

Mit SAP*access* lassen sich Daten aus dem SAP-System in ein externes Anwendungsprogramm übernehmen. Dieser Zugriff erfolgt im Echtzeitbetrieb (online) und im Lesemodus. Die Datenkonsistenz wird daher nicht gefährdet. Zum Ändern von Daten verwendet man die **„Remote Online Data Communication"** (Remote ODC-Schnittstelle).

SAP*access* stellt also eine Software-Schnittstelle zwischen externen Anwendungen und dem R/3-System dar (siehe Abb. 11.16):

Abb. 11.16 SAP*access*-Schnittstelle

R/3-System ⟷ Externe Anwendung

Solche **Anwendungen** können u.a. sein:
- eigene betriebswirtschaftliche Anwendungen (CICS-Programme)
- Bürosysteme
- Textverarbeitungssysteme
- Tabellenkalkulationen
- Grafik-Tools

CPI-C-Fähigkeit

Voraussetzung für die Kommunikation zwischen externer Anwendung und SAP*access* ist die **CPI-C-Fähigkeit** des Systems (d.h. es muß eine Logical-Unit-Verbindung zwischen dem R/3-System und der externen Anwendung bestehen).

Anwendungsbeispiel

In einer Vertriebsabteilung soll eine „ABC-Analyse" durchgeführt werden, um die Umsatzanteile bestimmter Produktgruppen zu analysieren. Die Daten sind im R/3-System vorhanden und sollen mit Hilfe eines Tabellenkalkulationsprogramms aufbereitet werden.

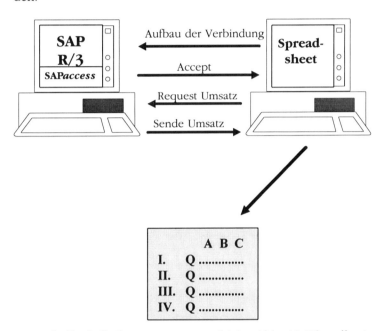

Abb. 11.17 Beispiel aus einer Anwendung

Das Tabellenkalkulationsprogramm (siehe Abb. 11.17) stellt eine Verbindung zu SAP*access* her und meldet sich als R/3-Benutzer an. SAP*access* akzeptiert die Verbindung, worauf das externe Programm seine Abfrage nach dem Umsatzreport an SAP*access* richtet. SAP*access* erstellt einen ABAP-Report, der die Ergebnisdaten dem Tabellenkalkulationsprogramm mittels SAP*access* zur Verfügung stellt.

4.2 Requestor

Verbindung aufbauen

Um überhaupt eine **Verbindung** zwischen der externen Anwendung und SAP*access* **aufzubauen**, muß das Anwendungsprogramm einen sogenannten Requestor (siehe Abb. 11.18) dazwischenschalten. Dieser wird über ein Makro aus dem externen System gestartet. Das Makro beinhaltet die Daten, die zur Durchführung der Abfrage erforderlich sind.

4 SAPaccess

Der **Requestor** hat folgende **Aufgaben**:
- Er baut die Verbindung zum SAP-System auf und meldet sich als R/3-Benutzer an. Daraufhin durchläuft er die komplette Anmeldeprozedur, die vor allem die Berechtigungsprüfung beinhaltet. Diese weist ihm die eingetragenen Zugriffsrechte zu.
- Er übergibt die Abfrage in Form des „Request-Headers" und „Request-Schlüssels" an SAP*access*.

Abb. 11.18
Requestor

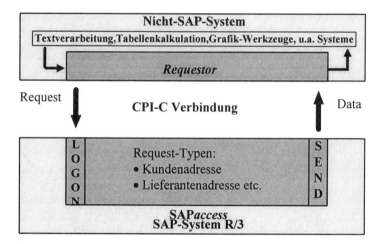

Im „**Request-Header**" sind folgende **Angaben** hinterlegt:
- Data Dictionary-Name des Request-Schlüssels
- Data Dictionary-Name des Response-Headers
- Angaben über „*Zugriffsart*" (direkter Zugriff, Matchcode-Zugriff oder Zugriff mit Teilschlüssel; nähere Angaben zu „Request-Header" und „Zugriffsart" siehe Punkt 4.2 „Requests").

Selektion von Daten

Mit Hilfe der Informationen, die im „Request-Schlüssel" stehen und der anderen Informationen des „Request-Headers", selektiert SAP*access* die Daten aus dem R/3-System und meldet dem „Requestor" in Form des „Response-Headers", ob **Daten selektiert** wurden und die Struktur der Ergebnisdaten. Danach werden die Daten über den „Requestor" an das externe System zurückgegeben. SAP*access* enthält schon einige Beispiele an Standardabfragen, z.B. für die Kundenstammdaten, Lieferantenstammdaten und SAP*mail*. Da in der praktischen Anwendung einige Daten mehr notwendig sind, müssen diese mittels selbst implementierten Requests hinzugefügt werden.

4.3 Requests

Die vom R/3-System mitgelieferten Abfragen bilden nur ein Grundgerüst und müssen auf die Erfordernisse im Betrieb speziell eingerichtet werden. Um neue „Requests" zu definieren, muß die Struktur von „Request-Header", „Response-Header" und „Ergebnisblock" bekannt sein.

4.3.1 Definition des Requests

Ein Request besteht aus:

- **„Request-Schlüssel"**
- **„Request-Header"**

Request-Schlüssel
: Der **„Request-Schlüssel"** beinhaltet die Daten, die zur Suche notwendig sind (Kundennummer). Sie werden aus dem externen Programm übernommen und stehen im Feld *„DDREQ"* im „Request-Header".

Request-Header
: Der **„Request-Header"** enthält folgende Informationen:

- Request-Klasse
  Jeder Request muß einer Klasse zugeordnet werden.
- Request-Struktur
  (Data Dictionary-Name des Request-Schlüssels) Hier wird die Struktur des Request-Schlüssels festgelegt.
- Response-Struktur
  (Data Dictonary-Name des Ergebnisses) Hier wird die Struktur des Ergebnisses festgelegt (z.B. Lieferantenadresse).
- Zugriffsart
  Hier wird die Zugriffsart auf die Datei, in der die Daten gesucht werden sollen, festgelegt.
- Angabe, ob weitere Requests folgen.

Request-Header-Struktur
: Daraus ergibt sich für den **„Request-Header"** die **Struktur**:

BEGIN OF REQUHD_00

    CLASS   (4)

    DDREQ   (4)

    DDDAT   (4)

    KEYAC   (1)

    KEYCT   (2)

    LSTRQ   (1)

END OF REQHD_00

Alle Felder im Request-Header sind Character-Felder.

Für die Felder sind folgende **Eingabewerte** möglich:

- **CLASS (Request-Klasse)**
  "SAP" für einen von SAP unterstützten Request
  "CUST" für einen vom Kunden unterstützten Request
  "xxxx" für eigene implementierte Requests
- **DDREQ (Request-Struktur)**
  "SACU" Zugriff auf Kundenadresse
  "SASU" Zugriff auf Lieferantenadresse
  "SAML" Zugriff auf SAP*mail*
- **DDDAT (Response-Struktur)**
  "SACA" Kundenadresse
  "SASA" Lieferantenadresse
  "SAMN" Anzahl der ungelesenen Mails
- **KEYAC (Zugriffsart)**
  "F" Direktzugriff
  "G" Zugriff mit Teilschlüssel
  "M" Matchcode-Zugriff
  "S" Matchcode-Zugriff mit Selektionsmöglichkeit
- **KEYCT (nicht belegt)**
- **LSTRQ (Angaben, ob weitere Requests folgen)**

  "0" es folgen weitere Requests (die weitere Kommunikation erfolgt im EBCDIC-Datenformat)
  "1" es folgen keine weiteren Requests (weitere Kommunikation erfolgt im EBCDIC-Datenformat)

  "2" es folgen weitere Requests (weitere Kommunikation erfolgt im ASCII-Datenformat)
  "3" es folgen keine weiteren Requests (weitere Kommunikation erfolgt im ASCII-Datenformat)

4.3.2 Response-Header und Ergebnisblock

Nachdem SAP*access* die Daten aus dem System selektiert hat, wird die Information in Form des „Response-Headers" an den „Requestor" übergeben. Dieser hat folgende Aufgabe:

- Es liegen Ergebnisdaten vor bzw. es liegen keine vor.
- Falls keine Ergebnisdaten vorliegen, steht im „Response-Header" eine Fehlermeldung.

Response-Header-Struktur

Der „**Response-Header**" hat folgende **Struktur**:

BEGIN OF RESHD_00

    STATE   (1)

    RCODE (2)

    RCMSG (80)

END OF RESHD_00

Die **Felder** können folgendermaßen belegt sein:

- „**STATE**"
  eine „1" bedeutet, es wurden keine Daten gefunden.
  eine „0", es liegen Ergebnisdaten vor.
- „**RCODE**"
  ist der Returncode „00", war die Abfrage erfolgreich. Jeder andere Returncode bedeutet, die Abfrage war nicht erfolgreich.
- „**RCMSG**"
  Falls keine Daten gesendet werden können, steht hier eine Fehlermeldung.

Aufbereitung des Ergebnisses

War die Abfrage erfolgreich (RCODE=00), werden zusammen mit dem Response-Header die Informationen zur Struktur des **Ergebnisses** gesendet:

- Name der Response-Struktur
- Länge der Response-Struktur
- Anzahl der Felder der Response-Struktur
- Für jedes Feld der Offset des Feldes

Offset bedeutet die Position, an der das nächste Feld beginnt.

Ergebnisblock

Wurde also der Response-Header mit den Informationen zum Ergebnis gesendet, kann die eigentliche Übermittlung beginnen. Die Ergebnisdaten stehen in 3.5Mbyte großen Datenblöcken im Datenblock. Dieser **Ergebnisblock** hat folgende Struktur:

BEGIN OF BLOCK

    STATE (1)

    LINE (3500)

END OF BLOCK

Die Felder können folgendermaßen belegt sein:
- **„STATE"**
  Eine „0" bedeutet, es folgen noch weitere Blöcke, eine „1" bedeutet, dies ist der einzige Block.
- **„LINE"**
  Der Ergebnisblock in Form von Datensätzen.

4.3.3 Kommunikation zwischen Requestor und SAP*access*

Die Kommunikation zwischen Requestor und SAP*access* basiert hauptsächlich auf abwechselndem Senden (SEND) und Empfangen (RECEIVE). Diese Vorgänge werden bei folgendem Ablauf verdeutlicht:

1. Requestor: Aufbau der Verbindung zu dem SAP-System
2. Requestor: Senden der Anmeldedaten
3. SAP*access*: Akzeptiert die Verbindung
4. Requestor: Entgegennehmen der Rückmeldung der Anmeldedaten
5. Requestor: Senden des Request-Headers und des Request-Schlüssels
6. SAP*access*: Entgegennehmen des Request-Headers
7. SAP*access*: Senden des Response-Headers
8. Requestor: Entgegennehmen des Response-Headers
9. Requestor: Senden der Meldung „*ready for receiving data*" und Entgegennehmen eines Datenblocks
10. SAP*access*: Entgegennehmen der Meldung „*ready for receiving data*" und senden eines Datenblocks

Die Schritte 9 und 10 werden solange wiederholt, bis alle Datenblöcke gesendet wurden. Folgen weitere Requests, wird die Prozedur ab Schritt 5 wieder durchlaufen.

11. SAP*access*: Abbau der Verbindung

4.4 *Request-Implementierung*

Folgende Abbildung veranschaulicht den **Kommunikationsablauf** zwischen Requestor und SAP*access*:

Abb. 11.19
Kommunikation
Requestor -
SAP*access*

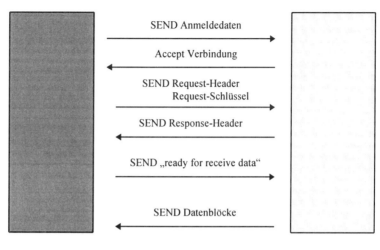

Requestor   SAP*access*

4.4 Request-Implementierung

neuer Request

Das Erstellen eines **neuen Requests** bedeutet im wesentlichen die Codierung der Zugriffsroutine. Das Senden der Daten übernimmt ein SAP*access*-Unterprogramm, das lediglich aufgerufen werden muß. Die Verbindung zum R/3-System wird automatisch hergestellt. Es gibt verschiedene Möglichkeiten einen neuen Request zu erstellen. Für alle Vorgehensweisen gilt:

- Wurde eine neue Request-Struktur und/oder eine neue Response-Struktur implementiert, muß diese in das Data-Dictionary aufgenommen werden.
- Aufnahme des Requests in die Tabelle „*TSARQ*"
- Aufnahme der Zugriffsroutine für den Request in SAP*access*

Request mit neuer Response-Struktur

Wenn nur eine neue **Response-Struktur** implementiert werden soll, kann eine bestehende Request-Struktur verwendet werden. Die Response-Struktur muß dann nur noch einer vorhandenen Klasse zugeordnet werden.

609

Request mit neuer Request-Struktur und neuer Response-Struktur	Wenn eine neue Request- und eine neue Response-Struktur definiert werden soll, können diese einer vorhandenen Klasse zugeordnet werden. Dies geschieht nach derselben Reihenfolge wie der Request mit neuer Response-Struktur, nur daß auch eine neue Request-Struktur in das Data Dictionary mitaufgenommen wird.
Request in einer neuen Klasse	Wird ein Request mit einer neuen Response-Struktur, Request-Struktur und einer neuen Klasse implementiert, muß nach der Aufnahme des Requests in die Tabelle „*TSARQ*" ein neues ABAP-Programm geschrieben werden, das als Namen die Klasse des neuen Requests beinhaltet. In diesem Programm muß ein Include Aufruf des Programms „*RSSADEFI*", das die Struktur-Informationen über „Request-Header", „Request-Schlüssel", „Response-Header" und Returncode enthält, stehen. Dem Programm wird dann ein Unterprogramm zugefügt, das die Zugriffsroutine aufruft.
Struktur der Zugriffsroutine	Die Codierung der **Zugriffsroutine** regelt im folgenden: • Füllen des Request-Headers • Senden der Daten (falls möglich)
Hinweis	**Codierungsbeispiele** können in den Programmen „*RSSACUST*" und „*RSSASSEL*" studiert werden.

5 ArchiveLink

5.1 Archivierung von geschäftlichen Daten

gesetzliche Archivierungspflicht

Geschäftsdaten, wie z.B. Rechnungen, Aufträge oder sonstige Belege, müssen nach Gesetz eine bestimmte Zeit aufbewahrt werden. Dies ist im Handelsgesetzbuch (HGB) und in der Abgabenordnung (AO) so geregelt.

Dabei gelten u.a. folgende **Aufbewahrungsfristen**:
• 6 Jahre für Buchungsbelege aller Art
• 10 Jahre für Handelsbücher und Jahresabschlüsse

Neben diesen gesetzlichen Bestimmungen ist es aber auch aus anderen Gründen für ein Unternhmen nötig und sinnvoll, Belege und andere schriftliche Unterlagen aufzubewahren.

5.2 Optische Speicher

Archivierung fürs Rechnungswesen

Ohne archivierte Daten würde zum Beispiel kein geregeltes **Rechnungswesen** möglich sein; denn zur Erstellung von Bilanz und Jahresabschluß müssen alle Buchungsbelege einer Rechnungsperiode verfügbar sein.

Darüber hinaus kann auch die betriebliche Statistik, die z.B. die geschäftliche Entwicklung über einen längeren Zeitraum mitverfolgen muß, nicht ohne archivierte Daten vergangener Jahre auskommen.

juristische Beweismittel

Schließlich sind Buchungsbelege oder andere Unterlagen wichtige **juristische Beweismittel**, wenn es z.B. nach einer Reklamation eines Kunden zu einem Prozeß kommt und das Unternehmen den Geschäftsvorgang offenlegen muß.

früher: Papier- und Mikrofilmarchive

Früher wurden geschäftliche Daten vorwiegend in **Papierarchiven**, d.h. in Aktenordnern oder Mappen, und teilweise auch in **Mikrofilmarchiven** aufbewahrt. Dies hatte zur Folge, daß sich über die Jahre das Archiv immer mehr ausdehnte und einen beträchtlichen Platz beanspruchte.

Ein weiterer **Nachteil der Papierarchive** war die schlechte Verfügbarkeit der Daten. Es war nur mit großem zeitlichen Aufwand möglich, einen bestimmten Beleg aus einer früheren Rechnungsperiode wiederzufinden.

heute: Elektronische Archivierung

Heutzutage gehen die Unternehmen immer mehr zur Archivierung in **elektronischen Archiven** über. Dies können entweder magnetische Speichermedien, wie z.B. Festplatten oder Streamer sein, oder man benutzt optische Speichermedien, wie z.B. CD-ROM oder MO-Platten.

Workflow-Konzept

Dies führt zu einer Einbindung der Archivierung ins das **Konzept des Workflows**, also der Optimierung von Geschäftsprozessen durch EDV-gestützte Systeme, denn durch die elektronische Archivierung ist ebenso eine elektronische Bearbeitung, Weiterleitung und Ausgabe der Dokumente möglich.

5.2 Optische Speicher

Optische Speicher sind **digitale Massenspeicher** (siehe Abb. 11.20), die beim Lesen und Schreiben von einem Laserstrahl abgetastet werden. Anders als bei magnetischen Speichermedien erfolgt der Schreib-/Lesevorgang also berührungsfrei.

5 ArchiveLink

Abb. 11.20
digitaler Massenspeicher

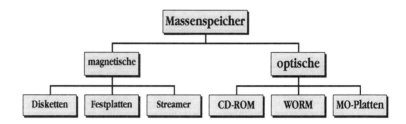

Vorteile von optischen Speichermedien

Hohe Speicherkapazität und Beständigkeit der Daten

Optische Speicher haben gegenüber Papierarchiven und auch magnetischen Speichermedien folgende wichtige **Vorteile**:
- die Archivierung ist sehr kostengünstig (siehe Abb. 11.21);
- es sind in Zukunft bedeutend höhere Speicherkapazitäten möglich, während bei magnetischen Speichern die Kapazitätsgrenze bald erreicht sein dürfte;
- optische Datenträger sind sehr unempfindlich (die Beständigkeit der Daten wird auf bis zu 50 Jahre geschätzt, während nach neueren Untersuchungen die Beständigkeit auf magnetischen Speichern lediglich bei 10-15 Jahren liegt).

Abb. 11.21
Archivierungskosten bei verschiedenen Speichermedien

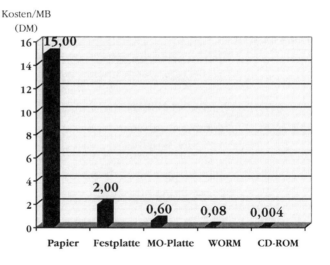

5.3 Schnittstelle ArchiveLink

Nachteile optischer Speicher

Auf der anderen Seite gibt es aber auch gewisse **Nachteile**, so z.B. die hohen Kosten, die durch die sehr aufwendige Technik der optischen Speicher verursacht werden. Besonders mittelständische Unternehmen werden sich hier gründlich überlegen, ob der Übergang zur optischen Archivierung überhaupt wirtschaftlich und rentabel ist.

5.3 Schnittstelle ArchiveLink

ArchiveLink ist ein Bestandteil des Systems R/3 und stellt eine Schnittstelle zwischen R/3 und optischen Archivsystemen dar. Der Begriff Archivsystem umfaßt den Archivserver, das Scan-System und das optische Speichermedium.

ArchiveLink sorgt also dafür, daß der Datenaustausch zwischen den R/3-Anwendungen und dem optischen Archivsystem reibungslos abläuft (siehe Abb. 11.22):

Abb. 11.22 ArchiveLink als Schnittstelle

5.3.1 Nutzen von ArchiveLink

ArchiveLink bietet sowohl dem R/3-Anwender als auch dem Hersteller von optischen Archivsystemen viele Vorteile.

einheitliche Konfiguration und Bedienung

Der Anwender steuert die Archivierung und die Anzeige bereits archivierter Daten komplett von seiner jeweiligen R/3-Anwendung, z.B. FI oder SD. Somit besitzt ArchiveLink keine eigene Oberfläche und paßt sich der R/3-Oberfläche nahtlos an. Dadurch ist die **Konfiguration** und **Bedienung** für den Anwender **einheitlich**.

Anpassung erfolgt durch ArchiveLink

Für den Hersteller von Archivsystemen besitzt ArchiveLink den Vorteil, daß das Archivsystem nicht speziell auf R/3 zugeschnitten sein muß. Der Hersteller kann also ein beliebiges, marktübliches Archivsystem anbieten, und die **Anpassung ans R/3-System** wird komplett von ArchiveLink übernommen.

Einbindung von ArchiveLink in R/3

ArchiveLink ist vollständig **ins R/3-System eingebunden** und stellt die Verbindung her zwischen Archivserver, Scan-System, optischer Platte und weiteren Bestandteilen des Archiv-Systems (siehe Abb. 11.23).

5   ArchiveLink

Abb. 11.23
Systemarchitektur

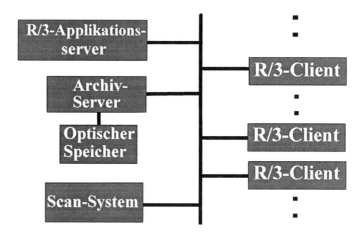

Unterstützung durch die meisten R/3-Module

Die Archivierung von Daten über ArchiveLink wird durch die folgenden Module des **R/3-Systems unterstützt**:
- Finanzbuchhaltung (FI)
- Vertrieb (SD)
- Personalwirtschaft (HR)
- Materialwirtschaft (MM)
- Produktionsplanung (PP)
- SAP*office* (Ablage- und Kommunikationssystem in R/3)

5.3.2   **Datenarchivierung**

R/3 teilt die Dokumente, die archiviert werden, in zwei Hauptgruppen ein, in „**NCI-Dokumente**" und „**CI-Dokumente**".

Archivierung von eingescannten Belegen

„**NCI**" steht für „**Non Coded Information**" und meint Papierbelege wie Rechnungen oder Aufträge, die eingescannt und anschließend im optischen Speicher abgelegt werden.

Diese Dokumente liegen daher als Bitmaps vor und enthalten keine feste Struktur. Daher lassen sie sich auch nicht elektronisch weiterverarbeiten. Lediglich die Anzeige und Ausgabe ist hier möglich.

Archivierung von im Rechner erzeugten Daten

„**CI**" steht für „**Coded Information**" und steht für im System erzeugte Dokumente, wobei diese Daten entweder aus R/3 oder aus anderen Windows-Anwendungen stammen können.

Diese Daten liegen daher strukturiert vor und lassen sich direkt weiterverarbeiten. Oft sind sie auch intern mit anderen, logisch zugehörigen Daten verknüpft.

5.4 Erfassung von Dokumenten

Dokumente aus anderen Windows-Anwendungen können entweder über OLE/DDE-Funktionen oder über die Zwischenablage ins R/3 übernommen und dann von dort aus archiviert werden.

Die Archivierung von Dokumenten kann entweder **synchron** oder **asynchron** erfolgen.

synchrone Archivierung

Synchrone Archivierung bedeutet, daß ArchiveLink wartet, bis der Archivierungsvorgang abgeschlossen ist und erst dann die Kontrolle ans R/3 zurückgibt. Auf diese Weise werden z.B. eingescannte Belege, also NCI-Dokumente archiviert. Einen Nachteil stellt dabei natürlich die teilweise erhebliche Verzögerung dar, bis der Anwender weiterarbeiten kann.

asynchrone Archivierung

Bei der **asynchronen Archivierung** dagegen erteilt ArchiveLink dem Archivsystem den Auftrag zur Archivierung der Dokumente und übergibt dann sofort die Kontrolle wieder ans R/3. Diese Art der Archivierung wird bei im Rechner erzeugten Dokumenten, also CI-Dokumenten, verwendet. Dies hat den Vorteil, daß der Anwender sofort weiterarbeiten kann. Jedoch sind die Daten nicht sofort auf dem Archiv verfügbar.

5.4 Erfassung von Dokumenten

Mit Erfassung ist nicht nur das Einscannen der Dokumente gemeint, sondern der gesamte Vorgang vom Einscannen über die Verarbeitung der Daten durch ArchiveLink bis zur Ablage im optischen Speicher.

5.4.1 Scannen von Dokumenten

Einscannen der Papierbelege

Das Einscannen von Papierbelegen erfolgt über ein externes Scan-System, das nicht Bestandteil von ArchiveLink ist. Beim gesamten Vorgang der Erfassung verursacht der Scan-Vorgang die höchsten Kosten. Außerdem ist das Einscannen eine wichtige und vertrauensvolle Aufgabe, da davon später die korrekte Weiterverarbeitung der Daten abhängt.

Beim Einscannen von Papierbelegen, wie z.B. Rechnungen, sind verschiedene Tätigkeiten durchzuführen:
- Vorbereitung des Dokuments (Sortieren nach Fachbereich und Papierformat, Entfernen von Klammern, Glätten des Papiers usw.).
- Dokumentenprüfung (Überprüfen, ob die Daten nach Auflösung, Kontrast und Helligkeit korrekt erfaßt wurden).
- Korrektur/Nachbearbeitung bei fehlerhaftem Scan-Vorgang.

- Trennung der Dokumente in logisch zusammengehörende Einheiten, z.B. alle Belege, die zu einem Geschäftsvorgang gehören.

5.4.2 Dokumenttyp und Dokumentenidentifikation

Dokumenttyp als grobe Kennung des Dokuments

Jedem erfaßten Dokument wird von ArchiveLink ein bestimmter Typ zugewiesen, der dieses Dokument grob kennzeichnet.

Mögliche **Typen** sind:

- **„FAX"** (für Faksimile)
  (eingescannte Dokumente, die als Bitmaps vorliegen)
- **„ALF"**
  (z.B. in R/3 erzeugte Drucklisten)
- **„SAPscript"**
  (mit der R/3-internen Textverarbeitung SAP*script* erzeugte Dokumente)

Der Dokumenttyp wird mit dem Dokument im Archiv abgelegt und bestimmt z.B. bei der erneuten Anzeige der Daten, welches Anzeigemodul gestartet wird und welche Operationen mit dem Dokument möglich sind (objektorientierte Methode).

DOC_ID zum Wiederfinden der Daten im Archiv

Mit Hilfe der **Dokumentenidentifikation (DOC_ID)** kann ein Dokument auf einfache Art und Weise im Archiv wiedergefunden werden. Sie besteht aus **Dokumentenkennung** und **Archivkennung**. Somit ist die Verteilung eines Dokumentes auf mehrere gleiche oder unterschiedliche Archive möglich.

Wird ein Dokument von einer R/3-Anwendung an eine andere übergeben, so werden nicht die Daten selbst, sondern nur die Dokumentenidentifikation übergeben, was die Übergabe erheblich beschleunigt und vereinfacht.

5.5 Erfassungsszenarien von ArchiveLink

Drei mögliche Erfassungsszenarien

ArchiveLink bietet im wesentlichen drei von R/3 vorgegebene Möglichkeiten, Dokumente zu erfassen und im optischen Archiv abzulegen.

5.5.1 Frühes Erfassen

Erfassung im Posteingang und dann Bearbeitung

Beim Frühen Erfassen (vor der Bearbeitung) werden die Dokumente in der Regel im zentralen Posteingang des Unternehmens eingescannt und archiviert, anschließend werden sie elektronisch an die zuständigen Sachbearbeiter weitergeleitet.

5.5 Erfassungsszenarien von ArchiveLink

Diese Art der Erfassung verwirklicht das Konzept des Workflows am besten, da die Dokumente von Anfang an elektronisch vorliegen und auch schnell, sicher und kostengünstig an die zuständigen Sachbearbeiter weitergeleitet werden können.

Um eine frühe Erfassung von Dokumenten vorzunehmen, wählt man die Menüfolge *Büro* ⇨ *Optische Archivierung* ⇨ *Frühes Erfassen*.

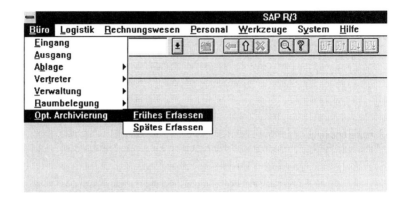

Abb. 11.24
Menüpunkt:
Frühes Erfassen

Ablauf des Frühen Erfassens:
- Einscannen der Dokumente, Prüfung und evtl. Korrektur, Trennung in logische Einheiten;
- Übernahme der Daten ins R/3-System: Wahl eines Erfassungsbereiches (z.B. Buchungsbelege für das Modul FI) und einer Belegart (z.B. Rechnungen oder Lieferscheine);
- Klassifizierung der Dokumente: Festlegen von Dokumentart, Priorität der Bearbeitung und zuständigem Sachbearbeiter;
- Archivierung der Daten im optischen Speicher;
- das Dokument wird dann automatisch aus dem Scan-Stapel gelöscht und das nächste geholt;
- aus den Daten wird ein **Workflow-Objekt** erzeugt; damit erscheint der Vorgang automatisch beim zuständigen Sachbearbeiter.

Stapelverarbeitung zur automatischen Erfassung

Wenn die Dokumente bereits geprüft und in logische Einheiten getrennt sind und außerdem alle für die gleiche Verarbeitung vorgesehen sind, kann die Erfassung auch mit Hilfe der **Stapelverarbeitung** automatisch erfolgen.

5 ArchiveLink

Mehrfachdokumente

Außerdem ist es möglich, einem Dokument mehrere Dokumenttypen zuzuweisen, wenn es in verschiedenen Abteilungen bearbeitet werden muß. Man spricht dann von **Mehrfachdokumenten**.

Vorteile des Frühen Erfassens:

- durch die zentrale Erfassung ergeben sich Zeit- und Kostenvorteile, da die konventionelle Postverteilung entfällt;
- schnellere Weiterleitung und Bearbeitung (Workflow-Konzept).

Nachteil des Frühen Erfassens:

- am Bearbeitungsplatz ist eine hochwertige Hardware-Ausstattung nötig, was zu hohen Kosten führt.

5.5.2 Gleichzeitiges Erfassen

Erfassung und Bearbeitung durch Sachbearbeiter

Hier erfolgt die Archivierung aus der R/3-Anwendung heraus vom Sachbearbeiter, der die Daten dann anschließend sofort bearbeiten kann.

Im R/3-System wird die Gleichzeitige Erfassung (während der Bearbeitung) direkt aus dem jeweiligen Modul (z.B. FI oder SD) aktiviert.

Ablauf des Gleichzeitigen Erfassens:

- Papierbeleg gelangt über die Postverteilung zum zuständigen Sachbearbeiter;
- Einscannen, Dokumentenprüfung und evtl. Korrektur, Trennung in logische Einheiten;
- Anlegen von neuen Daten in der jeweiligen R/3-Anwendung und Bearbeitung des Vorgangs (z.B. Buchen einer Rechnung);
- Archivierung im optischen Archiv;
- evtl. Versendung an andere Abteilungen über SAP*mail*;
- Bereitstellen des nächsten Dokuments.

Vorteil des Gleichzeitigen Erfassens:

Korrektur vor Archivierung möglich

- vor der Archivierung ist noch eine Korrektur/Nachbearbeitung durch den Sachbearbeiter möglich.

Nachteile des Gleichzeitigen Erfassens:

Ständiger Wechsel zwischen Erfassung und Bearbeitung

- hochwertige Hardware (Scan-System, hochauflösender Monitor) am Bearbeitungsplatz nötig;
- ständiger Wechsel zwischen Erfassung und Bearbeitung stört den Arbeitsablauf.

5.5.3 Spätes Erfassen

Bearbeitung vom Papier und dann Erfassung

Beim Späten Erfassen (nach der Bearbeitung) erfolgt zunächst die Bearbeitung in herkömmlicher Weise vom Papierbeleg aus, anschließend wandert der Beleg zu einer zentralen Erfassungsstelle und wird dort eingescannt und archiviert.

Der Erfassungsvorgang kann dabei **mit oder ohne Barcodes** erfolgen.

Für eine Späte Erfassung wählt man im R/3-System die Menüfolge *Büro* ⇨ *Optische Archivierung* ⇨ *Spätes Erfassen*.

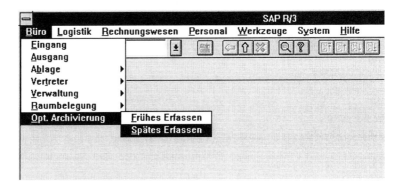

Abb. 11.25
Menüpunkt:
Spätes Erfassen

Ablauf des Späten Erfassens ohne Barcodes:

ohne Barcodes manuelle Zuordnung

- Papierbeleg gelangt über die Postverteilung zum Sachbearbeiter;
- der Sachbearbeiter vermerkt auf dem Beleg die R/3-Belegnummer;
- der Beleg wandert in die Erfassungsstelle;
- Einscannen, Prüfung und evtl. Korrektur, Trennung in logische Einheiten;
- manuelle Zuordnung der archivierten und der in R/3 erzeugten Daten mit Hilfe der Belegnummer;
- Archivierung im optischen Archiv.

Ablauf des Späten Erfassens mit Barcodes:

mit Barcodes automatische Zuordnung

- am Papierbeleg wird im zentralen Posteingang ein Barcode-Aufkleber angebracht;
- Papierbeleg wandert zum zuständigen Sachbearbeiter;
- Bearbeitung erfolgt in herkömmlicher Weise vom Papier aus;
- mit einem Barcode-Lesestift erfolgt die Übernahme des Barcodes ins R/3-System, um später die Zuordnung zu ermöglichen;
- Papierbeleg wandert in die zentrale Erfassungsstelle;

- Einscannen, Prüfung und evtl. Korrektur, Trennung in logische Einheiten;
- Barcode-Erkennung und automatische Zuordnung der archivierten und der in R/3 erzeugten Daten;
- Archivierung im optischen Speicher.

Vorteile des Späten Erfassens:

herkömmlicher Arbeitsablauf

- herkömmlicher Arbeitsablauf für den Sachbearbeiter;
- Prüfung und Abzeichnung durch Vorgesetzte vor der Archivierung möglich.

Nachteile des Späten Erfassens:

kein Workflow-Konzept

- keine elektronische Weiterleitung und Bearbeitung (kein Workflow);
- Gefahr der Beschädigung oder des Verlusts der Papierbelege.

5.6 Anzeige von archivierten Dokumenten

Anzeige mit dem ArchiveLink-Viewer

Um bereits im optischen Archiv abgelegte Daten wieder anzuzeigen und nachzubearbeiten, enthält ArchiveLink das Programmmodul **ArchiveLinkViewer**, mit dem eine komfortable Verwaltung der archivierten Dokumente möglich ist.

Funktionen des ArchiveLink-Viewers

Der ArchiveLinkViewer bietet u.a. folgende Möglichkeiten für die Anzeige und Bearbeitung von archivierten Dokumenten:

- Vergößern/Verkleinern der Dokumente
- Anfügen von Notizen
- Drucken von Dokumenten
- Kopieren und Einfügen von Text
- Suche in Drucklisten

Anfügen von Notizen

Zu jedem Dokument lassen sich optional **Notizen** anfügen oder bereits vorhandene erweitern. Dagegen ist das Löschen von Notizen oder Teilen einer Notiz nicht möglich, um Manipulationen durch Dritte vorzubeugen. Außerdem wird jeder Notiz automatisch vom System das Tagesdatum und der Benutzername hinzugefügt.

Suche in Drucklisten

Mit dem ArchiveLinkViewer ist es auch möglich, in **Drucklisten** nach gewissen Daten, wie Mandant, Buchungskreis oder Belegnummer, zu suchen. Drucklisten sind Auszüge aus einer R/3-Datenbank, die nach bestimmten Kriterien zusammengefaßt sind.

Hier ist zum einen eine **Suche über den Listenindex** oder eine **Freie Textsuche** möglich.

6 Resümee

Das R/3-System zeichnet sich dadurch aus, daß **Geschäftsprozesse integriert über mehrere Module** und mehrere organisatorische Einheiten hinweg bearbeitet werden können. Mit dem Mittel der **Nachrichtensteuerung** können weite Teilbereiche bei der Bearbeitung eines Geschäftsprozesses automatisiert werden. Für die Behandlung von eingehenden elektronischen Nachrichten steht ebenfalls Funktionalität zur Verfügung. Ausgezeichnet sind die Bearbeitungsmöglichkeiten für eingehende Originaldokumente. Auf eine Bearbeitung eines **Papierdokuments kann vollständig verzichtet werden**, da nach dem Erfassen des Papierdokuments dieses in elektronischer Form jederzeit angezeigt und weitergereicht werden kann. Für eingehende Originaldokumente steht ein einstufiges Verarbeitungskonzept zur Verfügung, wodurch automatisch die zur Verarbeitung benötigte Transaktion aufgerufen wird. Für die Zukunft wird es im SAP-System eine durchgängige Vorgangsbearbeitung geben. Für diese Version werden auch umfangreiche Entwicklungs- und Administrationswerkzeuge zur Verfügung stehen.

Der Vorgangsverarbeitung in SAP-R/3 liegt ein anderes Konzept zugrunde, als das der klassischen Workflow-Tools. Die Stärke dieser Tools liegt in der **flexiblen Gestaltung von Geschäftsprozessen und Integration von externen Komponenten**. Die Stärke des SAP Business Workflow liegt in der durchgängigen Bearbeitung von Geschäftsprozessen, wobei diese zu einem geringeren Grade automatisiert sind als bei den klassischen Tools. Im Release 3.0 des SAP-Systems wird es möglich sein, diese Automatisierung durchzuführen. Es ist zu erwarten, daß das System dann eine weit bessere Funktionalität und einen weit größeren Nutzen besitzt als klassische Vorgangsverarbeitungssysteme und die Vorgangsverarbeitung im jetzigen Releasestand. Die Stärken des SAP Business Workflows werden im **objektorientierten Ansatz**, in der durchgängen Begriffsdefinition, den grafischen Definitionswerkzeugen, Kontrollflußelementen, Administrationswerkzeugen und in der hohen Integration liegen.

Literaturverzeichnis

Bahmann, E./
Wenzel, P.: SAP Business Workflow zur Steuerung von Geschäftsprozessen. In: Wenzel, P. [Hrsg.]: Geschäftsprozeßoptimierung mit SAP-R/3, Vieweg-Verlag, Wiesbaden, 1995

Böndel, B.: Wie Lemminge. In: WirtschaftsWoche, Nr. 12, 49. Jg., Artikel vom 16.03.95, S. 108 ff

Buck-Emden, R./
Galimow, J.: Die Client/Server-Technologie des Systems R/3, Basis für betriebswirtschaftliche Standardanwendungen, Addison-Wesley-Verlag, Bonn, 1995

CDI [Hrsg]: Praxistrainer SAP R/3, Grundlagen/Architektur/Anwendung, Markt & Technik - Verlag, Haar, 1994

Finzer, P.: Personalinformationssysteme, München, 1992

Geiges, P./
Wenzel, P.: Eine betriebliche Standardlösung „SAP-R/3" macht sich einen Namen. In: Krallmann, H./ Nilsson, R. [Hrsg.]: DV-Management Zeitschrift, Expertenstatements und Kommunikationstechnologien für eine erfolgreiche Unternehmensführung, Erich Schmidt Verlag, Berlin/Bielefeld/ München, 5. Jg., Heft 1/95

Hackstein, R.: Produktionsplanung und -steuerung (PPS) - Ein Handbuch für die Betriebspraxis, VDI-Verlag, Düsseldorf, 1984

Roschmann, K.: Fertigungssteuerung - Einführung und Überblick, Hanser Verlag, München, 1980

SAP AG [Hrsg.]: Geschäftsbericht der SAP AG von 1994

SAP AG [Hrsg.]: Offen für Kritik - Aber nicht für Unwahrheiten. In: Börsenzeitung, Artikel vom 28.03.95, S. 5

SAP AG [Hrsg.]: SAP-Gruppenergebnis: 1. Halbjahr 1995. In: Frankfurter Allgemeine Zeitung vom 28.07.95, S. 21

SAP AG [Hrsg]:	System R/3 - Produktionsplanung, Funktionen im Detail, Walldorf, 1994
SAP AG [Hrsg]:	System R/3 - Dokumentation (CD), Release 2.1, Ausgabe 4, Walldorf, 1994
SAP AG [Hrsg]:	System R/3 - Schulungsunterlagen: Überblick Anlagenbuchhaltung, Release 2.1, Walldorf, 1994
SAP AG [Hrsg]:	System R/3 - Schulungsunterlagen: Überblick Controlling, Release 2.1, Walldorf, 1994
SAP AG [Hrsg]:	System R/3 - Schulungsunterlagen: Überblick Finanzbuchhaltung, Release 2.1, Walldorf, 1994
SAP AG [Hrsg]:	System R/3 - Schulungsunterlagen: Überblick Instandhaltung, Release 2.1, Walldorf, 1994
SAP AG [Hrsg]:	System R/3 - Schulungsunterlagen: Überblick MM (Materialwirtschaft), Release 2.1, Walldorf, 1994
SAP AG [Hrsg]:	System R/3 - Schulungsunterlagen: Überblick PP, Release 2.1, Walldorf, 1994
SAP AG [Hrsg]:	System R/3 - Schulungsunterlagen: Überblick SD, Release 2.1, Walldorf, 1994
SAP AG [Hrsg]:	System R/3 - Schulungsunterlagen: Überblick WF-SAP*office*-Grundfunktionen, Release 2.1, Walldorf, 1994
Scheer, A.-W.:	CIM - Der computergesteuerte Industriebetrieb, Springer-Verlag, Berlin/Heidelberg, 1987
Siemens Informationssysteme AG/ Thome, R. [Hrsg]:	R/3 Modellfirma, LIVE Produktions- und Vertriebs AG, Version 2.1F, Dokumentation, Würzburg, Oktober 1994
Wenzel, P. [Hrsg]:	Einführung in das System „SAP-R/3", unveröffentlichte Hochschulschrift, FB IN/WI, Fachhochschule Konstanz, Oktober 1994

Autorenverzeichnis

Der **Enthusiasmus** sowie die neuartige Problemstellung im Studium, sich an ein Programmpaket der „Extraklasse" heranzuwagen, führte die **Studenten/innen des 2. und 8. Semesters Wirtschaftsinformatik** (Fachbereich Informatik) an der Fachhochschule Konstanz bis an die Grenze ihrer Leistungsfähigkeit. Neben ihrem 36-stündigen Wochenpensum an der FH „büffelten" die meisten von ihnen bis zu 50 Stunden extra für ihre Präsentationen und den schriftlichen Ausarbeitungen, die als Gerüst für dieses Buch dienten.

Von den Studierenden des Wintersemesters 94/95 sowie des Sommersemesters 1995 haben insgesamt 45 angehende Wirtschaftsinformatiker an diesem Werk mitgewirkt.

1. Kapitel	**Informationen zur SAP AG und ihren Produkten**

SAP UND R/3

bearbeitet u.a. von

ELENA SCHREIVOGEL
HARALD HARINGS
JÜRGEN SAUTER

2. Kapitel	**Customizing**

R/3-CUSTOMIZING

bearbeitet u.a. von

BARBARA KIRSTEIN
CHRISTIAN STOLLER
MATTHIAS PAGELS
MARKUS SANDBERG

3. Kapitel Finanzbuchhaltung

R/3-Modul „FI"

bearbeitet u.a. von

Markus Jäger
Peter Oswald
Markus Hohwieler
Roland Steinhauser

4. Kapitel Anlagenbuchhaltung

R/3-Modul „AM"

bearbeitet u.a. von

Christoph Kress
Uwe Martschinke
Jürgen Schiele
Oliver Wörner

5. Kapitel Kostenrechnung & Controlling

R/3-Modul „CO"

bearbeitet u.a. von

Matthias Dautel
Mario Maurer
Jürgen Stösser

6. Kapitel Materialwirtschaft

R/3-Modul „MM"

bearbeitet u.a. von

Jörg Narr
Thomas Pfrengle
Oliver Schaus

7. Kapitel Fertigungswirtschaft

R/3-Modul „PP"

bearbeitet u.a. von

Paul Braun
Holger Hensel
Sven Maack
Patrick Schweikart
Christian Schwendemann

8. Kapitel Instandhaltung

R/3-Modul „PM"

bearbeitet u.a. von

Martina Ballnus
Roland Fischer
Monika Kleindienst
Simone Morath

9. Kapitel — Vertriebssystem

R/3-Modul „SD"

bearbeitet u.a. von

PATRICIA EDER
ULRIKE KÖPFLER
MARION KUHN
SANDRA SCHINDLER
BIRGIT SCHUCK

10. Kapitel — Personalwirtschaft

R/3-Modul „HR"

bearbeitet u.a. von

HEIKO HENSSLER
SIMON KNUPFER
VOLKER KREBS
JOAKIM LUCAS
FRANK SCHUHMACHER

11. Kapitel — Business-Workflow & Office Communication

R/3-Modul „OC"

bearbeitet u.a. von

ANDREAS MÜLLER
STEFAN LANGER
ANDREAS REISS
JOCHEN SAUTER
MATTHIAS WOLF

Sachwortverzeichnis

—A—

ABAP/4 7; 21
ABAP-Report 603
ABC-Analyse 234; 259; 273; 505
Abgrenzungsrechnung 168; 169
Ablage 591
ablauforientiertes Vorgehen 54
Ablieferung 379
Abmelden 25
Abrechnungsanpassung 549
Abrechnungsanteil 380
Abrechnungsformen 496
Abrechnungskreis 552
Abrechnungsparameter 379
Abrechnungverlauf 552
Abreisedatum 559
Abrufhistorie 464
Abrüstzeit 357
Absatz- und Produktionsgrobplanung (SOP) 309
Absatzplan 202; 311
Abschlußperioden 107
Abschreibung 160
Abschreibungsmethoden 162
Abschreibungsschlüssel 160
Abstimmkonten 100; 115; 120
Abteilungsfunktionen 211
abteilungsübergreifende Planung 301
abweichender Mahnempfänger 114
abweichender Zahlungsregulierer 114
Abweichungsbericht 203
Abzugsmethode 552
Adhoc Workflow 580
Aktionspunkte 449
Aktivierungskonzept 80
Aktivierungsverwalter 82
Aktivversion 81

aktuelle Kalkulation 179; 387
Aliquotierung 551
allgemeine Daten 113
allgemeine Empfängerliste 601
allgemeinen Stammdaten 149
analoges Modifizieren 526
Anbruch 287
Änderungsbeleg 72
Änderungsdienst 308
Anforderungskonzept 32
Anfrage 246; 486
Angebot 248; 486
Angebotsintervall 362
Anhaltewert 161
Anhaltewertschlüssel 161
Ankerwörter 60
Anlagen im Bau 148
Anlagenabgang 155
Anlagenarten 148
Anlagenbuchhaltung 138
Anlagenklasse 147; 151
Anlagenklassifizierung 146
Anlagensichten 145
Anlagenstammsatz 149
Anlagenstrukturierung 414; 426
Anlagenumbuchungen 155
Anlagenwirtschaft 17
Anlagenzugang 153
Anlagevermögen 145
Anmelden 24
anonyme Lagerfertigung 335
Anschrift 535
Ansprechpartner 475
Anwesenheiten 545
Application Link Enabling (ALE) 15
Applikationsebene 10
Arbeitsabläufe 434
Arbeitsgebietebene 28
Arbeitspapiere 451
Arbeitsplan 179; 305; 400
Arbeitsplatz 179; 304; 305; 567
Arbeitsplatzhierarchie 355

Arbeitsvorbereitung 447; 452
Arbeitsvorgang 305
Arbeitszeit 535
ArchiveLink 610
ArchiveLinkViewer 620
Archivkennung 616
Archivserver 613
asynchrone Archivierung 615
Attribute 598
Audit 404
Aufgabe 567
Aufgabendreiteilung 82
Aufrißliste 502
Auftrag 487
Auftragsabschluß 379
Auftragsabwicklung 373
Auftragsart 367
Auftragseinlastung 360
Auftragserfassung 489
Auftragseröffnung 366
Auftragsfreigabe 373
Auftragshistorie 454
Auftragskopf 365
Auftragsspeicherung 373
Auftragssperre 119
Auftragsverdichtung 187
Aufwendungen 168
Ausfallzeit 443
Ausgangssteuer 128
Ausgleichsbelege 134
Ausgleichsvorgänge 134
Auslagerungsplatz 287
Auslagerungsstrategien 287
Ausschreibung 572
Ausschuß 381
außerplanmäßige Abschreibungen 162
Auswahlliste 512
Auswahlmengen 397
Auswerte-Informationsstruktur 382; 500; 509; 513
Auswertungen 258; 517; 544
automatische Neubeurteilung 262

—B—

BAB 172
Banf 227
Bankenstammdaten 102
Bank-Id 102
Bankverbindung 535
Barcode 619
Basisbezüge 535
Basisdatum 109
Basismengeneinheit 361
Basisreport 548
Basissystem 16
Baugruppe 449
Baugruppenebene 335
Baukastenstrukturstückliste 321
Baukastenstückliste 321
Baumstruktur 591
Bausteine 48; 51
BDE/MDE-Kanal 377
Be-/Abzüge 537
Bearbeitungsperiode 559
Bearbeitungsstatus 44
Bearbeitungszeit 357
Bedarfsbericht 203
Bedarfsermittlung 207
Bedarfsparameter 336
Bedarfsplanung 244
Bedarfsübergabe 492
Befundhistorie 453
Belegarten 120; 223
Belegartenkreis 125
Belegdatum 120
Belegerfassung 130
Belegfluß 478
Belegkennzeichen 119
Belegkonzept 267
Belegkopf 108; 120; 122; 478
Belegkopfmaske 124
Belegnummer 120; 123
Belegposition 120; 124; 131
Belegstruktur 119
Belegübersicht 129
benutzerdefinierter Aufriß 503
Benutzerfestwerte 78
Benutzerkennung 24
Benutzerlohnarten 549

Benutzerstammsatz 77; 104
Benutzerverwalter 82
Beratung 5
Beratungsfunktion 177
Berechtigungen 77
Berechtigungsfeld 78
Berechtigungshierarchie 104
Berechtigungsobjekt 78
Berechtigungsprofile 81; 103
Berechtigungssystem 78
Berechtigungsvergabe 105
Berechtigungsverwalter 82
Berichte 195
Berichtsarten 195
Berichtswesen 202
Beschaffung 224
Beschaffungszyklus 207
Bestandsbuchung 290; 410
Bestandscontrolling 267; 273
Bestandsführung 234; 267
Bestandswerte 275
Bestellabwicklung 207
Bestellanforderung 224; 229
Bestellpreisentwicklung 217
Bestellpunktdisposition 235; 343
Bestellpunktverfahren 235
Bestellüberwachung 208; 253
Bestellungen 250
Bestellvorschläge 348
Bestellwertanalyse 259
Bestimmungsorte 269; 271
Betrag 120
betriebliches Ergebnis 170
Betriebssysteme 6; 13
betriebswirtschaftliche Objekte 56
Beurteilungsvergleich 264
Bewegungsart 124; 270
Bewerberauswahl 572
Bewerberbeurteilung 573
Bewerberdaten 574
Bewerbungen 573
Bewertung 193
Bewertungsbereiche 139
Bewertungsmodus 409
Bewertungsmöglichkeiten 139
Bewertungsparameter 142

Bewertungsplan 141
Bewertungsvarianten 184
Bewertungsverfahren 405
Bewertungsvorschriften 139
Bezugsmethode 551
Bezugsquellen 207; 226
Bezugsquellenfindung 251
Bildschirm 26
Binominialverteilung 405
Blocklager 284
BOTTOM-UP 316
Branche 214
Branchenlösungen 8; 19
Branchenneutralität 6
Bruttoentgelt 546
Bruttomethode 156
Bruttoplanung 335
Buchen 130
Buchhaltungsbeleg 268
Buchungskreis 93; 113; 123; 140; 485; 561
Buchungskreisdaten 113
buchungskreisspezifische Daten 468
buchungskreisspezifischer Bereich 100
Buchungsperioden 106
Buchungsschlüssel 120; 124
Buchungssperre 119
Büroautomatisierung 576
Business Process Reengineering 577
Bypass-Verfahren 291

—C—

CAD Integration 307
CAP (Computer Aided Planning) 308
CATT 24
Chaotische Kommisionierung 295
CI-Dokumente 614
CIM-Anwendungen 329
CIM-Konzept 377
Client/Server-Struktur 10
Client/Server-System 2
Codegruppen 396

Codes 396
Codierungsbeispiele 610
Controlling 17; 172; 177
CO-PA-Schnittstelle 190
Copy-Reports 67
CpD-Konten 116; 133
CpD-Stammsatz 216
CPI-C 14
CPI-C-Fähigkeit 602
Customizing 32; 160

—D—

Data Dictionary 22; 55
Data-Dictionary-Strukturen 509
Dateiformate 520
Datenarchivierung 614
Datenbankebene 10
Datenbanken 12
Datenbasis 498
Datenstruktur 302
Datenübernahme 190
DDIC-Struktur 512
Deaktivieren 151
Debitorenbuchhaltung 120
Debitorenkonto 118
Debitorenstammdaten 100; 113
Debitorenstammsatz 113; 115
Debugger 24
Deckungsbeitrag 176
Degressive Abschreibung 163
Degressive Gebäudeabschreibung 165
Detaillierung und Realisierung 38
Detaillierungsebenen 448
Development Workbench 14; 21
Dezimalstellen 75
digitale Massenspeicher 611
digitales Modifizieren 526
Disaggregation 312; 315
Disposition 225
Dispositionsliste 350
Dispositionsparameter 331
Dispositionsverfahren 232; 234; 332

Distribution Requirements Planing 318
DNC 378
Dokumentation 45; 47
Dokumente 306
Dokumentenidentifikation (DOC_ID) 616
Dokumentenkennung 616
Dokumentenmanagementsystem 577
Dokumentenstückliste 323
Dokumentenverwaltungssystem 306
Double-Byte-Technologie 8
Download 540
Dummy-Profit-Center 197
Dunkel 295
Durchlaufdiagramm 361
Durchlaufterminierung 346
Durchlaufzeiten 381
Dynamic Data Exchange (DDE) 15
dynamische Planungsrechnung 345
dynamische Verfahren 232
Dynamisierung 399
Dynamisierungsregeln 399
Dynpro 22

—E—

Early Watch 5
Echtzeitplanung 301
Ecktermine 346
EDI Electronic Data Interchange 578
EDIFACT 578
Editor 23
Effektivpreis 253
Eigenbearbeitung 435
Eigenfertigung 346
Einführungsleitfaden 35; 41
Einführungsstatus 140
Eingabefeld 27
Eingabeprüfung 56
Einkauf 206
Einkaufsbeleg 223
Einkaufsinfosatz 216

Einkaufsmenü 222
Einkaufsstammdaten 216
Einlagerungsstrategien 284
Einrichtung 53
Einsatzhistorie 453
Einstelltransaktionen 47
Einstellung 573
Einstellungsmenü 35; 51
Einstellungsprofil 360
Einstiegshilfe 29
einstufige Einzelplanung 340; 349
einstufige Erzeugniskalkulation 388
Einzelkosten 171
Einzelnachweise 557
Einzelplanung 192
Einzelpostenanzeige 100
Einzelprofile 79
Einzelrückmeldung 376
Electronic Data Interchange 14; 582
elektronische Archive 611
Elementarfaktoren 300
Endrückmeldung 453
Entwicklungsumgebung 7; 23
Equipment 419
Equipment ausbauen 425
Equipment einbauen 423; 425
Equipmentart 420
Equipmentplan 434
Equipmentstammsätze 419
Equipmentstückliste 322
Equipmentverbindungen 430
Erfassungshilfe 488
Erfassungsszenarien 616
Ergebnisbereich 188
Ergebnisblock 607
Ergebnisobjekte 193
Ersatzteilzuordnung 431
Erträge 168
Erzeugniskalkulation 385; 386
exakte Losgröße 344
Extended General Ledger 200
externe Kurse 569

—F—

Fähigkeitsuntersuchungen 404
Fahrzeugarten 560
Fahrzeugklasse 561
Faktura 200; 496
Fakturadaten 190
Fakturasperre 119
Fakturierung 496
Fallbeispiele 84
Fälligkeitsberechnung 109
Familienprüfplan 307
fehlerhafte Buchung 136
Feldhierarchien 150
Feldhistorie 395
Feldstatus 98
Feldstatusdefinitionen 101
Feldstatusgruppen 150
Fertigstellungsgrad 358
Fertigungsauftrag 180; 185; 364; 379
Fertigungshilfsmittel 306; 366
Fertigungsinformationssystem 381
Fertigungskosten 390
Festplatz 284
Festplatzkommisionierung 295
Finanzanlagen 148
Finanzbuchhaltung 92
Finanzwesen 17
First In First Out (FIFO) 287
Fish-Eye-View-Technik 61
Fixierungshorizont 339
Fixierungszeiträume 257
Fixkosten 175
Fixplatz 285
flexible Analysen 508
Folge 366
Formel definieren 516
Formeleditor 194
Fragezeichen 27
Freigabe 229; 392
Freilager 284
Fremdbearbeitung 435
Fremdbeschaffung 347
Front-End-Betriebssysteme 13
Frühes Erfassen 616

funktionale Berechtigungen 105
Funktionsbibliothek 352
Funktionstasten 29

—G—

Gantt-Diagramm 372
gelben Ordner 27
gelben Pfeil 27
Gemeinkosten 171
Gemeinkostenermittlung 390
generelle Berechtigungen 105
gerichtete Verbindungen 427
Geringwertige Wirtschaftsgüter 148
Gesamtabrechnung 380
Gesamtbedarf 357
Gesamtnote 263
Gesamtplanung 350
Geschäftsarten 479
Geschäftsbereich 94
Geschäftsjahr 106
Geschäftsjahresvariante 108
Geschäftsprozesse 576
Geschäftsvorfälle 119; 130; 152
Geschäftsvorgänge 476
Geschichte 2
Gewichtungsschlüssel 262
Gleichzeitiges Erfassen 618
gleitender Durchschnittspreis 276
Gliederung 47
Globale Parameter 58; 73
Glossar 29
Grafik interaktiv 526
Graphikprofil 361
Groß- und Kleinmengekommissionierung 296
Großrechner 6
Grunddaten 389
Grundformel 194
Grundkosten 168
Grundliste 502
grünen Pfeil 27
Gutschrift 133, 497

—H—

Haltepunkte 341
Handelsrecht 144
Hardware 12
Hardwarehierarchie 10
Hardwarepartner 4
Häufigkeitsanalyse 259
Hauptbuch 97
Hauptbuchkonten 120
Hauptkriterien 261
Hauptnummer 151
Hell 295
Herstellkosten 170
Hierarchie-Identifikation 187
Hilfemenü 28
Hilfesystem 28
Historienführung 394
Historienverwaltung 71
Hitliste 264
H-Maßnahmen 445
horizontale Struktur 427
Hotline 5
Hypertext 57; 59
Hypertextbücher 64
Hypertextstruktur 46

—I—

IH-Anforderung 439; 441
IH-Arbeiten 434
IH-Arbeitspläne 434
IH-Auftrag 443
IH-Daten 423
IH-Historie 453
IH-Meldung 439; 443; 445
immaterielle Anlagen 148
Individualprüfplan 307
Informationen 29
Informationsspeicherung 212
Informationsstruktur 382; 499; 511
Informationstypen 43; 532
Infosätze 218
Info-Set 384
Initialkennwort 25
Innenauftrag 185; 199
Innenorganisation 484

innerbetriebliche Verrechnung 200
Inspektion 414
Instandhaltung 18
Instandhaltungsanleitung 434
Instandhaltungsarbeitspläne 434
Instandhaltungsauftrag 182; 445
Instandhaltungsdaten 417
Instandhaltungsrückmeldung 453
Instandhaltungsstücklisten 432
Instandsetzung 414
Integration 157
Integrationstiefe 8
interaktive Leitteileplanung 341
Interessenten 475
Internationalität 8
interne Kurse 569
Inventurkalkulation 179
Inventurverfahren 296
ISO 9000 393
ISO-Normen 74; 393
Ist-Daten 200

—J—

Jahresverschiebungs-Kennzahl 107
Jahresvorschau 572
Just-in-time 256

—K—

Kalenderparameter 76
Kalkulationsarten 178; 386
Kalkulationsrelevanzkennzeichen 179
Kalkulationsschema 112; 390; 493
kalkulatorische Kosten 168
Kapazitäten 305
Kapazitätsangebot 352
Kapazitätsarten 351
Kapazitätsauslastung 381
Kapazitätsauswertung 352; 359

Kapazitätsbild 362
Kapazitätsentlastung 358
Kapazitätsplanung 351
Kapazitätsprüfung 287
Karriereplanung 570
Kennwort 24
Kennzahlen 499; 507; 522
Kennzahlensicht 523
Kennzahlensuche 383
Kernzeit 543
Keyfelder 587
Klassifikation 506
Klassifizierung 52
Kommissionierlagerort 495
Kommissioniertechniken 295
Kommissionierung 495
Kommunikationsablauf 609
Kommunikationsstrukturen 584
komplexe Berechtigung 78
Komponente 327; 366
Komponentendaten 371
Komponentenübersicht 371
Konditionen 218
Konditionselemente 585
Konditionssätze 588
Konditionstabelle 586
Konditionstechnik 472; 583
konfigurierbare Stückliste 323
Konsignation 259
Konsignationsverbindlichkeiten 260
Konsistenzprüfungen 53
Konstantmodell 527
Kontengruppe 98; 101; 117
Kontenplan 93; 141
Kontierung 252
Kontierungstyp 228; 255
Konto 120; 125
Kontoart 124
Konto-Id 102
Kontonummern 99
Kontosperrung 119
Kontostandsanzeige 100
Kontrakte 254; 490
Konzeptinformationen 43
Konzern 209
Kopfdaten 181; 369

Korrekturnummer 69
Korrelationskurve 504
Kosten 168; 183
Kostenartenrechnung 171
Kostenplan 202
Kostenplanung 202
Kostenrechnungskreis 93; 198
Kostenstelle 141; 171; 305
Kostenträger 171; 184; 385
Kostenträgerhirarchie 186
Kostenträgerrechnung 385
Kostenträgerstück-
  rechnung 173
Kreditkontrollbereich 94
Kreditlimit 95; 494
Kreditorenbuchhaltung 121
Kreditorenposition 122
Kreditorenstammsatz 112
Kundenauftrag 182; 199
Kundeneinzelfertigung 335
Kundenkontakt 475
Kunden-Material-Infor-
  mation 489
Kundenpolitik 5
Kundenprimärbedarfe 338
Kundenstammsatz 467

—L—

Lagerbereich 283
Lagerbodensatz-Analyse 275
Lagereinheitentyp 284
Lagerhüter-Analyse 275
Lagernummer 279
Lagerortebene 212
lagerortspezifische Daten 471
Lagerplätze 282
Lagerplatztyp 283
Lagerstrategien 283
Lagerstruktur 279
Lagertyp 279
Lagerverwaltung 278
Lagerverwaltungssystem 283
Lagerzugang 378
Lagerzugangsdaten 378
Länder 52
ländereigene Prüfungen 74
Länderparameter 73

Länderschlüssel 111
Landesversion 57; 64
Lastschrift 497
Laufkarte 452
Layoutkontrolle 517
Leasinganlagen 148
Leistungen 168
Leistungsabschreibung 165
Leitbereich 143
Leitteileplanung 318; 339
Lieferantenbeurteilung 217;
  261
Lieferantenstammdaten 215
Lieferantenstammsatz 216
Lieferplan 256; 490
Lieferplaneinteilung 257
Liefersperre 119
Liefervorschlag 339
Liegezeit 357
LIFO 288
Lineare Abschreibung 162
Lineare Gebäudeab-
  schreibung 164
Listenindex 620
LIVE AG 83
Logical-Unit-Verbindung 602
Logistikinformationssystem
  497
Logo-Partner 4
Lohn- und Gehaltsab-
  rechnung 542; 546
Lohnartengenerierung 550
Lohnartenschlüsselung 549
Löschen 151
Losfertigung 335
Losgrößenberechnung 332;
  344
Losgrößenverfahren 236
Lupensymbol 27

—M—

Magisches Dreieck 60
magnetische Speicher-
  medien 611
Mahnbereich 94; 117
Mailbox 596
Mandant 93; 481

Mandant 000 33
Mandant 001 34
Mandant anlegen 67
Mandanten kopieren 65
Mandantenebene 212
Mandantennummer 24; 66
Mangelzustand 439
manuelle Datenübernahme 191
manuelle Initialisierung 243
Manufactoring Resource Planning (MRP) 309
Mappen 591
Marktdaten 475
Märkte 3
Marktpreis 250
Maßeinheiten 76
Maßeinheitenparameter 76
Maßnahmen 442
Matchcode 29; 102; 151; 477
Matchcode-ID 103
Matchcode-Objekt 103
Material 302
Materialart 212; 303
Materialbedarfsplanung 342
Materialbeleg 268
Materialbereitstellungsliste 452
Materialbewertung 276
Materialdatenbestand 210
Materialdisposition 232; 233; 240
Materialentnahme 374
Materialentnahmeschein 452
Materialgemeinkosten 391
Materialinformationen 268
Materialkostenermittlung 389
Materialnummer 367
Materialprognose 242
Materialprüfplan 307
Materialstamm 210; 379
Materialstammdaten 211
Materialstammsatz 180; 343; 470
Materialstammsatzpflege 344
Materialstückliste 322
Materialwirtschaft 18
Materialzuordnung 402
mean absolute deviation 529

Mehrfachdokumente 618
mehrstufige Einzelplanung 349
Meldungspositionen 441
Mengenabhängigkeit 175
Mengeneinheiten 471
Mengengerüst 179; 182; 386
Mengenkontrakt 254
Mengenplanung 301
Menupainter 24
Menüzeile 26
Merkmale 522
Merkmalsausprägung 498
Merkmalsergebnisse 406
Merkmalssicht 523
Merkmalsübersichtsbild 406
Meßdatenerfassung 378
Migration 9
Mikrofilmarchive 611
Mindestauftragsmenge 471
Mindestliefermenge 471
Minimalwertangebot 249
Mitarbeiterentwicklung 3
Mitarbeiterzahl 3
mitlaufende Kalkulation 180
Mittelwertangebot 249
Modellfirma 84
Modellunternehmen 34
modularer Aufbau 8
MRPII-Konzept 330
multiple Regressionsrechnung 530

—N—

Nachaktivierungen 156
Nachfolgeplanung 570
Nachkalkulation 174; 180
Nachlagerplatz 290
Nachlagertyp 284
Nachrichtenfindung 583
Nachrichtenstatus 588
Nachrichtensteuerung 582; 583; 621
Nachrichtenverarbeitung 584; 589
Nachrichtenvorschlag 588
Nachwuchsführungskräftepotential 570

637

Navigation 27; 51
NCI-Dokumente 614
Nebenbuchkonto 120
Negativerfassung 538
Nettobedarfsrechnung 343
Nettoentgelt 547
Nettomethode 156
Nettoplanung 335
Netzplan 181
Netzplankopf 181
Neumandanten 68
Neuplanung 348
neutrale Aufwendungen 169
Newton 13
Non Coded Information 614
Normalabschreibung 160
Normalverteilung 405
Normierung 393
Nullbestand 298
Nullkontrolle 298
Nummernkreise 101; 223; 242
Nummernkreisintervall 192
Nummernvergabe 115

—O—

Object Linking and Embedding (OLE) 15
Objektliste 447; 462
objektorientierter Ansatz 621
Objektorientierung 593
Objektplanung 192
objektspezifische Dialogführung 56
Objekttypen 593
Objektverbindungen 427; 429
Offene Posten 133
Offene-Posten-Verwaltung 100
Online Software Service (OSS) 5
Open Database Connectivity (ODBC) 15
optimierende Losgrößenverfahren 345
optische Speicher 611
Orderbuch 219
Orderbuchsatz 221
Organigramm 87

Organisation und Konzeption 37
Organisationselemente 482
Organisationsstruktur 53
Organisationsstrukturen 481
organisatorische Aktivitäten 44
organisatorische Berechtigungen 105

—P—

Paletten 286
Papierarchive 611
papierlosen Büro 578
Parameter 52
Paßwort 25
Pauschalabrechnung 557
Periode 120
periodische Abrechnung 380
periodische Losgrößenverfahren 345
periodische Verfahren 232
Periodizität 499
permanente Stichtagsinventur 297
Personalakte 537
Personalbedarf 572
Personalkosten 571
Personalmaßnahmen 534
Personalmaßnahmenmenü 534
Personalnummer 558
Personalorganisation 567
Personalplanung 567
Personalstammdatenverwaltung 532
Personalwirtschaft 17
Personalwirtschaftsmodul HR 532
Personengruppe 534
persönliche Ablage 592
persönliche Empfängerliste 601
persönlichen Daten 534
Pflegeebenen 151
Pflegeversion 81
Plan-/Ist-Vergleich 507
Planaufträge 366
Plandatenerfassung 193

plangesteuerte Disposition 343
Plangruppen 435
Plankalkulation 179; 387
Planprimärbedarf 336
Planprimärbedarfverwaltung 336
Planstelle 567
Plant Maintenance 414
Plantableau 524
Planung 521
Planungsdimensionen 522
Planungsergebnis 341
Planungsformen 186
Planungshorizont 348
Planungskonzept 309
Planungsprämissen 454
Planungssichten 522; 523
Planungssituation 341
Planungsstrategien 336
Planversion 192
Planvorlagen 337
Planwerte 192
Poisson-Verteilung 405
Positionsliste 442
Positionstyp 250; 255
Positionsvorschlag 488
Positiverfassung 538
PPS-Planungskalender 333
PPS-Systeme 302
Präsentationen 372
Präsentationsebene 10
Preisfindung 493
Preis-Mengen-Staffel 253
Preisspiegel 249
Preissteuerung 276
Primärbedarfsverwaltung 317
primäre Kosten 199; 200
Probeergebnisse 408
Probenübersicht 408
Probezeit 536
Produktgruppen 312
Produktgruppenhierarchien 313
Produktgruppenstruktur 314
Produkthierarchie 472
Produktionsanlauf 40
Produktionsgrobplanung 310
Produktionsplan 202

Produktionsplanung 18; 334
Produktionsplanung und -steuerung (PPS) 300
Produktionsressourcen 316
Produktionsvorbereitung 39
Produktionsvorbereitungsmandant 34; 65; 69
Produktivabrechnung 553
Produktivstatus 140
Produktressourcen 334
Profile 214; 332; 401; 571
Profilteilung 81
Profit-Center 196
Prognose 238
Prognosemodelle 236; 527
Prognoseverfahren 236
Programmierschnittstellen 14
Programmiersprache 21
Programmplanung 334
Projekt System 17
Projektdokumentation 45; 50; 51
Projektsteuerung 48
Projektstrukturplan 183
ProShare 13
Prototyp 39
Prozeßvisualisierung 378
Prüfabschluß 409
Prüfabwicklung 402; 403
Prüfbestände 410
Prüfdatenerfassung 407
Prüfergebnisse 404
Prüfkataloge 396
Prüflos 402; 403
Prüflosstatus 406
Prüflossuche 405
Prüfmerkmal 307; 402
Prüfmethoden 395
Prüfpläne 307; 400
Prüfstufenbild 399
PSP-Methode 552

Q-Infosatz 402
Qualifikationen 569
qualitative Klassen 407
Qualitätskennzahlen 410

Qualitätslage 410
Qualitätsmanagement 18; 392
Qualitätsprüfung 40; 290; 402
quantitative Klassen 407
Quants 280
Quellmandantentabelle 68
Quereinlagerung 287
Query 22
Quittierungspflicht 295
Quote 230
Quotenbasismenge 230
Quotenzahl 230
quotierte Menge 230
Quotierung 229

—R—

R/2 6
R/2-Module 7
R/3 7
R/3-Erweiterungen 20
R/3-Konfigurationen 12
R/3-Stücklistensystem 329
R/3-Vorgehensmodell 36
Rahmenverträge 220; 254; 489
Realtime 2
Rechenschema 194
Rechenschlüssel 160
Rechnungsprüfung 208; 276
Reduzierungsstrategien 357
Referent 569
Referenzbelege 481
Referenzbewertungspläne 142
Referenzplatz 416
Regelkreismodell 522
Regionen 74
Reichweiten-Analyse 275
Reiseabrechnung 556
Reisebelege 562
Reisekostenabrechung 574
Reisekostenprogramm 556
Reisenummer 558
Reiseprivilegien 566
Reiseschema 558
Reisezeit 558
Reklamation 497
Releaseauswahl 46
Release-Planung 7

Remanenzkosten 175
Remote Function Call (RFC) 15
Remote ODC-Schnittstelle 602
Reorganisation 68
Report 548
REPORT WRITER 508; 519
Reporting 194
Request-Header 604
Request-Implementierung 609
Request-Klasse 605
Requestor 603
Requests 605
Request-Schlüssel 605
Request-Struktur 605
Reservierungen 271
Response-Header 605
Response-Struktur 605
Ressource 569
Ressourcenverwaltung 49
Rollen 469
roten „ X " 27
Routing 580
Rücklageneinstellung 157
Rücklagenübertragung 157
Rücklagerplatz 289
Rückmeldeklassen 408
Rückmeldung 375
Rückrechnung 553
Rückrechnungsgrenze 554
Rückstandsauflösung 493
Rückwärtsterminierung 346; 369
Rüstzeit 357

—S—

Sachbearbeiter 535
Sachkontenposition 122; 131
Sachkontenstamm 97
Saisonmodell 527
Sammelprofile 80
Sammelzuordnung 226
SAPaccess 602
SAPfile 591
SAPfind 595
SAP-Graphik 504
SAP-GUI 16
SAPmail 596

SAP-Oberfläche 20
SAPoffice 590
SAP-Office 581
SAP-script 32; 51
Satellitensysteme 20
Scan-System 613; 615
Schema 548
Schichtplan 543
Schnittstellen 14
Schnittstellenlagertyp 289; 292
Schnittstellenprogramme 139
Schriftverkehr 570
Schrottwert 161
Schulung 5
Schwachstellenanalyse 454
Screenpainter 24
Segmentierung 506
Sekundärbedarfser-
   mittlung 347
sekundäre Kosten 200
sekundäre Verrechnung 199
Selbstkosten 170
Seminarverwaltung 569
Sendeattribute 598
senkrechte Objektstruktur 426
Seriennummer 333
Service-2000 5
Servicefunktionen 72
Sets 518
SFIS (Shop Floor Information
   System) 381
SHB-Kennzeichen 124
Sicherheitszeiten 357
Sichtendefinition 352
Simulationen 572
Simulieren 135
Skontobasisbetrag 110
Skontoberechnung 109
Softwarearchitektur 14
Sollkalkulation 179; 387
Sonderabschreibung 160
Sonder-AfA 144
Sonderhauptbuchkenn-
   zeichen 126
Sonderhauptbuch-
   vorgänge 121
Sonderperioden 107
Sozialversicherung 536

Sparte 482
Spätes Erfassen 619
Sperrdaten 117
Sperren 152
Sperrschlüssel 110
Sprachen 52
Sprachparameter 76
Stammdaten 54
Stammprüfmerkmale 397
Stammsätze 118; 467
Standardanalysen 500
Standardaufriß 503
Standardbericht 203
Standardbewertungsplan 144
Standardeinstellungen 33; 380
Standardfeldstatusgruppen 151
Standardfunktionen 222
Standardinformations-
   strukturen 382; 499; 509;
   523
Standardkalkulation 388
Standardpreis 276
Standardprofil 79
Standardrückmeldung 376; 377
Standardschemen 548
Standortdaten 417
statische Losgrößenver-
   fahren 344
statische Verfahren 232
statistische Losgrößenver-
   fahren 232
Statusanzeige 443
Statusattribute 598
Statusinformationen 47
Statusverwaltung 49; 443
Stelle 567
Steuer 536
Steuerart 111
Steuerbetrag 111
Steuerbilanz 144
Steuerermittlung 494
Steuerkarte 451
Steuerkennzeichen 111; 128
Steuerkonto 111
Steuerprozentsatz 111
Steuerschlüssel 305
Steuerungskennzeichen 160
Steuerungstabellen 388

Sachwortverzeichnis

Stichproben 399
Stichprobenverfahren 399
Stichtagsinventur 297
stochastische Disposition 235; 344
Störmeldung 440
Störung 439
Strategiekopf 456
Structured Query Language (SQL) 15
Strukturbeschreibung 431
strukturierte Stücklisten 321
Strukturkennzeichen 415
strukturlose Stücklisten 321
Strukturstückliste 321
Stückliste 179; 303; 319; 430
Stücklistenaufgaben 320
Stücklistenauflösung 329
Stücklistenformen 303
Stücklistenkopf 304
Stücklistenpflege 304
Stücklistenpositionen 304; 327
Stücklistentypen 321
Stücklistenzuordnung 431
Stück-Perioden-Ausgleich 345
Suchanfrage 595
Suchbegriffe 114; 595
summarische Kenngrößen 407
Summenanalyse 259
Summenkurve 504
Swift-Code 102
Symbolleiste 27
synchrone Archivierung 615
Systemeinstellung 33
Systemeinstellungen 52; 265
systeminterne Notenberechnung 263
systemtechnische Aktivitäten 44

—T—

Tabellen 548
Tabellenabgleich 57; 71
Tabellenauswertungen 71
Tabellenpflege 54
Tabellenprotokolldatenbank 72
Tabellenstatistik 68
Tagesprogramm 355; 543
Taggrenze 109
Tastaturbelegung 29
Tätigkeitsmeldung 441
TCP/IP 14
technische Anlagen 148
technische Lohnarten 549
technische Objekte 420
technische Referenzplätze 414
technische Typen 322
Technologiepartner 4
Teilkostenrechnung 175
Teilkriterien 261
Teilrückmeldung 453
Terminierung 356; 463
Terminierungsobjekte 463
Terminierungsparameter 463
Terminplanung 301
Termintreue 381
Terminverwaltung 49
Testabrechnung 553
Teststatus 140
Textbausteine 58
Toleranzen 278
Toleranzgruppe 105
Toleranzvorgabe 405
TOP-DOWN 316
Transaktionen 54
Transaktionscode 29; 383
Transportauftrag 290; 293
Transportbedarf 290; 293
Transportsteuerung 378
Transportsystem 69
Transportwesen 57; 69
Trendmodell 527
Trend-Saison-Modell 527

—U—

Übernachtungen 565
Umbuchungen 273
Umlagerungen 273
Umsatz 4
Umsatzkennzeichen 125
Umsatzplan 202
Umsatzplanung 202
Umsatzsteuerbehandlung 126

Umsatzsteuerbetrag 111; 128
Umschlagshäufigkeits-
    Analyse 275
Un-Do 67
ungerichtete
    Verbindungen 427
UNIX-Bereich 12
Unternehmensplan 202
Unternehmensstruktur 210
Unternummer 151
Upload 540

—V—

variable Kosten 175
Variantenstückliste 322; 433
Variantenvielfalt 302
Veränderungsplanung 348
Veranstalter 569
verbrauchsgesteuerte
    Disposition 234
verbundene Unternehmen 155
Verdichtungsarten 356
Verdichtungshierarchie 187
Verdienstabrechnung 555
Vereinfachungsregel 162
Verfügbarkeitsprüfung 491
Verfügbarkeitssituation 493
Verkauf 486
Verkäufergruppen 484
Verkaufsbüro 484
Verkaufsorganisation 482
vermögensbildende
    Maßnahmen 536
Verrechnung 114
Verrechnungsgeschäfts-
    bereich 123
Versand 494
Versand- und Ladestellen 482
Versandarten 589
Versandterminierung 491
Versandzeitpunkt 589
Verschrottung 155
Versionen 394
Verteil-Funktion 525
Verteilungsschlüssel 358
vertikale Strukturierung 426
Vertrieb 18

Vertriebsbelege 476
Vertriebsbelegsarten 480
Vertriebsbereich 482
Vertriebsbereichsdaten 113
Vertriebsinformations-
    system 466; 497
Vertriebspartner 4
vertriebsspezifische Daten 468
Vertriebssystem 466
Vertriebsunterstützung 473
Vertriebswege 482
Verwendungsnachweis 404;
    459
Videokonferenzen 13
View-geführte Trans-
    aktionen 55
Views 55
Vollabschreibung 165
Vollkostenrechnung 174
vordefinierte Objekte 104
vordefinierten Sichten 145
Vorgabewerte 305
Vorgang 181; 365; 401; 576
Vorgangsbearbeitung 466
Vorgangsbeschreibung 305
Vorgangsdauer 369
Vorgangstyp 577
Vorgangsübersicht 370
Vorgriffszeiten 357
Vorjahr-/Aktuell-Vergleich 507
Vorkalkulation 174; 180; 387
Vorlagen 303; 317
Vorlagerplatz 290
Vormerkung 391
Vorplanung 335
Vorschlagswerte 116
Vorschüsse 562
Vorsteuer 128
Vorwärtsterminierung 346; 369
VULCAN 83

—W—

Wachstum 3
Währungen 52
Währungscode 75
Währungsparameter 75
Warenausgang 271; 495

Warenbewegungen 267; 289
Warenbewegungsarten 289
Wareneingang 270; 379
Wartezeit 357
Wartung 414
Wartungsmaßnahmen 455
Wartungspakete 435; 456; 458
Wartungspläne 434; 459
Wartungsplanung 454; 457
Wartungspositionen 461
Wartungsstrategien 456
Wartungsterminplan 463
Wartungszeitpunkt 455
Weiterbildungsbedarf 571
Werk 141; 209; 325; 367; 485
werksspezifische Daten 471
Werkzeuge 53; 56
Werkzeugtyp 58
Wertefelder 189
Wertgerüst 179; 386
Wertkontrakt 254
Wettbewerber/Wettbewerbsprodukte 475
Wiedervorlagemappe 597
Windows-NT-Rechner 12
Windows-Objekte 593
Wirtschaftseinheit 148
Wirtschaftsgut 148
Workflow 19; 576
Workgroup computing 578
Wunschliefertermin 339

—Z—

Zahlungsbedingung 109; 120; 126
Zahlungsverkehr 108
Zahlwege 110; 117
Zeiterfassungsterminal 540
Zeitnachweisformular 542
Zeittypen 542
Zeitwirtschaft 537
Zentraler Auftragskopf 368
Ziellagerbestand 314
Zielreichweite 314
Zugang aus Kauf 153
Zugriffsberechtigungen 303
Zugriffsfolge 586
Zugriffsroutine 610
Zulagerung 284; 286
Zuordnung 53
Zuordnungstabellen 388
Zuordnungswerte 402
Zuschlagsmonate 109
Zuschreibungen 157
Zwischenkalkulation 174
Zwischenziel 564

Geschäftsprozeßoptimierung mit SAP-R/3

von Paul Wenzel (Hrsg.)

1995. XXII, 351 Seiten. Gebunden.
ISBN 3-528-05508-1

Umfangreiches Wissen als Ergebnis konkreter Projekterfahrung mit SAP-R/3 wird mit diesem Sammelband verfügbar gemacht. Die Beiträge stammen von Praktikern und Hochschullehrern, die durchweg über langjährige Erfahrungen im Umgang mit betriebswirtschaftlicher Anwendungssoftware verfügen. Der Bogen ist weitgespannt: Themen von „A" wie Ausbildung bis „W" wie Workflow werden behandelt. Das Buch wendet sich an Entscheider und fachkundig interessierte Leser, die sich einen Überblick über den State of the Art in Industrie und Hochschule verschaffen wollen, wenn es dort um das Thema SAP-R/3 aus der Sicht einer praxisnah verstandenen Wirtschaftsinformatik geht.

Über den Autor: Prof. Dr. Paul Wenzel ist Hochschullehrer und Studiengangsleiter für Wirtschaftsinformatik an der Fachhochschule Konstanz. Zu seinen Lehr- und Interessengebieten zählen betriebliche Informationssysteme, insbesondere SAP-R/3, Standard-Software und multimediale Anwendungen.

Verlag Vieweg · Postfach 15 46 · 65005 Wiesbaden

Client/Server-Architektur

von Klaus D. Niemann

1995. X, 266 Seiten. (Zielorientiertes Business-Computing; hrsg. von Fedtke, Stephen) Gebunden mit Schutzumschlag. ISBN 3-528-05466-2

Die Einführung von Client/Server-Architekturen ist ein Prüfstein für die Methodik und Organisation der Anwendungsentwicklung im Unternehmen. Eine Software-Architektur mit modularen Programmstrukturen und wiederverwendbaren Bausteinen ist die Voraussetzung für eine erfolgreiche Migration in die Client/Server-Welt. Bestehende Strategien der Anwendungsentwicklung müssen kritisch geprüft und an neue Anforderungen angepaßt werden. In diesem Buch wird eine Vorgehensweise für die konsequente Umsetzung der Leitideen einer Client/Server-Architektur ausgehend von Praxisbeispielen dargestellt.

Über den Autor: Klaus D. Niemann war nach seinem Informatikstudium an der Technischen Universität Berlin zunächst als Projektleiter und Produktmanager im Telekommunikationsbereich beschäftigt. Als Berater unterstützt er heute innovative Unternehmen bei der Einführung von Client/Server-Architekturen in methodischen und organisatorischen Fragen. Die in der Praxis erworbenen Erfahrungen vermittelt er als Trainer und in Veröffentlichungen weiter.

Verlag Vieweg · Postfach 15 46 · 65005 Wiesbaden